Le nouveau visage du vignoble français

ici, Véritable
corde de Piments
d'Espelette
parfum et couleur
du pays basque
Produits
Bretons
Trompette-Région
Pleurote
Mâche
Girolle (import)
châtaigne (région
Citrouille
Région
12F
PIMENT
D'ESPELETTE

Le nouveau visage du vignoble français

Andrew Jefford

PHOTOGRAPHIES DE JASON LOWE

Traduction : Jeanne Étoré et Dominique Taffin-Jouhaud

HACHETTE

Je dédie ce livre à mes parents, Peter et Celia Jefford, pour leur affection et leur soutien infaillible, pour m'avoir offert mon premier voyage en France, aussi.

L'édition originale est parue au Royaume-Uni en 2002
sous le titre : **New France**
Mitchell Beazley, Octopus Publishing
Group Ltd, 2-4 Heron Quays,
Docklands, London E14 4JP

Photographies de Jason Lowe.

Directeur artistique : Yasia Williams
Conception : Grade Design Consultants
Couverture : Nicole Dassonville

Photocomposition : Nord Compo
Imprimé en Espagne par :
Artes Gráficas Toledo S.A.U.
D.L. TO: 701 - 2003
Dépôt légal : 30986 octobre 2003

ISBN : 201 236 829-8

Sommaire

◄ *Sélection est le maître mot des meilleures coopératives de France : seules les vendanges de qualité donnent naissance aux grands vins (ci-contre, la Cave de Rasteau).*

Une alchimie élémentaire

Il est une vérité première, avérée depuis des lustres : la France puise dans les entrailles de sa terre des vins d'une beauté et d'une profondeur inégalées. Mais de nombreux pays produisent aussi des vins de qualité. Pourquoi, à l'aube du XXIe siècle, préférer les vins français ?

Immense plaisir que l'écriture de ce livre qui me renvoie quarante ans en arrière, lorsque, enfant, à la faveur de vacances en France, je restai tout à la fois troublé et émerveillé par les différences entre nos deux pays. Mes parents m'avaient envoyé acheter « cinq » cornets de glace, et le vendeur narquois, amusé par mon accent britannique, m'avait annoncé avec délectation qu'il acceptait volontiers de m'en vendre « cent ». Pris de panique, je cherchai vainement le moyen de détourner ce déluge lacté. Comment expliquer : « Ce n'est pas ce que j'ai voulu dire, j'en ai demandé cinq, ne m'en donnez pas cent, je n'en veux que cinq, je jure que j'ai dit cinq ! ». Comment allais-je expliquer à mes parents et à mes frères que je leur avais acheté vingt glaces chacun ? Et comment les porter ? Où trouverions-nous l'argent pour les payer toutes ? Nous serions peut-être forcés de retraverser la Manche le soir même, de sacrifier nos vacances à un torrent gluant de glace fondue ! L'homme a remarqué ma consternation, m'a souri et s'est arrêté à cinq. Dix minutes plus tard, soulagé, après avoir pensivement dégusté mon cornet, je suis tombé sous le charme : j'avais découvert la différence, et je voulais la comprendre.

La France m'a séduit par bien des aspects : ses quais de gare un peu bas et ses trains majestueux et lourds ; la fumée des Gauloises au coin des rues ensoleillées ; les esplanades bordées de platanes, les panneaux indicateurs aux index pointés ; les chewing-gums pompeusement placés sous l'égide d'Hollywood, le paradis tout chaud de la boulangerie et les petits plateaux en plastique sur lesquels la boulangère rend la monnaie. Et puis, bien sûr, sont venus les cafés, les restaurants, le vin. Tout le monde buvait du vin, tout le temps. C'était le thé des Français. Il semblait mettre chacun en joie, sans le transformer en hooligan ni en brute hurlante, comme la bière métamorphose certains Anglais. C'était l'atout majeur de ce pays.

Et d'emmener cette France-là chez soi. Car pour ceux qui ne pouvaient y vivre, le vin incarnait la France, sa dégustation dardait un rayon de soleil unique sur un triste univers domestique.

C'est ainsi que je me suis mis à me documenter et à expérimenter. Pendant des années, je n'ai jamais ouvert deux fois la même bouteille. Bien sûr, en certaines occasions, le plaisir était plus vif qu'à d'autres. Mais toujours, j'appréciais la dégustation. Et quand le vin était bon, l'expérience était sans pareille. Il fallait souvent un verre ou deux pour saisir la portée du vin, tout comme la lecture de cinquante pages d'un grand roman s'impose pour en connaître la nature, les inflexions et le discours. Puis, les saveurs m'envahissaient et m'enchantaient, titillant non seulement mon odorat et mon palais, mais aiguisant aussi mon esprit en me ramenant à une multitude d'évocations du monde naturel. Le vin portait en lui la signature de la terre comme aucun autre alcool. Ces sensations se manifestaient de manière plus patente encore à table ; la bouteille et le mets se complétaient et apportaient une totale sérénité digestive. Un calme spirituel, aussi, comme si le vin avait sublimé les ali-

ments en les tirant du quotidien, en les plaçant soudain sous le signe d'une bénédiction zen. Bien sûr, je n'étais plus tout à fait sobre au bout du compte, mais l'alcool du vin semblait avoir affiné et poli mon esprit, sans l'envoyer rouler par terre, comme le font les alcools plus forts.

Cette première expérience remonte à trente ans. Depuis, une vaste palette de vins de qualité est apparue hors de l'Hexagone. Par cet ouvrage, je ne veux pas tant convaincre le lecteur que ce pays produit toujours les plus grands crus – même si je le crois – que démontrer comment la France du vin a changé et progressé.

Quand je parlais de ce livre, mes interlocuteurs s'imaginaient que par « vignoble contemporain » j'entendais essentiellement le Languedoc-Roussillon et les vins de pays, récemment mis en avant dans le concept d'une nouvelle France vinicole. Je leur répondais que l'ensemble de la France était traité dans mon ouvrage, que le mot « contemporain » ne supposait pas de faire table rase du passé mais de souligner les transformations d'une culture ancienne. En dépit de son caractère galvaudé, l'expression « nouveau monde vinicole » appliquée à la France, reste intéressante, même s'il ne faut pas longtemps pour montrer qu'elle est aléatoire.

La concurrence du Nouveau Monde a profité à la France ; les producteurs intelligents le reconnaissent volontiers (les vignerons peu éclairés, eux, brandissent l'argument de cette concurrence pour s'excuser de recourir à des pratiques douteuses que je n'imaginais même pas compatibles avec le vin). Il est maintenant fréquent d'envoyer les jeunes professionnels faire leurs armes en Afrique du Sud, au Chili ou en Australie. Comme je l'ai découvert avec soulagement, ces stagiaires tirent souvent les meilleurs enseignements des techniques appliquées dans le Nouveau Monde : savoir remettre le moindre geste en question, ne rien sacrifier au précédent et, surtout, comprendre ce que l'on fait. Jusqu'à présent, les Français n'ont pas retenu la pire leçon du Nouveau Monde : en France, personne ne pense que le vin est une industrie de marques comme les autres, ni que le but de la production viticole soit de faire monter sa cote en bourse, ni même que les stratégies de marketing puissent l'emporter sur la qualité s'agissant de vendre un vin.

Ce qui me conduit à la question de l'éthique. Le travail de documentation qu'a nécessité la rédaction de ce livre m'a amené à voyager dans toutes les régions de France, en quête de vins de qualité. Je les ai trouvés, comme vous le déduirez, je l'espère, des pages qui suivent, et comme vous le découvrirez par vous-même en vous procurant les vins décrits. Mais plus encore, j'ai commencé à voir et à comprendre plus clairement ce que « qualité » pouvait signifier dans le domaine vitivinicole.

La qualité suppose d'abord de témoigner une tendre curiosité à la terre. Le vin poétise la géographie et la géologie (*voir* Les terroirs, pages 16-21). Aucune autre récolte agricole n'y parvient si bien. Le bon vigneron sert ainsi trois objectifs : comprendre sa terre, la respecter en

« Je ne respecte ni le travail mesuré en termes de gains, ni la ferme où tout a son prix, ni celui qui n'hésiterait pas à vendre son paysage, son Dieu au marché, s'il pensait pouvoir en tirer le moindre profit... Dans sa ferme, rien ne pousse librement, ses champs ne donnent pas de récolte, ses prés ne voient grandir aucune fleur, ses arbres n'apportent pas de fruits, mais des dollars. Un tel homme n'aime pas la beauté de ses fruits... Je préfère la pauvreté qui jouit de la vraie richesse. »

HENRY DAVID THOREAU, *WALDEN OU LA VIE DANS LES BOIS* (1854)

◄ *La vigne renvoie aux vertus familiales, car elle puise toute vie dans ses racines : le soin de la plante et du fruit requiert une générosité qui ne connaît guère de limites.*

la cultivant de manière durable et transmettre sa personnalité au vin qu'elle offre si généreusement. Je ferai valoir – même si vous avez le droit d'être en désaccord – que c'est seulement à ce prix que l'on produit un vin authentique et de caractère. Sous cet angle, la France domine le monde du vin, et ce depuis le milieu des années 1930, lorsqu'elle créa les appellations d'origine contrôlée (très critiquées aujourd'hui, mais infiniment précieuses).

Élaborer des crus de qualité suppose de traduire de la manière la plus évidente possible la sensualité du paysage dans le vin. Sur ce plan, la France est également souveraine, car presque tous les jeunes vignerons talentueux que j'ai rencontrés se sont engagés dans l'amélioration des pratiques viticoles et dans une vinification respectueuse.

Retour aux vignes

Dans le monde du vin, les spécialistes estiment que le XXe siècle finissant a vu progresser rapidement les techniques d'élaboration, mais qu'il a aussi apporté son lot de catastrophes dans les vignes. Tandis que les vendeurs de produits chimiques et de machines faisaient fortune, on empoisonnait les sols, on malmenait les pieds de vignes et l'on menait une guerre d'usure contre la biodiversité des vignobles, engendrant une uniformisation totalitaire du goût par le choix de clones extrêmement productifs. Rien ne sert d'être un Stradivarius du vin si vous êtes un Staline de la vigne. Les grands vins ne proviennent que de raisins de qualité, cueillis avec soin et sélectionnés avec circonspection. Les ceps doivent être sains, sévèrement taillés, relever de clones diversifiés, et leurs racines doivent puiser leurs nutriments au cœur d'un sol vivant, microbiologiquement riche, qui respire. Il faut travailler dur pour réunir ces conditions, et il n'est pas rare (bien que non obligatoire) que les viticulteurs utilisent des engrais organiques ou pratiquent l'agrobiologie. Nombre de vignerons français d'âge avancé pensaient que les labours appartenaient au passé. Leurs fils et leurs filles y sont revenus. Les domaines où la main-d'œuvre avait été réduite à une ou deux personnes ont plus que doublé leur personnel en redécouvrant les effets bénéfiques d'une viticulture exigeante sur le vin. Quel est l'outil vinicole le plus utile aujourd'hui ? Pour l'avant-garde française, ce n'est plus la presse, la cuve ou la barrique, mais la table de tri. Une fois la vendange triée, pensent de nombreux producteurs, mieux vaut intervenir le moins possible.

Dans le domaine de la viticulture, la France est désormais un immense laboratoire expérimental de l'inaction... Inaction voulue, comprise, observée. Car cette inaction, associée à une réduction spectaculaire des rendements et à un assainissement des vignobles, a donné naissance à une nouvelle génération de vins d'une incroyable expressivité et d'une étrange beauté. Il y faut souvent de l'audace. Ne rien faire, pour un vigneron, relève parfois du saut périlleux : il faut se contenter d'effeuiller légèrement la vigne, de réduire le nombre de soutirages. Je ne vais pas énumérer les principes de la doctrine non-interventionniste en matière viticole, car les pages suivantes les décriront en détail, mais aucune école d'œnologie ne les recommandera jamais.

Aucun comptable d'entreprise ne les sanctionnera non plus, et cela m'amène au dernier élément constitutif d'une viticulture de qualité. Les producteurs qui cultivent, élaborent et vendent leur propre vin sont de plus en plus nombreux en France. Car ceux qui réunissent ces trois activités sont devenus des interlocuteurs privilégiés, alors qu'apparaissent les effets pernicieux de la séparation des genres, notamment en Champagne (voir page 22). Dans toutes les régions viticoles, les petits domaines familiaux se portent à merveille, tandis que les coopératives et les négociants ont eu la vie dure au cours de la dernière décennie. La complexité et la fragmentation sont des atouts pour la France et certainement pas (comme on a voulu le faire croire) des faiblesses. Les familles ont des enfants qui assurent la pérennité de la vigne. Les successions et la continuité promettent des soins diligents à la terre. Les familles sont aussi garantes d'une liberté esthétique. Parce que la structure économique est petite, elle n'a besoin que d'un marché restreint. La présence des familles donne un aspect vivant et soigné à la campagne, et ce lien ne peut que se consolider dans le contexte d'une forte relation culturelle à la terre. De fait, les domaines familiaux offrent une palette de vins extrêmement variée.

Certes, ils peuvent être perçus comme un handicap à une époque où la mode et la puissance capitaliste ont convaincu les individus (qui n'ont peut-être pas beaucoup réfléchi à la question) de céder aux attraits de produits de masse sans intérêt pour le corps comme pour l'esprit. Mais quand il est question de bons vins, les consommateurs cherchent plus volontiers à échapper à la monotonie que lorsqu'ils achètent des boissons gazeuses, des équipements électroniques ou des hamburgers. La France leur ouvre alors les bras. Loin d'être problématique, la complexité est un signe de vertu. La valeur n'est jamais facile d'accès, mais elle seule perdure.

Pourtant, la France a eu cette faiblesse – et non des moindres – de ne pas avoir su communiquer sur la beauté et la valeur de son patrimoine viticole si complexe et fragmenté. Le prestige et l'image revêtent bien trop d'importance dans ce pays. Les peuples d'autres cultures, plus pragmatiques, se contentent d'en rire lorsqu'ils sont confrontés à la prétention, à l'arrogance et à la solennité excessive de nombreuses campagnes de promotion du vin français. De plus, la compréhension d'un système aussi complexe que celui des AOC n'est pas donnée à tout le monde ; un effort considérable de communication devra être consenti dans les prochaines années si les producteurs français veulent continuer sur leur lancée. Pendant ce temps, leurs rivaux vendront leurs vins en misant uniquement sur des noms de marque faciles.

La dimension culturelle du vin est aussi admirable en France que celle de la littérature ou du cinéma ; les bouteilles de Vincent Dauvissat, des frères Brunier ou d'Olivier Humbrecht constituent des œuvres certes différentes mais tout aussi incontestables que les romans de Zola, les films de Renoir, ou les scénarios et les poèmes de Prévert. J'espère que ce livre révélera à quel point la culture française du vin est vivante.

Liste des abréviations

Les abréviations suivantes reviennent régulièrement dans l'ouvrage.

% vol. : degré alcoolique en volume

AOC : appellation d'origine contrôlée

CIVB : Comité interprofessionnel des vins de Bordeaux

INAO : Institut national des appellations d'origine

PLC : plafond limite de classement

SGN : Sélection des grains nobles

VDN : Vin doux naturel

VDQS : vin délimité de qualité supérieure

Il est conseillé de prendre rendez-vous avec les producteurs présentés dans les Portraits avant de leur rendre visite.

▲ *Les vendanges ne sont jamais aussi aisées et ordonnées que le suggère ce tableau, même sous le chaud soleil et la brise légère de la Corse.*

Remerciements

Ils ont été nombreux à apporter une aide précieuse à la réalisation de cet ouvrage. Au cours de mon travail, j'ai pris soin de noter leur nom, scrupuleusement, afin de les remercier ; mais peu avant d'achever le livre, mon ordinateur portable a été volé et ma liste exhaustive s'est perdue à jamais. J'ai tenté de la reconstituer au mieux. Si certaines personnes se trouvent injustement oubliées, je les prie d'accepter mes excuses les plus sincères.

Je remercie particulièrement Catherine Manac'h de la société Sopexa qui a organisé de nombreuses visites chez les producteurs pour mes recherches, Erice Aracil, John Arnold, Christine Béhy-Molines, Mike et Liz Berry, Patricia de Bona, Adam Brett-Smith, Ken Brook, Stephen Brook, Stephen Browett, Françoise Brugière, Alison Buchanan, Jim Budd, Thierry Cabane, Lars Carlberg, Lorraine Carrigan, Nathalie Chassard, Jean Clavel, Sabine Cleizergues, David Cobbold, Claire Contamine, Daniel Craker, Clémence de Crécy, Jean-Luc Dairien, Matthew Dickinson, André Dominé, Emmanuel Drion, Robert Drouhin, James Dunstan, Paula Eyers, Jacques Fanet, Debbie Feickert, Harry Gill, Sue Glasgow, Jean-Michel Guiraud, Peter et Christine Hall, Lindsay Hamilton, Adrian Heaven, Rosamund Hitchcock, Maryse Jeannin, Matthew Jukes, Jonathan Kinns, John McGrath, Antony Marrian, Ginny Martin, Fay Maschler, Anne Masson, Jean-Christophe Mau, Patrick Matthews, Matthew McCulloch, Thierry Mellenotte, Chris Mitchell, Fiona Morrison MW, Eric Narioo, Christine Ontivero, Françoise Peretti, Sue Pike, Michel Pons, Rupert Ponsonby, Tuukka Puolakka, Florence Raffard, Christophe Reboul-Salze, Dominique Renard, Janis Robinson MW, Anthony Rose, Sophie Roussey, Johana Salanson, Michael et Monica Schuster, Christian Seeley, Tina Sellenet, Michel Smith, Bernard Sonnet, Peter Stone, Charles et Philippa Sydney, Charles Taylor, Jacques Thienpont, Gaylene Thompson, Dominique Vrigneau, Frank Ward, Michael Warlow, Jessica Worley et Philippe Verdier.

La réglementation

Beau rempart... Souvent jugée inutilement bureaucratique, la loi française sur le vin a conçu les appellations comme des titres de propriété collective, afin de combattre les fraudes, de soutenir les efforts individuels et d'enraciner la recherche dans le terroir.

Depuis plus de deux mille ans, la France cultive la vigne et en vinifie le fruit; une centaine de générations de vignerons se sont ainsi succédé, sans qu'aucune législation ne vienne réglementer leur production, les cépages, les terroirs, les méthodes de travail. Certains vins s'étant naturellement forgé une plus grande réputation que d'autres, un édit était parfois promulgué, comme celui de Philippe II le Hardi, duc de Bourgogne, qui interdit en 1395 l'«infâme» gamay en Côte d'Or. Mais la plupart du temps, les législateurs se contentaient d'augmenter les prix de ces vins.

On ne peut étudier la législation française sur le vin sans rappeler sa création récente. Le vin français s'est développé dans une liberté absolue et d'une manière remarquablement sophistiquée. Lorsque, en 1855, les courtiers du Médoc ont classé les meilleures propriétés de cette région sur une échelle de cinq, il n'existait aucune loi stipulant la nature du cépage, le rendement, ni même les frontières du Médoc. La dentelle des appellations bourguignonnes reflète largement les connaissances locales accumulées au fil des cinq cents dernières années. Les Romains savaient que la Côte Rôtie possédait un grand terroir bien avant que la nation française n'existe.

Pourquoi une réglementation était-elle nécessaire ?

En un mot, à cause des machines, des bateaux à vapeur, des locomotives Diesel. Pendant près de deux mille ans, le vin était resté un produit local. L'avènement de modes de transport modernes permit d'alimenter d'autres régions en vin. Certes, les meilleurs crus voyageaient déjà auparavant, mais après la révolution industrielle, tous les vins allaient être expédiés au loin, le plus souvent à toute allure. Parce que le vin était fabriqué en un lieu et vendu dans un autre, la garantie de sa qualité ne tarda pas à poser problème. La fraude devint bientôt une pratique rentable, surtout après le chaos engendré par les épidémies d'oïdium et de phylloxéra dans la seconde moitié du XIXe siècle.

Les premières tentatives pour protéger le nom des meilleurs vins français se soldèrent par un échec. La loi du 1er août 1905 chercha à garantir la protection de certaines régions viticoles (dont le Bordelais), mais ne réussit qu'à fixer des limites géographiques générales. La qualité demeurait totalement incontrôlable, les fraudes se perpétuaient et les poursuites étaient difficiles à mettre en œuvre.

La loi du 6 mai 1919 accorda aux producteurs (plutôt qu'aux administrateurs) la possibilité de se réclamer d'une appellation, en faisant appel à un juge. Les producteurs utilisant frauduleusement cette appellation pouvaient être condamnés. On vit naître alors un principe essentiel de la législation française sur le vin : les noms de lieux appartiennent à une communauté de producteurs.

Avec la loi du 27 juillet 1927, les modes de production devinrent une clé de l'authenticité de l'appellation, mais la définition des appellations

et des techniques vitivinicoles était encore laissée à la discrétion d'un juge. La notion d'appellation d'origine, conçue comme un droit de propriété collective, fut renforcée. Néanmoins, cette loi resta sans effet, elle aussi, car la multiplicité des appellations revendiquées provoquait une grande confusion sur le marché. Sans compter qu'à une période de surproduction, certaines revendications étaient abusives, motivées par le fait que l'octroi de l'appellation exemptait la région des taxes sur la distillation obligatoire et sur les excédents.

L'État renouvela son essai le 30 juillet 1935, date à laquelle les appellations d'origine devinrent contrôlées (AOC) et où une instance spécialisée fut créée pour les superviser. Cette instance devint, en 1947, l'Institut national des appellations d'origine (INAO). L'impulsion politique vint de Joseph Capus, ancien ministre de l'Agriculture devenu sénateur. Il fut le premier président de l'INAO.

Critiquée hors de l'Hexagone (souvent à juste titre) pour les raisons énoncées ci-après, la législation française n'en est pas moins intelligente, proche de l'esprit et des idéaux de la Révolution. Elle résiste en outre remarquablement aux coups de boutoir du capitalisme et aux perversions du libre-échange. Sans doute n'est-elle pas étrangère au niveau de raffinement atteint par les vins de l'Hexagone.

Le génie du système de l'AOC n'apparaît de manière patente que depuis quelques années. Fondamentalement, il s'agit d'un droit de propriété collectif, accordé dans certains cas à plusieurs dizaines, voire à plusieurs centaines de producteurs indépendants. L'appellation d'origine contrôlée est un nom, parfois connu dans le monde entier, que de petits propriétaires économiquement vulnérables possèdent ensemble. Vous, lecteur, êtes peut-être viticulteur, propriétaire de quelques arpents de vignes seulement. Si vous suivez certaines règles (qui ne sont souvent que la codification d'une sagesse et d'une expérience vieilles de plusieurs centaines d'années), votre vin pourra être apprécié pour son caractère aux quatre coins de la Terre. Mais, jusqu'à ce que vous atteignez la plus haute sphère du monde du vin français, l'appellation dont vous relevez demeurera plus importante que votre propre nom. Et quand bien même vous deviendriez célèbre, vous vous effacerez toujours derrière l'appellation, car vous souhaiterez avant tout exprimer les caractéristiques de la terre que vous entretenez, avant de la léguer. Une telle philosophie, qui tend à protéger le bien commun au détriment de la propriété privée, est de plus en plus rare dans ce monde où même les gènes font l'objet de brevets et deviennent source de profit privé. Elle n'en est que plus précieuse.

« Le charmant paysage que j'ai découvert ce matin est indubitablement composé d'une vingtaine ou d'une trentaine de fermes. Ce champ est celui de Miller, celui-là de Locke, et Manning possède la forêt au-delà. Mais aucun d'entre eux ne possède le paysage. À l'horizon, il y a une terre dont nul n'est propriétaire, sauf celui qui peut l'embrasser du regard, le poète. C'est la plus belle partie des fermes de ces hommes, mais leurs titres de propriété n'en donnent pas la jouissance. »

RALPH WALDO EMERSON, *NATURE* (1836)

◀ *À chaque grappe récoltée dans l'aire de maury, l'AOC accorde un certificat de naissance, ainsi qu'un passeport pour les marchés du monde.*

Cette exception est particulièrement remarquable dans un univers dominé par les marques et leur politique d'uniformisation. Les vins de marque sont tout ce que les vins d'appellation ne sont pas. Les marques, qui relèvent de la propriété privée, ont pour vocation de générer un maximum de profit en écrasant leurs concurrents; les appellations coexistent sans peine, en se contentant d'affirmer leurs différences. Les marques offrent une régularité qu'aucun vin d'appellation millésimé n'apportera jamais puisqu'il reflète les conditions naturelles d'une année particulière; la saveur d'un vin de marque doit satisfaire le plus grand nombre de consommateurs. Le caractère d'un vin d'appellation traduit le plus fidèlement possible un terroir et un climat. Le succès des marques se mesure en termes économiques; celui des appellations en termes humains. Les AOC bénéficient ainsi d'un réel attrait auprès du consommateur et semblent être un moyen idéal de contrer l'influence des marques dont elles se distinguent ostensiblement.

Le fonctionnement de la législation

Il existe quatre catégories de vins en France : les vins de table, les vins de pays, les vins délimités de qualité supérieure (VDQS) et les vins d'appellation d'origine contrôlée (AOC). Les vins de table, de qualité médiocre, sont vendus à bas prix sous une étiquette qui ne mentionne ni origine géographique, ni cépage, ni millésime.

• Les AOVDQS

La catégorie AOVDQS a été créée dans les années 1950, comme un tremplin vers l'AOC : les douze terroirs des coteaux-du-languedoc, par exemple, ont été consacrés en AOVDQS en 1963 avant de former une AOC régionale en 1985. L'INAO a songé à abolir cette catégorie en 1990, lorsque la plupart des VDQS de la région Midi-Pyrénées était devenu des vins d'appellation. Toutefois, elle s'en est gardée car l'AOVDQS incite les régions aujourd'hui productrices de vins de pays de zone à poursuivre une politique de qualité qui les conduira, tôt ou tard, à l'AOC. En 1994, les côtes-de-millau sont passés de la catégorie vin de pays à la catégorie VDQS, rejoints en 1999 par les coteaux-du-quercy. Les producteurs de vins de pays de Saint-Sardos et de vins de pays de la Meuse ont déposé une demande en ce sens.

• Les appellations d'origine

Les vins de pays et les vins d'appellation occupent une place beaucoup plus importante que les VDQS. Le système français des appellations d'origine repose sur la notion de terroir (voir pages 14-19). Ses règles visent à garantir que cette origine transparaisse le plus clairement possible dans les vins de chaque appellation. Lorsque les règles sont modifiées, concernant notamment les techniques autorisées, le principal souci de l'INAO est de respecter le terroir.

En toute logique, le point de départ de la réglementation d'une appellation est la délimitation géographique. Si la géologie est l'une des composantes majeures de la définition d'une aire, d'autres éléments sont pris en considération : la topographie, l'exposition, le microclimat. À l'intérieur des aires géographiques sont délimitées des parcelles propres à être plantées de vignes et à produire des vins d'appellation.

En parcourant les régions viticoles, vous distinguerez parfois des limites très nettes, comme en Champagne où, à mi-pente, et sans raison apparente, certains vignobles cèdent place aux sillons d'un champ de betteraves. En d'autres lieux, la distinction est beaucoup moins évidente. Tel est le cas de la Bourgogne qui admet une hiérarchie entre les appellations communales premiers crus et les AOC grands crus. Si vous escaladez les gradins du vaste amphithéâtre où s'échelonnent les crus de Chablis, vous découvrirez des vignobles qui s'éloignent continûment de son sommet jusqu'à descendre sur les plateaux. Vers le haut de la colline, les chablis grands crus; trois marches en dessous les petits-chablis. Mais la limite reste imperceptible au simple amateur. Le législateur lui-même a dû faire un compromis, car la nature du terroir change de manière progressive sur le territoire : à la frontière entre les deux aires peuvent naître des chablis grands crus d'une faiblesse insigne et certains petits chablis exceptionnels.

Chaque décret d'appellation fixe les cépages autorisés, leurs proportions minimale et maximale dans les assemblages. Généralement anciens, ces cépages sont vinifiés de longue date dans une région, illustrant l'adage (rapporté par Émile Peynaud) selon lequel «la tradition est une expérience qui a réussi». Le système n'est pas aussi immuable et figé que les critiques veulent le faire croire. L'encépagement d'une aire d'appellation d'origine admet parfois des modifications afin de minimiser l'importance de cépages moins intéressants (comme les jeunes vignes de carignan plantées en plaine languedocienne et conduites à fort rendement) au profit de variétés non traditionnelles mais prometteuses (telle la syrah en Languedoc). Également stipulée dans les décrets, la densité des vignes est synonyme de qualité quand elle est élevée : un nombre important de pieds à l'hectare détermine, en effet, un faible rendement par cep. Enfin, les systèmes de taille et de conduite de la vigne sont eux aussi définis.

Les rendements, c'est-à-dire le volume de vin produit par hectare de vignes, sont limités. Par le passé, la réglementation des rendements

◄

L'AOC, l'Évangile selon Nicolas Joly

Nicolas Joly défend peut-être la conception la plus radicale, la plus universelle et la plus poétique de l'AOC. Cet évangéliste de la biodynamie est propriétaire de l'ancien vignoble de La Coulée-de-Serrant (l'appellation savennières-coulée-de-serrant se résume à une seule propriété, voir page 55). Selon Nicolas Joly, toute forme de vie dans un milieu – oiseaux, fleurs, bois, insectes et même fumier produit par le bétail local – contribue à l'identité d'une appellation. «Pour renforcer la vie d'un milieu, il faut en accentuer la diversité et en diminuer l'uniformité», écrit-il dans Le Vin, du ciel à la terre *(éd. Sang de la Terre, 1997).*

Fort de sa connaissance de la biodynamie, Nicolas Joly tient compte du «monde atmosphérique et solaire» qui constitue l'environnement. Le contrôle d'un tel nuancier échappe totalement au législateur. Le devoir moral de chaque vigneron est de mettre en valeur ces facteurs naturels. Les producteurs doivent bannir l'emploi d'engrais chimiques, contrer la pollution électrique et atmosphérique créée par l'homme, lesquels détruisent «la vie intrinsèque du milieu». Ils doivent protéger et privilégier, autant que possible, la dimension locale. Le vin ne sera pas nécessairement meilleur, mais il sera plus «authentique».

a été fortement critiquée pour son imprécision, car les chiffres varient considérablement d'une région à l'autre : le châteauneuf-du-pape s'autorise 35 hectolitres à l'hectare (hl/ha), l'Alsace 80 hl/ha.

Chiffres parfois trompeurs, qui correspondaient à un rendement de base susceptible d'être relevé après une bonne année, ce qui augmentait le rendement annuel. Ainsi, en côtes-du-rhône, le rendement de base de 50 hl/ha pouvait passer, après une bonne année, à un rendement annuel de 60 hl/ha.

Par ailleurs, les producteurs indépendants pouvaient, sous certaines conditions, demander une hausse supplémentaire allant jusqu'à 20 % (appelée plafond limite de classement ou plc), notamment si la totalité de leurs vins était approuvée lors de la dégustation d'agrément. Ainsi, un vigneron des côtes-du-rhône pouvait revendiquer un rendement de 72 hl/ha... Autant dire que la notion de rendement de base était mise à mal.

Certes, il existe de bonnes raisons à ces pratiques : les grands millésimes sont souvent assez généreux, par exemple. Le superbe millésime bordelais de l'an 2000 a connu des rendements bien plus élevés que la faible année 1997, et l'excellent millésime 1999 en Bourgogne s'est traduit par de meilleurs rendements que le 1998, inconsistant. La nature est injuste. Cependant, le système a donné lieu à des abus, comme l'a constaté l'INAO. Ainsi, en 1993, le rendement annuel et le plc ont été regroupés sous la seule dénomination de rendement buttoir, qu'il est impossible de dépasser et qui est généralement fixé à 20 % au-dessus du rendement de base (en côtes-du-rhône, par exemple, il est de 60 hl/ha).

Le Bordelais teste un autre système reposant sur le rendement moyen décennal (rmd). On part ici du principe que le rendement de base ne peut être dépassé, mais qu'il peut faire l'objet d'une moyenne sur une période de dix ans. Dans les mauvaises années, les producteurs sont fortement encouragés à réduire sévèrement leurs rendements (ce qui améliore le niveau qualitatif) afin de se réserver un bonus de rendement pour les bons millésimes (leur vin, de meilleure qualité, sera alors susceptible de se vendre plus cher).

Dans quelques appellations (beaujolais, champagne, monbazillac, bandol et coteaux-du-layon), les vendanges manuelles sont obligatoires et l'utilisation de machines à vendanger interdite. Ailleurs, la mécanisation des vendanges est laissée à l'appréciation du viticulteur. Les décrets indiquent le degré minimal de maturité du raisin, la teneur en alcool, ainsi que les niveaux d'acidification ou de chaptalisation éventuels du vin (l'ajout de sucre ou de moût concentré permet d'augmenter la teneur en alcool). Il est interdit d'acidifier et de chaptaliser en même temps : les régions septentrionales sont autorisées à chaptaliser, mais ne peuvent acidifier le vin, tandis que les régions méridionales peuvent acidifier et non chaptaliser. Parfois, l'AOC impose également certaines techniques de vinification ou des modes d'élevage : épamprage, macération de grappes entières, modes de pressurage spécifiques destinés à séparer les parties du moût, durée d'élevage avant mise sur le marché.

Le système est donc complexe, lesté par de nombreuses lourdeurs administratives. Mais son but ultime est de voir le produit des meilleures parcelles du vignoble français commercialisé sous une étiquette qui en garantisse l'origine. L'AOC est organisée selon une hiérarchie dont la base est l'appellation régionale, le sommet le grand cru, les niveaux intermédiaires, les appellations communales (ou « villages ») et les premiers crus. Lorsque vous achetez un vin d'appellation, vous achetez le goût authentique d'un terroir, défendu et contrôlé.

• Les vins de pays

Les principes qui régissent les vins de pays sont moins exigeants, mais également complexes, car il existe trois catégories de vins de pays : les régionaux, les départementaux et les vins de pays de zone.

Les vins de pays régionaux proviennent de l'une des quatre grandes régions viticoles suivantes : le Jardin de la France (Val de Loire), les Comtés rhodaniens (vallée du Rhône, Beaujolais, Jura et Savoie), le Comté tolosan (Sud-Ouest de la France, à l'exception du Bordelais), le pays d'Oc (Languedoc), les Portes de Méditerranée (Provence-Alpes-Côte d'Azur).

Les vins de pays départementaux sont issus d'un seul département viticole. Parmi les plus courants, citons les vins de pays de l'Hérault et les vins de pays de l'Aude, dans le Languedoc.

Ces deux catégories se démarquent nettement du système de l'AOC, dans la mesure où l'on ne recherche pas une typicité liée au terroir dans le caractère de leurs vins. Certes, la dimension géographique n'est pas négligeable, puisque le climat influence la production : les vins de pays du Jardin de la France naissent d'un climat frais, les vins de pays de l'Hérault d'un climat méditerranéen. Toutefois, les producteurs jouissent d'une grande liberté dans le choix des cépages et des modes de vinification. Et c'est bien dans les vins de pays régionaux et départementaux que s'exprime le mieux l'idée d'un nouveau monde viticole en France.

A contrario, la troisième catégorie de vins de pays, les vins de pays de zone, introduit la notion de terroir, quoique à un niveau rudimentaire. Souvent glorieusement inconnus, ces vins proviennent d'une centaine de zones éparpillées, pour la plupart, dans la moitié sud de la France. Quelques-uns (comme les vins de pays des Côtes de Gascogne) ont obtenu une reconnaissance internationale.

Globalement, ce sont les catégories régionales et départementales qui ont remporté le plus grand succès. Cela n'est guère surprenant mais bien dommage, car l'âme de ce pays du vin qu'est la France se trouve parmi ces bouteilles de vins de pays de zones trop souvent méconnues. À l'avenir, certaines de ces zones se lanceront peut-être dans la longue quête de l'AOC ; d'autres disparaîtront purement et simplement d'un marché impitoyable.

Que dire de la réglementation des vins de pays ? Les règles sont moins nombreuses que pour les vins d'appellation, mais elles existent. Ainsi, une liste recommande-t-elle les cépages susceptibles d'être vinifiés ; il s'agit généralement des cépages locaux pour les vins de pays de zone et de cépages dits internationaux, d'origine française (comme le chardonnay, le sauvignon, le cabernet-sauvignon et le merlot), pour les vins de pays départementaux ou régionaux. Les rendements ne doivent jamais excéder 90 hl/ha, et sont même inférieurs pour les vins de pays de zone. Enfin, la composition du vin est également réglementée : teneur minimale et maximale en alcool, teneur maximale en soufre et en acidité volatile, par exemple. Tous les vins de pays font l'objet d'une dégustation d'agrément avant mise sur le marché.

Une grande partie des producteurs implantés dans une aire d'appellation d'origine pourrait profiter de la réglementation des vins de pays pour élaborer des vins alternatifs à partir de cépages internationaux. Or, ils sont remarquablement peu nombreux à le souhaiter. Pourquoi ? À la vérité, les vins de pays connaissent actuellement des difficultés à se placer sur un marché déjà largement fourni en vins de chardonnay, de cabernet et de sauvignon. Le système de l'AOC a beau présenter des défauts, les vins qui entrent dans son giron possèdent un caractère et une identité remarquables, qui ne peuvent être reproduits ailleurs.

Mon point de vue critique sur la réglementation

Hors de l'Hexagone, la réglementation française est très critiquée par les journalistes internationaux, les négociants et les pays concurrents. En revanche, la plupart des producteurs français que j'ai interrogés à ce sujet sont globalement satisfaits du système et contents d'y participer. Voici les dix critiques les plus fréquentes, ainsi que les contre arguments que j'ai tirés de mes conversations avec les autorités et les vignerons français.

La législation française sur le vin bride la créativité

Cette critique récurrente provient généralement des journalistes internationaux et des producteurs du Nouveau Monde qui ne comprennent pas pourquoi les propriétaires de vignobles classés en appellation n'ont pas le droit de choisir leurs cépages. Pourquoi, par exemple, n'y aurait-t-il pas un pied de chardonnay dans les meilleurs sols du Médoc? Ne serait-il pas fantastique de goûter un merlot qui aurait grandi dans les vignes de côte-rôtie?

Or, la plupart des vignerons qui travaillent dans les aires productrices de grands crus n'ont aucune envie d'expérimenter ces cépages. Ils semblent convaincus que les expériences menées par leurs ancêtres, au fil des siècles, ont permis d'établir les pratiques les mieux adaptées à leurs terroirs.

En revanche, certains producteurs d'aires d'appellation moins recherchées, ou dont la réglementation évolue, aimeraient bien bénéficier d'une plus grande souplesse. Un célèbre producteur de faugères, par exemple, souhaiterait vinifier la syrah en monocépage, mais il est contraint (officiellement, du moins) d'assembler un peu de mourvèdre et de grenache à son vin. Un vignoble d'appellation bandol ne peut (officiellement) être planté uniquement de mourvèdre, même si ce cépage trouve sans doute sa meilleure expression sur ce terroir.

J'ai fait valoir auprès de Jacques Fanet, de l'INAO, qu'un producteur de faugères possédant un superbe terroir de schiste pouvait bien avoir envie de concourir sur un pied d'égalité avec la meilleure shiraz d'Australie ou avec la meilleure syrah de Californie. «Bien sûr, m'a-t-il répondu, mais si telle est sa volonté, il peut toujours produire du vin de pays.» Cela serait effectivement une possibilité en faugères, mais les producteurs de vins français semblent tout de même préférer le cachet de l'AOC à celui des vins de pays, dans les régions où les deux catégories coexistent.

En outre, la réglementation française du vin présente une lacune dans ce domaine : dans certaines régions phares, comme le Bordelais, la Bourgogne et l'Alsace, les vins de pays n'existent pas. Aussi, lorsque les producteurs de ces vignobles veulent explorer des voies originale, ils ne peuvent que se tourner vers la catégorie des vins de table, dont la réglementation interdit toute mention de millésime et de cépage.

La réglementation française du vin est protectionniste

Les producteurs des pays concurrents arguent que l'industrie viticole française est subventionnée par la Politique agricole commune de l'Union européenne et par l'État français. La production de vin français emploie près d'un demi-million de personnes, dont certains citoyens parmi les plus vulnérables économiquement dans les communautés rurales menacées. 30% des emplois de l'agriculture française relèvent de l'industrie viticole. Devant ces chiffres, on comprend que le maintien d'une économie saine dans le domaine du vin soit une priorité de la politique sociale française.

En outre, l'activité viticole qui trouve son emblème dans le système d'appellation représente non seulement une richesse nationale, mais aussi une remarquable prouesse humaine. Souvent, le capitalisme sauvage exerce un effet corrosif sur ce genre de richesse culturelle, car il privilégie le succès économique. La nécessaire protection de telles réalisations culturelles est reconnue par les gouvernements de toutes couleurs politiques en France.

La législation française du vin garantit-elle la qualité?

Les appellations, souvenez-vous, sont d'origine contrôlée et non de qualité garantie. Le principal devoir de la loi française est de protéger l'unicité de l'origine d'un vin. La quête de la qualité est du ressort de chaque vigneron. Néanmoins, comme le fait remarquer Michel Pons de l'Onivins, «nous avons appris que nous n'étions pas le seul poisson dans l'étang et que nous devions améliorer la qualité pour être compétitifs.» Tous les vins français doivent se soumettre à une dégustation à l'aveugle pour être agréés et mis sur le marché, mais les inévitables variations de qualité ont remis en cause le processus d'agrément. Aussi, l'INAO a-t-elle proposé de nouvelles règles de contrôle de la qualité du raisin à la vigne et de nouvelles normes de prélèvement.

Les rendements sont trop élevés

«C'est un problème récurrent, déclare Jacques Fanet, qu'il n'est jamais facile de résoudre.» Les rendements ont été réduits dans toutes les aires d'appellation depuis les sommets atteints dans les millésimes 1988, 1989 et 1990. Mais ils doivent encore baisser, particulièrement dans des régions comme l'Alsace et la Champagne. L'INAO et l'Onivins le reconnaissent volontiers.

La réglementation française du vin est trop compliquée

Pour les consommateurs ordinaires, c'est incontestable. Cependant, cette complexité est le reflet fidèle des usages mis au point par des générations, sur plusieurs centaines d'années. Les œuvres de Shakespeare ou la musique de Bach peuvent être jugées complexes; pourtant, le plaisir est réel sans que chaque nuance d'un monologue ou d'une fugue soit nécessairement compris. Simplifier la législation française serait appauvrir, trahir l'univers du vin. Il ne faut que quelques efforts d'apprentissage au dégustateur pour lui ouvrir les portes de l'hédonisme.

La réglementation française du vin manque de cohérence

Cette critique est souvent formulée par les producteurs novateurs, «brimés» pour avoir eu recours à des pratiques vitivinicoles peu orthodoxes (la fermentation en barrique et le vieillissement en fût de bois pour les vins d'Alsace, par exemple). Les progrès technologiques prennent aussi la réglementation française de cours. Est-il juste, par exemple, de bannir l'usage de feuilles de plastique pour protéger les vignes des pluies pendant les vendanges dans le Bordelais, si l'on autorise le recours à l'osmose inverse pour concentrer les moûts dilués par de mauvaises conditions météorologiques?

Nombre de ces critiques sont fondées. Tous les systèmes reposant sur une réglementation stricte tendent à négliger, voire à freiner les innovations. À long terme, cependant, ces systèmes doivent s'adapter s'ils ne veulent pas se déliter, et la législation française sur le vin ne fait pas exception à la règle. Elle devra s'adapter à l'innovation, à condition, bien sûr, que le terroir sacré soit respecté. C'est pour cette raison que l'usage de feuilles plastiques dans les vignes a été interdit : en empêchant l'eau de pluie de ruisseler jusqu'au pied des vignes, ces feuilles risquent de modifier le terroir. La concentration de moûts dilués, disent certains, ne fait que renforcer le terroir. Y a-t-il là une distinction philosophique? À vous de juger.

La réglementation française du vin manque de lisibilité pour le consommateur

C'est à mon avis un problème que la France devrait résoudre rapidement si elle souhaite entrer en concurrence avec les vins extrêmement populaires du Nouveau Monde. En l'occurrence, je veux parler du refus de voir figurer sur l'étiquette des vins d'appellation le nom du cépage vinifié. En effet la plupart des consommateurs des grands marchés d'exportation de la France choisissent et achètent leurs vins en fonction du cépage. Jacques Fanet, de l'INAO, précise cependant que cette interdiction ne s'appliquait pas aux vins d'AOC vendus à l'extérieur du territoire français, ce qui semble être un compromis raisonnable.

La délimitation des AOC est souvent trop aléatoire

Cette critique s'applique à l'expansion territoriale spectaculaire de certaines aires d'appellation dont le vin se vend bien, comme le chablis et le côte-rôtie. Le problème se pose dans le monde entier à chaque fois qu'il est question de délimiter des aires de production. En Australie, la délimitation du Coonawarra n'a pas été sans controverse. Quant à la Champagne, on se souvient que la définition de l'aire excluant l'Aube a provoqué des émeutes en 1911.

Il faut vérifier au cas par cas le bien-fondé de cette critique. Actuellement, le côte-rôtie est l'une des appellations les plus prisées en France, de sorte que l'élargissement de son aire de production peut être considérée comme un succès. Les chablis jouissent également d'un vaste succès commercial, bien que tous ne soient pas de qualité ni même particulièrement marqués par le terroir. Mais la cause de telles dérives résident davantage dans de mauvaises pratiques vitivinicoles que dans le terroir; certains producteurs n'élaborent-ils pas des petits-chablis exemplaires? Les limites d'une aire d'appellation peuvent également être resserrées : après des années d'extension, l'AOC saint-joseph, par exemple, a connu une réduction d'un tiers de sa surface délimitée.

Les infractions restent impunies

Ils existent bien des lois, mais elles sont souvent transgressées. Dans la *Revue du Vin de France* (n° 449), des experts, qui ont préféré garder l'anonymat, estiment que près de 6% du vin français est l'objet de fraudes. Toujours selon ces experts, seul un faible pourcentage d'entre elles (0,01%) seraient découvertes et sanctionnées. Les fraudes les plus courantes concernent la chaptalisation et la commercialisation de vins de table sous des noms d'appellations usurpés. Les consommateurs les moins avertis sont les premières victimes.

La plupart des vins français n'ont même pas le goût de terroir

«Le terroir, pour citer des producteurs australiens, n'est qu'une excuse pour faire du mauvais vin. Il se cache derrière cet artifice du marketing pour se vendre.» Et si dans certains cas, cette critique se trouve justifiée, rares sont cependant ceux qui refuseront d'admettre que les plus grands vins de la plupart des AOC françaises ont un véritable cachet régional.

Les spécialistes n'ont aucun mal à distinguer les vins rouges de l'AOC margaux de ceux de pauillac, pourtant élaborés à quelques kilomètres de distance seulement et issus des mêmes cépages. Le terroir existe donc bel et bien. Chaque producteur devrait le mettre en valeur et c'est d'ailleurs ce que la plupart s'efforcent de faire.

La SAFER : soutien ou entrave?

Pour faire monter la pression artérielle des vignerons en 2002, il suffit de mentionner la SAFER, Société d'aménagement foncier et d'établissement rural. Au cours d'un séjour en Bourgogne, pendant la réalisation de ce livre, j'ai entendu deux ou trois vignerons se plaindre avec virulence de la SAFER. «Si je devais agrandir mon domaine, j'irais à l'étranger», a déclaré un célèbre producteur de Côte-d'Or qui a récemment acheté des terres dans le Mâconnais. Et un autre de clamer que le système pénalise les bons producteurs, qu'il met à mal les normes de qualité. Le célèbre négociant bourguignon Robert Drouhin a même démissionné de son poste au CIVB en signe de protestation.

Que sont donc les SAFER? Il s'agit de commissions officielles qui relèvent du ministère de l'Agriculture et qui sont chargées de prévenir l'exode rural ainsi que le regroupement des entreprises agricoles. «L'État, résume Jean-Luc Dairien de l'Onivins, préfère en général voir dix domaines d'un hectare plutôt qu'un domaine de dix hectares. Cette politique s'est appliquée de façon constante en France dans les quarante dernières années. C'est évidemment une entrave à la libre entreprise. Si vous laissez le marché décider tout seul, poursuit Jean-Luc Dairien, l'argent gagnera toujours, au bout du compte.»

Les SAFER supervisent les transactions agricoles. Lorsqu'une propriété passe à la génération suivante d'une même famille, la SAFER est satisfaite. En revanche, quand une propriété agricole est vendue, la SAFER taxe l'acheteur potentiel. Elle a, de plus, le pouvoir de préempter la transaction, si elle considère que l'achat ne sert pas l'intérêt national, tel qu'il a été défini plus haut. Elle le fera en achetant elle-même la propriété (au «prix courant»), puis en la revendant, en totalité ou en partie, à d'autres acheteurs qui répondent à ses principes d'aménagement du territoire. Imaginons qu'en Provence un promoteur immobilier souhaite acquérir un coteau planté d'oliviers de cent dix ans pour y construire un hôtel de luxe. La SAFER s'interposera probablement, achètera elle-même l'oliveraie (à la grande fureur de l'acheteur et du vendeur), au prix courant du terrain d'oliveraie, et non au prix de la terre à bâtir. Ensuite, elle la vendra, en la divisant peut-être en trois parcelles distinctes, à de jeunes agriculteurs travaillant en association avec une coopérative dans le but de produire une huile d'olive biologique de qualité supérieure. Pour s'opposer à la SAFER, le vendeur n'aura pour seule solution que de s'abstenir de vendre.

Un tel exemple souligne les mérites de ce système. Cependant, l'application des principes de la SAFER dans le contexte viticole pose trois problèmes. Tout d'abord, les domaines sont souvent déjà trop petits et une parcellisation supplémentaire ne semble pas judicieuse.

Deuxièmement, la SAFER est accusée de considérer tout acheteur bien nanti, d'une taille respectable, comme un ennemi. Pourtant dans de nombreuses régions viticoles, c'est souvent le contraire qui est vrai. Prenons un exemple. Un grand producteur bordelais décide que l'Entraygues est un superbe terroir dans lequel il faut investir. Pour le prouver, il tente d'acquérir le plus grand domaine d'Entraygues. Toute la région peut y trouver un avantage.

Troisièmement, les SAFER ne semblent pas prendre suffisamment en considération les aptitudes réelles des candidats. «Si je comprends la démarche globale, déclare Robert Drouhin, je suis en total désaccord avec les principes de sélection des candidats.

Ils ne reposent que sur des critères sociaux : on choisit le petit producteur, l'agriculteur disposant des plus faibles revenus. Aucun critère de qualité n'est retenu.» Les dangers de ces priorités sont manifestes : risquer de gâcher le potentiel d'une belle vigne et ainsi d'endommager le patrimoine culturel français.

Le terroir

Empreinte du lieu. Caractère du cépage, profondeur du fruit, intégration du chêne : des critères qui ne sont pas primordiaux pour les vins d'AOC français. Imprimer la marque sensuelle de la pierre, de la terre, de la pente et du ciel, voilà leur raison d'être.

Dans un article intitulé « L'âme du vin » du numéro de décembre 1999 du magazine spécialisé anglais *Decanter*, Randall Grahm, producteur californien, intellectuel et homme d'humour, explique comment, lors d'une dégustation (à laquelle participaient quelques-unes de ses cuvées de Santa Cruz) il est tombé sous le charme d'un vin remarquable, non californien. « Non seulement il avait quelque chose de plus que les vins californiens, mais il semblait s'inscrire dans un tout autre registre, comme s'il venait d'une autre planète (et je sais de quoi je parle). Il se distinguait par son essence même. » Certes, dit encore Randall Grahm, « les autres vins montraient de l'exubérance comme s'ils étaient pressés de plaire, mais celui-là, aussi agréable fût-il, n'était pas là pour plaire ». Il révélait « une sorte de détermination impassible et donnait une impression semblable à celle que l'on éprouve en serrant la main d'un individu particulièrement volontaire ou en regardant une montagne. » N'y a-t-il jamais eu image plus juste pour décrire le plaisir de déguster ce que les Français appellent un grand vin de terroir ? Je reviendrai plus tard sur cet article, et je vous dévoilerai alors le nom du vin qui avait ainsi envoûté ce producteur californien.

Si vous prenez le temps de lire ce livre, c'est que, comme tous les œnophiles amateurs, vous goûtez non pas au plaisir « du » vin, mais « des » vins, bigarrés, changeants, pluriels. Cette variété incroyable distingue, d'ailleurs, le vin des autres aliments et des autres boissons. En une année, nous pouvons goûter six variétés de choux, une douzaine de sortes de pommes, vingt poissons différents. Les inconditionnels dégusteront peut-être jusqu'à une centaine de fromages. À l'aide d'un bon livre de cuisine, nous pourrons durant cette même année préparer cent plats différents. En revanche, quelques jours seulement nous suffiront à remplir notre cave de plusieurs milliers de bouteilles de vins différents, à condition de disposer d'un téléphone et d'une carte de paiement.

Qu'est-ce qui différencie un vin d'un autre vin ? Divers éléments que je regroupe en trois catégories : les fausses différences, les différences infimes et les profondes différences.

Les étiquettes, les bouteilles, les astuces du marketing et les campagnes de publicité créent de fausses différences : palettes de maquillage, implants siliconés et autres perruques du monde du vin. D'ailleurs, les seules véritables dégustations ne sont-elles pas les dégustations à l'aveugle, où bouteilles et étiquettes sont soigneusement cachées ? Plus intéressantes encore, et de très loin, en terme de jugement, sont les séances de dégustation de vins servis en carafe. Quoi qu'il en soit, aucun vin ne peut être correctement évalué avant qu'il n'ait été bu… et digéré : c'est là sa destination, sa destinée.

Les différences infimes proviennent des techniques viticoles employées : macération précédant la fermentation, par exemple, ou fermentation en barrique, fermentation en cuve, pourcentages de fermentation malolactique, élevage sur lies, soutirage, micro-oxygénation… La liste est longue. Certaines interventions, comme l'acidification du moût ou la correction de la tannicité, peuvent modifier la composition chimique d'un vin. Les différences infimes prennent alors des proportions telles que les vins sont dénaturés : on passe de l'agriculture à l'industrie. Le vin dénaturé est ce que Nicolas Joly, partisan de la biodynamie dans la vallée de la Loire, appelle un « faux vin », par opposition au vin naturel qualifié de « vrai vin ». Certains « faux vins » peuvent se révéler excellents alors que de « vrais vins » peuvent être épouvantables. Tout dépend du talent avec lequel ces opérations de dénaturation ont été pratiquées. De même, des vins naturels peuvent être mal vinifiés ou provenir de vendanges déficientes.

Enfin, venons-en aux différences profondes qui existent entre les vins. Elles dépendent du lieu dont est issu un vin, c'est-à-dire de son terroir d'origine.

La vigne puise ses forces dans le sol. Ses racines fouillent la terre sur dix à quinze mètres de profondeur, jusque dans le sous-sol, pour aller chercher l'eau et les minéraux nécessaires à son développement. La lumière est sans doute aussi importante (voire plus importante). Selon le pédologue Claude Bourguignon, 88 % de la matière végétale provient, par photosynthèse, du dioxyde de carbone contenu dans l'air. Car le terroir n'est pas uniquement constitué par le sol, mais aussi par le ciel.

Pour reprendre l'expression de Nicolas Joly, « la terre présente partout un visage différent ». Aucun vignoble ne se ressemble. Les sols sont graveleux, calcaires, sableux, argileux, acides ou alcalins ; les expositions sont variées ; les cours d'eau sont proches ou, au contraire, éloignés. D'un lieu à l'autre et d'un jour à l'autre, le ciel est changeant. La topographie locale influe aussi : corton-charlemagne est plus ensoleillé que pernand Caradeux, de l'autre côté de la vallée ; l'eau est omniprésente en Médoc (Atlantique à l'ouest, Gironde à l'est) et l'ombre est rare ; les montagnes vosgiennes protègent les vignes d'Alsace.

La topographie influe sur le climat. Dans la région de Colmar, les montagnes granitiques parfaitement drainées captent le moindre rayon de soleil. Quant au Médoc, il fait presque partie de l'Océan : infiniment ouvert, il est prêt à affronter les humeurs changeantes du temps dans une même journée. Ajoutez à cela les grandes variations climatiques que connaît une saison et vous comprendrez que chaque vigne pousse dans des conditions uniques.

« Seule, dans le règne végétal, la vigne nous rend intelligible ce qu'est la véritable saveur de la terre. Quelle fidélité dans la traduction ! Elle ressent, exprime par la grappe les secrets du sol. Le silex, par elle, nous fait connaître qu'il est vivant, fusible, nourricier. La craie ingrate pleure, en vin, des larmes d'or. »

COLETTE, « VINS » DANS *PRISONS ET PARADIS* (1932)

◀ *Un sol sain est un monde débordant de vie. Le vin est un lien sensuel qui permet de percevoir autrement cet univers impalpable.*

▲ *Les châteaux Latour et Margaux regardent la Gironde. Leurs vins résultent d'une fantastique équation entre le sol, la rivière et le climat : le terroir.*

La vigne est une érudite dans le monde végétal. Elle enregistre tout. Au beau milieu d'une nuit calme et étoilée de janvier, les fleurs qui donneront naissance aux raisins, l'été suivant, sont déjà tapies dans ses boutons serrés dans la glace et le silence. Quelque chose se passe, quelque chose s'inscrit. La vigne s'agrippe aux pierres avec énergie lorsque des nuages gris, chargés d'eau, envahissent le ciel, par une sombre après-midi de mars. Tout est différent lorsque la météorologie échappe aux lois de la saison et apporte du soleil au lieu de la pluie. Ces hasards climatiques s'inscrivent dans le raisin. La vigne consigne tout, attentive à ne rien oublier sous la rosée matinale d'un limpide matin de juin, sous la chaleur torride de la mi-journée, au mois d'août. « Seule dans le règne végétal », pour reprendre les termes de Colette, elle est capable de traduire ces données annuelles dans le raisin qu'elle produit et qui sera transformé en vin.

Quand l'agitation de la vinification a cessé, et à condition que la composition chimique du jus du raisin n'ait pas été altérée, le dégustateur peut alors humer le vin et deviner les vicissitudes de la vigne au cours de la saison et même le lieu précis d'où elle vient. Une source de bonheur et d'étonnement pour les amateurs attentifs. Voilà comment, en buvant un vin, vous pouvez vous imaginer « face à une montagne ». C'est ce que l'on appelle le terroir.

Les analogies sont parfois utiles. La chanson est comme le vin : elle est là pour être aimée. Imaginez que vous écoutiez l'une de vos chansons préférées, par exemple *Imagine* de John Lennon. John Lennon a été (et reste) le terroir, le créateur. L'interprète est toujours le vigneron. Les mots et la musique de Lennon sont immuables, de même que le terroir ne peut se trahir. Mais si l'interprète est un piètre musicien, quel que soit votre amour pour la chanson, vous l'apprécierez peu. De même, les plus grands terroirs peuvent être gâchés par une viticulture mal menée (et notamment par des rendements trop élevés), des interventions brutales, une absence de soins. Affirmer que les différences profondes entre les vins relèvent du terroir n'enlève rien au rôle essentiel du vigneron. Les vignerons sont des gardiens qui donnent vie aux vins (d'où la comparaison avec la sage-femme, qu'affectionnent tant de viticulteurs français) : ils peuvent ouvrir tout grand la porte ou la refermer brutalement.

Les plus grands producteurs de vins français s'accordent tous pour reconnaître qu'un interventionnisme mesuré peut aider le terroir à s'exprimer dans le vin. « Il faut avoir le courage de ne rien faire », disait René Lafon, père de Dominique Lafon. Si vous voulez que votre vin exprime le terroir dont il est issu, vous devez laisser faire la nature. « Pour cultiver sincèrement le terroir, confirme Randall Grahm, le vigneron doit savoir étouffer son ego, griffonner une signature stylisée au coin du tableau du vin, sans la planter au milieu... (Au passage, je remarque à quel point cela est difficile pour les vignerons du Nouveau Monde. Comme si nous n'étions pas suffisamment obsédés par l'idée de "nous exprimer", les spécialistes du marketing nous rappellent en permanence que nous devons créer une différence de style). »

N'oublions pas une chose essentielle : tous les terroirs ne sont pas équivalents. En raison de sa longue tradition viticole, la France, bien plus que n'importe quel autre pays viticole, offre des exemples frappants de cette réalité. En Bourgogne, vous pouvez parcourir quelques centaines de mètres à pied et passer des vignes les plus prisées, les plus cotées à des terres stériles. La lourde main de la bureaucratie qui s'abat sur de malheureux propriétaires terriens n'y est pour rien, même si c'est ce que prétendent parfois certains critiques du système d'AOC. Comme le fait remarquer Henri Jayer, « le législateur, en 1936, n'a fait que confirmer les trouvailles empiriques de nos ancêtres. N'oublions pas que la classification, avant l'officialisation des classements, était effectuée à la tasse, par des personnes au palais sensible. » L'identification du terroir – l'analyse de la nature des sols – est bien avancé dans certaines régions, en Bourgogne notamment. En

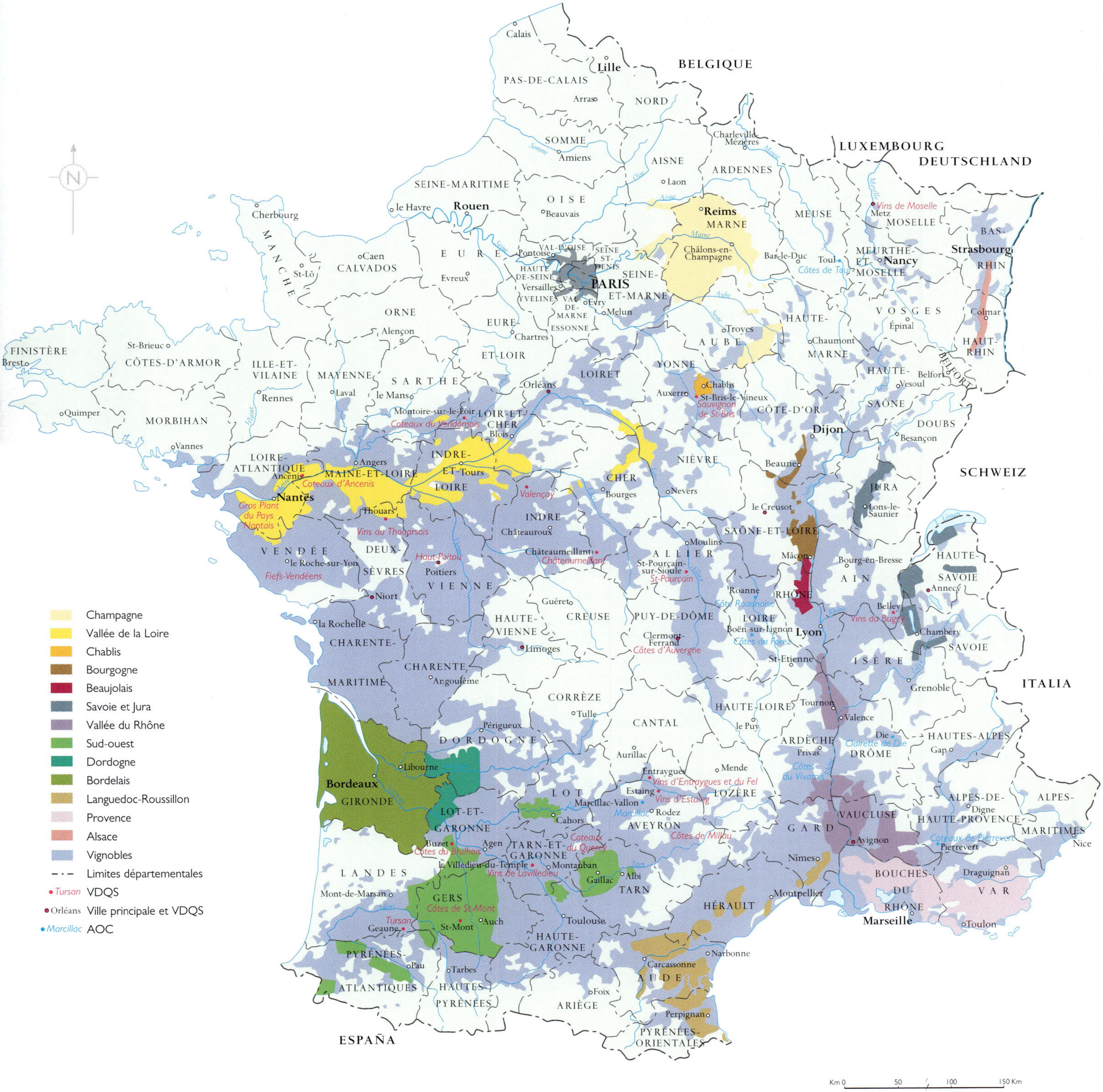
Champagne
Vallée de la Loire
Chablis
Bourgogne
Beaujolais
Savoie et Jura
Vallée du Rhône
Sud-ouest
Dordogne
Bordelais
Languedoc-Roussillon
Provence
Alsace
Vignobles
Limites départementales
Tursan VDQS
Orléans Ville principale et VDQS
Marcillac AOC
Km 0 50 100 150 Km
BELGIQUE
LUXEMBOURG
DEUTSCHLAND
SCHWEIZ
ITALIA
ESPAÑA
Calais
Lille
PAS-DE-CALAIS
NORD
Arras
SOMME
Amiens
AISNE
Laon
ARDENNES
Charleville Mézières
SEINE-MARITIME
le Havre
Rouen
OISE
Beauvais
Reims
MARNE
Châlons-en-Champagne
MEUSE
Bar-le-Duc
Metz
MOSELLE
Vins de Moselle
Toul
Côtes de Toul
MEURTHE-ET-MOSELLE
Nancy
BAS-RHIN
Strasbourg
Colmar
HAUT-RHIN
VOSGES
Épinal
Cherbourg
MANCHE
Caen
CALVADOS
St-Lô
EURE
Evreux
Pontoise
VAL-D'OISE
SEINE-ST-DENIS
HAUTS-DE-SEINE
PARIS
Versailles
YVELINES
VAL-DE-MARNE
Evry
Melun
ESSONNE
SEINE-ET-MARNE
ORNE
Alençon
EURE-ET-LOIR
Chartres
Troyes
AUBE
HAUTE-MARNE
Chaumont
FINISTÈRE
Brest
St-Brieuc
CÔTES-D'ARMOR
ILLE-ET-VILAINE
Rennes
MAYENNE
Laval
SARTHE
le Mans
Quimper
MORBIHAN
Vannes
LOIRET
Orléans
YONNE
Auxerre
Chablis
St-Bris-le-Vineux
Sauvignon de St-Bris
CÔTE-D'OR
Dijon
HAUTE-SAÔNE
Vesoul
Belfort
DOUBS
Besançon
Montoire-sur-le-Loir
Coteaux du Vendômois
LOIR-ET-CHER
Blois
LOIRE-ATLANTIQUE
Ancenis
Coteaux d'Ancenis
Nantes
Gros Plant du Pays Nantais
MAINE-ET-LOIRE
Angers
INDRE-ET-LOIRE
Tours
Thouars
Vins du Thouarsais
Valençay
CHER
Bourges
NIÈVRE
Nevers
Beaune
le Creusot
JURA
Lons-le-Saunier
SAÔNE-ET-LOIRE
Mâcon
INDRE
Châteauroux
Châteaumeillant
VENDÉE
la Roche-sur-Yon
Fiefs-Vendéens
DEUX-SÈVRES
Haut-Poitou
Poitiers
VIENNE
Niort
ALLIER
Moulins
St-Pourçain-sur-Sioule
St-Pourçain
AIN
Bourg-en-Bresse
HAUTE-SAVOIE
Annecy
Roanne
Côte Roannaise
RHÔNE
Lyon
LOIRE
Boën-sur-Lignon
Côtes du Forez
Belley
Vins du Bugey
Chambéry
SAVOIE
Guéret
CREUSE
HAUTE-VIENNE
Limoges
PUY-DE-DÔME
Clermont-Ferrand
Côtes d'Auvergne
St-Etienne
ISÈRE
Grenoble
la Rochelle
CHARENTE-MARITIME
CHARENTE
Angoulême
CORRÈZE
Tulle
CANTAL
HAUTE-LOIRE
le Puy
Tournon
Valence
Périgueux
DORDOGNE
Aurillac
ARDÈCHE
Privas
Die
Clairette de Die
DRÔME
HAUTES-ALPES
Gap
Libourne
Bordeaux
GIRONDE
LOT
Entraygues
Vins d'Entraygues et du Fel
Estaing
Vins d'Estaing
Mende
LOZÈRE
Côtes du Vivarais
Marcillac-Vallon
Marcillac
Rodez
AVEYRON
Côtes de Millau
LOT-ET-GARONNE
Cahors
VAUCLUSE
Avignon
ALPES-DE-HAUTE-PROVENCE
Digne
Coteaux de Pierrevert
Pierrevert
ALPES-MARITIMES
Nice
Buzet
Côtes du Brulhois
Agen
TARN-ET-GARONNE
Coteaux du Quercy
Montauban
Albi
TARN
Gaillac
GARD
Nîmes
LANDES
Lavilledieu-du-Temple
Vins de Lavilledieu
Mont-de-Marsan
GERS
Côtes de St-Mont
Auch
Tursan
Geaune
St-Mont
Toulouse
HÉRAULT
Montpellier
BOUCHES-DU-RHÔNE
Marseille
Draguignan
VAR
Toulon
HAUTE-GARONNE
PYRÉNÉES-ATLANTIQUES
Pau
Tarbes
HAUTES-PYRÉNÉES
Carcassonne
AUDE
Narbonne
Foix
ARIÈGE
Perpignan
PYRÉNÉES-ORIENTALES

Olivier Jullien

L'histoire d'Olivier Jullien illustre deux aspects fascinants du terroir.

« En 1989, raconte-t-il, personne n'appréciait mon vin. Je me suis donc dit que j'allais élaborer un vin qui plairait à tous et que je vendrais moins cher que mon autre vin. » Olivier Jullien étudie le terroir languedocien pour mieux le comprendre. Et en 1990, États d'Âme, un vin « sociable » qui « s'efforce de plaire », comme le décrit Olivier Jullien lui-même, voit le jour. C'est un vin qui repose sur le fruit. Son autre vin, le Mas Jullien, est le résultat d'une « absence d'effort » (autre façon de nommer le non-interventionnisme). Ce vin qui « dépasse la séduction » est le pur produit de ses champs de pierre blanche. Un vin, plus cher qu'États d'Âme, et qui demande du temps pour être apprécié. Le vigneron accorde ainsi à la nature un plus grand prix qu'à son propre talent. Une démarche qui va à l'encontre de la logique mercantile.

Le terroir a besoin d'être maîtrisé. Jullien possède des terrains calcaires et d'autres schisteux qui lui donnent deux vins rouges. Mais le viticulteur n'est pas satisfait : « Je n'arrivais pas à trouver l'équilibre du vin. » Aussi décide-t-il de ne plus vinifier qu'un seul vin, le Mas Jullien, issu des deux types de sol. Et il confie « Je me sens plus à l'aise maintenant.. » Une meilleure connaissance de la nature permet de mieux l'interpréter. ▶

revanche, ailleurs (et pas seulement en France), il faudra encore des siècles d'explorations géologiques. Ainsi les crus du Languedoc, ceux du sud-ouest de la France et de la Provence font-ils l'objet d'études. Le Bordelais réserve sans doute encore de belles surprises, tandis que les recherches sur la différenciation des complexes terroirs d'Alsace se poursuivent. Cependant, nous pouvons être certains qu'aucun terroir égalant ceux de corton ou de montrachet ne sera trouvé dans le Muscadet. La vie est injuste, la terre aussi.

Pourquoi devrions-nous privilégier l'empreinte du terroir par rapport à toutes les autres facettes du vin ? Le vin contient aussi de l'alcool, ce que la plupart des buveurs apprécient le plus, à en juger par les statistiques. Quand le vin est jeune, il comporte d'innombrables arômes de fruits. Oz Clarke, expert britannique, a souvent préféré les vins aux arômes fruités. Il a fait une mémorable apparition à la télévision en arborant un tee-shirt sur lequel était inscrit « Fruit, fruit, fruit ». C'est le fruit, répétait-il, qui séduit le plus grand nombre d'amateurs, et non les saveurs du terroir, plus impénétrables, voire désagréables. (Les critiques australiens, comme me l'a confié l'un d'entre eux, vont parfois plus loin, prétendant que le terroir n'est « qu'un alibi pour excuser les techniques viticoles mal menées ».) Sur un plan purement statistique, une fois encore, Clarke a raison. Il est beaucoup plus rentable pour un producteur d'élaborer des vins fruités (pour lesquels il est possible de pratiquer des rendements élevés) que des vins de terroir

Cette jeune vigne vivra sans doute assez longtemps pour connaître une centaine de vendanges, et ses racines fouilleront toujours plus profond dans la terre et dans le roc pour y puiser la beauté. ▶

(pour lesquels il est impossible de pratiquer des rendements élevés). Comparez les appréciations concernant deux vins blancs élaborés par le même producteur et relevant du même millésime. Le premier, « parfumé, déploie des senteurs de fruits tropicaux et d'écorce d'orange, une vivacité tranchante et une note finale très gaie, légèrement citronnée ». Le second est « un blanc tout en mesure, bien équilibré… essence du terroir de granite. On ne perçoit pas un réel caractère fruité, mais juste du gras, de l'alcool et l'héritage de la pierre ». Le premier vin coûte entre 14 et 22 euros la bouteille, le second entre 268 et 407 euros. Les deux vins millésimés 1999 sont produits par Chapoutier. Le premier est un croze-hermitage Les Meyssoniers, le second un hermitage L'Ermite. Le vin fruité obtient 84 et l'autre, non fruité, 93-95 (notes attribuées par Robert Parker).

Je ne trouve rien à redire à l'idée de préférer le goût du fruit à celui du terroir. À la différence du terroir, le goût est authentiquement démocratique, et chaque dégustateur est libre de choisir ce qui lui apporte le plus de plaisir et de bien-être. Si vous préférez les arômes de fruits aux arômes minéraux, réjouissez-vous. Cela vous reviendra moins cher et vous pourrez même vous tourner vers des vins étrangers. Mais si vous souhaitez découvrir pourquoi les gens sont prêts à payer davantage pour « goûter des pierres » et s'imaginer face à une montagne (plutôt que de boire du fruit), revenez à l'article de Randall Grahm.

Celui-ci abordait l'épineuse question de l'âme du vin. Après avoir longuement étudié la question, Grahm en était arrivé à la conclusion que « le terroir, le sentiment d'appartenance, de venir de quelque part, est fortement liée à l'idée de l'âme du vin. La marque du terroir, poursuivait-il, constitue un sujet de réflexion pour le vigneron comme pour le dégustateur. "Mais qu'est-ce que l'âme ?" C'est la part de nous-mêmes qui reste immuable, cachée quelque part sous la surface, notre véritable personnalité, au-delà de toute concession. » C'est en goûtant un riesling alsacien du domaine de Muenchenberg, propriété d'André Ostertag, que Grahm a ressenti avec force l'âme du vin.

Depuis trente ans que je bois du vin, mon plus grand plaisir réside dans le bouquet, dans les arômes de la terre et dans les substances minérales. L'alcool peut se trouver ailleurs, de même que le fruit. Seul le vin peut donner au dégustateur l'occasion de « s'imaginer face à une montagne ». Comme Grahm, il me semble que c'est à travers ces parfums et ces saveurs que nous découvrons l'âme du vin, son essence, sa vérité éternelle, son identification avec le monde naturel. Boire un grand vin de terroir, c'est se perdre dans la nature, se laisser impressionner par la beauté naturelle, comme lorsque vous vous trouvez au sommet d'une colline battue par les vents ou que vous vous réveillez au milieu d'un paysage feutré recouvert par la neige ou encore que vous contemplez une mer sombre éclairée par les reflets argentés de la lune. De telles expériences procurent un plaisir et un bien-être beaucoup plus intenses que la rude gifle de l'alcool et de la caféine d'une vodka ou d'un cocktail, ou que la fadeur et la platitude désolantes d'une Lager industrielle ou d'un chardonnay boisé. Telle est la joyeuse sobriété du vin.

Des pieds de merlot plantés en appellation pomerol, au Bon Pasteur, propriété familiale de Michel Rolland, sans doute l'œnologue français le plus influent des années 1990.

La Champagne

Une profonde métamorphose se fait jour en Champagne. Cette région prend conscience que sa viticulture a été négligée, que les subtilités de son terroir se sont perdues. L'ère des grands producteurs et des grands vignobles ne fait que commencer.

Une journée d'hiver dans le Sussex, au milieu des arbres dépouillés. J'étais avec un vieil ami que je venais de retrouver. Un ami qui avait souffert. Sa vie, au cours des derniers mois, avait été marquée par une succession d'événements qui avaient emporté le fruit de vingt-cinq années d'efforts. Cet homme, proche de la soixantaine, stoïque et généralement jovial, semblait défait. Pendant une heure ou deux, nous avons parlé, dans un champ de ruines métaphoriques. Il a à peine souri.

« Et si nous buvions du champagne », ai-je proposé peu après midi. Il m'a regardé en tirant sur la cigarette qu'il venait de rouler. Cet homme aimait le bon vin, et il avait d'excellentes raisons d'apprécier le bon champagne. J'avais dans ma voiture une bouteille de Mumm de Cramant. Il faisait froid, et le vin était légèrement frappé. Nous avons logé la bouteille dans le compartiment à glace de son réfrigérateur pendant quelques minutes, le temps de laver des verres.

J'ai servi le champagne. Le vin, d'un grand éclat, s'est couronné d'une abondante mousse. C'était le premier verre de la journée. Développant un frais parfum de pomme sucrée, il était vif mais ample, plein d'allant, mais puissant. Nous avons poursuivi notre conversation tout en mangeant du saucisson, du chorizo, du pain, de l'avocat. Le champagne devenait de plus en plus fin. Nous étions fascinés par ses apparentes contradictions : sa vivacité et sa nervosité d'une part, sa sève abondante, sa rondeur et sa plénitude d'autre part. Un autre vin nous aurait-il offert autant de sensations ? Peut-être. Mais le souvenir de ce champagne restera, alors que tous les autres servis au cours de mornes réceptions, d'assommantes soirées ou d'ennuyeuses célébrations annuelles sont oubliés depuis belle lurette. Mon ami semblait reprendre vie. Nous avons souri, nous avons ri. Et ses yeux de retrouver leur éclat. Quelques heures plus tard, lorsque nous sommes sortis, rattrapés par l'ombre de ses ennuis, je me suis souvenu d'une phrase attribuée à Lily Bollinger, à laquelle je n'avais jusqu'à présent jamais prêté véritable attention : trop belle, sans doute, un peu clichée aussi. Or, ce jour-là, je me suis surpris à la citer comme si, surgie d'un coin de mon esprit, cachée sous un tas de brindilles, elle avait pris une nouvelle dimension : « Je bois du champagne quand je suis triste… ».

Un vin d'une séduction universelle

Si je vous raconte cette histoire, c'est qu'elle illustre une vérité essentielle du champagne : plus que tout autre, c'est un vin de séduction universelle plutôt que d'excellence singulière. Mon ami et moi avons bu du Mumm de Cramant, mais nous aurions aussi bien pu jeter notre dévolu sur un autre champagne. L'important était que ce fût un bon champagne. Aucun autre vin n'est chargé d'une telle symbolique. Aucun ne possède cette même propriété de vous mettre de

bonne humeur, presque scandaleusement, en un tel moment. Son goût l'accorde à toutes les circonstances, n'imposant jamais la compagnie de mets, comme le ferait un excellent hermitage ou un madiran. Le champagne est un vin autant qu'une occasion de fête. Mais qu'est-ce qu'un champagne « de qualité » ? Répond-il à une définition stricte dans le monde du vin, dont les éléments seraient une concentration remarquable, une puissance et une personnalité particulières ? Ou bien correspond-il simplement à un idéal de finesse et à un style d'une singulière régularité ? La seconde proposition est plus juste que la première. Mon ami et moi n'avons pas relevé les qualités uniques du Mumm de Cramant – d'ailleurs, en avait-il vraiment –, nous avons simplement apprécié son allant pour vaincre notre mélancolie. Nous avons cherché dans sa mousse folle motif à nous réconforter. Nous avons fait de ses bulles une agape.

La singularité champenoise

En ce début de siècle, la Champagne semble ainsi une énigme. Son vin est l'un des produits les plus populaires, prisé dans le monde entier, intimement associé au luxe, à la richesse. Le prix moyen d'une bouteille de champagne brut sans année de marque est bien supérieur à celui que pourraient revendiquer des vins tranquilles d'une structure équivalente, c'est-à-dire parfois modeste (la Champagne figure parmi les aires d'appellation d'origine contrôlée dont le rendement est le plus élevé en France). Si le champagne atteint des prix exorbitants, c'est parce qu'il s'est construit, au fil des cent cinquante dernières années, une image indestructible et parce que, grâce au climat et aux sols qui président à sa naissance, aucun de ses concurrents ne possède, pour le moment, sa finesse extrême et désarmante.

Cas unique en France, les marques règnent en maître en Champagne et dans ce monde monolithique, le grand public ne se repère que plus aisément... Le consommateur est prêt à payer le champagne très cher, non pas parce que sa qualité le vaut bien, mais parce qu'aucun autre vin ne saurait créer un univers à lui tout seul. Une expérience qui a un prix.

Vers une politique de qualité

La nouvelle France vinicole met en avant une culture de la qualité à laquelle le champagne semble avoir échappé jusqu'à présent. Les plus grands producteurs français se sont presque tous engagés dans la recherche de l'expression des nuances variées du terroir ; ce sont des viticulteurs perfectionnistes qui sélectionnent avec grand soin les raisins entrant dans leurs cuves. Vignerons passionnés, ils se limitent généralement à des rendements inférieurs de moitié à ceux pratiqués par leurs pères, et privilégient, en matière de vinification, la non-interven-

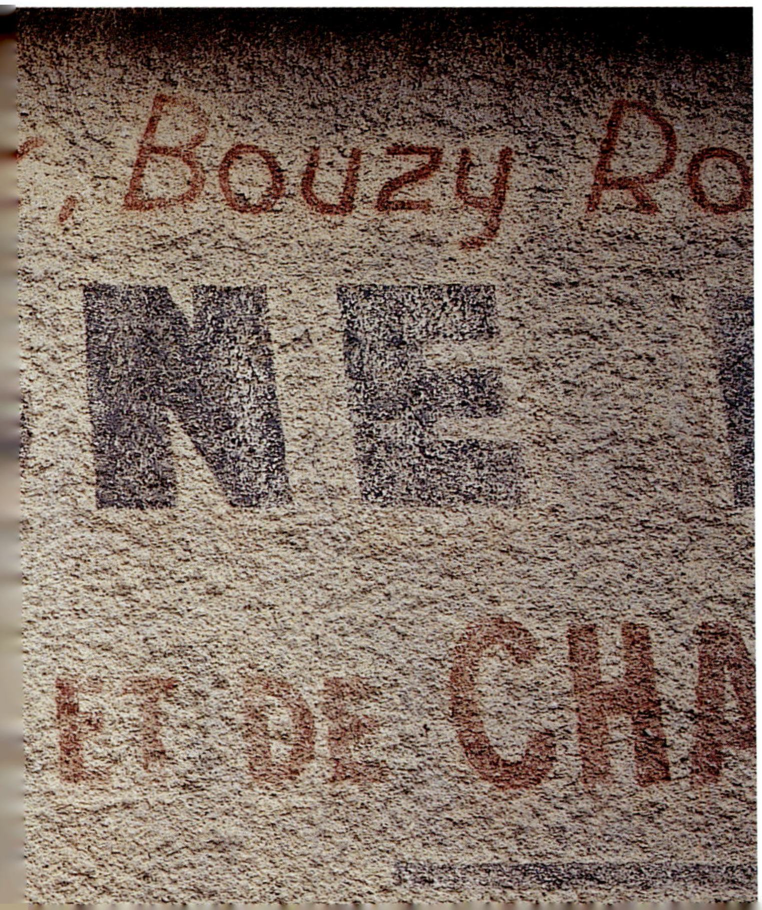

« Dans les années 1980, nous disions que le chef de cave faisait la pluie et le beau temps en Champagne. Au cours des années 1990, nous avons compris que le raisin était souverain. Le chef de cave contribue certes à faire – ou à défaire – la réputation d'un champagne, mais sa latitude est relativement faible. La base de tout, c'est vraiment le raisin. »

JEAN-MARIE BARILLÈRE, P-DG DE MUMM

◄ *En Champagne, le millésime 2001 a fait réfléchir. Il était temps d'appliquer une politique viticole plus rigoureuse.*

▲ *Aucune région viticole ne connaît de températures aussi basses en hiver que la Champagne. Les vignes de la Montagne de Reims dorment paisiblement pendant les longs mois de frimas.*

tion. Naturellement, ces centaines de producteurs français sont, viscéralement hostiles aux marques. Car, contrairement aux vins de marques, leur production est mise sur le marché sous des étiquettes qui reflètent les époques et les générations ; en outre, parce qu'elle s'attache à traduire un terroir, elle ne saurait être uniforme d'un millésime à l'autre, ou d'une cuvée à l'autre. Bien évidemment, la Champagne ne veut pas rester à la traîne pendant que la France échafaude son plan de contre-attaque face à l'industrialisation galopante dans le monde, face à la toute-puissance des marques, face à l'uniformisation du vin.

Terroirs et grands crus

Récemment encore, le Comité interprofessionnel du vin de Champagne (CIVC) soulignait dans ses campagnes publicitaires qu'il « existait autant de champagnes que d'occasions de le déguster ». Pourtant, la région ne dispose actuellement d'aucun cadre réglementaire où afficher cette diversité. Mis à part les coteaux champenois et le rosé des Riceys, elle ne comprend qu'une vaste aire d'appellation d'origine : le champagne. Ne serait-elle donc qu'un « mono-terroir » ? Certainement pas. L'aire d'appellation admet des terroirs bien distincts, mais la délimitation actuelle ne permet pas de les identifier clairement. De plus, les consommateurs sont mal informés ; tout juste leur signale-t-on si un vin a été élaboré à partir de raisins récoltés sur une commune classée en premier cru ou en grand cru. Cette hiérarchie spécifique au champagne, appelée échelle des crus, était initialement destinée à fixer le prix du raisin : les communes grands crus (au nombre de dix-sept) sont cotées à cent pour cent, ce qui signifie que leur vendange est vendue à 100 % du prix du raisin fixé chaque année par le CIVC ; les communes premiers crus (quarante et une) sont cotées entre quatre-vingt-dix et quatre-vingt-dix-neuf pour cent. Si le système des grands crus alsaciens avait été largement critiqué pour son laxisme en comparaison du modèle bourguignon, avant que ne soient définis les cinquante grands crus en 1992, que dire du système des grands crus champenois qui ne se contente pas de classer une vaste parcelle située sur une pente unique, mais qui cote toute une commune ? « Je suis navré, déclare le vigneron Didier Gimmonet, mais les vignes qui poussent dans l'argile, sous la colline de Cramant, n'ont jamais donné et ne donneront jamais de grand cru. » « Le classement d'une commune entière, souligne son confrère Pierre Larmandier, est assez aberrant, mais il faut se souvenir de l'histoire. Autrefois, un négociant se rendait au centre de pressurage d'un village pour faire ses achats. Or, ce qu'il achetait était déjà un assemblage, constitué de vins clairs qui venaient de tout le vignoble alentour. Le problème, c'est que le système n'a pas évolué depuis. »

La Champagne a un besoin urgent de disposer d'un système d'appellation adapté aux différents terroirs qui la composent. Aussi le CICV a-t-il entrepris, il y a dix ans, sous la responsabilité du chercheur Laurent Panigaï, une étude des terroirs champenois qui va jusqu'à la caractérisation de parcelles de cinquante mètres carrés seulement. Il est probable que la région opposera une forte résistance au changement, car une définition plus fine des grands crus et des premiers crus de Champagne signifierait une délimitation restrictive. De nombreux producteurs risqueraient alors de ne plus pouvoir revendiquer un nom de cru et subiraient une perte substantielle de revenus. Cette réforme pourra-t-elle jamais voir le jour ?

La méthode « raisonnée »

En Champagne, les rendements augmentent de manière incontrôlée, tandis que la sélection des raisins reste faible, en comparaison de l'importance accordée à cette pratique dans les autres vignobles de l'Hexagone. Néanmoins, l'usage de tables de tri tend à se développer dans un souci de favoriser la qualité, comme le souligne Philippe Secondé de la maison Barnaut. Les grands débats sur l'environnement qui animent l'agriculture européenne sont pris en compte par les autorités champenoises, désireuses de promouvoir un projet de viticulture raisonnée, ou de lutte raisonnée, dans la région.

Cette viticulture raisonnée vise, notamment, à inciter les producteurs à réduire les traitements phytosanitaires au profit d'autres modes culturaux comme l'enherbement, les cultures de couverture et les paillis, ou d'une meilleure sélection des porte-greffes. Méthodes qui n'ont absolument rien à voir avec l'agrobiologie ou la biodynamie, difficiles à mettre en œuvre en Champagne et qui intéressent, somme toute, très peu de producteurs. Difficile de prévoir comment réagiront ces derniers.

Pour l'instant, il n'existe aucune sanction contre ceux qui préfèrent ignorer la viticulture raisonnée, même si, à long terme, le projet prévoit de conditionner l'attribution de l'appellation au respect des règles de la viticulture raisonnée. Si une forte majorité de producteurs adhère aux recommandations du CIVC, la qualité des raisins de Champagne devrait sans aucun doute s'accroître. « La viticulture, confirme Pierre Larmandier, s'améliore dans la région. En tant que président des producteurs de notre commune, je remarque les progrès notables réalisés par les jeunes ; ils ne sont peut-être pas sur le point de passer à l'agriculture biologique, mais ils comprennent du moins que si nous laissons les toxines envahir nos sols, nous serons les premiers à en pâtir. » Pierre Larmandier – qui est l'un des rares vignerons champenois à pratiquer l'enherbement – est souvent accusé de mal entretenir ses vignes par ses détracteurs qui veulent voir des rangs nets, quitte à faire massivement usage d'herbicides.

Le problème des rendements est, hélas, encore plus difficile à résoudre, puisqu'il affecte directement le revenu des producteurs. Sous des conditions aussi incertaines que le climat champenois, peu de producteurs sont prêts à prendre le risque d'une taille sévère et d'une vendange en vert pour réduire les rendements. À l'heure actuelle, aucune mesure incitative ne va dans ce sens. Le « guide pratique » de la viticulture raisonnée hésite sur la question des rendements, soulignant simplement la nécessité de créer un équilibre entre la viabilité économique et le potentiel de qualité. On comprendra tout et son contraire...

Libérer les terroirs...

Une philosophie plus pragmatique, qui laisserait les nuances du terroir s'exprimer dans le vins avec davantage de clarté, commence à avoir des partisans. Peu nombreux cependant sont ceux qui iraient aussi loin qu'Anselme Selosse : « Dans notre schéma idéal de vinification, il n'y a ni débourbage, ni chaptalisation, ni acidification, ni levurage, ni ensemencement du moût, ni soufre, ni collage, ni filtration. » Selosse est devenu l'un des producteurs les plus célèbres de la Champagne, et son influence s'étend rapidement chez les jeunes. Certains ont compris qu'en dépit de la singularité de style du champagne, ils ont beaucoup à apprendre des producteurs d'autres régions, comme l'a fait Francis Égly auprès de Dominique Laurent en Bourgogne et de Michel Tardieu dans la vallée du Rhône, ou comme Pierre Larmandier auprès de Pierre Morey de la maison Leflaive et de Marc Kreydenweiss en Alsace.

La plupart des viticulteurs, bien sûr, ne vinifient pas et ne le feront jamais : 80 % du champagne est élaboré non par les récoltants mais par des coopératives et de grandes maisons. On peut partir du principe que le nom figurant sur l'étiquette est celui du producteur, même si c'est loin d'être toujours le cas. De nombreux noms de champagne relèvent de la fiction pure. Les pratiques viticoles des coopératives et des grandes maisons sont extrêmement codifiées afin de garantir un style « maison » : pressurage dans les meilleurs délais, chaptalisation, renforcement éventuel de l'acidité (mais l'acidification est interdite dès lors qu'il y chaptalisation), ensemencement des moûts, ajout d'enzymes, d'éléments nutritifs à base de levures. Les fermentations s'effectuent rapidement à température contrôlée dans des cuves en Inox ; le soutirage est régulier pour éviter les problèmes de réduction ; enfin les vins sont collés et filtrés avant la seconde fermentation. Des techniques parfaitement adaptées pour faire d'une matière première hétérogène un produit de marque satisfaisant, cohérent et sans défaut, qualités qui caractérisent la plupart des champagnes non millésimés. L'idéal des Champenois en matière de vinification reste, avant tout, celui du zéro défaut. Malheureusement, ces techniques effacent les nuances du terroir au lieu de les accentuer. Si les récoltants-manipulants de Champagne souhaitent véritablement offrir un vin de terroir, ils doivent revenir à des méthodes artisanales, proches de celles appliquées par la plupart des grands producteurs de vin français.

Les partisans de l'assemblage

Mais après tout, pourquoi le champagne devrait-il changer ? Ne serait-ce pas, au contraire, aux autres régions françaises de s'inspirer de la méthode champenoise ?

« Le terroir ? On est contre. » Ainsi parle Régis Camus, successeur du brillant Daniel Thibault, chef de cave de Charles Heidsieck. « Nous sommes tout à fait favorables aux assemblages. Nous essayons de faire de nos cuvées le reflet de toute la Champagne. Nous ne voulons pas aller plus loin dans l'idée de terroir. » Même un producteur comme Didier Gimmonet, que l'on pourrait imaginer être un champion du terroir, se déclare « contre la mono-parcelle et le mono-terroir. Plus vous élaborerez de cuvées distinctes, moins elles seront complexes. » De la théorie Gimmonet n'hésite pas à passer à la pratique : il assemble jusqu'à 20 % de premier cru Cuis aux grands crus de Cramant et de Chouilly. Il estime que l'assemblage est meilleur, même si cela prive son vin de l'appellation grand cru et l'empêche par conséquent d'être vendu au prix correspondant. « Il est très difficile, résume Hervé Gestin de la maison Duval-Leroy, de trouver en Champagne un vin de terroir à 100 %. »

Pour ou contre des champagnes de cépage

Les questions de rendement et de maturité en Champagne sont moins simples qu'elles n'y paraissent. Les plus grands millésimes de Champagne ont généralement coïncidé avec des années de forts rendements. Le glorieux millésime 1982, par exemple, est né d'un rendement moyen de 94 hl/ha, ce qui dépasse du double le rendement

▲ *La cendre des sarments est répandue dans les rangs pour nourrir le sol. Dans les régions viticoles les plus septentrionales de France, le brûleur permet aussi au vigneron de se réchauffer les mains avant le dur labeur de la taille.*

autorisé en appellation châteauneuf-du-pape. Même le perfectionniste Anselme Selosse vise un rendement annuel moyen frisant les 55 hl/ha, soit trois fois celui d'un grand cru des domaines Leroy en Bourgogne, d'un châteauneuf-du-pape de Rayas ou d'un grenache vieilles vignes de Gauby en Roussillon. « Si vous réduisez trop les rendements en Champagne, déclare Jean-Marie Barillère de la maison Mumm, vous obtiendrez de petits bourgognes. » « Récoltez un chardonnay titrant 12,8 % vol. en champagne, explique Didier Gimmonet, et vous serez déjà à mi-chemin du meursault ou du chassagne-montrachet. Les vins seront alors trop marqués par le cépage pour faire de bons champagnes. » Le grand producteur qu'est Gimmonet doute également des bienfaits d'un vieillissement sur lies et du bâtonnage (remise en suspension des lies dans le vin) qui, selon lui, alourdissent le vin. Et de s'interroger : « Est-il utile de favoriser la concentration des arômes dans le champagne ? Cela nuit à l'élégance et à la finesse. » Son idéal n'est pas celui d'un vin de terroir classique, comme il pourrait être défini par Mark Angeli dans la Loire ou par Olivier Humbrecht en Alsace. « Nous voulons un vin hautement expressif, mais rien de plus », affirme-t-il.

En d'autres termes, nous voici revenus à la question fondamentale qui a ouvert ce chapitre : le grand champagne est-il celui qui se conforme à l'idéal platonique du champagne ou s'agit-il d'un vin effervescent portant l'estampe du terroir et exprimant une personnalité complexe, voire audacieuse ? Il n'existe aucune réponse à cette question, même si nous sommes désormais en mesure d'oser quelques comparaisons grâce à l'avènement de grands producteurs de champagne comme Égly-Ouriet, Selosse ou Larmandier-Bernier. Moët et Chandon, avec sa « trilogie des grands crus », Mumm qui propose depuis de longues années un grand cru, ainsi que la coopérative CVC, avec sa marque Nicolas Feuillate, soulignent la volonté des grandes maisons de ne pas être en reste. Elles aussi veulent produire de nouveaux champagnes, plus remarquables encore, dont la séduction réside dans une expression du terroir et non dans le seul talent d'assemblage d'un chef de cave ou dans un habillage recherché, né des études du marketing. Si la maison Charles Heidsieck s'est officiellement déclarée opposée au développement de terroirs spécifiques en Champagne, sa propre approche de l'élaboration de bruts sans année montre qu'elle a conscience des limites du goût unique censé faire le style de la marque. Les prochaines décennies champenoises devraient être passionnantes pour ceux qui aiment ce vignoble septentrional si différent des autres.

Pierre Larmandier

Pierre Larmandier, qui se présente comme issu d'une famille de « doux dingues », est grand, calme, d'apparence timide, mais armé d'un sens de l'ironie très acéré. De son père, il a hérité un tiers de son beau domaine de douze hectares (les parcelles de Cramant). Les deux autres tiers, situés à Vertus, lui viennent de sa mère. Pierre Larmandier médite, voyage. Il a travaillé en Alsace ainsi qu'en Bourgogne. « En Alsace et en Bourgogne, j'ai été surpris de voir que les grands récoltants jouissaient d'une réputation aussi large que celle des marques champenoises. C'est loin d'être le cas ici où les grandes maisons de champagne sont portées au pinacle. » Pourquoi ? « Les grandes maisons de champagne ont étouffé l'expression des individualités du terroir qui se sont épanouies dans d'autres régions. C'est notre principal problème en Champagne. Nous disposons d'un terroir superbe, mais nous nous contentons d'en tirer de bons vins. » Les remarquables cuvées, vineuses, à la légère minéralité, que Larmandier a baptisées « Né d'une Terre de Vertus » et « Cramant Vieilles Vignes », lancent un magnifique défi à cette orthodoxie.

Francis Égly

« Michel, mon père, et Charles, mon grand-père, étaient de grands vignerons. Ils travaillaient la vigne, refusaient d'épandre de la gadoue (voir page 31), et recouraient à la vendange en vert. Nous n'avons pas changé nos méthodes. Nous vendangeons en vert, parfois plus de la moitié de la future récolte : personne ne sait le faire en Champagne. Il faut lutter contre la nature. Ce qui me distingue de mon grand-père et de mon père, ce sont les rencontres que j'ai pu faire. La viticulture est aussi une question de rencontres. » Sous l'influence de son ami, le critique Michel Bettane, Égly a redéfini sa philosophie d'une récolte à pleine maturité et a décidé de laisser ses vins vieillir quatre ans avant de les mettre sur le marché. Avec son ami Dominique Laurent, il explore les techniques de la fermentation sous bois et d'un travail sur lies (mais il veut aussi produire un grand coteaux champenois tranquille). Ce que Larmandier-Bernier accomplit avec le chardonnay, Égly-Ouriet réussit à le faire avec le pinot noir, obtenant des vins d'une concentration sans pareille.

Anselme Selosse

Anselme Selosse est à la Champagne ce que Jean-Michel Deiss est à l'Alsace et Claude Papin à la vallée de la Loire : un vrai penseur, original, qui a trouvé sa vocation dans la viticulture. Il a inauguré la biodynamie en Champagne, rigoureusement non-interventionniste. Il en applique les principes à ses vins complexes, vieillis en fût de chêne et issus de raisins parfaitement mûrs. Anselme Selosse possède une parfaite connaissance de la géologie de la région. Il est également partisan de la qualité du terroir et sa philosophie rejoint les idées de José Bové et de la Confédération paysanne, dont il est membre.

Il partage la méticulosité linguistique de Deiss. Celui-ci, vous dira-t-il, n'est pas un récoltant mais un cultivateur, pas un « manipulant » mais un éleveur. Combien de terres possède-t-il ? « Personne ne possède un terroir. Je peux travailler sur son fruit, et transmettre ce travail à mes enfants, mais je ne me considère pas comme un propriétaire. » En viticulture, Selosse a pour principal objectif de favoriser l'activité des micro-organismes dans le sol, parce qu'il est convaincu que ce sont les catalyseurs du terroir. La biodynamie est un outil qui l'aide à y parvenir, même si Selosse se méfie de l'aspect dogmatique de cette théorie. Quand je l'ai rencontré, il venait de destituer son conseiller en biodynamie et avait choisi de faire appel à Claude Bourguignon. « Je suis plus fan de Goethe que de Steiner (1861-1925), le pape de la biodynamie. Steiner n'aimait pas le vin ; il y voyait un danger pour l'homme. » Des questions aussi terre-à-terre que le prix de ses vins reposent, pour lui, sur des principes philosophiques. « Je refuse de capituler devant la loi de l'offre et de la demande. J'applique un coefficient qui repose sur mon prix de revient. Tout est calculé sur des bases saines, authentiques et transparentes. »

Selosse sort du rang grâce à l'utilisation de méthodes scrupuleusement artisanales dans une région où l'approche scientifique et industrielle est désormais de règle. « Les vignerons de Champagne aiment généralement pratiquer une fermentation de 144 heures. Ils ont tout calculé. Pour y arriver, il faut utiliser des levures sélectionnées et les nourrir. J'utilise des levures indigènes, et aucun levain. La fermentation démarre spontanément. J'ai même recours aux levures apiculées qui déclenchent la fermentation et meurent dès que l'on atteint quatre à cinq pour cent de degré alcoolique en volume. Les œnologues les rejettent parce qu'ils estiment qu'elles génèrent des saveurs rances ». Je les recherche parce qu'elles font partie du terroir. » Selosse utilise les bourbes, que la plupart de ses collègues jettent parce qu'elles contiennent des résidus des substances pulvérisées sur la vigne. Une grande partie du nez du vin, explique-t-il, provient des huiles essentielles contenues dans la pellicule des raisins. La fermentation intervient toujours en barrique, et le vin y séjourne jusqu'à ce qu'il soit embouteillé pour la prise de mousse.

Les barriques de Selosse sont de toutes sortes. « Je n'aime pas les pratiques exclusives. Je ne me contente pas d'une seule cuve, d'une seule forêt, d'un seul tonnelier, d'un seul âge de bois. Si je travaille de façon exclusive, je n'obtiens qu'une qualité moyenne. Je préfère jeter les dés, jusqu'à ce que, de temps à autre, j'accède au sublime. »

L'aventure de la terre

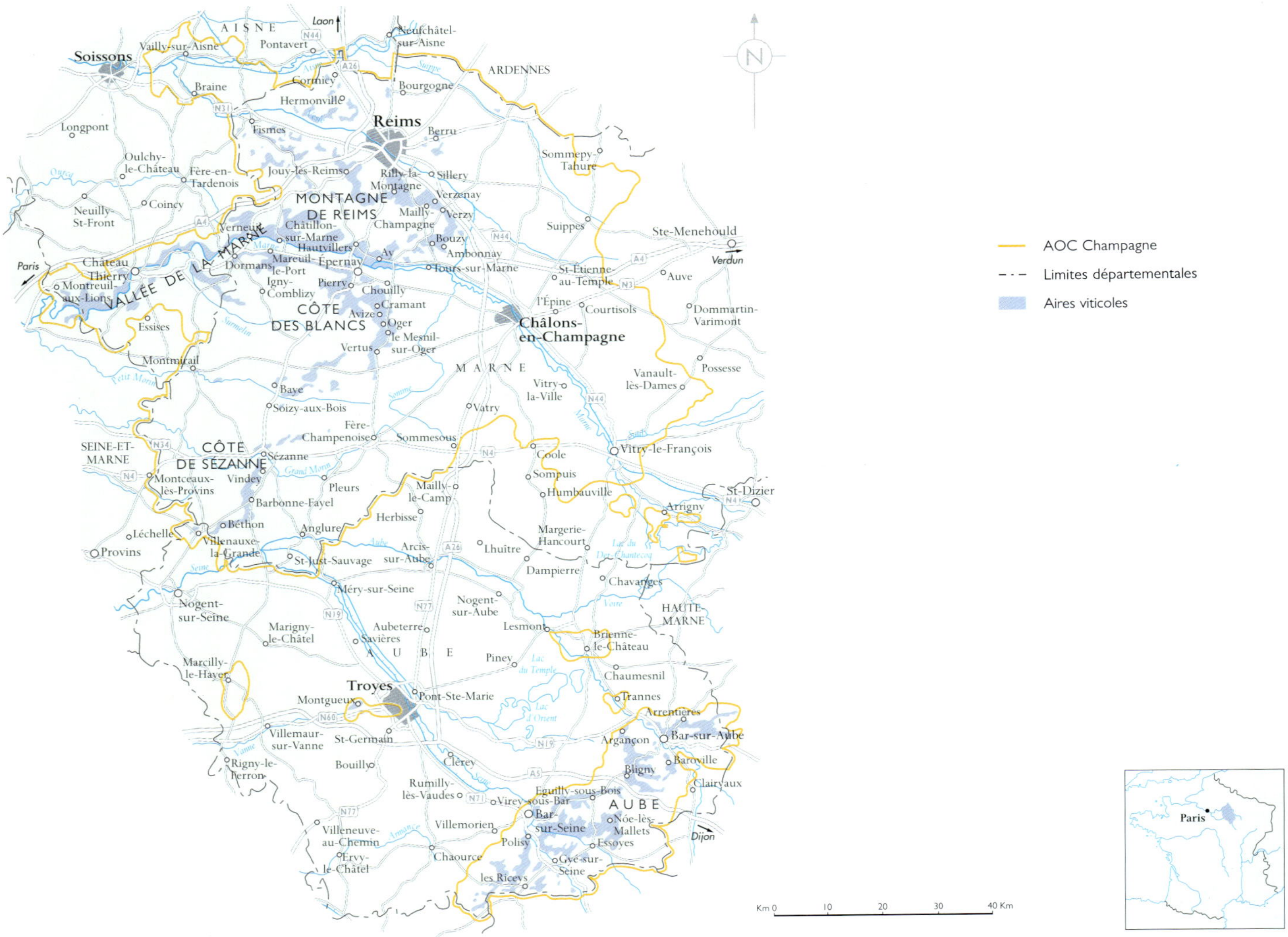

Je devrais commencer ce chapitre par le mot mystère. La réglementation française nous incite à penser qu'il existe d'importantes différences de terroir entre les coteaux du tricastin et les côtes du vivarais, entre les côtes de la malepère et cabardès ou entre saussignac et haut-montravel, ce qui justifie la reconnaissance d'appellations d'origine distinctes. Mais elle ne nous dit pas que la Champagne est composée de terroirs variés. Ce qui n'est pas logique.

La majorité des vins de Champagne est achetée par de grandes maisons qui les assemblent puis les commercialisent sous des noms de marque. De minutieuses opérations d'assemblage s'imposent afin d'obtenir une saveur répondant d'année en année à un même style (le brut sans année représente à lui seul plus de la moitié de la production d'une maison de champagne). Du vin provenant de toute la région peut entrer dans la composition de la plupart des bruts sans année des négociants. De telles pratiques gomment les nuances du terroir et confèrent plutôt une image, un style maison et donc une force commerciale. Le champagne relève d'un système d'appellation primitif parce que les toutes-puissantes maisons de champagne n'ont jamais eu besoin de recourir au concept de terroir pour vendre leurs vins. D'où le dogme selon lequel un champagne accompli ne peut provenir que d'un assemblage. Dogme qui se vérifiera peut-être avec le temps ; certains vignerons y prêtent foi. Mais tant que nous ne disposons pas de plusieurs centaines de grands champagnes de terroir, élaborés avec talent dans les meilleures aires de la région, nous ne pourrons dire lesquels, des vins de crus ou des assemblages, s'imposeront comme les plus grands champagnes.

Le désir de rechercher les nuances du terroir en Champagne repose aussi sur des raisons morales : ceux qui détiennent la terre pourraient en assumer la responsabilité et obtenir le crédit qu'ils méritent. Le parcours professionnel de Philippe Aubry a été profondément modifié en 1989 après un voyage d'affaires en Italie. Ce producteur de champagne a présenté l'une de ses bouteilles à un restaurateur de Bologne. Après l'avoir goûté, celui-ci lui a déclaré que ce vin « n'était pas intelligent ». Déconcerté, Aubry l'a interrogé.

« Il est trop riche », a répondu l'Italien. « Les champagnes riches doivent porter le nom de Krug. Vous êtes négociant de petit champagne. Vous devez produire quelque chose de léger, de gouleyant. » « J'étais furieux, confie Aubry. Mais cela m'a donné à réfléchir. C'est à ce moment-là que j'ai décidé de devenir un vrai vigneron, et pas seulement un "négociant de petit champagne". »

Tout étudiant en œnologie apprend rapidement que les cépages du champagne prospèrent dans la craie. Cependant, comme le fait remarquer Daniel Lorson du CIVC, l'image du terroir classique - une pente orientée vers l'est, constituée d'un sol pauvre recouvrant une épaisse veine de calcaire - ne correspond qu'à environ un tiers de l'aire d'appellation. L'ensemble de la Côte des Bars, soit à peu près 20 % de la Champagne, est constitué de marne kimméridgienne et absolument pas de calcaire. On aperçoit d'ailleurs d'importants affleurements d'argile et de sable. De même, les pentes et leurs orientations varient énormément dans cette aire viticole étonnamment morcelée. Tout assembleur de champagne confirme que les vignobles de Cramant, d'Avize et du Mesnil, similaires en apparence, produisent des vins tranquilles de base très différents. L'assemblage masque cette diversité.

La Champagne couvre 34 000 hectares, dont 31 000 sont répartis dans trois départements : l'Aisne (2 800 hectares), la Marne (21 600 hectares), et l'Aube (6 600 hectares). C'est la région viticole française la plus septentrionale (et la plus proche de Paris), constituée de centaines de parcelles dispersées. De petites parcelles un peu pentues, assez bien abritées, un peu de calcaire et le hasard d'un bon drainage créent les conditions favorables à la vigne. On y trouve aussi du blé et de la betterave sucrière, aujourd'hui bien moins rentables que les grappes qui donnent naissance au champagne.

Le vignoble est généralement divisé en cinq grandes sous-régions : la vallée de la Marne, la Montagne de Reims, la Côte des Blancs, la Côte de Sézanne et la Côte des Bars (également désignée par le nom du département correspondant, l'Aube). Là encore, la situation est simplifiée à l'extrême : à l'ouest de Reims, le massif de Saint-Thierry et la vallée de l'Ardre possèdent des traits distinctifs, tout comme la vallée du Surmelin qui s'étend au sud-est de la vallée de la Marne. Il existe un chapelet de villages viticoles perdus au nord de la Côte de Sézanne et au sud de la Côte des Blancs, qui ne possèdent aucune identité propre. L'un des plus célèbres vignobles de la région de l'Aube, Montgueux, est ainsi situé à l'écart, au sud-ouest de Troyes ; il est connu comme le « montrachet de la Côte des Bars » pour ses chardonnays fascinants et uniques. Mais qui, à Londres, à New York ou à Tokyo, a jamais goûté un champagne de cette origine ?

Trois cépages servent à élaborer le champagne. Le pinot meunier (10 783 hectares), le pinot noir (12 067 hectares) et le chardonnay (8 790 hectares). Le champagne est avant tout un vin blanc issu de raisins noirs ; ils répond donc à des règles de pressurage strictes : seuls 2 550 litres de jus seront recueillis pour 4 000 kilos de raisin, les 500 derniers litres (la taille) étant de moindre qualité. Tous les champagnes non millésimés doivent vieillir pendant douze mois, et les champagnes millésimés, trois ans et trois mois. Les initiales figurant au bas des étiquettes de champagne indiquent si le vin a été produit par un négociant (NM), une coopérative (CM ou RC) ou un vigneron (RM). Les lettres ND et MA signifient que la marque s'est fournie auprès d'un élaborateur de champagne. Beaucoup de noms sont totalement fantaisistes dans l'univers du champagne, mais le numéro d'inscription au CIVC de l'élaborateur apparaît sur l'étiquette. Parfois même, son nom y figure en toutes lettres, qu'il s'agisse d'un vigneron, d'une coopérative ou d'un négociant.

Si la Champagne devait créer de nouvelles appellations reposant sur la notion de terroir, celles-ci seraient probablement au nombre de cinq, du moins au départ (n'importe lequel des petits vignobles n'entrant pas dans ces cinq appellations pourrait, théoriquement, continuer à jouir de l'appellation générale champagne, tout comme les assemblages). La première de ces aires délimitées sur la notion de terroir serait la vallée de la Marne, de l'ouest de Château-Thierry à Épernay (il faudrait, bien sûr, prendre des décisions lourdes d'enjeux pour déterminer les limites de la **vallée de la Marne** de part et d'autre de la rivière). La Montagne de Reims prendrait le relais au nord tandis

▲ *Sur cette souriante fresque murale, un moulin symbolise la modeste mais prestigieuse Montagne qui se détache de la plaine monotone.*

que la Côte des Blancs commencerait au sud. À cet endroit, le calcaire plonge sous l'argile, plus récente, et sous les alluvions sableuses du Bassin parisien, même si les sous-sols sont souvent assez riches en calcaire. L'attrait de ce vignoble, dont plus de la moitié est plantée de pinot meunier, réside davantage dans sa topographie que dans sa situation géographique : de belles pentes orientées au sud-ouest s'offrent au regard. La plupart des vignes sont ainsi situées sur la rive nord de la Marne.

La seconde aire d'appellation potentielle reposant sur le terroir serait celle de la **Montagne de Reims** : un large arc de cercle viticole partant peut-être d'Aÿ au sud, face à Épernay, contournant la ville vers Jouy-lès-Reims et Ville-Dommange au nord, face à Reims. Ces parcelles sont, pour la plupart, situées sur des pentes calcaires, sous différentes expositions (nord-est, ouest, sud-est et sud-ouest). Au-dessus du calcaire, à une altitude où le froid relatif interdit la viticulture,

▲ *Le souvenir des batailles cruelles qui se sont déroulées sur son sol reste davantage attaché à la Marne que celui de ses vins pétillants.*

on trouve des strates variées, de formation récente, notamment des dépôts de lignite qui servaient traditionnellement à engraisser les vignes, puisque la craie est un support pauvre. Les différences intrinsèques tiennent à la quantité supérieure de sable, de marne et de calcaire dans la partie dite de la Petite Montagne, située en face de Reims. Argile et graviers affleurent tour à tour à certains endroits. Le pinot noir reste le principal cépage utilisé ici, même si le pinot meunier et le chardonnay commencent à gagner du terrain.

La troisième aire d'appellation, la **Côte des Blancs**, irait de Chouilly, au sud non loin d'Épernay, jusqu'à Vertus. Le profil géologique ressemble beaucoup à celui de la Montagne de Reims (un calcaire profond, affleurant à mi-pente, recouvert de strates mêlées, plus récentes, qui permettent aux forêts de gagner sur les vignes), même si, là encore, le sable et le calcaire viennent régulièrement rompre la monotonie. L'exposition est ou sud-est de la majorité des parcelles constitue la principale différence entre ce secteur et la Montagne de Reims. En d'autres termes, la situation est similaire à celle qui règne dans la Côte d'Or en Bourgogne. C'est peut-être pourquoi le chardonnay se plaît si bien ici, occupant 96 % du terroir.

La **Côte de Sézanne** serait la plus petite de ces aires d'appellation contrôlée potentielles. Il s'agirait, en quelque sorte, d'une extension méridionale de la Côte des Blancs, un peu comme la Côte Chalonnaise prolonge la Côte d'Or en Bourgogne, bien que les pentes soient moins majestueuses, les parcelles moins étendues, plus morcelées, et que beaucoup de bandes sableuses interrompent le calcaire. En Côte de Sézanne, le chardonnay représente 70 % de l'encépagement ; la seule concurrence provient du pinot noir.

Enfin, une appellation serait réservée à l'excentrée **Côte des Bars**. Si de telles appellations étaient consacrées, cette sous-région serait à même de produire des champagnes de terroir plus intéressants que ceux de la Côte de Sézanne, et peut-être même que ceux de la vallée de la Marne. Mais elle appartient à une tout autre zone géographique, celle de la chaîne kimméridgienne qui la relie aux aires du sancerre, du pouilly fumé et du chablis. La vocation de ses vins est d'être pétillants (la quasi-totalité des vendanges de pinot sera vinifiée en blanc), en raison d'un accident de l'histoire. Le gamay qui fut planté ici a été arraché dans les années 1950 pour être remplacé par le pinot, jugé plus noble. En réalité, la Côte des Bars est également un site remarquable pour le chardonnay et donc le champagne blanc de blancs. Si l'Aube obtient un jour sa propre appellation d'origine, l'évolution vers une telle production semble inévitable.

La Champagne compte également deux aires d'appellations d'origine contrôlée productrices de vins tranquilles. Le **coteaux champenois** (pour les vins blancs, rouges et rosés produits dans toute la région) et le **rosé des Riceys** (rosé à base de pinot noir produit dans la commune des Riceys, dans l'Aube). Pour la plupart des amateurs non avertis, ces vins aiguisent plus la curiosité qu'ils ne satisfont le palais, car leur vivacité et parfois leurs arômes de levure ont de quoi dérouter. Les connaisseurs, quant à eux, apprécient leur délicat équilibre, leur finesse et leurs extraordinaires nuances.

Mon point de vue critique

Nourrir les oiseaux

La Champagne est confrontée à un vaste problème structurel qui domine largement tous les autres : 15 000 vignerons de la région ne produisent ni ne commercialisent leurs vins.

Les grands vins ne peuvent être élaborés qu'à partir de raisins de qualité : le champagne ne fait pas exception à la règle. J'ai demandé au producteur Pascal Agrapart ce qu'il ferait s'il voulait vendre des raisins. « C'est simple, m'a-t-il répondu, je passerais un coup de fil. » Il lui suffirait de préciser de quel village viennent les raisins, et ceux-ci seraient vendus par téléphone, sans aucune vérification ni question sur le rendement. Lors des vendanges, les raisins seraient apportés à un centre de pressurage local et le jus expédié ensuite à l'acheteur. Le producteur Philippe Aubry confirme qu'il n'existe aucune prime à la qualité pour des raisins qui titraient au moins 10 % vol. d'alcool potentiel, de préférence au taux légal imposé de 8,5 % vol. (en 2001, certains taux constatés étaient même inférieurs à ce chiffre). Quand les grandes maisons de champagne disposent d'un centre de pressurage, il est possible de contrôler le fruit. Le chef de cave Dominique Demarville indique que les sept centres de pressurages de sa société vérifient jusqu'à 45 % de leur matière première ; pour cette partie, « on surveille tout ». Le reste est acheté à d'autres centres de pressurage (environ soixante-treize dans le cas de Mumm). La vérification des achats individuels à cette échelle est difficile. La seule grande maison à déclarer vérifier tous ses achats de raisin est Roederer.

En Champagne, les rendements se sont élevés dès le début des années 1980, grâce à l'apport des engrais, à l'amélioration des traitements des maladies, aux plantations de jeunes vignes après les gelées de l'hiver 1985 et au réchauffement général du climat (aux dires de nombreux producteurs, la région serait plus chaude et plus humide qu'avant). Le poids moyen des grappes est passé de 85 grammes en 1980 à plus de 150 grammes en 2001. « Pour nous, un rendement de 11 000 kilos par hectare est une petite récolte », déclare Didier Gimmonet. « La génération de mon père y aurait vu une récolte abondante. » La moyenne de la décennie passée oscillait entre 13 000 et 14 000 kilos par an (ce qui équivaut à environ 80 hl/ha), mais les chiffres furent parfois plus élevés (allant jusqu'à 150 hl/ha ou plus), comme lors des célèbres vendanges 2001. Dans de telles circonstances, la plupart des producteurs abandonnent après les vendanges les grappes en excès sur les vignes, les laissant aux oiseaux. D'autres, comme Gimmonet – qui presse et vinifie par ses propres moyens –, effectuent un pressurage plus léger pour extraire une moindre quantité de jus de meilleure qualité.

Oser prendre des risques

Certains producteurs de champagne préfèrent cueillir les raisins avant maturité complète. Est-ce pour des raisons financières ? Est-ce pour éviter le développement de la pourriture ? Est-ce pour maintenir le taux d'acidité ? Les vins maigres et dilués qui en résulteront ne seront pas imputés au producteur. « Si l'on vise le rendement maximum et que l'on gagne 2 % de degré alcoolique en volume supplémentaire par chaptalisation, déclare Anselme Selosse, les vendanges sont optimisées sur le plan financier, puisque vous augmentez le volume total pour un coût minime. Si vous cueillez des raisins bien mûrs et que vous ne pouvez pas chaptaliser, vous encourez une perte. »

Étant donné que la qualité du vin est directement liée à celle du raisin, il est évident que la qualité générale pourrait être améliorée. Il faut que davantage de producteurs s'impliquent dans l'élaboration et la commercialisation de leur vin ou que les grandes maisons (qui vendent actuellement 70 % du champagne) commencent à se montrer plus exigeantes pour chacun de leurs achats (un défi cauchemardesque quand on sait que 14 500 vignerons exploitent une moyenne de 1,6 hectare divisé en quinze parcelles minuscules). Si ces mesures ne sont pas prises, la Champagne restera une région au potentiel mal exploité.

Des usages anciens…

Les vignes de Champagne, et même les plus prestigieuses, d'entre elles peuvent surprendre lorsqu'elles sont encore encombrées par les déchets parisiens que l'on appelle ici des « gadoues ». L'idée que les déchets domestiques de la capitale française (et, plus récemment, de ceux provenant de Reims) puissent être pulvérisés et répandus sur la terre agricole la plus cotée de la nation est assez incroyable aujourd'hui. Et pourtant, cette idée a collé à la réalité au début des années 1960 jusqu'en 1993, année de son interdiction.

Pendant plusieurs décennies, des déchets organiques, appelés gadoues, ont été répandus comme engrais dans une grande partie des vignobles champenois, même si certains secteurs ont été épargnés : quelques familles de producteurs soucieuses de qualité comme les Égly à Ambonnay et les Champs à Vilmart, dans le cru Rilly, ont toujours refusé de s'en servir. Les Larmandier ont abandonné cette pratique en 1978. Pierre Larmandier explique que « les gadoues ont changé de nature. Au départ, elles étaient constituées d'épluchures de pommes et de pommes de terre, ce qui était parfait. Mais progressivement, on a vu apparaître toutes sortes de choses… » On s'est alors interrogé sur la nature de ces déchets : contenaient-ils des métaux lourds, durablement polluants ? Jusqu'à présent, les analyses n'ont pas révélé de telles substances. Anselme Selosse qui, comme Francis Égly, travaille avec le pédologue Claude Bourguignon affirme : « En Champagne, nous avons encore la chance de disposer de sols extrêmement alcalins. Mais parce que la terre n'est plus labourée, elle s'acidifie progressivement. Si la pratique se perpétuait, peut-être y aurait-il un risque de voir ces métaux lourds apparaître. »

Construire l'avenir du vignoble champenois

Les gelées de 1985 ont obligé à replanter une grande partie du vignoble. « La Champagne dispose d'un vignoble relativement jeune, déclare Dominique Demarville de la maison Mumm. La moyenne tourne autour de vingt-cinq ans, alors qu'elle devrait être de quarante. » Or, les jeunes vignes produisent plus régulièrement et plus abondamment que les vieilles vignes.

De toute évidence, les autorités champenoises ont compris les enjeux des prochaines années. Le vaste programme qu'elles conçoivent aujourd'hui pour mettre en place une politique d'agriculture raisonnée semble vouloir y répondre. Cependant, il faudra de nombreuses années pour que ce programme soit appliqué par tous les viticulteurs, et si aucune aide financière n'est versée à ceux qui achètent le raisin, le changement sera plus long qu'il n'est souhaitable.

Champagne : les vignerons

Agrapart

51190 Avize. Tél. 03 26 57 51 38, fax 03 26 57 05 06.

Pascal et Fabrice Agrapart possèdent un domaine de 9,5 hectares planté à 90 % de chardonnay (notamment 4,5 hectares à Avize, 1 hectare à Oger et 1 hectare à Cramant et Oiry). Ils cultivent également un peu de pinot à Avenay. Les vignes sont labourées, plutôt que traitées avec les herbicides. Les deux frères ont été tentés par la biodynamie, mais le morcellement de leurs parcelles (cinquante-trois) ne leur facilite pas la tâche. Les levures naturelles, la restriction des dosages à environ 6 g/l, et l'utilisation de barriques de plusieurs vins pour une oxydation ménagée des vins de réserve sont les principales caractéristiques de cet arsenal impressionnant. Cette oxydation ménagée permet de développer des notes complexes, florales, dans le champagne brut blanc de blancs. Le brut Réserve est un champagne plus mûr. Le millésime 1996 apparaît comme un pur produit de la terre calcaire, tandis que le 1995 séduit par son allant et son bouquet. L'Avizoise 1995 est issu des meilleures parcelles situées à mi-pente et de vignes de cinquante-cinq ans : un champagne aux fines notes de beurre et de noix, un caractère fringant.

Arnould

51360 Verzenay. Tél. 03 26 49 40 06, fax 03 26 49 44 61.

Le domaine de Michel Arnould, fort de 12 hectares, se situe à Verzenay. Ses vaillants champagnes à base de pinot noir tireront profit d'une longue garde. Le rosé présente le meilleur rapport qualité-prix.

Aubry

51390 Jouy-lès-Reims. Tél. 03 26 49 20 07, fax 03 26 49 75 27.

Cet ancien domaine familial s'étend sur les mêmes 16 hectares depuis 1790. Onze hectares produisent des premiers crus. Ces vins doivent une grande part de leur réputation à la personnalité de Philippe Aubry, devenu le Robert Plageoles de la Champagne, qui travaille avec son frère Pierre et son beau-frère Noël Poret. Il essaie de développer les cépages champenois, comme l'arbanne et le petit meslier, ainsi que le pinot gris (appelé localement fromenteau) et le pinot blanc. Depuis 1998, la cuvée Nombre d'Or d'Aubry réunit tous ces cépages, à l'exception du pinot blanc. Cette dernière cuvée porte le surnom de *Campanae Veteres Vites* – vieilles vignes de Champagne, en latin. Le Nombre d'Or, en 1996, était composé de fromenteau (40 %), de pinot meunier (30 %), d'arbanne (20 %) et de petit meslier (10 %). Sa bouche est sauvage, son nez évoque des arômes de gaufre. Le 1997 (40 % de fromenteau, 40 % de petit meslier et 20 % d'arbanne) était plus accessible, malgré une petite vivacité titillante. Outre cette cuvée archéologique, Aubry propose d'originales cuvées appelées Sablées (en rosé et en blanc de blancs) ; ces vins présentent une pression moins importante que la normale (4 kg au lieu de 6) à la manière des crémants produits dans la région avant l'interdiction de l'usage de ce terme. Les cuvées Ivoire et Ébène mêlent le chardonnay au pinot meunier (assemblage qui, dans le terroir de la Petite Montagne d'Aubry, donne de meilleurs résultats que le pinot noir). Mais les championnes toutes catégories sont probablement les cuvées millésimées Aubry de Humbert, subtiles et aromatiques, issues de chardonnay de Jouy, de pinot meunier de Pargny et de pinot noir de Ville-Dommange.

Paul Bara

51150 Bouzy. Tél. 03 26 57 00 50, fax 03 26 57 81 24.

Les champagnes de Paul Bara et de sa fille Chantal constituent des références à Bouzy. Paul Bara a d'ailleurs consacré un livre à la Champagne et à son domaine de 11 hectares. Le rapport qualité-prix est ici excellent, notamment pour le champagne rosé de la maison, à la teinte si soutenue.

Barnaut

51150 Bouzy. Tél. 03 26 57 01 54, fax 03 26 57 09 97.

Ce domaine de 15 hectares, dirigé par l'affable Philippe Secondé, compte une part de Bouzy (sur 12,5 hectares), ainsi que des parcelles sur Brasles, dans la vallée de la Marne. Philippe Secondé sélectionne le raisin avant le pressurage, sépare le jus en cinq tailles, emploie des levures sélectionnées et réalise ses assemblages après de rigoureuses dégustations à l'aveugle. Parmi les vedettes de son impressionnante gamme, un Grande Réserve charnu, un Extra Brut Sélection vineux, un blanc de noirs bien souple et un rosé authentique au goût de fraise (tiré d'une saignée de Bouzy rouge). Ici, le vignoble admet 50 % de chardonnay « pour que le vin ne s'alourdisse pas au fil du temps ». La cuvée 1995 est élégante et florale, avec une note finale de houblon. La cuvée Edmond met en valeur le fruit de la Marne, tout en étant complexe, vineuse ; son habillage lui donne d'ailleurs l'allure d'une cuvée Prestige.

Beaumont des Crayères

51318 Épernay. Tél. 03 26 55 29 40, fax 03 26 54 26 30.

Cette petite coopérative établie à Mardeuil tire profit de la politique de qualité (plutôt que de quantité) de ses nombreux producteurs : ils sont en effet plus de deux cents à ne détenir en moyenne pas plus de 38 ares. Au final, on trouve des bouteilles dans une fourchette de prix intéressante, parmi lesquelles des valeurs sûres comme les millésimés Fleur de Prestige et Grand Prestige.

Billecart-Salmon ✪

51160 Mareuil-sur-Ay. Tél. 03 26 52 60 22, fax 03 26 52 64 88.

Cette maison de champagne de taille moyenne mérite largement sa réputation. Certes, son brut non réserve a pu être jugé un peu trop doux, mais cette critique vaut pour la plupart des maisons champenoises s'agissant de ce style de vin. Autrefois, un manque de régularité caractérisait par ailleurs le blanc de blancs de Billecart. Aujourd'hui, on apprécie un brut rosé bien rond, un rosé cuvée Élisabeth Salmon profond, ainsi qu'une cuvée Nicolas-François Billecart d'une grande pureté. De manière générale, la production de Billecart-Salmon présente de l'expressivité, un fruit ample et doux, un style moins impérieusement vineux que d'autres champagnes.

H. Blin

51700 Vincelles. Tél. 03 26 58 20 04, fax 03 26 58 29 67.

Autre petite coopérative champenoise, dont les nombreux membres sont détenteurs de minuscules parcelles. Ainsi qu'il est prévisible dans la vallée de la Marne, le pinot meunier s'impose, offrant des champagnes d'abord fruités, puis biscuités.

Boizel

51200 Épernay. Tél. 03 26 55 21 51, fax 03 26 54 31 83.

Boizel, spécialiste de la commande directe par courrier électronique, fait partie du groupe (présidé par Bruno Paillard) réunissant Alexandre Bonnet, Chanoine, Philipponnat et de Venoge. Il offre une bonne qualité générale, depuis le champagne brut aux tonalités minérales jusqu'au blanc de blancs léger et aromatique, même dans les millésimes propices à l'élaboration de champagnes charpentés (comme 1996). La cuvée Sous Bois 1990, fermentée en fût, est marquée par le chêne, mais les millésimes postérieurs devraient montrer une meilleure intégration du merrain.

Système de notation utilisé dans les pages producteurs : ✪ Très bon vin ✪✪ Excellent vin ✪✪✪ Vin exceptionnel

Bollinger ✪✪

51160 Aÿ. Tél. 03 26 53 33 66, fax 03 26 54 85 59.

Ce négociant installé à Aÿ possède un avantage de taille sur de nombreuses autres maisons de champagne : il est propriétaire de 150 hectares de vignes (qui lui fournissent les deux tiers de ses raisins). Il peut donc compter sur d'excellentes vendanges pour élaborer ses champagnes, notamment ses vins de Réserve et ses grandes cuvées. Une charte Bollinger d'éthique et de qualité a été également établie, qui souligne cette politique qualitative. Le respect de cette charte est désormais mentionné sur les contre-étiquettes des bouteilles. Le brut sans année, étiqueté Cuvée spéciale, est franc et pur, assez complexe et d'une structure agréable (la moitié des vins d'assemblage fermente sous bois).
Le champagne millésimé Grande Année, les RD (« récemment dégorgés », soit les champagnes de grands millésimes vieillis sur lies) et le Vieilles Vignes Françaises, rare car provenant de petites parcelles de pinot noir non greffé récolté à Aÿ et à Bouzy, figurent parmi les meilleurs vins de la Champagne. Ils sont profonds et sérieux sans être austères pour autant grâce à une part importante de pinot. Ce cépage produit toujours un raisin concentré qui peut déconcerter l'amateur débutant, mais ses vins vieillissent majestueusement jusqu'à atteindre une finesse exemplaire. Les vins de pinot noir ne sont dégorgés que trois mois environ avant d'être expédiés, même s'ils ne sont pas destinés à être étiquetés RD. Les champagnes Bollinger n'admettent pas un goût maison unique, puisque les caractères organoleptiques d'un champagne varie au gré du dégorgement. Et c'est tant mieux… Car il ne me semble pas y avoir de moment idéal pour dégorger un champagne. La pratique du dégorgement séquentiel reflète la nature changeante et vivante du vin, produit de l'agriculture plutôt que de l'industrie. Un grand Bollinger, comme le RD 1985, dégusté en 2002, est ainsi riche en évocations de la nature ; il exprime une telle finesse, de telles nuances dans ses saveurs complexes qu'il semble inutile de vouloir le comparer avec les millésimes antérieurs.

Bonnet

51100 Reims. Tél. 03 26 84 44 15, fax 03 26 84 44 19

Bonne référence de champagne de l'Aube, avec l'exubérance du pinot. Bonnet fait désormais partie du groupe BCC (voir Paillard).

Brice

51150 Bouzy. Tél. 03 26 52 06 60, fax 03 26 57 05 07

Ce petit négociant installé à Aÿ se spécialise dans l'achat et la vente de grands crus. Il souhaite ainsi mettre en valeur les nuances des terroirs au lieu d'estampiller chaque vin du style Brice (bien qu'il propose aussi des assemblages). Une approche dans l'air du temps, mais pas aussi novatrice qu'elle n'y paraît. Jean-Paul Brice a adopté cette philosophie au moment où il a créé Barancourt. Dans les quatre dernières années, l'Aÿ et le Bouzy ont remporté davantage de succès que le Verzenay et le Cramant, au dosage sensible.

Le Brun de Neuville

51260 Bethon. Tél. 03 26 80 48 43, fax 03 26 80 43 23.

Les vins de cette coopérative regroupant 145 vignerons sont vendus à des prix relativement bas, ce qui ne les empêche pas de représenter dignement le chardonnay de la Côte de Sézanne. N'en attendez pas une grande subtilité, mais appréciez leur suavité.

Pierre Callot

51190 Avize. Tél. 03 26 57 51 57, fax 03 26 57 99 15

Thierry Callot exploite à Avize un petit domaine de 5 hectares qui englobe la belle vigne du Clos Jacquin, d'où provient un blanc de blancs ambitieux, intense et suave à la fois, de bonne constitution (signalons également l'élégance de la bouteille).

Cattier

51500 Chigny-les-Roses. Tél. 03 26 03 42 11, fax 03 26 03 43 13.

Cette petite maison installée à Chigny-les-Roses possède le premier cru Clos du Moulin (bien que le vieil atlas Larmat ne cite pas ce clos). Le champagne de ce cru naît de l'assemblage de trois cépages, dont le chardonnay et le pinot noir à parts égales. De bonne garde, il se distingue par son exubérance, malgré un léger surdosage apparent ; il semble ainsi moins concentré et moins puissant que les grands crus Moët, par exemple.

Charlemagne

51190 Le Mesnil-sur-Oger. Tél. 03 26 57 52 98, fax 03 26 57 97 81.

Quel beau nom pour un vigneron ! Ce domaine de 15 hectares s'enorgueillit de posséder des vignobles dans la Côte des Blancs. Le style du grand cru, comme celui des bruts sans année, allie élégance et force tranquille, signe d'un raisin bien mûr.

J. Charpentier

51700 Villers-sous-Châtillon. Tél. 03 26 58 05 78, fax 03 26 58 35 59.

Le domaine de 12 hectares que possède Jacky Charpentier dans la vallée de la Marne produit des champagnes à base de pinot meunier, bien charpentés et équilibrés.

Chartogne-Taillet

51220 Merfy. Tél. 03 26 03 10 17, fax 03 26 03 19 15.

Cet ancien domaine de 11 hectares, situé près de Château-Thierry, propose d'excellents champagnes doux, aux arômes de pain grillé.

Cuvée Orpale *voir* Union Champagne

CVC *voir* Nicolas Feuillate

Delamotte

51190 Le Mesnil-sur-Oger. Tél. 03 26 57 51 65, fax 03 26 57 79 29.

Delamotte est l'*alter ego* de Salon, mais c'est aussi un oiseau rare dans la Côte des Blancs. La société revendique 11 hectares de vignes (Le Mesnil, Oger et Avize) et gère elle-même ses achats. Elle hérite par ailleurs du vin dont Salon ne fait pas usage – ce qui, certaines années, équivaut à la totalité de sa production. Comme Salon, Delamotte appartient à Laurent-Perrier. Le grand Bernard de Nonancourt a fait ses débuts, après guerre, chez Delamotte, maison de champagne alors plus grande que Laurent-Perrier. Le brut sans année, frais et fumé, assemble 50 % de chardonnay du Mesnil, d'Avize et d'Oger à 30 % de pinot noir des grands crus Ambonnay et Bouzy ; il reste sur lies pendant trois ans. Le blanc de blancs sans année mis sur le marché en 2002 résulte de l'assemblage de 30 % du millésime 1996 à 70 % du millésime 1997, ce qui lui confère une palette très franche et une vivacité soutenue. Le blanc de blancs 1995, après six ans de vieillissement et grâce à un degré de maturité du raisin plus élevé, s'est forgé un style plus majestueux. En théorie, les champagnes Delamotte font leur fermentation malolactique, à la différence de ceux de Salon.

Delbeck

51053 Reims. Tél. 03 26 77 58 00, fax 03 26 77 58 01.

Ces dernières années, le nom de Delbeck s'est très largement diffusé sur le marché. L'un des propriétaires actuels de cette maison, Pierre Martin, est (comme Jean-Paul Brice) un ancien de Barancourt. Il a opté pour la même approche du terroir afin d'élaborer ses champagnes de prestige. Parmi tous les grands crus disponibles, le Cramant semble quelque peu décevant, court, alors que l'Aÿ et le Bouzy sont plus riches (comme chez Brice).

De Sousa

51190 Avize. Tél. 03 26 57 53 29, fax 03 26 52 30 64.

Erick De Sousa exploite 7 hectares à Avize, Oger et Cramant. La moyenne d'âge de ses vignes est de trente-huit ans. Il est passé à la biodynamie, à l'usage de levures naturelles, à la réduction des dosages, et a abandonné la filtration. Il privilégie par ailleurs des contre-étiquettes informatives sur ses bouteilles. Le blanc de blancs cuvée des Caudalies naît de vignes de plus de cinquante ans d'âge et d'une fermentation en barrique ; elle représente le meilleur champagne de la gamme, avec ses notes minérales, son goût proche de l'orange et sa belle longueur (on appelle caudalie l'unité de mesure – une seconde – de la persistance aromatique d'un vin).

Paul Déthune

51150 Ambonnay. Tél. 03 26 57 01 88, fax 03 26 57 09 31.

Petit vignoble (7 hectares), mais grands vins… Ses champagnes (fermentés dans de grands fûts de chêne) dévoilent profondeur et plénitude, signe d'une bonne maturité du raisin. Les prix sont attractifs.

Deutz

51160 Ay. Tél. 03 26 56 94 00, fax 03 26 56 94 10.

Propriété de Roederer, cette maison produit des champagnes classiques, frais, dont la base provient essentiellement d'achat de raisins (le domaine compte 42 hectares). Le blanc de blancs et le rosé (en particulier le William Deutz Prestige rosé) sont mémorables. Nouvelle cuvée blanc de blancs de prestige, L'Amour de Deutz est tout aussi remarquable.

Doquet-Jeanmarie

51130 Vertus. Tél. 03 26 52 16 50, fax 03 26 59 36 71.

Quinze hectares bien exposés sur la Côte des Blancs et des champagnes de caractère. Autre atout? Une incroyable gamme de millésimes anciens vendus sous le nom de Cœur de Terroir. Le rosé est excellent.

Drappier

10200 Urville. Tél. 03 25 27 40 15, fax 03 25 27 41 19.

Les champagnes élaborés par Drappier, dans l'Aube, sont fruités, vifs et pleins d'allant. Leur excellent rapport qualité-prix ne fait que renforcer leur attrait. Les cuvées Grande Sendrée proviennent des vendanges d'un seul vignoble situé dans l'Aube, planté à la fois de pinot noir et de chardonnay.

Duval-Leroy

51130 Vertus. Tél. 03 26 52 10 75, fax 03 26 52 37 10.

Maison dirigée par Carole Duval et ses fils, Duval-Leroy possède 150 hectares de vignes, dont le fruit répond à un quart des besoins de la société. Ce vignoble contribue à la réputation de ses champagnes. Le talent du chef de cave, Hervé Jestin, est aussi incontestable. Un style plein de grâce et d'élégance, qui a toute la finesse de la Côte des Blancs. Dommage que la banalité des étiquettes de la gamme Fleur de Champagne ne rende pas justice aux vins. La cuvée Prestige Femme de Champagne 1990 (constituée de chardonnay à près de 90 %) développe une note de brioche dans une palette voluptueuse qui trouve un long écho en bouche. Un champagne « bio » est en préparation.

Égly-Ouriet ✪✪

51150 Ambonnay. Tél. 03 26 57 00 70, fax 03 26 57 06 52.

Conduit avec zèle et sérieux, ce domaine de 9 hectares classés grand cru se répartit entre Ambonnay (7,2 hectares), Verzenay (1,5 hectares) et Bouzy. La moyenne d'âge des vignes est de trente-cinq ans. Francis Égly travaille avec le pédologue Claude Bourguignon : labourage, aération du sol, épandage de fumier et une grande parcimonie dans les traitements. Il limite ses rendements en vendangeant en vert près de la moitié des vignes, ce qui lui a permis d'obtenir des moûts titrant 9,8 % d'alcool dans le difficile millésime 2002, quand de nombreux vignerons ne récoltaient qu'à 7,8 % vol. potentiel. Le titre alcoométrique final de ses vins oscille généralement entre 12,5 et 13 % vol. « La maturité est un formidable atout pour le champagne. En revanche, je doute de la surmaturité. Dans la région en tout cas, car notre plus grande difficulté réside dans la sous-maturité. » Désormais, Égly pratique un pressurage lent, recourt à des levures naturelles, privilégie la fermentation en barrique et l'embouteillage sans collage ni filtration en vue de la prise de mousse. Tous ses vins vieillissent entre trois et quatre ans avant d'être mis sur le marché. Le brut Tradition, au dosage minimal de 5 à 6 g/l, laisse le pinot noir s'exprimer avantageusement : robe vieil or, arômes de fruits cuits, saveurs complexes. Le blanc de noirs Vieilles vignes, généralement mis en bouteilles sans aucun dosage, est encore plus profond, avec une étonnante note de craie. Égly-Ouriet produit une petite quantité de coteaux champenois Grande Côte qui laisse agréablement transparaître le fruit derrière la marque du chêne.

Nicolas Feuillatte

51210 Montmirail. Tél. 03 26 59 55 50, fax 03 26 59 55 82.

Ces vins, produits et commercialisés par le CVC, groupe de quatre-vingt cinq coopératives, présentent un style assez souple. Les champagnes de grands crus récemment mis sur le marché – le 1995 issu de chardonnay récolté à Chouilly, à Cramant et au Mesnil-sur-Oger, ainsi qu'un pinot noir de Verzy – ont donné à la gamme une dimension plus raffinée.

Fleury

10250 Courteron. Tél. 03 25 38 20 28, fax 03 25 38 24 65.

Les vins de ce producteur, partisan de la biodynamie et installé à Courteron dans la Côte des Bars, sont légers, suaves, élégants et bien équilibrés.

Gardet

51500 Chigny-les-Roses. Tél. 03 26 03 42 03, fax 03 26 03 43 95.

Des champagnes au joli cordon de bulles persistantes.

Gâtinois

51160 Ay. Tél. 03 26 55 14 26, fax 03 26 52 75 99.

Le domaine de 7,2 hectares, exploité par Pierre Cheval-Gatinois, occupe les belles pentes du village d'Aÿ, exclusivement plantées de pinot noir. Bollinger se fournit auprès de ce producteur. Les champagnes bien charpentés, enchantent le palais. Vif et fruité, le rosé est recommandé.

Pierre Gimmonet ✪

51530 Cuis. Tél. 03 26 59 78 70, fax 03 26 59 79 84.

Fort de 26 hectares dans la Côte des Blancs, exclusivement plantés de chardonnay, Didier Gimmonet possède l'un des domaines les plus enviés de la région. Il dispose de 14 hectares dans le premier cru Cuis et de 12 hectares de grands crus à Cramant et à Chouilly. 70 % des vignes ont plus de trente ans d'âge (et 40 % plus de quarante ans – les plus vieilles ont été plantées en 1913 aux lieux-dits Le Fond du Bateau et Buisson à Cramant). « Le Cramant, déclare Gimmonet, est très souple et expressif ». Le Chouilly développe un style similaire, quoique un peu moins concentré. Quant au Cuis, il se révèle plus vif illustrant bien l'exposition au septentrion du cru, sous le microclimat le plus froid de la Côte des Blancs. Pierre Gimmonet explique que le Cramant peut certes être superbe, mais qu'il vieillit rapidement, d'où la nécessité de l'assembler au Cuis. Et d'ajouter qu'il est utopique d'espérer des rendements de 50 hl/ha ; les siens s'élèvent à 80 hl/ha sur une moyenne de dix ans. Pratiquant un pressurage plus léger que la plupart de ses confrères. il reconnaît s'écarter de la philosophie dominante du zéro défaut pour parvenir à plus d'expressivité. Néanmoins, il continue d'utiliser des cuves en Inox et des levures sélectionnées, de coller et de filtrer ses vins. Les champagnes Gimmonet sont à la fois structurés et rafraîchissants. La palme revient à la cuvée Œnophile millésimée, non dosée, d'une bonne longueur.

Michel Gonet

51190 Avize. Tél. 03 26 57 50 56, fax 03 26 57 91 98.

Le cœur de cet ancien et dynamique domaine de 40 hectares se situe dans la Côte des Blancs, mais Michel Gonet exploite également des vignes dans la Côte de Sézanne et dans l'Aube (on retrouve ce producteur dans le Bordelais, en appellation graves-de-vayres). Ses meilleurs vins sont les grands crus blancs de blancs, riches et parfumés. Gonet produit en outre la marque Marquis de Sade, une étiquette qui doit avoir de fidèles amateurs parmi les littéraires.

Gosset

51160 Ay. Tél. 03 26 56 99 53, fax 03 26 51 55 88.

Sous la houlette de la riche famille Cointreau depuis 1948, cette très ancienne maison figure sur l'un des plus hautes marches du podium de la Champagne. À l'agréable brut Excellence tient tête une Grande Réserve sans année plus concentrée, d'une folle séduction, même si elle ne possède peut-être pas le raffinement des plus grands. Le chatoyant Grand rosé, les intenses champagnes millésimés qui revendiquent haut et fort le chardonnay, ainsi que la gamme de prestige Celebris vont droit au cœur.

Alfred Gratien

51201 Épernay. Tél. 03 26 54 38 20, fax 03 26 54 53 44.

Cette maison de taille modeste produit des champagnes assez austères dans leur jeunesse (les vins ne faisant pas de fermentation malolactique), mais qui vieillissent superbement pour atteindre un équilibre pur. Des changements sont à prévoir puisque Alfred Gratien vient d'être vendu par son propriétaire Alain Seydoux à Henkel, producteur allemand de vin effervescent. Espérons que la société n'abandonnera pas sa pratique de la fermentation en fût de chêne, sans doute à l'origine de la complexité des vins.

Charles Heidsieck ✪

51200 Épernay. Tél. 03 26 59 50 50, fax 03 26 52 19 65.

Lorsque Daniel Thibault a trouvé la mort dans un tragique accident en 2002, la Champagne a perdu l'un de ses plus grands chefs de cave du XXᵉ siècle. Rares sont ceux qui ont marqué les vins de leur empreinte aussi fortement ; rares ceux qui ont élaboré autant de grands champagnes à une époque où la qualité du raisin importait moins qu'aujourd'hui. Rares, enfin, ceux qui ont innové avec autant d'audace et de succès. Régis Camus, successeur de Daniel Thibault, a travaillé huit ans durant à ses côtés ; il doit à présent relever un véritable défi. Suave est l'adjectif qui résume le mieux le style de Charles Heidsieck. Des champagnes amples qui caressent le palais et expriment volontiers leurs riches arômes. Une des clés de cette réussite ? L'élevage sur lies. La gamme Mise en cave, qui a remplacé le brut Réserve sans année, contient jusqu'à 40 % de vins de réserve, dont certains ont plus de dix ans d'âge. Ces vins, distribués en lots correspondant à trois mises différentes, arborent sur leur étiquette la date à laquelle ils ont été descendus en cave pour leur seconde fermentation. Ils sont constitués à 60 % de vins du millésime précédant l'année indiquée sur l'étiquette. C'est une nouveauté dans la tradition champenoise, même si la maison Bollinger indique depuis longtemps déjà la date du dégorgement. De même, les contre-étiquettes et les collerettes sont entièrement informatives. Cette maison produit également deux des meilleurs champagnes de prestige : le Blanc des Millénaires millésimé, aux notes de figue et d'une suavité remarquable, et le champagne Charlie, riche en pinot, débordant d'arômes de mandarine et de pêche, dans un style rond et conquérant (malgré une étiquette peu esthétique).

Henriot

51066 Reims. Tél. 03 26 89 53 00, fax 03 26 89 53 10.

Après la reprise de la maison familiale champenoise, Joseph Henriot n'a pas procédé à des changements aussi radicaux qu'il ne l'avait fait chez Bouchard Père et Fils en Bourgogne, acheté en 1995, ou chez William Fèvre à Chablis, mais il faut en Champagne davantage de temps pour que se matérialisent les changements. À son meilleur niveau (atteint dans les vins millésimés, dans le blanc de blancs et dans la cuvée des Enchanteleurs), le style Henriot c'est ce nez ouvert de beurre citronné, hérité d'un chardonnay de qualité, qu'accompagne toute une gamme d'arômes amples et francs.

M. Hostomme

51530 Chouilly. Tél. 03 26 55 40 79, fax 03 26 55 08 55.

Le Chouilly se reconnaît à de subtils arômes de pain grillé. Ainsi des blancs de blancs de cette maison, au caractère convivial, assemblage de raisins récoltés au domaine et de vendanges achetées à des confrères.

Jacquesson ✪

51530 Dizy. Tél. 03 26 55 68 11, fax 03 26 51 06 25.

Ce domaine ancien ne compte que 28 hectares, mais ces parcelles répondent aux deux tiers des besoins de la maison. Les frères Chiquet ont adopté les méthodes de pressurage traditionnel, la fermentation et l'élevage des vins de réserve en fûts de chêne. Toute la gamme atteint cette finesse maison. Un style forgé par des assemblages assez complexes ; les vins sont en outre aptes à la garde. Perfection est le nom « modeste » donné au brut sans année, un champagne plus concentré que la plupart de ses concurrents. La maison Jacquesson approche également la perfection avec la cuvée Signature millésimée qui correspond à son haut de gamme (signalons le 1990, auquel rien ne semble manquer, ainsi que le 1988), et ses cuvées Dégorgement Tardif. Les étiquettes sont aussi élégantes que les vins.

Krug ✪✪✪

51100 Reims. Tél. 03 26 84 44 20, fax 03 26 84 44 49.

Krug est sans doute la plus prestigieuse de toutes les grandes marques de champagne. La maison ne recule devant aucune dépense bien que les techniques utilisées soient remarquablement artisanales, puisque les frères Krug pratiquent la fermentation en petites barriques de plusieurs vins. Henri Krug m'a confié que les vins faisaient leur malo naturellement, sans qu'elle ne soit provoquée. Ici, on laisse le temps œuvrer : tous les vins sont élevés au moins six ans sur pointes. La maison ne ménage pas non plus ses efforts dans sa politique des prix. Parmi ses cinq vins, le moins cher – la Grande Cuvée – est commercialisée au même prix que les débuts de gamme des concurrents. C'est le seul champagne Krug que j'aie pu goûter de façon régulière : un vin d'une magnifique complexité, plein d'esprit, à la trame aussi raffinée qu'une tapisserie des Gobelins. Il résulte de l'assemblage des meilleurs millésimes d'une décennie issus d'au moins vingt crus différents, classés ou non. Krug ne fait aucun mystère de sa préférence pour le pinot meunier ; tandis que le millésime 1928, considéré par la famille comme le *nec plus ultra*, en contenait 20 %, le millésime 1998 affichait encore 18 % de ce cépage. Citons également le champagne rosé, plutôt sous-estimé, aux nuances légèrement fauves, ainsi qu'une série de vins millésimés d'une finesse remarquables et qui reflètent fidèlement le potentiel de chaque année. Les vins millésimés Collection ont plus longuement séjourné dans les caves de Reims, mais leur dégorgement a eu lieu au même moment que celui des autres champagnes millésimés. Terminons par un champagne de terroir : le pur chardonnay Clos du Mesnil, élaboré à partir de raisins vendangés sur une parcelle de 1,9 hectare, ceinte de murs, achetée par Krug en 1971. Le Clos du Mesnil millésimé a été présenté pour la première fois en 1979. Dans les grandes années (telle 1988), il révèle d'infinies nuances. Certains estiment qu'une comparaison régulière avec la Grande Cuvée ne serait pas à son avantage, en dépit de la différence de prix. Devrait-on y voir la supériorité des assemblages sur le champagne de terroir ?

Lanson

51100 Reims. Tél. 03 26 78 50 50, fax 03 26 78 53 88.

Lanson est aujourd'hui le porte-drapeau du groupe Marne et Champagne. De nombreux observateurs du monde viticole se sont inquiétés lorsque Moët et Chandon a acquis, en 1991, les magnifiques vignobles Lanson. Pourtant, la prédiction d'une chute de qualité chez Lanson ne s'est pas encore réalisée. Comme dans toutes les grandes maisons, ce sont les cuvées haut de gamme, produites en volume confidentiel (comme le Gold Label millésimé, le blanc de blancs et la Noble Cuvée, intense et complexe dans le millésime 1988) qui offrent le plus d'intérêt. Les meilleurs millésimes ont été élaborés sous le contrôle des anciens propriétaires. Élaboré sans fermentation malolactique, le Black Label (vendu à 6,5 millions de bouteilles par an) dans la gamme des bruts sans année, est un champagne vigoureux. Accordez-lui quelques années de garde pour apprécier sa complexité.

Larmandier-Bernier ✪✪

51130 Vertus. Tél. 03 26 52 13 24, fax 03 26 52 21 00.

Toujours prêt à se remettre en question, fort de 11 hectares à Vertus, Cramant, Chouilly, Oger et Avize, Pierre Larmandier produit des vins de plus en plus raffinés. Sa philosophie ? Une agriculture raisonnée et une intervention mesurée en cave. Il préfère les foudres aux petites barriques, car ils lui permettent d'atteindre le niveau d'oxydation ménagée propre à donner de la complexité aux grands champagnes. Le brut Tradition révèle bien le caractère maison, avec une note minérale profonde. Ce profil organoleptique est encore amplifié par une fraîcheur citronnée et des arômes de biscuit dans le blanc de blancs. Larmandier produit deux des plus grands champagnes de terroir : les cuvées Né D'une Terre de Vertus et Vieilles Vignes de Cramant, intensément minérales et aptes à la garde. Le Vertus acquiert en effet au cours du vieillissement une grande pureté, tandis que le Cramant révèle le charme de la feuille de lierre. Le Spécial Club est un « Grand Banc qui s'inscrit dans l'esprit de l'assemblage ; le 1996, par exemple, tout en dentelles et souple semble plus accessible que le Vieilles Vignes de Cramant du même millésime. Larmandier produit également un coteaux champenois rouge à partir de pinot noir de Vertus ; ce vin est vif, parfumé et étonnamment complet. Peu de gammes de champagne possèdent une harmonie aussi remarquable que celle de Larmandier-Bernier.

Laurent-Perrier

51150 Tours-sur-Marne. Tél. 03 26 58 91 22, fax 03 26 58 77 29.

Cette maison, lentement érigée par Bernard de Nonancourt, a connu des débuts modestes après la Seconde Guerre mondiale. Elle compte aujourd'hui environ 90 hectares de vignes et s'est taillée une réputation enviable grâce à la régularité de ses champagnes, assemblés avec art par Alain Terrier, chef de cave. Le brut sans année (vendu à 7 millions de bouteilles par an) reste simple et, comme la plupart des champagnes de grandes marques, offre un intérêt moindre que la plupart des vins des grands récoltants-manipulants. Le brut rosé non millésimé possède ce style plébiscité par le grand public et que tous les autres producteurs de champagne voudraient bien parvenir à imiter : suave, flatteur, charmant. Les champagnes les plus chers sont appréciables, surtout dans la gamme Grand Siècle, assemblage de trois millésimes, également disponible dans une version millésimée depuis le milieu des années 1980. La cuvée Grand Siècle domine l'ensemble des cuvées Prestige : exquise et pleine d'allant, elle tire profit d'un lent vieillissement (les cuvées Prestige des concurrents sont souvent commercialisées trop tôt, alors qu'elles sont encore peu expressives).

Leclapart

51380 Trépail. Tél. 03 26 57 07 01, fax 03 26 57 07 01.

Ce producteur, partisan de la biodynamie dans la Montagne de Reims, propose trois cuvées de blanc de blancs : l'Amateur (vinifié en cuves Inox), l'Artiste (fermenté sous bois) et l'Apôtre Vieilles Vignes. Une certaine amertume peut apparaître, mais l'Apôtre possède concentration et profondeur. À noter un coteaux champenois, l'Eden, souple, riche en saveurs de fruits rouges.

Leclerc Briant

51204 Épernay. Tél. 03 26 54 45 33, fax 03 26 54 49 59.

Cette petite maison élabore un champagne de terroir (avec trois vins millésimés provenant d'une parcelle unique), propose un rosé de teinte soutenue, la cuvée Rubis de Noirs, fruité et puissant, et pratique la biodynamie sur ses trois parcelles (les autres parcelles composant les 30 hectares du domaine sont en cours de reconversion). Ces trois parcelles sont situées sur Les Cumières, commune premier cru : le Chèvres Pierreuses est un assemblage de pinot noir (60 %) et de chardonnay (40 %), récolté sur des pentes de déclivité moyenne orientées au sud. Ce terroir de 2,8 hectares est le meilleur des trois. Celui des Crayères, qui couvre à peine plus de 1 hectare, est planté à 90 % de pinot noir associé au pinot meunier. Ses sols crayeux confèrent un caractère très incisif au vin. Situé près du village, le Clos des Champions, la plus petite parcelle, compte un peu moins d'un demi hectare, réparti sur des pentes argilo-calcaires douces. Il est complanté à 70 % de pinot noir et à 30 % de chardonnay, ce qui se traduit par de la profondeur dans les vins.

Lenoble

51480 Damery. Tél. 03 26 58 42 60, fax 03 26 58 65 57.

La société de ce petit négociant devrait s'appeler Graser, du nom de son fondateur, ou bien Malassagne, du nom de ses descendants qui la gèrent aujourd'hui. Pourtant, il y a longtemps que celui de Lenoble a été choisi pour des raisons de marketing. Les 18 hectares de vignes sont bien situés, avec un grand cru Chouilly en chardonnay, un premier cru Bisseuil en pinot noir, et des parcelles de pinot meunier près de Damery même, qui fournissent 50 % des vendanges vinifiées. Le reste du raisin est acheté non loin de Damery. Entre 10 et 15 % de vin fermenté en barrique est ajouté dans toutes les cuvées. Ces champagnes sont excellents, tel l'Extra Brut non dosé (même assemblage que celui du grand cru blanc de blancs).

Lilbert Fils ✪

51530 Cramant. Tél. 03 26 57 50 16, fax 03 26 58 93 86.

Ce minuscule domaine de 4 hectares est à l'origine d'un blanc de blancs très élégant, de longue garde, élaboré par George Lilbert et son fils Bertrand.
Le Cramant est solide, rigoureux, même dans les années de meilleure maturité, comme 1995.

Mailly Grand Cru

51500 Mailly-Champagne. Tél. 03 26 49 41 10, fax 03 26 49 42 27.

Dans le nord de la Montagne de Reims, la commune de Mailly, classée grand cru, flirte avec les limites occidentales de l'aire proche de Verzenay et de Verzy. Cette coopérative de village possède la totalité de ses vignes dans ce grand cru, ce qui donne à ses vins une dimension de terroir assez rare.
La cuvée La Terre, millésimée, mêle arômes de fleurs, de noix et d'agrumes. Le pinot, qui domine en ce cru producteur de vins moins puissants et vibrants que ceux d'Aÿ ou de Bouzy, lui apporte une note finale minérale.

Henri Mandois

51530 Pierry. Tél. 03 26 54 03 18, fax 03 26 51 53 66.

Cette petite maison, très sérieuse, détient un domaine de 35 hectares, totalement éclaté. La cuvée Victor Mandois 1996 est superbement construite ; elle devrait vieillir mieux encore que les cuvées 1995 et 1993.
La cuvée de Réserve et le rosé premier cru sont des valeurs sûres.

Margaine

51380 Villers-Marmery. Tél. 03 26 97 92 13, fax 03 26 97 97 45.

Le blanc de blancs millésimé de Margaine est un champagne raffiné, à l'agréable note citronnée. Il acquiert, avec le temps, des nuances beurrées. Le millésime 1996 est resté dans les mémoires.

Marne et Champagne *voir* Lanson

Marquis de Sade *voir* Michel Gonet

Le Mesnil

51390 Le Mesnil-sur-Oger. Tél. 03 26 57 53 23.

Cette coopérative permet de goûter, à un prix raisonnable, l'un des plus grands crus de la Côte des Blancs. La qualité pourrait certainement être bien meilleure si les vignobles étaient aussi bien tenus que ceux des dix-huit producteurs de Salon. Retenez l'étiquette Réserve de Sélection.

Moët et Chandon

51200 Épernay. Tél. 03 26 51 20 00, fax 03 26 54 84 23.

Moët est l'éléphant de la Champagne, avec ses 25 millions de bouteilles vendues annuellement, soit plus de deux fois le nombre de bouteilles commercialisées par son plus proche rival, Veuve Clicquot (qui fait partie du même groupe LVMH). Cette position oblige l'équipe de Dominique Foulon, aujourd'hui à la retraite, et de Richard Geoffroy à pratiquer les assemblages d'une main de maître. Le Brut Impérial est une véritable marque.
Ce champagne plaisant, accessible, vieillit relativement vite pour atteindre la plénitude sur des arômes de pain grillé. Le brut premier cru est à peine moins intéressant. Moët possède en propre 550 hectares de vignes, et ses champagnes les plus chers répondent aux critères les plus élevés de qualité grâce à un patrimoine viticole intestimable, comprenant notamment les vieilles vignes de Lanson et le vignoble de Pommery, récemment acquis. Le Brut millésimé Impérial vieillit avec grâce et harmonie. Le Dom Pérignon millésimé est très pur, bien qu'il soit souvent mis sur le marché avant d'avoir atteint sa pleine expression. La politique de marketing de la maison a toujours cherché à mettre en valeur les origines du Dom Pérignon : le premier cru Hautvillers, ainsi que les grands crus Aÿ, Bouzy, Cramant et Verzenay. Pourtant, en 2001, Moët a commencé à toucher aux principes sacrés de l'assemblage en

présentant une gamme de trois grands crus : un pinot meunier de Sillery (Les Champs de Romont), un chardonnay de Chouilly (Les Vignes de Saran) et un pinot noir d'Aÿ (Les Sarments d'Aÿ). « L'objectif, m'a confié le chef de cave George Blanck, n'était pas de faire un vin de garage. Nous avons mis l'accent sur l'origine des raisins. » Les rendements ne sont pas inférieurs et le bois n'est pas utilisé, mais la philosophie de l'assemblage demeure en vigueur puisque différents millésimes entrent en jeu. Ce sont de bons champagnes qui se bonifient avec le temps. Reflètent-ils véritablement l'expression du terroir ou sont-ils des vins de cépage de grande qualité ? Le raffinement des Vignes de Saran et la rondeur fruitée et briochée des Sarments d'Aÿ traduisent bien l'origine de ces champagnes, issus de cépages adaptés à leurs terroirs. Les Champs de Romont, toutefois, penchent du côté des vins de cépage (un pinot meunier vigoureux et fruité) plutôt que vers l'expression du terroir (le très rare grand cru de Sillery, que jusqu'ici l'on connaissait surtout au travers des vins de François Secondé). Je suis persuadée que Moët a bel et bien été le premier à bousculer la tradition si bien ancrée du champagne. Laurent-Perrier, Taittinger ou Veuve-Clicquot suivront-ils ce mouvement ?

Pierre Montcuit ✪

51190 Le Mesnil-sur-Oger. Tél. 03 26 57 52 65, fax 03 26 57 97 89.

Le domaine de Nicole et Yves Montcuit couvre 20 hectares ; il est à l'origine de superbes grands crus blancs de blancs, millésimés dans les bonnes années. Le 1995, profond, persistant, concentré et minéral, n'a besoin que d'un peu de temps pour s'assagir et affiner ses caractères. L'une des cuvées Vieilles vignes porte le nom de la maîtresse des lieux, Nicole.

Jean Moutardier

51210 Le Breuil. Tél. 03 26 59 21 09, fax 03 26 59 21 25.

Découvrez l'influence du terroir en goûtant des champagnes marqués par le pinot meunier devraient déguster ceux de Jean Moutardier. Issus de la vallée du Surmelin, ses vins suaves et tendres sont impressionnants d'intensité.

Moutard Père et Fils

10110 Buxeuil. Tél. 03 25 38 50 73, fax 03 25 38 57 72.

Avec celui d'Aubry, ce domaine de 20 hectares dans la Côte des Bars est l'un des rares à explorer les cépages anciens. Citons une cuvée d'arbanne (localement « arbane »). Curiosité mise à part, le champagne rosé, tout de sombre vêtu et de fruit embaumé, constitue un meilleur parti.

Mumm

51100 Reims. Tél. 03 26 49 59 69, fax 03 26 40 46 13.

Si l'acquisition de Mumm (ancienne propriété du groupe Seagram) par Hicks, Muse, Tate & Furst en 1997, avait de prime abord tout d'une catastrophe, les financiers américains ont heureusement misé sur la consolidation plutôt que sur le diminution drastique d'actifs. Non seulement ils ont mis en place une équipe performante, mais ils lui ont donné aussi les moyens de tirer cette vieille dame hors des sables mouvants dans lesquels Seagram l'avait laissée s'enliser. Hicks, Muse, Tate & Furst ont dûment encaissé leurs bénéfices et, en 2002, ils ont passé la main à Allied Domecq. Les nouveaux acquéreurs ont eu l'intelligence de garder la même équipe - notamment le P-DG Jean-Marie Barillère, ainsi que le chef de cave Dominique Demarville. Parce que le champagne doit vieillir avant d'être mis sur le marché, les changements ne se font pas encore sentir, mais déjà, le Mumm de Cramant grand cru blanc de blancs, longuement élevé, apparaît parfumé, tendre, digne de ce qu'il a été pendant deux décennies. Le Mumm Cordon Rouge est devenu beaucoup plus printanier. Dans les années à venir, on aura tout intérêt à rechercher les champagnes millésimés Cordon Rouge, ainsi que la nouvelle Cuvée Grand Cru millésimée. Cette dernière est un assemblage des cinq grands crus qui ont fait la réputation de Mumm. : ce sont essentiellement des vins de Cramant et de Verzenay, complétés par ceux de Bouzy, d'Aÿ et d'Avize. Une recherche de l'expression du terroir qui a été inaugurée avec un millésime 1995 modérément concentré, mais les prochaines années devraient être remarquables.

Bruno Paillard

51100 Reims. Tél. 03 26 36 20 22, fax 03 26 36 57 72.

Depuis vingt ans, cette maison de négoce de l'ancien courtier en vins Bruno Paillard est apparemment florissante. Bruno Paillard est non seulement le seul propriétaire de cette marque, mais aussi de celle de Nauroy. Il est l'actionnaire principal (à 43 % environ) du groupe BCC, coté en bourse, qui réunit Boizel, Alexandre Bonnet, Chanoine, Abel Lepitre, Philipponnat et de Venoge. Les champagnes de Bruno Paillard sont élancés, structurés et faiblement dosés. Les contre-étiquettes précisent la composition de l'assemblage et la date de dégorgement. Le brut sans année (33 % de chardonnay) demande un peu de temps pour révéler toute sa puissance aromatique. Sous cette marque est également commercialisée un excellent rosé rafraîchissant. Le chardonnay Réserve Privée, issu des 3 hectares personnels de Paillard à Oger, offre une rondeur soulignée par des parfums d'agrumes. Trois champagnes sont millésimés : un blanc de blancs, un millésimé classique (le 1995 structuré paraît plus vineux que les autres champagnes Paillard) et l'extraordinaire cuvée Prestige (grands crus issus de sept villages et fermentés sous bois).

Palmer

51100 Reims. Tél. 03 26 07 35 07, fax 03 26 07 45 24.

Cette coopérative fondée à Avize en 1947 a élu domicile à Reims en 1989. Sa meilleure cuvée est, selon moi, l'Amazone non millésimée, mi-noire mi-blanche. Après un long vieillissement, elle est commercialisée dans une bouteille de forme ovale.

Pannier

02403 Château-Thierry Tél. 03 23 69 51 30, fax 03 23 69 51 31.

Autre équipe gagnante parmi les coopératives, Pannier produit un champagne harmonieux, même si les cuvées Égérie et Louis Eugène trahissent les origines modestes du raisin. Le Brut Sélection sans année parvient à un bon niveau pourvu que le climat difficile de la région le permette.

Joseph Perrier

51000 Châlons-en-Champagne. Tél. 03 26 68 29 51, fax 03 26 70 57 16.

Les vins de cette maison méritent le détour si vous aimez la rondeur et le goût de pomme que le pinot noir et le pinot meunier peuvent apporter ; la cuvée Royale est un brut sans année tendre et aimable. Avec la cuvée Joséphine millésimée, la marque Joseph Perrier atteint la concentration et le véritable raffinement attendu d'un champagne.

Perrier-Jouët

51201 Épernay. Tél. 03 26 53 38 00, fax 03 26 54 54 55.

Comme sa maison sœur Mumm, Perrier-Jouët a changé deux fois de propriétaire ces dernières années. Comme elle, elle a retrouvé grâce à Allied Domecq de meilleures conditions après une décennie 1990 difficile dans ses premières années. Alors que le style Mumm se forge autour du pinot noir de la Montagne de Reims, Perrier-Jouët mise sur le chardonnay de la Côte des Blancs (notamment pour le Cramant) et sur le pinot meunier de la Marne. S'il est difficile de louer son brut non millésimé (appelé Grand Brut), la cuvée Blason de France sans année n'en présente pas moins une plaisante ligne aromatique biscuitée. Le champagne millésimé est léger, mais sa saveur pure, et le Blason de France rosé développe un beau fruit. La cuvée Prestige bénéficie de la ligne exubérante de la bouteille Belle Époque, avec ses anémones dessinées par Gallé. Elle est disponible en brut millésimé, en rosé millésimé et en blanc de blancs millésimé. Ce dernier est un véritable champagne de terroir, exclusivement issu de Cramant. Les deux premiers sont de gracieux assemblages de chardonnay de Cramant, complétés par des pinots plus légers. Jeunes, ces champagnes à l'extravagante présentation peuvent sembler un peu courts, mais avec l'âge, ils développent un bouquet plein de tendresse.

Philipponnat

51 160 Mareuil-sur-Ay, Tel : 03 26 56 93 00, Fax : 03 26 56 93 18.

Depuis de nombreuses années, la maison Philipponnat est une sorte de Dr Jekyll et Mr Hyde du champagne. Les bouteilles nées du vignoble de 5,5 hectares, appelé Clos des Goisses (parcelle superbement située à proximité du canal de Mareuil et de la Marne), possédait autrefois un prodigieux goût de terroir, tandis que le reste de la gamme valait à peine son bouchon. Lorsque Bruno Paillard fit l'acquisition de la société par le biais de BCC en 1997, il déclara avoir trouvé les stocks dans un tel état de délabrement qu'il lui faudrait deux années de travail pour redonner forme à un brut sans année. Aujourd'hui, tous les champagnes ont gagné en profondeur et en concentration. Le Clos des Goisses, toujours aussi magnifiquement mûr et aromatique, récompense amplement une garde de dix ou vingt ans en cave : il laisse alors s'épanouir les notes de noisette, de pain et les arômes mémorables de fruits du verger. Une partie du vignoble est située sur l'un des plus beaux coteaux de la Champagne, orienté au sud, le reste recouvrant le plateau au-dessus. Ainsi, même les mauvaises années, le fruit parvient à parfaite maturité. Chardonnay et pinot noir sont les cépages vinifiés.

Piper-Heidsieck

51100 Reims. Tél. 03 26 84 43 00, fax 03 26 84 43 49.

Rémy Cointreau est propriétaire de Piper-Heidsieck (et de Charles Heidsieck). Ce domaine est resté plusieurs années dans le giron de Daniel Thibault, qui a transformé le style de ses champagnes en autorisant la fermentation malolactique. Aujourd'hui, en comparaison de la tendre et riche cuvée Charles, le jeune Piper est toute « impertinence, fraîcheur, vivacité, plaisir et mise en scène », pour citer Régis Camus, successeur de Daniel Thibault. Certes bien élaboré et qui plus est bon marché, le champagne Piper-Heidseick peut cependant manquer de concentration. À mon sens, le brut millésimé est le meilleur vin de la gamme.

Pol Roger

51206 Épernay. Tél. 03 26 59 58 00, fax 03 26 55 25 70.

Cette maison familiale bénéficie depuis longtemps d'un grand engouement sur le marché britannique, engouement qui s'explique en partie par l'appréciation qu'avait Winston Churchill de son vin. Elle est certes un peu plus grande en taille que Bollinger, mais beaucoup plus petite que les géants que sont Moët, Laurent-Perrier ou Lanson. Ses champagnes admettent un caractère plus léger et délicat que ceux de Bollinger, par exemple. Le brut sans année a souvent déçu au cours de la dernière décennie, notamment sur le marché français. Le blanc de blancs, en revanche, est resté fidèle à son image, tout en grâce florale soulignée d'une note vanillée ; quant aux vins millésimés, ils ont la réputation de bien vieillir, lentement et régulièrement. La cuvée Prestige, baptisée du nom du plus célèbre client de la maison, n'a été lancée que vers le milieu des année 1980 : ce champagne doit vieillir pour atteindre l'intensité et la grandeur de certains de ses rivaux. Ne la goûtez pas trop jeune, vous pourriez être déçue.

Pommery

51053 Reims. Tél. 03 26 61 62 06, fax 03 26 61 62 99.

Pommery a été vendu en 2002 à LVMH, tout comme Lanson il y a dix ans. Les 400 hectares de vignobles du domaine ont été amputés et partagés entre Moët et Veuve-Clicquot. L'acheteur du nom de la marque est le groupe Vranken Monopole, qui peut s'enorgueillir d'un vrai succès commercial (il possède également Heidsieck Monopole), mais dont les champagnes s'avèrent qualitativement irréguliers. La gamme des caves Pommery va du brut non millésimé (Brut Royal) jusqu'aux cuvées Louise, si fines et soigneusement élaborées. Le style gracieux, charmant et inspiré de Pommery est bien sûr mis à rude épreuve quand on le compare à certains grands champagnes tel Bollinger. Cependant, l'Apanage sans année, le blanc de blancs Summertime et le blanc de noirs Wintertime ont tous réussi, ces dernières années, à allier la grâce à la profondeur. Le champagne millésimé (un grand cru) est régulièrement excellent, magnifiquement assemblé par Alain de Polignac (qui appose son célèbre ruban jaune). Espérons que cela restera sacré sous l'administration de Vranken.

Roederer ✪

51053 Reims. Tél. 03 26 40 42 11, fax 03 26 47 66 51.

La force de l'admirable maison Roederer, qui a su rester familiale, résiderait dans son vignoble de 200 hectares. Ne serait-ce pas plutôt le classement de 115 hectares en grand cru et de 70 hectares en premier cru ? Les pratiques viticoles de Roederer (notamment la vendange en vert) traduisent bien l'exigence de la maison, dont le vignoble couvre aux deux tiers les besoins ; le complément de matière première est fourni par des achats sous contrat, minutieusement contrôlés. Le brut Premier est fiable, toujours élevé entre trois et cinq ans. Le brut non millésimé, à dominante de pinot noir, contient jusqu'à 20 % de célèbres réserves Roederer vieillies en fûts ; une grande partie de l'assemblage (dont la proportion varie d'une année à l'autre) ne subit pas de fermentation malolactique. En recourant à techniques de filtration high-tech (à 0,65 microns), Roederer s'assure de la stabilité des vins qui n'ont pas fait leur « malo ». Le style n'en reste pas moins souple, et les réserves permettent d'équilibrer les vins de l'assemblage nés d'années de petite maturité. Le reste de la gamme se compose exclusivement de millésimés aux styles variés, mais d'une même qualité : concentrés, structurés et demandant du temps pour se développer. Le blanc de blancs, tendre et aromatique, est peut-être le plus séduisant au premier abord, même si ses prix sont guère compétitifs avec ceux des champagnes des grands producteurs. Le Cristal, l'une des cuvées Prestige les plus célèbres dans le monde (avec le Dom Pérignon de Moët), est un champagne extraordinairement fin et intense, dans sa bouteille de belle facture. Le 1995 semble allier le côté incisif et minéral des vins des grands terroirs de la côte des Blancs avec le fruité rond et intense qui caractérise ceux de la Montagne de Reims. Sa palette complexe née d'une légère oxydation (miel, cire d'abeille) s'accompagnent de notes biscuitées reflétant un formidable travail en cave. Peu de vins méritent d'être placés parmi les icônes, et si le célèbre peintre du XVe siècle Andrei Roublev avait choisi de travailler le raisin plutôt que les couleurs, sans doute aurait-il signé ce vin.

Ruinart ✪

51053 Reims. Tél. 03 26 77 51 51, fax 03 26 82 88 43.

Ruinart est la plus ancienne maison de champagne, aujourd'hui intégrée au groupe LVMH. Elle produit plus de 2 millions de bouteilles par an, soit davantage que Pol Roger ou Bollinger. Stylistiquement, le Ruinart repose sur le chardonnay. Le rosé Dom Ruinart est un blanc de blancs assemblé à un peu de vin rouge qui lui lègue nez fruité. Le brut sans année, « R » de Ruinart, ne comporte que 40 % de chardonnay, mais ce cépage le marque néanmoins : ce champagne atteint ainsi un meilleur niveau que celui de la plupart des assemblages analogues. D'une grande beauté, le Dom Ruinart blanc de blancs offre de la complexité dans ses notes enchanteresses nées d'une oxydation ménagée : un parfum de fleurs printanières vient compléter son élégant style minéral. L'assemblage comporte une quantité relativement importante de chardonnay de la Montagne de Reims, qui lui confère une réelle vigueur.

de Saint-Gall *voir* Union Champagne

Salon ✪

51190 Le Mesnil-sur-Oger. Tél. 03 26 61 82 36, fax 03 26 61 80 24.

La maison de champagne, fondée par Eugène Aimé Salon est un véritable monument historique. Cette société a toujours commercialisé un seul style de champagne, un blanc de blancs millésimé produit dans les grandes années à partir des vingt et une parcelles plantées au Mesnil. Ce vin vieillit de huit à dix ans avant d'être mis sur le marché. Propriété de Laurent-Perrier, Salon ne possède que 3 hectares ; elle complète son approvisionnement en vin auprès de dix-huit producteurs qui lui sont liés (dans les années jugées insuffisantes pour donner lieu à un millésimé, les vins de ces fournisseurs entrent dans les marques Delamotte ou Laurent-Perrier). Selon le directeur Didier Depond, la décision de produire un Salon est en partie prise au moment même des vendanges, puis confirmée après la fermentation. Officiellement, Salon ne pratique pas la fermentation malolactique, alors que Delamotte se le permet. (Selon Bruno Paillard, le seul moyen efficace de prévenir la fermentation malolactique consiste, pour le champagne, à opérer une microfiltration, à utiliser une quantité non négligeable de soufre ou à contrôler la température jusqu'au moment où le vin est commercialisé. Or, cette dernière technique est difficile à contrôler, et aucune des précédentes n'est utilisée chez Salon.) Le souci majeur est de trouver un juste équilibre entre le sucre et l'acidité, ce qui a pu conduire à ne pas produire de Salon dans des millésimes comme le 1989 (manque d'acidité) et le 2000 (trop de raisins pourris). Salon juge la dernière décennie supérieure aux années 1980. Pour la première fois, depuis les années 1940, cinq années ont été de qualité : 1990, 1995, 1996, 1997 et 1999. Salon n'utilise pas de bois et vendange jamais à trop grande maturité, car la maison privilégie la fraîcheur. Encore jeune, le 1990 (millésime que la maison considère comme l'un des meilleurs du XXe siècle, avec 1928) possède une structure que le chardonnay dévoile rarement en Champagne ; puissant mais sans excès, minérale il demande une dizaine d'année de garde.

François Secondé

51500 Sillery. Tél. 03 26 49 16 67, fax 03 26 49 11 55.

François Secondé produit des vins, intenses et citronnés, issus de pinot noir et de chardonnay. Ses champagnes offrent donc un contraste intéressant avec Les Champs de Romont de Moët. Accordez-leur du temps.

Selosse ✪✪

51190 Avize. Tél. 03 26 57 53 56, fax 03 26 57 78 22.

Le « fou d'Avize » pourrait bien devenir le « prophète d'Avize ». Anselme Selosse prône une viticulture exigeante en accord avec la biodynamie, recherche un niveau de maturité du raisin que l'on jugeait jusqu'à présent impensable dans la région, adopte des méthodes non-interventionnistes, emploie une grande variété de fûts en bois et privilégie un long vieillissement (les 1995 seront mis en vente en 2004). Son apparente excentricité (il a décidé de n'embouteiller ses 1997 qu'en magnums) cache un profil d'érudit, car si l'avenir du champagne réside vraiment dans le terroir, il faudra accorder davantage d'attention à Selosse. « Nous avons besoin d'une centaine de Selosse », déclare Daniel Lorson du CIVC. « Je choisis mes clients », répond Selosse pour expliquer sa décision sur le millésime 1997, non sur des critères commerciaux, mais parmi des amateurs. Il faut laisser vieillir le vin pour qu'il abandonne son fruit et qu'il assume son terroir. Je refuse de faire un bon chardonnay ! Je veux proposer un bel Avize. » Selosse a même une solera de pur Avize dont il tire 22 % du vin, chaque année à des fins d'assemblage, pour rendre dans ses vins ce « vécu de la vigne ». La gamme est vaste et le nom de chaque champagne choisi avec soin : ainsi de la cuvée Brut Initiale, un champagne joyeux qui permet d'aborder le style Selosse, de l'extra-brut Version Originale, de la Cuvée Gourmande l'Exquise, de la cuvée Substance, tout en rondeur. La cuvée Contraste est un blanc de noirs et le Masculin un rosé tout en muscles, dans lequel le chardonnay de Selosse rencontre le pinot noir de Francis Égly. Mais les plus grands de tous les champagnes sont les millésimés, comme le 1990. Ses 14,2 % vol. d'alcool sont à peine perceptibles : il a la finesse minérale d'un Avize tout en évoluant vers le miel à la faveur du temps.

Taittinger

51100 Reims. Tél. 03 25 85 45 35, fax 03 26 85 17 46.

Maison familiale, Taittinger, a investi dans le cristal de Baccarat et misé sur les talents de parfumeuse d'Annick Goutal. Pour une société de cette taille (5 millions de bouteilles par an), un patrimoine de 270 hectares de vignes peut paraître petit. Si les champagnes de début de gamme (brut Réserve et brut Prestige rosé) semblent simples, les vins millésimés sont fidèles au style de chaque année et parviennent à maturité dans un délai de garde moyen. La cuvée Comtes de Champagne figure parmi les plus grands blancs de blancs de la région. Elle se compose de vins de la Côte des Blancs, élevés en chêne.

Union Champagne

51190 Avize. Tél. 03 26 57 94 22, fax 03 26 57 57 98.

Cette vaste entité est constituée de dix coopératives et de 1 200 producteurs. De nombreux assemblages bruts sans année sont vendus par les grandes marques de champagne. Parmi les vignerons adhérents, citons Pierre Vaudon et de Saint-Gall. Union Champagne est à l'origine de la cuvée Orpale (meilleurs millésimes issus de grands crus). Les vins, s'ils ne sont pas tous sublimes, offrent un bon rapport qualité-prix.

Pierre Vauldon *voir* Union Champagne

de Venoge

51200 Épernay. Tél. 03 26 53 34 34, fax 03 26 53 34 35.

Cette maison fait désormais partie du groupe BCC, contrôlé par Bruno Paillard. Elle ne possède pas de vignes en propre et achète 30 % de son raisin dans la Côte de Sézanne, un apport qui, selon son directeur Aymeric de Clouet, contribue à la complexité des assemblages. Le vieillissement des vins est une pratique que la maison compte bien développer : les champagnes de la cuvée Vingt Ans apparaîtront sur le marché à leur vingtième anniversaire, soit en 2003 pour le 1983. Sans oublier le champagne que de Clouet souhaite baptiser LBV (pour *Late Bottled Vintage*, « millésime embouteillé tardivement »), si les producteurs de porto ne s'y opposent pas. Ce LBV reposerait sur des vins de réserves : les vins, constitués aux deux tiers de chardonnay vieilli en fût de chêne et d'un tiers de pinot meunier élevé en cuve, seraient conservés plus d'un an avant d'être embouteillés pour la prise de mousse. Parmi les vins disponibles sur le marché, citons le Cordon bleu sans année et le blanc de noirs à la somptueuse étiquette. Le 1995, plein de sève, a besoin de vieillir. Le Grand Vin des Princes 1993, plus tendre, perpétue une longue tradition de la marque.

Veuve-Clicquot

51054 Reims. Tél. 03 26 89 54 40, fax 03 26 40 60 17.

Par sa taille, Veuve-Clicquot est le plus proche concurrent de Moët au sein du groupe LVMH. Elle produit généralement des vins au caractère plus marqué que ceux de Moët : plus souples, et – pour les champagnes non millésimés – plus aptes à la garde. Les vins millésimés sont charnus et amples. Le rosé millésimé possède un fruit exubérant. La Grande Dame constitue la cuvée Prestige de Veuve Clicquot : elle assemble huit grands crus, villages où Madame veuve Clicquot possédait ses propres vignes.

Vilmart

51500 Rilly-la-Montagne. Tél. 03 26 03 40 01, fax 03 26 03 46 57.

René Champs, aujourd'hui retraité, est un artiste du verre coloré. La présence de ses œuvres embellit la cérémonie de la dégustation. L'entreprise familiale est désormais entre les mains du sympathique Laurent Champs. Elle exploite 11 hectares de vignes, toutes âgées d'au moins vingt-huit ans, dans les premiers crus Rilly et Villers. En général, ses champagnes sans année sont vinifiés dans des foudres, et ses vins millésimés dans des barriques (dont un quart sont neuves ou utilisées pour la seconde fois). Les vins, très élégants, sont parfois austères car ils ne font pas de fermentation malolactique ; un caractère sérieux que l'usage du chêne semble renforcer. Le Grande Réserve (70 % de pinot noir, 30 % de chardonnay) est vineux et plein d'esprit, tandis que le Grand Cellier (70 % de chardonnay, 30 % de pinot noir) est plus intense. Intensité ? C'est au millésimé Grand Cellier d'Or que cette qualité s'applique le mieux, à condition que l'année n'ait pas été marquée par un niveau élevé d'acidité (1997). Le millésimé Cœur de Cuvée naît du cœur de presse et d'un assemblage de 80 % de chardonnay et de 20 % de pinot, récoltés sur des vignes de plus cinquante ans ; la fermentation a lieu en barrique, puis le vin est embouteillé sans filtration pour prise de mousse. Le millésime 1996 est encore très jeune, et sa forte vivacité contrarie les notes boisées. L'évolution du 1991 laisse penser que le temps n'arrangera pas les choses. Est-il vraiment judicieux de renoncer à la fermentation malolactique pour les champagnes fermentés en fût ?

La vallée de la Loire

Le fleuve de la différence. Peu de régions françaises peuvent se prévaloir d'une telle singularité. Ses cépages donnent naissance à des crus très variés. Parfois élevés sur lies, les vins gagnent une autre dimension que celle du fruit. Un vent d'originalité flotte sur ce vignoble septentrional.

Difficile d'imaginer une nature sauvage dans la vallée de la Loire ! À Saumur, en plein cœur de l'été, le temps se ralentit, la ville vit au rythme du fleuve. Les loups, les torrents impétueux et la forêt dense semblent bien loin. Dans cette région, berceau de la langue française la plus pure, les ponts enjambent les rivières avec une grâce déliée, les bibliothèques des châteaux abritent des livres d'histoire aux reliures anciennes, qui sentent bon le cuir. Les jardiniers rivalisent de savoir-faire pour créer d'extraordinaires jeux de symétrie végétale. La Loire, imperturbable, ne se soucie guère d'entraîner son eau en un seul flot. Les blessures du passé, les terribles peurs, les bandits, le chaos appartiennent à une époque révolue.

Rarement, en France, la pierre n'est aussi présente que dans cette région. La Loire est réputée pour ses châteaux, source d'inspiration des illustrateurs de contes de fées et des fantasmes du marquis de Sade. Contempler ces splendides demeures permet de comprendre la Révolution française. Cependant, ces monumentales architectures n'ont pu naître qu'à la faveur de réserves quasi inépuisables de calcaire tendre, le célèbre tuffeau.

Cette pierre donne leur reflet pâle aux maisons qui illuminent, le soir venu, les rues des villages. Presque aussi célèbres que les châteaux de la Loire sont les champignons et les fromages qui mûrissent dans l'obscurité humide des innombrables caves qui truffent le sous-sol des vignobles. J'ai rencontré des producteurs de champignons angevins qui sortaient en sifflotant de leur sombre tanière, une lampe à la main. Les passages et les boulevards se déroulent sans fin dans les ténèbres qui regorgent de ces champs souterrains. C'est là, sous la terre, qu'au début du XXIe siècle, des personnes aisées ont choisi d'installer leur maison ou leur bureau. À défaut de pouvoir vous offrir un château dans la Loire, vous devrez vous contenter d'une demeure troglodytique avec une vigne aux belles grappes de raisin sur le toit.

Ainsi la Loire continue-t-elle de vivre sous l'égide de la pierre, ce qui n'est pas pour déplaire au vin. Les vignes aiment les pierres : plus ces pierres sont sèches, plus les sols sont pauvres, et meilleur est le résultat. En outre, nous sommes encore dans la partie septentrionale du pays, cette moitié de la France où la viticulture n'est viable que sur les pentes exposées au soleil, lorsqu'un cours d'eau entaille un terrain orienté au sud, lorsqu'une terrasse reste protégée du vent. L'aventure de la terre est incroyablement audacieuse dans cette région ; c'est un véritable jeu de cache-cache. Les producteurs recherchent avidement la chaleur d'une pierre placée à l'équerre.

La Loire prend sa source sur un mont solitaire du Massif central avant de descendre lentement vers le nord, de bifurquer vers l'ouest, pour finir sa course dans l'océan Atlantique, dès qu'elle aperçoit les navires de Saint-Nazaire et les containers entassés sur les docks. L'eau

qu'elle draine dans son lit, venue des forêts et des champs, traverse un cinquième de la France. C'est le Nil, le Gange de la France.

Ce fleuve relie au moins trois régions viticoles qui, en dehors de ce fil conducteur, semblent avoir bien peu en commun. Les vins de la région nantaise, dont les raisins ont la saveur du cépage melon, possèdent de la fraîcheur. La partie centrale de la Loire, appelée Jardin de la France, relie l'Anjou, la région de Saumur et la Touraine. Elle offre un paysage généreux et vallonné, au sein duquel le chenin blanc et le cabernet franc produisent toute une palette de vins blancs et rouges, tour à tour secs et moelleux. Le Sancerrois, enfin, forme une partie de la chaîne kimméridgienne qui s'étend vers Chablis jusqu'à l'Aube champenoise. Le sauvignon trouve ici son expression la plus achevée dans des vins d'une grande pureté, aux arômes parfois fumés et à la belle maturité.

Malgré ces nombreuses différences et en dépit des 960 kilomètres qui séparent le premier et le dernier vignoble de la Loire, une grande unité caractérise cette contrée, troisième région viticole de France en superficie. On recense 16000 hectares de vignes dans le pays nantais, 30000 hectares en Anjou, en Saumurois et en Touraine, et 4300 hectares dans la région Centre. La vallée de la Loire, aire viticole septentrionale, est particulièrement vulnérable aux caprices du temps (comme en 1998, 1999, 2000 et 2001). Les vins y sont en majorité blancs, nerveux et relativement vifs, alors que les consommateurs apprécient de plus en plus les vins rouges puissants et riches. Ils sont souvent vendus à des prix modestes et la concurrence avec les nouveaux pays producteurs est féroce. Les ventes de muscadet ont ainsi enregistré une baisse de 16% en Grande-Bretagne en l'an 2000. La région est davantage tributaire que d'autres du marché national (22% de sa production sont exportés, alors que la moyenne nationale est de 27%). Seul lot de consolation, elle se présente comme le vignoble de Paris : elle offre ses vins vifs à une capitale trépidante et joyeuse. Et Paris ne lui est pas infidèle.

La quête du chenin d'or

Mais qu'en est-il de la nouvelle Loire ? Depuis les années 1990, les problèmes liés au non-respect de l'environnement sont pris en compte, alors qu'ils étaient le cadet des soucis de la génération précédente de vignerons, grande utilisatrice d'herbicides. La gestion des vignobles, comme celle de la forêt, s'envisage à long terme.

Les viticulteurs ont rapidement compris que l'usage intensif de produits chimiques dans les vignes empoisonnait leur propre patrimoine. Cependant, plus vous vous dirigez vers le nord, plus l'agrobiologie et la biodynamie perdent du terrain, car les conditions climatiques n'y sont guère favorables. Cela n'a pourtant pas dissuadé

« Pour que les vignerons continuent à travailler dans des structures familiales, nous devons développer nos connaissances du terroir. Nous devons informer, nous devons éduquer. Tous les jours, tous les jours, tous les jours. Le marketing ? Nous serons toujours perdants. Ceux qui boivent notre vin, nos clients, doivent être des relais, si des vignerons indépendants comme nous veulent continuer d'exister. Sinon, nous finirons tous comme Heineken ou Kronenbourg. »

CLAUDE PAPIN

◀ *Quand un fleuve acquiert ces dimensions, il ne laisse plus beaucoup de pentes au soleil. Les vignes de la vallée de la Loire se regroupent souvent sur les rives de ses affluents.*

La partie la plus ancienne du château de Langeais, construit entre Tours et Saumur, a vu mille vendanges.

certains producteurs, comme Guy Bossard, Noël Pinguet ou Mark Angeli, de s'engager dans cette voie.

La seconde grande révolution concerne les pratiques culturales, et particulièrement les techniques des vendanges. Les appellations de la Loire offrent un cadre adéquat, parfois complexe, à l'expression du terroir. Dans cette région, il n'a pas été nécessaire de lutter pour convaincre. Cependant, la Loire est plantée de chenin, un cépage difficile, comme le pinot noir. Quelques-uns de ses vins blancs figurent parmi les meilleurs du monde, uniquement concurrencés, pour la longévité et la beauté de ses métamorphoses en cave, par le riesling (le chardonnay n'entre pas en compétition sauf dans le montrachet).

La Loire cultive également le cabernet franc et le cabernet-sauvignon. Sa partie centrale constitue, avec la Bourgogne, la plus septentrionale des régions françaises productrices de vins rouges. En plein été, Beaune bénéficie de quelques minutes de soleil de plus que Chinon, situé légèrement plus au nord. C'est grâce au cabernet franc que le Cheval Blanc est devenu l'un des vins rouges bordelais les plus exceptionnels ; de même, le cabernet-sauvignon est le trésor du Médoc. Mais à la latitude à laquelle se trouve la Loire, c'est un véritable défi que de faire mûrir le cabernet.

Le chenin est vif et ingrat, le cabernet vigoureux et tannique. Le second grand progrès de la nouvelle Loire réside dans le culte des tries, c'est-à-dire des vendanges successives, afin de récolter, à des moments différents, les raisins les plus mûrs. Cette pratique, très coûteuse en temps, a totalement transformé l'horizon des vins de Loire, donnant une nouvelle génération de vins blancs secs plus parfumés et plus profonds, ainsi que des vins rouges mieux structurés.

La biodynamie

Rudolf Steiner (1861-1925) est le fondateur de l'anthroposophie, souvent présentée comme une science spirituelle. Les enseignements de Steiner (profondément influencés par Goethe, dont il a annoté les travaux scientifiques dans sa jeunesse), s'appliquent à de nombreux domaines, dont l'éducation, la médecine et certaines pratiques thérapeutiques. En 1924, un an avant sa mort, il a donné une série de conférences sur l'agriculture. C'est sur ces bases, que les adeptes de Steiner, comme Maria Thun, ont créé un système de culture appelé biodynamie. Pendant les années 1980 et 1990, plusieurs producteurs français – notamment Nicolas Joly à Savennières – ont commencé à cultiver leurs terres selon ces principes.

La biodynamie diffère de l'agrobiologie, même si elle refuse également les traitements chimiques de synthèse comme les insecticides, les herbicides et les engrais. Elle leur préfère les décoctions végétales et minérales, élaborées selon les principes de l'homéopathie (c'est-à-dire à partir de dilutions successives). Elle va ainsi au-delà de l'agrobiologie en préconisant des techniques de préparation bien définies afin qu'il ne subsiste plus que d'infimes traces de la substance thérapeutique dans la décoction. On dit alors que la solution est dynamisée.

La biodynamie a également recours de manière extensive au compost et à des préparations fabriquées par des fournisseurs spécialisés qui respectent les instructions souvent ésotériques édictées par Steiner dans ses conférences. Ces composts sont stockés dans des bocaux de verre, impeccablement alignés sur des étagères, tenus à l'écart de toute contamination (notamment des ondes électriques).

Autre élément essentiel de la biodynamie, le calendrier des saisons créé par Maria Thun. Steiner considérait la végétation comme un « monde du milieu », coincé entre la terre (les forces minérales dans lesquelles les plantes plongent leurs racines) et un monde supérieur éthéré (exposé au cosmos). Le soleil est, bien sûr, un élément essentiel de ce monde supérieur, mais il n'est pas le seul aux yeux de Steiner qui estime que les étoiles, les planètes du système solaire et la lune exercent également une influence considérable. Les forces astrales coïncident avec les forces solaires, affirment les biodynamistes. Le calendrier de Maria Thun repose sur le passage de la lune dans les douze maisons du Zodiaque. L'association de chacune d'elles avec un des quatre éléments permet de déterminer la base des traitements nécessaires dans les champs ou dans les vignes. Les maisons de terre, par exemple, régissent la formation des racines ; les maisons d'eau régulent la croissance des feuilles ; les maisons d'air régentent la formation des fleurs ; les maisons de feu dominent la croissance des fruits et des semences. Ainsi pour traiter les feuilles de la vigne contre le mildiou faut-il attendre un jour où la lune passe au travers d'un signe d'eau comme le Poisson.

Comme les viticulteurs biologiques, ceux qui ont choisi la biodynamie ont recours au soufre (pour combattre l'oïdium, l'oxydation et pour assurer une parfaite hygiène lors de l'élaboration du vin). Ils utilisent également la bouillie bordelaise (sulfate de cuivre et de chaux qui sert à lutter contre le mildiou). Le soufre, qui constitue 0,5 % de la croûte terrestre, est un produit naturel dérivé de la fermentation ; il n'est pas jugé dangereux. Les partisans de la biodynamie déplorent l'obligation d'utiliser la bouillie bordelaise et en limitent au maximum l'usage. Nicolas Joly emploie dix kilos de bouillie bordelaise par hectare et par an, ce qui équivaut à 2,5 kilos de cuivre par hectare et par an. Il préfèrerait cependant s'en abstenir, car il reconnaît que le cuivre « empêche la prolifération vitale dans le sol ». Certains producteurs, tel Raymond Villeneuve du Château de Roquefort en Provence, expérimentent des solutions de remplacement pour éviter d'employer du cuivre, substance que l'Union européenne devrait de toute façon bannir au cours de la prochaine décennie.

Les détracteurs de la biodynamie soulignent que certains viticulteurs utilisent (ou prétendent utiliser) les techniques de la biodynamie pour de simples raisons de marketing. Personnellement, je n'ai jamais vérifié ces allégations. Cependant, il est vrai que des membres respectés de la communauté viticole française déplorent le flou qui entoure la biodynamie ainsi que son manque de rigueur scientifique. Cette prise de position est particulièrement marquée dans le Bordelais et en Champagne, deux régions au conservatisme ancré et de grande aisance économique. Frédéric Engerer, qui dirige le château Latour, me disait en 1999 que la biodynamie était une « gigantesque escroquerie intellectuelle » ; deux jours plus tard, Jean-Guillaume Prats de Cos d'Estournel la considérait comme une « secte ».

Étrangement, les régions qui connaissent un réel enthousiasme pour la biodynamie – la Bourgogne, la Loire ou l'Alsace – sont celles dont les meilleurs terroirs appartiennent à de petits producteurs. Ce sont aussi des régions où les moindres différences de terroir sont les plus perceptibles. Les propos de Frédéric Engerer et de Jean-Guillaume Prats contrastent fortement avec celles d'autres producteurs comme Dominique Lafon en Bourgogne, Olivier Humbrecht en Alsace ou Noël Pinguet de Huët dans la Loire. Tous trois ont choisi la biodynamie pour des raisons essentiellement pragmatiques. Après s'être livrés à des essais comparatifs sur une partie de leur domaine, ils en sont arrivés à la conclusion que la biodynamie permettait, tout simplement, de produire un meilleur raisin et donc de meilleurs vins.

Si Rudolph Steiner était encore vivant, il soulignerait certainement la dimension morale de la biodynamie. Il estimait que les principes spirituels étaient tout aussi réels et essentiels que les principes matériels. Selon Steiner, l'homme se doit de considérer comme un devoir et comme un privilège de se hisser au-dessus des contingences matérielles pour accéder à une « compréhension spirituelle de la nature humaine supérieure ». La science - étude du monde matériel - doit être enrichie et équilibrée par « la science spirituelle », afin d'éviter les déséquilibres et les catastrophes.

▲ *Paradoxalement, rien n'est plus gratifiant pour un vigneron que la vue d'un vendangeoir débordant de raisins atteints par la pourriture noble.*

Cette dimension morale apparaît clairement à La Coulée-de-Serrant dans le travail de Nicolas Joly (ancien banquier d'affaires et détenteur d'un MBA de l'université de Columbia aux États-Unis) ; c'est l'une des raisons qui permet à ce producteur de figurer parmi les plus grands. Sur ses fiches techniques figure toujours son credo : « Avant d'être bon, un vin doit être vrai. » Cet engagement est moral et même révolutionnaire. Il renverse l'axiome, non formulé toutefois, selon lequel la qualité du vin est essentielle à son goût. Non, prétend Joly, la qualité n'est pas primordiale : la vérité du vin (« sa capacité à manifester les subtilités de son terroir ») est plus importante. Un vin désagréablement authentique est moralement supérieur à un vin plaisamment faux.

Certains adeptes de la biodynamie suivent Joly dans ce radicalisme, d'autres pas. Philosophiquement cette théorie est problématique puisqu'elle s'appuie sur une analyse subjective (le goût). Mais elle n'en est pas moins claire et constitue l'une des contributions les plus audacieuses à l'esthétique du vin en ce début de XXIe siècle.

Didier Dagueneau

J'ai rencontré Didier Dagueneau dans une cave troglodytique de Saint-Émilion, au Château Belair, au moment où Vinexpo rassemblait la jeune avant-garde viticole française. Par un heureux hasard, ou était-ce là une quelconque plaisanterie, la table de Didier Dagueneau avait été placée près d'une ouverture de la cave, et le soleil dardait ses rayons sur la silhouette la plus messianique des vignerons français, en une parodie bachique de l'Annonciation. Jason Lowe était à mes côtés, et c'est à ce moment précis qu'il a pris cette photographie.

Dagueneau regardait ceux qui étaient venus goûter son vin. Il les servait d'un geste étudié, répondant aux questions par monosyllabes. On sentait qu'il aurait préféré être en Finlande sur un traîneau tiré par des huskies (comme il le fera l'hiver suivant trois mois durant). Avec Jason Lowe, nous avons goûté ses vins. Un nez de sauvignon? Aucune note de groseille, aucune pointe végétale, pas même une nuance de pipi de chat, mais un parfum de… printemps. Le Buisson Renard avec ses saveurs nettes, franches, étrangement palpables, donnait la sensation d'être à côté d'une cascade et produisait une réelle émotion. Le silex ne se résumait pas à une quelconque senteur de pierre à fusil. Il était pur, vif, évoluant vers une nuance de pierre mouillée après la pluie. Je n'attendais pas de ce cépage une telle majesté sereine. Je venais de faire une découverte.

Claude Papin

Il faut se concentrer quand on s'entretient avec Claude Papin. Les mots et les concepts n'effrayent pas le président de l'Institut technique de la vigne et du vin lorsqu'il évoque l'« espace climatique », l'effet du stress hydrique sur les polyphénols de la grappe ou encore la charge électrique du complexe argile-humus. Et les connaissances de Papin sont bien réelles. Elles s'enracinent dans l'observation, telle que la pratiquait son beau-père qui a pris soin de sa vigne pendant soixante ans. « Nous ne savons plus ce que faisaient nos ancêtres. Nous sommes juste plus doués qu'eux pour expliquer les choses », confie-t-il.

Papin est un poète du chenin, ce « cépage particulièrement rustique, parfaitement adapté à notre région semi-océanique, semi-continentale, qui fut jadis, dit encore Claude Papin, une variété rouge. Le chenin a besoin du botrytis pour exceller dans la production de vins doux ou secs. » Le travail de Papin sur la pierre bise (sols de spilite) nous a offert certains des meilleurs vins de terroir de la Loire. Le viticulteur manifeste cependant un certain scepticisme face à l'agriculture biologique et à la biodynamie, même s'il compte parmi ses meilleurs amis (Deiss et Humbrecht, par exemple) des adeptes de la biodynamie. Avant tout, Claude Papin élabore des vins résolument singuliers et personne d'autre que lui n'incarne mieux l'esprit de sa région.

▶

Guy Bossard

« Plus de 13 000 hectares de vignes sont cultivés dans le Muscadet, déclare Guy Bossard. Il est donc impossible que les vins se différencient uniquement à la faveur d'un élevage sur lies. Nos sous-régions actuelles reposent sur des facteurs géographiques et humains, pas sur le terroir. Le Muscadet est une région qui connaît des problèmes : la meilleure solution consisterait à identifier les terroirs et à attirer l'attention des consommateurs sur eux. » Nul ne peut accuser Guy Bossard de ne pas mettre ses idées en pratique : il a différencié ses terroirs dans ses trois cuvées Vieilles vignes, abandonnant du même coup sa cuvée Prestige. Cet infatigable défenseur de la biodynamie déclare que son travail au chai est aujourd'hui derrière lui. « Mon avenir est dans le vignoble : je procède à la sélection massale de vieilles vignes, je surveille la santé des ceps les plus âgés et j'essaie surtout d'améliorer la qualité des racines. Ce travail-là n'aura jamais de fin. »

▶

L'aventure de la terre

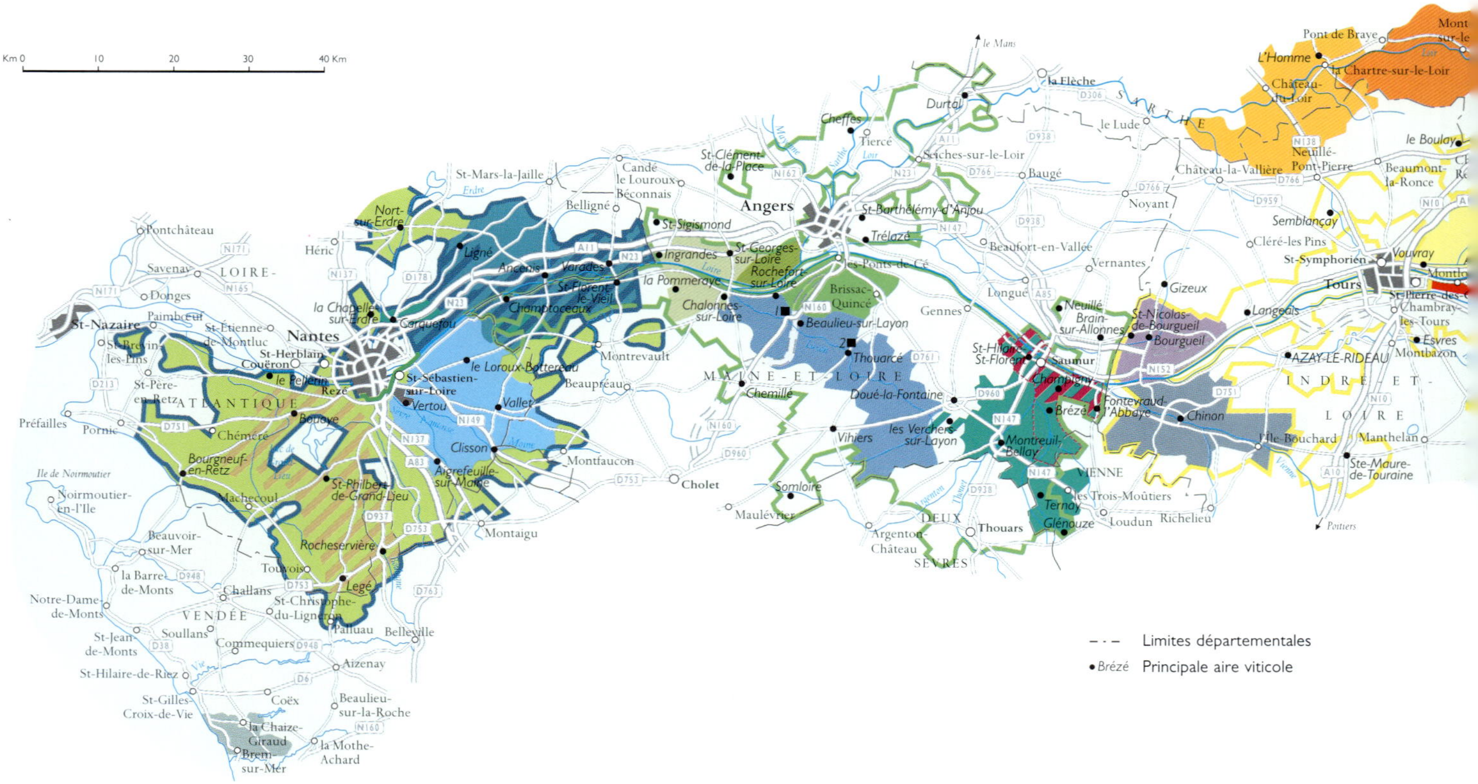

On pourrait considérer les premiers vins de la Loire comme des « beaujolais de montagne ». En effet, les **côtes du forez** et la **côte roannaise** occupent des terres hautes (l'aire du Forez bat presque des records d'altitude, s'élevant jusqu'à 400, voire 600 mètres d'altitude). Le gamay, planté sur un sol de granite, est le seul cépage autorisé. Produits en faibles quantités non loin de Lyon, les côtes du forez et côte roannaise renvoient aux vins de la vallée du Rhône septentrionale et du Beaujolais, mais en plus pâle et en plus vif.

À proximité de Nevers, la Loire est rejointe par l'Allier, l'un de ses impétueux affluents qui l'accompagne ensuite pendant près de 322 kilomètres. Si le nom de la Loire est resté sur les étiquettes, celui de l'Allier n'en est pas moins célèbre dans le monde viticole. Les chênes qui bordent ce cours d'eau donneraient les meilleurs fûts. Deux aires viticoles proches produisent des vins de qualité supérieure (VDQS) : **côtes d'auvergne** et **saint-pourçain**. La première cultive le gamay sur des sols relativement calcaires, terroir qui se traduit par des vins assez légers, dont l'archétype est un rosé pelure d'oignon, au goût métallique et tranchant. Le saint-pourçain, en revanche, a tout d'un vignoble bourguignon perdu à la dérive dans le monde minéral et cristallin du centre de la France. L'aligoté, le chardonnay et le sacy, cépage blanc acidulé, sans oublier le pinot noir et le gamay, donnent des vins blancs vifs, des vins rouges et des rosés aussi pâles qu'incisifs.

Cinquième et dernier vignoble, l'AOVDQS **châteaumeillant**, située un peu plus à l'ouest, sur le bord septentrional du Massif central, sur des sols granitiques mêlés de schiste et de grès. Le gamay est rejoint par le pinot noir et le pinot gris. Le châteaumeillant est surtout connu pour un rosé de couleur pâle, tout en vivacité, que l'on appelle ici vin gris (comme au Maroc).

En aval du confluent de la Loire et de l'Allier, le fleuve, qui a gagné en puissance, traverse les escarpements crayeux de la chaîne kimméridgienne. Le reuilly, le quincy, le menetou-salon, le sancerre et le pouilly proviennent de cet escarpement, orienté sur un axe ouest-est, situé au bord du Bassin parisien, et non le long du fleuve. La Loire marque la limite. Cependant, elle coule vers le nord à cet endroit et a peu à offrir aux vignerons (les grandes pentes viticoles tournées vers le sud ne se présentent que lorsque les rivières coulent d'est en ouest, comme en Anjou). On rencontre néanmoins quelques vignes à proximité de la Loire : l'appellation d'origine **coteaux du giennois**, et, plus en aval, l'AOVDQS **l'orléanais**. Ces vins n'ont en rien la richesse, la force et la splendeur de ceux issus des pentes plus marquées. Les coteaux du giennois produisent des vins rouges à partir du gamay et du pinot noir, ainsi que quelques vins blancs de sauvignon assez souples. L'Orléanais, qui fut le vignoble traditionnel de Paris jusqu'à ce que le chemin de fer mette le Languedoc à portée de la capitale, élabore un rosé très spécifique à partir du pinot meunier, ou gris meunier. Cette région produit également un vin rouge acidulé à base de cabernet-sauvignon, de cabernet franc et de pinot noir, ainsi qu'un vin blanc issu de chardonnay et de pinot gris récoltés sur des sols sablonneux.

Les cinq appellations d'origine contrôlée délimitées sur ces terres escarpées sont avant tout connues pour le style de leurs vins : des blancs

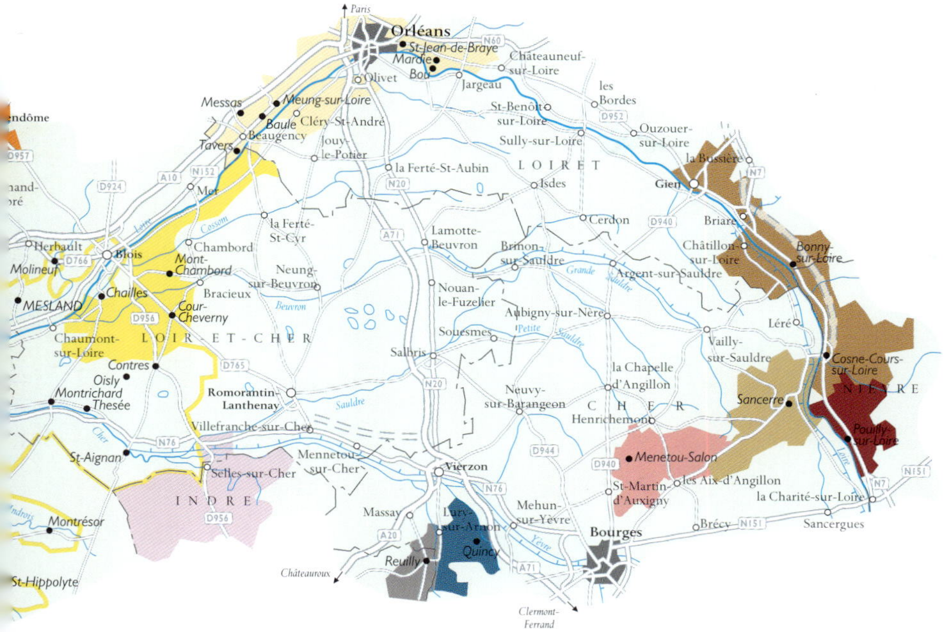

Pays Nantais
AOC :
Muscadet (+ AOVDQS gros plant du pays nantais)
Muscadet sèvre et maine
Muscadet coteaux de la loire
Muscadet côtes de grandlieu
VDQS :
Coteaux d'ancenis
Fiefs vendéens

Anjou-Saumur
AOC :
1 Quarts de chaume
2 Bonnezeaux
Savennières
Coteaux de l'aubance et anjou-villages-brissac
Anjou-coteaux de la loire
Coteaux du layon
Saumur
Saumur-champigny
Coteaux de saumur

Touraine
AOC :
Bourgueil, saint-nicolas-de-bourgueil
Chinon
Vouvray
Montlouis
AMBOISE Nom pouvant s'adjoindre à celui de touraine

Loire supérieure
AOC :
Coteaux du loir et jasnières
Cheverny et cour-cheverny
Reuilly
Quincy
Sancerre
Pouilly-sur-loire
Menetou-salon
Coteaux du giennois
VDQS :
L'orléanais
Valençay
Coteaux du vendômois

pleins d'allant, malicieux, nés d'un sauvignon dont la sève coule tout droit de la pierre. Qualité que l'on retrouve dans les pouilly-fumé et les quincy. Lorsque le chasselas fait son apparition dans les vignes de Pouilly, on pénètre dans l'aire du **pouilly-sur-loire** ; les appellation d'origine sancerre, reuilly et menetou-salon produisent aussi des vins rouges et rosés de pinot noir.

Les deux plus grandes appellations d'origine sont celle du sancerre, à l'ouest de la Loire, et celle du pouilly-fumé à l'est. **Sancerre**, perché au sommet d'une colline, a su tirer parti d'un grand bloc de calcaire issu d'une faille datant du crétacé. Derrière la ville, loin de la Loire, les strates de calcaire kimméridgien se sont érodées et différenciées, donnant trois grands types de sols. Le premier, connu localement sous le nom de terres blanches, correspond à des marnes renfermant le même type de fossiles – les *Exogyra virgula* – que celles du Chablisien et de l'Aube. Le second type, localement baptisé caillottes, se caractérise par un calcaire friable né de l'érosion des strates kimméridgiennes plus dures. Enfin, on rencontre d'importants dépôts de silex (le silex est formé par la précipitation de la silice recristallisée sous l'action de l'eau de mer ou des résidus d'animaux marins). Cette formation contraste fortement avec les couches calcaires au sein desquelles elle se trouve.

Pouilly, de l'autre côté du fleuve, correspond à une région plus plate et géologiquement plus variée que le Sancerrois, avec des limons fluviaux et du calcaire portlandien qui se mêle au calcaire kimméridgien. Le terroir présente aussi davantage de sable, de gravier et de silex (ici, le silex est rouge, alors qu'il est gris en Sancerre). Les aires plus sablonneuses sont plantées de chasselas et bénéficient de l'appellation pouilly-sur-loire. La principale caractéristique topographique de l'aire de pouilly est la butte de Saint-Andelain, dont les silex et les graviers s'intègrent au calcaire kimméridgien pour créer un superbe environnement propice à la viticulture. Le lieu-dit Les Loges surplombe une boucle paresseuse de la Loire et mêle au calcaire des argiles sablonneuses. Les écarts entre les vins des deux appellations d'origine ne sont pas très importants. Comme souvent, c'est en général le talent (ou l'absence de talent) du producteur qui fait la différence. Il faut aussi prendre en compte les terroirs (argile, calcaire friable, sable, gravier et silex), variés à l'intérieur de chaque AOC. Il semble que des silex naissent, la plupart du temps, des vins au caractère fumé en sancerre et en pouilly-fumé, mais le sauvignon traduit moins les caractéristiques du terroir que le chardonnay, le riesling ou le chenin blanc.

Le **menetou-salon** tend à être considéré comme le parent pauvre du pouilly-fumé ou du sancerre, et à juste titre. Ici, les calcaires commencent à se mêler à une couche de grès contenant du fer. De ce profil géologique résultent des vins qui possèdent certes la fraîcheur des grandes appellations, mais en plus simple, en plus aimable, offrant un style de sauvignon à la minéralité moins austère. À l'approche des aires du **quincy** et du **reuilly**, les graviers et les sables descendus du Massif central couvrent le calcaire qui leur cède rapidement la place. Les bons producteurs de ces appellations parviennent encore à récolter un sauvignon racé, d'une belle maturité. Cependant, leurs vins sont plus vifs

▲ *La Loire, point de rencontre de rivières tranquilles, favorise le développement du botrytis qui, selon Claude Papin, confère toutes ses qualités au chenin blanc.*

que ceux de la Touraine ou du Sancerrois. Le reuilly possède une délicate palette épicée qui équilibre son mordant.

Laissant Orléans derrière lui, le fleuve se dirige résolument vers l'ouest. Il amorce sa langoureuse promenade vers la mer. Dans la partie centrale de son cours, la Loire est bordée de vergers, de champs de blé et de châteaux aux élégantes tours. Les vignobles s'étendent au nord comme au sud, tirant souvent parti des pentes sculptées par les affluents de la Loire, comme le Cher, la Vienne et le minuscule Loir.

Examinons d'abord les satellites de la Loire. Le **haut-poitou**, près de Poitiers, est un îlot de vignes délimitées en AOVDQS, qui produit des vins de cépage sur des sols calcaires : ici, c'est un sauvignon léger, certes franc, mais assez neutre qui remporte les suffrages. Élaborés non loin de là, les **vins du Thouarsais** sont des VDQS d'une même légèreté, bien que le chenin blanc soit le cépage dominant de cette aire qui s'avance jusqu'aux limites méridionales de l'Anjou (la région est également appelée **coteaux du Thouet et de l'Argenton**). Le **valençay** est une petite AOVDQS située entre Reuilly et la Touraine, dont les sols très variés (sable, craie, silex et argile) donnent naissance à un assortiment de vins rouges et rosés vifs, ainsi qu'à une faible quantité de vins blancs. Valençay conserve le souvenir de Talleyrand qui fut propriétaire du château éponyme. Au nord du fleuve, les **coteaux du vendômois**, autre AOVDQS, produisent un vin gris léger et tonifiant.

Ce tableau plutôt simplifié mérite cependant d'être nuancé, en évoquant l'aire d'appellation **jasnières** et sa voisine, plus vaste, les **coteaux du loir**. L'appellation jasnières est réservée aux vins de chenin nés sur les sols de silex, d'argile et de calcaire dans lesquels la Loire a creusé son lit. Toutefois, la géologie importe moins ici que la topographie et la latitude. Car pour un cépage de maturité tardive comme le chenin blanc, les conditions climatiques offertes par ces terroirs s'avèrent particulièrement rigoureuses. La culture de ce plant n'est possible que sur les pentes orientées au sud et grâce à l'obstination des producteurs. Le jasnières est ainsi un vin d'élaboration particulièrement délicate, issu de raisins parvenus à parfaite maturité dans des conditions extrêmes, bien éloignées de celles offertes par un coteau baigné de soleil. Ses intenses flaveurs de pomme et de pamplemousse peuvent ainsi sembler déroutantes, mais grâce aux vendanges tardives, il peut acquérir de savoureuses notes de miel et d'abricot. Les coteaux du loir ouvrent d'autres perspectives aux vignerons. Le pineau d'Aunis, le cabernet franc, le gamay, le malbec et le grolleau permettent en effet l'élaboration de vins rouges et rosés. Le pâle pineau d'Aunis, avec ses tanins aux grains savoureux et ses arômes de groseille, est le plus séduisant de la gamme.

Avant d'aborder les gigantesques aires de Touraine, arrêtons-nous un instant sur la petite appellation d'origine contrôlée **cheverny** et sur la minuscule aire (50 hectares seulement) de **cour-cheverny**. Cette dernière abrite des vignes de romorantin, cépage presque disparu dont les vins possèdent la vivacité de la pomme, alliée à un parfum de miel et de nougat. Cheverny produit pour sa part des vins rouges, blancs et rosés à partir de sept cépages différents. Une fois encore, les raisins parviennent difficilement à surmaturité.

La partie centrale de la Loire est divisée en deux provinces jadis occupées par des tribus celtiques : l'Anjou (dont la capitale est Angers) et la Touraine (dont la capitale est Tours). L'appellation **touraine**, très éclectique, couvre 5000 hectares de vignes répartis sur 150 communes au nord, au sud et tout autour de Tours. Dans cette région, le nom du cépage peut figurer sur l'étiquette. Trois villages de la Touraine ont le droit d'accoler leur nom à celui de touraine : **touraine-mesland**, **touraine-amboise** et **touraine-azay-le-rideau**. Si les deux dernières possèdent un véritable potentiel, aucune des trois n'a cependant réussi à imposer son identité au-delà du niveau local. La Touraine elle-même reste avant tout connue pour son sauvignon et son gamay, ainsi que pour ses vins pétillants.

Les deux grands vignobles tourangeaux producteurs de vin blanc sont le **vouvray** et le **montlouis**. Vouvray est situé sur la rive droite de la Loire, Montlouis sur la rive gauche, coincé entre le Cher et la Loire. Au fil des siècles, les rivières ont dessiné de charmants coteaux ensoleillés dans des sols à dominante calcaire. Localement, on appelle tuffeau la pierre jaune pâle de calcaire tendre formée au turonien (il y a environ 90 millions d'années), composée de carbonate de calcium, de fer et d'oxyde de magnésium (il ne faut pas confondre cette pierre avec le travertin « tufa », plus pur, ni même avec le tuf volcanique). Les pentes bien exposées, souvent recouvertes d'argile et de gravier, permettent aux vignes de profiter des bienfaits du soleil. Vouvray, notamment, bénéficie de remarquables sites au-dessus du fleuve. Les paresseux méandres de la Loire, ponctués çà et là de bancs de sable et de graviers découverts en été lorsque le niveau de l'eau baisse, réverbèrent la lumière sur les pentes couvertes de vignes. Le climat continental qui caractérise la région du sancerre et du pouilly-fumé commence à se nuancer des influences atlantiques qui prévalent dans le pays nantais. En théorie, l'été devrait être doux et ensoleillé, déclinant avec une grâce tranquille vers un bel automne lumineux au ciel dégagé, un climat idéal pour laisser au chenin (localement appelé pineau) le temps de parfaire sa lente maturation. Tel est parfois le cas. Le botrytis se développe, et les vignerons élaborent de formidables vins moelleux ou demi-secs. Mais parfois la région est frappée par les intempéries, par la pluie et par des froids précoces, ne laissant aux producteurs aucune autre alternative que la production de vins pétillants ou de vins secs tranquilles.

La Touraine s'enorgueillit de la présence de deux ou trois grandes appellations de vins rouges. D'un point de vue géologique, on assiste à un phénomène qui, toutes proportions gardées, rappelle la situation du Médoc. Au cours de l'ère glaciaire, la Loire a conquis une part importante de son actuelle rive droite et y a déposé des couches de graviers, d'argile et de grès en terrasse avant de se retirer à nouveau. Une grande partie de ces graves constituent aujourd'hui le terroir des vins de cabernet franc, tels le **bourgueil** et le **saint-nicolas-de-bourgueil**. Ces deux aires d'appellation rassemblent également des vignobles plantés sur le tuffeau et sis sur des pentes plus élevées encore. Naturellement, les vins produits sur les deux types de sols admettent des profils distincts : les vins de graves sont parfumés et gouleyants ; les vins de tuffeau s'avèrent plus denses et aptes à la garde. Les meilleures bouteilles résultent d'un assemblage du produit des deux terroirs. Pour ma part, je considère que la division entre le bourgueil et le saint-nicolas-de-bourgueil est plus administrative que réellement justifiée par le terroir.

Chinon, dont les vignobles couvrent la partie méridionale de la Loire, de même que les deux rives de la Vienne présentent un visage bien distinct. Le cabernet franc y prospère dans le calcaire et le sable, avec un peu de graves superficielles le long de la Vienne. Bien sûr, la qualité des vins dépend du vigneron, mais en général les bourgueil se montrent plus profonds que les chinons qui, au mieux, présentent de la fraîcheur et du fruit Signalons une petite production de vin blanc de chinon (issu de chenin blanc), alors que bourgueil est entièrement voué aux vins rouges et rosés.

La Vienne rejoint la Loire à la frontière entre la Touraine et l'Anjou. Au nord du fleuve, l'AOC **anjou** semble mal définie, éparpillée. Au sud, on pénètre dans l'appellation **saumur**. Toutes deux élaborent des vins blancs et rouges, mais l'appellation saumur propose aussi des vins effervescents. Au cœur de la région, l'AOC **saumur-champigny** ne produit que des vins rouges ; elle admet en son sein une minuscule enclave de 30 hectares délimitée en AOC **coteaux de saumur** (vins blancs doux et demi-secs, issus de chenin blanc).

▲ *Le Jardin de la France est aussi célèbre pour la tendreté de ses légumes (ici à Langeais) que pour la succulence de ses vins.*

D'aussi vastes aires viticoles résistent néanmoins à des généralisations faciles. Car l'Anjou viticole est particulièrement morcelé. Les vignobles débutent dans la continuité des terrasses graveleuses du bourgueil, se logent sur quelques terroirs crayeux, puis gagnent des sols de schiste, d'ardoise et de spilite volcanique, avant de s'achever sur les sols granitiques de la région du Muscadet. Afin de structurer de manière rationnelle ces 3 000 hectares de vignes, qui occupent pas moins de six terroirs, des appellations sous-régionales intermédiaires ont été créées : ainsi de l'**anjou-coteaux de la loire** (petite aire de 50 hectares où le chenin blanc prospère sur des sols schisteux et crayeux, tout près de Savennières, et donne des vins liquoreux), l'**anjou-gamay**, l'**anjou-villages** et l'**anjou-villages-brissac** (ces dernières ne produisant que des vins rouges). Les vignerons installés dans les prestigieux terroirs de savennières ou des coteaux du layon et qui souhaitent élaborer un vin rouge doivent recourir à ces appellations. Enfin, le rôle commercial des appellations **cabernet-d'anjou** et **rosé d'anjou** est indéniable.

Ici, l'aventure de la terre commence sous de nouveaux auspices. La Loire n'avait pas montré de visage aussi différent depuis le Sancerrois. Géologiquement, le Saumurois prolonge la Touraine : il suffit de parcourir Saumur, la ville blanche, pour deviner la prédominance du calcaire. La finesse et la vivacité des meilleurs saumur sont typiques des vignobles crayeux de l'Hexagone. D'ailleurs, les vignes de Saumur comptent parmi les plus sensibles à la chlorose, maladie provoquée par un excès de calcaire dans le sol.

L'Anjou, en revanche, garde le souvenir d'autres temps géologiques, celui du Massif armoricain. On quitte le bassin pour trouver jusqu'à

▲ *La taille d'automne ne requiert pas une grande précision. Guy Bossard la fait mécaniquement, tout en respectant les principes de la biodynamie, gardant toujours une bouteille à portée de mains pour se réchauffer !*

l'Atlantique des vignes implantées dans les plus vieilles formations de France. Ce sont peut-être les vins rouges qui laissent le mieux percevoir les nuances du terroir. Les meilleurs anjou-villages et anjou-villages-brissac proviennent des sols argileux recouvrant le schiste érodé. Ils possèdent des tanins et un fruité inconnus en chinon, en bourgueil et en saumur-champigny. Nombre d'amateurs à travers le monde les jugent plus séduisants que les vins rouges de Touraine, vifs et fringants.

Beaucoup de grands vins blancs ligériens, secs ou doux, naissent également en Anjou, dans les sols schisteux. Certes, le chenin blanc planté dans le calcaire (comme en vouvray et en montlouis) peut être superbe, mais, enraciné dans le schiste, il acquiert une tout autre dimension. Et s'il est un lieu, dans la vallée de la Loire, où le chenin blanc vinifié en sec peut véritablement rivaliser avec le montrachet et le corton-charlemagne, c'est bien dans les appellations **savennières**, **savennières roche-aux-moines** (19 hectares) et dans le cru monopole **savennières coulée-de-serrant** (6,85 hectares). Savennières, c'est, sur la rive droite de la Loire, au sud d'Angers, une centaine d'hectares de vignes sises sur des pentes parfaitement orientées au midi, au sol d'ardoise, de schiste et de grès. Cette aire possède des terres en plateau, mais les deux crus sont implantés sur des coteaux ensoleillés, bien exposés. Ces caractéristiques permettent aux vins blancs de développer une palette aromatique intense, une sève extraordinaire, un caractère complexe et une grande signature minérale. À condition que les vendanges, bien mûres, n'excèdent pas les rendements autorisés et soient correctement vinifiées. Le terroir étant bien aéré, le botrytis se manifeste assez rarement. Malheureusement, l'appellation pâtit parfois de rendements trop élevés et d'une mauvaise maturation du chenin qui donne alors des vins amers, bien éloignés des sublimes parfums de fruits mûrs attendus dans cette aire.

Les appellations d'origine **coteaux de l'aubance** et **coteaux du layon** s'étendent sur l'autre rive de la Loire. Les sols de la première, qui compte 200 hectares, sont identiques à ceux de savennières, mais bénéficient d'une moindre déclivité. Néanmoins, on y élabore de bons vins moelleux ou liquoreux, issus de chenin, au style souple et suave. Signalons que cette appellation occupe exactement la même aire que l'anjou-villages-brissac, qui offre des vins rouges parfois impressionnants (voir ci-dessus).

Avec ses 1500 hectares, l'aire d'appellation coteaux du layon – productrice de vins moelleux et liquoreux – est beaucoup plus vaste. Elle inclut les AOC **bonnezeaux** (100 hectares) et **quarts de chaume**. Le hameau de Chaume peut également rattacher son nom à l'AOC **coteaux du layon**, à l'instar de six autres villages (**Beaulieu-sur-Layon**, **Faye-d'Anjou**, **Rablay-sur-layon**, **Rochefort-sur-Loire**, **Saint-Aubin-de-Luigné** et **Saint-Lambert-du-Lattray**). Des propositions ont été faites pour instaurer une hiérarchie entre crus, premiers crus et grands crus.

Le Layon, affluent de la Loire, plus petit et plus sinueux que le Cher ou la Vienne, musarde, se promène et creuse son lit au hasard, dans des sols très divers : schistes, grès, calcaires anciens et argiles. Résultat ? Une large gamme de vins de chenin, plus ou moins liquoreux, mais souvent superbes. Certains proviennent de raisins botrytisés, tel le quarts de chaume, récolté sur des collines bien protégées, au sol maigre. D'autres du passerillage sur souche, comme le bonnezeaux, né sur des sols schisteux situés en altitude, ou comme le coteaux du layon-chaume récolté tout en haut de la colline. Les meilleurs vins vieillissent remarquablement.

Notons que les plus grands producteurs de coteaux du layon produisent en outre des vins rouges. Ceux-ci proviennent souvent d'enclaves volcaniques, dont le sol est constitué d'une roche appelée spilite. Ils sont vendus sous l'étiquette anjou-villages ou anjou-gamay.

Passé l'Anjou, l'air s'imprègne d'embruns marins. La Loire descend doucement vers l'Atlantique à travers une campagne plane et fertile. Caractéristique, le granite constitue la matrice de cette région, mais le fleuve et ses méandres ne jouent pas moins leur rôle. On rencontre davantage d'argile d'origine granitique que de sable et de galets. Au fil du temps, les vents ont déposé des sédiments, tandis que les granites, les gneiss, les micas, les schistes et autres gabbros originels s'érodaient et se couvraient d'une couche arable, enrichie en matière organique par des siècles de végétation et de culture. Les sols riches, placés sous un climat océanique septentrional, portent deux cépages dont le potentiel de qualité reste, somme toute, limité : le melon et le gros plant. Le pays nantais offre ainsi d'honnêtes vins blancs, qui peuvent être de sympathiques compagnons des poissons et des huîtres grâce à leur vivacité, à leur caractère rafraîchissant, que soulignent leurs arômes de pain et de citron. Si aucun d'entre eux ne présente une réelle complexité gustative, les muscadets et gros plants ne manquent pas moins de séduction à table. Il doivent être bu rapidement, en toute simplicité. Le muscadet : sorte de beaujolais blanc ? La boucle est ainsi bouclée, puisque le fleuve achève sa course dans un vignoble assez semblable à ceux qui le bordent près de sa source.

Le muscadet compte quatre appellations : le **muscadet**, le **muscadet sèvre-et-maine**, le **muscadet coteaux de la loire** et le **musca-**

▲ *Le botrytis connaît trois phases de développement, représentées ci-dessus : les grappes commencent par être piquetées, puis elles se couvrent de pourriture avant de devenir rôties ou confites.*

det côtes de grand-lieu. Le muscadet sèvre-et-maine est la plus importante d'entre elles. Avec ses 10 000 hectares, elle est également l'une des plus grandes AOC de France. Le muscadet s'étend sur près de 2 000 hectares, et les deux autres AOC occupent environ 300 hectares chacune. Les vins produits dans ces appellations peuvent faire figurer la mention « sur lie » sur leur étiquette, à condition que le vin ait été directement tiré sur lies fines (un soutirage est autorisé pour séparer le vin de ses grosses lies) avant le 30 novembre de l'année qui suit les vendanges. L'élevage sur lies permet de préserver le caractère naturellement fringant du muscadet tout en lui apportant une certaine rondeur au contact des levures qui respecte sa fraîcheur. Le résultat est parfois probant. En se rapprochant de l'océan Atlantique, on parvient aux AOVDQS **gros plant du pays nantais** et, plus au sud, **fiefs vendéens.** Le gros plant n'est pas issu de melon mais de folle blanche, un cépage en général réservé aux eaux-de-vie. Il s'agit d'un vin encore plus vif que le melon. Les fiefs vendéens, rouges, rosés et blancs dans un style toujours léger, sont élaborés à partir de onze cépages différents. L'AOVDQS **coteaux d'ancenis** occupe la même aire que le muscadet coteaux de la loire ; y sont produits des vins blancs à partir de chenin et de pinot gris, ainsi que des vins rouges et rosés reposant surtout sur le gamay.

Mon point de vue critique

La complexité géographique

Comme vous le confirmera n'importe quel cartographe, toute tentative de représentation des appellations de la Loire est délicate. Les aires sont de taille variable, et plusieurs d'entre elles se chevauchent de manière complexe ou partagent les mêmes délimitations. Il est impensable de vouloir réviser et simplifier la délimitation des AOC de la Loire (il n'est actuellement question que de hiérarchiser les crus des coteaux du layon). Parallèlement, le sancerre et le pouilly, qui remportent sans conteste le plus grand succès commercial parmi les vins de Loire, mériteraient de voir leurs principaux lieux-dits classés dans un système officiel de premiers crus. Pour le moment, les noms des Monts Damnés, du Chêne Marchand ou des Loges sont parfois avancés comme des marques. Cette pratique manque bien évidemment de sérieux, si bien que certains propriétaires de ces belles parcelles se refusent d'y avoir recours. De fait, la création d'un premier cru sancerre Monts Damnés ou pouilly-fumé Les Loges serait la bienvenue.

Des lacunes

J'ai mentionné plus haut que des vendanges plus tardives qu'autrefois me semblaient un grand progrès dans la Loire. Sous ce climat souvent capricieux, la cueillette par tris successifs est indispensable. Malheureusement, la tendance actuelle est à la mécanisation des vendanges et les robots sont imperméables à la notion de tri. Je me suis laissé dire que dans le Sancerrois, moins de 10 % des vignerons cueillent leurs fruits à la main… Le jeune Fabien Mollet, qui appartient à cette minorité, décrit les nuages de spores de champignons blancs qui accompagnaient en 2001 la progression des machines dans les vignes voisines des siennes. Les robots cueillaient allègrement des grappes pourries. « Moi, j'ai trié à mort », explique-t-il. Cette année-là, c'était la seule solution pour produire un bon sancerre. Si l'on parvient à établir un système de premiers crus dans les vignes du centre de la Loire, il sera essentiel d'imposer les vendanges manuelles pour tous les premiers crus.

Rêves de vins secs

Dans le Jardin de la France, le chenin blanc aspire à produire un grand vin moelleux. Pourquoi ? Parce que ce cépage est rare et le restera. Parce que, quand ses raisins sont mûrs, son vin peut offrir un goût sublime. Cela est indéniable.
Toutefois, un grand chenin sec peut également être profond, comme en témoignent les bouteilles de La Coulée-de-Serrant, la Trie Spéciale de Baumard ou le Clos de Coulaine de Claude Papin. À table, un vin sec est bien plus apprécié qu'un vin doux. Hors de l'Hexagone, les vins sud-africains issus des anciennes vignes de chenin commencent à séduire les amateurs du monde entier et se présentent comme de bons challengers des chardonnays. Il est temps pour les viticulteurs de la Loire d'élaborer des vins secs de chenin avec les mêmes soins qu'ils prodiguent aux vins moelleux.

Une pétillante tentation

Certes, des vins mousseux de qualité sont produits tant sous l'appellation crémant de loire que sous d'autres appellations ligériennes, mais ils demeurent trop peu nombreux. Bien souvent, ces appellations servent de refuge quand les raisins manquent de maturité ; rien d'étonnant donc à ce que les vins soient dès lors dépourvus de charme. Tant que la production de vins effervescents ne sera pas un choix délibéré des producteurs ligériens et non une option par défaut, ces vins n'auront d'intérêt que par la modicité de leur prix.

Loire : les vignerons

Philippe Alliet ✪

37500 Cravant-les-Coteaux. Tél. 02 47 93 17 62, fax 02 47 93 17 62.

Philippe Alliet parcourt inlassablement les autres régions viticoles (notamment le Piémont italien). Si le Bordelais a influencé un domaine de Chinon, c'est bien le sien. Alliet se rend plusieurs fois par an à Bordeaux, et pas uniquement pour récupérer les barriques de plusieurs vins des chais de château Margaux. Son objectif : élaborer des vins d'une densité et d'une maturité dignes des plus grands vins bordelais sans pour autant leur ôter la fraîcheur et la sève propres aux terroirs ligériens. Alliet a donc choisi de réduire ses rendements (40 hl/ha maximum). Il pratique le tri sélectif et met ses vins en bouteilles sans collage ni filtration. Dans les années 1990, il a commencé à voir les résultats de son travail. La comparaison entre le Coteau de Noiré, vin issu d'un sol calcaire et vieilli en fût de bois neuf, et la cuvée Vieilles vignes, provenant d'un sol de graves et élevée en barrique d'un vin, donne plutôt l'avantage à la seconde, ce qui prouve le bien-fondé de cinquante années de recherche. Ces vins sont profonds, d'une maturité peu commune à cette latitude. Cependant les vignes du Coteau de Noiré n'ont été plantées qu'en 1996. Alliet est persuadé qu'à long terme elles surpasseront celles qui plongent leurs racines dans les graves (en terre plane). Son domaine couvre désormais près de 12 hectares.

Thierry Amirault

37140 Saint-Nicolas-de-Bourgueil. Tél. 02 47 97 78 07, fax 02 47 97 94 78.

Thierry Amirault possède 25 hectares en saint-nicolas-de-bourgueil. Le Clos des Quarterons, son meilleur vin, est profond et minéral, issu d'une vigne trentenaire de cabernet franc.

Yannick Amirault

37140 Bourgueil. Tél. 02 47 97 78 07, fax 02 47 97 94 78.

Ceux que la comparaison entre cabernet franc ligérien, planté sur graves, et cabernet franc implanté sur calcaire intéressent devraient goûter aux cuvées Vieilles vignes de Yannick Amirault. Le séveux Les Graviers et le profond Les Malganes proviennent de l'AOC saint-nicolas-de-bourgueil. Parmi les autres vins de ce domaine de 16 hectares, bien tenu et exclusivement producteur de vins rouges, citons La Petite Cave, cuvée Vieilles vignes de bourgueil, ainsi que Le Grand Clos, plus velouté, sans oublier Les Quartiers. Les cuvées Jeunes vignes La Coudraie (de bourgueil) et La Source (de saint-nicolas-de-bourgueil) sont élégantes.

Mark Angeli *voir* de La Sansonnière

Aubuisières

37210 Vouvray. Tél. 02 47 52 61 55, fax 02 47 52 67 81.

Bernard Fouquet possède un domaine de 23 hectares à Vouvray. Sa technique viticole est toujours aussi sûre et rigoureuse, ainsi qu'en attestent des vins cristallins comme Les Girardières demi-sec 2001. Signalons également la vivante cuvée du Silex et l'élégant vouvray Marigny, fermenté en barrique, provenant de sols argilo-calcaires.

Bablut

49320 Brissac-Quincé. Tél. 02 41 91 22 59, fax 02 41 91 24 77.

Ce vaste domaine des coteaux de l'aubance, dirigé par Christophe Daviau, fait partie de ceux, de plus en plus nombreux dans la Loire, qui adoptent la biodynamie. Daviau a étudié et travaillé à Bordeaux et en Australie, ce qui a élargi ses horizons. Il excelle dans les vins doux. Le Vin Noble et le Grandpierre se distinguent dans un millésime 1999 ailleurs assez médiocre.

Balland-Chapuis

45420 Bonny-sur-Loire. Tél. 02 38 31 55 12, fax 02 48 54 07 97.

Ce domaine de 40 hectares, dans l'empire Guy Saget, est le plus gros producteur de coteaux du giennois. Cependant, ses sancerre cuvée Vallon, légèrement minérale, et Les Chênes Marchands, plus structurée, présentent davantage d'intérêt. Guy Saget possède le domaine sancerrois de La Perrière, de 42 hectares, et produit le Mégalithe sur une parcelle de 1,5 hectares, riche en silex ; c'est un vin minéral, charpenté.

Baudry

37500 Cravant-les-Coteaux. Tél. 02 47 93 15 79, fax 02 47 98 44 44.

Bernard Baudry, ancien technicien de laboratoire, dispose d'un enviable domaine de 29 hectares en chinon ; une parcelle de chenin lui permet d'élaborer un rare chinon blanc. Outre le vin du domaine parfaitement réussi, Bernard Baudry, aidé de son fils Mathieu, produit deux cuvées de prestige. Il joue sur les différences de terroir : graves profondes pour Les Grézeaux (l'un des meilleurs vins de garde de l'appellation) et sol calcaire pour La Croix Boissée, vieillie en fût de chêne. Le chinon Les Granges est plus fruité. Le Clos Guillot est une nouvelle cuvée issue de vignes non greffées.

Baumard ✪✪

49190 Rochefort-sur-Loire. Tél. 02 41 78 70 03, fax 02 41 78 83 03.

Établis à Rochefort-sur-Loire depuis 1634, d'abord pépiniéristes, les Baumard ne se consacrent à l'activité viticole que depuis trois générations. Aujourd'hui géré par Florent et Isabelle Baumard, le domaine dispose de vignes réparties sur les deux rives de la Loire. Ce sont 15 hectares à Savennières et 25 hectares à Rochefort (coteaux du layon et quarts de chaume) à l'origine de vins exemplaires. Quatre savennières sont ainsi élaborés : Les Sables, léger et rapidement prêt à boire ; le Clos Saint-Yves, plus profond tout en restant frais ; le Clos du Papillon, audacieux. Dans les grands millésimes, tels 1989 et 1997, le domaine pratique une trie spéciale qui lui permet d'élaborer une cuvée de prestige, apothéose du chenin blanc : dense, débordant de notes de miel, de noisette et de fleurs, ce savennières peut rivaliser avec le corton-charlemagne et le montrachet. Le coteaux du layon Carte d'Or se révèle vif et marqué par l'abricot, alors que le quarts de chaume, dans les années de parfaite maturité, est doux, avec de puissantes notes de miel et de tilleul. Dans les années de moindre maturité, il présente plus de vivacité et nuance ses arômes miellés de notes fraîches. Le domaine produit deux vins rouges : les anjou Clos de la Folie et La Giraudière. La fierté de Florent Baumard : sa parcelle de vieux verdejo à l'origine de la cuvée Vert de l'Or (vin de table doux).

Bellivière

72340 Lhomme. Tél. 02 43 44 59 97, fax 02 43 79 18 33.

Neuf hectares, disséminés sur six communes en jasnières et en coteaux du loir, sont cultivés avec un soin jaloux par Éric Nicolas. La densité des vignes a été augmentée – quelque 9 300 pieds à l'hectare – et les rendements ont été réduits à environ 20 hl/ha. Une petite parcelle expérimentale, bien exposée, a été plantée en foule, comme autrefois, à une densité de 4 000 pieds à l'hectare ; l'objectif est de laisser une grappe par souche et d'attendre le développement de la pourriture noble. Tous les vins de Bellivière reçoivent des noms originaux : L'Effraie est tirée des jeunes vignes des coteaux du loir, tandis que la cuvée Vieilles vignes Éparses est issue de vignes de cinquante à soixante-dix ans. Lorsque les conditions sont favorables, une cuvée Philosophale est élaborée à partir de raisins botrytisés. Les Rosiers constitue

Système de notation utilisé dans les pages producteurs : ✪ Très bon vin — ✪✪ Excellent vin — ✪✪✪ Vin exceptionnel un assemblage classique de jasnières, de même que le Discours de Tuf et l'Élixir de Tuf (issus de grappes pourries noble). Éric Nicolas affectionne le pineau d'Aunis, cépage rouge à partir duquel il élabore le Rouge-gorge. Son jasnières et son coteaux du loi portent la marque de Nicolas dans leur franchise et leur longueur.

Jacky Blot *voir* La Taille aux Loups

Guy Bossard *voir* Domaine de l'Écu

Henri Bourgeois ✪

18300 Sancerre. Tél. 02 48 78 53 20, fax 02 48 78 53 20.

Cet important négociant de Sancerre, se distingue par le volume de sa production et par la qualité de ses vins. Il assure 65 % des besoins de sa société grâce aux ressources de son domaine de 65 hectares, géré avec énergie par Jean-Marie Bourgeois (qui a acheté des terres viticoles en Nouvelle-Zélande). Bourgeois a expérimenté des méthodes non-interventionnistes pour la vinification de ses cuvées Jadis et Sancerre d'Antan. La première est un vin non filtré, aux parfums floraux, élaboré à partir du sauvignon rose planté sur la Côte de Chavignol. La seconde naît de vieilles vignes plantées sur une parcelle riche en silex ; aux notes de fruits exotiques (ananas et fruit de la Passion), elle associe de profonds arômes de fumée. La cuvée de prestige, Étienne Henri, élaborée de manière conventionnelle, provient de vieilles vignes plantées dans le silex ; elle n'est produite que les meilleures années. Les cuvées Monts Damnés de Bourgeois et La Bourgeoise atteignent un excellent niveau dans le début de gamme.

Bouvet-Ladubay

49400 Saumur. Tél. 02 41 83 83 83, fax 02 41 50 24 32.

La vallée de la Loire s'inscrit au second rang des régions productrices de vin effervescent après la Champagne. Rien d'étonnant à ce que les deux principaux domaines de la région – Bouvet-Ladubay et Langlois-Château – appartiennent à des maisons de champagne (Taittinger et Bollinger). Certes, un tel rapprochement garantit le savoir-faire nécessaire à la création d'un grand mousseux. Toutefois, le vin de Loire n'est pas un réel rival du champagne. Bouvet est toujours géré avec soin par la dernière génération de cette famille de vignerons, représentée par Patrick Monmousseau, qui détient un quart des parts. La maison Bouvet-Ladubay est installée à Saumur. Parmi ses meilleurs vins effervescents, la cuvée Saphir millésimée, bien structurée mais au dosage important, révèle une grande profondeur. La cuvée Prestige Trésor, assemblage de chenin et de chardonnay, fermente puis vieillit partiellement en barrique pendant trois ans avant d'être commercialisée ; si son dosage peut être trop sensible, elle n'en demeure pas moins le plus complexe des vins effervescents ligériens. Citons aussi Le Trésor rosé, issu de cabernet franc, et un demi-sec baptisé Grand Vin de Dessert. Bouvet-Ladubay produit par ailleurs de beaux vins tranquilles, sortes de microcuvées ou vins « de garage ». Goûtez les anjou cuvées Extrême élaborés à partir de cabernet franc ou de cabernet-sauvignon, ainsi que les vins de pays monocépages (merlot et cot) du Jardin de la France dénommés Les Non Pareils.

Brédif *voir* de Ladoucette

Champalou

37210 Vouvray. Tél. 02 47 52 64 49, fax 02 47 52 67 99.

Didier et Catherine Champalou produisent, sur leurs 20 hectares, des vouvray modèles : ce sont des vins vifs et séveux, ouverts sur des parfums de fruits du verger. La cuvée des Fondraux, vieillie en barrique de plusieurs vins, naît de raisins vendangés sur sols d'argile et de silex. Souvent, elle se révèle plus fraîche et légère que ne le suggère son taux de sucres résiduels.

Chéreau Carré

44690 Saint-Fiacre-sur-Maine. Tél. 02 40 54 81 15, fax 02 40 54 81 70.

Ce négociant en muscadet, qui compte parmi les meilleurs, propose un grand choix de vins de grande qualité. Son domaine s'étend sur 120 hectares. Goûtez les vins du Château du Coing de Saint-Fiacre (dont la très étonnante cuvée Fûts de Chêne) et la Grande Cuvée Saint-Hilaire.

Clos de Coulaine *voir* Pierre Bise

Clos de La Coulée de Serrant *voir* Joly

Closel

49170 Savennières. Tél. 02 41 72 81 00, fax 02 41 72 86 00.

Ce domaine de 16 hectares, propriété de la famille de Jessay, représente dignement la région de Savennières. La qualité de son terroir lui a permis de produire, par le passé, des vins remarquables qui rappellent que la qualité des vins d'aujourd'hui pourrait être plus élevée… Depuis 1998, certains signes laissent augurer un changement : le Clos du Papillon, fermenté en barrique, est devenu plus structuré ; Les Coulées et Les Vaults ont acquis l'harmonie.

Clos Naudin ✪✪

37210 Vouvray. Tél. 02 47 52 71 46, fax 02 47 52 73 81.

Ce domaine de 12 hectares situé à Vouvray est impeccablement tenu par Philippe Foreau, talentueux vigneron et fin cuisinier. Foreau défend aussi la cause du chenin, dont il maîtrise parfaitement la vinification. En goûtant des vins comme le Clos Naudin demi-sec, le moelleux Réserve ou les rares cuvées sélectionnées Goutte d'Or, on peut se convaincre qu'il s'agit du plus grand cépage blanc du monde. Tous ces vins vieillissent superbement, qu'ils soient secs, moelleux ou effervescents. Ils laissent une impression de maturité, d'élégance, débordent de parfums de fruits du verger. Les sols du domaine sont essentiellement composés d'argiles à silex, que l'on appelle ici « perruches ». Les rendements sont maintenus à 30 hl/ha environ. Foreau ne pratique pas la chaptalisation et n'ajoute pas de levures. La fermentation intervient dans de grandes barriques en bois ancien pour les vins doux, dans des cuves en Inox pour les vins secs et les effervescents.

Clos Rougeard ✪

49400 Chacé. Tél. 02 41 52 92 65, fax 02 41 52 98 34.

Les Foucault sont propriétaires des 10 hectares de ce domaine de saumur-champigny. Ils proposent trois cuvées en rouge et une en blanc (cette dernière, née de vignes centenaires, en volumes confidentiels). Parmi les vins rouges, retenons Le Poyeux, fruité, et Le Bourg, au grain fin. Tous bénéficient de rendements faibles, de levures indigènes, d'une longue macération, d'une fermentation en fût de chêne (avec une certaine proportion de chêne neuf), et sont mis en bouteilles sans filtration. Par ailleurs, ils vieillissent fort bien.

Cotat ✪

18300 Sancerre. Tél. 02 48 54 04 22, fax 02 48 78 01 41.

Ce petit domaine de 9 hectares en sancerre est réputé pour ses cuvées La Grande Côte, née à Chavignol, et Les Monts Damnés. Sa politique non-interventionniste lui a parfois coûté l'appellation, lorsque, au terme d'une année ensoleillée, les vins présentaient une quantité trop importante de sucres résiduels. Si vous voulez être convaincu des bienfaits de la garde, achetez donc ces sancerres.

Couly-Dutheil

37500 Chinon. Tél. 02 47 97 20 20, fax 02 47 97 20 25.

Chez ce producteur de chinon, propriétaire de 65 hectares, les cuvées de début de gamme sont légères. En revanche, le Clos de l'Écho et la cuvée élevée en fût de chêne neuf, le Crescendo, délivrent une salve de fruits frais.

Cray

37400 Lussault-sur-Loire. Tél. 02 47 57 17 74, fax 02 47 57 11 97.

Le plus grand domaine de Montlouis. Depuis septembre 1993, son propriétaire, Michel Antier, en a confié la gérance au Breton Paul Boutinot. « Ce pourrait être un bijou, déclare Boutinot. Le terroir est superbe. » Le bijou ne brille pas encore de tous ses feux, car des travaux d'amélioration doivent être entrepris. Les millésimes 1998, 1999, 2000 et 2001 ont été déclassés par Paul Boutinot (dégustateur) comme par le maître de chai Pierre Laroche. Le montlouis Clos du Cray Signature 1997, complexe, laisse imaginer que le meilleur est à venir.

Crochet

18300 Bué. Tél. 02 48 54 08 10, fax 02 48 54 27 66.

Lucien Crochet et son fils Gilles possèdent un domaine de 35 hectares bien situé dans le Sancerrois ; également négociants, ils proposent une large palette de vins. Reste que les sancerre du domaine, francs et frais, sont les meilleurs. La propriété compte une parcelle de 5 hectares à Bué, dans le cru très prisé du Chêne Marchand : ainsi est née la savoureuse cuvée Le Chêne. Depuis quelques années, les vins rouges enregistrent des progrès notables, comme l'élégante cuvée La Croix du Roy.

Didier Dagueneau ✪✪

58150 Saint-Andelain. Tél. 03 86 39 15 62, fax 03 86 39 07 61.

Ce célèbre domaine de pouilly-fumé compte moins de 12 hectares, répartis en une demi-douzaine de parcelles. Didier Dagueneau a opté pour de fortes densités de plantation (jusqu'à 14 000 pieds par hectares), de faibles rendements et des vendanges manuelles par tris. En Chailloux, sa cuvée de base produite en importants volumes, reflète le style pur et généreux qu'il imprime à sa production. La cuvée Buisson Renard, plus vive et citronnée, est originaire d'un vignoble appelé Buisson Menard (le critique œnophile Michel Bettane ayant un jour mal orthographié son nom, elle fut rebaptisée Buisson Renard). Les cuvées Pur Sang et Silex proviennent de vieilles vignes dont le raisin fermente en barrique. La première laisse une impression suave, tandis que la seconde apparaît plus minérale, quoique les notes de silex se fondent dans sa palette aromatique complexe. Enfin, citons de manière anecdotique – car les volumes produits sont minimes – la cuvée Astéroïde, issue de vignes non greffées, et le Clos du Calvaire. L'ensemble des vins de Didier Dagueneau demande à vieillir en cave.

Deletang et Fils

37270 Saint-Martin-le-Beau. Tél. 02 47 50 67 25, fax 02 47 50 26 46.

Ce domaine de 20 hectares, bien mené, est spécialisé dans la production de montlouis vendanges tardives (dans le millésime 1997, pas moins de six cuvées ont été produites). La comparaison est intéressante entre la cuvée Les Petits Boulays, issue d'un sol argilo-gréseux, propice à une expression fruitée des vins, et Les Bâtisses qui tire d'un sol de calcaire et de silex des arômes plus fumés. Ces montlouis sont d'un grand classicisme. Une garde en cave leur permet d'acquérir des notes de miel et de pâte d'amande.

Pierre-Jacques Druet

37140 Benais. Tél. 02 47 97 37 34, fax 02 47 97 46 40.

De faibles rendements et une vinification originale (le moût est brièvement chauffé à 62 °C pour éviter l'extraction de mauvais tanins) apportent aux bourgueil de ce domaine de 22 hectares un caractère exceptionne. Les arômes de mûre de la cuvée Grand Mont témoignent des conditions climatiques favorables. La cuvée non filtrée Vaumoreau naît de vignes de quatre-vingt dix ans, au rendement faible ; elle laisse deviner des nuances chocolatées derrière le fruit.

L'Écu ✪

44430 Le Landereau. Tél. 02 40 06 40 91, fax 02 40 06 46 79.

Depuis 1975, Guy Bossard applique l'agrobiologie à son domaine de 20 hectares, et pratique la biodynamie depuis 1986. Ce vigneron talentueux tente de magnifier le muscadet en mettant l'accent sur l'expression du terroir à travers trois cuvées de prestige : l'Expression de Gneiss (parcelle de 4 hectares), l'Expression d'Orthogneiss (2 hectares) et l'Expression de Granit (3 hectares). En 1999, la cuvée Expression de Gneiss était la plus bouquetée, alliant des senteurs de pierre humide et de fleurs printanières à une ligne minérale vive. L'Orthogneiss se montrait plus charnue et fruitée, tandis que l'Expression de Granit semblait citronnée jusqu'à une finale minérale. La cuvée Guy Bossard, issue d'un sol de granite, adopte un style plus rond, avec des arômes fumés. Le vin pétillant de Bossard, étonnant assemblage de melon, de folle blanche, de chardonnay et de cabernet, est une révélation.

Fesles *voir* Germain

Foreau *voir* Clos Naudin

Gaudrelle

37210 Vouvray. Tél. 02 47 52 67 50, fax 02 47 52 67 98.

Les 15 hectares du château Gaudrelle sont conduits par Alexandre Monmousseau ; en vouvray, la cuvée Sec-Tendre, à la douceur subtile est d'un agréable classicisme. Les vins doux méritent attention dans les bons millésimes. Récemment, Alexandre Monmousseau a misé sur la production de vouvray secs, en sélectionnant les raisins avec rigueur ; la fermentation se fait ensuite en barrique.

Bernard Germain

49380 Thouaré. Tél. 02 41 68 94 00, fax 02 41 68 94 01.

Cet ambitieux et dynamique Bordelais, à la tête d'un groupe propriétaire de douze châteaux, dont Yon Figeac en saint-émilion grand cru, a acquis en 1996 les châteaux de la Loire La Guimonière, La Roulerie, Les Varennes et Fesles au pâtissier Gaston Le Nôtre. Le souhait de Bernard Germain ? Produire de grands vins doux selon la « méthode Germain » : un travail rigoureux à la vigne, allié à un usage mesuré du chêne neuf. Germain et son équipe (dont fait partie le vigneron Gilles Bigot, qui travaillait déjà pour Le Nôtre) ont réussi à élaborer, dans des millésimes difficiles, d'excellents vins dans chaque propriété, et tout spécialement à La Roulerie, sur la parcelle dénommée Les Aunis : ces vins doux offrent des arômes de beurre et de pâte d'amande. Citons également le suave bonnezeaux du château de Fesles.

Thierry Germain *voir* Roches Neuves

Gigou

72340 La Châtre-sur-Loire. Tél. 02 43 44 48 72, fax 02 43 44 42 15.

Joël Gigou est producteur de jasnières. Il est désormais secondé par son fils Ludovic âgé de vingt-deux ans. « Comme moi, il s'est formé sur le tas, raconte Joël. Je suis déjà marginal ; lui le sera plus encore. » Certes, le talent de Gigou aura été de produire un jasnières sec, classique, minéral, presque austère, ainsi qu'un coteaux du layon dans le plus pur respect de la tradition à une époque où la plupart des producteurs de ces appellations (déjà si rares) se tournaient vers d'autres voies. Mais Gigou a surtout fait figure de pionnier en élaborant des vins botrytisés sous ce climat septentrional. N'attendez pas d'eux la douceur d'un coteaux du layon ou d'un vouvray moelleux. Ce sont, au contraire, des vins pleins d'allant, qui laissent le souvenir des premières pommes récoltées à la fin de l'été.

La Guimonière *voir* Germain

Huët ✪✪

37210 Vouvray. Tél. 02 47 52 78 87, fax 02 41 47 66 74.

Depuis plus d'une décennie, ce domaine historique de vouvray est géré conformément aux principes de la biodynamie par Noël Pinguet, gendre du héros de guerre Gaston Huët. Trois parcelles viticoles se distinguent : le Clos de Bourg, le Haut Lieu et Le Mont, avec des cuvées en vouvray sec, demi-sec et moelleux. Exemplaires, les vins demi-secs et moelleux dévoilent une vivacité parfaitement équilibrée, des arômes classiques de beurre, de noisette et de feuilles d'automne. En revanche, certains grands vins secs du domaine peuvent être d'un abord difficile, sauf pour les véritables passionnés de chenin blanc. En 2000, Pinguet a acheté le domaine de Vodanis à Vouvray et a converti 5 hectares à la biodynamie. Si vous souhaitez entendre des arguments concrets en faveur de la biodynamie, rendez-vous dans ce domaine après avoir rencontré l'inspiré Nicolas Joly. « Nous avons commencé les tris, m'a expliqué Pinguet ; les résultats étant satisfaisants, nous avons poursuivi cet effort. Ce qui compte, c'est le résultat. Nous ne polluons pas l'environnement, nous cueillons des grappes saines et le vin est bon. Devrions-nous nous priver de ces méthodes parce que nous ne comprenons pas tout ? »

Hureau

49400 Dampierre-sur-Loire. Tél. 03 41 67 60 40, fax 03 41 50 43 35.

La Grande Cuvée et la cuvée Lisagathe de Philippe Vatan tracent pour le saumur-champigny une voie différente de celle qui a été ouverte, par exemple, par les vins ambitieux de Thierry Germain. Les vins de Hureau sont riches, épicés, pleins et souples.

Charles Joguet

37220 Sazilly. Tél. 02 47 58 55 53, fax 02 47 58 52 22.

Ce domaine de 38 hectares en chinon, mené par Alain Delaunay et son maître de chai Michel Pinard, produit des vins réputés, mais souvent assez légers. Le Clos du Chêne Vert (sols calcaires) et le Clos de La Dioterie (sables et graves sur couche calcaire) sont les cuvées les plus intéressantes ; dans les bons millésimes, elles révèlent un caractère torréfié et de la profondeur.

Joly ✪✪✪

49170 Savennières. Tél. 02 41 72 22 42, fax 02 41 72 28 68.

Ce superbe domaine de 13 hectares a été acheté par la famille Joly dans les années 1960. En 1977, Nicolas Joly démissionne de son poste à la banque Morgan Guaranty et revient en France s'occuper des vignes familiales. Celles-ci s'étalent sur trois appellations. La plus grande, le savennières coulée-de-serrant, est l'une des deux seules appellations d'origine contrôlées françaises non bourguignonnes détenues en monopole (la seconde est le château-grillet dans la vallée du Rhône). Le terroir, magnifiquement situé sur une colline au sol d'ardoise et de schiste, orientée au sud et dominant la Loire, a été planté par des moines cisterciens en 1130. À proximité de La Coulée de Serrant (dont le nom se réfère à la dépression humide qui se forme entre deux collines), s'étend le vignoble, plus vaste, du savennières roche-aux-moines. Nicolas Joly le partage avec d'autres producteurs (il en possède 3 hectares). Enfin, il est propriétaire de 3 hectares en appellation savennières.

Lorsqu'il prend les rênes du domaine en 1977, Nicolas Joly applique des méthodes conventionnelles, mais il n'est pas satisfait des résultats. « La couleur du sol avait commencé à changer, il ne restait plus d'insectes dans les vignes, ni ces perdrix cendrées qui avaient l'habitude de nicher dans les taillis. J'avais l'impression que je contribuais à détruire un univers harmonieux. » En 1979, il trouve, dans une librairie parisienne, un livre d'occasion réunissant les conférences de Rudolf Steiner. Le hasard de cette découverte va l'amener à effectuer un long cheminement. Entre 1980 et 1984, il convertit son domaine à la biodynamie et, de surcroît, il devient le porte-parole pugnace de ce mouvement en France.

Le « problème de Joly, s'il m'est permis de m'exprimer ainsi, est de considérer la biodynamie comme une sorte d'impératif moral qui éclipse tout autre réflexion. Il préfère parler de biodynamie que de viticulture, et faire admirer ses troupeaux de vaches d'une race locale rare, qu'il n'élève que pour leur fumier, plutôt que de procéder à des dégustations verticales. Certains le considèrent comme un illuminé en raison de certaines de ses idées (sa profonde conviction que la pollution électrique produit des ondes nocives, et que les barriques sont les récipients idéaux pour le vin nouveau parce que leur forme évoque celle de l'œuf, source de vie). Ses techniques viticoles ont également été très critiquées, même si, aujourd'hui, nombre d'entre elles sont adoptées par la nouvelle génération de vignerons français non-interventionnistes. Il laisse le moût sur ses lies, ne compte que sur les levures sauvages pour la fermentation, ne stabilise jamais ses vins à froid ni les colle. Nicolas Joly se contente d'une filtration très légère. Il procède à la fermentation et au vieillissement de ses vins dans des barriques de plusieurs vins, d'une contenance de 600 litres. Il tolère le sucre résiduel en fin de fermentation. Aucune de ces pratiques n'est controversée : Olivier Humbrecht lui-même les applique. Le plus troublant, c'est que Joly prétend soutirer ses vins aussi souvent que possible. « Les vins produits selon les méthodes agricoles de la biodynamie sont davantage susceptibles de souffrir de réduction que d'oxydation. De fait, les vins élaborés à partir de grappes saines ont plus de chances d'être améliorés par l'oxydation que d'en souffrir. » Joly encourage les dégustateurs à décanter ses vins pendant vingt-quatre heures avant de les servir à une température ambiante assez fraîche, mais jamais en dessous de 12 °C. Il prétend que ses vins se bonifient dans des bouteilles à moitié vides, sur une période de trois jours.

Et la qualité ? Après une série d'achats et de dégustation, il me semble que, vers le milieu des années 1990, quelque chose s'est produit qui a énormément amélioré la technique viticole de Joly. Les millésimes de coulée-de-serrant vinifiés depuis sont beaucoup plus riches que les vins parfois décevants, insuffisamment mûrs qui les ont précédés (toutefois, dans de bons millésimes, comme le 1990, le vignoble a brillé de tous ses feux avec un vin magistral). Les millésimes 1997, 1998 et 1999 de la coulée-de-serrant sont tous superbes et très différents les uns des autres. Malgré sa jeunesse, le 1999 exhale des arômes de gâteau aux amandes, avant d'envahir le palais d'une matière étonnamment dense que seul le chenin de Savennières semble pouvoir acquérir, avec des tanins savoureusement perceptibles, autre caractéristique de cette appellation lorsque le raisin blanc a été récolté parfaitement mûr. Le 1998, intensément minéral, marqué par des notes de miel et de nougat, révèle plus la noisette fraîche et grillée que le fruit. Il se montre à la fois riche et vif, débordant d'allant, remarquable d'équilibre. Le savennières coulée-de-serrant du magnifique millésime 1997 libère des parfums de noisette, de pollen et de foin chaud ; voluptueux en bouche, il dévoile la minéralité propre au millésime en y ajoutant d'autres arômes complexes. Nicolas Joly produit en outre le Bécherelle, la Cuvée du Château, en savennières, ainsi que le Clos de la Bergerie en savennières roche-aux-moines.

de Ladoucette

58150 Pouilly-sur-Loire. Tél. 03 86 39 18 33, fax 03 86 39 18 33.

Cette propriété de 65 hectares est la plus vaste de l'aire de pouilly-fumé, et aussi la plus spectaculaire. Le château aux multiples tourelles est suffisamment impressionnant pour transformer Pichon-Longueville, propriété d'AXA, en modeste chaumière ! Le propriétaire, le baron Patrick de Ladoucette, achète également des grappes et du moût ; par ailleurs, il produit du sancerre sous l'étiquette Comte Lafon (allusion au lointain lien de famille avec le Lafon de Bourgogne) et possède le très sérieux domaine de Marc Brédif à Vouvray. Les vins (particulièrement la cuvée de prestige Baron de L.) sont ambitieux, structurés, amples, largement inspirés par les méthodes en usage en Bourgogne. Paradoxalement, cela les rapproche davantage des graves que la plupart des sauvignons blancs de la région.

Lafon *voir* de Ladoucette

Langlois-Château

49400 Saint-Hilaire-Saint-Florent. Tél. 02 41 40 21 40, fax 02 41 40 21 49.

Langlois-Château, propriété de Bollinger, produit avec Bouvet-Ladubay l'un des meilleurs vins effervescents de Loire. Le crémant de loire millésimé vieillit longuement avant d'être mis sur le marché. Loin d'être aussi neutre que la plupart des vins de l'appellation, il laisse apparaître d'intéressants arômes secondaires (liés aux levures) et un fruité frais.

J-Y.A. Lebreton

49320 Saint-Jean-des-Mauvrets. Tél. 02 41 91 92 07, fax 02 41 54 62 63.

Ce vaste domaine de 52 hectares figure parmi les meilleurs producteurs d'anjou-villages. Ce vin déconcerte parfois, mais il possède ici du corps et de la profondeur. Goûtez donc au pur cabernet-sauvignon de La Croix de Mission.

V. Lebreton *voir* Domaine de Montgilet

Henry Marionnet

41230 Soings. Tél. 02 54 98 70 73, fax 02 54 98 75 66.

Ce domaine de Touraine de 60 hectares est largement planté de cépages rouges. Marionnet est le pape local du gamay et un spécialiste de la macération carbonique. Grâce à sa cuvée Première Vendange (qui ne contient pas de soufre et n'est pas chaptalisée) et à sa cuvée Vinifera (élaborée à partir de gamay non greffé), il peut s'enorgueillir d'approcher les résultats de Claude Papin à partir de gamay cultivé sur spilite. Ses vins sont suaves et fruités, structurés. Autre curiosité, sa cuvée Provignage, longue en bouche, libère des arômes de nougat. Elle est issue d'un cépage ancien, le romorantin, de la période pré-phylloxérique. Le romorantin étant réservé à la seule appellation cour-cheverny, cette cuvée est commercialisée en vin de pays.

Alphonse Mellot ✪

18300 Sancerre. Tél. 02 48 54 07 41, fax 02 48 54 07 62.

Avec leurs saveurs élégantes, leurs étiquettes avant-gardistes et leurs lourdes bouteilles, ces sancerres figurent parmi les plus étonnants. Il s'agit d'un des rares domaines de l'appellation où le raisin est vendangé à la main. Les cuvées de prestige, Génération XIX et Édouard, reposent sur des vignes vieilles de soixante ans et plus, soignées avec un sens méticuleux du détail.

Mollet-Maudry

18300 Saint-Satur. Tél. 02 48 54 02 26, fax 02 48 54 02 26.

Ce domaine de 17 hectares possède des parcelles en sancerre et en pouilly-fumé. Il est dirigé par Jean-Paul Mollet et son fils Florian. « Je veux être le meilleur. La moyenne ne m'intéresse pas » m'a confié Florian, faisant ainsi écho à Didier Dagueneau. Des rendements faibles et des vendanges manuelles offrent des vins qui, s'ils ne sont pas extraordinaires, demeurent bons. Tel est le cas des cuvées non filtrées l'Antique, dans les deux appellations.

De Montgilet

49610 Juigné-sur-Loire. Tél. 02 41 91 90 48, fax 02 41 54 64 25.

Victor et Vincent Lebreton dirigent ce domaine de 37 hectares qui produit les vins blancs les plus riches et les plus suaves de l'appellation coteaux de l'aubance. La cuvée Les Trois Schistes est la plus ancrée dans le registre minéral, tandis que la cuvée Les Tertereaux est plus délicate. Les deux cabernets développent une note parfois sauvage en assemblage dans l'anjou-villages de Montgilet. L'anjou blanc sec révèle une belle dimension.

Éric Nicolas *voir* Bellivière

Ogereau

49750 Saint-Lambert-du-Lattay. Tél. 02 41 78 43 55.

Peu de domaines de la Loire sont capables de produire des vins d'une qualité aussi régulière que ceux de Vincent Ogereau, à la tête de 24 hectares d'anjou-villages et de coteaux du layon-Saint-Lambert. L'anjou-villages Côte de La Houssaye, composé exclusivement de cabernet-sauvignon, est l'un des vins rouges de référence de l'Anjou ; l'anjou-villages « de base » le suit de près.

Claude Papin *voir* Pierre Bise

Papin-Chevalier *voir* Pierre Bise

Henry Pellé

18220 Morogues. Tél. 02 48 64 42 48, fax 02 48 64 36 88.

Les vins de ce domaine spécialisé dans le menetou-salon sont élaborés par la belle-fille d'Henry Pellé, associée au maître de chai Julien Zernott. Purs et francs, grâce à une viticulture rigoureuse et à une vinification en cuve Inox, les vins offrent un excellent rapport qualité-prix. Ceux issus des pentes méridionales du Clos des Blanchais se révèlent frais et parfumés.

La Perrière *voir* Balland-Chapuis

La Perruche *voir* La Varière

Pierre Bise ✪✪✪

49750 Beaulieu-sur-Layon. Tél. 02 41 78 31 44, fax 02 41 78 41 24.

Si la vallée de la Loire a donné le jour à un théoricien polémiste de l'envergure de Jean-Michel Deiss en Alsace, c'est bien Claude Papin. Et ces deux-là sont amis. Quand Papin vous explique sa quête de « polyphonie aromatique » et à quel point « la personnalité d'un vin est liée à la lenteur de l'évolution de ses polyphénols », vous devinez que vous avez affaire à un bel esprit. De tels discours n'auraient aucune valeur si les vins étaient décevants. Or, bien au contraire, Papin a élaboré des vins de chenin et de gamay parmi les plus réussis de la vallée de la Loire et même de France.
« Le chenin, explique Papin, dépend de la botrytisation. Quand elle est absente, le vin est dur. Même mes vins secs comportent environ 50 % de raisins botrytisés. La botrytisation se traduit alors par des notes miellées. »
Je me souviens d'avoir goûté le savennières Clos de Coulaine juste après un jasnières de Joël Gigou. Le contraste était si net qu'il paraissait difficile de croire que les deux vins étaient issus du même raisin, de la même région. Le savennières avait des parfums végétaux (proches d'une chartreuse), une matière et une profondeur extrêmes, une saveur fumée et légèrement minérale, en décalage total avec la fraîcheur mercuriale du vin de Gigou.
Je serais tenté d'écrire que les remarques de Papin, expliquent, en partie du moins, pourquoi la plupart des vins pétillants de Loire (issus de chenin à peine mûr) sont si ingrats. Autre credo de Papin : « le chenin était jadis un cépage rouge. » Papin appartient à cette avant-garde de vignerons qui fait macérer les pellicules des raisins blancs jusqu'à en extraire les tanins pour donner une plus grande longévité aux vins. La dégustation de son anjou Haut de La Garde révèle une profondeur tannique qui complète la richesse miellée des arômes. La sensation peut surprendre au début. Les coteaux du layon de Papin, provenant de Rochefort (grès) et de Beaulieu (schistes), offrent un contraste intéressant. Le Rochefort Les Rayelles n'est que fleur de tilleul et vivacité, tandis que le Beaulieu L'Anclaie se révèle plus profond et sauvage. Citons également le Beaulieu Les Rouannières, issu d'un sol composé de spilite volcanique (dont le nom local est pierre bise) qui révèle une nuance de pâte d'amande, une chair onctueuse, une fraîcheur équilibrée. D'autres contrastes fascinants se développent entre le coteaux du layon-Chaume, essentiellement passerillé, qui apparaît comme un vin d'une grande douceur, et le quarts de chaume. Encore plus riche, celui-ci présente une composante botrytisée qui, paradoxalement, atténue sa douceur et laisse s'exprimer des notes intenses allant de la pêche fraîche à l'abricot. Les arômes minéraux, encore masqués, s'épanouiront avec le temps.
Exception parmi les producteurs de vins de Loire, Claude Papin est aussi doué dans l'élaboration de vins rouges. Des sols sablonneux de ses vignobles de Savennières, il tire un vin rouge vendu sous l'appellation anjou-villages, qui n'a cependant pas la splendeur de son blanc. En revanche, l'anjou-villages rouge (issu des deux cabernets plantés sur schistes) et l'anjou-gamay nés de ses terroirs de pierre bise sont charnus et structurés. Son gamay 1996 « sur spilite » provient de raisins vendangés tardivement, à un faible rendement (35 hl/ha). C'est indéniablement le gamay le plus incroyable que j'aie jamais goûté : une robe foncée, un nez de prune, une profondeur sans égale et une concentration équilibrée par une grande fraîcheur. Même dans le difficile millésime 2000, ce vin reste majestueux. Claude Papin est certainement le plus grand vigneron du Jardin de la France. Avec ses fils René et Christophe, il dispose aujourd'hui de 54 hectares de vignes.

Vincent Pinard ✪

18300 Bué. Tél. 02 48 54 33 89, fax 02 48 54 13 96.

Vincent Pinard est l'un des meilleurs producteurs de sancerre. Il propose deux superbes cuvées, Nuance la bien nommée, aux notes de fruit de la Passion, et la cuvée Harmonie Vieilles vignes, très légèrement fumée, débordante de fruits.

de la Ragotière

44330 Vallet. Tél. 02 40 33 60 56, fax 02 40 33 61 89.

Cette ancienne propriété du Muscadet de 68 hectares a récemment pris de l'ampleur grâce aux frères Couillaud qui ont su imprimer à ses vins un style structuré et riche. Le Clos Petit Château est plus intense que la cuvée principale. Toutefois, c'est la cuvée Vieilles vignes qui se distingue par sa grande pureté. Des vins de pays monocépages sont également produits sous le nom d'Auguste Couillaud. Parmi eux, un viognier un peu trop ambitieux sans doute, qui rappelle que les sols exclusivement granitiques ne peuvent suffire à compenser un soleil timide. Le château La Morinière appartient au même propriétaire.

Renou

49380 Thouarcé. Tél. 02 41 54 11 33, fax 02 41 54 11 34.

Ce domaine, propriété du président de l'Institut national des appellations d'origine, ne rassemble pour le moment que 8 hectares de vignes ; mais quand les terres seront entièrement plantées, il en comptera dix. René Renou est l'un des artisans de la remise en pratique des tris dans la vallée de la Loire. Sa cuvée de prestige est l'élégante, suave et somptueuse cuvée Zénith.

Richou

49610 Mozé-sur-Louet. Tél. 02 41 78 72 13, fax 02 41 78 76 05.

Ce domaine familial de 38 hectares est situé en coteaux de l'aubance. La cuvée Les Trois Demoiselles figure parmi les meilleurs vins de l'appellation. Goûtez aussi l'anjou blanc riche et structuré, ainsi que le gamay, très fruité, et l'anjou-villages, d'une teinte si profonde.

Château de La Roche aux Moines *voir* Joly

Roches Neuves

49200 Varrains. Tél. 03 41 52 94 02, fax 03 41 52 49 30.

Thierry Germain, le fils de Bernard Germain, a quitté le Bordelais pour s'installer dans la Loire. Ses cuvées Terres Chaudes et La Marginale développent des parfums exaltants.

La Roulerie *voir* Germain

Saint-Just

49260 Saint-Just-sur-Dive. Tél. 02 41 51 62 01, fax 02 41 67 94 51.

Les cuvées de prestige d'Yves Lambert (La Coulée de Saint-Cyr, Les Terres Rouges et La Montée des Roches), produites sur son domaine de 40 hectares des abords de Saumur, offrent des caractères de plénitude, d'équilibre et de maturité assez rares dans cette appellation hétérogène.

Jacques Sallé *voir* Silice de Quincy

de La Sansonnière ✪✪

49380 Thouarcé. Tél. 02 41 54 80 80, fax 02 41 54 80 80.

Mark Angeli est l'un des vignerons les plus engagés parmi les partisans de la biodynamie en Val de Loire. Ses 8 hectares de vignes sont impeccablement tenus. Son anjou La Lune est un vin sec, très bien structuré. L'anjou Les Fouchardes s'avère plus onctueux et savoureux, bien équilibré. Le suave bonnezeaux Coteaux du Houet, d'une pureté et d'une cohérence étonnantes, déborde de notes de menthe, de fleurs de tilleul et de verveine. Signalons également un rosé d'anjou merveilleusement rond, à la légère teinte orangée. Lorsqu'il posa sa truelle de maçon provençal pour devenir vigneron angevin, Angeli avait la ferme intention de produire des vins doux. Aujourd'hui, cependant, il nuance son objectif : il n'élaborera des vins doux que lorsque le millésime s'y prêtera et que le botrytis se développera.

Sauvion

44330 Vallet. Tél. 02 40 36 22 55, fax 02 40 36 34 62.

Ce négociant du Muscadet produit les cuvées Cardinal Richard Haute Culture et Baron du Cléray Tradition. Toutes deux parviennent à une dimension qui échappe à la plupart de leurs pairs.

Silice de Quincy ✪

18129 Quincy. Tél. 02 54 04 04 48.

Jacques Sallé, anciennement journaliste, pratique la biodynamie. Il dispose de 7 hectares de vignes et signe de remarquables quincy. L'expression du terroir varie de façon spectaculaire selon les millésimes. Les arômes évoquent la mousse et les pierres, avec un fruit citronné marqué. Au cours des années les plus chaudes (comme 1997), le vin développe des notes de miel et une plus grande rondeur. Son second vin s'appelle Silicette. Après avoir rencontré Mark Angeli et Nicolas Joly, Sallé s'est tourné vers la biodynamie. Un choix qui n'a pas été facile, « parce que la biodynamie coûte environ cinq fois le prix de la viticulture classique et que, dans les régions moins connues comme Quincy il est difficile de pratiquer des prix qui rendent la biodynamie viable. Il est gratifiant de voir la vie revenir dans la vigne. Cela a été très important, parce que mes vignes sont généralement vieilles. L'une d'elles a près de cent ans. La biodynamie lui a donné une seconde vie. »

Suronde

49190 Rochefort-sur-Loire. Tél. 02 41 78 66 37, fax 02 41 78 68 90.

Le domaine de Francis Poirel, conduit avec soin, ne couvre que 7,5 hectares, remarquablement situés, dont six produisent des quarts de chaume, le reste des coteaux du layon-Chaume. Ses vins sont denses, savoureux et concentrés.

La Taille aux Loups ✪

37270 Montlouis-sur-Loire. Tél. 02 47 45 11 11, fax 02 47 45 11 14.

Jacky Blot, qui s'est installé en 1989, est vigneron et négociant. Il peut être fier de son domaine en montlouis et en vouvray, qui s'étend sur 14 hectares. Cet autodidacte préfère travailler seul : « Si vous faites appel à des consultants, tout finit par avoir le même goût. » Il prétend n'avoir jamais chaptalisé un seul vin et déclare que son rendement moyen, au cours des dix dernières années, n'a jamais dépassé 35 hl/ha. Le travail dans les vignes ne manque pas, notamment avec la sélection des baies. L'ensemble de sa production fermente sous bois (il achète 10 % de fûts neufs chaque année). « Pour ralentir la fermentation et obtenir un bouquet plus complexe. L'Inox simplifie et uniformise le vin. Il suppose aussi l'emploi de levures artificielles, et je ne me sers que de levures indigènes. »
Blot opère chacun de ses choix dans le seul but de produire de grands vins doux. Il destine chaque vendange à un type de vin précis pour tirer le meilleur profit de ce que la nature lui a donné (en 1994, par exemple, il n'a produit que du pétillant). Sa palette atteint des sommets avec la cuvée Rémus (issue de ses plus anciennes vignes de montlouis, dont le raisin est fermenté en fûts de chêne neufs à 50 %). À signaler également : le vouvray Clos de Venise, vif, certains vins demi-secs tout en fraîcheur, ainsi que des vins moelleux marqués par le botrytis et par une acidité juste et fine.

Vacheron

18300 Sancerre. Tél. 02 48 54 09 93, fax 02 48 54 01 74.

Ce domaine familial de 37 hectares offre avec régularité de bons sancerre blancs et rouges. La cuvée Romains, née d'un sol de silex et vieillie en fût de chêne, est équilibrée (le chêne est ancien « pour respecter le caractère ample du vin », explique Jean-Louis Vacheron), tandis que le sancerre rouge Belle Dame possède la chaleur du pinot bien mûr. C'est l'un des plus grands domaines sancerrois qui perpétue la tradition de vendanges manuelles.

Varennes *voir* Germain

La Varière

49320 Brissac. Tél. 04 41 91 22 64, fax 04 41 91 23 44.

Le domaine de 95 hectares de Jacques et Anne Beaujeau comprend des parcelles situées en quarts de chaume, en bonnezeaux, dans les coteaux de l'aubance, les coteaux du layon-Faye-d'Anjou et en anjou-villages-Brissac. Le couple possède également 43 hectares à Saumur, le domaine de La Perruche. Les vins rouges et blancs secs offrent une matière dense (équilibrée par un vieillissement en fût de chêne neuf ou d'un vin), inhabituelle en anjou-villages-brissac. La cuvée de prestige rouge, La Grande Chevalerie, exprime remarquablement le cabernet-sauvignon pour un anjou. Les récents millésimes de vins doux ont été décevants, malgré un excellent bonnezeaux 1997. Le saumur issu de sols de perruches est rond et miellé ; le saumur-champigny Le Clos du Chaumont dévoile de petits fruits noirs.

Villeneuve ✪

49400 Souzay-Champigny. Tél. 02 41 51 14 04, fax 02 41 50 58 24.

Ce domaine de Saumur, de 31 hectares, est une référence. Même les cuvées de début de gamme révèlent une matière impressionnante. Les cuvées Vieilles vignes Les Cormiers (un blanc raffiné et minéral) et le Grand Clos (rouge sombre et puissant, produit les grandes années) sont plus remarquables encore.

L'Alsace

Zone frontière. Ce vignoble posté face au pays de Bade marque une frontière à plusieurs titres. Rares sont les producteurs qui ont su égaler le respect de l'avant-garde alsacienne pour l'environnement et explorent le terroir avec autant de conscience.

Le géranium, plante colorée, tenace et opiniâtre, pavoise dans les rues alsaciennes en été. Au bout de leur tige aux solides feuilles, ses fleurs, peu odorantes, semblent dire aux visiteurs : « Nous vivons ici, et nous y sommes bien ». Si un jour, quelqu'un s'amusait à calculer le nombre de géraniums par habitant dans chaque région, nulle doute que l'Alsace arriverait en tête des statistiques européennes ! S'étalant autour des fontaines des villages, suspendus dans des paniers sur les rebords des fenêtres, les géraniums sont partout. Au mois de juin, l'Alsace est constellée de millions de pétales rouges et roses qui s'envolent au petit matin. Les fleurs écarlates se détachent dans la lumière blanche de l'aube, puis se balancent tranquillement sous la caresse du vent de l'après-midi. Elles ajoutent au caractère de ce lieu, semblable à une gigantesque scène de théâtre Renaissance en plein XXIe siècle.

Les Alsaciens ne se sentent pas des Français comme les autres. Ils revendiquent une identité un peu différente, liée à l'histoire de leur région. Car ils possèdent trois langues : le français, l'allemand et, bien sûr, l'alsacien, un dialecte local plus proche de l'allemand que du français. Et leurs grands-parents ne parlaient pas du tout le français. Durant la Seconde Guerre mondiale, leurs oncles se sont battus, sans le vouloir vraiment, sur les deux fronts. Aujourd'hui, les Alsaciens adhèrent souvent avec conviction à l'idéal européen. Au cours des cinq derniers siècles, leur terre natale a changé si souvent de nationalité… Ce n'est pas pour autant que les Alsaciens ne sont pas fiers de leurs villages, de leurs rues, qui sont sortis relativement indemnes d'une histoire si tourmentée (certaines communes comme Bennwihr et Sigolsheim n'ont pas été si chanceuses). Le seuil des maisons est soigneusement balayé, les enseignes en fer forgé semblent toujours fraîchement repeintes et les géraniums sur la fontaine sont parfaitement entretenus. Et puis…

Et puis, il y a le vin. Sur ce point, les Alsaciens sont bénis des dieux, même si les ennemis sont continuellement restés aux portes de la région. Souvent des vignes ont été plantées en Alsace ; souvent elles ont été détruites par les guerres successives (le vignoble a été presque totalement anéanti par la guerre de Trente Ans, par la Révolution française et par les deux guerres mondiales du siècle dernier). Quand l'Alsace faisait partie de l'Allemagne, ses vins étaient considérés comme des vins du sud : bon marché, simples, abondants, fermement attachés à leur cépage. En revanche, lorsque l'Alsace était française, ses vins étaient septentrionaux, incapables de concurrencer les crus méridionaux. Aussi, les vignerons alsaciens durent-ils partir à la conquête de la qualité. Après chaque revirement de l'histoire, il fallait à la région plusieurs décennies avant de retrouver sa place. Les AOC arbois et bandol existaient déjà depuis vingt ans, et même plus, lorsque l'Alsace obtint enfin, en 1962, sa propre réglementation en matière d'appellations. Cette région a dû batailler ferme pour être acceptée par la France viticole. Aujourd'hui encore, certains

doutent de sa vocation, notamment en raison de son rendement moyen (80 hl/ha, soit deux fois plus que celui de châteauneuf-du-pape), officiellement le plus élevé de l'Hexagone, mais aussi en raison de son héritage ampélographique, apparemment peu adaptés à l'idéal du terroir.

Si nous voulons comprendre pourquoi les producteurs alsaciens se situent à l'avant-garde de la viticulture française aujourd'hui, nous devons garder tous ces éléments à l'esprit. Les Alsaciens entretiennent un petit bout de terre précieux, magnifique, ensoleillé, mais constamment violé. Ils ont été considérés comme des vignerons de second rang pendant des siècles : ils ont beaucoup à prouver. Paradoxalement, ce faisant, ils se débarrassent lentement des vieilles certitudes et s'écartent de l'image d'Épinal qu'ont de l'Alsace de nombreux consommateurs.

L'écorce de la terre

Aussi étonnant que cela puisse paraître aujourd'hui, le terroir n'a été officiellement reconnu en Alsace qu'à la faveur de la nouvelle réglementation des grands crus. Le décret de consécration de l'appellation d'origine contrôlée alsace grand cru date de novembre 1975, mais il aura fallu attendre 1983 pour voir apparaître les premières délimitations de vingt-cinq lieux-dits. Quant au processus de définition des cinquante grands crus, il n'a été achevé que le 17 décembre 1992. Auparavant, l'Alsace constituait un seul et unique terroir. Son statut n'était pas même comparable à celui de la Champagne, car il ne comportait pas d'échelle interne pour fixer le prix du raisin.

Dans le contexte de la réglementation française sur le vin, cette situation constituait une anomalie. Géologiquement, l'Alsace est peut-être la région viticole la plus complexe de France, plus encore que la Bourgogne (qui a réussi à définir plus d'une centaine de crus). Or, cette complexité n'apparaît pas dans le système d'appellations. Les producteurs alsaciens n'avaient donc aucun moyen d'attirer l'attention sur leurs terroirs, dont l'identité s'exprimait pourtant dans leurs meilleures cuvées.

On a longtemps attendu pour briser le statut monolithique de l'Alsace et pour commencer à en distinguer les multiples aires. Le mode de décision a été très controversé, au point de nuire à la réputation de ce vin. Les coopératives alsaciennes ont toujours joué un rôle essentiel : ici, les producteurs possèdent en moyenne un dixième d'hectare, et 87 % du vignoble alsacien est constitué par des domaines de moins de 2 hectares. Je pense que sous la pression des coopératives, le système des grands crus s'est plié à des critères sociaux plutôt qu'à de stricts critères viticoles. « Je suis socialiste, m'a indiqué Mark Kreydenweiss. Mais en matière de viticulture, on ne peut pas être un vrai socialiste. Tous les terroirs ne naissent pas égaux. » Je considère que les grands crus d'Alsace, tels qu'ils sont actuellement définis, ne sont pas tous grands et qu'il y en a trop. Les délimitations ont souvent été généreusement accordées.

« Qu'est-ce qu'un terroir ? C'est une matrice dans laquelle peuvent s'exprimer les possibles. L'histoire nous a volé notre mémoire ; elle nous a volé nos terroirs. Nous ne savions plus ce que Ribeauvillé voulait dire, ce que Bergheim voulait dire. Nous devons retrouver nos possibles. »

JEAN-MICHEL DEISS

◄ *L'automne s'installe sur Bergheim. À mesure que les nuages s'amoncellent, il semble de plus en plus difficile d'attendre la surmaturité pour vendanger.*

Le rendement maximal de 66 hl/ha (plafond limite de classement inclus) devrait être divisé par deux. Les noms prêtent à confusion (il existe trois Altenberg, et de bonnes connaissances linguistiques sont nécessaires pour distinguer Moenchberg de Muenchberg ou Pfersigberg de Pfingstberg, de quoi faire perdre leur latin aux Parisiens, sans parler des habitants de Manchester ou du Minnesota). En outre, la plantation des muscat, riesling, pinot gris et gewurztraminer, seuls cépages autorisés, ne tient pas toujours compte des pratiques locales ou des précédents historiques dans les lieux-dits, en bannissant toute autre variété. La désignation de « grands crus », avec ses accents bourguignons, pour ces aires viticoles me semble une erreur. Le marché, bien sûr, a dédaigné cette folie des grandeurs. Les consommateurs sont prêts à payer cher un vin issu des 11 hectares de musigny ou des 8 hectares de richebourg : de nombreuses bouteilles sont là pour attester la différence entre ces appellations d'origine contrôlée. Mais qui consentirait à débourser la même somme pour un vin venu des 53 hectares obscurs de Marchrain ou des 19 hectares de Praelatenberg ? Idéalement, il aurait fallu créer des crus, mais aucun grand cru, et il aurait fallu laisser passer quelques décennies avant de les hiérarchiser en fonction de leur prix et de leurs performances, après plusieurs années de dégustation à l'aveugle.

Le système des grands crus présente toutefois un grand avantage : il a donné l'occasion à tous les producteurs alsaciens d'explorer leur terroir. « Il est préférable d'avoir des grands crus mal définis que pas de grands crus du tout, déclare André Ostertag. La création des grands crus a été un révélateur du terroir alsacien. » De célèbres producteurs, comme Hugel et Trimbach, contestent les grands crus dont ils estiment les contrôles de qualité inadaptés. « Nous sommes contre ce système, m'a dit Hubert Trimbach avec son franc-parler habituel. Il n'y a pas assez de discipline. Les rendements sont trop élevés, la qualité pas toujours à la hauteur, les prix ridicules. Plus de 50 % des grands crus proviennent des coopératives. Sur le plan politique, c'est une bombe à retardement. Non, non et non. » Face à ces arguments, il ne faut cependant pas oublier que des producteurs renommés refusent le système des grands crus pour protéger leur nom de marque. L'apposition d'une marque profite uniquement à son propriétaire qui se sert opportunément du concept de terroir. Si Trimbach et Hugel adoptaient le système des grands crus (comme je crois qu'ils devraient le faire), devraient-ils alors renoncer à une partie de l'exclusivité liée à leur marque ? Ils seraient contraints de partager avec d'autres le renom de l'AOC, ce qu'ils ne semblent pas encore prêts à accepter.

Mais le véritable enjeu est ailleurs, chez des producteurs qui, comme Jean-Michel Deiss, recherchent le véritable sens du terroir ou qui, comme Olivier Humbrecht, poussent la viticulture non-interventionniste jusqu'à ses limites. Leurs vins parviennent ainsi à exprimer les nuances géologiques de l'Alsace avec une puissance extrême. En 2001, les réglementations des grands crus ont progressé.

L'énigme des cépages

En Alsace, plus de 80 % des vins d'appellation d'origine sont vendus sous le nom de leur cépage. On ignore à quand remonte cette coutume, mais elle s'est renforcée au début du XXe siècle lorsqu'une grande partie des vignobles (sous l'administration allemande) était plantée de variétés hybrides. Quand en 1945, les parcelles ont été classées en AOC, les noms des cépages nobles de *Vitis vinifera* se sont imposés, prouvant que la production d'hybrides était révolue. La mention du cépage sur l'étiquette était par ailleurs une information immédiate et claire, appréciée des consommateurs étrangers. Autrefois populaires, les cépages le restent encore aujourd'hui. Plus de 80 % des vins d'Alsace sont des vins de cépage, tandis que les assemblages (edelzwicker) ne constituent que 5 % de la production. Le volume restant correspond à des vins effervescents (crémant d'alsace).

▲ *Priorité aux cépages… ou à la terre ? Le débat est lancé en Alsace. Les meilleurs vins de la région, qui n'ont jamais été aussi profonds qu'aujourd'hui, relativisent l'importance de ce débat.*

Dans une région longtemps considérée comme un monoterroir, les cépages ont permis de faire des distinctions parmi les vins. Neuf cépages ont été autorisés : pinot ou pinot blanc, tokay-pinot gris, pinot noir, riesling, gewurztraminer, muscat, sylvaner, chasselas (en faibles quantités seulement) et, officieusement, auxerrois. Pourquoi tant de cépages ? Parce que les terroirs sont extrêmement divers, sans doute. Une terre aussi hétérogène, fractionnée, exigeait la pluralité. Ou bien, comme le dit Jean-Michel Deiss, la diversité des cépages était le seul moyen dont disposait l'Alsace pour faire parler son terroir, avant l'arrivée des crus.

Il s'agissait d'un langage primitif, déclare-t-il. « En 1840, nous disposions de cent cinquante cépages dans la vallée du Rhin. Aujourd'hui, officiellement, il en reste sept. Savez-vous que 80 % du vignoble alsacien est occupé par le clone 49 ? Toute cette richesse perdue ! Pourrais-je épeler mon nom avec une seule lettre ? Pourrais-je faire de la musique avec une seule note ? Je peux tout juste m'exclamer, rien de plus. Ici, il faut avant tout trouver des cépages complexes, afin de faire revivre les nuances de notre terroir. » Deiss préconise le retour à la plus ancienne tradition alsacienne, celle de la complantation. La complantation consiste à planter (hérésie entre les hérésies) différents cépages en un même lieu. Et Deiss aime faire admirer à ses visiteurs, à Engelgarten, une parcelle vieille de cinquante ans qui mêle tous les cépages, y compris dans une même rangée. Le vin issu de cette parcelle est un assemblage. Deiss revient à ses analogies favorites avec l'écriture : « Pour écrire une phrase, j'ai besoin de consonnes, de voyelles, de virgules, de points, de verbes, de sujets, de compléments. J'ai besoin de contradiction. La syntaxe est une manière d'organiser les contradictions de façon à faire comprendre un message. Le terroir est un espace qui organise les contradictions existantes de façon logique, afin de les mettre en valeur. Le Château Cheval Blanc n'a rien à voir avec le Domaine de Chevalier. Le Petrus n'est pas un merlot. » Le grand cru de Deiss, Altenberg de Bergheim, est planté de riesling, de pinot gris et de gewurztraminer, mais inclut aussi d'autres cépages. Pour Deiss, les proportions des différents cépages ne sont pas essentielles. « Quand vous écoutez du Mozart, vous ne demandez pas quelle est la part de violon ou le pourcentage de hautbois. Cela n'a aucune importance. Ce qui compte, c'est que tous les instruments jouent en harmonie. Si je peux distinguer les cépages, je n'ai plus affaire à du vin. Le vin, c'est de la musique, c'est de l'harmonie. »

▲ *De sombres nuages passent au-dessus de Türckheim. Olivier Humbrecht, vigneron de génie, puise la sève et le parfum de ces vins dans ces basses collines.*

Ce point de vue n'est pas partagé par tous. Laurence Faller du Domaine Weinbach, par exemple, se dit satisfaite des vins de cépage. « En Alsace, nous avons beaucoup de chance. Nous disposons de grands cépages et de grands terroirs. Notre région est la seule en France qui soit capable de miser sur ce double atout, et nous devons en tirer le meilleur parti. » « La complantation, c'est peut-être très bien pour Jean-Michel, déclare Frédéric Blanck, mais pas pour tout le monde, et pas partout. Nous pensons que notre terroir de granite, à Schlossberg, est le mieux adapté au riesling. Mais dans d'autres terroirs, comme celui de Rosacker, les cépages finissent par se ressembler dans leurs parfums, et là, Deiss marque un point. » Hubert Trimbach exprime, une fois encore, son sentiment avec force. « En mélangeant le riesling avec le pinot gris, le gewurztraminer ou le muscat, on ne contribue pas à faire émerger le terroir. C'est indéniablement seul que le riesling s'exprime le mieux. Et Deiss le sait mieux que quiconque. Le riesling est le cépage qui révèle le mieux la minéralité. Ça, c'est clair. »

La complantation est-elle autorisée ? Oui. Les réglementations sur les grands crus ont été modifiées le 24 janvier 2001. Désormais, les grands crus alsaciens ne sont plus obligatoirement élaborés à partir des quatre cépages nobles. Ils peuvent même être le résultat d'assemblages. Plus encore, les syndicats de producteurs ont maintenant le droit d'adapter la réglementation qui s'applique à chaque grand cru en baissant le rendement, en modifiant la date officielle des vendanges, en changeant les densités de plantation. Ce système de gestion local leur permet de rectifier, peu à peu, les erreurs commises lors de la mise en place du système des grands crus. Ainsi, Rangen a déjà augmenté sa densité de plantation qui atteint à présent 6 000 pieds par hectare de vigne (contre 4 500 auparavant). De même, il a fait passer son titre alcoométrique minimal de 11 à 12 %. Altenberg de Bergheim a baissé son rendement maximal à 50 hl/ha. Les viticulteurs ont désormais en mains les instruments du changement, ce qui est non seulement louable et judicieux, mais surtout essentiel pour une bonne gestion du système des AOC.

Le moins est le plus

Pionnière dans la production de vin biologique et dans la pratique de la biodynamie, l'Alsace ouvre la voie au reste de la France. Cette région compte maintenant trente domaines officiellement déclarés conformes à l'agriculture biologique ou à la biodynamie. D'autres, en cours de conversion, suivent déjà ces méthodes. L'organisation de producteurs Vignes Vivantes a créé un compost (idéalement composé de 50 % de fumier de vache, 33 % de fumier de cheval, 7 % de fumier de mouton, 7 % de marc et 3 % de sarments broyés). Le premier domaine français à avoir mis en pratique la biodynamie se trouve en Alsace : c'est le domaine d'Eugène Meyer. Comme en Bourgogne, les plus grands producteurs de la région (notamment Zind-Humbrecht) suivent les préceptes de la biodynamie.

Cette décision n'a pas été prise à la légère. Une longue réflexion a conduit les vignerons à délaisser l'agriculture conventionnelle utilisant des produits phytosanitaires de synthèse. Pour Olivier Humbrecht comme pour Anne-Claude Leflaive ou Dominique Lafon, le choix a d'abord été empirique. « Ma formation scientifique, explique Humbrecht, m'a appris que l'expérimentation était la clé du savoir. » Les expériences ont commencé en 1997, et les résultats se sont avérés nettement supérieurs à ceux que l'on obtenait avec les méthodes traditionnelles. Aussi, rapidement l'ensemble du domaine a-t-il été converti. Pour Jean-Michel Deiss, la biodynamie a été le catalyseur qui a permis aux vignes de puiser plus profond dans le sol, de fouiller la roche et de tirer ainsi l'essence du terroir. Selon lui, le caractère éthique de l'entreprise est tout aussi important : « Vous pouvez élaborer 1 000 hectolitres de vin à partir de 10 hectares, en employant une seule personne, en vous servant d'herbicides, d'engrais et de toute la technologie qui empoisonne la planète. Ou bien vous pouvez élaborer 1 000 hectolitres de vin à partir de 25 hectares, en faisant travailler dix-sept personnes, en fournissant des efforts physiques et en vous conformant à la biodynamie. Je ne sais pas si vous aimez ou non mon vin, mais d'une certaine manière, cela m'est égal. Il ne s'agit pas de goût, mais d'éthique. »

Plusieurs producteurs de la région partagent cette philosophie, comme Humbrecht, dont l'idéal est d'atteindre la maturité, la pureté et la concentration maximales, avec une intervention minimale. Les moyens employés : des levures indigènes, des fermentations lentes, malolactiques ou non selon l'humeur du vin, un soutirage minimal, l'absence de collage et de filtration. Au bout du compte, chaque vin présentera un degré d'alcool, une douceur, des arômes et une structure qui lui seront propres. Si commercialement cela peut engendrer des difficultés, d'un point de vue éthique, la stratégie ne présente aucune faille. C'est, en effet, la seule manière de traduire le terroir, le millésime et le cépage. Pour moi, le résultat est une complexité délicieuse qui vaut bien plus qu'une triste conformité à une norme respectée au moyen de méthodes industrielles.

Jean-Michel Deiss

En Alsace, les idées sont parfois aussi savoureuses que les vendanges du gewurztraminer sont tardives. Et si jamais un vigneron français mérite d'être comparé à Roland Barthes ou à Jacques Derrida, c'est bien Jean-Michel Deiss. Ce compliment lui revient de droit, non seulement pour l'originalité déconstructiviste et subversive de sa pensée, mais aussi pour les belles métaphores dont il enveloppe ses raisonnements. Un discours de Deiss étonne au point que la dégustation qui le suit donnerait presque dans la sobriété. Le vigneron disserte avec une telle aisance que son auditoire a du mal à croire qu'il sache tailler une vigne, faire fonctionner un pressoir ou remuer le marc. Dans l'introduction de ce chapitre, nous avons déjà donné quelques échantillons de sa séduisante rhétorique et de son talent pour l'abstraction. Laissons à présent Jean-Michel Deiss s'exprimer sur son sujet favori, la révélation du terroir par le vin. « Comment je procède ? Je m'attache à la profondeur. Du 1er janvier au 31 décembre, j'emploie toute mon énergie à enraciner la vigne. La vigne n'est pas faite pour vivre dans la solution liquide qui constitue les premières couches du sol. C'est une plante supérieure, évoluée, qui est conçue pour créer du sol là où il n'y en a pas. Les Romains l'avaient bien compris, et ils ont planté des vignes près de Marseille, à l'endroit où ils voulaient créer un sol. L'aberration suprême consiste à planter des vignes au même endroit que le blé. Le blé consomme le sol, alors que les vignes le créent. »

« Comment force-t-on une vigne à "descendre" ? Tout d'abord, en la plantant très profondément. Si je plante un pied de vigne en l'enfonçant de quatre centimètres, je lui dis : "sois belle, amuse-toi, et tais-toi." Si je plante une vigne à soixante centimètres de profondeur, je lui dis : "tu vas souffrir pour dépasser tes propres attentes. Tu vas souffrir pour dire quelque chose qui te surprendra, pour produire quelque chose qui restera là après toi." Ensuite, je choisis de fortes densités de plantation. Je plante jusqu'à 10 000 pieds à l'hectare sur les nouvelles parcelles. Troisièmement, je travaille la terre pour lui apporter de l'oxygène. Enfin, je me conforme à la biodynamie pour faire démarrer le processus, jusqu'à ce que la vigne prenne le dessus et commence à fabriquer sa propre terre. »

« Qu'est-ce qu'un homme ? Un homme est constitué par le réseau de tous ses gènes et la somme de ses possibles. Mais au-delà, c'est aussi son savoir. Le savoir qu'il engrange chaque jour, quand il apprend, quand il souffre, quand il s'enthousiasme, quand il tombe amoureux, quand il est déçu. Lorsque je rencontre quelqu'un, je recherche son humanité. Son patrimoine génétique ne m'intéresse pas. Quand je goûte un vin, pourquoi voulez-vous que j'analyse son génotype plutôt que son vécu ? Un vin de terroir montre la manière dont un vin communique tout ce qu'il a appris au-delà de son génotype. Et cet apprentissage, c'est la culture de la profondeur. Tous les jours, la vigne descend, elle apprend quelque chose de neuf et c'est ce qui se traduit dans le raisin. »

Deiss affirme avoir prouvé ces théories lors d'une dégustation de raisin qu'il a organisée pour ses collègues producteurs. « Quand nous avons goûté le sylvaner, le pinot blanc, le pinot gris, le riesling qui poussent à Schoenenbourg, nous avons découvert que tous les raisins avaient le même goût. Le caractère du lieu est plus fort que le goût du cépage. Nous l'avons appris tous ensemble. »

Olivier Humbrecht

Dire qu'Olivier Humbrecht dépasse d'une tête la plupart des producteurs français de vin blanc est une réalité : l'homme mesure 1,95 mètre. Derrière cette haute stature, se cache un esprit brillant, ce que ne démentiront pas tous ceux qui ont essayé de décrocher le diplôme anglais de Master of Wine. Olivier Humbrecht est le premier Français à avoir obtenu, en 1988 alors qu'il était encore un jeune homme, les deux volets de ce diplôme.

Ses vins sont encore plus impressionnants que sa taille et sa culture viticole. Ils sont voluptueux et fruités, mais anoblis par les essences minérales qui saturent leur fruit riche, comme l'huile dans une olive. Ils sont remarquablement élaborés et étonnamment changeants. Quand j'ai goûté la palette complète des trente-deux vins du millésime 1998 du domaine Zind-Humbrecht, à Londres en mars 2000, je me souviens avoir été sidéré par leurs qualités, mais aussi par leur virtuosité qui marquait un contraste frappant avec l'uniformité d'ordinaire si fréquente dans la palette d'un même domaine. Et c'est l'aspect le plus fascinant des vins de ce génie de quarante-huit ans. Un vigneron d'un tel talent aurait pu exercer pratiquement n'importe quel métier, tant sa main est habile. Et pourtant, il est resté en retrait. Il a desserré les nœuds de l'œnologie moderne et a laissé la vigne le conduire, accordant une confiance absolue aux matières brutes que lui avaient léguées son père, Léonard. Olivier Humbrecht possède, en outre, un esprit visionnaire et du courage. Ignorant les critiques et le cynisme des détracteurs de la biodynamie et de la viticulture non-interventionniste, il décide de s'engager dans cette voie. Olivier Humbrecht ? Une tête bien faite et de solides épaules.

L'aventure de la terre

Par prudence, j'ai annoncé que l'aventure de la terre alsacienne était d'une grande complexité. Cependant, avec un peu de recul, il est possible d'énoncer ses grands principes. D'ailleurs, elle fait écho à une autre aventure que nous découvrirons un peu plus tard. Alsace et Bourgogne ne sont-elles pas un peu jumelles ?

Ces deux régions sont situées à l'ouest d'une formation que les géologues appellent un fossé d'effondrement. Toutes deux font partie du système de failles qui relie la Méditerranée à la mer du Nord. Un fossé d'effondrement est une vaste dépression qui se creuse lorsque deux failles parallèles s'effondrent, plaçant la partie centrale, écroulée, en contrebas des sections situées de chaque côté (un peu comme une baignoire). Des fleuves creusent ensuite leur lit dans ces dépressions (même s'ils ne sont pas directement intervenus dans ce processus), comme la Saône en Bourgogne, ou le Rhin en Alsace. Les pentes n'ont pas été sculptées par le fleuve, mais elles sont le résultat du travail de cisaillement des failles (cependant, les pentes du nord du Rhône ou de l'Anjou ont bel et bien été creusées par le fleuve). Les vignes jurassiennes s'étendent de l'autre côté du fossé de la Saône. Et l'autre rive du fossé du Rhin accueille les vignes du Bade-Wurtemberg allemand.

Une carte en relief de la région montre bien la frontière constituée par les Vosges devant la vallée du Rhin, du sud de Colmar au nord de Strasbourg. En protégeant la région des vents d'ouest dominants, les montagnes vosgiennes créent des conditions favorables à la culture de la vigne en Alsace. À l'est, Strasbourg et Colmar sont des villes plus chaudes, plus ensoleillées et plus sèches que Nancy et Épinal, exposées à l'ouest. Les montagnes ? Elles atteignent environ 1 200 mètres d'altitude et sont couvertes de forêts épaisses (la région est d'ailleurs réputée pour ses sentiers de randonnée). Plus la crête est haute, plus l'effet de bouclier est efficace.

On distingue trois zones viticoles, en allant du haut vers le bas : les Vosges, les collines sous-vosgiennes et les cônes de déjection. D'abord les pentes des Vosges proprement dites (les vignes grimpent jusqu'à 400 mètres) : ces parcelles sont surtout constituées de granite, comme les Vosges elles-mêmes. Cependant, la plupart des aires viticoles sont situées sous les Vosges, sur les collines ondulantes protégées par ces montagnes. C'est ici que les sols se révèlent les plus variés parce que les collines sont entaillées par les failles et les contre-failles de différentes origines géologiques : grès, sable, argile, lœss, conglomérats, mica, éboulis, gypse, tuf, cendres et même schiste. La géologie est rarement simple, et ces collines sont les plus complexes de toute la France viticole.

Les cônes de déjection ont donné naissance à des terroirs agricoles que Francis Burn, Jean-Michel Deiss et quelques autres écartent en les qualifiant de terres à blé. Ceux qui ont établi les limites de l'AOC ne partageaient pas cet avis (peut-être sous l'influence des producteurs locaux). Les vins issus de ces terrains sont généralement

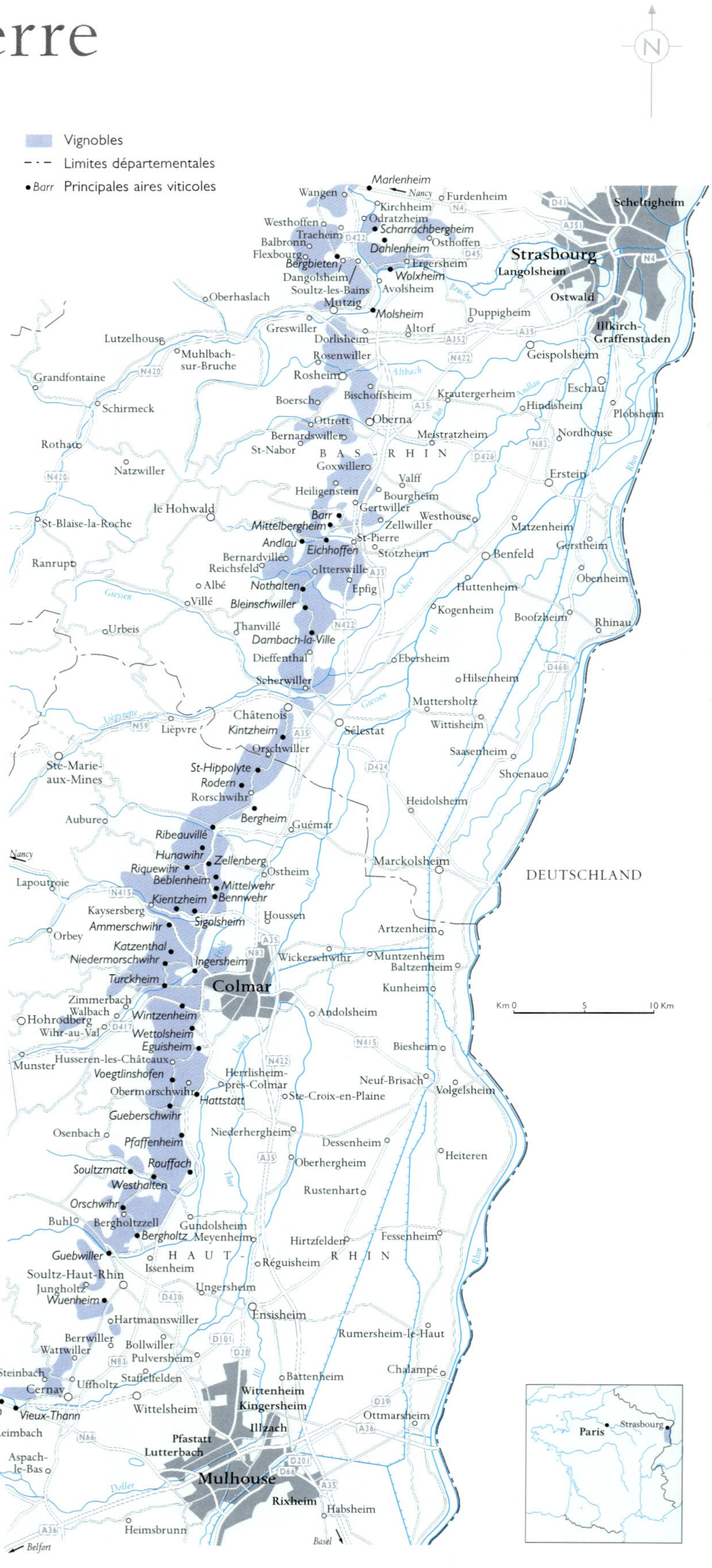

▲ *Le stockage des grappes dans une benne est synonyme de faible qualité : les grands producteurs utilisent toujours de petites caisses empilables.*

décevants, même si la cuvée Herrenweg du domaine Zind-Humbrecht démontre le contraire.

Le terroir entre officiellement dans le système des appellations d'origine contrôlée au niveau des grands crus seulement. L'appellation régionale **alsace** couvre environ 14 500 hectares, soit à peine plus que l'ensemble des appellations d'origine contrôlée du muscadet, et moins de la moitié de celles des côtes du rhône. Le **riesling** est le cépage le plus répandu, suivi par le **pinot blanc** (qui comprend l'**auxerrois**, parfois vendu sous le nom de **klevner** ou **clevner**), le **gewurztraminer**, le **sylvaner**, le **pinot gris** (également appelé **tokay**), le **pinot noir**, le **muscat** (d'Alexandrie et ottonel), le **chasselas** (vendu aussi sous le nom de **gutedel**) et le **klevner de Heiligenstein** (spécialité de ce village du Bas-Rhin ; le klevner serait une variante du traminer). Le **crémant d'alsace** souffre d'être produit à partir de raisins de seconde qualité (cette appellation d'origine est la seule qui permette de cultiver du chardonnay en Alsace). Les vins de **vendanges tardives** et de **sélection de grains nobles** peuvent être élaborés en alsace et en alsace grand cru, mais seulement à partir de riesling, de muscat, de pinot gris et de gewurztraminer. Ces dénominations sont attribuées en fonction du taux de sucre résiduel. Les producteurs les plus ambitieux dépassent souvent, et vont même jusqu'à doubler, les taux de sucre requis (les règles ont été renforcées en septembre 2001). Aussi, aujourd'hui, beaucoup de vins d'Alsace censés être secs possèdent un goût sucré, sans que l'étiquette n'en fasse état par une indication du taux de sucre résiduels.

L'appellation **alsace grand cru** distingue cinquante lieux-dits, du Steinklotz, au-dessus de Marlenheim au nord, au spectaculaire Rangen qui domine le village de Thann au sud. Elle représente environ 4 % du vignoble alsacien. La taille des crus est variable : le minuscule Kanzlerberg ne compte que 3,2 hectares (à l'ouest de l'Altenberg de Bergheim, plus vaste), tandis que le grandiose Schlossberg s'étend sur 80 hectares, au-dessus de Riquewihr. Il serait un peu long et fastidieux de nommer tous ces lieux-dits, mais ceux qui sont intéressés en trouveront facilement la liste dans les ouvrages de référence. Quant à moi, je préfère explorer certains des grands terroirs historiques de la région, qu'ils soient consacrés par le titre de grand cru ou inexplicablement exclus du sérail. Géographiquement, le département du Bas-Rhin est placé au nord de celui du Haut-Rhin (puisque le fleuve coule vers le nord à cet endroit). Nous les étudierons tour à tour.

Le Bas-Rhin

Le Bas-Rhin possède peu de grandes aires viticoles. Les Vosges, beaucoup moins élevées dans ce secteur septentrional, offrent une plus faible protection contre les vents d'ouest; les pentes sont moins marquées. Wissenbourg, à la frontière avec le Palatinat allemand, est la porte d'entrée du vignoble (certaines vignes appartiennent d'ailleurs à des Allemands). Les terroirs producteurs de bons vins ne se trouvent cependant qu'à environ 80 ou 90 kilomètres au sud, presque à l'endroit où la ligne de crête des Vosges atteint 700 mètres d'altitude (elle est rarement inférieure à 500 mètres). Les villages de Barr, Mittelbergheim, Andlau et Eichhoffen ouvrent le bal. **Zotzenberg** est un grand cru septentrional intéressant et très prometteur même s'il s'est peu distingué par le passé. Cette aire marno-calcaire, orientée au sud-est, a connu son heure de gloire grâce à son sylvaner qui, à la faveur du principe de gestion locale, pourrait bien refaire surface. Le petit **Kastelberg**, avec son sol de granite (cette formation constitue le socle vosgien, alors que les collines en contrebas offrent un vrai kaléidoscope minéral), permet de produire un riesling solide et vif. Le **Wiebelsberg**, son proche voisin, lui ressemble, en plus vaste et plus sablonneux. Ses vins sont un peu moins charnus. Le

▲ *Les chevaux et les charrues refont leur apparition dans les vignes. Les animaux n'abîment pas les sols comme les tracteurs.*

Moenchberg, qui domine Eichhoffen, est une aire d'éboulis et de conglomérats argileux où le gewurztraminer cohabite avec le riesling. Il ne faut pas la confondre avec le **Muenchberg**, situé un peu plus au sud près de Nothalten, et décrit par André Ostertag comme « un amphithéâtre de grès ». Les vins de ce terroir possèdent parfois une légère note minérale. À Andlau, le **Clos Rebgarten** est un petit site sablonneux, non classé, où Kreydenweiss produit un muscat ottonel très parfumé.

Haut-Rhin

Saint-Hippolyte et Rodern, les deux premiers villages du département, possèdent une solide réputation pour leur pinot noir. La séduction de ces deux vins rouges, plutôt pâles (comme l'est en général le pinot noir alsacien), tend à éclipser les vins des alentours. Au sud du département, Bergheim et Ribeauvillé font preuve d'une qualité incontestable. L'**Altenberg de Bergheim** est le premier grand cru à mériter son rang. « Bergheim, explique Jean-Michel Deiss, est niché au creux d'une vallée fermée, protégée, chaude et bien exposée. Les vins de Bergheim sont structurés et puissants. La profonde vallée de Ribeauvillé paraît fraîche, ventilée par les courants d'air venus des Vosges. » Nous sommes au cœur d'un terroir marno-calcaire, qui s'alourdit parfois d'argile (comme dans le hameau d'**Osterberg**, rattaché à Ribeauvillé, et dans le minuscule **Kanzlerberg** de Bergheim) et peut devenir sablonneux (comme à **Geisberg** et à **Kirchberg de Ribeauvillé**). Deiss prétend que le village de Geisberg possède « une vibration acide ». Et c'est d'ailleurs de cet endroit que provient une partie des raisins qui sert à élaborer le riesling cuvée Frédéric Émile de Trimbach (bien que la plus grande partie de son assemblage provienne d'Osterberg).

En continuant vers le sud, on traverse une charmante région viticole, berceau des plus beaux vins d'Alsace : Hunawihr, Riquewihr, Beblenheim, Mittelwihr (réplique parfaite de ce qu'était le village avant la Seconde Guerre mondiale), Bennwihr, Sigolsheim (autre copie conforme) et Kientzheim. Hunawihr possède le grand cru **Rosacker** ; celui-ci englobe le **Clos Stehune**, un hectare de grès dolomitiques complétés par quelques éboulis sableux, qui produit l'un des rieslings les plus intenses et les plus longs en bouche de toute l'Alsace. Le **Clos Windsbuhl** est également rattaché à Hunawihr. Sur ce site argilo-calcaire, riche en fossiles, le domaine Zind-Humbrecht produit un pinot gris à la texture remarquable, rond (quoique rarement touché par le botrytis). **Schoenenbourg**, hameau au sol clair qui dépend de Riquewihr, **Mandelberg**, sur les terres chaudes de Mittelwihr, et surtout **Furstentum**, **Kientzheim** et **Schlossberg** sont les autres grands crus de cette bande de terre. Le **Clos des Capucins**, en contrebas de Weinbach, est rattaché à Kientzheim. Le puissant riesling de Schlossberg devrait être, par ses origines mêmes, différent du Rosacker, du Schoenenbourg et du Furstentum. Le Schlossberg présente, en effet, une dominante de sols granitiques et acides, tandis que les trois autres sites sont calcaires et alcalins. **Wineck-Schlossberg**, **Sommerberg** et les terres chaudes de **Brand** conjuguent le granite jusqu'à Turckheim et jusqu'à la faille qui se dessine dans la ligne de collines, creusée par la petite rivière Fecht, et qui descend jusqu'à Munster. L'hectare et demi du domaine Zind-Humbrecht au **Clos Jebsal** correspond à un terroir proche de celui de Brand, bien qu'il présente des marnes alcalines et du gypse plutôt que des granites acides et des micas.

Des terroirs intéressants se trouvent sur l'autre rive de la Fecht, ainsi qu'au sud, vers Wintzenheim, Wettolsheim et Eguisheim. Le coteau de Hengst, bien ensoleillé, avec ses marnes caillouteuses, produit le grand cru Wintzenheim, mais le **Clos Hauserer** (en contrebas de Hengst) et **Rotenberg** sont des lieux-dits tout aussi attachants : ils marquent le retour du calcaire (rouge à Rotenberg) même si le granite et des éboulis affleurent de temps à autre avant de disparaître complètement vers le sud. Steingrubler conserve encore du granite, contrairement au grand cru d'Eichberg, au climat sec, et à celui, ensoleillé, de Pfersigberg. Dans ce secteur bien exposé, le gewurztraminer revendique ses droits. **Goldert**, qui englobe les 5 hectares du **Clos Saint-Imer**, dépend de Gueberschwihr et produit des vins puissants (dont le pinot gris du Clos Saint-Imer). Avec ses sols calcaires, Goldert est aussi l'un des plus grands terroirs alsaciens plantés de muscat. **Pfaffenheim** et **Steinert** décrocheront-ils une appellation grand cru pour leur pinot blanc ? Ce cépage semble, en effet, traité ici avec beaucoup d'égards.

La partie méridionale du hameau de **Vorbourg**, à Rouffach, est célèbre. Orientée au sud et constituée de raidillons (à la différence du reste des vignobles locaux, orientés à l'est, sur des pentes douces), elle accorde 16 hectares au **Clos Saint-Landelin** de Muré. Le **Zinnkoepflé**, entre Westhalten et Soultzmatt, fait écho au Clos Saint-Landelin, bien que plus chaud et plus sec ; il produit des gewurztraminers de caractère. Les rieslings et les gewurztraminers de Schlumberger doivent leur expression aux sols d'éboulis du **Saering** et du **Kitterlé**. Reste un remarquable terroir alsacien, à environ 13 kilomètres au sud : le site volcanique de **Rangen**, au sol acide, dont les 19 hectares fortement inclinés couvrent la plus grande partie du vignoble de Thann. Au cœur de l'été, l'endroit est une fournaise, et les sols noirs déploient toute une palette minérale (fer, fluorine, manganèse et magnésium). Ce lieu-dit rude et difficilement accessible, situé entre 300 et 400 mètres d'altitude, est peut-être le plus exceptionnel de la région. Dans les années 1960, il était presque à l'abandon. Il doit sa renaissance au travail d'un pionnier : Léonard Humbrecht, père d'Olivier. En 1977, Léonard n'a pas hésité à acheter trois des 4,5 hectares restants, quitte à se faire traiter de fou… Le **Clos Saint-Urbain** du domaine Zind-Humbrecht et le **Clos Saint-Théobald** de Schoffit font partie des grands crus. Les notes de terroir dominent souvent le caractère du cépage à Rangen, donnant au vin un bouquet proche de la pierre ponce, un caractère minéral qui remplace les senteurs de fruits, bien que le niveau d'acidité reste étonnamment élevé.

Mentionnons aussi trois aires viticoles du nord-est de la France : l'AOC **côtes de toul**, à l'ouest de Nancy, qui produit surtout des vins rouges et des rosés légers issus de pinot noir et de gamay. Aux alentours de Metz, le VDQS **moselle** offre des blancs subtils et souvent vifs. Les producteurs élaborent aussi des vins de pays de la **Meuse**. Le caractère de ces vins souligne le rôle essentiel joué par les Vosges dans la création des vins d'Alsace : la différence de structure est surprenante.

Mon point de vue critique

Le blues du cru

Un système de classification des crus alsaciens s'est longtemps fait attendre. Jusqu'en 1993, les vins de ces terroirs – peut-être les plus complexes de l'Hexagone – ont été réduits au caractère de leur cépage et à la technique viticole de leur producteur. Je pense que la gestion réglementaire des grands crus a non seulement été laxiste et inefficace, mais qu'elle a aussi été source de divisions. En 2002, des progrès ont été réalisés et il semble que l'on s'oriente vers une meilleure gestion de la spécificité de chaque lieu-dit. Cependant, je continue de croire que les grands crus sont encore trop nombreux pour être considérés comme d'authentiques grands crus. J'espère que la gestion locale va ouvrir la voie à d'autres réformes et débouchera sur le nécessaire déclassement de certains lieux-dits, qui ne tiennent pas leurs promesses. La complantation, ainsi que le retour de cépages un temps bannis, comme le sylvaner, devraient permettre à des terroirs véritablement remarquables de s'imposer au cours des prochaines décennies.

Doux cauchemars

J'ai salué l'attitude radicalement non-interventionniste de l'avant-garde alsacienne. Toutefois, elle a fortement mécontenté les consommateurs (dont je fais partie). Pourquoi ? Tout simplement, en raison du sucre. Le taux de sucre résiduel modifie considérablement un vin. Un pinot gris contenant 3 grammes de sucre résiduel par litre accompagnera parfaitement un bar grillé. Un pinot gris contenant 23 grammes de sucre résiduel par litre assassinera le même poisson. Vous trouverez ces deux vins sur les cartes des restaurants et chez votre détaillant, mais aucune mention sur l'étiquette ne vous signalera cette différence.

Olivier Humbrecht avance une explication. « La maturité moyenne des raisins d'Alsace a augmenté de manière spectaculaire. Aujourd'hui, les meilleures parcelles sont vendangées dans des conditions que nos grands-pères pouvaient seulement espérer tous les vingt ans. Dans le cadre d'une conduite non-interventionniste, le vigneron doit accorder du temps au vin pour qu'il termine sa fermentation. Si tout cela a été accompli et que les vins gardent une douceur résiduelle, je dirais que c'est naturel et harmonieux. » Frédéric Blank et Laurence Faller, deux autres producteurs, rappellent que l'équilibre du vin est plus important que les grammes de sucre. « Le sucre résiduel pose un problème remarque Blank, lorsqu'il entraîne un déséquilibre par rapport à l'acidité ; un rapport de 10 grammes de sucre par litre pour 8,5 grammes d'acidité ne causera aucun désagrément. Blank m'a proposé de goûter son pinot gris Patergarten 1999. Et c'est certainement grâce à ses 7 g/l d'acidité qu'il était merveilleusement sec.

Bien évidemment, Hubert Trimbach s'oppose vigoureusement à l'augmentation des taux de sucre résiduel dans les vins d'Alsace. « Elle sert uniquement à faire plaisir aux critiques œnophiles américains. C'est tout. Si votre vin est plein, riche et voluptueux, Parker vous attribuera une bonne note. Nous avons été poussés dans une direction qui n'est pas la voie traditionnelle de l'Alsace. Pour garder la ligne classique et raffinée, il faut de l'acidité, une robe claire, la pratique de la fermentation malolactique, et le vin ne doit pas séjourner trop longtemps en fût. Les vins riches et lourds n'ont aucun sens. Le reste du monde peut nous battre sur ce front, mais il ne peut pas nous donner de leçons sur le style sec et nerveux de nos vins. »

Nous ne sommes pas obligés de prendre position (les deux camps ont raison sur certains points). L'essentiel est de tenir le consommateur informé du contenu réel des bouteilles qu'il achète. Réjouissons-nous du projet du Comité interprofessionnel des vins d'Alsace, qui veut introduire une échelle de douceur allant de 1 à 9 qui figurera sur les étiquettes. J'attends avec impatience la mise en place de ce système.

De la vigne parmi les blés

Si ce chapitre fait la part belle à l'élite des vins d'Alsace, la qualité de certaines bouteilles alsaciennes, que vous pouvez trouver dans les rayons de n'importe quel supermarché, a peu progressé au cours de la dernière décennie. Le vins sont souvent maigres, trop chaptalisés et dilués par des rendements excessifs. La dernière fois que je me suis rendu en Alsace, un litre de sylvaner coûtait moins cher qu'un litre d'essence. « Le gros problème, en Alsace, déclare Francis Burn, ce sont les terres à blé. » Au Moyen Âge, le vignoble s'étalait sur les seuls coteaux. Aujourd'hui, comme la vigne se révèle plus rentable que le blé, on n'hésite pas à planter des vignes dans des terres céréalières. L'Allemagne est confrontée à une situation identique, ce qui nuit à sa réputation internationale. Certes, cela pourrait être pire. L'Alsace n'a pas de *Liebfrauenmilch* et les rendements allemands sont encore plus élevés. L'Alsace montrera-t-elle l'exemple à son voisin du nord ?

Alsace : les vignerons

Barmès-Buecher ✪

68920 Wettolsheim. Tél. : 03 89 80 62 92, fax : 03 89 79 30 80.

François Barmès-Buecher est, comme beaucoup de grands producteurs alsaciens, un défenseur acharné de la biodynamie. Il s'attache à préserver l'authenticité des arômes et des saveurs. Sur son domaine de 15 hectares, l'auxerrois, le pinot blanc et le sylvaner sont travaillés avec sérieux, et le sylvaner Vieilles vignes de Rosenberg figure parmi les meilleurs de la région. Barmès-Buecher produit deux grands rieslings : le premier affiche la suavité et les notes de pêche propres au terroir de Leimenthal ; le second met en valeur l'expression structurée et minérale du grand cru Hengst. Goûtez aussi les quatre gewurztraminers ; le plus riche est celui de Pfersigberg. Barmès-Buecher voue une passion pour le pinot noir : sa cuvée Vieilles vignes, issue de faibles rendements et d'un vignoble peu amendé, est intéressante.

Léon Bayer

68420 Eguysheim. Tél. : 03 89 21 62 30, fax : 03 89 23 93 63.

Ce négociant produit, sur son domaine de 20 hectares, des alsace secs d'un caractère aimable, à partir de cépages classiques. Ces bouteilles ne portent pas l'appellation grand cru, bien que Bayer possède des vignes à la fois à Eichberg et Pfersigberg. Les vins sont harmonieux, vifs et francs.

Blanck ✪

68240 Kayserberg. Tél. : 03 89 78 23 56, fax : 03 89 47 16 45.

Ceux qui ont rencontré Philippe Blanck, chargé des affaires commerciales de ce domaine de 36 hectares dont le siège est à Kientzheim, n'oublieront pas son éloquence lorsqu'il parle du vignoble. Son cousin, le vigneron Frédéric Blanck, n'est guère moins disert – et les vins font entendre un concert de voix différentes. Cinq grands crus (Schlossberg, Furstentum, Mambourg, Sommerberg et Wineck-Schlossberg) représentent plus d'un tiers des plantations du domaine. Les Blanck vinifient séparément le fruit de quatre lieux-dits (Patergarten, Altenbourg, Grafreben et Rosenbourg). Ils s'efforcent de différencier le terroir. Le contraste entre la pureté vive du Schlossberg, très granitique, et le fruité suave hérité du sol calcaire et sableux de Furstentum, de l'autre côté de la vallée, est très net et instructif. Altenburg et Grafreben sont voisins de Furstentum, tandis que Patergarten repose sur les alluvions et les graviers de la vallée de la Weisbach, située légèrement en contrebas. Ces vins sont élégants et francs. S'ils se montrent un peu austères dans leur jeunesse, ils vieillissent bien. Frédéric Blanck n'accorde guère d'importance aux forts taux de sucre résiduel. Ses millésimes favoris, confie-t-il, sont ceux qui ont suivi l'an 2000 (des vins « incroyables, imprévisibles, indomptables ») et dont les vendanges ont été précoces. Frédéric Blanck ne manque pas de franchise. « Nous avons été trop prétentieux en 1997. Nous avons tous cueilli nos raisins trop tard, et cela a amolli l'ensemble des vins, trop doux. »

Bott-Geyl

69980 Beblenheim. Tél. : 03 89 47 90 04, fax : 03 89 47 97 33.

Jean-Christophe Bott est une star montante de la nouvelle génération de vignerons alsaciens. Grâce à une belle palette de parcelles qui s'étend sur 13 hectares, il produit des vins expressifs, aux arômes complexes. Il vendange tardivement et refuse de forcer la fermentation. Aussi, ses vins affichent-ils souvent des taux de sucre résiduel « qui, explique J.-C. Bott, agissent sur le vin blanc de la même manière que les tanins sur le vin rouge. Mais cela ne doit pas être forcé, il faut préserver l'acidité pour assurer l'équilibre. » Parmi ses meilleures bouteilles, citons le vigoureux riesling de Mandelberg et l'élégant gewurztraminer de Furstentum. Ceux qui sont curieux de découvrir le pinot noir alsacien fermenté en fût goûteront la cuvée Apolline.

Albert Boxler

68230 Niedermorschwihr. Tél. : 03 89 27 11 32, fax : 03 89 27 70 14.

Les vins de Jean-Marc Boxler, produits sur 10 hectares à Brand et à Sommerberg, sont remarquablement structurés et concentrés.

Burn ✪✪

68420 Gueberschwihr. Tél. : 03 89 49 28 56.

« Il faut environ vingt ans à un bon producteur de vin blanc, m'a expliqué Francis Burn, pour devenir un grand producteur. » Ernest Burn a réussi à construire un joli petit domaine de 9,5 hectares à Gueberschwihr, à partir du Clos Saint-Imer, parcelle de 5 hectares située au cœur du Goldert, où les Burn ont fait ériger une petite chapelle en pierre. « Nous pouvons à la fois y prier et nous abriter du soleil. », déclare Francis. Ce dernier peut aussi, au printemps, contempler les tulipes qui poussent parmi la vigne. Goldert est un terroir écrasé de soleil, dont le sol argilo-calcaire convient parfaitement au gewurztraminer et au muscat, deux cépages qui composent certaines des plus mémorables bouteilles de ce domaine. Les muscats sont puissants, presque fumés, avec des notes minérales et des accents de pamplemousse qui se mêlent dans les douces saveurs du raisin. Les gewurztraminers, parfumés comme un soir d'été dépourvu du moindre souffle de vent, diffusent une délicieuse senteur de rose. Le riesling du Clos Saint-Imer, vif, déborde de fruits. Quant au pinot gris, plus extravagant encore que ses pairs et miellé, il développe une incroyable saveur de sirop de coing.

Clos Saint-Landelin *voir* Muré

Marcel Deiss ✪✪

68750 Bergheim. Tél. : 03 89 73 63 37, fax : 03 89 73 32 67.

Jean-Michel Deiss est un tel tribun que son talent oratoire risque d'éclipser ses vins. Ce serait dommage, car la gamme qu'il produit avec sa femme Clarisse est l'une des plus brillantes de la région. Les 20 hectares du domaine sont largement disséminés (Deiss dispose de cent vingt parcelles réparties sur la masse chaotique des petits blocs de faille qui jalonnent Saint-Hippolyte à Sigolsheim), et offrent à ce passionné du terroir une vaste palette de cépages. Deiss dispose de vignobles sur deux types de terroirs très contrastés en Alsace : des sols acides et cristallins (comme à Schoenenbourg où ils se mélangent à de la marne) et des sols alcalins et calcaires (comme à Altenberg de Bergheim). Le riesling du premier grand cru est particulièrement pur, structuré, vif et fruité ; c'est un vin de longue garde. Le riesling du second grand cru révèle de la richesse, ainsi qu'une complexité florale et fruitée. Jean-Michel Deiss réserve encore d'autres plaisirs aux amateurs, notamment des rieslings issus de cinq autres terroirs (dégustez le savoureux Grasberg au goût fumé ou l'élégant Engelgarten). Citons encore le gewurztraminer et le pinot gris qui présentent ici des accents plus minéraux qu'à l'ordinaire. Deiss recourt au chêne pour une partie de son pinot noir et de son pinot gris. Il mêle également du chardonnay au pinot blanc. Vous devrez goûter cet assemblage si vous voulez juger par vous-même du succès de la complantation (cépages plantés en foule). Le Gentil de Burg est un vin agréable, espiègle et épicé, au fruit vanillé (il assemble riesling et gewurztraminer). Au sommet de la pyramide se trouve le Grand Vin de l'Altenburg qui réunit, selon son producteur, « tous les cépages traditionnels » (sans oublier 1 % de chasselas) et connaît un élevage en barrique.

Système de notation utilisé dans les pages producteurs : ✪ Très bon vin ✪✪ Excellent vin ✪✪✪ Vin exceptionnel

J'ignore s'il possède, comme le prétend Deiss, « plus d'humanité » que les autres vins d'Alsace, mais en tous cas, il se montre profond, concentré, rond, long et équilibré. Comme le Gentil de Burg, c'est un vin fascinant qui joue sur de multiples nuances (orange, mandarine, chèvrefeuille). Il envahit le verre de sa présence pendant plus d'une demi-heure, plutôt que de dévoiler son histoire sans ambages, comme le fait un vin monocépage.

Dirler-Cadé

68500 Bergholtz. Tél. : 03 89 76 91 00, fax : 03 89 76 85 97.

Ce domaine de 12 hectares situé à Bergholtz est une référence pour ceux qui recherchent des vins d'Alsace véritablement secs (y compris le gewurztraminer).

Dopff & Irion *voir* Cave de Pfaffenheim

Frick

68250 Pfaffenheim. Tél. : 03 89 49 62 99, fax : 03 89 49 73 78.

Avec ses 12 hectares situés à Pfaffenheim, Frick est l'un des pionniers de l'agrobiologie et de la biodynamie en Alsace. Il produit notamment un riesling Steinert, frais et intensément minéral, ainsi qu'un Vorbourg bien construit, issu de gewurztraminer. Ce producteur utilise le soufre en faibles quantités : aussi est-il préférable de décanter certains de ses vins avant de les servir.

Hugel

Hugel & Fils, 68340 Riquewihr. Tél. : 03 89 47 92 15, fax : 03 89 49 00 01.

Avec ses 120 hectares, ce négociant, très apprécié, figure parmi les plus gros propriétaires terriens de la région. Ce chantre des vins de vendanges tardives et de sélection de grains nobles a décidé, comme Beyer et Trimbach, de bouder le système des grands crus, malgré son enthousiasme du début. Les alsace monocépages constituent le début de gamme de la maison Hugel, suivis des cuvées Tradition, puis des cuvées Jubilée, les meilleures ; l'étiquette « Hommage à Jean Hugel » habille les bouteilles exceptionnelles. Secs, les vins dévoilent cependant plus de suavité que ceux de Trimbach. Les Vendanges tardives et Sélections de grains nobles ne sont élaborées que dans les grands millésimes.

Josmeyer

68920 Wintzenheim. Tél. : 03 89 27 91 90, fax : 03 89 27 91 99.

Jean Meyer possède un domaine de 25 hectares (dont des parcelles dans les crus Hengst et Brand) qu'il a complété en acquérant 12 hectares supplémentaires. Il élabore des vins délicats, qui reflètent leur terroir et s'accordent bien avec la gastronomie. Le sucre résiduel est rare chez Josmeyer. Si certains vins du domaine peuvent paraître un peu ternes, les meilleures cuvées, en revanche, dévoilent un grand caractère. Le riesling Les Pierrets, par exemple, conjugue la minéralité et la suavité, alors que le riesling du grand cru Brand est incisif et minéral. Le gewurztraminer Les Folastries constitue un aimable compagnon du repas par son caractère variétal, épicé comme il se doit, et vineux. Quant au gewurztraminer Hengst, il vieillit mieux que beaucoup d'autres grâce à sa structure acide. Depuis 2001, le domaine est passé à la biodynamie.

Kientzler ✪

68150 Ribeauvillé. Tél. : 03 89 73 67 10, fax : 03 89 73 35 81.

André Kientzler figure parmi les grands producteurs de vin ; il travaille sur les nombreuses failles de Bergheim et de Ribeauvillé. Pour ce perfectionniste, chaque vigne mérite un soin particulier, et les parcelles de chasselas et d'auxerrois sont conduites à merveille. Le muscat de Kirschberg peut rivaliser avec celui du Clos Saint-Imer de Francis Burn. Les plus grands vins du domaine sont les rieslings des grands crus de Geistberg et d'Osterberg à garder en cave.

Kreydenweiss

67140 Andlau. Tél. : 03 88 08 95 83, fax : 03 88 08 41 16.

Marc Kreydenweiss, propriétaire d'un domaine de 12 hectares à Andlau, pionnier de la biodynamie en Alsace et conseiller du domaine de Bürklin-Wolf dans le Palatinat, a acheté un domaine en costières de nîmes, converti à la biodynamie. Comparés aux nombreux vins baroques actuellement en vogue en Alsace, ceux de Kreydenweiss semblent austères, bâtis comme des cathédrales gothiques (à titre d'exception, ce producteur vendange son riesling tôt sur certaines parcelles). Par exemple, le Clos du Val d'Éléon, composé à 70 % de riesling et à 30 % de pinot gris, est issu d'un sol de schiste gris (le même terroir, selon Kreydenweiss, que celui de La Coulée de Serrant). Il se montre extrêmement minéral, plus curieux que plaisant. Cependant, les meilleurs vins de Kreydenweiss offrent un bouquet d'une grande pureté, comme les pinots gris de Moenchberg et de Lechenberg, vifs, et les subtils gewurztraminers récoltés à Kritt.

Seppi Landmann ✪

68570 Soultzmatt. Tél. : 03 89 47 09 33, fax : 03 89 47 06 99.

Seppi Landmann ne cultive que 8,5 hectares, mais il propose une gamme de vins supérieure à celle de la plupart des viticulteurs qui possèdent deux fois plus de vignes. Comme les plus grands, il élabore des vins dont le profil s'éloigne du style alsacien classique, avec cet art d'aller jusqu'aux limites du possible. Tel est le cas du sylvaner Z, issu du grand cru de Zinnkoepflé, mais qui n'en porte pas le titre, ou bien du sylvaner Hors La Loi, magnifique par sa densité, qui provient d'une vendange tardive. Le gewurztraminer et le riesling de Zinnkoepflé sont équilibrés et longs en bouche. Le crémant d'alsace est un modèle du genre.

Albert Mann

68920 Wettolsheim. Tél. : 03 89 80 62 00, fax : 03 89 80 34 23.

« Nous prenons soin de la terre de nos enfants », déclare Maurice Barthelmé ; voilà pourquoi, avec son frère Jacky, il a choisi d'orienter le domaine vers l'agrobiologie et, pour certaines parcelles, vers la biodynamie. À partir de leurs 20 hectares, ils élaborent une palette de vins très parfumés, dominée par l'exubérant gewurztraminer de Furstentum et le pinot gris de Pfersigberg.

Muré

68250 Westhalten. Tél. : 03 89 47 64 20, fax : 03 89 47 09 39.

Le domaine Muré présente deux visages. D'une part, René Muré est un négociant qui propose une gamme de vins monocépages, agréables, issus de la Côte de Rouffach (sylvaner, riesling et crémant s'inscrivent au-dessus de la moyenne). D'autre part, le domaine possède en totalité le vaste Clos Saint-Landelin, de 15 hectares, qui constitue la meilleure partie du grand cru Vorbourg, implanté en terrasse sur des sols acides, orientés au sud. Intense, le riesling offre un fruit étonnamment riche, alors que le gewurztraminer né sur ce site ensoleillé est à la fois souple et séveux, expressif de son terroir.

Ostertag ✪

67680 Epfig. Tél. : 03 88 85 51 34, fax : 03 88 85 58 95.

André Ostertag compte parmi les producteurs qui réfléchissent au renouveau de la viticulture en Alsace. Son domaine de 12 hectares est surtout connu pour ses vins fermentés en barrique (ce que les autorités de l'appellation n'apprécient guère, d'où les désignations cadastrales et les noms énigmatiques sous lesquels ils sont vendus). Ostertag traite à sa façon les pinots (blanc, gris et noir), affirmant que leurs origines bourguignonnes justifient l'élevage sous bois. Des années d'études en Bourgogne et son travail avec Dominique Lafon ont été décisifs. Ostertag évoque comme un idéal gustatif la « bouche Lafon, ample, sèche et minérale ». Et il reconnaît que sa « palette est très éloignée du profil habituel des vins d'Alsace». Il a également tenté d'élever son riesling d'Heissenberg sous bois, alors que le reste de sa gamme, classique, fraîche, n'a pas connu le chêne.

La vision poétique d'Ostertag s'appuie sur la répartition de tous ses vins dans trois catégories : vins de fruit, vins de pierre (pour les grands crus et les vins issus de lieux-dits) et vins de temps (pour les vins de vendanges tardives et de sélection de grains nobles qui ont besoin de vieillir en cave). Il manie la biodynamie «comme un outil», mais consent de gros efforts pour le cacher, parce qu'il se méfie du côté «culte» de cette pratique. «Je déteste Nicolas Joly, m'a-t-il confié. Il ne rend pas service à la biodynamie. Il joue les gourous. La biodynamie doit avant tout servir le terroir. Le terroir est essentiel.» Parmi les plaisirs de la gamme d'Ostertag, citons sa cuvée Vieilles vignes de sylvaner (ceps âgés de trente à soixante ans). Le génie et la vigueur de ce cépage apparaissent nettement. Si le riesling de Fronholz est délicat et cristallin, celui de Muenchberg affirme une dimension minérale en contrepoint du fruité.

Les rieslings d'Heissenberg tendent à être plus charnus et plus épicés. Vous découvrirez l'une des gammes les plus remarquables de pinot gris d'Alsace : fondamentalement secs, mais épicés, fumés, tantôt vanillés, tantôt minéraux.

Le Zellberg peut rivaliser avec le Muenchberg dans certains millésimes. Le gewurztraminer est le seul cépage auquel Ostertag accorde un taux de sucre résiduel supérieur. Car ce producteur avisé a constaté que des vendanges trop mûres vinifiées en sec se traduisaient pas une trop forte présence d'alcool.

Cave de Pfaffenheim

68250 Pfaffenheim. Tél. : 03 89 78 08 08, fax : 03 89 49 71 65.

La cave de Pfaffenheim parvient à se distinguer dans une région qui dispose d'excellentes coopératives. Les vins de Doff & Irion commencent à se forger une réputation sous sa houlette, tandis que les sélections de grands crus de la cave (en particulier le gewurztraminer de Steinert et le pinot gris de Zinnkoepflé) supportent la comparaison avec de nombreux vins de domaines.

Cave de Ribeauvillé

86150 Ribeauvillé. Tél. : 03 89 73 61 80, fax : 03 89 73 31 21.

À côté de la cave de Pfaffenheim, celle de Ribeauvillllé semble bien petite. Elle ne rassemble que quarante membres, mais qui disposent de parcelles parfaitement situées, notamment pour le riesling d'Altenberg de Bergheim et d'Osterberg.

Rolly-Gassman

68590 Rorschwihr. Tél. : 03 89 73 63 28, fax : 03 89 73 33 06.

Aucun grand cru ici, mais une gamme de vins succulents produits sur 31 hectares, aux alentours de Rorschwihr, qui traduisent bien les nuances de terroir. Goûtez, en particulier, le Moenchreben de Rorschwihr et le Pflaenzerreben de Rorschwihr. Ce magnifique domaine propose d'excellents sylvaner et muscat, ainsi qu'un auxerrois qui développe parfois des notes de fraise et de chocolat blanc avec l'âge. La nouvelle génération convertit le domaine à la biodynamie.

Schlumberger ✪

68501 Guebwiller. Tél. : 03 89 74 27 00, fax : 03 89 74 85 75.

Avec ses 140 hectares, ce domaine superbement situé, propriété de Schlumberger, est le plus grand d'Alsace. À l'exception notable du gewurztraminer, pour lequel Schlumberger a une affinité particulière, les alsace monocépages restent assez ternes. Les grands crus, en revanche, suscitent la convoitise. Le vignoble de Schlumberger, surtout planté en riesling et en gewurztraminer, fait autorité pour le Soering, le Spiegel, le Kessler et le Kitterlé. Les vendanges tardives et les sélections de grains nobles méritent attention.

Schoffit ✪

68000 Colmar. Tél. : 03 89 24 41, fax : 03 89 41 40 52.

Ce beau domaine de 16 hectares est établi à Colmar. Cependant, ses plus grands vins proviennent, depuis 1986, d'un terroir situé plus au sud, le Clos Saint-Théobald à Rangen. Si vous êtes désireux de goûter le meilleur chasselas d'Alsace, dégustez le Schoffit Vieilles vignes (ceps de soixante-dix ans). Comme Humbrecht et Blanck, Bernard Schoffit prouve que les plus grands producteurs sont capables d'élaborer d'excellents vins, même sur des terres plates comme celles de Harth, aux alentours de Colmar (le pinot blanc fait ici un sans faute). Reste que le Clos Saint-Théobald produit les meilleures bouteilles, comme son riesling si complexe.

Bruno Sorg

68420 Eguisheim. Tél. : 03 89 41 80 85, fax : 03 89 41 22 64.

Le gewurztraminer d'Eichberg est superbe, pourtant c'est le muscat, long en bouche, et le riesling Vieilles vignes, concentré, qui font l'originalité de ce domaine de 10 hectares, et qui ont forgé la réputation de François Sorg.

André Tempé et Fils

68770 Ammerschwihr. Tél. : 03 89 47 18 29, fax : 03 89 78 15 63.

Marc Tempé, ancien agent de l'INAO, applique avec succès les principes de la biodynamie dans son petit domaine (7,5 hectares) de Zellenberg (qui comporte des parcelles en Mambourg, Schoenenbourg et dans d'autres lieux-dits). Une maturité absolue, alliée à de faibles rendements et à un pressurage très doux, permet d'obtenir des moûts riches, concentrés et aromatiques. Marc Tempé ne pratique ni chaptalisation, ni acidification, ni sélection des levures, mais offre à ses vins une fermentation sous bois (90 % de la vendange 1999 était encore en fermentation en juin 2000). Cette approche naturelle donne des bouteilles d'une grande harmonie, très justes dans leur style. Tempé a la main sûre avec le gewurztraminer : ses vins exhalent maints arômes d'épices et de rose jusqu'à une finale pure et nette.

Trimbach ✪

68150 Ribeauvillé. Tél. : 03 89 73 60 30, fax : 03 89 73 89 04.

Si les vins bien construits, aromatiques et souvent exagérément puissants du domaine Zind-Humbrecht sont issus de l'Alsace méridionale, Trimbach fait flotter son drapeau au nord. Bernard et Hubert dirigent cette société familiale, dont l'origine remonte à 1626. Pierre, fils de Bernard, est lui aussi vigneron. Les 2 hectares du domaine répondent à environ un quart des besoins de la maison de négoce. Mais écoutons Trimbach définir leur style : «Le style Trimbach, ce sont des vins harmonieux, concentrés sans être lourds, fruités sans être doux, enveloppants sans être gras, polis plutôt que voluptueux. Les vins de Trimbach sont réservés, concentrés, élégants, voire aristocratiques, jamais éclatants ou clinquants.» Ici, le mot clé semble être «maîtrise».

Trimbach possède 1,25 hectare de riesling dans le grand cru Rosacker, au Clos Sainte-Hune. L'alsace riesling sert d'étalon à tous les autres. Trimbach détient également 0,65 hectare à Geisberg et 4 hectares à Osterberg, dont le fruit est assemblé pour composer la cuvée Frédéric Émile, un peu moins onéreuse que les autres vins (les noms de grands crus ne sont pas revendiqués par ce vigneron qui fustige le laxisme du système). Après une fermentation lente et à basse température, les vins sont très rapidement séparés de leurs lies et ne font pas de fermentation malolactique. Ils sont ensuite filtrés, collés embouteillés très tôt «afin de préserver la fraîcheur de leur fruit», puis vieillissent en bouteilles pendant une année (cinq ans pour les plus grands). Tous les vins de Trimbach se conforment à cette esthétique singulière, poursuivie avec discipline et fièrement défendue. Les alsace monocépages sont nets, classiques, même si certains d'entre eux (comme le pinot blanc) peuvent sembler un peu austères, dépourvus de fantaisie. En haut de leur gamme, les cuvées spéciales, telles les Réserve et Réserve Personnelle, offrent une même concentration, une élégance classique, sans uniformité. Ce sont là les meilleurs vins de cépages français, dans un style paradoxalement proche des vins du Nouveau Monde. Car le terroir a beau être important, il demeure caché, non revendiqué, presque inexploré, derrière des noms de marque et de cuvées. Ceux qui sont lassés des forts taux de sucre résiduel des vins alsaciens contemporains goûteront avec plaisir les vins de Trimbach. Même les vendanges tardives (comme la cuvée Frédéric Émile Vendanges tardives 1990, qui affiche 15 g/l de sucre résiduel) sont légèrement secs. Avec ses yeux toujours rieurs, Hubert Trimbach conclut : « Nous sommes protestants. Nos vins ont le style protestant, de la vigueur, de la fermeté, une belle acidité, une superbe fraîcheur. La pureté et la netteté, c'est le style Trimbach. Pas de bois. Je déteste le bois. Parker nous a fourvoyés. Il a la bouche sucrée. Les Américains ont corrompu le goût des amateurs de vins. Ces vins séjournent longtemps en fût, ils font leur fermentation malolactique, ils restent sur leurs lies et deviennent si gras que seuls les Américains peuvent les boire. Humbrecht est une créature de Parker… Je plaisante, bien sûr ! »

Weinbach ✪✪

68240 Kayserberg. Tél. : 03 89 47 13 21, fax : 03 89 47 38 18.

Propriété de Colette Faller et de ses filles, Catherine (responsable des ventes) et Laurence (œnologue et maître de chai), ce superbe domaine de 16 hectares est réputé à plus d'un titre. Le Clos des Capucins, entouré de murs, abrite la maison familiale et les chais. Grâce au magnétisme de Laurence, les vin semblent avoir acquis de la race et de la finesse, sans avoir sacrifié à leur amabilité. Le clos lui-même, vaste de 5 hectares, s'étend sur des terrains plats de schistes sableux. Mais n'oublions pas les magnifiques parcelles dans l'Altenbourg, non classé (3 hectares), ainsi que dans ces grands crus si différents que sont Schlossberg (10 hectares), Furstentum (1 hectare) et Mambourg (50 ares). Les étiquettes sont excessivement complexes : outre le nom du grand cru, celui du lieu-dit et des cépages, elles mentionnent des noms de cuvées. Citons les cuvées Réserve et Réserve personnelle du Clos des Capucins, la cuvée Théo (issue du fruit des meilleures parcelles du clos), la cuvée Sainte-Catherine (originaire du bas de pentes du Schlossberg et parfois des meilleures expositions du clos, vendangé aux alentours de la sainte Catherine, le 25 novembre), ainsi que la cuvée Laurence (un vin plus riche né de grappes vendangées tardivement). J'ai également remarqué une vendange tardive et une sélection de grains nobles spectaculaires, tant leur palette riche offre d'harmonie. Les rieslings du Schlossberg libèrent tour à tour des arômes de fruits du verger, des notes minérales, des touches de miel, avant de gagner des nuances de fruits secs avec l'âge. Les gewurztraminers d'Altenbourg, parfumés et suaves, laissent penser que ce lieu-dit devrait être un grand cru.

Zind-Humbrecht ✪✪✪

68239 Turckheim. Tél. : 03 89 27 02 05, fax : 03 89 27 22 58.

Si je devais choisir un seul domaine pour dévoiler le nouveau visage du vignoble français, ce serait celui d'Olivier Humbrecht. Pourquoi ? D'abord, parce que l'une des priorités de la nouvelle génération de viticulteurs est de redonner toute sa splendeur à la terre, de découvrir les vérités et les beautés du terroir. Or, jusqu'à présent, aucun domaine en France ne l'a fait avec autant d'efficacité que Zind-Humbrecht au fil des quatre dernières décennies. Le travail a été commencé par Léonard Humbrecht et Geneviève Zind, qu'il a épousée en 1959. Au cours des années 1960 et 1970, alors que l'Alsace se laissait guider par la facilité, Léonard Humbrecht a acheté et sauvé de grands vignobles, difficiles à cultiver, dont le légendaire Rangen de Thann, alors à l'abandon. À la fin des années 1980, l'arrivée de son fils Olivier, au prodigieux talent, a permis à Léonard de poursuivre ses recherches viticoles sur son domaine de 40 hectares avec un zèle renouvelé, tandis que les vins d'Olivier donnaient une étourdissante leçon de terroirs.

L'autre priorité, le respect de l'environnement, respect qui exige un grand sérieux professionnel guide toute l'activité du domaine. Olivier Humbrecht possède un esprit brillant, nourri de pragmatisme scientifique. S'il s'est rapidement converti aux principes de la biodynamie, c'est qu'il a pu observer les bénéfices de cette technique et qu'il a souhaité engager son domaine dans une philosophie respectueuse de l'environnement (il n'a pas été facile de passer, à titre permanent, de quinze à vingt-six salariés). Ici, les rendements sont souvent réduits d'un tiers par rapport à la moyenne régionale, et l'idéal est toujours de vendanger des raisins bien mûrs et équilibrés (sans jamais, bien sûr, recourir à la chaptalisation ni à l'acidification).

Enfin, parce qu'au cours de la dernière décennie, les vignerons français ont poursuivi courageusement un idéal non-interventionniste en matière de vinification. Peu de producteurs savent, comme Olivier Humbrecht, utiliser toute les techniques viticoles modernes avec autant d'efficacité. Pourtant, il choisit de pousser le plus loin possible la méthode non-interventionniste. Il presse le raisin si doucement qu'il lui faut quarante-huit heures pour en extraire tout le jus ; il fait fermenter ses moûts pendant quatorze mois, puis laisse les vins dix mois sur leurs lies sans ajouter de soufre ; dans une région où la fermentation malolactique est traditionnellement évitée, Humbrecht accorde au vin cette possibilité. Il faut du courage pour embouteiller des vins contenant du sucre résiduel sans procéder au filtrage ni au collage. Il en faut encore pour présenter sur le marché des bouteilles dont les taux de sucre résiduel varient énormément. Plus d'une fois, Olivier Humbrecht a failli renoncer. « Il y a quinze ans, je me serais refusé à le faire », m'a-t-il confié quand nous avons discuté de ses 1998 qui terminaient leur fermentation en janvier 2000. « Mais seuls les idiots ne changent pas d'avis. Simplement, c'est risqué. Nous pouvons nous permettre d'être non-interventionnistes uniquement si les grappes sont d'une qualité et d'une maturité irréprochables, sinon, les résultats peuvent être catastrophiques. » Ceux qui ont eu la chance de goûter toute la gamme d'un millésime du domaine Zind-Humbrecht savent que cette expérience ressemble à une promenade dans un jardin paradisiaque. On a la sensation de toucher à la perfection. Nous sommes à milles lieues de la monotonie de la production industrielle des vins de marque et de ceux élaborés dans l'ignorance des traditions.

Et en pratique ? Ce sont des vins blancs charnus et structurés, qui enveloppent le palais. Leurs parfums ne sont pas toujours agréables, notamment juste après la mise en bouteilles. Comme dans la plupart des vins non traités au soufre, un phénomène de réduction peut apparaître ; il ne faut donc pas hésiter à décanter ces vins. Car leur palette deviendra magnifique, et chacun d'entre eux développera une personnalité à part. Ici, les arômes se mêlent intimement à la chair. L'essence du muscat d'Herrenweg (un vin au prix particulièrement intéressant, issu de vignes de cinquante ans) contraste avec la puissance florale du muscat de Goldert. Le pinot blanc de Zind-Humbrecht semble très typique du cépage, bien que sous cette étiquette s'associent l'auxerrois d'Herrenweg, le chardonnay du Clos Windsbuhl et le pinot blanc de Rotenberg. Pour Olivier Humbrecht, le riesling est le « vin blanc le plus élégant du monde » ; lui-même en différencie dix ! Parmi eux, le Clos Hauserer, né sur un sol calcaire (en contrebas de Hengst, à Wintzenheim), offre de l'allant, tandis que le Clos Windsbuhl (de Junawihr) convainc par son intensité. Les vins des jeunes vignes de Heimbourg (à Turckheim) se révèlent plus doux. Le Brand, d'origine granitique, offre un cru puissant, presque sauvage, aux arômes de fruits secs et aux notes fumées (ici, la plupart des vignes ont plus de quarante ans), tandis que le volcanique Clos Saint-Urbain se traduit par une harmonie entre les fleurs et les fruits du verger, sans oublier une note minérale en finale. Les pinots gris de Zind-Humbrecht contiennent souvent du sucre résiduel, telle la cuvée Vieilles vignes (des ceps de plus de cinquante ans, plantés à Herrenweg). Cependant ils gardent un bel équilibre. Le Clos Jebsal (aire orientée au sud, riche en gypse, qui domine Herrenweg) est le terroir privilégié de ce cépage. Zind-Humbrecht produit souvent d'étonnants vins de vendanges tardives et de sélection de grains nobles, au goût de fruits d'été. Le Heimbourg et le Rotenberg sont plus frais, empreints d'un caractère fumé, alors que le Clos Saint-Urbain exploite la puissance minérale de cette extraordinaire parcelle. Le gewurztraminer, enfin, est rarement aussi exotique : celui de Turckheim est l'une des références de la région. Ici, presque tout est spécial : de superbes alsace récoltés dans les villages de Wintzenheim et Geuberschwihr éclipsent bien des grands crus d'autres producteurs, de même que le magistral Herrenweg de Turckheim, souvent totalement sec. Et puis il y a le Hengst, si épicé, le Heimbourg, intense et structuré (issu de vignes de cinquante ans), le Goldert, avec ses notes de citron confit, et le Clos Windsbuhl au goût de miel. Et le Clos Saint-Urbain, si rare, de dévoiler sa minéralité. Il étaye la thèse de Jean-Michel Deiss : dans les grands vignobles d'Alsace, la voix du terroir est beaucoup plus forte que celle du cépage.

Le Chablisien

Une foi inébranlable. Le chardonnay bénéficie d'une popularité mondiale, mais de tous les vins produits sur la planète, aucun ne révèle le goût inimitable du chablis. Une chance qui a favorisé le profit facile dans la région, mais aujourd'hui, le chablis cherche à se rendre justice.

Un temps comme celui-ci, vous en voudriez tous les dimanches. Une douce chaleur sans humidité, un air caressant. Les pierres blanches et carrées de cette petite ville fière semblent minutieusement posées les unes sur les autres.

Rue du Maréchal-de-Lattre-de-Tassigny, se tient un marché bien tentant, d'autant que devant votre hôtel, un flot de promeneurs vous entraîne vers lui. Au loin, la rivière scintille de reflets verts. Au coin d'une rue se dresse l'ancien lavoir, clos de murs, où les femmes venaient battre leur linge. Aujourd'hui, il est obscur et silencieux, décoré de quelques graffiti innocents (« SL aime V » gravé à l'intérieur d'un cœur grossièrement dessiné). Vous franchissez la Porte Noël en dépassant la pharmacie dont la vitrine est parée de ballons roses. Le Charbon de Belloc, clame une affichette rédigée à la main, digère l'air qui vous ballonne. L'un des ballons arbore un visage souriant, reflétant l'inexprimable bonheur d'être dégonflé. De l'autre côté de la rue, un terre-neuve noir déambule, l'air sérieux, portant dans sa gueule un panier garni de denrées dominicales. Son propriétaire, un homme aux cheveux grisonnants en bataille, marche quelques pas derrière. Si le chien s'écarte du trottoir, il lui parle tranquillement, et l'animal revient dans le droit chemin.

Le marché commence au croisement. Le boulanger (Didier Martin – « votre artisan boulanger ») a installé une table devant sa boutique, couverte des créations les plus originales de son répertoire : de belles miches de campagne à la croûte appétissante, qui ressemblent à de gigantesques escargots dorés. Les deux premiers étals sont plantés de chaque côté de la rue : une blonde flegmatique vend des chemises de nuit qui n'intéressent personne, tandis que son mari renfrogné lit le journal au soleil, derrière la table. En face, se dresse un étal de légumes parmi lesquels brillent des girolles jaune citrouille. « Produits du terroir », annonce une feuille de cahier à spirales. Une guirlande de piments d'un vert éclatant est accrochée au coin de la structure métallique. « Piments d'Espelette », clame une brochure : l'épice du Pays basque. Il y a des pêches blanches et jaunes, de belles figues charnues venues de Provence, des plateaux de haricots verts très fins, des radis alignés dans une autre caisse, et du persil serré dans une troisième. Trois couleurs d'ail (blanc, rose et violet) attirent l'œil. Aux abords de la crédence, une femme rondelette vend du boudin noir encore tiède, pour lequel une douzaine de personnes font la queue. À la terrasse ombragée du café, toutes les tables sont occupées. Tandis que le soleil monte dans le ciel, les consommateurs restent placidement assis, à lire les journaux, à observer les passants et à fumer. Dans des verres à pied où perle une fine condensation, ils sirotent un verre de vin blanc presque argenté. Une vieille dame me dépasse dans une rue latérale, cheveux blancs, verres épais. « Fait chaud, hein ? » lance-t-elle, comme si elle

réclamait confirmation pour y croire. « Fait chaud », répète-t-elle sans se démonter, en poursuivant sa route.

Le Chablis est un lieu béni des dieux. Son nom glisse sur les lèvres. Sa réputation, comme son vin, a fait le tour du monde, et si l'imitation est une forme de flatterie, le chablis devrait avoir l'ego boursouflé d'une star de rock. Avant que la protection des appellations françaises ne s'étende aux autres contrées viticoles, chaque pays avait son « chablis ». Quelques-uns n'y ont pas renoncé.

Le Chablisien n'est pas gigantesque, environ 4 000 hectares pour ses quatre appellations, ce qui le rend comparable, par sa superficie, à l'aire des côtes de provence. Ce n'est qu'une goutte, incapable de répondre à la demande mondiale. Très apprécié, le chablis ne ressemble à aucun autre vin (même si je considère qu'il s'apparente, pour des raisons que j'exposerai plus loin, aux vieux champagnes et aux sauvignons du nord de la vallée de la Loire). Dans le Nouveau Monde, beaucoup de chardonnays parviennent à produire une bien pâle copie du meursault, mais pratiquement aucun ne réussit à imiter le chablis. Ce vin fleure bon la fumée, la pierre et l'air de l'hiver. Il a le goût du ruisseau caillouteux qui dévale la montagne drapée dans la pluie et l'obscurité. Doutez-vous de l'influence du terroir sur le goût du vin ? Dans ce cas, faites l'emplette d'une bouteille de chablis chez n'importe lequel des producteurs noté une étoile dans cet ouvrage. Achetez cinq autres chardonnays, cachez les étiquettes et faites une dégustation à l'aveugle avec quelques amis. Si la bouteille de chablis n'est pas fondamentalement différente des cinq chardonnays, jetez ce livre aux orties !

« Laissez-moi vous raconter une histoire », me dit Vincent Dauvissat quand je l'ai interrogé sur les saveurs minérales de ce vin. « Il y a une dizaine d'années, plusieurs géologues sont venus dans la région pour essayer de comprendre le terroir, les liens entre la terre et le vin. Mais le jour où ils sont arrivés chez moi, il pleuvait à verse et ils n'ont pu marcher dans les vignes. Ils ont donc décidé de faire le tour des caves et de goûter différents vins. À la fin de la dégustation, j'ai ouvert une très vieille bouteille, et ils ont été frappés par son bouquet. J'ai aussi un très vieux bloc de pierre décoré d'*Exogyra virgula* (fossiles en forme de virgule qui caractérise le grès marneux kimméridgien et sur lequel pousse le chablis). Ils se sont extasiés et ont déclaré qu'ils voulaient l'emporter. J'ai refusé, en disant qu'il était trop beau. Je veux le garder, ai-je dit, mais je vous en donnerai un morceau. J'en ai cassé un petit bout ; au moment où la pierre s'est brisée, elle a exhalé la même odeur que nous venions de sentir dans la vieille bouteille, avec cette même note de fumée et de pierre. Ils étaient sidérés. »

Au moment où j'écris, j'ai devant moi un fragment de pierre riche en *Exogyra*. Je l'ai trouvé dans Les Clos, par une torride après-midi de septembre 2000. Un regard attentif révèle que les coquilles fossilisées

« Dans les années 1970, nous prenions une aspirine tous les jours, pour le cas où nous aurions mal à la tête. Dans les années 1980, nous prenions seulement de l'aspirine lorsque nous avions mal à la tête. Et dans les années 1990, nous avons commencé à nous demander : « Pourquoi avons-nous mal à la tête ? »

MICHEL LARROCHE

Le bourgeon est une promesse. À l'intérieur, les inflorescences sont déjà marquées par leur environnement singulier et attendent le moment opportun pour s'épanouir. ◀

▲ *Ce paysage laisse à peine percevoir l'identité originale du Chablisien. Il faut goûter le vin pour la découvrir : chaque arôme, chaque saveur transcrit l'âme de la région.*

sont collées entre elles par une marne blanchâtre très dure, qui ressemble à l'argile d'un potier. Mais la caractéristique la plus spectaculaire de ce caillou qui pèse 160 g est son odeur. À quoi ressemble-t-elle ? Prenez une boîte de bâtons de craie, mouillez-la et placez-la dans un récipient hermétique pendant un jour ou deux. Vous percevrez une odeur similaire en l'ouvrant.

Bien sûr, le chablis ne se distingue pas des autres chardonnays par son seul caractère minéral. Sa vivacité est tout aussi caractéristique. Ce n'est pas l'acidité crissante des fruits verts, mais une acidité mûre qui harmonise la richesse de la matière. Il existe dans le monde d'autres chardonnays dont l'équilibre mise sur l'acidité (tels les vins de Tasmanie et de Marlborough, en Nouvelle-Zélande). Généralement, leur vivacité semble assez critique, entre le citron et le citron vert, et souvent herbacée dans le Marlborough. L'acidité du chablis possède une qualité vineuse, une capacité à structurer l'ensemble tout en se fondant aux autres caractères.

Les saveurs fruitées restent donc tapies ; il n'y a dans le chablis rien du fruit somptueux de la plupart des chardonnays de pays chauds ou même de certains bourgognes blancs élaborés en Côte d'Or. Il est rare de trouver un chablis évocateur d'un panier de fruits du verger. Souvent, le fruit reste caché sous une ligne minérale. Mais avec un peu de temps (un bon chablis, comme un bon riesling, a besoin de vieillir), vous percevrez aussi des arômes de fleurs, de sous-bois, de pain frais, de champignons blancs coupés, un peu de miel aussi. Cette gamme se déploie à son heure ; rien n'est surfait. Le seul autre chardonnay qui puisse vous dérouter serait un vieux champagne blanc de blancs, d'un millésime très mûr, que vous laisseriez dans le verre jusqu'à ce qu'il ait perdu toute son effervescence.

Le chablis est ainsi un trésor naturel, telle une baie abritée apparaissant sur une côte inhospitalière, telle une mine de diamants au flanc d'une montagne sévère. Les pressions qui s'exercent sur les producteurs du Chablisien sont assez différentes de celles que subissent les producteurs des Corbières ou de Quincy. Il n'y a rien à prouver pour obtenir le succès ou la reconnaissance. Il suffit de garder foi dans la promesse des terres et la confiance du marché. Il convient d'élaborer le meilleur chablis qui soit. Il n'est pas question de prendre des raccourcis, ni de céder à l'indiscipline en matière de rendements ou de maturation des vendanges. Il faut éviter d'exploiter les ventes faciles qu'un nom suffit à assurer.

Les performances du chablis répondent aux délimitations parcellaires. Ce vignoble s'est beaucoup étendu au cours des trois dernières décennies du XXe siècle. Il ne couvrait que 500 hectares dans les années 1950 ; en 1970, il avait atteint 1 000 hectares. Aujourd'hui, il est quatre fois plus grand. Beaucoup de chablis médiocres ont été vendus pendant cette période, et certains grands crus ou premiers crus se sont révélés décevants. Si tous les chablis sont aussi bons qu'ils sont censés l'être, pourquoi leur prix moyen est-il beaucoup plus bas que celui d'un puligny-montrachet ? Pourquoi le prix moyen d'un premier cru Montée de Tonnerre est-il largement inférieur à celui d'un meursault-Genevrières ? Traversez ces vignobles, goûtez leurs meilleurs vins, et vous saurez que le terroir n'est aucunement inférieur à celui des aires les plus exquises de la Côte d'Or. Le problème tient au manque de rigueur, aux ventes faciles, aux raccourcis que s'autorisent certains vignerons. Jusqu'à une date récente, 40 % des chablis grands crus étaient vendangés à la machine. À une époque où la récolte et le tri des raisins, vigne par vigne ou même (comme au château Pape-Clément en 2001) grappe par grappe, sont jugés essentiels dans les plus grands domaines français, près de la moitié des meilleurs terroirs chablisiens sont travaillés mécaniquement et leur fruit livré à la coopérative. Il faut mentionner, en Chablis, cette manie de la « propreté » qui tue le fruit lorsqu'il est stocké à basses températures, fermenté en cuves en Inox et que son vin subit collage et filtration. Conjuguées, ces pratiques ont des effets désastreux. Le mot terroir perd alors tout son sens.

Heureusement, un changement se fait jour. On sent nettement, dans cette petite région, qu'il est temps d'oublier les produits commerciaux pour se tourner vers des vins plus purs, raffinés et expressifs, marqués par la main du vigneron, tels que ce terroir étonnant est capable d'offrir. Le signe le plus fort de cette métamorphose est la création de l'Union des grands crus de Chablis, en mars 2000, ainsi que la signature d'une Charte de qualité par dix-huit producteurs (dont Billaud-Simon, La Chablisienne, Drouhin, Laroche et Fèvre), le 24 janvier 2001.

La citation de Michel Laroche, qui ouvre ce chapitre, décrit bien l'évolution des mentalités. Les recettes faciles du passé ont progressivement cédé place à une recherche attentive de la qualité. L'Union, née sur une idée de Michel Laroche, vise non seulement à promouvoir une politique de qualité qui rendrait aux grands crus un peu de leur gloire passée, mais aussi à montrer l'exemple à toute la région. Aujourd'hui, les dix-huit producteurs engagés dans cette voie possèdent deux tiers des 100 hectares actuellement en production. La Charte de qualité prévoit notamment une densité de plantation de 8 000 pieds à l'hectare et une inspection des vignes en juillet par d'autres membres de l'Union, afin de vérifier que les rendements ne sont pas trop élevés. Elle préconise aussi de bannir les vendanges mécanisées, d'attendre au moins quinze mois après les récoltes pour embouteiller et de laisser une commission de l'Union apposer son label de qualité après dégustation à l'aveugle.

Vincent Dauvissat

« Quand j'ai entendu parler de la création de l'Union des grands crus, j'ai pensé que les Chablisiens n'étaient pas conscients de la valeur de leur terroir, comme s'ils craignaient quelque chose. J'y ai vu un calcul financier. C'était comme si cette Union visait à faire monter le prix du chablis. Or, notre travail ne doit pas être celui d'un commercial. Nous devons travailler dans les vignes. Tous les vignerons de Chablis vivent bien, et l'on ne devrait pas spéculer sur la noblesse du vin. »

Ceux qui connaissent Vincent Dauvissat lui reconnaîtront d'emblée la paternité de cette objection idéaliste (un collègue le qualifie de doux rêveur). Ils regrettent, comme moi, que ce producteur ne soit pas membre de l'Union, car sa présence serait un atout.

Regardons les choses sous un autre angle. Les vignerons élaborent-ils des vins à leur image ? Si oui, ne préféreriez-vous pas que votre chablis vienne de chez un vigneron idéaliste ? Après tout, le chablis se doit d'être particulièrement pur, limpide et transparent, d'acquérir avec le temps ces arômes qui surgissent naturellement des pierres humides, concentrés par les racines de la vigne. Tel est le style des chablis de Dauvissat, intenses, subtils et élégants. « Nous avons la chance de disposer ici de terroirs magnifiques, et nous sommes chargés de les protéger. J'ai grandi auprès de gens qui étaient proches de la terre, qui aimaient leur métier et qui étaient capables de transmettre cet amour pour leur vin, pour chaque cep, pour la vigne elle-même. J'essaie de passer le relais. C'est tout. »

Jean-Marie Raveneau

Le style, pourrait-on dire, va de pair avec le terroir. Il existe en Chablisien un ou deux personnages extravertis (comme Gilles Collet, avec sa flamboyante moustache d'aviateur), mais la plupart des viticulteurs sont réservés et vivent en solitaire à l'ombre des pierres de leur vigne ou dans l'obscurité de leur cave, en gardant leurs idées pour eux. Jean-Marie Raveneau est aussi très réfléchi. On a l'impression qu'il suffirait de trouver la clé de ses pensées, pour que se révèlent pêle-mêle tous ses secrets.

Ses principes et ses méthodes sont très semblables à ceux défendus par Vincent Dauvissat : beaucoup de travail dans les vignes, une vinification classique et un élevage lent dans de vieilles feuillettes. Comme Dauvissat, Raveneau a choisi de rester à l'écart de l'Union des grands crus, même si ses raisons sont un peu plus pragmatiques.

« Dans le principe, dit-il, je suis d'accord. Je pense seulement que tout cela est arrivé un peu trop vite. Ils ont mis la charrue avant les bœufs. Ils auraient dû commencer par la Charte de qualité, y travailler, puis former l'Union. Je dirai « non » à cette Union jusqu'à ce que les normes de qualité se soient améliorées. »

Didier Séguier

Le Bordelais Didier Séguier a été appelé aux commandes du plus beau domaine chablisien par son repreneur, Joseph Henriot (le nom du domaine demeure toutefois celui de William Fèvre, l'ancien propriétaire). L'un des rares viticulteurs à ne pas être originaires de Chablis : Séguier est né à Cognac, mais a grandi à Blaye. Bien qu'il n'ait pas été élevé dans les vignes de chardonnay, il semble avoir une véritable affinité pour la région et ses vins. Le domaine possède 15 % des grands crus. Si les propriétaires des 85 % restants pouvaient aligner leurs pratiques viticoles sur les siennes ! Toutes les grappes sont cueillies à la main et déposées dans des récipients d'une capacité maximale de 13 kg de raisin. Elles passent ensuite sur des tables de tri, avant d'être envoyées au pressurage. Les faibles rendements et une utilisation beaucoup plus raisonnable du chêne neuf ont également contribué aux remarquables résultats obtenus en 1999 et 2000.

L'aventure de la terre

Le Chablisien n'appartient pas à la Bourgogne. Posez la question à n'importe quel géographe. Ces régions sont différentes à double titre : d'un point de vue hydrographique et d'un point de vue géologique.

La France possède quatre grands bassins hydrographiques : la Seine, la Loire, le Rhône et la Garonne doublée de la Dordogne. La Bourgogne appartient au bassin rhodanien. Le Chablisien, comme la Champagne, fait partie du bassin de la Seine. Il faut traverser le plateau de Langres et le Morvan pour passer de l'un à l'autre. Évidemment, ce ne sont pas de très hautes terres, mais l'eau ne parvient à surmonter cette épaule sinueuse que grâce aux écluses du canal de Bourgogne. C'est parce que le Chablisien fait partie du bassin de la Seine, que l'Yonne a été jadis désignée comme le plus grand département viticole de France (ce qui en a étonné plus d'un). Avant la crise phylloxérique, les vignobles ne couvraient pas 4 000 hectares, mais 40 000 hectares.

La géologie est très différente de celle de la Bourgogne. Nous sommes, en fait, dans la région que le géologue James Wilson désigne comme la « chaîne kimméridgienne » dans son livre intitulé *Terroir*. Les cartes géologiques sont – une fois n'est pas coutume – extrêmement claires. Reuilly, Quincy, Menetou-Salon, Sancerre, Pouilly-sur-Loire, Irancy, Chablis, Tonnerre, Les Riceys, Bar-sur-Seine et Bar-sur-Aube sont tous voisins sur la longue baguette blanche du grès du haut Jura. C'est une composition en deux tons : en bas, on trouve une marne molle, crayeuse, riche en fossiles, qualifiée de kimméridgienne, surmontée d'un grès dur du portlandien. Ces sols correspondent à la bordure du bassin parisien. En revanche, la plus grande partie de la Bourgogne (à part quelques sommets des Hautes Côtes) fait partie du jurassique moyen. Sur le plan géologique, Chablis a donc plus en commun avec la haute Loire et le sud de la Champagne qu'avec Meursault ou Mâcon.

Et puis, il y a la question du cépage. Le sauvignon pousse bel et bien dans l'Yonne, mais seulement dans quelques parcelles. On y trouve majoritairement (depuis la crise phylloxérique, en tout cas) du chardonnay, accompagné d'un peu de pinot noir. En France, la question des cépages est parfois jugée secondaire par rapport au terroir, mais, à la vérité, c'est avant tout le cépage qui a donné au chablis son profil bourguignon. Aujourd'hui, il s'agit, à l'échelle planétaire, de l'avant-poste septentrional de la plus vaste bande de terre dévolue au chardonnay.

L'aire du **chablis** occupe l'espace qui entoure la ville du même nom. Les vignes tapissent les deux côtés d'une rivière, généralement indolente, qui porte le joli nom de Serein. Si vous braquez un spot sur cette tache de terre, vous découvrirez un paysage pastoral et évolué, traversé d'au moins quatorze vallées latérales. Cela crée une multitude de pentes et d'expositions, d'où la subdivision qui a été opérée pour les distinguer.

La partie la plus froide et la plus élevée du vignoble constitue l'aire du **petit chablis**, qui coïncide approximativement au passage des marnes kimméridgiennes sous une couche plus dure de calcaire portlandien. Promenez-vous sur les pentes des grands crus qui dominent la ville de Chablis : la quasi-totalité de la longue bande viticole qui les cernent, alors que la pente rejoint un plateau, est dévolue au petit chablis.

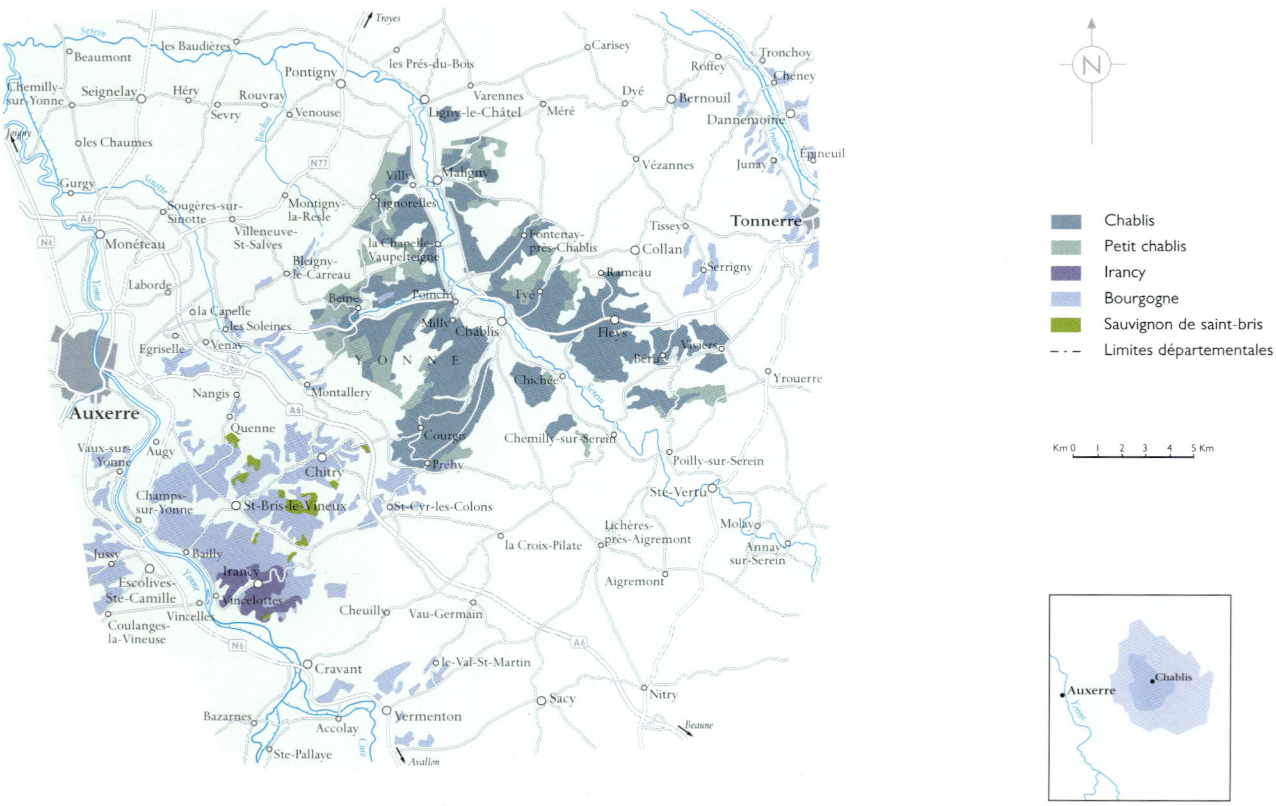

À part une petite parcelle qui marque la frontière avec le cru de Valmur-Vaudésir, il n'existe aucune transition entre petit chablis et chablis grand cru.

Les sols favorables, à la déclivité moyenne et orientés sud-est ou sud-ouest, sont classés en **chablis premier cru**. L'extension des limites du chablis et du chablis premier cru en 1967 et 1976 (finalement ratifiées en 1986) n'a pas manqué de faire naître la controverse. Pourquoi ? Parce que le premier décret d'appellation, datant de 1938, spécifiait bizarrement que le chablis devait provenir de sols de marnes kimméridgiennes. Or, en 1967 et 1976, l'aire se trouva largement étendue aux sols de marnes portlandiennes, quand il ne s'agissait pas d'un tout autre type de marne ou d'argile. Les caractéristiques topographiques (la bonne pente à la bonne place) étaient désormais jugées aussi importantes que l'origine géologique. C'est peut-être la raison pour laquelle tous les chablis et les chablis premiers crus ne sont pas aussi bons qu'ils devraient l'être. Personnellement, je pense que cela tient davantage à une viticulture peu rigoureuse, à des rendements excessifs et à une élaboration peu soignée du vin.

Les noms des premiers crus (quarante en tout, qui couvrent 747 hectares) peuvent prêter à confusion. Comme dans le reste de la Bourgogne, la spécification de ces toponymes sur l'étiquette est facultative, la mention de « premier cru » suffisant. Seuls quelque dix-sept noms sont d'usage courant (la mention de crus comme Les Beugnons ou Les Butteaux est rare sur les bouteilles). D'autres, comme Forêts, admettent diverses orthographes. Les premiers crus les plus prestigieux se trouvent de chaque côté des grands crus (Fourchaume au nord, Montée de Tonnerre et Mont du Milieu au sud) ou bien face à eux, de l'autre côté de la vallée du Serein (Montmains, Vaillons et Côte de Léchet). Le cru Forêts se trouve à l'extrémité sud de Montmains.

L'aire du **chablis grand cru** s'appréhende plus facilement, car elle forme une bande continue de collines (106 hectares) placée exactement face à la ville. On peut s'y rendre à pied. La pente prend des formes curieuses et se partage entre sept grands crus. Blanchot (12,7 hectares) se trouve à l'extrémité sud-est de ce beau terroir, occupant le raidillon qui descend vers la vallée de Fyé. Cette vallée le sépare de Montée du Tonnerre. Le soleil inonde les 26 hectares des Clos. Grenouilles, minuscule avec 9,4 hectares, forme une butte à proximité immédiate de la rivière. Juste derrière se dessine une petite vallée de forme incurvée, qui me rappelle l'*Exogyra virgula*. Les pentes qui plongent vers cette vallée sont celles du cru Vaudésir (14,7 hectares), dont le microclimat plus chaud favorise une maturation précoce. À la pointe nord-est de l'aire du chablis grand cru, Les Preuses (11,4 hectares) et Bougros (12,6 hectares) forment un plateau ondulé qui, à l'extrémité méridionale de Bougros, dégringole vers la D 91. La Moutonne est un toponyme d'origine monastique, utilisé par un seul producteur (Long Depaquit), pour une parcelle de 2,35 hectares à la pointe ouest de Vaudésir. Elle inclut aussi un petit bout des Preuses. William Fèvre produit deux vins de Bougros, l'un provenant du haut plateau (simplement appelé Bougros), l'autre de la pente abrupte sise à la pointe est de cette parcelle (appelé Bougros Côte Bouguerots).

Le grand cru Les Clos produit les vins les plus ambitieux, les plus complets et les plus aptes au vieillissement. Vaudésir, extrêmement ensoleillé, tend à offrir des vins plus séduisants, mûrs et voluptueux. Le chablis des Preuses s'exprime avec une finesse florale, alors que celui de Valmur se montre souvent le plus austère et le plus nerveux des sept grands crus, dans le plus pur classicisme. Au Grenouilles, suave et léger, répond un Blanchots aussi aimable, mais d'une plus grande profondeur minérale. Quant au Bougros, il apparaît comme le chablis grand cru le plus controversé, certains dégustateurs remettant en cause son statut. Tout dépend peut-être de l'emplacement des parcelles : il suffit de goûter les vins des Côtes Bouguerots de Fèvre, intenses et triomphalement minéraux en finale, pour se convaincre de leur grandeur.

Les deux vignobles implantés de chaque côté du Chablisien, sur la chaîne kimméridgienne, ont de quoi satisfaire les amateurs de questions-pièges. Difficile d'apprécier leurs vins de prime abord tant ils déroutent l'amateur. Ce sont les derniers bastions des vignobles de l'Yonne, datant d'une époque antérieure au phylloxéra. Les vignerons doivent lutter pour se frayer un chemin sur un marché débordant de vins plus riches. Au sud-ouest de Chablis se trouve la nouvelle AOC **sauvignon de saint-bris**. Le nom du village producteur est Saint-Bris-le-Vineux : « vineux » est bien l'adjectif qui convient le mieux à ce sauvignon, plus tendre que ses voisins nés en contrebas, le long de la chaîne, à Quincy ou à Menetou-Salon. **Irancy**, au sud de Saint-Bris, dispose désormais d'une appellation qui met en valeur ses vins rouges subtils issus de pinot noir. Le village se niche dans un site encaissé, entouré des vignes qui surplombent ses toits ; les maisons semblent sur le point d'être englouties.

Le nom de communes environnantes peut s'adjoindre à l'AOC bourgogne sur les étiquettes des vins blancs et rouges : **bourgogne Saint-Bris** (dont le nom ne s'applique pas, comme on pourrait le croire, à un sauvignon blanc, mais à un chardonnay et à un pinot noir), **bourgogne Coulanges-la-Vineuse**, **bourgogne Jussy**, **bourgogne Chitry**, **bourgogne aligoté Côtes de Chitry** et **bourgogne Côtes d'Auxerre**. Tous ces villages sont situés dans l'Auxerrois. Le **bourgogne Joigny Côte Saint-Jacques** est produit au nord-ouest d'Auxerre, près de Joigny, le **bourgogne Vézelay** au sud-est, à proximité de la ville très touristique de Vézelay. Au nord-est de Chablis, on arrive dans l'aire **du bourgogne Épineuil** et du **bourgogne Tonnerre** (le Tonnerrois). Enfin, en poursuivant dans la même direction, on revient dans le secteur du Châtillonnais, à proximité de Châtillon-sur-Seine. Cette région n'est qu'à quelques kilomètres des Riceys ; de ce fait, ses vins tranquilles pourraient dépendre de la Champagne, et plus précisément de l'Aube. Pourtant, administrativement, ils relèvent du département de la Côte-d'Or. Les vins blancs (généralement issus de pinot blanc plutôt que de chardonnay) sont vendus sous l'étiquette **bourgogne**. On peut également déguster ici certains des meilleurs **crémants de bourgogne**. L'acidité naturellement élevée des vins est bien adaptée à la production de vins effervescents.

▼ *Les racines du chardonnay s'enfoncent profondément dans les sols de calcaire kimméridgien ; les lapins raffolent des jeunes pousses.*

▲ *Vue des grands crus du Chablisien depuis Bougros vers Preuses et Vaudésir : la moindre vigne est exposée au soleil.*

Mon point de vue critique

Polémique autour du chêne neuf

Au cours des vingt dernières années, les commentaires sont allés bon train sur le « surboisage » des vins. William Fèvre, en particulier, avait largement recours au bois neuf. La coopérative La Chablisienne aimait aussi le style ample, apprécié dans le monde entier, qu'apportait le chêne neuf. Cet engouement a gagné le Chablisien à partir des millésimes 1989 et 1990, particulièrement chauds. Les dégustateurs ont alors considéré que l'ère du chablis frêle et mordant était révolue. Les critiques de vin tendent à goûter les premiers et les grands crus de chablis vers la deuxième ou la troisième année, phase adolescente souvent ingrate où le chêne marque encore fortement le vin de son empreinte.

En fait, la « crise du chêne » a été largement exagérée. Il est vrai que l'usage du chêne neuf, même pour les chablis grands crus, doit être modéré, mais la grande majorité des producteurs en a toujours usé avec parcimonie (ne serait-ce que par économie). Aujourd'hui, l'élevage en chêne neuf est mieux conduit. La Chablisienne et William Fèvre (sur les conseils de Didier Séguier, maître de chai engagé par Joseph Henriot, le nouveau propriétaire) n'en abusent plus. Michel Laroche n'emploie, au maximum, que 25 % de chêne neuf pour élever ses grands crus Les Clos et Blanchots. Il adapte la proportion de chêne neuf (plus ou moins 20 %) à chaque millésime. Jean-Paul Droin procède de manière similaire. L'âge moyen des fûts de Raveneau oscille entre sept et huit ans. Ainsi, les producteurs de chablis font peu usage de bois neuf et utilisent soit des feuillettes chablisiennes traditionnelles de 132 litres, soit de grands foudres. Ne vous y trompez pas : le chablis vieillit extraordinairement bien quand on lui offre un juste équilibre entre un bois neuf et un bois de plusieurs vins, comme le montrent les plus grandes bouteilles de Raveneau, de Vincent Dauvissat et les récentes créations de William Fèvre. Il ne gagne pas seulement une note vanillée caractéristique, mais aussi de la complexité grâce à l'oxydation ménagée favorisée par le bois (certains producteurs, comme Louis Michel et Jean Durup, rejettent totalement l'élevage en fût de chêne, cependant : *voir ci-après.*) Aujourd'hui, la crise du surboisage est close.

La mécanisation

En revanche, les vendanges mécaniques agitent toujours les esprits. En imposant leur abandon, l'Union des grands crus a soulevé un tollé lors de la création de sa Charte de qualité (un domaine a même quitté l'union pour marquer son opposition). La qualité des machines à vendanger, clament leurs utilisateurs, s'améliore constamment. Il est bien moins cher de vendanger à la machine qu'à la main. En principe, les vendanges mécaniques offriraient une plus grande flexibilité dans le choix de la date de la récolte, ce qui permettrait d'éviter les jours de pluie et les après-midi caniculaires ; en pratique, cela est moins vrai, car ceux qui louent leurs machines doivent les réserver à l'avance. La difficulté à trouver des vendangeurs a davantage incité les producteurs à adopter la machine ; ces difficultés ont été aggravées par les récentes réglementations sociales, qui ont encadré l'emploi des vendangeurs et augmenté les charges de l'employeur.

Il est clair qu'un grand vin blanc ne peut être élaboré à partir de grappes écrasées, malmenées ou abîmées. Or, la vendange mécanique la plus douce demeure un processus violent. Les raisins des magnifiques grands crus de William Fèvre, par exemple, sont cueillis à la main et transportés dans de petits récipients d'une capacité de 13 kg, de sorte qu'aucune grappe n'est endommagée. Les raisins sont ensuite triés manuellement dès leur arrivée à la cave. Une machine capable d'accomplir les mêmes gestes reste à inventer. Ceux qui souhaitent élaborer les meilleurs chablis ont besoin d'une main-d'œuvre compétente pour récolter le raisin. La mécanisation des vendanges n'est que l'une des nombreuses pratiques technologiques qui ont envahi le Chablisien : la généralisation de l'acier inoxydable, des levures sélectionnées, de la fermentation à froid et de la précipitation tartrique, la réduction de la durée de vinification, le collage systématique et la filtration en sont d'autres. Pour que le chablis soit un jour aussi grand que son terroir, je pense que les producteurs doivent prendre leurs distances avec ces pratiques, respecter davantage la matière première et renouer avec les méthodes du passé.

Les premiers crus

Si dans certaines régions il est très difficile pour une aire d'être consacrée en appellation d'origine contrôlée, en Grande Bourgogne la donne semble être bien différente. La délimitation des premiers crus de chablis me paraît confuse et même arbitraire. À en juger par la qualité de certains d'entre eux, un triste laxisme serait même perceptible. Pour que les premiers crus de chablis gagnent en sérieux, à l'image de ceux de meursault, de puligny-montrachet ou de chassagne-montrachet, et pour qu'ils se hissent au-dessus des rully ou des montagny, il faudrait restreindre les délimitations et rendre le système plus rigoureux.

Chablis : les vignerons

Billaud-Simon ✪
89900 Chablis. Tél. : 03 86 42 10 33, fax : 03 86 42 48 77.

Ce domaine de 18 hectares, tenu avec soin par Samuel Billaud et son oncle Bernard, produit une belle gamme de vins, dont plusieurs cuvées Vieilles vignes. Ce sont 9 hectares sur quatre premiers crus et de petites parcelles de 1 hectare sur quatre grands crus (Les Clos, Blanchot, Vaudésir et Les Preuses). Les vendanges manuelles et la fermentation en fût sont réservées aux vieilles vignes (plus de quarante ans) et aux grands crus. Les autres vignobles sont vendangés à la machine et leur fruit fermente en cuve Inox.

Pascal Bouchard
89000 Chablis. Tél. : 03 86 42 18 64, fax : 03 86 42 48 11.

Fort de 32 hectares, Pascal Bouchard possède des grands crus (1,7 hectare aux Clos, 1,6 hectare en Vaudésir, et un peu en Blanchot), mais il propose aussi une séduisante palette de premiers crus, il exerce de plus une activité de négociant. Les faibles rendements permettent d'élaborer des vins d'une intensité supérieure aux autres chablis, aptes à la garde. Les grands crus sont élevés sous bois.

Jean-Marc Brocard
89800 Préhy. Tél. : 03 86 41 49 00, fax : 03 86 41 49 09.

Jean-Marc Brocard est un excellent homme d'affaires et un bon producteur de vin. Il a commencé sa carrière dans les années 1970 avec un seul hectare. Au moment où j'écris ces lignes, il en détient 80. Son génie du marketing est indéniable : la Collection Chardonnay (un Jurassique rond, un Portlandien minéral, un délicat Oxfordien, ainsi qu'un Kimméridgien profond et parfumé) a de quoi séduire les amateurs de géologie. Jean-Marc Brocard propose des cuvées de chablis distinctes selon leur terroir de naissance ; il en va de même en sauvignon de saint-bris, dont il distingue les vins de la Rive droite de ceux de la Rive gauche. Le maître de chai, Clotilde Davenne, veille sur une gamme homogène de premiers crus (avec un excellent Montée de Tonnerre) et un ensemble satisfaisant de grands crus (dont un agréable Bougros).

La Chablisienne
89800 Chablis. Tél. : 03 86 42 89 89, fax : 03 86 42 89 90.

Bien menée, cette coopérative produit des vins typés, d'une qualité régulière. Réunissant près de trois cents membres et produisant un tiers de la production de l'appellation, La Chablisienne domine la région, et pas seulement dans les appellations communales. Le fruit de 7 hectares sur les 9 que compte le grand cru Grenouilles est vinifié par la coopérative, dont une partie provenant du château de Grenouilles. Il existe donc deux cuvées Grenouilles à La Chablisienne ; la cuvée du château naît de vieilles vignes âgées de cinquante ans plantées dans la partie supérieure du vignoble. La Chablisienne possède également 1,5 hectare de Blanchot et 3,3 hectares de Preuses, ainsi que des parcelles dans tous les autres grands crus, à l'exception de Valmur. Les vins sont amples, pleins, flattés par un long élevage en fût de chêne et un séjour sur lies, qui compensent un manque d'intensité.

Anita et Jean-Pierre Colinot
89290 Irancy. Tél. : 03 86 42 33 25, fax : 03 86 42 33 25.

Le volubile Jean-Pierre Colinot dirige ce petit domaine de 9 hectares qui offre l'un des meilleurs irancy, généreusement marqué par des arômes de cerise fraîche. Le Côtes du Moutier et la version « César » de la cuvée Les Mazelots présentent le meilleur visage de cette nouvelle appellation.

Jean Collet et Fils
89800 Chablis. Tél. : 03 86 42 11 03, fax : 03 86 42 47 43.

Ce domaine de 34 hectares, conduit par Gilles Collet, homme de caractère, détient 9,6 hectares du premier cru Vaillons, 5,7 hectares en Montmains et 2 hectares très précieux en Montée de Tonnerre, ainsi qu'un demi-hectare en Valmur. Les bons millésimes procurent des vins harmonieux, d'une belle intensité. Remarquez un excellent petit chablis.

René et Vincent Dauvissat ✪✪
89800 Chablis. Tél. : 03 86 42 11 58, fax : 03 86 42 85 32.

Un remarquable domaine de 11 hectares qui produit aussi des vins sous l'étiquette Dauvissat-Camus. Vincent Dauvissat, souvent accompagné de son terre-neuve, est le modèle de l'artisan vigneron. Il investit tous ses efforts dans une viticulture rigoureuse comme dans une vinification lente et soignée. Le marketing n'est pas son fort, mais les vins se vendent tout seuls, généralement à des clients fidèles pour qui Dauvissat éprouve de la sympathie. Le grand cru Les Clos 1999 ne coûte qu'un quart du prix du grand cru bâtard-montrachet 1999 d'Étienne Sauzet. L'écart est étonnant. Le domaine est constitué à près de 90 % de premiers crus et de grands crus : 1,7 hectare en Clos, 1 hectare en Preuses, 4,5 hectares en La Forest (sic), 1,4 hectare en Vaillons, et une infime part de Séchet. Les vignes ont en moyenne quarante ans et les vendanges sont manuelles. Dauvissat, comme Raveneau, ne vendange pas très tardivement : « Le chardonnay trop mûr n'est pas intéressant », remarque-t-il. Ses vins fermentent en partie en cuve Inox, en partie sous bois (dont une petite proportion de chêne neuf), avant de séjourner en fût de plusieurs vins jusqu'à ce qu'ils se stabilisent naturellement. « Un long élevage, poursuit Dauvissat, contribue à atténuer le caractère purement variétal du chardonnay au profit de sa minéralité ». En dépit de rendements élevés (Dauvissat déclare que le volume moyen a atteint 70 hl/ha en 1999, mais peut-être est-il simplement plus honnête que ses confrères), les vins sont concentrés et longs en bouche. Parmi les premiers crus, le Forest dévoile une palette miellée, empreinte de senteurs de fleurs blanches, de sous-bois et de paille fraîche. Le Preuses (la parcelle de Dauvissat est proche de La Moutonne) offre une élégante suavité et vieillit avec grâce, en développant des saveurs de menthe et de verveine citronnée. Le premier cru Les Clos, ambitieux, charpenté, gras, affiche une ligne minérale.

Jean-Paul Droin
89800 Chablis. Tél. : 03 86 42 16, fax : 03 86 42 42 09.

Un magnifique ensemble de sept premiers crus et de cinq grands crus entre dans le giron de ce domaine de 20 hectares, où la machine à vendanger est couramment utilisée. Jean-Paul Droin a mené diverses expériences en utilisant des fûts de chêne d'âge, d'origine et de taille différents (le chêne russe et américain ont été écartés après expérimentation). Il pratique l'élevage sur lies ainsi que le bâtonnage (utilisé par de nombreux producteurs de chablis). Sa gamme présente donc des points forts et des points faibles, mais davantage d'atouts lorsque le millésime est bon et que les rendements ont été limités (les 1999 et 1996 m'ont déplu).

Joseph Drouhin ✪
21200 Beaune. Tél. : 03 80 24 68 88, fax : 03 80 22 43 14.

À la différence de la plupart des grands négociants de la Côte d'Or, Joseph Drouhin possède un domaine de bonne taille (45 hectares) en Chablis, avec plus d'un hectare dans les grands crus Clos et Vaudésir, ainsi que des parcelles en premiers crus Vaillons, Montmains et Séchers. Les grappes sont récoltées

Système de notation utilisé dans les pages producteurs :	✪ Très bon vin	✪✪ Excellent vin	✪✪✪ Vin exceptionnel

à la main et pressurées au Moulin de Vaudon, à Chichée, avant d'être transportées à Beaune où aura lieu la fermentation et l'élevage (en fût chêne de plusieurs vins, pour la plupart des grands crus). Joseph Drouhin offre au chablis un style qui lui sied bien : ses vins fins et gracieux ne semblent manquer que d'un peu de concentration pour être remarquables.

Durup

89800 Maligny. Tél. : 03 86 47 44 49, fax : 03 86 47 55 49.

Le domaine (170 hectares) de Jean Durup ne compte pas de grands crus, mais parmi ses parcelles de premier cru figurent 17 hectares de Fourchaume (dont 13 au lieu-dit L'Homme Mort) et 15 hectares de Vau de Vey. Durup, conseiller fiscal, vit à Paris. Le domaine est donc mené par son fils Jean-Paul qui vend ses vins sous divers noms. Jean Durup s'est largement inscrit dans la tendance expansionniste du Chablisien. Il vendange à la machine, s'oppose à l'usage du chêne au profit des cuves Inox, de ciment ou de fibre de verre. Les meilleurs vins acquièrent parfois une séduisante patine avec l'âge. Les moins réussis sont plus neutres.

L'Eglantière *voir* Durup

William Fèvre ✪✪✪

89800 Chablis. Tel 03 86 98 98 98, fax : 03 86 98 98 99

Si la maison Bouchard Père et Fils, depuis sa reprise par Joseph Henriot, flirte avec le succès, le destin de William Fèvre est encore plus réjouissant. L'un des plus célèbres Chablisiens possède 40 hectares (l'âge moyen des vignes est de quarante ans) dont 12 hectares de premiers crus et 16,3 hectares de grands crus. Il est le seul domaine à produire du vin dans six des sept grands crus (seul le Blanchot est élaboré à partir de raisins achetés). On attend de ces chablis qu'ils expriment toutes les nuances de ces terroirs uniques : les vins de William Fèvre sont à la hauteur de leurs ambitions. Le mérite en revient en grande partie au Bordelais Didier Déguier qui appartient à ces maîtres de chai dont le savoir-faire sublime le chablis. Depuis 1988, l'aisance matérielle d'Henriot lui permet de prendre les décisions appropriées pour donner à ses vins des qualités durables et remarquables. Le changement le plus notable est un moindre usage du bois neuf : désormais, les fûts accueillent six millésimes, avec, en moyenne, seulement 5 % de bois neuf chaque année : la plupart des vins, y compris certains grands crus comme Grenouilles et Bougros, sont maintenant élevés partiellement en cuve Inox. Depuis 2000, Séguier expérimente l'élevage en foudre ; il se dit satisfait : « Les foudres sont excellents pour préserver la fraîcheur et la minéralité. » Parmi les autres changements, signalons une raréfaction du soutirage et un élevage prolongé qui permet une filtration réduite. « Les bâtonnages, dit Séguier, sont très légers, suffisants pour conférer du corps sans dénaturer les arômes. » Le chablis de William Fèvre est désormais un modèle pour l'appellation : net, aux senteurs d'agrumes et aux notes minérales. Parmi les premiers crus, le Lys (originaire du sommet de la colline de Vaillons, qui regarde les grands crus par-delà la vallée du Serein) est un chef-d'œuvre dans sa pureté fruitée, tandis que le Montée du Tonnerre semble empreint d'une note minérale fumée. Le vignoble de Vaulorent, en Fourchaume, est le plus spectaculaire. Voisin du grand cru des Preuses, de l'autre côté de la vallée de Fontenay, dans une position excentrée par rapport aux autres vignes de Fourchaume, il s'agit d'un terroir radicalement différent. William Fèvre détient une part importante des grands crus Bougros (50 %), Les Preuses (22 %) et Les Clos (16 %). L'une de ses deux parcelles de Vaudésir est proche des vignes de Long-Depaquit en Moutonne, tandis que ses ceps de Valmur se répartissent sous les expositions les plus ensoleillées du cru (certaines vignes sont voisines des Clos). Le chablis Côte Bouguerots, né sur les pentes les plus abruptes du Bougros, présente de multiples facettes, de l'élégance et de la longueur en bouche. C'est certainement le plus grand vin produit dans ce grand cru. Le Valmur est étonnamment pur, tandis que le Vaudésir parvient à être à la fois intense et charmant. Le Preuses de William Fèvres, avec ses notes minérales qui se fondent dans une chair généreuse, est l'un des plus démonstratifs. Et le chablis grand cru Les Clos de faire référence : structuré, minéral, il vieillit merveilleusement en cave.

Goisot

89530 Saint-Bris-le-Vineux. Tél. : 03 86 53 35 15, fax : 03 86 53 62 03.

Les terroirs de l'Yonne, à l'exception du Chablisien, donnent peu de grands vins, mais Ghislaine et Jean-Hugues Goisot, à la tête de 24 hectares, réussissent à élaborer un excellent bourgogne Côte d'Auxerre (rouge et blanc), un fringant sauvignon de saint-bris et des cuvées d'exception.

Grossot

89800 Flers. Tél. : 03 86 42 44 64, fax : 03 86 42 13 31.

Ce domaine de 18 hectares détient de belles parcelles d'AOC chablis (à l'origine de la cuvée La Part des Anges) et près de 5 hectares de premier cru (à Vaucoupin et à Fourneaux notamment). Essayez le curieux Côte de Troëmes (avec son côté agréablement minéral). Corinne et Jean-Pierre Grossot utilisent le chêne, et leurs vins sont frais et parfumés. Domaine Perchaud est une autre étiquette de ces producteurs.

Jadot

21203 Beaune. Tél. : 03 80 22 10 57, fax : 03 80 22 56 03.

Jadot ne possède pas de vignes à Chablis, mais ses achats sont judicieux (notamment en Valmur, Preuses et Grenouilles). Tous les vins portent la marque du maître de chai, Lardières. Vous pouvez lui faire confiance.

Laroche ✪

89800 Chablis. Tél. : 03 86 42 89 28, fax : 03 86 42 89 29.

Depuis quelques années, ce vaste domaine a le vent en poupe, grâce aux efforts incessants de l'ambitieux Michel Laroche, instigateur de l'Union des grands crus. La plupart des 100 hectares du domaine font partie de l'AOC chablis, mais l'on compte 30 hectares en premier cru (10 hectares en Vaudevey) et 6 hectares en grand cru (4,5 hectares en Blanchot, avec juste un peu plus de 1 hectare aux Clos et une petite parcelle de Bouguerots).

Long-Depaquit

89800 Chablis. Tél. : 03 86 42 11 13, fax : 03 86 42 81 89.

La famille Bichot détient 62 hectares en tout, avec des parcelles dans cinq grands crus et avec le monopole de La Moutonne (2,35 hectares) (voir ci-avant, « L'aventure de la terre »). Ses vins frais et structurés exigent du temps pour s'épanouir.

des Malandes

89800 Chablis. Tél. : 03 86 42 41 37, fax : 03 86 42 41 97.

Lyne et Bernard Marchive possèdent un domaine de 25 hectares, dont près d'un hectare en grand cru Vaudésir. Les vins sont complexes, intenses et longs. Ils ne sont pas élevés sous bois. En premier cru, le domaine des Malandes cultive notamment plus de 1 hectare de Fourchaume, ainsi que des vignes en Montmains et en Côte de Léchet, et plus de 3,5 hectares en Vau de Vey.

de Maligny *voir* Durup

Louis Michel

89800 Chablis. Tél. : 03 86 42 88 55, fax : 03 86 42 88 56.

Ce domaine de 22 hectares dispose d'une belle palette de premiers crus (dont 4 hectares en Montée de Tonnerre et 6,5 hectares en Montmains, ainsi que 2 hectares en Vaillons et 2 hectares en Forêts), à laquelle s'ajoutent quelques parcelles de grands crus. Pour ce style de chablis moderne et austère, le bois et l'oxydation ménagée n'ont pas leur place. Les vendanges sont mécanisées, la fermentation et l'élevage sont réalisés en cuves Inox. L'embouteillage des premiers crus et des grands crus intervient au bout d'un an ; les vins sont à la fois collés et filtrés. C'est un domaine impeccablement tenu. Beaucoup admirent la concentration et la pureté des vins, en leur prêtant une grande capacité de vieillissement. Jeunes, ceux-ci restent souvent fermés. Décantez-les avant de les servir. Le Domaine de La Tour Vaubourg est la seconde étiquette du domaine.

Alice et Olivier de Moor

89800 Courgis. Tél. : 03 86 41 47 94.

Ce couple de jeunes et talentueux vignerons contestataires enrichissent les débats chablisiens. Originaires de Dijon, ils se partagent entre Chablis et Saint-Bris. Les chablis La Rosette et Bel Air, intenses et floraux, ont davantage de chair et de profondeur que beaucoup de premiers crus et de grands crus (grâce à un soigneux élevage sur lies et à un refus de tout collage ou filtration). Le sauvignon de saint-bris cuvée Vieilles vignes possède un fruit inhabituel, tandis que l'aligoté Vieilles vignes est superbe.

Moreau

89800 Beine. Tél. : 03 86 42 87 20, fax : 03 86 42 45 59

La société de négoce J. Moreau & Fils appartient aujourd'hui à Boisset et produit toutes sortes de vins. Cependant, le domaine Moreau fait référence aux vignes familliales, dont le fruit n'est pas vendu par le négociant. Il dispose de 7,2 hectares en chablis grand cru Les Clos, ainsi que de 2 hectares de Valmur et de 1 hectare de Vaudésir. Il faudra suivre les progrès de ce domaine sous la houlette de Louis et Fabien Moreau.

Sylvain Mosnier

89800 Beine. Tél. : 03 86 42 43 96, fax : 03 86 42 42 88.

Ce domaine de 15 hectares est remarquable, moins en raison de ses crus (1,6 hectares en premiers crus Côte de Léchet et Beauroy) que de son chablis Vieilles vignes (plus de cinquante-cinq ans), expressif et très fruité.

Perchaud *voir* Grossot

Pinson ✪

89800 Chablis. Tél. : 03 86 42 10 26, fax : 03 86 42 49 94.

Laurent et Christophe Pinson détiennent un domaine de 12 hectares dont 2,5 ha aux Clos. Après quelques années, leurs vins traduisent la qualité du terroir par leurs riches arômes. Les autres crus (Montmains, Les Forêts et Le Mont de Milieu) sont concentrés, longs et intenses. Des qualités liées à l'âge des vignes (trente ans), aux faibles rendements, aux vendanges manuelles et à un élevage en fût de chêne (neuf et ancien). Le chablis naît d'une parcelle proche de Mont de Milieu et offre un excellent rapport qualité-prix.

Denis Pommier

89800 Chablis. Tél. : 03 86 42 83 04, fax : 03 86 42 17 80.

Ce domaine de 8 hectares, de taille réduite mais ambitieux, est conduit par Denis et Isabelle Pommier, qui détiennent trois petites parcelles en premiers crus (notamment un excellent Côte de Léchet, fermenté à 50 % en barrique).

Denis Race

89800 Chablis. Tél. : 03 86 42 45 87, fax : 03 86 42 81 23

Beau domaine de 14 hectares, incluant des parcelles de Montmains, dont l'une plantée de vignes sexagénaires. Ici, pas de chêne.

Raveneau ✪✪

89800 Chablis. Tél. : 03 86 42 17 46, fax : 03 86 42 45 55.

Il n'y a hélas que 7,5 hectares pour satisfaire dans le monde entier les amateurs de vins au goût de silex nuancé de miel de forêt. Le chablis de Raveneau sert de modèle à toute la région. Ici, les méthodes n'ont rien de technologique. Les rendements sont véritablement bas (seulement 35 hl/ha en 1996). Au sein d'une cave obscure les vins reposent dans de vieilles feuillettes pendant un an. L'embouteillage exclut tout collage et n'autorise qu'une très légère filtration. Jean-Marie Raveneau déclare que les changements climatiques qui ont marqué la fin du XXe siècle (moins de gels, des étés plus chauds) hâtent les vendanges. En moyenne, m'a-t-il confié, la date a été avancée d'un jour par millésime. Bien sûr, grâce aux faibles rendements, la chaptalisation s'avère à peine utile. Et si les taux de sucre sont élevés, l'acidité structurelle, déterminante, reste bonne. Toutes les parcelles sont situées soit en premiers crus (plus de 6 hectares, dont 3 hectares environ en Montée de Tonnerre), soit en grands crus (un peu plus d'un demi-hectare aux Clos, en Blanchots et Valmur). Le Montée de Tonnerre de Raveneau peut rivaliser avec le Blanchot pour l'exubérance minérale. Le Valmur excelle aussi, lui qui associe la vivacité des agrumes à des senteurs florales, le tout souligné d'une ligne minérale aérienne. Le vin des Clos – comme il se doit dense et minéral – tire profit de la garde pour devenir velours.

Servin

89800 Chablis. Tél. : 03 86 18 90 00, fax : 03 86 18 90 01.

Cet ancien domaine de 32 hectares offre des vins élégants et d'une belle longueur. Les parcelles sont bien réparties : dans trois premiers crus et quatre grands crus (avec près d'un hectare de Clos, de Blanchot et de Preuses). Les grands crus sont vendangés à la main et leur vin en partie fermenté sous bois (le Clos fermente en fût). À noter Les Preuses Vieilles vignes (presque cinquante ans).

Simmonet-Fèbvre

89800 Chablis. Tél. : 03 86 98 99 00, fax : 03 86 98 99 01.

Le négociant Simmonet-Fèbvre, spécialiste du crémant de bourgogne, possède aussi un petit domaine qui produit du bon chablis, notamment un Preuses vigoureux (vignes cultivées par Vincent Dauvissat).

La Tour Vaubourg *voir* Louis Michel

Laurent Tribut

89800 Chablis. Tél. : 03 86 42 46 2é, fax : 03 86 42 48 23.

Le beau-frère de Vincent Dauvissat applique les mêmes méthodes rigoureuses que celui-ci à son domaine de 5 hectares : une viticulture soignée, une fermentation en cuves émaillés, un lent élevage en barrique de bois de plusieurs vins jusqu'à une stabilisation naturelle du vin, qui est embouteillé sans collage et après une très légère filtration. Il compte de petites parcelles de premier cru en Beauroy, en Côte de Léchet et en Montmains (vignes de quarante ans).

Vauroux

89800 Chablis. Tél. : 03 86 42 10 37, fax : 03 86 42 49 13.

Une grande partie de ce domaine de 30 hectares, bien mené, est située en AOC chablis, mais Vauroux possède aussi des parcelles en Montmains, en Montée de Tonnerre et en Bougros. Tous les vins sont d'une qualité élevée.

Verget ✪✪

71960 Sologny. Tél. : 03 85 51 66 00, fax : 03 85 51 66 09.

C'est dans le beau terroir de Chablis que Jean-Marie Guffens me semble avoir puisé ses meilleurs vins. Leur style limpide, pur et dépouillé (il traite le chardonnay comme s'il s'agissait du premier cousin du riesling) s'harmonise parfaitement avec l'esprit du chablis. Cela ne veut pas dire que Guffens soit populaire dans le Chablisien. Il critique de façon virulente et peu diplomatique les méthodes culturales de ses confrères (rendements élevés, vendanges mécanisées, vinification standardisée). Guffens achète son raisin, mais établi avec son apporteur un contrat de qualité dont le champ d'application va de la taille à la vendange. Les Vaillons et les Fourchaumes (cuvées « classiques » et Vieilles vignes) ravissent par leur profondeur. Comment ces chablis peuvent-ils être si vifs et, pourtant si onctueux ? Guffens a recours au chêne neuf, mais il donne assez de temps à ses vins pour l'intégrer.

La Bourgogne

Terroir de rêve. Des régions viticoles de France, la Bourgogne est celle qui chérit le plus la nuance, celle de la géologie. Des siècles de tradition vinicole, forgée tant dans les chais qu'au fil des dégustations, ont ancré dans les consciences cette foi dans le terroir. À juste titre ?

En cette fin d'après-midi de novembre, j'ai pris une chambre à l'Hôtel des Remparts de Beaune. Deux des murs semblent effectivement intégrés aux murailles. Je regarde ces blocs de calcaire violemment éclairés, dont aucun ne semble taillé comme le voisin. Quand cette pierre a-t-elle été extraite de la terre ? Quand se sont retirées les mers qui ont déposé là des coquillages vieux de plusieurs millions d'années ?

Ce soir, Beaune est calme. Les touristes de l'été s'en sont retournés dans leurs villes du Nord et ont retrouvé leur existence stressée en quête de profit. C'est l'époque où les marchands de vins font leur tournée, qui leur rapportera, espèrent-ils, une douzaine de caisses de vins provenant des meilleurs ou des plus célèbres vignerons. Ils vont et viennent entre les hôtels et les restaurants, le téléphone portable vissé à l'oreille. Lorsqu'ils dégustent leur repas solitaire, ils posent un regard d'envie sur l'aisance de la vie provinciale et se prélassent dans cette chaleur d'emprunt.

La nuit a mis un terme à une journée terne et humide. Les vignes sont obscurcies, pareilles aux cases noires d'un jeu d'échec. Les voitures empruntent la RN 74 en traînant une guirlande de lumière dans leur sillage. Les phares n'éclairent que le bitume trempé. Les yeux des conducteurs se noient dans l'éblouissement du véhicule d'en face. Chaque cep est désormais laissé à lui même, ancré dans la rampe pierreuse qui mène au sommet des bois silencieux couronnant la colline. Délivrées de leur travail estival, les vignes dorment. Un renard foule d'une patte légère les sombres allées vertes. Les étourneaux qui forment une seule vague au-dessus d'elles, et qui les délestent de leurs fruits, sont nichés en masse sur un arbre dénudé. Dans leur sommeil, ils digèrent un festin de grand cru.

Il y a une heure, j'ai goûté le montrachet 1999 du domaine Comtes Lafon. Sous la terre, bien sûr. Les caves de Bourgogne sont toutes souterraines. Peut-être les blocs de calcaire qui m'entourent ont-ils été extraits de ces pentes. Comme d'habitude, Dominique Lafon n'a été avare ni de son temps ni de son vin. Il nous a parlé plusieurs heures durant, a répondu à nos questions et nous a livré ses impressions sur le millésime 2000, récolté il y a un mois ou deux. Mais ce ne sont pas des vins que nous goûtons. Beaucoup n'ont pas terminé leur première fermentation : ils sont râpeux et troubles. Nous dégustons l'avant-dernier millésime, le 1999, né il y a un an et qui approche de la fin de son élevage en fût. Les arômes du montrachet, évocateurs de pain et de fruit, ont la tendre suavité de la jeunesse, telle une dragée. En bouche, de franches saveurs de fruits frais s'imposent cependant. Dans la gorge (personne ne recrache ce vin, le fin du fin), le fruit nous hante, répandant encore sa chair parfumée. Nous venons de déguster le meursault Goutte d'Or, généreusement épicé, le meursault Genevrières, floral et miellé, l'onctueux meursault Perrières, l'élé-

gant et complexe meursault Charmes. Mais aucun, toutefois, ne présente l'élan du montrachet.

« Dans le vignoble, quelle différence faites-vous entre le meursault et le montrachet ? », ai-je demandé à Dominique Lafon. « Les vignes ont-elles une autre allure ? Portent-elles moins de fruits, des grappes plus petites, qui mûrissent plus vite ? Pourquoi ce vin est juste un peu meilleur que les autres, année après année ? » « Il n'y a aucune différence », me répond-il avant de marquer une pause. « C'est vrai, les vignes sont un peu plus vieilles, mais elles sont toutes identiques. Elles sont pareillement conduites et se comportent de la même manière. » Il hausse les épaules et sourit à l'idée que je devine ce qu'il va ajouter, tout en sachant qu'il serait malhonnête de ne pas le dire : « C'est la terre. Tout est là. Cela vient de ce qui est sous vos pieds. »

Le lendemain après-midi, je visite le domaine de Corton avec Jean-Charles Le Bault de La Morinière, du domaine Bonneau du Martray. Nous nous trouvons dans la partie occidentale du carrousel de collines qui domine le joli village de Pernand-Vergelesses. Les vignes, épuisées par le long été, ont perdu la plupart de leurs feuilles. Je plante mon bâton de pèlerin dans la marne, curieux de percer son mystère. Elle ne me révèle qu'une épaisse boue collante. Je pose les yeux sur la vallée, sur la colline d'en face. La pente que je foule s'y trouve reproduite fidèlement. Comme de ce côté-ci, les vignes baignent dans une lumière apparemment égale. Le vin qui provient de mon côté vaut environ 120 euros la bouteille, tandis que sur la colline d'en face, l'obscur Caradeux n'en coûte plus que 22. Et pourtant, même la marne semble identique. Alors pourquoi ?

Nous battons en retraite dans la cave pour déguster et discuter. Deux heures plus tard, nous en sortons avec les lèvres parfumées de corton-charlemagne, ragaillardis par ce vin blanc triomphant. En descendant sur la petite route, je consulte ma montre : 9 novembre, 16 h 35. Il est impossible d'ignorer Corton-Charlemagne, tant son vignoble brille au-dessus de nous dans la lumière. Posté à l'ouest de la vallée, le soleil darde ses rayons, comme une lampe qui illuminerait une tombe. Ils tombent à pic sur cette partie de la colline, coupant les vignes en une zone d'ombre et de lumière. La superbe colline, que j'admirais de l'autre côté de la vallée, deux heures plus tôt, a glissé depuis longtemps dans les ténèbres. Ce qui est vrai à 16 h 30, une après-midi de novembre, l'est encore plus à 9 h 30, un jour d'été. C'est à regret que le soleil quitte Corton-Charlemagne.

« Le vignoble de Bourgogne, fait remarquer Le Bault de La Morinière, est exposé à l'est et au sud. La grande exception est ici : nous sommes face à l'ouest. C'est extraordinaire parce qu'en juin, si vous venez à sept heures du matin, vous êtes en plein soleil. Si vous revenez à neuf heures du soir, rien n'a changé. Cela fait quatorze heures d'exposition

« Le terme "terroir" fait aussi bien référence au climat qu'à la nature des sols et des sous-sols. Voilà pourquoi nous utilisons le mot *climat* en Bourgogne. Ces parcelles correspondent toujours à des entités naturelles, qui sont rendues palpables par le caractère des vignes qui s'enracinent ici. L'âge des vignes et le "coup de patte" du maître de chai ont leur importance, mais c'est toujours le caractère de la vigne qui domine. »

HENRI JAYER, CITÉ DANS *ODE AUX GRANDS VINS DE BOURGOGNE* DE J. RIGAUX (1997)

◀ *En Bourgogne, les ombres qui s'allongent sont comme des personnages de contes. Ici, dans les Hautes Côtes, chaque minute de soleil compte dans la course à la maturité.*

ininterrompue. Ce soleil n'est pas féroce, parce qu'il ne vient pas du sud, mais il apporte une lumière fraîche.

À mon sens, cela influe sur la structure du corton-charlemagne, qui se distingue de celle des autres bourgognes blancs. Étonnant, ce vin garde toujours un pH extrêmement bas, un niveau d'acidité totale élevé, tout à fait naturel, ainsi qu'un bon potentiel alcoométrique. Un an après sa mise en bouteilles, il ne présente aucun intérêt. Il demande dix, quinze, voire vingt ans de garde. Le millésime à boire aujourd'hui est le 1976. »

Bien sûr, tous les vignobles obéissent à de multiples critères : il faut sonder la terre et étudier la façon dont elle est nourrie, sa vie biologique, son potentiel structurel ; sonder l'air, observer la position de la parcelle par rapport aux lignes topographiques voisines (monts et vallées) et par rapport à cette boule de feu qui flotte à 150 millions de kilomètres. Les vignes sont une sorte d'instrument naturel permettant de mesurer ces phénomènes, lesquels sont également soumis aux conditions climatiques de l'année et au savoir-faire de l'homme. Les vins sont les données fournies par ces instruments. Nous les lisons en les humant et en les goûtant.

En Bourgogne, tout cela est plus vrai qu'ailleurs. Charlemagne a offert ses vignes aux moines de Saint-Androche-de-Saulieu en 775. Pendant mille ans, les religieux les ont soignées pour la gloire de Dieu et la survie de leur ordre, jusqu'à ce que la Révolution française ne les dépossède. Chaque millésime a traduit différemment la beauté du lieu. Petit à petit, sur toute la longueur de ses 50 kilomètres, la Côte d'Or a révélé son potentiel. Caradeux ne pouvait offrir l'équivalent de Corton-Charlemagne, malgré tous les efforts des moines. Un terroir est ce qu'il est, et ne peut se surpasser.

En ce sens, il n'y a pas grand-chose de neuf sous le soleil de la Bourgogne traditionnelle. Cette région dispose sans conteste du système d'appellation le plus complexe qui soit, mais son gigantesque puzzle est un cadeau de l'histoire, un morceau d'anthologie géographique, qui reflète mille trois cents ans d'efforts humains. La compréhension des terroirs du Médoc est récente en comparaison des études menées en Bourgogne ; dans beaucoup d'autres régions de l'Hexagone, comme dans le Languedoc ou les villages du Rhône méridional, on continue même de gratter la surface de la terre pour en découvrir les arcanes.

Néanmoins, beaucoup de choses ont changé dans cette région, et il existe un nouveau visage de la Bourgogne, comme il existe un nouveau visage de la France. Au cours du siècle dernier, tous les efforts se sont portés sur la question de l'authenticité du vin de Bourgogne : il s'agissait de prouver que le bourgogne rouge n'était pas ce vin lourd, épais, presque sirupeux, épaulé par un alicante-bouschet languedocien ou par un carignan algérien, mais un vin au corps léger, au nez séduisant, à la grâce aérienne. Le défi du XXIe siècle est de produire ce style de vin avec le plus de régularité possible.

Cette tâche n'est pas aisée, car, entre tous, le bourgogne rouge est le vin le plus délicat à élaborer. Ce qui est vrai aujourd'hui devait l'être au Xe ou au XIIIe siècle. Dans l'histoire, de nombreux millésimes auront déçu les amateurs de bourgogne. La Bourgogne est une région viticole septentrionale où il est difficile d'obtenir une parfaite maturité du raisin en temps voulu, où la grêle peut tomber inopinément et où les gelées de printemps attendent sournoisement au coin du bois. En outre, le pinot noir (cépage du bourgogne rouge) présente des clones multiples. Avec sa pellicule fine, il se révèle sujet au pourrissement et sensible aux virus. Sa vinification s'apparente à une marche sur la corde raide et les écueils ne manquent pas : extraction excessive ou insuffisante, dureté, maigreur, excès d'acidité, neutralité désespérante (quand les rendements sont trop élevés et que les vins ont été surchaptalisés). Le bourgogne blanc issu à 100 % de chardonnay est plus facile à vinifier. Cependant, la négligence peut aisément le réduire à un caractère taciturne et fermé. Désormais, les vignerons luttent contre ces échecs et leur arme n'est autre qu'un travail fastidieux dans le vignoble et dans la cave.

Vignobles de plaine et containers emplis à ras bord de chardonnay ne peuvent favoriser l'expression du vin de Bourgogne. Tout est différent sur les pentes dorées qui s'étendent au-delà de ce paysage. ▶

La rotation des cultures permet à une ancienne parcelle viticole de se régénérer avant d'être à nouveau plantée de vignes et de produire un nouveau siècle de millésime.

Vers une meilleure expression

En Bourgogne, la biodynamie a eu plus de retentissement qu'ailleurs, et ce n'est peut-être pas un hasard. Ici, l'échelle est relativement réduite : les propriétés, à la tête d'une douzaine de parcelles en moyenne, rassemblent généralement une vingtaine d'hectares au plus. Les domaines prestigieux peuvent donc se permettre d'investir dans la main-d'œuvre que réclame la biodynamie (au moins deux fois plus d'heures de travail requises que pour l'agriculture conventionnelle). En outre, l'écologie semble une orientation séduisante dans une région aussi soucieuse de la notion de terroir. Partisans de la biodynamie, les grands domaines que sont Leroy, Leflaive et Lafon entraînent dans leur sillage d'autres propriétés de plus petite taille, lesquelles renouent ainsi avec des pratiques plus respectueuses de l'environnement que celles qui ont pu être privilégiées par le passé.

Dans la cave aussi, une certaine évolution se fait jour, qui n'est pas tant liée à l'usage que font les vignerons de leur raisin qu'aux soins qu'ils apportent à leurs travaux. La macération à froid préfermentaire a connu une certaine vogue au début des années 1990, sur les conseils de Guy Accad, mais il ne s'agissait là que de la redécouverte d'une pratique somme toute ancienne. Dès les années 1970, Henri Jayer, qui a désormais pris sa retraite, mais qui reste considéré comme le plus grand vigneron moderne de la Bourgogne, laissait son raisin macérer à froid pendant une semaine pour enrichir le moût des composants aromatiques contenus dans les pellicules sans extraire les tanins grossiers. En ce temps-là, les producteurs n'avaient pas les moyens de réchauffer ou de rafraîchir leurs caves et leurs cuves. La nature elle-même imposait souvent cette macération à froid. En effet, sous l'influence du climat semi-continental, l'automne tend à se manifester rapidement sur les régions septentrionales de France. « J'ai remarqué, dit Henry Jayer, que dans les millésimes marquées par une période de vendanges très fraîche (et donc par une certaine difficulté à faire démarrer les fermentations), les vins étaient plus fruités. Or, en pratiquant la macération à froid dans les années chaudes, grâce aux techniques de contrôle des températures, on obtient des vins également très fruités, équilibrés et complexes. »

Le pinot noir est un cépage rouge à peau très fine, sujet à la pourriture (*Botrytis cinerea* ou pourriture grise, comme on l'appelle lorsqu'elle prend une forme néfaste). Un travail rigoureux de la vigne, des vendanges soignées et un tri du raisin avant la fermentation sont les étapes essentielles d'une viticulture de qualité en Bourgogne. La mésaventure du millésime 1983 (année où beaucoup de vins ont été, de toute évidence, élaborés à partir de raisins qui n'étaient pas sains) ne se répétera probablement pas.

L'égrappage du raisin est plus fréquemment pratiquée qu'autrefois (le domaine de La Romanée-Conti constitue une illustre exception) et la surchaptalisation s'avère plus rare aujourd'hui que dans les années 1970 ou 1980. Les producteurs acceptent plus volontiers de risquer le tout pour le tout afin de vendanger des raisins plus mûrs. Ils reconnaissent que de faibles rendements sont essentiels pour que le bourgogne reflète son terroir. Presque tous les domaines sérieux préfèrent les levures sauvages aux levures de culture. En revanche, le niveau d'extraction des raisins rouges reste encore très variable selon les produc-

Jean-Marie Guffens

Un Belge chez les Bourguignons, toujours prêt à parler de ses collègues avec la tendresse d'un boxeur sur le ring. Jean-Marie Guffens est un peu le paria de la Bourgogne. Au village, chacun y va de sa citation favorite. Cependant, Jean-Marie Guffens est aussi un viticulteur exigeant, un artisan passé maître dans sa technique et un judicieux analyste des réalités bourguignonnes. En 1990, quand il a fondé Verget avec Jean Rijckaert, personne ne pensait que ce micronégociant exigeant pouvait jouer un rôle si important en Bourgogne, un rôle influent qui s'est même étendu à la vallée du Rhône et au Languedoc. Le style dépouillé, presque monacal, de Verget peut déplaire à ceux qui ont été habitués aux arômes beurrés et briochés traditionnels du bourgogne blanc. Pourtant, il est indéniable que ses vins offrent une dimension propre au terroir, bien supérieure à celle développée par la production de beaucoup d'autres négociants. La présence de Jean-Marie Guffens a été un vecteur de qualité en Chablis comme en Mâconnais. C'est d'ailleurs dans son domaine Guffens-Heynen, en Mâconnais, qu'il se place à l'avant-garde de la qualité. Avant Guffens, peu d'amateurs imaginaient qu'un mâcon-Pierreclos ou même qu'un pouilly-fuissé pouvaient rivaliser avec un corton-charlemagne ou un bâtard-montrachet. Désormais, c'est chose admise.

teurs et les *villages*. Beaucoup de vignerons pensent que le début des années 1990 a été marqué par une extraction excessive et que cette pratique dénature la personnalité du bourgogne, ainsi que l'élégance de son expression aromatique. *A contrario*, d'autres accueillent avec enthousiasme cette méthode censée renforcer la profondeur et la structure d'un vin qui pêche souvent par manque de charpente. À la fin des années 1990, la plupart des producteurs ont adopté une approche plus réfléchie de l'extraction. Depuis, moins de vins paraissent grossièrement colorés ou bien maigres et souffreteux.

L'extraction, bien sûr, n'est pas la seule clé de l'équilibre et de la richesse d'un vin. D'autres facteurs jouent un rôle, comme le soutirage, le collage et la filtration. Combien de temps faut-il garder un bourgogne en fût avant de le mettre en bouteilles ? Dans quelle mesure faut-il coller et filtrer afin de s'assurer que le vin embouteillé restera stable ?

À la vérité, comme le notera toute personne venue en Bourgogne pour déguster des vins tirés directement de la barrique, tous les bourgognes rouges devraient être vendus en fût. Car, ces vins détestent être mis en bouteilles. Ils présentent une telle délicatesse, leurs qualités d'excellence sont si intimement associées à des nuances fragiles, que tout collage et toute filtration sont dommageables. Il faut de l'intuition pour choisir le moment propice à la mise en bouteilles, évaluer la durée idéale d'élevage en fût neuf qui contribuera à enrichir le vin sans l'assécher ou l'écraser. Le crédit revient aux critiques américains et aux importateurs, tels Robert Parker, James Suckling, Peter Vezan et Kermit Lynch, d'avoir exhorté les producteurs à abandonner le collage et la filtration préventive qui stérilisaient et vidaient leurs vins de toute substance (ces pressions ont été exercées sur pratiquement tous les grands domaines bourguignons). Je vois peu de signes de l'avènement tant redouté de « bombes bactériologiques à retardement », annoncé par Hugh Johnson et James Halliday. Aujourd'hui, beaucoup de producteurs vendent une version non filtrée de leurs vins aux seuls États-Unis. À mon sens, les acheteurs et importateurs des autres marchés sont coupables de ne pas l'exiger.

Le nouveau visage de la Bourgogne apparaît bel et bien dans des vins plus expressifs, plus ronds et plus concentrés, grâce à l'amélioration de la qualité des raisins, à la réduction des rendements, au plus grand soin apporté à l'élaboration du vin et à l'abandon des pratiques grossières de filtration.

Anne-Claude Leflaive

Dans les domaines familiaux, le changement le plus profond ne relève pas des techniques viticoles, mais d'une philosophie viticole environnementale. Les « progrès » de la science ont paru bénéfiques à la génération de l'après-guerre. Aujourd'hui, il est difficile de trouver un seul grand producteur français qui ne les ait pas complètement abandonnés (en pratiquant l'agriculture biologique ou la biodynamie) ou réduits (en pratiquant la viticulture raisonnée). Anne-Claude Leflaive ne fait pas exception à la règle.

Arrivée au Domaine Leflaive en 1990, elle l'a cogéré jusqu'en 1994. Depuis, elle est seule à la barre. Ses 22 hectares sont merveilleusement situés : 2 hectares en chevalier-montrachet et 2 hectares en bâtard-montrachet, ainsi qu'une parcelle de montrachet, dont le vin est vendu à la bouteille. Parmi les premiers crus figurent près de 5 hectares de puligny-montrachet Clavoillon. Des vignes précieuses, en d'autres termes, dont l'âge moyen varie entre vingt-trois ans en puligny-montrachet Clavoillon et cinquante ans en montrachet.

Anne-Claude Leflaive a opté pour une approche prudente de la biodynamie en 1990. Son agent britannique, Adam Brett-Smith de chez Corney & Barrow, se souvient d'avoir procédé à une dégustation verticale à l'aveugle de six millésimes : les vins provenant des parcelles cultivées selon les principes de la biodynamie étaient bien supérieurs à ceux des parcelles conduites de manière conventionnelle. En 1997, le domaine a été converti à la biodynamie. Collage et filtration ont été abandonnés. Désormais Anne-Claude Leflaive s'est lancée dans une nouvelle campagne : protéger les vignes de Bourgogne des organismes génétiquement modifiés (OGM).

▶

Bourguignon au pays des Bourguignons

Fils d'un médecin du VIe arrondissement, Claude Bourguignon a grandi à Paris, et a répondu à l'appel de la nature dans le plus urbain des environnements. Il a créé un club d'ornithologie et a entrepris de dresser la liste de tous les oiseaux de proie nichant dans la capitale. Ce fut la première étape d'un long parcours qui lui a permis de devenir le pédologue le plus influent de la France viticole. C'est un peu au nord de Dijon qu'il s'est installé pour travailler. Son influence est particulièrement importante en Bourgogne, où sur la liste de ses clients figurent les noms de La Romanée-Conti, de Leflaive, de Lafon, de Lafarge et de Trapet. Tous ces domaines se plient aux principes de l'agriculture biologique ou de la biodynamie. Convaincu des effets dangereux pour la vie microbienne du sol des béquilles chimiques, Bourguignon conseille ces domaines afin qu'ils puissent améliorer l'activité des millions de créatures minuscules installées dans un sol sain (des champignons, des algues, ainsi que des bactéries). « La fermentation bactériologique, explique-t-il, est à l'origine de toute vie ». Les engrais chimiques, les pesticides et les herbicides utilisés en agriculture conventionnelle tuent la moindre activité dans le sol. Bourguignon a souligné qu'il y avait moins de vie microbiologique dans certaines aires de Bourgogne que dans le désert du Sahara. Les composts, l'enherbement, les modes traditionnels de labour (La Romanée-Conti préfère désormais le cheval au tracteur) sont les trois moyens de revitaliser le sol. Ce pédologue confirme que les parcelles cultivées selon les principes de la biodynamie contiennent, au plus profond de leurs entrailles, une vie microbienne plus dense que les parcelles biologiques (les niveaux relevés dans les couches supérieures du sol sont similaires). Il est impressionné par le niveau d'activité relevé dans les préparations à base de corne, utilisées par les biodynamistes. En outre, comme le décrit Bourguignon dans son remarquable livre Le Sol, la terre et les champs *(Éd. Sang de la terre, Bornemann, 2002), 88 % des plantes (dont, bien sûr, la vigne et le raisin) sont constitués de carbone et d'oxygène photosynthétisés. Pour l'agriculture conventionnelle, le sol est l'unique source de tout développement, pour la biodynamie, ce qui se trouve au-dessus et en dessous du sol est aussi important.*

Etienne Grivot

« Une fois le vin en bouche, rien ne doit accrocher. Il doit être comme une caresse ». Cette perfection, Étienne Grivot la doit à d'incessantes expériences dans les années 1980, qui lui ont notamment permis de travailler avec le consultant Guy Accad et de miser sur la macération préfermentaire à froid. Accad, dit-il, l'a aidé à donner à son vin la profondeur qui lui manquait. Étienne Grivot applique toujours cette méthode, mais la prolonge moins que par le passé. « Mon obsession est de préserver la fraîcheur ». Il se déclare « contre les vins trop concentrés » et parle de la maîtrise de l'extraction comme si les grappes devaient être posées sur un foulard de soie. Sa conception des vendanges à maturité est plus intuitive que dogmatique. Il n'utilise plus que des levures indigènes, en évitant tout collage ou filtration, et embouteille uniquement par gravité. Les vins de Grivot sont emblématiques du nouveau visage de la Bourgogne. C'est un peu comme si la quiétude de Grivot transparaissait dans le charme de son richebourg, dans la grâce somptueuse de son vosne-romanée-Beaumonts, dans la pureté fruitée de son clos vougeot ou dans la richesse scintillante de son échézeaux. Il se reconnaît une dette vis-à-vis du Nouveau Monde (il a travaillé pendant six mois en Californie). « L'amélioration de la qualité du vin français est liée au défi lancé par les vins du Nouveau Monde. C'est clair ». Étienne Grivot se considère d'abord comme un viticulteur, puis comme un Bourguignon. « C'est merveilleux de voir que les grands producteurs peuvent former une même famille dans le monde entier. »

◄

Qui fait le bourgogne ?

Autrefois, les négociants élaboraient et vendaient le bourgogne au monde entier. Ils ne possédaient pas de vignes, lesquelles, depuis la Révolution, avaient été morcelées entre une multitude de propriétaires. Il y a trente ans, la situation bourguignonne présentaient quelques ressemblances avec la Champagne d'aujourd'hui : on comptait des milliers de producteurs, mais pour les consommateurs, seule une douzaine de noms régnaient en maîtres.

Cependant, une différence de taille séparait la Bourgogne de sa voisine septentrionale. La Champagne forme une seule et même appellation d'origine. La Bourgogne en rassemble plus de cinq cents si l'on tient compte des nombreux *climats*. La plupart des négociants ne cherchaient pas à exprimer les nuances subtiles et parfois imperceptibles existant entre les différents vignobles. Et parfois, ils avaient bien peu de bons vins. Toutes les conditions étaient réunies pour que les producteurs prennent leur destin en mains, pour qu'ils vinifient et commercialisent leurs vins. Au cours de la seconde moitié du XXe siècle, ils ont été de plus en plus nombreux à vinifier. Dans l'intervalle, bien des négociants ont disparu ou ont été rachetés.

Les résultats ne se firent pas immédiatement sentir, car souvent, cette première génération de vignerons indépendants ne disposaient pas des compétences de vinification nécessaires pour produire de grands vins. Au cours des premières décennies du XXIe siècle, leurs fils et leurs filles, leurs petites-filles et leurs petits-fils prendront les commandes. La nouvelle génération, déjà en place, possède les connaissances viticoles et il est indéniable que les plus grands vins rouges et blancs de Bourgogne sont produits par ces viticulteurs indépendants, parmi lesquels Jean-François Coche, Étienne Grivot, Dominique Lafon, Emmanuel Rouget ou Vincent Dauvissat.

Mais une tendance inverse apparaît aujourd'hui. En raison d'un partage familial ou de la fin d'un contrat de métayage, les producteurs compétents estiment parfois ne pas détenir assez de vignes et deviennent eux-mêmes de petits négociants. Parmi ceux qui ont choisi cette voie (à partir de situations de départ très variées), citons Olivier Leflaive, Jean-Marie Guffens, Dominique Laurent, Nicolas Potel, Gérard Boudot de Sauzet et Jean-Nicolas Méo du domaine Méo-Camuzet. Ces micro-négociants de la nouvelle vague produisent des vins fins, qui rivalisent avec ceux des meilleurs domaines. D'autres ont choisi d'émigrer vers les nouveaux horizons que leur propose la France viticole pour produire du vin avec le même goût du détail, mais en plus gros volumes, comme le font maintenant Dominique Lafon dans le Mâconnais, Jacques Seysses dans le Var ou Jean-Marie Guffens dans le Luberon. Dans le même temps, la plupart des grands négociants qui ont survécu ont également misé sur la qualité afin de concurrencer les meilleurs producteurs indépendants. Les vins d'exception de Jadot, de Drouhin ou de Bouchard Père et Fils (maison étonnamment dynamique, dirigée par Joseph Henriot) le prouvent.

L'aventure de la terre

Chablis, Côte d'Or, Côte Chalonnaise, Mâconnais et Beaujolais : ces cinq régions constituent la haute Bourgogne. Dans cet ouvrage, le Chablis et le Beaujolais font l'objet de chapitres distincts. Le Beaujolais mérite certainement un traitement spécial, car son cépage et ses sols se distinguent de ceux de la haute Bourgogne. Apparemment, tel n'est pas le cas du Chablisien : le chardonnay implanté dans le calcaire est typique de la haute Bourgogne. Néanmoins, le chablis présente un caractère bien marqué qui le lie plus intimement aux vins de la chaîne kimméridgienne, laquelle court des aires du sancerre et du pouilly-fumé jusqu'au département champenois de l'Aube.

Suivons, sur toute sa longueur, la région de la **Côte d'Or**, située entre Dijon et Chagny ; puis la **Côte Chalonnaise**, entre Chagny et Saint-Boil, qui s'étire jusqu'au sud-ouest de Chalon-sur-Saône ; enfin, le **Mâconnais**, berceau confortable pour la vigne, à l'ouest de Tournus et de Mâcon.

La Côte d'Or

Aimez-vous les mots croisés ? Posez-vous des équations différentielles dans le train, en rentrant chez vous le soir ? Si vous avez le goût de la complication, la Bourgogne a de quoi vous réjouir dans le domaine des vins. Entre les appellations communales, les grands crus, les premiers crus et les appellations sous-régionales, on ne compte plus les aires délimitées sur ce territoire de vignes, long de 50 kilomètres. Pourquoi ? Je vais essayer de vous l'expliquer le plus simplement possible.

Il est courant de représenter les appellations de Bourgogne sous la forme d'une pyramide. Tout en bas, nous placerons les appellations régionales : bourgogne ordinaire (vin issu principalement de gamay plutôt que de pinot noir), bourgogne rouge (pinot noir), bourgogne blanc (chardonnay) et bourgogne-aligoté (cépage aligoté).

Juste au-dessus se trouvent les appellations sous-régionales : bourgogne-hautes-côtes-de-nuits et bourgogne-hautes-côtes-de-beaune pour les aires sises en coteau. La Côte d'Or est également divisée en deux parties : la Côte de Nuits (entre Dijon et Nuits-Saint-Georges) et la Côte de Beaune (entre Beaune et Chagny). L'appellation côtes-de-nuits-villages correspond aux petites communes de Premeaux-Prissey, Comblanchien, Corgoloin Brochon et Fixin. À ne pas confondre avec les côtes-de-beaune-villages, AOC de substitution pour les vins rouges d'appellations communales de la Côte de Beaune (noter aussi l'existence de la petite AOC, assez faible, côte-de-beaune).

Grimpez un peu plus haut dans la pyramide et vous trouverez les vingt-cinq *villages* (ou communes) de la Côte d'Or. Chacun dispose de sa propre AOC. Parmi les plus célèbres, gevrey-chambertin, nuits-saint-georges et meursault. Rien de plus simple !

La plupart des *villages* – reprenez votre souffle – possèdent un certain nombre de premiers crus, dont le nom peut figurer sur l'étiquette : vous verrez ainsi l'appellation nuits-saint-georges Les Cailles premier cru contrôlée, ou l'appellation meursault Les Genevrières premier cru contrôlée. C'est là que tout se complique, car il existe plus de quatre cent cinquante premiers crus en Bourgogne (Beaune seule en compte quarante-quatre). Pour ajouter au casse-tête, des lieux-dits, sans statut de premier cru, peuvent apparaître sur les étiquettes des vins de *villages*. Ce qui complique tout, c'est que certains premiers crus sont aussi des lieux-dits (autrement dit, une partie de la parcelle est en premier cru, et une autre est seulement délimitée en appellation *village*). Les premiers crus peuvent appartenir à plus d'un village à la fois (ou être attachés à un village si le vin est blanc, et à un autre si le vin est rouge, comme c'est le cas pour le

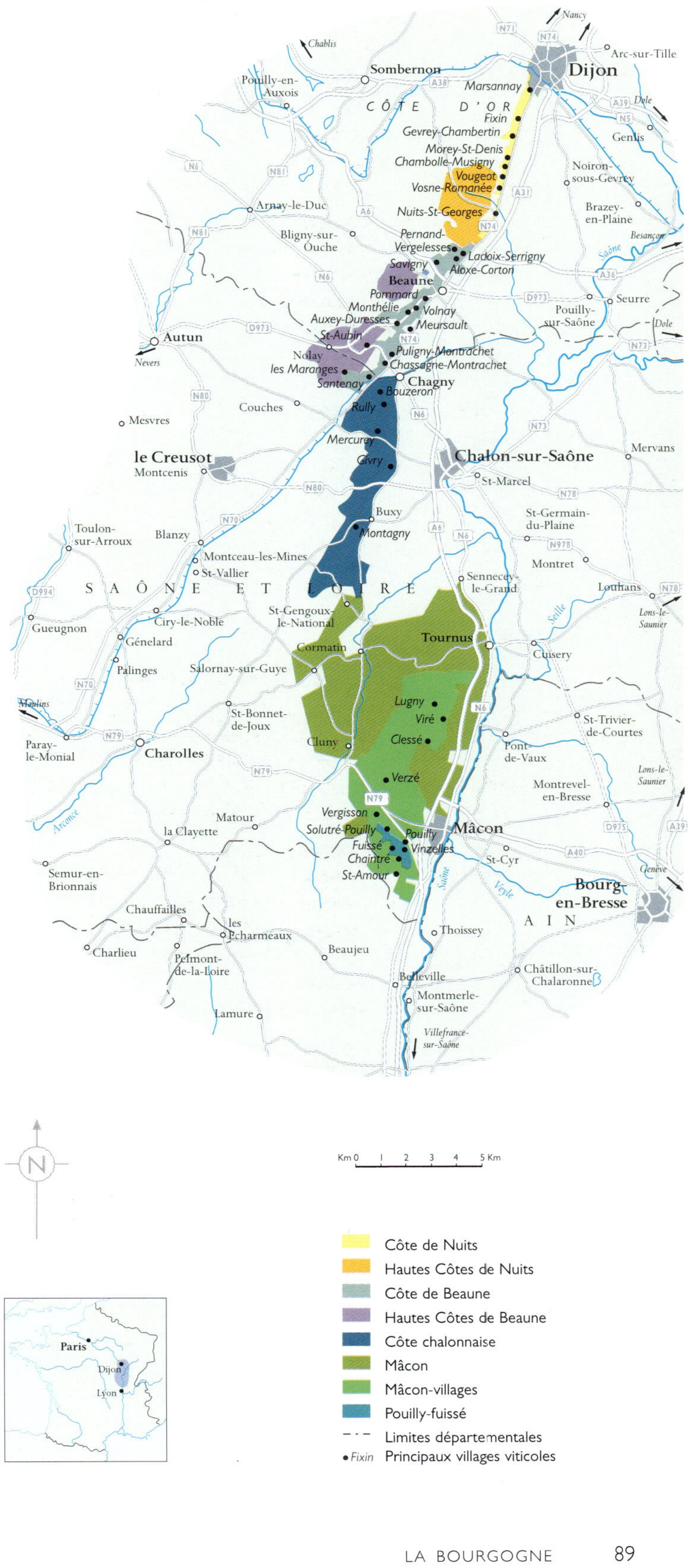

blanc de meursault Santenots et le rouge de volnay Santenots). Les vins issus d'un assemblage de premiers crus peuvent être vendus avec la mention « premier cru » sans précision du nom du vignoble. Et les mêmes noms se retrouvent dans différentes communes (par exemple, Beaune et Santenay ont tous deux un Clos des Mouches), sans parler de l'orthographe des toponymes qui varient considérablement.

Il me faut préciser que les premiers crus de Bourgogne offrent aux dégustateurs certains des plus jolis noms du monde. Fixin possède un premier cru Queue de Hareng, chambolle-musigny un cru Les Amoureuses, vosne-romanée réunit de mauvais compagnons, Les Malconsorts, meursault revendique une Goutte d'Or, blagny se place Sous le Dos d'Âne, saint-aubin Sur le Sentier du Clou, et chassagne-montrachet a des Dents de Chien.

Au sommet de la pyramide figurent les grands crus. Il en existe trente en Côte d'Or, qui ne font aucune référence au village auxquels ils sont rattachés : appellation chambertin contrôlée, par exemple, ou appellation la grande rue contrôlée. Sur l'étiquette, la mention grand cru doit apparaître. Cependant, le prix vous aura déjà mis la puce à l'oreille.

Quelle réalité se cache sous ce système si complexe ? Géologiquement (voir. p. 64), la Bourgogne ressemble à l'Alsace. À première vue, elle paraît être un terroir baigné de soleil, formé de jolis coteaux et d'une vallée sillonnée par une rivière, la Saône. Comme le Rhin en Alsace, la Saône a tracé ses méandres sur quelques millions d'années, assez loin des vignobles actuels. Un système de failles a séparé la vallée et a permis à la rivière de se faufiler en déposant ses sédiments. Ce chenal géant est un fossé d'effondrement. Le versant est de cet escarpement de failles regarde le Jura, curieux jumeau quelque peu défavorisé de la Bourgogne (l'Alsace aussi a son jumeau, de l'autre côté du fossé du Rhin : le Bade-Wurtemberg en Allemagne).

La longue côte nord-sud où prospèrent les vignes de Bourgogne est interrompue par d'autres petites failles et par quelques plateaux. Des ruisseaux sont descendus des collines pour former les petites vallées latérales appelées combes. La Côte d'Or est ainsi fragmentée en mille morceaux.

Le calcaire et les marnes (argileuses) dominent et se déclinent sous des formes variées. À Comblanchien, village qui marque la zone de transition entre la Côte de Nuits et la Côte de Beaune, la roche affleure et remplace la vigne dans le paysage. Une couche de calcaire s'est formée dans une mer préhistorique abondamment fournie en huîtres, dont les coquilles se sont déposées, au fil des millénaires, en son fond. Ces coquillages fossiles ont formé les magnifiques dalles nacrées que l'on découpe aujourd'hui à Comblanchien. Cette pierre, qui ne s'est pas recristallisée, ressemble néanmoins au marbre par son aspect brillant. Elle est teintée d'un rose très pâle par les oxydes de fer précipités au cœur de la structure calcaire à un stade précédent de son évolution géologique.

▲ *Les vignobles implantés à mi-pente ont été parfaitement dotés par la nature. Leurs vins résistent remarquablement au temps.*

Des failles, des plis et des combes se sont desssinés dans les calcaires ou les argiles, auxquels sont venus se mêler les éboulis et les cailloux descendus des pentes. La Côte d'Or est complexe sur le plan géologique. Mais vous n'y entendrez pas la symphonie de l'Alsace. Cette région nous joue une petite musique proche de celle des *Variations Goldberg* de Bach : exquise, brillante et extrêmement nuancée. Des milliers de viticulteurs ont goûté, pendant des milliers d'années, les subtilités des vins issus de leurs différentes parcelles. Ils les ont notées, commentées. Aujourd'hui intégrées au système d'appellation, elles constituent un défi pour la nouvelle génération et une source d'inspiration. « En 1936, le législateur n'a fait que confirmer les observations empiriques de nos ancêtres », a déclaré Henri Jayer. « N'oubliez pas qu'avant d'être consacrée officiellement, la classification se faisait dans le verre et qu'elle était effectuée par des gens qui savaient goûter le vin. »

La Côte de Nuits

La Côte d'Or commence dans la banlieue de Dijon, à Chenôve. En réalité, cependant, c'est à **Marsannay** – seul village bourguignon autorisé à produire des vins rouges, blancs et rosés – que la vigne l'emporte sur l'urbanisme. C'est ici que prennent naissance les coteaux de la Côte de Nuits ; de moindre altitude qu'au sud, ceux-ci portent encore dans leur sol les alluvions de la rivière. Aussi, les marsannay (dont la plus grande partie des 225 hectares est consacrée aux vins rouges et rosés) sont-ils légers, clairs, frais et délicats. Les vins de la commune voisine, **Fixin**, sont presque tous rouges et relativement charnus : la pente se réchauffe. Après Fixin, vient le village de Brochon. Les vins provenant de ces terres plates d'argile schisteuse sont vendus sous l'AOC régionale bourgogne. Tout près de là, la côte s'élargit et la vigne gagne les pentes de Gevrey-Chambertin. La Côte de Nuits dévoile alors toute sa puissance.

Au sud du village de **Gevrey-Chambertin**, se trouve la combe de Lavaux, première des grandes vallées de la Côte d'Or. Au nord de la combe, perchés sur une colline qui domine le village, les premiers crus se répartissent sous différentes orientations, de l'est au sud, dont dépend la qualité du vin. Au milieu, se trouve le remarquable Clos Saint-Jacques, l'un de ces premiers crus qui, selon les Bourguignons, a tout d'un grand. Au sud de Gevrey apparaît le premier grand cru de la Côte d'Or, le majestueux chambertin. Puis, voici la combe Ambin, à Chambolle-Musigny. Le coteau du chambertin descend vers le sud, embrassant les grands crus clos de la roche, clos saint-denis, clos des lambrays, clos de tart et bonnes-mares, avant d'atteindre le village de Chambolle. Subdivisé, le chambertin est – inévitablement – soumis à un ordre hiérarchique. En haut de la pyramide : chambertin et chambertin-clos-de-bèze, puis chapelle-chambertin, griotte-chambertin, latricières-chambertin, mazis-chambertin et charmes-chambertin (ou son autre nom, mazoyères-chambertin), tous ex æquo sur la seconde marche du podium.

Sur la célèbre RN 74, vous découvrirez le schéma bourguignon classique : les meilleures vignes se situent à mi-pente. C'est là que le soleil est le plus chaud, le drainage parfait, et le sol souvent plus caillouteux et plus léger, en raison de l'érosion, laisse affleurer le calcaire en surface.

Au sommet du coteau, à proximité des bois, les terroirs sont un peu plus frais et le calcaire plus dur. Au pied de la pente, les sols s'enrichissent et s'humidifient ; la roche mère reste profondément enfouie.

Chambertin et certaines des parcelles qui lui sont associées constituent une exception, toutefois, puisque le grand cru s'étend au sommet de la colline, juste en dessous des bois qui couronnent traditionnellement la Côte d'Or (à l'image des Vosges en Alsace). Les grands crus de **morey-saint-denis** sont plus typiques : les parcelles délimitées en premier cru et en *village* se situent aussi bien en bas de pente qu'en haut. Le gevrey-chambertin est un vin expressif, aromatique et charpenté ; le morey-saint-denis joue sur l'élégance et le fruit.

Au niveau de **Chambolle-Musigny** et de sa combe (sous laquelle ont surgi autrefois des sources tumultueuses), tout se complique. Les eaux ont déposé des cailloutis calcaires à Chambolle. La nature du sol, associée à l'air frais qui descend de la combe, explique le caractère raffiné des vins rouges produits en ce point de la Côte d'Or. Le cône de déjection de la combe constitue un sol de moindre qualité autour du village, mais en reprenant la route vers le sud, le musigny, le clos de vougeot, les grands échézeaux et les échézeaux ne tardent pas à apparaître à mi-pente, comme tout grand cru qui se respecte. Après une étonnante petite percée des premiers crus Les Suchots, Les Beaux Monts et Aux Brûlées, qui interrompt momentanément la grande avenue de grands crus, les plus grands de tous les grands se profilent : richebourg, la romanée, la romanée-conti, la romanée saint-vivant, la grande rue et la tâche. Pour ceux qui attendait du spectacle, la douceur de la pente est surprenante. Un grand vin rouge de Bourgogne doit être parfumé, léger, aérien, tendrement fruité dans sa jeunesse, puis subtilement animal dans la force de l'âge, apparemment délicat et pourtant infiniment puissant et plein. Ces grands crus devraient incarner cet idéal. Ils y parviennent parfois.

Sous l'appellation *village* chambolle apparaît un vin élégant, aromatique et séduisant. Ce sont des qualités qu'il partage avec les grands crus bonnes-mares et le délicat musigny. Le **vougeot** et le **vosne-romanée** sont plus sombres et charpentés. Les 50 hectares du clos vougeot sinuent le long de la route sur un terroir marneux recouvert d'un sol épais, qui n'a rien de plus qu'un terroir d'appellation communale. Pourtant, ces vignes sont classées en grand cru. Pourquoi ? Les magnifiques murets du clos, dont les origines remontent à l'an 1110, ont été érigés il y a cinq siècles. L'INAO n'a pas souhaité diviser ce que les moines de Cîteaux avaient réuni. Quatre-vingts propriétaires se partagent donc aujourd'hui le clos, dont les vins issus de la partie supérieure du vignoble ressemblent très peu à ce que produisent les jeunes vignes en bas de pente.

Pourquoi la terre est-elle meilleure au-dessus du village de Vosne-Romanée ? Grâce à une constitution simplissime : le sol épais d'un mètre mêle un cailloutis de calcaire et de marne à un peu de sable léger, et recouvre une matrice de calcaire crinoïde doucement inclinée, comme il est si fréquent d'observer à mi-pente. Les racines de la vigne apprécient ces sols riches en fossiles marins, auxquels l'argile assure une bonne régulation hydrique. Qui plus est, les parcelles sont ensoleillées et bien protégées. Mais l'histoire a également joué un rôle. Ces terroirs étaient déjà célébrés au XIIe siècle par les moines avant de bénéficier de l'engouement de la noblesse et des favorites des rois pour leurs vins. Leurs propriétaires les ont chéris comme des joyaux. Si ces terres étaient plantées de gamay ou de merlot, et si elles produisaient 100 hl/ha, nous serions moins tentés de leur accorder un si grand mérite.

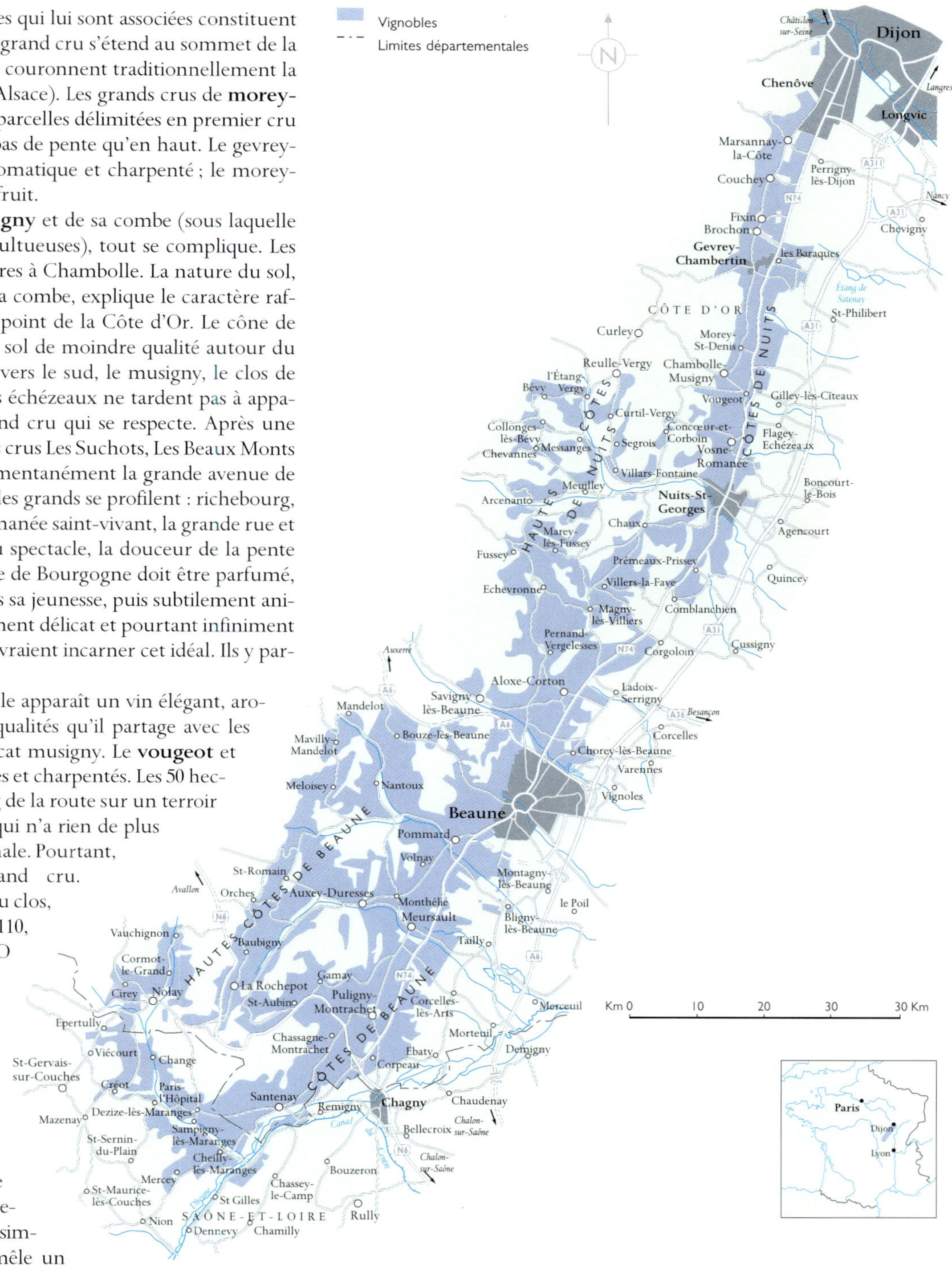

Après Vosne-Romanée, la Côte de Nuits prend un nouveau visage, car le Meuzin surgit au milieu des coteaux ; la petite ville de **Nuits-Saint-Georges** se trouve sur le terroir formé par cette rivière. Au sud de Nuits, on retrouve la topographie classique de la Côte, avant que la pierre dure du comblanchien n'envahisse le paysage depuis le sommet du coteau, effaçant toute présence de la vigne (la topographie très rude compliquerait la viticulture dans cette aire). Reste que les premiers crus de nuits-saint-georges, notamment ceux situés au sud de la commune, confirment la règle selon laquelle les meilleurs vins naissent à mi-pente. Leur terroir attire le soleil comme dans un piège et produit des vins éclatants, parfumés telle une corbeille de fruits rouges.

▲ *Demain ou peut-être après-demain… Il n'est jamais facile de choisir le meilleur moment pour vendanger.*

La Côte de Beaune

« Bizarre, vous avez dit bizarre ». La Côte de Nuits se trouve au nord de la Côte de Beaune. Pourtant, c'est bien en Côte de Beaune que naissent les plus grands vins blancs de Bourgogne, alors que les vins rouges constituent la spécialité de la Côte de Nuits. Pourquoi ? Le viticulteur Henri Jayer et l'écrivain Jacky Rigaud défendent la méthode empirique. Dans toute la Côte d'Or, on plante du pinot noir depuis mille ans ; la présence du chardonnay est beaucoup plus récente. Au départ, ce cépage blanc a été planté un peu partout dans les vignobles de Bourgogne, mais on s'est aperçu qu'il donnait de bien meilleurs résultats au sud. Les différences climatiques sont minimes sur 30 kilomètres (et selon Jayer, la Côte de Nuits est plus fraîche et plus sèche que la Côte de Beaune). Ce qui semble avoir fait la différence, dans les premiers temps, c'est l'abondance de marne en Côte de Beaune par rapport à la Côte de Nuits, plus calcaire.

La Côte de Beaune, qui couvre deux fois la superficie de la Côte de Nuits, est certes célèbre pour ses vins blancs, mais la plus grande partie de sa production est rouge. Quand on observe le paysage et que l'on étudie la géologie, on s'aperçoit que la ligne de coteaux si caractéristique de la Côte de Nuits s'interrompt et se disloque dans la Côte de Beaune. Les vignes s'étalent et se tournent vers le sud plutôt que vers l'est. Les sols sont également moins uniformes.

Tout commence, avec brio, par la Montagne de Corton, réponse de la Côte de Beaune au Chambertin de la Côte de Nuits. Corton est une estrade haut perchée, allongée, couronnée de bois, qui décline au sud-est vers les villages d'**Aloxe-Corton** et de **Ladoix-Serrigny**, toute sculptée à l'arrière par de petits cours d'eau fugitifs. À l'intersection des cours d'eau se trouve **Pernand-Vergelesses**. L'ensemble de la Montagne est classée en grand cru, soit une aire étonnamment vaste de 148 hectares. Jusqu'au milieu du XIXe siècle, elle ne produisait que du vin rouge. C'est alors que fut découvert progressivement le potentiel du chardonnay cultivé sur les pentes les plus élevées, là où les marnes prennent une couleur blanche : nous sommes du côté de Pernand, sur un terroir qui regarde vers l'ouest, appelé En Charlemagne. Ici naît le corton-charlemagne blanc, tandis que les sols plus rouges, renfermant davantage de fer, produisent du corton rouge.

La Montagne de Corton admet plus de vingt *climats* différents. Parce que les corton blancs se vendent à des prix plus élevés que les corton rouges, le chardonnay s'étend progressivement au sommet de la colline.

La combe de Pernand n'est pas la seule à interrompre la ligne de coteaux. Le Rhoin, petite rivière, surgit après **Savigny-lès-Beaune,** accompagné le long de son cours de coteaux aux expositions et aux sols fort distincts. Un vaste vignoble s'étend sur des terres planes derrière **Chorey-lès-Beaune**, et produit en abondance en un vin léger, d'appellation *village*. Les meilleurs premiers crus de Pernand et de Savigny ont de l'allant et des tonalités de framboise.

À **Beaune**, principale ville de la Côte d'Or, la pente est interrompue de petites combes et s'éloigne assez abruptement des bois qui la couronnent. Il est difficile pour la vigne de trouver une place à mi-pente, alors que, plus au nord, cette situation médiane fait la splendeur des échezeaux, des musigny ou des bonnes-mares. De ce fait, il n'y existe aucun grand cru, mais une multitude de premiers crus installés tantôt sur des sols abrupts et caillouteux, tantôt sur des terroirs plus plats et plus riches (certains *climats*, comme Les Grèves, bénéficient des deux types de sols). Beaune présente toutes sortes de facettes, mais les vins les plus caractéristiques sont fins, élégants et souples.

Pommard fait figure de marginal, car ses meilleures vignes n'occupent pas les pentes proches du village, de chaque côté de la combe, mais plutôt les terres basses et plates qui l'entourent. Plus étrangement encore, ses premiers crus donnent naissance à des vins rouges

▲ *Pour élaborer un grand vin, le raisin doit être parfaitement sain. Un tri sévère, éliminant les mauvaises grappes, ne doit jamais être négligé.*

de teinte profonde, évocateurs de prune et même de cacao, à la matière charpentée. L'origine d'un tel profil organoleptique semble résider dans la présence d'oolithe ferrugineuse. Dans la partie centrale de ce terroir assez plat, cette formation a été ramenée à la surface à la faveur de petites failles, lessivée par la pluie et le gel. L'un des *climats* porte le nom de Rugiens en référence à la couleur rougeâtre du sol. En dessous, se trouvent d'épaisses marnes, semblables à de l'argile et qui créent ce que l'on pourrait appeler un mini-effet Petrus ; pommard est le pomerol de la Bourgogne. Le village suivant, **Volnay**, offre une situation similaire, à ceci près que les sols rouges, riches en fer, sont plus dispersés et mêlés de cailloutis calcaires et de marnes brunes. Les premiers crus (généralement d'une grande qualité) remontent jusqu'au sommet du coteau, là où les sols apparaissent plus légers et plus minces. Les meilleurs volnay semblent trouver un compromis entre la chair des pommard et la grâce des beaune.

Que nous réserve la suite du voyage ? De belles complications. La Côte de Beaune se divise en fourche : d'un côté, une route grimpe vers les coteaux ; de l'autre, une route descend vers le sud. Alors grimpons !

Monthélie se trouve juste à côté de Volnay, mais s'oriente davantage vers le sud. Deux combes encadrent le village, puis le coteau disparaît complètement à l'endroit où s'ouvre une vallée latérale, entre **Auxey-Duresses** et **Saint-Romain** (cette dernière commune se trouve en Hautes Côtes de Beaune, mais dispose de sa propre appellation depuis 1967). Plus au sud, **Blagny**, Gamay (village non consacré en appellation) et **Saint-Aubin** font partie d'un chapelet de villages installés sur une ligne de crêtes, producteurs de vins rouges frais et légers, ainsi que de vins blancs honnêtes. Un peu plus bas, cependant, nous retrouvons les vins d'exception.

La partie septentrionale du **meursault**, dotée de terres rouges, est intimement mêlée au volnay. Le premier cru Les Santenots est rattaché à volnay lorsque ses vins sont rouges, à meursault lorsqu'ils sont blancs. Le paysage change vers le sud, c'est-à-dire vers les vignes blanches du meursault. La pierre du comblanchien réapparaît alors sous une forme légèrement différente. Au-dessus des anciennes carrières abandonnées, d'où l'on extrayait autrefois la fameuse pierre marbrière, se trouvent des aires d'appellation *villages* réputées. Les remarquables premiers crus blancs de meursault proviennent des terroirs situés en contrebas, constitués de calcaire pur, de marne et d'éboulis. Un cadre privilégié, berceau de vins aux suaves arômes beurrés et d'une grande finesse minérale. Perrières est généralement considéré comme le meilleur *climat* et mériterait indéniablement d'être classé en grand cru. Au XIXe siècle, Lavalle le classait juste en dessous de montrachet. Le nom de Perrières désignait, en ancien français, une carrière.

Au sud de Meursault (et en contrebas du hameau de Blagny, dont l'appellation éponyme est réservée aux vins rouges), s'étendent les vignes de chardonnay des premiers crus de **puligny-montrachet**. Cette bande de terres se termine là où fleurit le grand cru montrachet, dont le vin blanc est mondialement réputé. De subtiles nuances géologiques y apparaissent (seul facteur qui puisse expliquer la différence de qualité entre le meursault et le montrachet). Certes, on retrouve ces strates de calcaire dur consolidées par une marne épaisse, mais leur constitution diffère. Le calcaire que l'on appelle pierre de Chassagne remplace le comblanchien, et aux marnes riches en *Ostrea acuminata* du nord se substituent des couches de marne à *Pholadomya bellona* et à *Digonella divionensis*. De petites failles découpent ce terroir de grand cru en trois parties : le chevalier-montrachet, pierreux et haut perché à flanc de coteau, le montrachet, situé à mi-pente, et les trois bâtard-montrachet qui occupent un sol presque plat, plus humide. Les montrachet, comme les corton-charlemagne, ont besoin de plusieurs années de garde pour s'exprimer. À leur apogée, ils s'ouvrent tout aussi généreusement, quoique de manière plus complexe encore, en exprimant d'intenses notes de champignons sauvages et de noisette, alors que les corton déclinaient une ligne minérale.

Dans la continuité, un vaste paysage s'étend, presque plat : ce sont les premiers crus de meursault. Vers le sud, on traverse Puligny-Montrachet et **Chassagne-Montrachet**, postés de l'autre côté de la combe qui s'ouvre en dessous de Saint-Aubin et de Gamay. Les vins blancs dominent et savent convaincre ; désormais, les vins rouges ne sont que leurs vassaux.

La pente s'allonge vers le village suivant, **Santenay**, puis oblique vers la droite à Dezize et à **Sampigny-lès-Maranges**. La Côte d'Or se termine ici, dans un grand chaos géologique : non seulement l'orientation méridionale des vignobles de maranges contraste avec celle du reste de la Côte d'Or, mais ses sols s'en éloignent radicalement, avec leur dolomite riche en magnésium et leur argile schisteuse qui remplace le calcaire. Santenay, dernier bastion de la Côte d'Or, offre des vins rouges séveux, aux senteurs de framboise. Les vignobles du Couchois, au sud-ouest de Maranges et à l'ouest des aires les plus septentrionales de la Côte chalonnaise, bénéficient depuis le début de l'année 2001 de l'appellation bourgogne côte du couchois, pour leurs vins rouges issus de pinot noir.

Les Hautes Côtes

À l'ouest de la Côte, dans l'arrière-pays se trouve le plateau des Hautes Côtes, réparti entre **Hautes Côtes de Nuits** et **Hautes Côtes de Beaune**. Les sols sont moins calcaires, les parcelles éparses et plus ouvertes. Le climat fraîchit nettement. Il faut chercher le versant favorable à la maturité du raisin. Les Hautes Côtes s'enorgueillissent de leurs vins au goût de cassis, et l'aligoté peut être un délicieux blanc sec. Cependant, la plupart des vins issus de pinot et de chardonnay sont peu structurés, et sans l'étiquette ne trouveraient pas preneur hors du marché local.

La Côte chalonnaise

La pente se prolonge, de l'autre côté de la Dheune. Si elle se fissurait déjà en Côte d'Or, elle devient discontinue le long de la Côte châlonnaise. Les collines encerclent cinq villages : Bouzeron, Rully et Mercurey, au nord de la région, puis Givry et Montagny, plus au sud. Ce kaléidoscope ponctué de nombreuses failles est aussi un patchwork de sols de calcaire, d'argile sableuse et de marnes. La région est plus exposée et donc plus fraîche que la Côte d'Or. Même dans ces conditions, certains vins parviennent à un niveau plus que honorable. Les premiers crus doivent être traités avec circonspection, leur délimitation étant moins précise que celle des crus de la Côte d'Or.

Le premier village, **Bouzeron**, est aussi le plus petit. Il bénéficie d'une AOC pour le seul aligoté ; les motifs en sont plus historiques que géologiques, car rien n'empêche le chardonnay de prospérer sur ces sols calcaires. Si vous aimez la vivacité de l'aligoté ou si vous appréciez un bon kir, le bouzeron vous plaira. Au sud, l'aire du **rully**, productrice de vins rouges et blancs, possède vingt-trois premiers crus. Les vins blancs, frais et élégants, remportent davantage de succès que les vins rouges, assez légers. Le village suivant, **Mercurey**, propose des vins rouges qui, à leur meilleur niveau, peuvent être riches en sève et bien structurés, comme d'honnêtes bourgognes. Une fois encore, la manne des trente premiers crus de mercurey me semble exagérée. Un faible volume de vin blanc est produit. À **Givry**, au seuil de Chalon-sur-Saône, l'équilibre est le même, avec une prépondérance de vins rouges de constitution plus légère, mais aux arômes plus mystérieux. Il existe, de nouveau, pléthore de premiers crus (vingt-deux). On atteint le dernier village, **Montagny**, qui ne produit que du vin blanc et ne détient pas moins de cinquante-trois premiers crus (on peut considérer néanmoins qu'à partir de 1991 la situation s'est améliorée, car avant cette date tout vin blanc entrait dans la catégorie des premiers crus dès qu'il titrait 11,5 % vol.). Les sols sablo-marneux avec affleurements de grès donnent naissance à des chardonnays un peu plus structurés qu'ailleurs en Côte châlonnaise. Les meilleurs peuvent entrer en compétition avec de nombreux vins blancs d'appellation *villages* de la Côte d'Or.

Le Mâconnais

La région de Mâcon est rejointe à sa pointe méridionale par le Beaujolais. Le calcaire de l'aire du saint-véran se mêle, l'espace de quelques kilomètres, au granite de saint-amour. Ce sont deux sols différents, pour deux vins distincts, mais qui partagent un même caractère aimable. On perçoit une générosité et un vrai charme dans ces vins blancs sans façons, marqués par un chardonnay tendre et légèrement citronné. Leur lien de parenté avec le bourgogne dans leur structure et leur profondeur les hisse au-dessus du niveau du simple vin de cépage. Comme les beaujolais, les gouleyants mâcon accompagnent la gastronomie locale. Sans chercher à atteindre l'ampleur de certains vins de la Côte d'Or ou du Médoc, ils n'en offrent pas moins l'un des meilleurs rapports qualité-prix des vins blancs français. La plus grande partie du Mâconnais est occupée par des prés ; les vignes surgissent à la faveur d'une colline bien exposée, partageant ce cadre idyllique et riant avec les bœufs charolais, les chèvres et les vergers. Les quelque 9 000 viticulteurs de la région sont généralement des fermiers qui ne disposent que d'un hectare, d'où l'importance des coopératives. Le calcaire prédomine, mais on trouve aussi de l'argile, du grès et des terres alluviales. Le Mâconnais est prolixe : il produit autant de vins que la Côte d'Or et la Côte chalonnaise réunies.

Les appellations d'origine forment une pyramide, comme en Côte d'Or. Tout en bas, on trouve les AOC **mâcon** et **mâcon supérieur**, à l'origine de vins blancs et de vins rouges moyens. Je puis dire que je n'ai jamais goûté de bon vin rouge ici, même s'il doit s'en trouver. Il s'agit presque toujours de gamay. Or, le gamay déteste le calcaire du Mâconnais : il faudrait planter cette vigne sur des bandes de grès et de granite, formation peu fréquente dans cette région. Lorsque le pinot noir est vinifié en Mâconnais – ce qui ne manque pas d'intérêt –, le vin a droit à l'appellation bourgogne rouge.

Avec le **mâcon-villages** (blanc), on entre dans une gamme de qualité. Il existe quarante-trois *villages*, chacun d'entre eux ayant la possibilité d'accoler son nom à celui de mâcon sur l'étiquette. Le vin peut ainsi être vendu sous l'appellation mâcon-Lugny ou mâcon-Igé, par exemple. Peut-être serez-vous étonné de lire le nom de mâcon-Chardonnay, mais Chardonnay est bel et bien un village (qui a peut-être donné son nom au cépage). Deux communes, Viré et Clessé, ont obtenu l'appellation d'origine en 1999 (AOC viré-clessé) ; leurs règles de production sont plus strictes que celles des autres villages.

La géologie devient plus intéressante à l'extrême sud du Mâconnais, où le calcaire bourguignon typique rencontre le granite du Beaujolais. Ce hiatus géologique permet à des marnes et à des calcaires de nature différente de se mêler intimement. Les roches de Vergisson et de Solutré constituent les manifestations les plus spectaculaires de ce contexte. Elles encadrent le paysage comme deux vagues de pierre. Au cours de la préhistoire, des milliers de chevaux sauvages furent poussés dans le vide, du haut de ces précipices, par des tribus de chasseurs en quête de gibier. Leurs os sont enfouis à deux mètres de fond sous la pierre. Les trois aires d'appellation de pouilly, **pouilly-fuissé**, **pouilly-loché** et **pouilly-vinzelles**, forment une cuvette de calcaire. Au bord de cette cuvette se trouve l'appellation **saint-véran** qui réunit la production d'une demi-douzaine de villages au nord et au sud de Pouilly. Ces vins sont les meilleurs du Mâconnais, car ils dévoilent une structure et une chair qui manquent aux vins blancs généralement plus légers des *villages*.

◀ *Vendanges manuelles, usage de petites caisses pour transporter le raisin au cuvier : tels sont deux des principaux facteurs de la qualité chez Jadot, un négociant qui se distingue dans le paysage bourguignon.*

Mon point de vue critique

Controverse autour des cépages

Lorsqu'on a passé sa vie à déguster des vins, on est tenté de croire que la Bourgogne produit les plus grands vins de pinot noir et de chardonnay. Pourtant, à une époque où le chardonnay est le cépage le plus populaire au monde, les Bourguignons n'ont pas le droit de mentionner son nom sur l'étiquette, pas plus que celui du célèbre pinot noir. Les autorités qui régissent les appellations sont opposées à la mention des cépages sur l'étiquette (mais la tolèrent sur la contre-étiquette), sauf dans les régions où cette indication est traditionnelle, comme en Alsace.

Bien sûr, dans de nombreuses régions françaises, pour mettre en valeur votre production en misant sur le cépage, vous pouvez toujours élaborer un vin de pays. Mais pas en Bourgogne. Ici, c'est l'AOC ou rien. Il n'est donc pas étonnant que de nombreux viticulteurs contournent la réglementation et indiquent sur leurs bouteilles que le bourgogne blanc est issu de chardonnay et le bourgogne rouge de pinot noir. Pourquoi pas, d'ailleurs ? Selon l'argument officiel, les vins n'ont pas le goût du cépage, mais celui de leur lieu d'origine. C'est vrai. Cependant, l'indication du cépage sur l'étiquette permettrait au moins aux consommateurs de faire leur choix. Modifier cette loi ne menacerait pas l'expression du terroir. Il s'agirait d'un simple geste de communication.

La multiplication des appellations de Bourgogne

Comme nous l'avons découvert ci-dessus, la Côte d'Or comporte plus de cinq cents aires délimitées, selon les différents niveaux d'appellation, sur une bande viticole de 50 kilomètres. Une folie ?

En théorie, non. Le système des appellations bourguignonnes est aussi proche de la perfection qu'il est possible dans le monde du vin : il reflète toutes les nuances du sol, de la topographie et des expositions. Ces distinctions n'ont pas été établies par des administrateurs aveugles, mais confirmés par des centaines d'années de pratique de la viticulture. Je citais Henri Jayer (voir page 83), car ses propos n'ont rien de théorique : cet homme a travaillé toute sa vie dans son laboratoire en plein air ; il raconte ce qu'il a appris de la terre. Des milliers de viticulteurs ont salué ses découvertes. Les délimitations d'appellations d'origine entérinent la recherche millénaire des viticulteurs. Elles sont complexes, certes, mais on pourrait aussi leur reprocher de ne pas l'être assez. « Ce que nous appelons échézeaux, remarque Henri Jayer, est un puzzle de onze lieux-dits distincts, situés de façon différente sur un coteau. » Jean-Charles de La Morinière, du domaine Bonneau du Martray, cultive seize parcelles et élabore seize vins distincts en corton-charlemagne.

En pratique, quels intérêts sert un tel système ? Aide-t-il les consommateurs ou bien est-il un moyen de glorifier des vins insuffisants en les parant de la théologie du terroir ? Un système d'appellation poussé à ce degré de précision ressemble à une religion : on est toujours en deçà de son exigence de perfection. De temps à autre, je me suis lancé dans une dégustation de bourgogne en cherchant de fines nuances entre les *climats*, et je n'ai trouvé que des différences criantes de compétence des producteurs. Si on limite sa recherche aux vins d'un seul et même viticulteur, des dissemblances entre les parcelles voisines émergent, effectivement, dans un même millésime. Un autre millésime est capable de les inverser. Je ne doute pas que les meilleurs producteurs comprennent ces phénomènes et puissent attester de leur réalité, à force de goûter leurs vins, année après année, sur un cycle de vingt ou trente ans. Mais aucun consommateur ordinaire n'aura jamais l'occasion de le faire. Je vous suggère ainsi, comme je l'ai fait moi-même, de considérer le système d'appellation des vins de Bourgogne comme un moyen, parmi d'autres, de contourner les écueils de la production bourguignonne. Car aussi élaborée soit cette classification, elle demeure abstraite et ne résout pas l'anarchie à laquelle je me heurte constamment en dégustant du bourgogne. Je vois, avec tristesse, que la vérité du bourgogne tient à 80 % au producteur et au millésime, et que seuls 20 %, dans le meilleur des cas, sont imputables à l'origine géographique de la vigne.

Des doutes sur la qualité du bourgogne rouge ?

Une grande partie du bourgogne rouge manque d'expression. Cela était plus vrai encore par le passé, certes. Il est difficile d'en blâmer les producteurs locaux, qui vinifient l'un des cépages rouges les plus délicats du monde, sur un petit territoire très morcelé, aux limites septentrionales des zones adaptées à la production de vins rouges. Les comités de dégustation, responsables de l'agrément en appellation, devraient cependant faire intervenir des dégustateurs amateurs et leur accorder plus de crédit qu'aux viticulteurs. Les pires grands crus sont parfois d'une qualité inférieure à celle des meilleurs vins de *village* ou même de certaines AOC sous-régionales. L'une des raisons réside dans le fait que les bourgognes (et même, de manière sidérante, les grands crus) ne sont pas tous dégustés avant de recevoir leur agrément. L'ensemble des cuvées d'un producteur est agréé sur la base d'un ou deux échantillons représentatifs. Le refus des mauvais grands crus ou premiers crus de la région risquerait d'engendrer des divisions sociales dans les communautés concernées. Cependant, il en va de la réputation de la Bourgogne que de garantir la qualité de ses vins et, plus encore, celle de ses bouteilles les plus chères. Nous verrons si le Projet Bourgogne lancé à l'été 2001, dont l'un des objectifs est de contrôler en aval la production, portera ses fruits.

Des noms, des noms, encore des noms...

La nomenclature bourguignonne est très complexe. L'une des raisons réside dans son système d'appellations totalement baroque. Toutefois, cela tient aussi au fait que ses vins sont élaborés par un grand nombre de producteurs, chacun possédant quelques petites parcelles de vignes. En outre, un nom de domaine familial n'est pas pérenne et ne dure pas même le temps d'une vie ; il change au gré des mariages et des alliances des héritiers ou des nouvelles générations. En effet, le bourgogne est élaboré dans des villages qui font partie d'une communauté rurale, détenant collectivement de nombreux toponymes. Dire que vous avez acheté une bouteille de bourgogne de chez Boillot, Gagnard ou Morey est une information insuffisante. Pour les dégustateurs du monde entier, il est beaucoup plus facile de comprendre le bordeaux, avec son système simple d'appellation et de châteaux (le nom demeure, même si le propriétaire change, et, de manière plus contestable, quelles que soient les limites du domaine). Telle est l'une des raisons de la plus grande popularité internationale du bordeaux. Quant aux amateurs avertis de vins de Bourgogne, la complexité bourguignonne leur permet d'afficher leur connaissance du monde du vin.

La Bourgogne devrait-elle essayer de simplifier sa nomenclature ? Puisque le temps et l'histoire ont accordé à cette région un système d'appellations sophistiqué, reposant sur le terroir, il serait dommage et peut-être naïf de faire marche arrière. Mais si la Bourgogne veut être comprise, elle doit consentir un effort majeur de simplification dans sa communication. Dans le monde du vin, la France n'a jamais cherché à jouer la simplicité, et aucune région n'est plus complexe que la Bourgogne.

Bourgogne : les vignerons

François D'Allaines

71150 Demigny. Tél. : 03 85 49 90 16, fax : 03 85 49 90 19.

Jusqu'ici, ce négociant de la nouvelle vague, installé en 1996, bénéficiait des conseils judicieux du talentueux Jean-Yves Devevey. Il s'est spécialisé dans les vins d'appellations *villages* : citons un mâcon La Roche Vineuse riche et bouqueté, ainsi qu'un saint-romain blanc profond, aux arômes de citron.

Bertrand Ambroise ✪

21700 Premeaux-Prissey. Tél. : 03 80 62 30 19, fax : 03 80 62 38 69.

Ce producteur de nuits-saint-georges offre des vins rouges puissants et charnus, notamment un premier cru Les Vaucrains, à la belle robe sombre, d'une qualité égale à son corton Le Rognet, et supérieure parfois à son clos vougeot. Goûtez le corton-charlemagne de Bertrand Ambroise (l'un des plus riches de tous) et un chassagne-montrachet premier cru La Maltroie, très pur, aux notes de noisette. Le ladoix premier cru Les Gréchons et le bourgogne rouge offrent un excellent rapport qualité-prix.

Guy Amiot

21190 Chassagne-Montrachet. Tél. : 03 80 21 38 62, fax : 03 80 21 90 80.

Une délicieuse gamme de chassagne premiers crus, comme ce Caillerets riche, intense, apte à la garde. Amiot dispose aussi d'une parcelle en montrachet qui donne un vin profond et minéral, à laisser vieillir dix ans en cave.

Pierre Amiot

21200 Morey-Saint-Denis. Tél. : 03 80 34 34 28, fax : 03 80 58 51 17.

Les vins de ce producteur installé à Morey se sont nettement améliorés depuis qu'il travaille avec le courtier Patrick Lesec. Les fils de Pierre Amiot, Jean-Louis et Didier, ont maintenant pris le relais, et la qualité ne cesse de croître. Goûtez le profond gevrey-chambertin Les Combottes, un premier cru cerné de toutes parts par une terre de grands crus.

Amiot-Servelle

21220 Chambolle-Musigny. Tél. : 03 80 62 80 39, fax : 03 80 62 84 16.

Les vins gracieux et soyeux de ce domaine, situé à Chambolle, sont élaborés par Christian Amiot, fils de Pierre Amiot. Parmi cette gamme figure le rare chambolle-musigny premier cru Derrière La Grange, au fruit chaleureux.

Marquis d'Angerville

21190 Volnay. Tél. : 03 80 21 61 75, fax : 03 80 21 65 07.

Ce domaine aristocratique de Volnay est géré selon la tradition. Les premiers crus Taillepieds et Clos des Ducs (ce dernier détenu en monopole) incarnent la grâce et la séduction du volnay par leur fruit rond et ample. Ce domaine a été le premier, en Bourgogne, à embouteiller ses propres vins et à prôner la transparence des informations sur l'étiquette.

Domaine de l'Arlot

21700 Nuits-Saint-Georges. Tél. : 03 80 61 01 92, fax : 03 80 61 04 22.

L'ancien comptable Jean-Pierre de Smet, formé par Jacques Seysses du domaine Dujac, a créé ce domaine qu'il gère pour le compte d'Axa Millésimes. Le style de ses vins ressemble à celui du domaine Dujac. En d'autres termes, une grande pureté de fruit et beaucoup d'élégance, plutôt que du muscle et de la vigueur. Ces qualités conviennent à la perfection au pinot noir bourguignon.

Comte Armand ✪

21630 Pommard. Tél. : 03 80 24 70 50, fax : 03 80 22 72 37.

Ce domaine, cultivé en biodynamie, est l'un des fleurons de Pommard. Sa récente célébrité repose sur les talents vinicoles du Franco-Canadien Pascal Marchand. Celui-ci venant d'être recruté par Boisset pour gérer le domaine de La Vougeraie, il est désormais remplacé à Pommard par le jeune Benjamin Leroux. Les 5 hectares du Clos des Épeneaux offrent des vins denses, souvent puissamment tanniques, aux tonalités de réglisse, qui comptent parmi les plus profonds de la Côte d'Or. Benjamin Leroux cherche aujourd'hui à apporter davantage de velours à ses tanins.

Domaine Robert Arnoux ✪

21670 Vosne Romanée. Tél. : 03 80 61 09 85, fax : 03 80 61 36 02.

Ce domaine illustre l'adage selon lequel il ne suffit pas d'être né dans le vin pour savoir l'élaborer. Parfois, un vent d'air frais venu d'ailleurs apporte de l'inspiration et une nouvelle rigueur. Depuis son arrivée en 1993, Pascal Lachaux a réduit les rendements, amélioré la vinification, augmenté la proportion de chêne et abandonné le collage comme la filtration. Il en résulte une superbe gamme de nuits-saint-georges et de vosne-romanée, profonds et charnus, débordants de fruit.

Domaine D'Auvenay ✪✪

21190 Saint-Romain. Tél. : 03 80 21 23 27, fax : 03 80 21 23 27.

Voici le domaine de Lalou Bize-Leroy (voir Domaine Leroy), situé à Saint-Romain, mais nanti de vignes dans les appellations *villages* et premiers crus d'auxey-duresses, de meursault et de puligny, ainsi que de parcelles de grands crus en criots-bâtard-montrachet, chevalier-montrachet, mazis-chambertin et bonnes-mares. Ces bouteilles rares atteignent un prix élevé. Grâce à une vinification non-interventionniste, Lalou Bize-Leroy obtient des vins d'une concentration et d'une puissance aromatique extraordinaires.

Daniel Barraud

71960 Vergisson. Tél. : 03 85 15 84 25, fax : 03 85 35 86 98.

Daniel Barraud prouve de quoi le Mâconnais est capable grâce à des rendements bas, des vendanges réalisées à maturité. Daniel Barraud n'emploie que des petits fûts (plutôt que de grandes cuves en Inox), ce qui lui permet de produire une magnifique gamme de vins issus de mono-parcelles à Vergisson, en saint-véran et en pouilly-fuissé. La plupart des vins sont élevés sur lie pendant quinze mois, puis sont embouteillés sans collage ni filtration. Le Vieilles vignes de Bulands (soixante-dix ans) est incroyablement séveux et aromatique.

Ghislaine Barthod-Noëllat

21220 Chambolle-Musigny. Tél. : 03 80 62 80 16, fax : 03 80 51 87 89.

Très bien tenu, ce petit domaine de Chambolle s'attache à limiter ses rendements et produit ainsi des vins assez corpulents, vigoureux et parfois poivrés. La richesse aromatique caractérise l'appellation chambolle-musigny, mais les vins de Ghislaine Barthod y ajoutent un côté épicé. Notez le bourgogne régional et ses premiers crus au profil bien distinct.

Domaine des Beaumont

21220 Morey-Saint-Denis. Tél. : 03 80 51 87 89, fax : 03 80 51 87 89.

Jusqu'à présent, l'ex-champion de moto, Thierry Beaumont vendait ses exubérants gevrey-chambertin et morey-saint-denis au négoce. Le style du domaine des Beaumont ressemble, par la vitalité du fruit et la fraîcheur, à celui de Vincent Géantet, ami et fan de moto. Testez le gevrey-chambertin premier cru Les Cherbaudes, peu connu mais superbe.

Jean-Claude Belland

21590 Santenay. Tél. : 03 80 20 61 90, fax : 03 80 20 65 60

Ce domaine est situé à Santenay, mais J.-C. Belland possède, par sa mère née Latour, des terres en chambertin et en corton. Les vins, discrets, n'en sont pas moins denses, car soigneusement élaborés. Ils méritent d'être conservés en cave.

Bertagna

21640 Vougeot. Tél. : 03 80 62 86 04, fax : 03 80 62 82 58.

Un couple anglo-germanique conduit ce séduisant domaine de Vougeot : des parcelles en chambertin, en clos saint-denis, ainsi qu'en clos vougeot. La viticulture rigoureuse fait rapidement progresser la qualité de leurs vins.

Système de notation utilisé dans les pages producteurs : ✪ Très bon vin ✪✪ Excellent vin ✪✪✪ Vin exceptionnel

Vincent Bitouzet-Prieur

21190 Volnay. Tél. : 03 85 51 00 83, fax : 03 85 51 71 20.

Une belle gamme de volnay rouges et de meursault blancs naît dans ce domaine bien conduit. Tous sont classiques : les volnay (un excellent Caillerets) fruités et les vins blancs aux notes de noisette et de beurre.

Simon Bize

21420 Savigny-lès-Beaune. Tél. : 03 80 21 50 57, fax : 03 80 21 58 17.

Des vins rouges harmonieux et raffinés proviennent de différentes parcelles situées à Savigny-lès-Beaune. Patrick Bize les embouteille sans collage ni filtration (ce qui me semble particulièrement important pour produire ces vins délicats issus de vignes cultivées sur des pentes d'éboulis orientées à l'est).

Jean-Yves Bizot

21100 Vosne-Romanée. Tél. : 03 80 61 24 66, fax : 03 80 61 24 66.

Le jeune voisin d'Henri Jayer a beaucoup appris de son vieux maître. Ses échézeaux et ses vosne-romanée sont élaborés et embouteillés barrique par barrique, avec une dose minimale de soufre, sans collage ni filtration. Parfumés, ils dévoilent grâce et profondeur, même si les cuvées élevées dans le chêne neuf ont parfois besoin de temps pour bien intégrer le bois.

Blain-Gagnard

21190 Chassagne-Montrachet. Tél. : 03 80 21 34 07, fax : 03 80 21 90 07.

Une partie des vignes de Jacques Gagnard sont entretenues par son gendre, Jean-Marc Blain, et certains vins sont vendus sous le nom de Blain-Gagnard. On trouve au domaine une petite production de vin provenant de glorieux vignobles, mais le succès a été inégal par le passé. En 2000, le domaine a acquis la parcelle de J. Gagnard en montrachet.

Daniel Bocquenet

21700 Nuits-Saint-Georges. Tél. : 03 80 61 24 48, fax : 03 80 62 15 98.

Élevé dans l'une des caves les plus obscures que j'aie jamais vues, l'échézeaux, remarquablement charpenté et profond, fait la réputation du malicieux Daniel Bocquenet, qui peut aussi s'enorgueillir d'un excellent nuits-saint-georges.

Jean Boillot

21190 Volnay. Tél. : 03 80 21 61 90, fax : 03 80 21 29 84.

L'affaire est complexe : ce domaine est géré par Henri Boillot, frère de Jean-Marc Boillot (qui est d'ailleurs le beau-frère de Gérard Boudot de Sauzet). Il a récemment créé une entreprise de micronégoce spécialisée dans les vins blancs (maison Henri Boillot). Les exigences de qualité sont élevées, comme en témoigne ses bourgognes blancs, pleins de vie et complexes.

Jean-Marc Boillot

21630 Pommard. Tél. : 03 80 22 71 29, fax : 03 80 24 98 07.

Une grande partie des vins de ce domaine, situé à Pommard, sont expressifs, charnus et souples dès leur plus jeune âge. Cependant, Les Rugiens en pommard peuvent être denses et concentrés (les vignes ont plus de quatre-vingts ans). Ce domaine dispose une superbe gamme de vins blancs, dont un bâtard-montrachet et un puligny-montrachet premier cru Les Combettes. Boillot estime que les meilleurs millésimes, pour les bourgognes blancs, sont, paradoxalement, ceux qui ont coïncidé avec des récoltes abondantes. Au cours des années généreuses, il n'hésite pas à pratiquer un bâtonnage sur lies. Jean-Marc Boillot (qui a été maître de chai pour Olivier Leflaive Frères) est également négociant.

Domaine du Bois Guillaume *voir* Jean-yves Devevey

Jean-Claude Boisset *voir* Domaine de La Vougeraie

Domaine de La Bongran

71260 Clessé. Tél. : 03 85 36 94 03, fax : 03 85 36 99 25.

Les superbes mâcon-viré et mâcon-clessé de Jean Thévenet naissent de faibles rendements et de vendanges parfaitement mûres. Lorsque les fermentations, déclenchées par des levures uniquement naturelles, se prolongent, les vins finis contiennent souvent un taux élevé de sucre résiduel (en Alsace, les mêmes techniques et les améliorations du travail de vinification ont donné des résultats similaires). Ainsi, à la dégustation, les vins de Thévenet ont de quoi dérouter, tant et si bien qu'ils ont été exclus de la nouvelle AOC viré-clessé (les règlements s'opposent aux vins contenant du sucre résiduel). En conséquence, Jean Thévenet vend sous l'appellation mâcon-*villages*. En 2001, il a été élu président de l'association Sapros, qui réunit des producteurs de vins botrytisés, non chaptalisés, de différentes régions de l'Hexagone.

Bonneau du Martray

21420 Pernand-Vergelesses. Tél. : 03 80 21 50 64, fax : 03 80 21 57 19.

En 1994, l'ancien architecte Jean-Charles Le Bault de La Morinière a hérité ce domaine de son père Jean. Une bénédiction et une lourde responsabilité. La totalité des 11 hectares est classée en corton grand cru. La plupart des parcelles sont plantées de chardonnay et produisent un corton-charlemagne complexe qui se développe dans le temps avec majesté. Citons aussi un corton rouge issu d'une parcelle de pinot cernée de chardonnay. Jean-Charles Le Bault de La Morinière veut élaborer des « vins d'une grande précision. » « Tous les étudiants en architecture apprennent la maxime de Mies van der Rohe, selon laquelle Dieu se trouve dans les détails… Et bien, cette maxime s'applique à la viticulture qui, comme l'architecture, est un mélange de technicité et d'esthétique. Il faut penser aujourd'hui à ce qui comptera au cours des prochaines années ». Outre la précision, de La Morinière cultive l'intensité. « J'aimerais que la longueur du vin puisse atteindre dix minutes. En une gorgée. Ce n'est pas un rêve. Cela pourrait exister. » La nette amélioration des vins de ce domaine (rouges et blancs) tient surtout à la réduction des rendements, qui donne au corton-charlemagne 1999 une intensité spectaculaire, sensible dès le premier regard. Une qualité rare dans les vins de ce millésime, aux rendements particulièrement élevés. La Morinière se sert du chêne avec la plus extrême parcimonie. « Comment trouver le juste dosage du bois pour étayer le vin, sans que cela ne soit perceptible ? » Il a opté pour l'usage d'un tiers de bois neuf pendant douze mois. Ensuite, le charlemagne passe six mois supplémentaires en cuve Inox ; « le vin continue à se nourrir de la partie la plus subtile des lies. » Une pratique similaire est observée chez Leflaive. Parfois, la fermentation du vin commence aussi en cuve Inox « pour suivre le rythme du millésime. » Une fois embouteillé, le vin doit vieillir pendant vingt ans, insiste le propriétaire du domaine.

Bouchard Père et Fils

21200 Beaune. Tél. : 03 80 24 80 24, fax : 03 80 22 55 88.

La société Bouchard Père et Fils a été achetée par Joseph Henriot en 1995. Depuis, elle se classe parmi les premiers négociants de Bourgogne. Bouchard, avec Jadot et Drouhin, prouve que les grandes maisons de négoce peuvent rivaliser avec les producteurs les plus indépendants (on peut considérer que Bouchard Père et Fils est un producteur : ses 30 hectares de vignes de grands crus et ses 74 hectares de premiers crus en font le plus gros propriétaire de Côte d'Or, bien que les vins de ses propres vignes ne soient signalés en rien sur ses étiquettes). En rouge, les vins les plus prestigieux sont le beaune-Grèves Vignes de l'Enfant-Jésus et le Clos de La Mousse, lesquels présentent plus de profondeur et de corps que de nombreux vins de Beaune. Ses volnays Taillepieds et Caillerets Ancienne Cuvée Carnot ont beaucoup de structure et d'éclat. Le grand cru Monopole de La Romanée devrait être l'un des plus grands vins rouges de Bourgogne, étant donné la splendeur de son terroir. Depuis le millésime 1995, il honore cette réputation. Les vins blancs harmonieux intègrent magnifiquement le chêne. Parmi les étoiles, citons un remarquable montrachet et un chevalier-montrachet. Le meursault Genevrières se place juste derrière, et des vins comme le beaune Clos Saint-Landry et le saint-aubin Les Murgers des Dents de Chiens apportent l'excellence. Le rully Les Thivaux a l'élégante fraîcheur de la Côte chalonnaise. Des valeurs sûres.

Michel Bouzereau et Fils

21190 Meursault. Tél. : 03 80 21 20 74, fax : 03 80 21 66 41.

Au bourgogne blanc, remarquable, s'ajoute la gamme de meursault issus des lieux-dits Grands Charrons (souple), Limozin (riche) et Tessons (minéral). Jean-Baptiste, le fils de Michel, s'attache à renforcer l'élégance des vins.

Louis Carillon
21190 Puligny-Montrachet, Tél. : 03 80 21 30 34, Fax : 03 80 21 90 02.
Cette maison établie de longue date à Puligny-Montrachet est désormais tenue par Jacques et Philippe Carillon. Elle propose une palette de vins blancs d'un abord discret, qui évoluent lentement pour atteindre une expression complexe et un caractère soyeux. Le bienvenues-bâtard-montrachet est follement séduisant : dommage que trop peu de bouteilles soient disponibles.

Carré-Courbin
21190 Volnay. Tél. : 03 80 24 67 62, fax : 03 80 24 66 93.
Les vignobles de Philippe et Maëlle Carré-Courbin se trouvent en volnay, avec une parcelle de vieilles vignes à Taillepieds, ainsi qu'en Pommard. Les vins du millésime 1999 débordent d'un fruit enchanteur.

Château de Chambolle-Musigny *voir* Frédéric Mugnier

Champy Père et Cie
21200 Beaune. Tél. : 03 80 25 09 99, fax : 03 80 25 09 95.
C'est la plus vieille maison de négoce de Bourgogne (fondée en 1720) ; elle appartient maintenant à la famille des courtiers Meurgey. Champy produit une jolie gamme de vins rouges et blancs élégants, équilibrés et francs.

Chandon de Briailles
21420 Savigny-lès-Beaune. Tél. : 03 80 21 52 31, fax : 03 80 21 59 15.
Le style est classique, les étiquettes élégantes. Les vins de ce domaine de 13 hectares appartenant au comte et à la comtesse de Nicolay font la part belle au chêne ; celui-ci souligne l'éclat et la finesse de vins rouges soyeux, structurés, et de blancs purs et racés.

Chanson Père et Fils
21206 Beaune. Tél. : 03 80 25 97 97, fax : 03 80 24 17 42.
Cette maison de négoce bourguignonne appartient aujourd'hui au groupe Bollinger. Elle produit des vins délicats, au charme indéniable. Les 1999 ont été particulièrement brillants, et les progrès ne s'arrêteront pas là.

Philippe Charlopin
21220 Gevrey-Chambertin. Tél. : 03 80 51 81 81, fax : 03 80 51 81 18.
Ce producteur de Gevrey-Chambertin dispose d'un domaine de 13 hectares qui produit un superbe clos saint-denis. Le gevrey-chambertin Vieilles vignes, dense et éclatant, présente un bon rapport qualité-prix.

Baron de la Charrière *voir* Vincent Girardin

Chartron et Trébuchet
21190 Puligny-Montrachet. Tél. : 03 80 21 32 85, fax : 03 80 21 36 35.
L'association de Jean Chartron et de Louis Trébuchet nous permet de déguster une large palette de vins et, surtout, des vins blancs originaires de terroirs distinctifs comme le Clos du Cailleret et le Clos de La Pucelle en puligny-montrachet. Le joyau du domaine est le chevalier-montrachet Clos des Chevaliers. Une qualité remarquable pour les meilleurs premiers crus (tel le Clos de La Pucelle) et les grands crus.

Jean Chauvenet
21700 Nuits-Saint-Georges. Tél. : 03 80 61 00 72, fax : 03 80 61 12 87.
Christophe Drag, gendre de Jean Chauvenet, a su mettre en valeur les nuances existant entre les excellents premiers crus de l'appellation nuits-saint-georges, en se convertissant à la viticulture biologique et en pratiquant de longues macérations. Ses vins sont expressifs et chaleureux.

Robert Chevillon
21700 Nuits-Saint-Georges. Tél. : 03 80 62 34 88, fax : 03 80 61 13 31
Si vous aimez les nuits-saint-georges au fruité audacieux, retenez ce nom. Robert Chevillon et ses fils, Bertrand et Denis, disposent d'environ 13 hectares, exclusivement situés en appellation nuits-saint-georges, et de plusieurs parcelles des meilleurs premiers crus. Ils détiennent de vieilles vignes (soixante-quinze ans) en premiers crus Saint-Georges, Les Cailles et Vaucrains, qui produisent des vins rouges aux facettes multiples, denses et riches.

Bruno Clair
21160 Marsannay-la-Côte. Tél. : 03 80 52 28 95, fax : 03 80 52 18 14.
Ce domaine situé à Marsannay (Bruno Clair détient 20 hectares dans la Côte d'Or) est géré par le propriétaire et par le maître de chai, Philippe Brun. Citons, parmi les meilleurs vins présentés en 1999, un vosne-romanée Les Champs Perdrix fruité, un gevrey-chambertin premier cru Clos Saint-Jacques aux tons de réglisse et un chambertin-clos de bèze profond et expressif. Le corton-charlemagne est délicieusement floral et miellé.

Coche-Bizouard
21190 Meursault. Tél. : 03 80 21 28 41, fax : 03 80 21 22 38.
Alain Coche est un cousin du célèbre Jean-François Coche. Il sait, lui aussi, élaborer de grands vins blancs, même si ses parcelles sont moins bien situées. Des vendanges à maturité et un long élevage sont à l'origine de meursaults complexes, structurés, de garde notable.

Coche-Dury ✪✪
21190 Meursault. Tél. : 03 80 71 24 12, fax : 03 80 26 67 65.
Jean-François Coche est célèbre en Bourgogne pour ses vins blancs. Il produit des meursaults qui font référence, ainsi qu'un superbe puligny-montrachet premier cru Les Enseignières et un corton-charlemagne d'une finesse éblouissante. Tous ces vins sont élaborés avec grand soin ; leur fruit intense se mêle à un boisé bien intégré, hérité d'un élevage de dix-huit mois. Les vins, non filtrés avant la mise en bouteilles, vieillissent remarquablement. Lors d'une dégustation des grands vins blancs de Bourgogne en 2000, le bourgogne 1988 de Coche-Dury a été bien noté, et son corton-charlemagne 1990 est venu juste derrière. Coche a été victime d'un accident en juillet 1998 lorsqu'un hélicoptère s'est écrasé dans l'une de ses parcelles de corton-charlemagne (l'engin répandait un produit dans la parcelle voisine) ; dix rangées de vignes âgées de quarante ans ont été endommagées.

Marc Colin et Fils
21190 Saint-Aubin. Tél. : 03 80 21 30 43, fax : 03 80 21 90 04.
Pierre-Yves et Joseph, fils de Marc Colin, ont maintenant pris le relais et vinifient les grappes vendangées à Puligny et Chassagne dans leur cave installée dans le village de Gamay. En dépit d'un long bâtonnage (Pierre-Yves a été formé en Californie), les vins sont fins, frais, et demandent à vieillir en bouteilles pour s'épanouir. Ce domaine offre aussi d'excellents saint-aubin.

Michel Colin-Déléger
21190 Saint-Aubin. Tél. : 03 80 21 32 72, fax : 03 80 21 32 72.
Michel Colin et son fils Bruno élaborent une belle gamme de vins à partir de quelque 20 hectares aux abords de Chassagne-Montrachet. Ils produisent à la fois des bâtard-montrachet et des chevalier-montrachet, ainsi que des puligny premiers crus La Truffière et Les Demoiselles. Tous les vins commencent leur vinification dans des cuves Inox et l'achèvent en barrique. Les meilleurs bouteilles, complexes, mûres et typées, se développent assez vite.

Jean-Jacques Confuron
21700 Premeaux-Prissey. Tél. : 03 80 62 31 08, fax : 03 80 61 34 21.
Le domaine J.-J. Confuron est dirigé par Alain Meunier ; sa femme Sophie Confuron Meunier a par ailleurs ouvert un micronégoce sous le nom de Féry-Meunier. Les vins rouges du domaine, élégamment fruités et expressifs, très équilibrés, parlent plus au cœur qu'à l'esprit. Parmi les meilleures bouteilles figurent les romanée-saint-vivant, les vosne-romanée-Les Beaux Monts et les clos vougeot nés des parcelles situées derrière le château. Alain Meunier achète le plus souvent ses raisins à son ami Jean Féry, puis les vinifie.

Confuron-Coteditot
21700 Vosne-Romanée. Tél. : 03 80 61 03 39, fax : 03 80 61 17 85.
Une palette de vignobles bien situés et la vinification éclairée d'Yves Confuron sont à l'origine des vins très fruités de ce domaine : le vosne-romanée premier cru Suchots est très élégant, le charmes-chambertin, ample.

Cordier Père et Fils ✪

71960 Fuissé. Tél. : 03 85 35 62 89, fax : 03 85 35 64 01.

C'est l'un des plus beaux domaines du Mâconnais. Christophe Cordier, qui remplace son père Roger est curieux de nature, et il expérimente des techniques différentes de celles de ses collègues bourguignons, en pratiquant notamment le microbullage, le bâtonnage sur lies et en vendangeant à pleine maturité. Il en résulte une gamme spectaculaire de vins issus de rendements très bas, qui montre quelle peut être la grande réussite du pouilly-fumé, du pouilly-loché et du saint-véran.

Coste-Caumartin

21630 Pommard. Tél. : 03 80 22 45 04, fax : 03 80 22 65 22.

Les pommard vigoureux, charpentés et séveux sont les meilleurs atouts de ce domaine dirigé par l'enthousiaste Jérôme Sordet.

de Courcel

21630 Pommard. Tél. : 03 80 22 10 65, fax : 03 80 24 98 73.

Gilles de Courcel, propriétaire d'un domaine de Pomerol, travaille pour Calvet en Bordelais. En son absence, c'est Yves Confuron (voir Confuron-Coteditot) qui gère le domaine de Pommard et qui donne à ses vins leur caractère souple et soyeux.

Pierre Damoy

21220 Gevrey-Chambertin. Tél. : 03 80 34 30 47, fax : 03 80 58 54 79.

La chance sourit à ce domaine qui détient de superbes parcelles en Côtes de Nuits, dont un tiers du grand cru chambertin-clos de bèze. Pierre Damoy a réduit les rendements et fait progresser la qualité.

Vincent Dancer

21190 Chassagne-Montrachet. Tél. : 03 80 21 94 48, fax : 03 80 21 94 48.

Ce jeune producteur produit des vins francs et typés en appellations meursault, beaune et pommard. Citons aussi un bourgogne rouge Vieilles vignes d'une belle densité.

Darviot-Perrin

21190 Monthélie. Tél. : 03 80 21 27 45.

Ce producteur installé à Monthélie dispose de bons terroirs en volnay, meursault et chassagne. Il propose des vins élégants, classiques, tel le chassagne premier cru Blanchots-Dessus.

Marius Delarche

21420 Pernand-Vergelesses. Tél. : 03 80 21 57 70, fax : 03 80 21 58 96.

Les vins que produit Philippe Delarche, destinés, entre autres, aux importateurs américains Peter Vezan et David Hinkle (embouteillés sous l'étiquette Réserve, sans collage ni filtration) possèdent des arômes profonds, un fruité intense. Delarche est installé dans le joli village de Pernand-Vergelesses, dont les vignes tapissent les flancs de la vallée en contrebas. Il dispose de parcelles en corton et corton-charlemagne.

Denogent *voir* Robert-Denogent

Bruno Desaunay-Bissey

21640 Flagey-Échézeaux. Tél. : 03 80 62 80 06, fax : 03 80 82 87 38.

Le domaine de Flagey, peu connu, bénéficie de beaux terroirs, dont une excellente parcelle de grands-échézeaux (le raisin est partiellement vendu à Dominique Laurent, qui le vinifie avec soin). Le succulent vosne-romanée premier cru Les Beaumonts, riche d'arômes, est très convaincant.

Domaine des Deux Roches

71960 Davayé. Tél. : 03 85 35 86 51, fax : 03 85 35 86 12.

Les subtils saint-véran de ce domaine offrent un bon rapport qualité-prix.

Jean-Yves Devevey

71150 Demigny. Tél. : 03 85 49 91 11, fax : 03 85 49 91 59.

Jean-Yves Devevey produit avec dextérité certains des meilleurs vins (les plus mûrs) des Hautes Côtes. Il dispose désormais d'une parcelle en appellation beaune Pertuisots.

Joseph Drouhin

21200 Beaune. Tél. : 03 80 24 68 88, fax : 03 80 22 43 14.

Avec Jadot et Bouchard Père et Fils, Drouhin fait partie du grand triumvirat des négociants de Bourgogne. Le niveau de qualité est élevé dans toute la gamme. La surextraction et l'excès de chêne sont bannis. Le vin le plus prestigieux, qui décline sa rondeur en rouge et ses délicates tonalités de noisette en blanc, est le beaune Clos des Mouches, à la superbe étiquette ; premier cru dont le domaine possède 14 hectares. Le style de Drouhin sied bien au corton-charlemagne, à l'expression fine et fraîche. Toutefois, la palme revient au montrachet Marquis de Laguiche, extraordinairement concentré (Laguiche est le plus important propriétaire du montrachet ; Drouhin élabore et vend ses vins depuis les années 1940). Parmi les premiers crus blancs, le puligny-montrachet Les Folatières se révèle très dense, riche et épicé. Les vins rouges sont fidèles à leurs origines, comme le prouvent le chambolle-musigny *village*, avec ses gracieuses notes de cerise, et le pommard 1999, si charnu. Parmi les vedettes, citons un musigny qui brille par sa puissance, sa profondeur et sa grâce, et un fascinant griotte-chambertin, parfumé de cerise et tout en rondeur. Le patriarche Robert Drouhin vient d'être rejoint par sa fille Véronique (qui gère le domaine Drouhin en Oregon), ainsi que par ses fils Philippe et Frédéric. L'œnologue Laurence Jobard est maître de chai.

Claude Dugat ✪

21420 Gevrey-Chambertin. Tél. : 03 80 34 36 18, fax : 03 80 58 50 64.

Claude Dugat prouve qu'il n'existe aucune recette pour élaborer un grand bourgogne et qu'il n'est pas nécessaire de se plier aux techniques avant-gardistes ; il suffit de prêter attention aux détails. Voici des vins qui, sous une apparente simplicité, se développent tout en nuances et en notes aromatiques, offrant leur fruit dès leur jeunesse ; ils peuvent se mesurer à n'importe quelle aune de qualité. Toutes les vignes de Dugat se trouvent à Gevrey et à ses alentours. Le vin d'apparat du domaine est le griotte-chambertin aux arômes enchanteurs et puissants.

Bernard Dugat-Py ✪

21220 Gevrey-Chambertin. Tél. : 03 80 51 82 46, fax : 03 80 51 86 41.

Cet autre domaine de Gevrey-Chambertin, géré par Bernard Dugat, cousin de Claude, ne dispose que de 7 hectares, mais il a la chance de compter assez de vignes âgées pour produire les cuvées concentrées que l'on attend sous la dénomination Vieilles vignes. Des vins profonds, sombres, épicés qui constituent les sommets du gevrey-chambertin.

Domaine Dujac

21220 Morey-Saint-Denis. Tél. : 03 80 34 01 00, fax : 03 80 34 01 09.

Au prix actuel de la terre en Bourgogne, il semble impossible de créer un beau domaine sans avoir hérité. Pourtant, Jacques Seysses a réussi au milieu des années 1960, à constituer cette propriété située à Morey. Il dispose de 12 hectares, dont des parcelles dans cinq grands crus. Seysse ne se sert pas de vin de presse, conduit la fermentation et la cuvaison à des températures relativement basses, et pratique des soutirages fréquents. En revanche, comme son ami Aubert de Vilaine au domaine de La Romanée-Conti, il n'érafle pas et emploie des fûts de bois neuf, à la chauffe légère. Il en résulte souvent un vin à la robe claire et à la texture tendre, qui possède une profondeur, un fruité et un raffinement extrême. La dégustation est mémorable. Jérémie, fils de Jacques Seysse, participe de plus en plus à la vie du domaine.

Vincent Dureuil-Janthial

71150 Rully. Tél. : 03 85 87 02 37, fax : 03 85 87 00 24.

Ce producteur enthousiaste, installé à Rully, cultive de vieilles vignes, qu'il vendange à maturité. Il a élaboré de succulents vins rouges originaux et denses, à la robe foncée (notamment la cuvée Unique exportée aux États-Unis). Ses vins blancs riches, complexes, portent parfois l'empreinte du chêne.

Maurice Écard et Fils

21420 Savigny-lès-Beaune. Tél. : 03 80 21 50 61, fax : 03 80 26 11 05.

Ce producteur offre une palette de vins provenant des différents premiers crus de l'appellation. Ceux-ci d'une maturité et d'une structure importantes, sont d'élégants vins rouges pour les plaisirs du repas.

René Engel

21700 Vosne-Romanée. Tél. : 03 80 61 10 54, fax : 03 80 62 39 73.

L'échézeaux, le vougeot et le vosne-romanée de ce domaine figurent généralement parmi les meilleurs, grâce aux efforts énergiques de Philippe Engel. La dégustation de ces vins charnus et structurés ravit.

Arnaud Ente

21190 Meursault. Tél. : 03 80 21 66 12, fax : 03 80 21 66 12.

Un Vega Sicilia, posé au milieu de bouteilles vides devant la cave d'Arnaud Ente, indique que ce jeune et calme producteur de meursault nourrit de grandes ambitions. Sa gamme de vins n'est pas immense, mais on y trouve un singulier meursault Vieilles vignes issu d'une parcelle plus que centenaire – En l'Ormeau –, ainsi qu'un ample puligny-montrachet premier cru Les Réferts. Arnaud Ente dit rechercher avant tout « l'élégance et la pureté ».

Faiveley

21701 Nuits-Saint-Georges. Tél. : 03 80 61 04 55, fax : 03 80 62 33 37.

Faiveley possède plus de vignes (117,5 hectares) que Bouchard Père et Fils, Jadot ou Drouhin, ce qui lui confère une position enviable parmi les négociants. Ses vins sont remarquables à tous les niveaux d'appellations. Parmi les vins bon marché, citons le givry blanc, le séveux Champ Lalot, le mercurey blanc Clos Rochette, plus riche et beurré, et le mercurey rouge premier cru Clos du Roy, dense et évocateur de cerise. Parmi les vedettes figurent le nuits-saint-georges premier cru monopole Clos de La Maréchale, issu d'une parcelle de 9 hectares, et les divers grands crus du chambertin (soit 3,5 hectares disséminés). Tous les vins rouges séjournent dix-huit mois en fût de chêne ; la majorité des grands crus et des premiers crus sont mis en bouteilles à la main, sans filtration. Installé à Nuits, Faiveley confère à toute sa gamme un caractère puissant et exubérant, plutôt que fin et subtil.

Féry-Meunier *voir* Jean-Jacques Confuron

Jean-Philippe Fichet

21190 Meursault. Tél. : 03 80 21 28 51, fax : 03 80 21 28 11.

Ce jeune producteur de Meursault mise sur la vinification séparée des raisins de ses différentes parcelles. Aussi les étiquettes indiquent-elles le nom du *climat*. Les Gruyaches (vignoble situé sous les Charmes, planté de vieilles vignes) convainc par sa profondeur.

Follin Arbelet

21420 Aloxe-Corton. Tél. : 03 80 26 46 73, fax : 03 80 26 43 32.

Les belles terres qui appartenaient jusqu'ici à Louis Latour comprennent des parcelles en corton-charlemagne, en corton (un vin rouge est issu du cru En Charlemagne qui privilégie le chardonnay) et en corton-Bressandes. Le style est vif, plus proche de la prunelle que de la douce prune.

Fontaine-Gagnard

21190 Chassagne-Montrachet. Tél. : 03 80 21 35 50, fax : 03 80 21 90 78.

Richard Fontaine, ancien ingénieur aéronautique, est l'un des deux héritiers des vignobles de Gagnard-Delagrange. Il élabore lui-même ses vins, lesquels sont plus marqués par le chêne que ceux de Blain-Gagnard. Sa production me semble un peu en deçà de la notoriété des vignobles, cependant.

Château de Fuissé

71960 Fuissé. Tél. : 03 85 35 61 11, fax : 03 85 35 67 34.

Ce domaine de 30 hectares appartient à la famille Vincent depuis 1852. Jean-Jacques Vincent en tient les rênes, aidé par sa fille Bénédicte. Il possède trois parcelles en pouilly-fuissé – Les Brûlées, Le Clos et Les Combettes, dont la production complète ses étiquettes Château Fuissé et Château Fuissé Vieilles vignes. De trame serrée, dense et marquée par le chêne, ces vins ont besoin de temps pour se fondre.

Jean-Noël Gagnard

21190 Chassagne-Montrachet. Tél. : 03 80 21 31 68, fax : 03 80 21 33 07.

Caroline Lestimé, fille de Jean-Noël Gagnard, a pris le relais vers le milieu des années 1990. Depuis, le domaine fait florès, atteignant de superbes niveaux de concentration dans sa gamme de chassagne-montrachet premiers crus : Les Masures, au fruit dense, le savoureux Chenevottes, le riche Chaumées, le Montgeots, structuré, et Le Caillerets, minéral. Le bâtard-montrachet offre de singuliers arômes de pain à peine sorti du four. Les vins rouges, cependant, semblent moins bien maîtrisés. Même un millésime généreux comme le 1999 se révèle assez léger, malgré l'usage de 25 % de chêne neuf et la mise en bouteilles sans filtration.

Gagnard-Delagrange

21190 Chassagne-Montrachet. Tél. : 03 80 21 31 40, fax : 03 80 21 91 59.

Ce domaine rétrécit, à mesure que son propriétaire, Jacques Gagnard, transmet ses terres à ses filles (dont les vins, par leur mariage, portent les noms de Blain-Gagnard et de Fontaine-Gagnard). Les vins continuent de refléter sa philosophie : des rendements bas, un fruit respecté et l'emploi de faibles quantités de soufre. Charpentés, ils vieillissent bien.

Geantet Pansiot

21220 Gevrey-Chambertin. Tél. : 03 80 21 31 40, fax : 03 80 21 91 59.

Ce domaine de Gevrey géré par Vincent Geantet, produit des vins rouges structurés, dont le meilleur exemple est un charmes-chambertin aux tanins doux et à la matière riche.

Génot-Boulanger

21190 Meursault. Tél. : 03 80 21 49 20, fax : 03 80 21 49 21.

Les vins de cette fascinante propriété, sise à Meursault, ont été vendus au négoce jusqu'au début des années 1990. Depuis, la famille Delaby-Génot a considérablement investi dans le domaine, géré par Guillaume de Castelnau. La parcelle la plus précieuse se trouve au centre du corton-charlemagne. Elle produit un vin d'une profondeur inhabituelle, digne de ce grand cru. Il existe également d'intéressants *climats* en chassagne-montrachet (Chénevottes) et en meursault (Clos du Cromin). Parmi les vins rouges, j'accorderais une mention particulière au clos vougeot et au corton.

Émilian Gillet *voir* Domaine de la Bongran

Vincent Girardin

21190 Chassagne-Montrachet. Tél. : 03 80 21 96 06, fax 03 80 21 96 23.

Vincent Girardin, comme Gérard Boudot du domaine Sauzet, mène de front la gestion de sa propriété avec une florissante activité de négociant. Certains de ses vins sont également vendus sous l'étiquette Baron de La Charrière. Les vignes, situées en santenay, offrent des vins rouges d'un soyeux exemplaire. Les vins blancs (rares dans cette appellation) sont frais et citronnés. Pour son négoce, Girardin achète du raisin issu de parcelles plantées de vieilles vignes sur toute la longueur de la Côte de Beaune (cette vaste région offre de vraies bonnes affaires en Bourgogne). Il ne pratique ni filtration, ni collage. Ses vins font preuve d'une régularité remarquable, même dans des appellations plus modestes (comme le maranges Clos des Loyères Vieilles vignes). Parmi les nombreux vins rouges d'exception présentés par Girardin figurent trois premiers crus de volnay, puissants et charnus (Les Champans, Clos des Chênes et Les Santenots), ainsi qu'un autre trio de pommard cuvée Vieilles vignes, denses et structurés (Les Chanlins Vieilles vignes, le Clos des Lambots Vieilles vignes et Les Rugiens Vieilles vignes). Le premier cru Les Épenots mérite, en outre, d'être cité pour sa puissance. Les meilleurs vins blancs proviennent des parcelles plantées de vieilles vignes dans les premiers crus de chassagne-montrachet (tout spécialement Les Morgeots). Signalons aussi le corton-charlemagne, d'une extrême complexité.

Henri Gouges ✪

21700 Nuits-Saint-Georges. Tél. : 03 80 61 04 40, fax : 03 80 61 32 84.

Ce domaine de 14,5 hectares, largement concentré sur la partie septentrionale de nuits-saint-georges, possède une histoire remarquable. Le vin y est mis en bouteilles depuis les années 1920, et Henri Gouges a contribué à créer le système d'appellations de Bourgogne dans les années 1930. Aujourd'hui, Pierre et Christian Gouges ont pris le relais ; ils privilégient des rendements bas, de longues vinifications extractives et un vieillissement prolongé, mais utilisent peu de chêne, car ils recherchent la fraîcheur du fruit si typique des nuits-saint-georges. Autres spécialités du domaine, deux nuits blancs (Le Clos des Porrets et Les Perrières), issus du pinot blanc.

Jean Grivot ✪

21700 Vosne-Romanée. Tél. : 03 80 61 05 95, fax : 03 80 61 32 99.

À la tête d'un domaine de 15 hectares situé à Vosne-Romanée, Étienne Grivot (voir page 88) apporte sa sensibilité, ses compétences et sa pondération à l'élaboration de vins extrêmement bien construits. Sur le plan esthétique, Grivot recherche une structure empreinte d'harmonie. Il aime évoquer « le carré dans le cercle [...] aucun angle du carré ne devant sortir du cercle ». Ses 15 hectares de vignes se répartissent sur une vingtaine d'aires : ce sont notamment cinq premiers crus de vosnes-romanée, trois premiers crus de nuits-saint-georges et trois grands crus. L'âge moyen des vignes dépasse trente ans. Il ne restait plus que la main inspirée de Grivot pour produire des vins rouges frais, souples, francs et élégants, qui révèlent une pureté et une expressivité remarquables. Les tanins sont somptueux, et la parfaite maîtrise du chêne fait naître l'harmonie. Quand j'ai goûté le vosne-romanée Beaumonts 1996, j'ai pensé à une messe de Monteverdi, dont les échos se répercutaient sous les voûtes d'une cathédrale. Seul un grand bourgogne peut vous faire cet effet.

Robert Groffier et Fils

21220 Morey-Saint-Denis. Tél. : 03 80 34 31 53, fax : 03 80 34 31 53.

Le domaine est situé à Morey-Saint-Denis, mais son propriétaire détient aussi des vignes en chambolle-musigny, en gevrey-chambertin et en chambertin. Robert Groffier est maintenant épaulé par son fils, Serge ; ses vins rouges denses, mûrs arborent la puissance des crus de la Côte de Nuits.

Anne-Françoise Gros

21630 Pommard. Tél. : 03 80 22 61 85, fax : 03 80 24 03 16.

Bien nanti, ce domaine produit des vins charnus et riches, dont les représentants les plus aboutis sont un échézeaux flamboyant et un richebourg profond, structuré, à la trame serrée, digne d'une longue garde.

Guffens-Heynen ✪

71960 Sologny. Tél. : 03 85 51 66 00, fax : 03 85 51 66 09.

Jean-Marie Guffens, qui est plus autodidacte que n'importe quel viticulteur de Bourgogne, a la réputation d'être un négociant au franc parler, énergique et peu enclin aux compromis. Sa société, Verget (fondée avec Jean Rijckaert, qui a depuis repris sa liberté), a réussi à élaborer des bourgognes blancs de caractère, concentrés et d'une pureté renversante. Le domaine mâconnais, propriété de Jean-Marie Guffens et de sa femme Maine (voir Verget), est conduit d'une façon plus artisanale. Les décisions sont prises intuitivement, sur la base de la dégustation et non de l'analyse technique. Guffens vendange à parfaite maturité, comme tous les plus grands producteurs du Mâconnais. Dans sa cave souterraine, il ne pratique ni chaptalisation, ni acidification, ni collage, ni filtration, mais garde l'usage d'un pressoir du XVIIe siècle. Les vins (mâcon-Pierreclos et pouilly-fuissé, déclinés en différentes cuvées) sont ambitieux, riches et denses, toujours longs en bouche, comme si Jean-Marie Guffens les poussaient aux limites des possibilités de l'appellation.

Pierrette et Marc Guillemot-Michel

21420 Savigny-lès-Beaune. Tél. : 03 80 21 50 40, fax : 03 80 21 59 98.

Converti à la biodynamie, le domaine produit un mâcon-*village* Quintaine riche, franc et persistant, issu de vignes vendangées à maturité et au rendement limité. Pierrette Guillemot est non seulement la cousine, mais aussi la filleule de Jean Thévenet (voir domaine de La Bongran). Comme lui, elle souhaite produire des vins comme le veut une ancienne tradition locale. Et de tels vins de naître sous l'étiquette « Sélection de Grains Cendrés », en référence à l'apparence grisâtre des raisins surmûris.

Antonin et Dominique Guyon

21420 Savigny-lès-Beaune. Tél. : 03 80 67 13 24, fax : 03 80 66 85 87.

Cinquante hectares et des parcelles dans toute la Côte d'Or. Par le passé, la qualité a pu être inégale. Cependant, de récentes améliorations sont à signaler, et il sera intéressant d'observer la suite des événements.

Hudelot-Noëllat

21640 Chambolle-Musigny. Tél. : 03 80 62 85 17, fax : 03 80 62 83 13.

Ce domaine situé à Vougeot possède, sur 10 hectares, de petites parcelles dans des appellations exceptionnelles (notamment en romanée-saint-vivant et en richebourg). Alain Hudelot a abandonné le collage et la filtration en 1990, avant ses collègues ; il entreprend de modifier ses principes de vinification pour donner à ses vins la plus grande expression possible.

Henri et Paul Jacqueson

71150 Rully. Tél. : 03 85 87 18 82, fax : 03 85 87 14 92.

Le domaine vedette du rully produit des vins fins, au goût de silex, débordant de notes minérales ; valeur sûre appréciée dans les meilleurs restaurants.

Jadot ✪

21200 Beaune. Tél. : 03 80 22 10 57, fax : 03 80 22 56 03.

Depuis plusieurs décennies, les grands négociants de Bourgogne sont les cibles préférées des dégustateurs et des critiques déçus. Cependant, un négociant est resté intouchable pendant toutes ces années : Louis Jadot. Pourquoi ? Ses vins sont souvent les meilleurs porte-drapeaux de leurs appellations. Les propriétaires américains (Patricia Colagiuri, Sue Mueller, Brenda Helies et les trois sœurs Kopf, dirigeants de la société Kobrand, agent américain de Jadot), laissent carte blanche au gérant, Pierre-Henri Gagey. C'est lui qui a construit la réputation de Jadot, tout en augmentant la superficie de ses vignobles. Son arme secrète (s'il y a quelque chose de secret chez ce personnage si ouvert) ? Le maître de chai Jacques Lardière, grand philosophe et poète du vin. La société dispose de 70 hectares en Côte d'Or, répartis sur trente-huit aires d'appellation, dont 50 hectares en premiers crus et en grands crus (qui représentent, cependant, une part infime du volume total de la production de la maison). Pour une production aussi immense et complexe, le niveau élevé de qualité est remarquable.

Jacques Lardière est, à de nombreux titres, un vigneron hors pair ; il aime les fermentations à forte température et les longues cuvaisons. La durée d'élevage en fût neuf dépend de la qualité du millésime. Les vins blancs ne subissent pas toujours de fermentation malolactique. Les soutirages et le collage sont réduits à leur plus simple expression, et les vins sont embouteillés sans filtration. Il est difficile de distinguer les meilleures bouteilles dans une gamme si vaste, mais les beaune offrent un bon rapport qualité-prix, notamment l'exclusivité Clos des Ursules (qui fait partie du premier cru Vignes Franches). Les bonnes-mares et les musigny de Jadot allient des parfums raffinés à une structure très riche. Parmi les vins blancs, se distingue un superbe montrachet. Cependant, le chevalier-montrachet Les Demoiselles peut être d'une qualité presque égale. Il n'est pas si fréquent en Bourgogne de pouvoir acheter, les yeux fermés, tous les vins d'une gamme. Chez Jadot, c'est permis.

Patrick Javillier

21190 Meursault. Tél. : 03 80 21 27 87, fax : 03 80 21 29 39.

Ce producteur de Meursault, attentif et intelligent, produit une large gamme de crus, ainsi que de nombreuses cuvées en blanc. Ces dernières sont embouteillées à différentes dates, les dernières mises étant baptisées « Mise Spéciale ». La cuvée Oligocène de Javillier montre à quel point le bourgogne blanc peut être délicieux lorsqu'il a fait l'objet de tous les soins du vinificateur. Qui plus est, son prix est comparable à celui de nombreux vins d'appellation *village*. Parmi les meursaults se distinguent Les Narvaux et la cuvée Tête de Murger, dense, bien construite, follement persistante. Celle-ci résulte de l'assemblage d'un tiers de vin de Casse-Tête (dont Javillier apprécie les qualités d'attaque, mais regrette le manque de persistance) et deux tiers de vin des Murgers (long mais peu expressif en entrée de bouche). Javillier, à la recherche de la perfection, est ainsi fait…

Georges Jayer ✪

21640 Flagey-Échézeaux. Tél. : 03 80 62 84 56, fax : 03 80 62 86 61.

Les vins élevés et élaborés par Emmanuel Rouget (mais vendus sous l'étiquette de Georges Jayer) traduisent bien le sérieux du propriétaire du domaine. Le constat est le même pour les vins de Lucien Jayer.

Henri Jayer *voir* Georges Jayer, Méo-Camuzet, Emmanuel Rouget

Jayer-Gilles

21700 Magny-les-Villers. Tél. : 03 80 62 91 79, fax : 03 80 62 99 77.

Ce sont des vins denses, concentrés, marqués par le chêne, issus d'échézeaux, de nuits-saint-georges et des Hautes Côtes. Gilles Jayer a pris le relais de son père, Robert. Si l'on a dit que certains vins du millésime 1996 avaient été trop chaptalisés, je n'ai jamais relevé ce défaut dans les bouteilles, qui possèdent toutes une grande force aromatique.

François Jobard

21190 Meursault, Tél. : 03 80 21 21 26, Fax : 03 80 21 26 44.

Calme et pondéré, François Jobard élabore certains des meursaults de plus longue garde et considère, sans se soucier des modes, que le bâtonnage fait prématurément vieillir les vins blancs. Ses propres vins (notamment un étourdissant Genevrières et un Charmes profond et minéral) peuvent être austères dans leur jeunesse tant ils sont structurés, mais ils deviennent extrêmement intéressants après une décennie passée à l'ombre d'une cave.

Rémi Jobard

21190 Meursault. Tél. : 03 80 21 20 23, fax : 03 80 21 67 69.

Le jeune Rémi a repris le flambeau de son père Charles. Il est le neveu de François Jobard (et de Jean-Pierre Jobard, frère de François, qui est maître de chai chez Louis Latour). Comme François, il n'est pas un partisan acharné du bâtonnage, mais pratique un long élevage sur lies. Sa mère met les vins en bouteilles à la main. Ses meursaults concentrés et finement structurés reflètent ses exigences de qualité et sa recherche de faibles rendements.

Joblot

71640 Givry. Tél. : 03 85 44 30 77, fax : 03 85 44 36 72.

Jean-Marc Joblot serait, comme Jean-Michel Deiss en Alsace ou Claude Papin dans la vallée de la Loire, tout à fait capable d'enseigner la viticulture à la Sorbonne, tant il parle brillamment de son travail, tant sa connaissance de la vigne est universelle, tant sa réflexion est empreinte d'une dimension philosophique. Ses givry, marqués par le chêne, se surpassent en puissance et en ampleur et sa recherche de faibles rendements.

Michel Lafarge ✪

21190 Volnay. Tél. : 03 80 21 61 61, fax : 03 80 21 67 83.

Michel Lafarge et son fils Frédéric dirigent l'un des domaines les plus enviés pour sa constance dans l'excellence, année après année et dans toutes les AOC qu'ils produisent (le bourgogne et le bourgogne passe-grain sont particulièrement réussis). Le domaine a commencé sa conversion à la biodynamie en 1996. Parmi ses meilleures cuvées, citons le premier cru monopole Clos du Château des Ducs, ainsi que Les Caillerets et Le Clos des Chênes.

Comtes Lafon ✪✪✪

21190 Meursault. Tél. : 03 80 21 22 17, fax : 03 80 21 61 64.

Depuis qu'il a pris la suite de son père en 1987, Dominique Lafon a régulièrement élevé le niveau de qualité de ses vins. Son domaine s'est étendu, car la famille a acheté les vignes autrefois cultivées en métayage. Cela signifie-t-il que tout a changé depuis l'époque du père ? Pas vraiment. Dominique Lafon m'a un jour raconté (ainsi qu'à d'autres) qu'il avait mis à profit le meilleur conseil de vigneron que lui ait donné son père : « Il faut avoir le courage de ne rien faire », c'est-à-dire de laisser s'exprimer librement les dons de la nature dans le vin. Pour cela, Lafon a progressivement converti le domaine à l'agriculture biologique, puis à la biodynamie. Sa décision a été motivée par un grand pragmatisme : les vins ont acquis plus de densité, d'énergie et de pureté. « Les différences entre les parcelles sont désormais plus marquées, la terre est plus saine, et les vignes ont plus belle allure. » Lafon vient de faire une incursion dans le Mâconnais en achetant 10 hectares à Milly, dont il vend le vin sous l'étiquette Héritiers du Comte Lafon. Bien sûr, au moment des vendanges, Dominique Lafon passe beaucoup de temps sur les routes, mais il lui semble avoir une meilleure compréhension intuitive des sols et des cépages de Bourgogne que de toute autre région.

Les 13 hectares de meursault, remarquablement situés, comprennent des parcelles aux Charmes, au Clos de la Barre, à La Désirée (les porte-greffes de type SO4 ont un rendement légèrement plus élevé ; leur vin semble donc un peu moins intense), aux Genevrières (les vins d'une finesse notable sont eux mes préférés !), à La Goutte d'Or et aux Perrières (blanc très structuré), sans oublier un tiers d'hectare en montrachet. Le montrachet de Lafon est devenu, depuis 1991 (date à laquelle le cru lui est revenu), un modèle d'intensité et de subtilité. Lafon a acquis une parcelle à Champs Gain dont il tire un puligny-montrachet depuis le milieu des années 1990. La production de vin rouge est moins importante, mais Lafon la maîtrise aussi bien. Le volnay Champans, le Santenots et le Santenots de Milieu offrent un même fruité et une même matière riche et équilibrée. Le monthélie enthousiasme, lui aussi, par son parfum.

Domaine des Lambrays ✪

21220 Morey-Saint-Denis. Tél. : 03 80 51 84 33, fax : 03 80 51 81 97.

Les propriétaires allemands de ce domaine proposent un clos des lambrays ambitieux. Un grand cru dont ils ont pratiquement l'exclusivité. Le meilleur millésime de tous les temps a été le somptueux 1999. Le maître de chai, Thierry Brouin, a su réduire les rendements, déclasser les vins quand cela s'avérait nécessaire et recourir à une plus grande proportion de chêne neuf.

Hubert et Olivier Lamy

21190 Saint-Aubin. Tél. : 03 80 21 32 55, fax : 03 80 21 38 32.

Voici l'un des deux domaines (avec celui de Marc Colin) à retenir si vous souhaitez découvrir les nuances subtiles développées par les saint-aubin récoltés en premiers crus ou dans différents lieux-dits. Ici, la culture est plus sérieusement menée que chez nombre de producteurs d'appellations plus prestigieuses. L'élevage se fait dans 20 % de chêne neuf, et les opérations de collage et de filtration sont minimes. A noter, les premiers crus Clos de La Chatenière et Les Murgers des Dents de Chien.

Louis Latour

21204 Beaune. Tél. : 03 80 24 81 00, fax : 03 80 22 36 21.

En dépit de ses 45 hectares de vignobles bien situés, ce grand négociant produit des vins rouges décevants ; la plupart des commentateurs estiment qu'ils sont le produit du traditionnel chauffage des vins rouges à 70 °C après fermentation. Cette société s'inscrit également en décalage avec toute la région dans sa façon de minimiser le rôle du terroir dans l'expression aromatique. Ses vins blancs sont meilleurs que ses rouges, car ils ne subissent pas le même traitement scandaleux ; les 9 hectares que possède Latour en corton-charlemagne produisent souvent des vins structurés, charnus et longs (plus riches, mais moins intenses et vigoureux que ceux du domaine Bonneaux du Martray). Le meilleur rapport qualité-prix concerne le montagny premier cru La Grande Roche.

Latour-Guiraud

21190 Meursault. Tél. : 03 80 21 21 43, fax : 03 80 21 64 26.

Au cours des années 1990, ce domaine situé à Meursault a entamé sa renaissance. Il produit une excellente gamme de premiers crus (dominée par la cuvée Genevrières des Pierres) et de vins d'autres *climats*.

Dominique Laurent ✪✪

21700 Nuits-Saint-Georges. Tél. : 03 80 61 31 62, fax : 03 80 61 49 95.

Cet ancien chef pâtissier a joué un rôle novateur en contribuant à redéfinir le rôle des négociants. Par certains côtés, sa gamme est plus proche des vins de garage du Bordelais (voir page 169) que de celle des négociants traditionnels de Bordeaux. Dominique Laurent ne possède pas de vignes. Il achète une proportion assez faible de raisin, car la plus grande partie du vin qu'il met sur le marché est déjà vinifiée. Il se décrit comme un « éleveur ». « Mon travail est un mélange d'innovation et de haute tradition. J'essaie de recréer l'âge d'or du Bourgogne, de la période d'entre les deux guerres. Ce que je cherche, c'est le vieux pinot fin, les clones anciens, les vieilles vignes. Ils ont un cycle de maturation plus rapide, les grains présentent une pellicule plus épaisse, avec un jus plus concentré que les plants modernes, plus jeunes. J'utilise de petites barriques de chêne, laissant les vins libres le plus longtemps possible et toujours en contact avec les lies. C'est très gratifiant, mais parfois difficile, car les vins peuvent acquérir d'étranges arômes de réduction. J'utilise environ un vingtième du soufre qu'appliquent la plupart des viticulteurs, juste à doses homéopathiques. Je ne soutire jamais. Tous les vins sont mis en bouteilles à la main, sans soufre, sans filtration. » Certains vins sont élevés dans 100 % de chêne neuf. La gamme de Dominique Laurent (presque exclusivement rouge) est très diversifiée ; le chêne neuf se manifeste parfois, mais avec une grande subtilité, laissant s'exprimer un fruit onctueux et des tanins suaves. Beaucoup de vins sont des assemblages complexes, composés de plusieurs cuvées, et même le plus modeste d'entre eux comme le passe-tout-grain fait l'objet d'un soin fanatique. Il se compose en fait de pur pinot, issu d'une parcelle située du mauvais côté de Pommard, que Dominique Laurent ne trouve pas assez bon pour entrer dans sa cuvée de bourgogne rouge N° 2 (également vendue sous l'étiquette La Taupe). Ce vin séjourne deux ans sous bois avant d'être mis en bouteilles à la main. Certains vins (comme le nuits-saint-georges premier cru Richemone 1996) acquièrent une dimension aromatique étonnante, sans équivalent en Bourgogne : des notes de liqueur de cerise, de crème de cassis, de chocolat et de havane se mêlent. Ce sont là des vins rouges de Bourgogne « sublimés » que propose Dominique Laurent, qui offrent de nouvelles perspectives de qualité aux vignerons de la région. Cependant, tous ses vins ne sont pas réussis. Certains ont un drôle de goût de médicament et des niveaux d'acidité parfois élevés (bien que Laurent n'acidifie jamais ses vins) ; d'autres se montrent lourds et déséquilibrés. Un plus grand contrôle à la vigne et lors de la vinification leur donnerait plus de consistance. Pour vendre efficacement sa production. Laurent joue sur sa rareté et son caractère exclusif : il propose ainsi des coffrets dénommés Séries Rares.

Lécheneaut

21700 Nuits-Saint-Georges. Tél. : 03 80 61 05 96, fax : 03 80 61 28 31.

Philippe et Vincent Lécheneaut produisent des nuits-saint-georges puissants et séveux dans les premiers crus Les Cailles et Les Damodes, et l'un des vins les plus profonds et les plus éclatants de l'appellation clos de la roche.

Leflaive ✪✪

21190 Puligny-Montrachet. Tél. : 03 80 21 30 13, fax : 03 80 21 39 57.

Ce domaine célèbre s'est amélioré sous la direction d'Anne-Claude Leflaive, fille du patriarche Vincent Leflaive, qui a lancé l'affaire en collaboration avec son cousin Olivier. Ce dernier a cessé de gérer le domaine en 1994 pour se consacrer à son activité de négociant, et Anne-Claude travaille désormais avec le maître de chai Pierre Morey. Le domaine s'est progressivement converti à la biodynamie dans les années 1990. Comme chez Lafon, les arguments sont surtout pragmatiques (les comparaisons ont montré que les vins produits selon les principes de la biodynamie possédaient plus de substance et de caractère). Le millésime décisif a été 1995 (les précédents étaient incertains). Depuis, les vins méritent leur réputation et leur prix, certes souvent élevé. Le domaine de 21 hectares revendique un légendaire montrachet, très rare (seules vingt-cinq caisses ont été produites en 1995), ainsi que des puligny-montrachet intenses, avec des premiers crus floraux et racés (Les Pucelles et Les Combettes, notamment).

Olivier Leflaive

21190 Puligny-Montrachet. Tél. : 03 80 21 37 65, fax : 03 80 21 33 94.

Le négociant de la nouvelle vague, installé à Puligny, vend maintenant plus de soixante appellations différentes, dont 90 % en blanc. L'objectif d'Olivier Leflaive, aidé par le maître de chai Franc Grux, est d'élaborer des vins élégants. Un pari gagné. Le saint-aubin En Remilly offre souvent le meilleur rapport qualité-prix. Le corton-charlemagne est pur, fin et persistant.

Leroy ✪✪✪

21190 Auxey-Duresses. Tél. : 03 80 21 21 10, fax : 03 80 21 63 81.

Lalou Bize-Leroy a codirigé le domaine de La Romanée-Conti et en reste partiellement propriétaire. Depuis qu'elle y a cessé ses activités, en 1993, le domaine Leroy est devenu le principal concurrent du prestigieux domaine en termes de prix, de rareté et de qualité. Les 22 hectares de vignes, ouverts aux investissements à la fin des années 1980 (un tiers d'entre eux appartiennent à des Japonais), inspirent le respect, avec neuf grands crus. Lalou Bize a été l'une des premières Bourguignonnes à adopter la biodynamie. La rigueur qui s'applique aux rendements influe peut-être davantage sur la qualité du vin que l'origine des vignes même (la moyenne des rendements, en 1995, était de 15 hl/ha). Prodigieusement concentrés et riches en extrait, les vins sont embouteillés sans aucun collage ni filtration ; cela se sent dans le verre. Parmi les constellations de cette étourdissante collection, il faut citer un puissant richebourg et un romanée-saint-vivant délicieusement parfumé, un musigny d'une grâce sans égal. Le clos de vougeot de Leroy atteint également des sommets (*voir aussi* domaine d'Auvenay et maison Leroy).

Maison Leroy ✪

21190 Auxey-Duresses. Tél. : 03 80 21 21 10, fax : 03 80 21 63 81.

Voici la branche de négoce du domaine de Lalou Bize Leroy. Les vins sont assemblés, embouteillés et vendus par Leroy, mais pas nécessairement élevés ou vinifiés sur place. N'en attendez donc pas les mêmes niveaux de concentration, même si le nom de Leroy en garantit le caractère et la typicité.

Hubert Lignier

21220 Gevrey-Chambertin. Tél. : 03 80 34 37 79, fax : 03 80 51 80 97.

Exemple d'une production de qualité qui a longtemps disparu dans l'anonymat des cuvées de grands négociants, ce domaine installé à Morey, géré par Hubert Lignier et son fils Roman, offre des vins rouges au fruité pur. Goûtez le morey-saint-denis premier cru Vieilles vignes, dense et long en bouche, assemblage issu des parcelles de vieilles vignes du domaine.

François Lumpp

71640 Givry. Tél. : 03 85 44 45 57, fax : 03 85 44 46 66.

Un givry solide et rond, en rouge comme en blanc.

Michel Magnien et Fils

21220 Morey-Saint-Denis. Tél. : 03 80 51 82 98, fax : 03 80 58 51 76.

Ce domaine sis à Morey a réalisé de gros progrès sous la direction de Fred Magnien, fils de Michel. Après avoir beaucoup voyagé, celui-ci dit rechercher avant tout des vins naturels, « alertes ». Il y parvient par divers stratagèmes, notamment en répandant du fumier de mouton sur ses vignes, sans jamais chaptaliser et en utilisant peu de bois neuf. Le meilleur rapport qualité-prix est offert par le morey premier cru Les Chaffots.

Méo-Camuzet

21700 Vosne-Romanée. Tél. : 03 80 61 11 05, fax : 03 80 61 11 05.

Les 15 hectares du domaine incluent les vignobles (vosne-romanée premier cru Aux Brûlées et nuits-saint-georges) que le jeune Henri Jayer s'est vu offrir en métayage par Étienne Camuzet, à l'époque où celui-ci était maire de Vosne et député de la région. Jayer était alors au tout début de sa carrière. D'autres vignes sont revenues à d'autres producteurs, et la part familiale a été cédée à de grands négociants. Au terme de ces arrangements, Jean-Nicolas Méo, héritier des Camuzet, a pris le relais, s'inspirant des méthodes d'Henri Jayer, si l'on en croit le style somptueux de ses vins. Méo a suivi une formation en économie et en marketing. Il a travaillé en Californie, et c'est peut-être pourquoi ses vins me semblent un peu trop polis et pliés au goût international. Méo a décidé de devenir micronégociant.

Olivier Merlin

71960 La Roche. Tél. : 03 85 36 62 09, fax : 03 85 36 66 45.

Ce négociant propose des vins mâconnais francs, parfois austères, achetés à des producteurs de pouilly-fuissé et de viré-clessé. De son propre domaine, viennent les vins étiquetés Domaine du Vieux Sorlin.

Lucien Le Moine

21200 Beaune. Tél. : 06 07 56 76 07, fax : 03 80 24 99 98.

Le viticulteur libanais Mounir Sawma et sa compagne Rotem Brakin ont installé leur micronégoce dans une rue latérale de Beaune. La production reste limitée (trente et une barriques en 1999), mais les vins (blancs, dont une barrique de montrachet) sont spectaculaires.

Mommessin

21220 Morey-Saint-Denis. Tél. : 03 80 34 30 91, fax : 03 80 24 60 01.

Ce négociant du Mâconnais et du Beaujolais (qui fait désormais partie du groupe Boisset) possède un joyau en Côte d'Or, les 7,5 hectares du grand cru monopole clos de tart. J'ai trouvé ce vin modeste, alors que son vinificateur, Sylvain Pitiot, par ailleurs écrivain et cartographe, est hautement considéré dans la région et que de récents millésimes ont été bien jugés par d'autres critiques.

Château de Monthélie *voir* Éric de Suremain

Hubert de Montille

21190 Volnay. Tél. : 03 80 21 62 67, fax : 03 80 21 67 14.

Domaine sis à Volnay, propriété de l'avocat Hubert de Montille et de son fils Étienne. Extraction légère, chaptalisation minimale et modération dans l'usage du bois neuf expliquent le caractère réservé des vins dans leur jeunesse. Sachez patienter quinze ans et vous serez récompensé.

Bernard Morey

21190 Chassagne-Montrachet. Tél. : 03 80 21 32 13, fax : 03 80 21 39 72.

Avec Colin et Gagnard, Morey est l'un des noms les plus trompeurs de Bourgogne, car il figure au fronton de nombreux domaines et désigne aussi un village. Le Morey dont il est question ici, installé à Chassagne, est à la fois propriétaire et négociant. Les vins du domaine se caractérisent par un caractère intensément rond et fruité. Comme de nombreux producteurs de vins blancs de Bourgogne, Bernard Morey a beaucoup moins pratiqué le bâtonnage dans ses récents millésimes, afin de ne pas fatiguer les vins, de ne pas réduire leur longévité ou amoindrir leur fruité. Le résultat est particulièrement perceptible dans sa gamme de chassagne premiers crus (dont un remarquable Les Caillerets), ainsi que dans l'un des meilleurs bâtard-montrachet qui soient. Les vins rouges ne sont pas moins convaincants. Goûtez le souple et svelte beaune Grèves.

Jean-Marc Morey

21190 Chassagne-Montrachet. Tél. : 03 80 21 32 62, fax : 03 80 21 90 60.

Autre domaine situé à Chassagne, dont les vins (notamment un excellent Caillerets) se situent à mi-chemin entre le fruit exubérant de ceux de Bernard Morey et la pureté sage de ceux de Marc Morey.

Marc Morey

21190 Chassagne-Montrachet. Tél. : 03 80 21 33 52, fax : 03 80 21 90 20.

Les vins de Marc Morey, parmi lesquels de jolis chassagne-montrachet et quelques bâtard-montrachet, sont vinifiés par son gendre Bernard Mollard. Austères, rigoureusement structurés, ils sont d'une grande concentration.

Pierre Morey

21190 Meursault. Tél. : 03 80 21 21 03, fax : 03 80 21 66 38.

Non content de travailler avec Anne-Claude Leflaive, ce vigneron de Meursault possède aussi un petit domaine et gère sa maison de négoce, Morey Blanc. Les vins admettent tous un style franc et élégant, mais leur profondeur et leur concentration distinguent les bouteilles nées au domaine.

Morey Blanc *voir* Pierre Morey

Albert Morot

21200 Beaune. Tél. : 03 80 22 35 39, fax : 03 80 22 47 50.

Les premiers crus beaune offrent un excellent rapport qualité-prix en rouge, comme l'illustrent les vins de Morot : concentrés, structurés, au fruit dense. Les Bressandes et Les Teurons peuvent être remarquables.

Denis Mortet ✪

21220 Gevrey-Chambertin. Tél. : 03 80 34 10 05, fax : 03 80 58 51 32.

Denis Mortet, neveu de Charles Rousseau, a revalorisé la réputation du domaine pendant les années 1990, en portant une attention constante aux travaux de la vigne (en 1999, il a vendangé deux fois en vert sur certaines parcelles) et en réduisant les interventions au chai : ni soutirage, ni filtration. Le chêne est largement utilisé. Cependant, Denis Mortet cherche aussi à comprendre et à mettre en valeur ses différents terroirs ; il propose ainsi des gevrey-chambertin de teinte sombre et pleins de subtilités, ainsi que l'un des meilleurs clos de vougeot.

Georges Mugneret

21700 Vosne-Romanée. Tél. : 03 80 61 00 97, fax : 03 80 61 24 54.

Le domaine de Vosne-Romanée est géré en tandem avec Mugneret-Gibourg. Son ruchottes-chambertin et son clos vougeot sont remarquables. Marie-Christine Teillaud et Marie-Andrée Nauleau, filles de Georges Mugneret, continuent de renforcer la richesse et la profondeur des vins.

Mugneret-Gibourg *voir* Georges Mugneret

Frédéric Mugnier

21200 Chambolle-Musigny. Tél. : 03 80 62 85 39, fax : 03 80 62 87 36.

Les vins du château de Chambolle-Musigny, élaborés par Frédéric Mugnier, allient de manière mémorable la finesse et la profondeur. Alors que son père, banquier parisien, confiait ses vins à Faiveley, Frédéric Mugnier a progressivement récupéré sa production pour lui apporter un caractère élégant, mais structuré (les rendements ne sont pas supérieurs à 30 hl/ha).

Philippe Naddef

21260 Couchey. Tél. : 03 80 51 45 99, fax : 03 80 58 83 62.

Ce petit domaine installé à Couchey possède des parcelles plantées de vieilles vignes ; les vins rouges sont somptueux, issus d'un élevage sur lies. C'est pourquoi Dominique Laurent vient faire son marché ici.

Michel Niellon ✪

21190 Meursault. Tél. : 03 80 21 30 95, fax : 03 80 21 91 93.

Il y a longtemps que le nom de Michel Niellon est associé à ceux des plus grands. Installé à Chassagne, il travaille désormais avec ses deux gendres pour maintenir la réputation de ses vins intenses et complexes. Il serait très onéreux d'acquérir les deux grands crus, mais si vous souhaitez établir une comparaison entre le chevalier-montrachet minéral, qui provient du haut de la pente, et le bâtard-montrachet plus rond, fruité et doté d'arômes beurrés, qui provient du bas de la pente, Niellon vous proposera de fascinantes bouteilles. La variété des premiers crus a également de quoi impressionner.

Annick Parent

21190 Monthélie. Tél. : 03 80 21 21 98, fax : 03 80 21 21 98.

Ancienne psychothérapeute, Annick Parent élabore le vin que son père vendait à des négociants, issu de vignes de monthélie, de volnay et de pommard. Les 1999 offrent un bel équilibre et des arômes persistants.

François Parent

21200 Beaune. Tél. : 03 80 22 61 85, fax : 03 80 24 03 16.

François Parent est le mari d'Anne-Françoise Gros (*voir* domaine Anne-Françoise Gros). Les vins des deux domaines sont élaborés ensemble, dans la même cave de Beaune, bien que les étiquettes soient très différentes (celle de François Parent représente une truffe). Ces vins soignés surpassent souvent les critères de leur appellation.

Jean Parent *voir* Annick Parent

Domaine des Perdrix

21700 Premeaux-Prissey. Tél. : 03 80 61 26 53.

Ce domaine repose sur des parcelles situées à Nuits-Saint-Georges ; propriété de Bertrand Devillart, directeur d'Antonin Rodet, il produit des échézeaux de caractère et un excellent nuits-saint-georges Aux Perdrix.

Paul Pernot

21190 Puligny-Montrachet. Tél. : 03 80 21 32 35, fax : 03 80 21 94 51.

Beau domaine de 19 hectares à Puligny. Parce que 80 % de la production partent chez Drouhin, son nom n'est pas aussi célèbre qu'il devrait l'être. Les meilleures barriques sont cependant conservées pour une mise en bouteilles au château : une excellente source (encore confidentielle) de grands vins blancs, parmi lesquels un splendide bienvenues-bâtard-montrachet.

Perrot-Minot ✪

21220 Morey-Saint-Denis. Tél. : 03 80 34 32 51, fax : 03 80 34 13 57.

Le domaine de l'ancien courtier Christophe Perrot-Minot possède plusieurs terroirs d'exception plantés de vieilles vignes, notamment une parcelle de charmes-chambertin, à l'origine d'un vin parfumé, et une parcelle de mazoyères-chambertin, dont le vin est beaucoup plus rare. Ici, les méthodes sont résolument non-interventionnistes : on ne pratique ni soutirage, ni filtration et un soufrage minime. Un bourgogne au sommet de sa force se dévoile ainsi, riche en arômes profonds de fruits, de fleurs et d'épices.

Jean Pillot

21190 Chassagne-Montrachet. Tél. : 03 80 21 33 35, fax : 03 80 21 92 57.

Le domaine de 10 hectares, situé à Chassagne, est dirigé par le fils de Jean Pillot, Jean-Marc. Les vins conjuguent la saveur du fruit et un généreux goût de chêne. Notez le premier cru Chenevottes, né de vignes vieilles de soixante ans.

Ponsot

21220 Morey-Saint-Denis. Tél. : 03 80 34 32 46, fax : 03 80 62 15 46.

Ce domaine de Morey-Saint-Denis est capable d'élaborer des vins profonds, d'une grande pureté. Les mises en bouteilles ont été irrégulières (parfois Ponsot refuse de se servir de soufre). Les clients qui ont conservé les vins sur de longues périodes louent néanmoins haut et fort leurs qualités.

Nicolas Potel ✪

21700 Nuits-Saint-Georges. Tél. : 03 80 62 15 45, fax : 03 80 62 15 46.

Nicolas Potel, fils de l'ancien directeur de La Pousse d'Or, s'est établi comme micronégociant à Nuits-Saint-Georges, où il travaille sur une gamme de vins provenant de toute la Côte d'Or, dont une large palette de volnay (quatorze vins en 1999). Même les vins d'origine modeste montrent une grande classe ; le fruit embaume les meilleurs d'entre eux. Une production au-dessus de la moyenne.

Domaine de La Pousse d'Or

21190 Volnay. Tél. : 03 80 21 47 38, fax : 03 80 21 40 27.

Le nouveau propriétaire, Patrick Landanger, a connu des débuts un peu chaotiques, mais les 1999 laissent présager un bel avenir. Parmi les meilleures parcelles, citons le monopole Clos de La Pousse d'Or, ainsi que la parcelle des Soixante Ouvrées, située dans Le Caillerets.

Jacques Prieur ✪

21190 Meursault. Tél. : 03 80 21 23 85, fax : 03 80 21 29 19.

Ce domaine de Meursault est merveilleusement doté de parcelles situées en corton-charlemagne, en chevalier-montrachet et en montrachet. L'heure n'est plus à la monotonie depuis l'arrivée de l'équipe d'Antonin Rodet et de la nouvelle génération de la famille Prieur, représentée par Martin Prieur. Le style du vin blanc est désormais riche et ample, avec une belle empreinte de chêne neuf. Les vins rouges proviennent du chambertin, du clos vougeot, du corton-Bressandes, des échézeaux et du musigny, mais le voluptueux volnay Clos des Santenots les vaut tous. Quant au curieux meursault rouge Clos de Mazeray, il embaume la cerise.

Prieuré-Roch ✪

21700 Nuits-Saint-Georges. Tél. : 03 80 62 00 00, fax : 03 80 62 00 01.

Ce domaine de 4 hectares appartient à Henri Roch, cogérant du domaine de La Romanée-Conti. On y trouve des parcelles de clos vougeot, de chambertin-clos de bèze et un lieu-dit, ancienne propriété de La Romanée-Conti, appelé Clos Goillote, situé à proximité de la tâche et de la grande-rue. La vinification donne des vins charnus qui mûrissent vers la grandeur.

Château de Puligny-Montrachet

21190 Puligny-Montrachet. Tél. : 03 80 21 39 14, fax : 03 80 21 39 07.

Propriété du Crédit Foncier, ce domaine de 20 hectares est bien doté. Son maître de chai, Jacques Montagnon, a fait progresser les vins vers une réelle harmonie. Les meursault et les puligny-montrachet premiers crus (spécialement le meursault Perrières et le puligny Les Folatières) incarnent le style du château, tandis que le saint-aubin. En Rémilly est une bouteille de valeur.

Ramonet

21190 Meursault. Tél. : 03 80 21 30 88, fax : 03 80 21 35 65.

Ce domaine de Chassagne très respecté cultive 18 hectares de vignes, éparpillées dans les premiers crus et en montrachet. Ses meilleurs vins sont intenses et purs, riches en notes minérales.

Reine Pédauque

21420 Aloxe-Corton. Tél. : 03 85 35 15 09, fax : 03 80 26 42 00.

Cette maison de négoce possède un domaine de 40 hectares qui a produit d'excellents vins en 1999, tel un beaune Clos du Roi de caractère.

Jean Rijckaert

71570 Leynes. Tél. : 03 85 35 15 09, fax : 03 85 35 15 09.

L'ancien partenaire de Jean-Marie Guffens a désormais ouvert son micronégoce et s'est spécialisé dans des appellations productrices de vins blancs moins connues, en Mâconnais, en Côte d'Or (notamment un maranges En Borgy très concentré) et dans le Jura.

Daniel Rion

21700 Premeaux. Tél. : 03 80 62 31 28, fax : 03 80 61 13 41.

Des vins rouges débordants d'allant et expressifs, originaires de nuits-saint-georges, de vosne-romanée et de chambolle-musigny, sont produits par deux frères (Christophe et Olivier Rion) et par leur sœur Pascale, qui s'inspirent d'une longue tradition de viticulture quasi biologique et d'incessantes expérimentations en cave. Outre la belle palette de vins rouges, Daniel Rion offre l'un des meilleurs vins blancs à base de pinot blanc : le nuits-saint-georges Les Terres Blanches.

Michèle et Patrice Rion

21700 Nuits-Saint-Georges. Tél. : 03 80 62 32 63, fax : 03 80 62 49 63.

Petit domaine de 2,5 hectares dirigé par l'inventif Patrice Rion et sa femme Michèle, qui détiennent des parcelles en chambolle-musigny Les Cras et en nuits-saint-georges premier cru Les Argilières. Un nom à retenir.

Antonin Rodet

71640 Mercurey. Tél. : 03 85 98 12 12, fax : 03 85 45 25 49.

Cette belle maison de négoce installée à Mercurey, dirigée avec diligence par Bertrand Devillard, a été vendue en 1997 par son précédent propriétaire (la maison de champagne Laurent-Perrier) au groupe Worms. Nadine Gublin dirige les vinifications de manière inspirée. Les meilleures bouteilles portent le nom du domaine Jacques Prieur (dont Antonin Rodet détient 50 %). Toutefois, il faut signaler les vins vinifiés en propre par le négociant, qui offrent un profil expressif. Retenez en particulier l'étiquette Cave Privée. Antonin Rodet produit aussi certains des meilleurs vins de la Côte chalonnaise : le Château de Chamirey, le Château de Rully et le Domaine du Château de Mercey (autant de vignobles gérés par la maison Antonin Rodet).

Robert-Denogent

71960 Fuissé. Tél. : 03 85 35 65 39, fax : 03 85 35 66 69.

Excellente cave en pouilly-fuissé (avec quatre superbes cuvées Vieilles vignes) et en mâcon-Solutré. Jean-Jacques Robert privilégie des rendements bas, pratique une culture raisonnée, vendange à maturité.

Rémi Rollin et Fils

21420 Savigny-lès-Beaune. Tél. : 03 80 21 57 31 50 35, fax : 03 80 26 10 38.

L'élégance et la finesse caractérisent ce domaine, dont les vins blancs (bourgogne-aligoté et corton-charlemagne) sont convaincants.

Domaine de La Romanée-Conti ✪✪✪

21700 Vosne-Romanée. Tél. : 03 80 62 48 80, fax : 03 80 61 05 72.

Ce domaine est le plus richement doté de toute la Bourgogne ; ses vins se rangent parmi les plus chers du monde. En 2001, le Romanée-Conti 1998 a été lancé au Royaume-Uni au prix de 810 € la bouteille. Le domaine possède 26 hectares d'une qualité extraordinaire. Toutes les parcelles sont classées en grand cru. Dans son portefeuille, se trouvent 1,81 hectares en romanée-conti – cru monopole et le plus beau vignoble de Bourgogne –, ainsi que la totalité de la tâche (6 hectares). Ses autres parcelles sont situées en richebourg (3,5 hectares), en grands échézeaux (3,5 hectares), en romanée-saint-vivant (5,3 hectares) et en montrachet (0,7 hectares). Un peu de bâtard et de vosne *village* sont vendus en vrac. Le domaine est géré avec mesure et une humilité par Aubert de Vilaine et Henri-Frédéric Roch pour le compte des familles propriétaires. Gérard Marlot est responsable des vignes et Bernard Noblet, maître de chai. Aucune dépense n'est épargnée dans la quête obsessionnelle de la qualité.

Les vignobles sont cultivés selon les méthodes biologiques (5 hectares de la tâche, ainsi que les grands échézeaux ont été convertis à la biodynamie). Toutes les vignes sont âgées (soixante et un ans pour la parcelle de montrachet, cinquante-deux ans pour la romanée-conti, tandis que celles des échézeaux sont les plus jeunes – trente et un ans). Environ cinquante clones différents ont été sélectionnés par le domaine en vue de nouvelles plantations. L'influent pédologue, Claude Bourguignon, a joué un rôle essentiel. Le domaine fabrique son propre compost en mélangeant les sarments broyés aux déchets de la vinification et à 25 % de fumier (que de Vilaine décrit comme « une injection de vie microbienne, une sorte d'écosystème forestier »). Ce compost est épandu dans les vignes tous les trois ans. Aujourd'hui, on se sert d'un cheval pour labourer, comme à La Coulée de Serrant dans la Loire et au château Magdelaine à Saint-Émilion. Les rendements, très bas, ne dépassent pas 22 hl/ha en moyenne. Les vendanges interviennent tard, et les grains sont sélectionnés sur pied, puis triés à la cave. Toutes les rafles sont laissées dans le moût, ce qui est fort inhabituel en Bourgogne. Le domaine de La Romanée-Conti est l'un des seuls à avoir conservé cette pratique traditionnelle. La fermentation est menée à une température légèrement inférieure à 30 °C, tandis que la cuvaison peut durer jusqu'à un mois. Les vins sont ensuite transférés dans des barriques en chêne neuf, légèrement torréfiées, fabriquées par François Frères. Ils y séjournent entre seize et vingt mois, avec un seul soutirage, avant d'être mis en bouteilles sans collage ni filtration. De Vilaine déclare pratiquer des méthodes « pré-œnologiques ».

Ceux qui connaissent bien ces vins trouvent de la générosité et de la chair dans les échézeaux et les grands échézeaux, du parfum et une séduisante profondeur dans le romanée-saint-vivant et le romanée-conti, des épices et de la structure, ainsi qu'un beau fruit dans le richebourg et la tâche. Le montrachet (seulement trois mille bouteilles par an) est décrit comme un modèle de concentration, de complexité, de richesse minérale. Il offre en finale une incroyable déclinaison d'arômes que seuls révèlent les plus grands crus de Bourgogne.

Joseph Roty

21220 Gevrey-Chambertin. Tél. : 03 80 34 38 97, fax : 03 80 34 13 59.

Le puissant gevrey-chambertin évolue lentement (c'est aussi le cas des grands crus charmes-chambertin et griotte-chambertin). Les marsannay rouge et rosé valent une dégustation. Ce domaine situé à Gevrey est dirigé par Joseph Roty, philatéliste et spécialiste de l'histoire militaire, avec l'aide de son fils Philippe.

Emmanuel Rouget ✪

21640 Flagey-Échézeaux. Tél. : 03 80 62 84 56, fax : 03 80 62 86 61.

Aucun vigneron bourguignon de la fin du XXe siècle n'a bénéficié de la réputation d'Henri Jayer, même si, comme Gérard Chave à l'Hermitage, celui-ci prétend n'avoir rien fait d'autre que de prendre soin de la tradition. Aujourd'hui à la retraite, Jayer continue d'élaborer un peu de nuits-saint-georges et d'échézeaux à partir des vignes de son frère Georges. Son neveu, Emmanuel Rouget, grand gaillard qui fut mécanicien n'a pas oublié les leçons de l'oncle : si vous souhaitez découvrir l'expression veloutée des vosne-romanée et des échézeaux, vous trouverez ici satisfaction. Le Clos Parentoux n'est qu'un minuscule premier cru. Cependant, son vin profond et épicé est plus cher que le grand cru échézeaux, souple et expressif, Jayer se souvient que pendant la Seconde Guerre mondiale, on utilisait cette parcelle pour y cultiver des artichauts. Heureux le dégustateur qui peut méditer cette pensée en tenant un verre de vin de ce domaine.

Jean-Marc Roulot

21190 Meursault. Tél. : 03 80 21 21 65, fax : 03 80 21 64 36.

Beau domaine sis à Meursault (il a d'abord porté le nom de Guy Roulot, père de Jean-Marc), qui produit des vins légers, limpides et francs, mettant en valeur le fruit frais et le terroir.

Christophe Roumier *voir* Georges Roumier

Georges Roumier

21220 Chambolle-Musigny. Tél. : 03 80 62 86 37, fax : 03 80 62 83 55.

Dans ce domaine de Chambolle, géré par Christophe Roumier, les vins sont élaborés avec soin à partir de raisins rigoureusement sélectionnés. Il produit une excellente gamme de grands crus, ainsi qu'un faible volume de musigny. Le premier cru Les Amoureuses peut être aussi complexes que certains grands crus, mais le voluptueux corton-charlemagne demeure somptueux. Christophe Roumier loue aussi certaines parcelles de charmes-chambertin et de ruchottes-chambertin, dont il vend le vin sous son propre nom. Il en va de même d'une parcelle de chambolle-musigny *village* et du premier cru Les Cras.

Armand Rousseau

21220 Gevrey-Chambertin. Tél. : 03 80 34 30 55, fax : 03 80 58 50 25.

En 1959, Charles Rousseau, l'un des pionniers de la mise en bouteilles au domaine en Bourgogne, succéda à son père après le décès de ce dernier dans un accident. Aujourd'hui, c'est Éric, fils de Charles, qui tient les commandes. Le domaine de 14 hectares est implanté dans certains superbes crus du nord de la Côte de Nuits : il possède près de 7 hectares dans les grands crus du chambertin. La viticulture et la vinification suivent les principes stricts adoptés par les meilleurs producteurs bourguignons, mais son principal atout réside dans un grand nombre de vieilles vignes (de soixante ans).

Aleth Le Royer-Girardin

21630 Pommard. Tél. : 03 80 22 59 69, fax : 03 80 24 96 57.

Ce producteur installé à Pommard a choisi une approche non-interventionniste. Il propose ainsi une gamme de pommard et de beaune, fruités et expressifs.

Étienne Sauzet ✪

21190 Meursault. Tél. : 03 80 21 32 10, fax : 03 80 21 90 89.

Gérard Boudot a acheté une licence de négociant après l'acquisition d'un tiers de son domaine par son beau-frère, en 1990. Vous trouverez à la fois des bouteilles du domaine et d'autres étiquettes. Ces vins, devenus chers, ont acquis une plus grande concentration et de la puissance. Parmi les cinq puligny-montrachet premiers crus, appréciez les tonalités miellées et denses des Combettes. Les quatre grands crus blancs, au prix élevé, traduisent leur ambition par des arômes minéraux intenses.

Mounir Sawma *voir* Lucien Le Moine

Christian Sérafin

21220 Gevrey-Chambertin. Tél. : 03 80 34 35 40, fax : 03 80 58 50 66.

Les vins rouges exubérants et parfumés sont la spécialité de Christian Sérafin, qui pratique des rendements bas, des vendanges à maturité et utilise amplement le chêne neuf. Le charmes-chambertin de Sérafin (il a acquis des parcelles de vieilles vignes dans les années 1990) fait référence.

Éric de Suremain

21190 Monthélie. Tél. : 03 80 21 23 32, fax : 03 80 21 66 37.

À partir de vignobles assez modestes en rully et en monthélie (Château de Monthélie), Éric de Suremain obtient des vins à la robe sombre, somptueusement fruités. Le millésime 1999 offre une extraordinaire profondeur, reflet du sérieux avec lequel il soigne ses vignes.

Jean Thévenet *voir* Domaine de la Bongran

Tollot-Beaut

21200 Beaune. Tél. : 03 80 22 16 54, fax : 03 80 22 12 61.

Ce vaste domaine de 22 hectares sis à Chorey-lès-Beaune a produit, sur toute la décennie 1990, des vins charpentés, soutenus par le chêne. Le millésime 1999 semble marquer un tournant, en mettant l'accent sur un somptueux fruité. Le chorey-lès-beaune offre un excellent rapport qualité-prix. Le corton-Bressandes, expressif, est l'étoile du domaine.

Jean et Jean-Louis Trapet

21220 Gevrey-Chambertin. Tél. : 03 80 34 30 40, fax : 03 80 51 86 34.

Des progrès ont été accomplis sur ce domaine, grâce à une réduction des rendements et à des vendanges plus tardives. Jean et Jean-Louis Trapet se sont convertis à la biodynamie. Les vins sont fruités et profonds.

Domaine Valette

71570 Chaintré. Tél. : 03 85 35 62 97, fax : 03 85 35 68 02.

Gérard Valette et son fils Philippe élaborent de beaux vins blancs en mâcon-Chaintré et en pouilly-fuissé. Comme leur collègue, le vigneron Jean Thévenet, Gérard et Philippe Valette ont rencontré quelques difficultés lors de l'agrément de leurs vins, en raison de la pratique de vendanges tardives. En effet, les moûts peuvent être si riches que les vins finis, censés être secs, dévoilent une certaine douceur. Les Valette utilisent des grappes de chardonnay botrytisées (comme Thévenet), autre pratique non entérinée dans les décrets de ces AOC. Les meilleurs vins passent entre dix-huit et trente-six mois sous bois, avant une mise en bouteilles sans collage ni filtration. Si vous souhaitez découvrir la puissance florale, la richesse des fruits du verger et la volupté des vins de la Bourgogne méridionale, c'est ici que vous les trouverez.

Verget ✪✪

71960 Sologny. Tél. : 03 85 51 66 00, fax : 03 85 51 66 09.

Le Belge Jean-Marie Guffens, l'un des créateurs de cette maison de négoce est une figure à part dans le monde du vin français. Sous ses allures vestimentaires décontractées et sa manière de rouler les cigarettes, il cache un formidable sens du détail et une grande curiosité pour la vinification. Guffens préfère acheter des raisins que du moût ou du vin, et offre le meilleur prix pour le fruit de vignes au rendement bas, vendangé à la main par les soins de sa propre équipe et rigoureusement trié. Non seulement il effectue lui-même le pressurage et la vinification du raisin, mais il sépare aussi chaque presse en quatre lots afin de s'accorder une flexibilité maximale dans l'élaboration de ses vins. La maison Verget produit toute la gamme des vins de Bourgogne. Parmi ses fleurons figurent les chablis (voir page 81). Dans le Chablisien, le niveau de qualité, laissant parfois à désirer, ne rend pas toujours justice au superbe terroir, alors que le fruit cristallin que peut atteindre le chardonnay dans cette aire ravit Guffens. Ne cherchez pas les traditionnels arômes beurrés dans les vins blancs de Verget. Étincelants, ceux-ci révèlent la pureté et l'austérité sensuelle qui caractérisent la production des grands viticulteurs de la Sarre, du Ruwer ou de l'Alsace (si Guffens travaillait le riesling, le résultat serait époustouflant). Le registre des vins blancs de la maison Verget est vaste (Guffens prétend ne pas comprendre l'élaboration des vins rouges). Parmi les vedettes des millésimes passés, citons un meursault Poruzots et un Casse-Tête au fruit dense, un chassagne-montrachet La Maltroye Vieilles vignes, épicé et structuré, ainsi qu'un bâtard-montrachet étonnamment équilibré, charpenté, mais suave au palais. Également installé en Mâconnais (voir Guffens-Heynens), Guffens propose une grande sélection de cuvées dans les appellations de cette région, notamment de fascinants pouilly-vinzelles issus de vignes cinquantenaires (Les Quarts et une cuvée Levrouté née de vendanges tardives).

A. & P. de Vilaine

71150 Bouzeron, Tél. : 03 85 91 20 50, Fax : 03 85 87 04 10

De bons vins de la Côte chalonnaise (ainsi qu'un remarquable aligoté de bouzeron) sont produits par Aubert de Vilaine du domaine de La Romanée-Conti, ici sur son domaine personnel. Grâce au soin et à la compétence apportés à leur élaboration, ces vins sages traduisent la vérité du terroir, comme de Vilaine lui-même aime à le souligner.

Comte de Vogüé ✪

21220 Chambolle-Musigny, Tél. : 03 80 62 86 25, Fax : 03 80 62 82 38.

Les plus belles parcelles en chambolle-musigny appartiennent à ce domaine, qui possède 70 % du vignoble de musigny et 2,5 hectares en bonnes-mares. Depuis son arrivée en 1985, le maître de chai, François Millet, a amélioré la qualité des grands crus. Cet homme tranquille et réservé ne s'empresse pas de décrire sa stratégie. « Il ne faut pas être systématique. Je ne veux pas vous donner de recette. Il faut observer, prendre la température du terroir. » Les vins ne sont ni riches en extrait, ni très marqués par le chêne. Ils sont plutôt touchés par la grâce, parfumés et soyeux. Le bonnes-mares (terroir hétérogène, selon Millet) déborde de fruits noirs. Le musigny présente davantage de facettes, et les arômes de fruits légèrement réglissés persistent agréablement. Ces deux vins incarnent la puissance du bourgogne dans tout son classicisme : une main de fer dans un gant de velours.

Domaine de La Vougeraie

21700 Premeaux-Prissey, Tél. : 03 80 62 48 25, Fax : 03 80 61 25 44.

Jean-Claude Boisset est le négociant bourguignon le plus chanceux de ces dernières années. Depuis qu'il a créé son empire, il ne lui manque que la reconnaissance publique. Il produit toutes les appellations, mais la plupart de ses vins m'ont semblé peu expressifs. Boisset est également propriétaire de Viénot, Chauvenet, Mommessin, Jaffelin, Pierre Ponnelle, Ropiteau Frères, Bouchard Aîné et Thorin, ainsi que de Moreau en Chablisien et de Varichon et Clerc en Savoie. Sa société est la cinquième de France en volume expédié. La création d'un vaste domaine (37 hectares), basé à Premeaux et regroupant les vignes de quatre anciennes propriétés détenues par Boisset, pourrait changer la donne et permettre au niveau de qualité de s'élever. Deux tiers des parcelles se trouvent en Côte de Nuits et un tiers en Côte de Beaune. Le nom de Vougeraie vient du fait qu'un certain nombre des vingt-neuf parcelles se trouvent à Vougeot et dans ses alentours, là où est installée la famille Boisset. Pascal Marchand (qui travaillait auparavant pour le domaine du Comte Armand) a reçu carte blanche en matière de vinification. Bernard Zito soigne les vignes cultivées selon les méthodes biologiques et presque toutes labourées par un cheval attelé à une charrue. Parmi les vins que j'ai goûtés, j'ai trouvé un joli vougeot premier cru Les Cras 1999, subtilement épicé, issu de vignes de trente-cinq ans, ainsi qu'un pommard Les Petits Noizons délicieusement épicé. Le vin blanc issu du cru monopole Clos Blanc de Vougeot est plus qu'une simple curiosité, car sa palette aromatique est impressionnante. La parcelle de clos vougeot rouge est plantée de vignes de cinquante ans. Un domaine à suivre.

Le Beaujolais

Un fruit étrange. Le Beaujolais est une énigme. Ses sols présentent un réel potentiel et ses meilleurs producteurs ont une compétence indéniable. Pourtant, ses vins restent dans l'ombre. Pourquoi ? À cause du gamay, ce cépage que l'on pourrait qualifier d'« hermaphrodite », car si ses vins ont bien les arômes de vins rouges, leur texture et leur équilibre s'apparentent à ceux des vins blancs.

C'était la fin d'une journée de voyage et de bousculades. L'obscurité tombait sur les vignes nues du printemps. Nous approchions de l'arrière-cour des Foillard, en Morgon. Deux clients goûtaient les vins et les évaluaient. L'un d'eux s'est souvenu que, dans sa jeunesse passée en Médoc, on appelait le beaujolais le « vin de palefrenier ». Un troisième homme est apparu, chef de la fanfare locale. Lui aussi s'est mis à déguster. On m'a tendu un verre. Tout le monde parlait avec animation. Puis a surgi l'un de ces moments particuliers où, par la simple force du plaisir, une conversation bruyante sombre dans le silence : avec une force irrépressible, le vin réclamait l'attention générale. C'était une épiphanie. J'ai griffonné quelques notes peu inspirées à propos de la saveur du vin en bouche et de ses élans fugitifs. Le terme de « jubilation » m'est resté à l'esprit, sans que je sache exactement pourquoi. Au bout du compte, j'ai opté pour trois mots, communs mais directs, que j'ai soulignés avec tant de force que la mine de mon crayon s'est cassée. « Un pur délice ». Puis, je me suis de nouveau concentré sur la dégustation du Côte de Py de Jean Foillard, issu de vignes de trente à soixante-dix ans d'âge qui avaient grandi dans la roche de cette pente de Morgon. Il était impossible de le disséquer. Il était, surtout, impossible de ne pas le déguster.

« Il se laisse boire », m'a déclaré Marcel Lapierre, deux jours plus tard, décrivant son nouveau beaujolais-*villages* appelé Château Cambon. « Ça se boit sous la douche ! ». On ne se pose guère de questions à propos d'un tel vin. Lapierre évoquait l'un de ses beaujolais « secondaires », mais sa remarque s'appliquait aussi aux plus grands d'entre eux. Si un vin rouge peut être adolescent, c'est bien le cas du beaujolais. La description de ses caractères organoleptiques semble lui ôter sa beauté. Il a l'énorme capacité de procurer du bien-être, mais pratiquement aucun don pour le génie. Preuve que le bonheur peut naître de la simplicité.

Ces impressions sont liées au fait que le beaujolais provient du gamay : un cépage prolifique à la pellicule fine, qui mûrit tôt et dont le vin reste fondamentalement léger. Un tel cépage au tempérament docile est toujours prisé dans cette partie de l'Hexagone : voilà l'un des visages inattendus de la France viticole d'aujourd'hui. Après tout, le Beaujolais demeure une région de petits producteurs, dont la plupart agissent de manière aussi judicieuse que les vignerons de la vallée du Rhône ou du Languedoc. Il n'est pas handicapé par un marché essentiellement local, qui l'inciterait peu à promouvoir la qualité. La plupart de ses vins ne sortent pas des cuves géantes des négociants ou

des coopératives, ce qui signifie que les volumes produits et l'origine régionale comptent vraiment. Les grappes sont vendangées à la main, car la vinification du beaujolais repose presque toujours sur ce que l'on appelle la macération carbonique qui impose l'utilisation de grappes entières et saines. Les meilleurs producteurs, comme Jean Foillard et son voisin, Marcel Lapierre, ont recours à la macération à froid, à des levures indigènes, à une quantité minime de soufre. Ils mettent en bouteilles leur vin sans collage ni filtration. Éric Janin, dont un tiers des vins provient de vignes de plus de quatre-vingts ans, s'essaie à la biodynamie et enherbe ses rangs de vignes; il pratique l'égrappage, le pigeage et le vieillissement en barrique. Tel est aussi le choix de Guillaume de Castelnau, au célèbre Château des Jacques, propriété de Jadot. Les dix crus du Beaujolais cherchent activement à se différencier par le terroir. Le nom des lieux-dits commence à apparaître sur les étiquettes. En appellation morgon, par exemple, la Côte de Py tient la vedette. Corcelette et Clachet sont en passe de se forger une réputation et d'affirmer leurs différences stylistiques. De son côté, fleurie ne comptent pas moins de treize *climats* reconnus par l'INAO, notamment La Madone, Grille-Midi et Le Bon Cru.

Il existe cependant une différence entre le meilleur beaujolais et le meilleur châteauneuf-du-pape ou le meilleur cahors. Elle réside dans les rendements. « Le gamay, explique Guillaume de Castelnau, diffère radicalement du pinot noir. Vous ne noterez pratiquement pas de dissemblance entre un vin issu d'une vigne au rendement de 50 hl/ha et d'une vigne menée à 24 hl/ha. La seule réelle distinction tient aux vieilles vignes ». Marcel Lapierre a limité ses rendements à 15 hl/ha, mais il déclare que cela ne sert à rien, « car le fruit disparaît ». « En 2000, j'ai obtenu 60 hl/ha, et ces vins-là ont été les meilleurs de ma carrière. » J'ai écouté des producteurs avisés sur ce point (Éric Janin, Agnès Foillard), et je n'ai pas de raison de douter de la véracité de leurs propos. Cependant, un doute me hante, comme le goût d'un autre gamay, dont les rendements ne dépassent jamais 30 hl/ha. Il s'agit du légendaire gamay d'Anjou né « sur spilite » de Claude Papin. Si les rendements bas du gamay font une différence en Anjou, pourquoi n'en créent-ils aucune en Beaujolais ?

Finalement, il s'agit peut-être d'une question d'esthétique : quelle beauté veut-on forger ? Une beauté sombre et austère ? Ou la beauté souriante d'un vin gouleyant ? Sur la collerette de la cuvée du Clos Bertrand, produite par le Château Thivin, on peut lire : « L'éclat de rire à la table ». La beauté du beaujolais a toujours résidé dans ses arômes qui envahissent le palais, vous laissent bouche bée, le rouge aux joues et la joie au cœur.

« Je cherche une maturité maximale, difficilement accessible parce que le gamay pourrit facilement. En cave, j'interviens le moins possible (le beaujolais est un vin de fainéant et de radin). »

MARCEL LAPIERRE

◀ *Pour qu'un beaujolais vieillisse et se bonifie avec les années, ses vignes doivent avoir grandi dans les sables rouges qui entourent ce moulin à vent.*

Guillaume de Castelnau

Après avoir été officier de cavalerie pendant dix-sept ans et terminé sa carrière sous les galons de commandant, Guillaume de Castelnau s'est pris de passion pour son travail de vigneron. La vigne l'a appelé par hasard et, aujourd'hui, il met tout en œuvre pour favoriser les progrès de Louis Jadot dans le Beaujolais. L'objectif est de donner du sens au terroir. « Dans le Beaujolais, nous redécouvrons notre terroir. Nous l'avions perdu. » Un des moyens d'y parvenir consiste à tester les méthodes de la biodynamie, bien que de Castelnau déclare : « C'est seulement une stratégie agricole, nullement ma religion. » Jadot possède désormais 27 hectares de moulin-à-vent – où la société distingue cinq climats –, 9 hectares de beaujolais plantés de chardonnay et 35 hectares du Château de Bellevue en morgon, nouvellement acquis, qui apportent trois climats supplémentaires. L'ex-commandant réunit maintenant ses troupes.

L'aventure de la terre

Sur le plan administratif, le Beaujolais fait partie de la Bourgogne. Cependant, sur le plan géologique, il appartient très clairement au nord de la vallée du Rhône. Le grand bourgogne rouge est issu de pinot noir planté sur des sols de calcaire alcalin ; le bon beaujolais est un gamay planté sur du granite acide.

Le Beaujolais se partage entre haut Beaujolais et bas Beaujolais. Au nord, le granite domine : c'est la région du beaujolais-*villages* et des dix crus du Beaujolais. Ces crus représentent un quart de la production totale du Beaujolais.

Les principales différences entre les crus tiennent à l'altitude et à la composition minérale. L'aire du **saint-amour** (310 hectares), située à l'extrême nord, est constituée de granite, d'argile et de schiste, tandis que celle du **juliénas** voisine (600 hectares) présente davantage d'argile mélangée aux arènes granitiques. L'aire haut perchée du **chénas** (280 hectares), de l'autre côté de la rivière Mauvaise, constitue le plus petit cru sur des sols de sables granitiques mêlés d'un peu de graves. Un peu plus bas, se trouve le pays du **moulin-à-vent**, à l'origine des meilleurs crus, profonds et tanniques, dont la charpente assez solide serait due à la présence de manganèse dans les arènes granitiques. Ses superbes pentes tournées vers le sud-est n'y sont sans doute pas étrangères non plus. À l'ouest du moulin-à-vent, l'aire du **fleurie** (860 hectares) tourne ses pentes vers l'est. De ses arènes granitiques naît un vin aromatique. **Chiroubles** (370 hectares) est juché à une altitude de 250 à 450 m. Le plus élevé de tous les crus produit des vins légers et fringants. Les sols sont composés de granite pur allié à une argile fine, de couleur pâle, qualifiée de smectite. L'aire du **morgon** (1 100 hectares) présente une importante différence géologique. Les sols gris et rouges de cette large bande de vignes sont appelés « roches pourries ». Formés de schistes décomposés contenant du fer, ils donnent souvent naissance au cru le plus profond après le moulin-à-vent. Le vin offre un fruit marqué par la cerise qui, après quelques années de garde, se rapproche incroyablement du pinot noir. Le secteur de la Côte de Py, en morgon, offre de superbes pentes. **Régnié** (550 hectares) est partiellement constitué de granite sablonneux et de schiste, ce qui lui permet parfois de produire des crus d'un grand classicisme. Les deux crus les plus septentrionaux sont les aires d'appellation **brouilly** et **côte de brouilly**, qui entourent le mont Brouilly, haut de 484 m. Les vignobles les plus élevés sont ceux de la côte (320 hectares), dont les sols se composent de granite, de porphyre (pierre bleue) et de schiste. Ces caractéristiques pédologiques confèrent aux vins leur parfum et leur richesse en alcool. Brouilly constitue le cru le plus vaste (1 300 hectares) et le plus varié sur le plan géologique, avec du granite, du schiste et des alluvions, ainsi qu'un peu d'argile smectite. Le meilleur brouilly est généreux et fruité. Un bon **beaujolais-villages** peut s'avérer aussi remarquable qu'un cru, mais il peut aussi se montrer maigre.

Avant de quitter les beaux paysages du haut Beaujolais, évoquons une énigme. Ici, les ceps plongent leurs racines dans le granite, le schiste et le sable. Cependant, il est rare de trouver mention d'arômes minéraux dans les fiches de dégustation des beaujolais. Il est habituellement fait référence aux fruits et aux fleurs. Plusieurs hypothèses existent. Les arômes minéraux sont peut-être parfaitement subjectifs. Ou bien ne sont-ils transmis que par certains cépages (le chardonnay et le sauvignon blanc, mais non par le gamay). Troisième hypothèse : les notes minérales sont plus fréquentes lorsque les vignes ont grandi dans des roches sédimentaires. Sans doute la structure des sédiments rend-t'elle les minéraux plus accessibles aux systèmes racinaires que les roches cristallines, plus dures. Cependant, le riesling alsacien ou allemand peut être intensément minéral lorsqu'il pousse sur des sols cristallins (c'est le cas de onze grands crus d'Alsace) ou dans l'ardoise (roche métamorphique). On peut arguer que les arômes minéraux sont plus facilement identifiables quand les vignes prospèrent dans un sol alcalin, plutôt que dans un sol acide. Cette théorie serait sujette aux mêmes objections venant d'Alsace ou d'Allemagne.

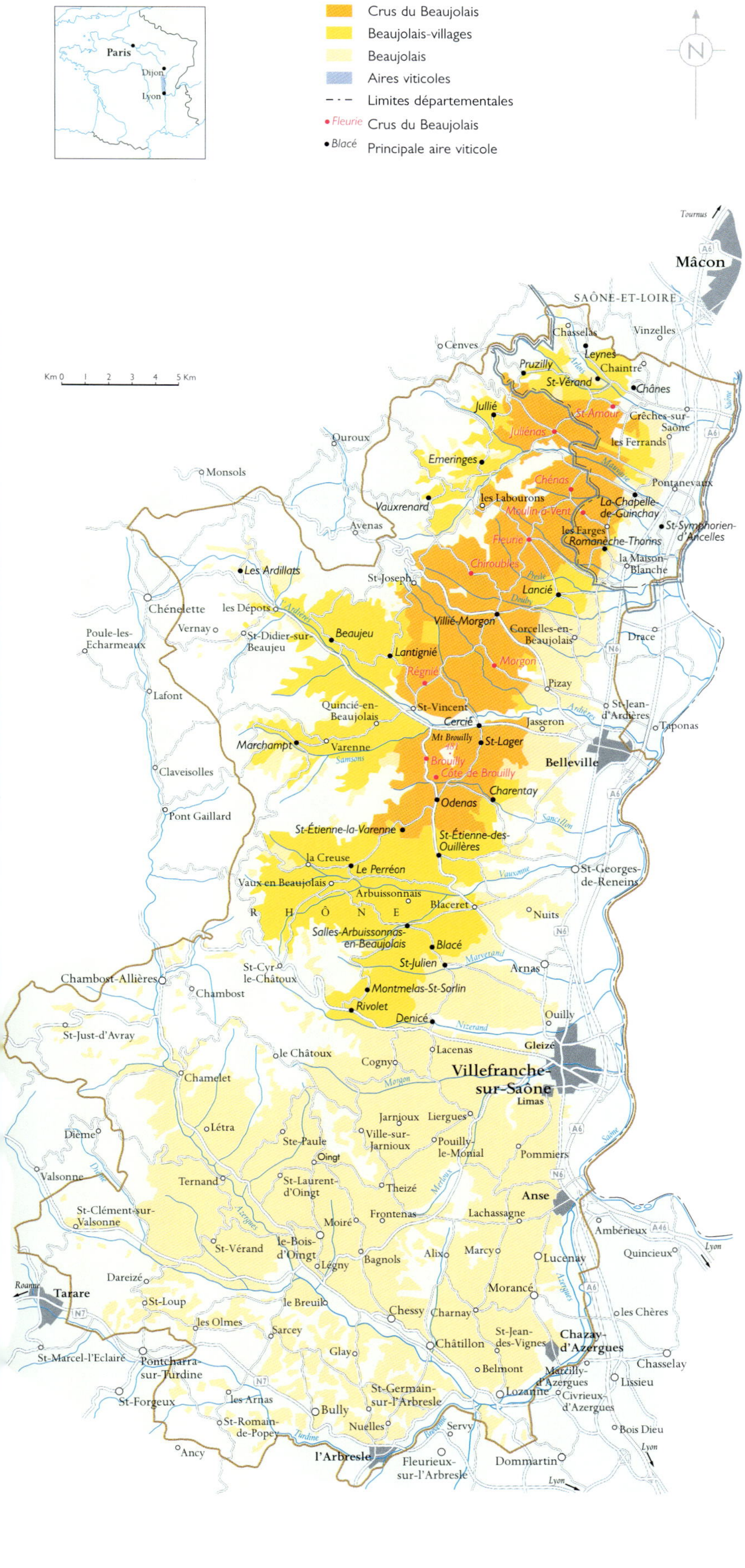

Les saveurs minérales sont-elles simplement plus faciles à repérer dans les vins blancs que dans les rouges ? Pas vraiment. Les graves rouges, les vins du Médoc ou du Languedoc dévoilent fréquemment de telles nuances. Peut-être apparaissent-elles seulement lorsque les rendements sont inférieurs à 30 hl/ha. Cependant, Vincent Dauvissat, dans le Chablisien, élabore des vins très minéraux, tout en maintenant des rendements deux fois plus élevés. Bref, le mystère demeure.

En tout cas, dès que vous atteignez le bas Beaujolais, le granite vous fait ses adieux : le contraste est total avec le haut Beaujolais. Vous voilà en pays des pierres dorées. C'est là que l'on élabore le **beaujolais** (et le **beaujolais supérieur**, qui n'a de supérieur que le nom et le titre alcoométrique). Une grande partie de ce vin est vendue sous le nom de beaujolais nouveau. Les **coteaux du Lyonnais**, qui bénéficient d'une appellation, constituent finalement une petite zone de transition entre le Beaujolais et le Rhône. Le gamay, le chardonnay et l'aligoté y produisent des vins plus proches des beaujolais que des côtes du rhône.

Mon point de vue critique

Le beaujolais nouveau : une erreur ?

Le Beaujolais est la seule région de l'Hexagone qui réussit à vinifier, à mettre en bouteilles et à vendre entre un tiers et la moitié de sa production dans les six mois qui suivent les vendanges. Ce qui a été au départ un superbe coup médiatique et commercial, lancé par les producteurs régionaux pour le marché parisien, est devenu, au cours des années 1970 et 1980, une gigantesque opération internationale, à la logistique sophistiquée. Le nouveau vin, fraîchement tiré du fût, est frais, parfumé, vif et entêtant. On reconnaît là les qualités du beaujolais en général.

Le problème, c'est que la tradition du vin nouveau est essentiellement locale. J'en ai d'excellents souvenirs en Allemagne, où l'on apporte le vin à votre table dans des pichets rutilants, emplis d'un vin rendu opaque par le soufre, parfois adouci par du sucre non fermenté. Si vous le mettez en bouteilles et souhaitez le vendre, il ne peut rester sous cette forme. Il doit être « stable » et « sain ».

Voilà, en peu de mots, pourquoi la plupart des beaujolais nouveaux ont un goût désagréablement surfait. Le fait de l'embouteiller et de le vendre me semble une sorte d'abus exercé sur la matière première. Aucun vin ainsi malmené par la thermovinification et les traitements de stabilisation ou de filtration n'en sort intact et équilibré. Il devient un produit industriel, confectionné par des chimistes. Ce vin peut être excellent pour les comptes bancaires, mais il est mauvais pour la région au sens large, car il limite les aspirations à la qualité. Mieux vaut oublier, le plus vite possible, le beaujolais nouveau (à part, bien sûr, celui qui provient des barriques délicieusement illégales, entreposées dans les cafés lyonnais).

Beaujolais : les vignerons

Bellevue *voir* Jadot

Christian Bernard ✪
69820 Fleurie. Tél. : 04 74 04 11 27, fax : 04 74 69 86 64.
Les vins ambitieux et concentrés de fleurie et de moulin-à-vent ne sont peut-être pas typiques, mais bien agréables. Le fleurie Clos des Grands Fers déborde des tonalités suaves de la cerise noire, tandis que le moulin-à-vent de Christian Bernard possède des parfums originaux de truffe.

Jean-Marc Burgaud
69910 Villié-Morgon. Tél. : 04 74 69 16 10, fax : 04 74 69 16 10.
Le domaine de 3 hectares de Jean-Marc Burgaud constitue non seulement une source d'excellent régnié, mais aussi une bonne adresse pour ceux qui souhaitent comparer les différents terroirs du morgon. Le Côte de Py, épicé et structuré, ainsi que le Charmes, plus rond et séduisant, sont typiques.

Calot
69910 Villié-Morgon. Tél. : 04 74 04 20 55, fax : 04 74 69 12 93.
Un autre domaine de Morgon mérite le détour. Les 12 hectares de François et Jean Calot offrent des vins souples, aromatiques, aux notes de cerise. Parmi les quatre cuvées, citons la voluptueuse cuvée Vieilles vignes et une excellente « tête de cuvée ». La cuvée Jeanne, bien charpentée et légèrement tannique, paraît meilleure encore.

Cambon *voir* Marcel Lapierre

La Chanaise *voir* Piron

La Chaponne ✪
71570 Romanèche-Thorins. Tél. : 04 85 35 52 42, fax : 04 85 35 56 41.
Le domaine de 10 hectares en morgon, propriété de Laurent Guillet, se répartit entre Côte de Py et Grands Cras. Vendange mûre et vieillissement en fût ont donné des vins remarquables en 2000. Citons le Domaine de La Chaponne, avec ses 13 % vol. d'alcool naturel, aux arômes de cerise nuancés de chocolat, et le Côte de Py 2001, tendre, délicieux, en toute simplicité.

Cheysson
69915 Chiroubles. Tél. : 04 74 04 22 02, fax : 04 74 69 14 16.
Le chiroubles peut être un vin difficile. D'une part, l'altitude du cru ne facilite pas la maturation du raisin ; d'autre part, son charme fugace, sa légèreté ne sont pas faits pour la garde. Ce vaste domaine de 26 hectares est l'un des meilleurs en chiroubles. Une réussite qui s'illustre tant dans des vins classiques, vifs et fruités, que dans les cuvées Prestige vieillies en fût de chêne.

Chignard
69820 Fleurie. Tél. : 04 74 04 11 87, fax : 04 74 69 81 97.
Les 8 hectares de Michel Chignard à Fleurie, situés au lieu-dit des Moriers produisent de remarquables vins au fruit mûr, séduisant et charnu. La cuvée spéciale provient d'une sélection de vieilles vignes au rendement limité : elle hérite du bois des notes fumées rappelant le style bourguignon.

Clos des Grands Fers *voir* Bernard

Clos du Fief *voir* Tête

Diochon
71570 Romanèche-thorins. Tél. : 03 85 35 52 42, fax : 03 85 35 56 41.
Bernard Diochon ne possède que 2 hectares en moulin-à-vent, qui lui donnent une cuvée Vieilles vignes. Mais ces pieds de quatre-vingts ans font naître une vedette : un vin aux arômes de fruits noirs, fondant en bouche.

Dubœuf
71570 Romanèche-Thorins. Tél. : 03 85 35 34 20, fax : 03 85 35 34 25.
Beaucoup de dégustateurs internationaux assimilent le beaujolais au nom du négociant Dubœuf, qui assemble et vend le contenu de 30 millions de bouteilles par an. Cette maison a de quoi étonner aussi par la qualité relativement élevée de ses vins, rarement surfaits. Certains crus (notamment le morgon) peuvent être excellents. Les vins mis en bouteilles au domaine (comme le fleurie Domaine des Quatre Vents) se distinguent également.

Dubost
69430 Lantignie. Tél. : 04 74 04 87 51, fax : 04 74 69 27 33.
Les vins de ce domaine de 13 hectares sont vendus sous le nom de Dubost et sous celui du Domaine du Tracot. La plupart des vins sont des beaujolais-*villages* (Dubost a aussi des parcelles en morgon, en régnié et en brouilly). Jean-Paul Dubost a désormais pris les rênes. Goûtez donc l'excellent beaujolais-*villages* Les Charmieux Tête de cuvée, mis en bouteille sous le nom d'Henri Dubost, père de Jean-Paul. Le morgon se distingue entre tous les crus.

Fines Graves
71570 Romanèche-Thorins. Tél. : 04 85 35 57 17, fax : 04 85 35 21 69.
Les 12 hectares bien situés de Jacky Janodet produisent de jolis chénas et moulin-à-vent charnus.

Foillard ✪
69910 Villié-Morgon. Tél. : 04 74 04 24 97, fax : 04 74 69 12 71.
Jean Foillard et sa femme Agnès disposent d'un domaine de 8 hectares de vignes en morgon et en Côte de Py. Ils privilégient une longue macération à froid prolongée parfois jusqu'à quatre semaines avant de procéder à la fermentation. Les Côtes de Py vieillissent dans des fûts de plusieurs vins. Jean Foillard élabore aussi une cuvée souple et veloutée à partir de vieilles vignes de cinquante ans, plantées sur les sols sablonneux de Corcelette. La délicieuse cuvée Laure est constituée du cœur de presse et provient des vignes les plus âgées (quatre-vingts ans). Elle n'est jamais vendue, mais offerte à la dégustation aux amis et aux clients. Le comble du raffinement.

du Granit
69840 Chénas. Tél. : 04 74 04 48 40, fax : 04 74 04 47 66.
Le domaine de 8,5 hectares de Gino Bertolla, situé sur les hauteurs de Moulin-à-Vent, possède deux parcelles de granite rose à La Rochelle et un terroir plus riche en manganèse aux Caves. Bertolla travaille des vignes de quarante-cinq ans, plantées à forte densité. Parfois, il ne produit qu'une cuvée tradition. Sa cuvée Vieilles vignes développe de séduisantes notes de réglisse, de café et de chocolat (l'année 1989 a fait date).

des Jacques *voir* Jadot

Jadot ✪
71570 Romanèche-Thorins. Tél. : 03 85 35 51 64, fax : 03 85 35 59 15.
La maison de négoce Louis Jadot, qui appartient à des Américains, dispose de trois domaines en Beaujolais : le château des Jacques, de 27 hectares, en moulin-à-vent, le château de Bellevue (35 hectares) (il a appartenu aux frères Lumière, pionniers du cinéma), ainsi qu'un domaine de 9 hectares situé près de Chénas et planté de chardonnay. Ce chardonnay est l'un des rares en France à être issu (partiellement) d'un sol granitique. Jadot lui applique une fermentation en barrique, à la façon bourguignonne, pour produire le bourgogne blanc Clos de Loyse, tandis qu'il le laisse fermenter en cuve Inox pour élaborer le beaujolais blanc Grand Clos de Loyse. Le premier est

Système de notation utilisé dans les pages producteurs : ✪ Très bon vin ✪✪ Excellent vin ✪✪✪ Vin exceptionnel

intéressant. Outre les vins rouges des châteaux, cinq cuvées de *climats* sont élaborées au château des Jacques : l'élégant Champ de Cour, le Clos des Thorins, charnu, La Roche, très cristallin, le Grand Carquelin, rond et complexe, ainsi que le Rochegros, puissant, au goût de terroir, récolté sur le plus pur des granites. Tous ces vins sont vinifiés à la manière bourguignonne. Il est prévu d'élaborer des cuvées distinctes à Bellevue à partir du fruit de trois *climats* : la Côte de Py, le Clos de Bellevue (à Corcelette) et Les Charmes.

Janin ✪

71570 Romanèche-Thorins. Tél. : 03 85 35 52 80, fax : 03 85 35 21 77.

Éric Janin conduit avec un grand soin, et partiellement en biodynamie, son domaine de 12,5 hectares. Il expérimente aussi l'égrappage et la vinification bourguignonne. Le Clos du Tremblay, issu de vieilles vignes de soixante à quatre-vingt-dix ans se montre riche et aromatique, d'une profondeur intense derrière le fruit.

Joubert

69430 Quincié-en-Beaujolais. Tél. : 04 74 04 33 67, fax : 04 74 69 05 83.

Ce domaine de 10 hectares produit des brouilly et des beaujolais-*villages* élégants et expressifs, non filtrés et dépourvus de soufre.

Lacoque

69910 Villié-Morgon. Tél. : 04 74 69 16 52, fax : 04 74 04 27 03.

La cuvée Marie Jeanne Morgon de Joël Lacoque, issue de vieilles vignes de quatre-vingts ans plantées en Côte de Py, fermentée sous bois, livre des senteurs exotiques en bouche, et notes de cerise noire et de café.

Hubert Lapierre

71570 La Chapelle-de-Guinchay. Tél. : 03 85 36 74 89, fax : 03 85 36 76 69.

Le domaine d'Hubert Lapierre (7,5 hectares) propose un bon chénas (Lapierre est le président de l'appellation). Les classicistes préféreront la cuvée Vieilles vignes au fruit souple et exubérant, les modernistes et les amateurs de bourgogne opteront pour la Cuvée Spéciale vieillie en fût de chêne. Un moulin-à-vent est issu de vignes cultivées sous un climat plus frais, en altitude.

Marcel Lapierre ✪

69910 Villié-Morgon. Tél. : 04 74 04 23 89.

Existe-t-il ailleurs en France des vignes aussi bien tenues que les 11 hectares de Marcel Lapierre à Morgon ? Lapierre procède à une longue macération à froid avant la fermentation, qui commence selon la méthode classique du Beaujolais, se poursuit avec le pigeage et se termine dans des barriques de plusieurs vins (en provenance de Prieuré-Roch). Le vin présente une robe sombre et déborde de fruits rouges avec des nuances typiques de cerise dans sa jeunesse, avant de vieillir lentement et de progresser vers des notes de fraise. Déguster ces vins à l'aveugle donne l'impression fugace de ne pas être très loin de pommard et de pomerol. Le château Cambon (16 hectares dans l'aire des *villages*), conduit en copropriété avec Jean-Claude Chamonard, produit des vins charmeurs.

La Madone

69820 Fleurie. Tél. : 04 74 69 81 51, fax : 04 74 69 81 93.

La madonne qui veille sur la petite chapelle qui domine la colline de Fleurie a été renversée par une récente tempête, mais l'incident ne semble pas avoir menacé la qualité de ce terroir de pur granite en Beaujolais. Le domaine de Jean-Marc Després, qui couvre 9 hectares, propose des vins délicieusement souples et gouleyants. La cuvée Vieilles vignes est particulièrement réussie.

Nesme

69910 Villié-Morgon. Tél. : 04 74 04 21 28.

Morgon regorge de vins de qualité. La cuvée Fûts de Chêne des Nesmes le prouve. Des vignes âgées de cinquante-sept ans et un sous-sol riche en manganèse complètent la palette fruitée de profondes notes minérales.

Piron

69910 Villié-Morgon. Tél. : 04 74 04 21 28.

Le morgon Côte de Py de ce vaste domaine de 22 hectares présente un fruit net et dense. Dans les bons millésimes, le beaujolais-*villages* Vignes de Pierreux peut être d'un excellent rapport qualité-prix. Le moulin-à-vent Vigne du Vieux Bourg et le régnié Domaine de La Chanaise mériteraient de bénéficier d'un peu plus de chair.

Sornay

69910 Villié-Morgon. Tél. : 04 74 04 23 65, fax : 04 74 69 10 70.

Le domaine de 8 hectares de Noël et Christophe Sornay produit des vins d'un classicisme séduisant, qui déclinent un fruité élégant fait de cerise.

Terres Dorées

69380 Charnay-de-Beaujolais. Tél. : 04 78 47 93 45, fax : 04 78 47 93 38.

L'inventivité et la passion de Jean-Paul Brun lui ont permis de créer une gamme qui transcende le terroir argilo-calcaire de ces 20 hectares dans le sud du Beaujolais. Brun obtient de grands succès dans sa manière de travailler le chardonnay. Il propose un beaujolais blanc bien mûr, original, proche des vins d'Alsace, qui n'est pas marqué par le chêne. Citons une cuvée fermentée en barrique et la cuvée Labeur d'Octobre, structurée et charnue, issue de raisins vendangés à maturité. La meilleure cuvée de gamay est un vin appelé L'Ancien, parfumé et proche du pinot noir, né de vieilles vignes. Enfin, notez un pinot noir léger, et un profond moulin à vent vendu sous la marque de négoce.

Tête

69430 Beaujeu. Tél. : 04 74 04 82 27, fax : 04 74 69 28 61.

Voici le domaine de référence du juliénas et du saint-amour. La puissance du juliénas (7 hectares) le désigne comme le nuits-saint-georges du Beaujolais, tandis que les notes de griotte donnent allant et profondeur au second (hélas, il n'y en a qu'un hectare).

Jean-Paul Thévenet

69620 Saint-Wrand. Tél. : 04 74 71 79 42, fax : 04 74 71 84 26.

Autre vedette du morgon, Jean-Paul Thévenet ne détient que 5,5 hectares, mais son vignoble lui offre de jolis vins. La cuvée Tradition libère d'heureuses notes de zeste de citron ; la cuvée Vieilles vignes (les ceps sont centenaires) illustre parfaitement la pureté élégante du gamay de l'aire de Clachet.

Thivin ✪

69460 Odenas. Tél. : 04 74 03 47 53, fax : 04 74 03 52 87.

Ce domaine de 26 hectares se niche juste au-dessous du mont Brouilly. Claude Geoffray ajoute toujours un peu de chardonnay à son gamay, ainsi que le décret de l'appellation le lui permet, « pour la finesse et la complexité. Je n'aime pas les vins de cépage pur », précise-t-il. 15 hectares sont plantés en côte de brouilly et 3 hectares en brouilly. Les vins possèdent un fruit croquant, un peu vif (cuvée du Clos Bertrand et Manoir du Pavé). Les meilleurs sont la cuvée de La Chapelle, issue de la plus haute parcelle du domaine, aux notes de cerise équilibrées par une rare profondeur minérale, et la cuvée Zaccharie, à la robe sombre, vieillie en barrique : la vanille et les tanins du bois ajoutent une note excitante à la suavité de la cerise.

de Tracot *voir* Dubost

Vignes du Tremblay *voir* Janin

Vissoux

69620 Saint-Vérand. Tél. : 04 74 71 79 42, fax : 04 74 71 84 26.

Pierre-Marie Chermette possède 15 hectares dans la partie méridionale, 6 hectares en fleurie et 1 hectare en moulin-à-vent. Son avis ? Le climat et l'exposition sont peut-être les facteurs les plus importants, puisque le gamay du sud du Beaujolais est planté dans le granite plutôt que dans le calcaire. Cependant, les différences entre le beaujolais et les crus restent sensibles. Le moulin-à-vent allie ici un fruit croquant à une structure enveloppée de chair. Et, c'est la séduction du fruit, légèrement fumé, qui fait du fleurie Les Garants le meilleur vin du domaine.

Le Jura

Jardin secret. Petite, rurale et paisible, la région natale de Louis Pasteur reste à l'écart des modes et des conventions. Mais la tradition semble empreinte de modernité et l'originalité règne dans cet univers de vins jaune pâle et corail.

J'avais une demi-heure à tuer avant mon rendez-vous à la Fruitière vinicole de Voiteur. De l'autre côté de la route qui mène à la petite coopérative, la rivière Seille coule joyeusement vers la Bourgogne, dominée par le village de Château-Chalon perché à soixante mètres sur le bord d'un éperon de calcaire. Par cet après-midi d'avril, j'ai grimpé à travers les vignes qui s'étalent jusqu'au rocher fissuré, couleur miel. J'ai repéré douze variétés de fleurs sauvages (treize, si l'on accepte les fraises des bois). Un viticulteur solitaire jetait de l'engrais avec le geste auguste du semeur. Des vaches paissaient dans les prés, de l'autre côté de la vallée en faisant tinter leur cloche. Je me suis assis pour me reposer. Un paon de jour s'est posé un instant sur mon genou, battant lentement de ses ailes diaphanes. Il n'avait qu'un mois à vivre : autant en profiter.

Bucolique ? Bien sûr. Le charme du Jura et de ses vins vient de ce qu'ici le temps semble s'être arrêté. Les vignes, âgées et de taille modeste, abritent de curieux cépages, inconnus ailleurs. Les œnologues les plus conformistes, qui affectionnent les salons internationaux, jugeront les méthodes de vinification pratiquées ici absurdes. Mais si vous faites partie de ceux qui cherchent à échapper à la superficialité et à l'ennui des modes, le Jura vous séduira.

Les plus grands vins du Jura mettent six ans à mûrir et il faut attendre encore dix années avant qu'ils soient en mesure de révéler tout leur charme. Malgré cette longue attente, nombreux sont ceux qui sont déstabilisés par le vin jaune qu'ils considèrent comme un étrange exercice d'équilibriste. La majorité des vins blancs de la région sont délibérément oxydés. Les rouges ont un air pâlot. Ils sont marqués par une forte acidité et sont parfois austères. Chêne neuf, titre alcoométrique élevé, textures onctueuses, fruit doux : le Jura semble ignorer les artifices, pourtant si répandus aujourd'hui. Pour avoir une idée du bon vin du temps de Montaigne, faites un détour par le Jura.

Vous trouverez peut-être que malgré tout ce qui vient d'être énoncé, le Jura joue un bien petit rôle dans le paysage de la nouvelle France viticole. Si les œnophiles internationaux considèrent le Jura comme un gardien des traditions, que peut bien faire l'avant-garde ?

Beaucoup, en fait. Tout d'abord, le marché a un rôle considérable. Par contraste avec la situation de la Savoie voisine, le Jura a besoin de vendre ses vins, et non de les rationner à des prix uniquement accessibles aux touristes assoiffés. Et ce n'est pas un hasard si le plus important négociant de la région est Henri Maire, le plus grand spécialiste de la vente directe. Ensuite, toute tradition qui vaut la peine d'être défendue a besoin d'être constamment réinventée pour survivre. Si une tradition se fige, elle meurt. « Les gens travaillent de manière bien plus professionnelle aujourd'hui que dans les années 1960, explique Jacques Puffeney. Autrefois, ils travaillaient au jour le jour, et beaucoup de vins étaient bâclés. Aujourd'hui, presque tous les viticulteurs sont vraiment

sérieux. » Et les changements philosophiques sont aussi évidents dans le Jura que dans les autres régions viticoles. Michel Rolland croit profondément à la perfection de la barrique de chêne pour le vin et à la nécessité de vendanger des grappes parfaitement mûres : cette conviction trouve un écho, par exemple, chez les frères Rolet. Stéphane Tissot, toujours débordant d'énergie, de même que Michel Escande, dans le Minervois, ou Gérard Gauby, dans le Roussillon, est en permanence prêt à tout remettre en question, même s'il risque de ne pas obtenir l'appellation d'origine contrôlée pour certains de ses vins (comme pour son vin de paille). La notion de terroir, si présente dans le travail d'Olivier Humbrecht ou de Jean-Michel Deiss, obsède également le jeune Julien Labet, qui défie l'axiome selon lequel les plus grands vins de la région sont toujours sous voile (cette pellicule, formée par les levures, qui apparaît sur la vidange, et est un élément essentiel de l'élevage du vin jaune). « Pour moi, laisser les vins en vidange et autoriser la formation du voile masque le terroir au lieu de le révéler. C'est une décision, une intervention, une sorte de blocage. C'est pourquoi je garde presque tous les vins que j'élabore dans des cuves pleines. » Labet a-t-il raison ou tort quand il parle du voile ? Bertrand Delanney, de la fruitière de Voiteur, déclare que même ses vins de base pour les crémants du jura, élaborés de façon réductive et dont les fûts sont constamment ouillés, commencent à prendre un « goût de jaune », s'ils sont conservés comme des vins de réserve. Autrement dit, le terroir du Jura flotte autant dans l'air qu'il est ancré dans le sol.

Le Jura commence aussi à séduire les profils marginaux. Jean Rijckaert, ancien partenaire de Jean-Marie Guffens à Verget, aujourd'hui négociant et viticulteur à part entière, est enthousiasmé par ce qu'il a découvert ici. Il est venu dans la région par hasard et il a été frappé par la situation géographique d'Arbois, à seulement quelque quatre-vingts kilomètres de Beaune et à la même latitude que Montrachet. Il a également été séduit par les vieilles vignes de la région (dont certaines de chardonnay). Mais surtout, il a été touché par l'ouverture d'esprit et l'absence de prétention des viticulteurs locaux. « Si vous voulez qu'un viticulteur doté d'une bonne parcelle de Bourgogne vous rende un service quelconque, vous devrez le supplier, vous prosterner devant lui. Ici, les vignerons sont contents de vous faire plaisir si vous êtes intéressé. » Rijckaert s'est même converti aux délices du savagnin, un lointain cousin du gewurztraminer, pourtant difficile : il est épais de peau, pulpeux, pauvre en jus, hautement acide et tardivement mûr. « Je pense qu'il peut acquérir une complexité qui surpasse celle des meilleurs chardonnays dans les lourds sols argileux du Jura, affirme-t-il. Le fruit est davantage confit ; il présente une plus grande concentration et une plus grande acidité. La pellicule est incroyablement dense. Si c'était un cépage rouge, cela donnerait aussi des vins fantastiques. »

« Qui a détruit toutes les vieilles vignes en France ? L'argent. Mais le Jura n'a jamais eu assez d'argent pour arracher les vieilles vignes et les remplacer par des clones plus jeunes et plus productifs. Les vieilles vignes constituent l'un des principaux atouts de cette région. »

JEAN RIJCKAERT

La viticulture est rarement aussi tranquille et pastorale que dans le Jura.
◄ *Les vins de cette région troublent parfois le dégustateur par leur originalité.*

Jacques Puffeney

Le père de Jacques Puffeney était ouvrier viticole. Quant à Jacques, qui a beaucoup voyagé, il a débuté dans les années 1960 avec seulement 20 ares. Aujourd'hui, il possède 7,5 hectares et propose une palette de vins fins, purs et délicieusement typiques. Il est très érudit, même s'il s'en cache ; c'est un théoricien tranquille qui aime la recherche. « J'ai passé huit jours à Jerez, m'a-t-il raconté, mais j'ai été davantage frappé par les différences entre le vin jaune et le xérès que par les ressemblances. Puis je suis allé dans le Tokaji, et les vins sous voile que j'y ai goûtés m'ont paru bien plus proches du vin jaune, surtout le tokaji szamorodni que l'on élabore à partir de furmint. » Jacques Puffeney expérimente inlassablement : macération sur peaux, ouillage, utilisation de chêne jeune, et plantations mixtes (pour son rouge Vieilles vignes). « Il me reste un seul projet à réaliser, dit-il. Planter du savagnin franc de pied. »

L'aventure de la terre

Il existe deux façons de regarder le Jura.

Comme le jumeau de la Bourgogne : les collines du Jura et de la Bourgogne se font face, de chaque côté du vaste lit de la Saône, chacune sur une rive. La Saône n'a pas véritablement taillé sa vallée, mais plutôt des enclaves dans un graben, une tranchée entre deux failles parallèles. Les vignes de Bourgogne trouvent, elles aussi, un écho de l'autre côté de la vallée : le chardonnay représente 45 % des plantations du Jura, et le pinot noir 10 %.

Et comme la première marche de l'escalier alpin : tout simplement parce que c'est l'impression que donnent ces collines depuis le Jura. L'air est déjà celui de la montagne et vous pénétrez dans le vignoble du Revermont, ou « antichambre de la montagne ». Ici, la ligne de collines est interrompue par toute une série de vallées latérales, appelées reculées. Les routes qui sillonnent le flanc de ces vallées vous emmèneront vers les bois et les prés d'altitude avant d'atteindre les hautes vallées de montagne (notamment la Bienne avec Morez, spécialisée dans la fabrication de lunettes) et d'agréables stations de sports d'hiver ou de loisirs estivaux.

Existe-t-il une période géologique aussi connue que le jurassique à laquelle la région a donné son nom ? Il y avait alors de vastes étendues d'eau, tranquilles, recouvertes de nénuphars et qui regorgaient d'huîtres, d'étoiles de mer et de coraux. Cette richesse s'est figée sous la forme d'un vaste croissant de calcaire qui traverse la France. Paradoxalement, l'héritage du jurassique est parfois bien plus présent ailleurs que dans le Jura. De manière générale, le sol du Jura est constitué d'argile lourde, une sorte de Madiran du Nord (les vins du Jura, quoique dans un registre très différent, partagent parfois une certaine force avec le madiran). Je crois qu'une utilisation raisonnable de l'oxydation ménagée dans la région réduit partiellement la vivacité. Parfois, le calcaire a légué ses caractéristiques chimiques à un sol qui peut être riche en coquillages et en fossiles ; toutefois la roche la plus pure est profondément enfouie dans le sous-sol.

La plus grande appellation d'origine contrôlée du Jura est l'**arbois**, avec 850 hectares, répartis autour de la ville du même nom. Le **Pupillin** est un cru qui vient s'ajouter à cette AOC, en dépit de l'absence de distinction évidente de son goût. L'arbois peut être considéré comme le centre du vignoble du Jura, mais les vignes s'étendent, de manière souvent discontinue, très loin au nord-est et au sud-est de la ville, en suivant la ligne des collines. L'AOC qui chapeaute cette longue langue de terres est celle des **côtes du jura** (650 hectares). Ces deux appellations couvrent toute la palette, fort complexe, des vins locaux.

L'arbois, c'est d'abord le cœur du vignoble rouge ; très peu de vins rouges sont élaborés dans les côtes du jura. Les rouges d'arbois, souvent issus de poulsard (parfois décrit comme un cépage rosé, tant ses vins sont uniformément pâles, même si le terme local de corail paraît plus adapté), semblent briller comme le sang du saint Sacrement. On trouve aussi le trousseau (un peu plus profond et plus charnu) et le pinot noir (qui ressemble ici à un cousin montagnard du savigny). Les noms de cépage (et surtout le pinot noir) ont droit de mention sur les étiquettes ; le poulsard et le trousseau sont souvent assemblés. Les vins blancs reposent généralement sur le chardonnay. Leur fermentation, qui peut être classique ou réductive, se fait de plus en plus fréquemment dans le chêne neuf, à la manière bourguignonne. Sinon, elle se conforme à la tradition locale et s'accompagne d'une oxydation ménagée. Les blancs sont aussi élaborés à partir du savagnin, cépage du vin jaune, et sont alors souvent semi-oxydés. Lorsqu'un vin jaune réagit mal au cours de son élevage de six ans, il est souvent assemblé ou déclassé en vin de cépage (savagnin). Cependant, certains producteurs vinifient et embouteillent le savagnin comme vin de cépage classique, sans oxydation ménagée. Le savagnin peut ressembler à un viognier, en plus nerveux, à condition d'être élaboré à partir de grappes très mûres. Les assemblages sont autorisés. Le chardonnay devient le partenaire privilégié dans ces vins, bien qu'une petite part de savagnin puisse prendre le dessus dans la gamme aromatique.

Spécialité du Jura, le **vin jaune** (qui ne représente que 4 % de la production totale du Jura) est issu de savagnin pur ayant généralement poussé sur des sols d'argile noire, et vendangé tardivement. Ce cépage mûrit tard et résiste bien aux pluies précoces de l'automne, grâce à l'épaisseur de sa pellicule. Après la fermentation, le vin nouveau est stocké dans des barriques de chêne ayant déjà contenu du vin jaune, et qui abritent donc des levures locales dans les pores de leur bois. La barrique reste ouverte et un peu d'espace est laissé en haut pour l'air. Après quelque temps, une couche de levures se forme sur le vin ; elle est appelée voile. L'apparence de ce voile (même s'il est plus gris et plus fin) rappelle la flore qui se développe dans les barriques de xérès fino et de manzanilla. Le vin doit reposer pendant six ans et trois mois, au cours desquels il est régulièrement surveillé. Il est ensuite décanté dans des bouteilles un peu trapues, de forme unique, les clavelins. Celles-ci ont une contenance de 62 centilitres, ce qui correspond, dit-on, à un litre de vin réduit par une lente évaporation de six ans. Le nez du vin jaune peut évoquer le xérès, mais avec un vieillissement supplémentaire en bouteille, il développe parfois des notes de champignons sauvages et de noix. En revanche, son bouquet est radicalement différent de celui du xérès. En effet, le xérès est issu de palomino, un des cépages blancs les moins acides du monde, tandis que le vin jaune provenant de savagnin a toujours une forte acidité qui peut heurter le palais. Un grand vin jaune peut, aux alentours de son vingtième anniversaire, contrebalancer cette acidité par de multiples évocations campagnardes et forestières. Mais souvent, au premier abord, il est difficile et peut surprendre, un peu comme, au chapitre des fromages, le munster, le maroilles ou le crottin de Chavignol.

L'autre grande spécialité du Jura est le vin de paille. Ce type de vin est élaboré dans plusieurs régions françaises (celui de Gérard Chave est magnifique). Traditionnellement, on le produit dans le Jura à partir de poulsard, de savagnin et de chardonnay. On commence par faire sécher les grappes en les suspendant. Le vin est élaboré pendant les premiers mois de l'année qui suit la vendange. Il reste ensuite en barriques pendant trois ans. Dans le Jura, ce vin est rarement aussi succulent et onctueux que lorsqu'il est produit dans des régions plus chaudes, mais l'acidité du savagnin donne aux versions locales un équilibre vivant, de fortes saveurs proches de celles du tokaï. Le **macvin** est constitué de jus de raisin complété par de l'alcool, comme le **pineau des charentes**. Cependant, l'utilisation du marc local au lieu d'un brandy affiné lui confère un style rustique. Le Jura est aussi une source d'excellents vins pétillants, dont le meilleur est le **crémant du jura**.

Il faut encore citer deux appellations d'origine contrôlée. L'Étoile, qui réunit cinq collines autour du village du même nom, est une zone composée par 80 hectares de vignoble blanc, plantée à 90 % de chardonnay et à 10 % de savagnin. Cette appellation produit des vins jaunes, mais elle est surtout connue pour ses vins blancs issus de chardonnay qui combinent une grande finesse aromatique avec la forte saveur du jura. Les vins pétillants peuvent être excellents (avant la création de l'AOC, des acheteurs de champagne faisaient des acquisitions substantielles dans cette région).

Enfin, l'AOC château-chalon ne porte que sur le vin jaune (les autres vins élaborés sur place sont vendus sous l'étiquette côtes du jura). Cette appellation d'origine a toujours été l'une des plus sévèrement administrées en France. Une commission inspecte chaque parcelle avant les vendanges pour en contrôler la qualité et le rendement. Et dans le cas de très mauvaises années (comme en 2001), tous les producteurs décident de ne pas utiliser l'appellation. On recense seulement 50 hectares cultivés autour du village de Château-Chalon, ainsi que dans certaines communes voisines (surtout Menétru-le-Vignoble, si bien situé).

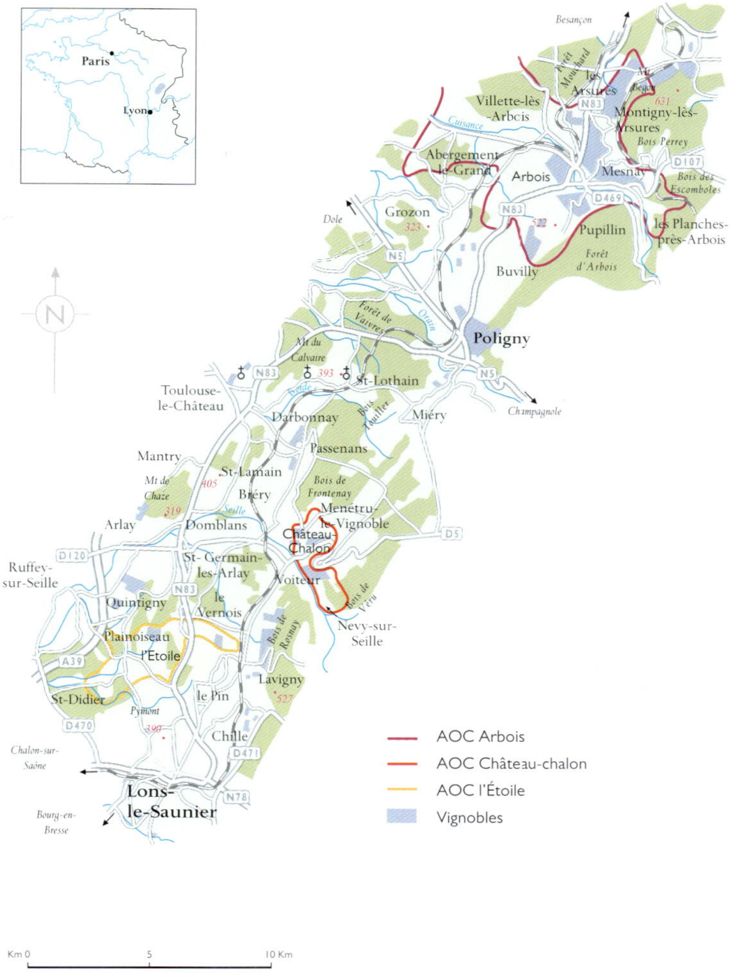

Mon point de vue critique

O comme oxydation

C'est un problème agréable, mais un problème tout de même. Quels sont les arômes et les saveurs qui vous accueillent quand vous ouvrez une bouteille de vin blanc du Jura ? Le vin sera-t-il classique ? Sera-t-il marqué par une puissance inimitable, celle du terroir local ? Ou possédera-t-il les fortes saveurs oxydatives, typiques d'un vin jaune ? Ces vins offrent des profils très différents ; or, les étiquettes ne vous aideront pas à les distinguer. La jeune génération de consommateurs se détourne-t-elle de plus en plus du style semi-oxydé, apprécié localement, mais déroutant hors de la région ? L'information sur la vinification devrait faire son apparition sur les étiquettes (ou contre-étiquettes). Il est inutile de changer la loi. Nous devons seulement être bien informés de ce qu'il y a dans la bouteille.

Jura : les vignerons

d'Arlay

39140 Arlay Tél. : 03 84 85 04 22, fax 03 84 48 17 96.

Le Château d'Arlay, propriété d'Alain de Laguiche, est le plus vaste domaine aristocratique de la région. Toutefois, la situation du vignoble n'est pas la plus remarquable. Ici, l'assemblage est en général la règle et le Corail en offre un exemple des plus étonnants : pinot noir, trousseau et poulsard s'allient au chardonnay et au savagnin. Le côtes du jura blanc est souvent le meilleur vin.

Aviet

39600 Montigny-lès-Arsures. Tél. : 03 84 66 11 02.

Lucien Aviet est l'un des personnages les plus hauts en couleurs du Jura. Une visite du Caveau de Bacchus, avec son poêle, son piano mécanique et le chien Gorki valent le détour. Ici, vous apprendrez très vite à appeler le chardonnay « melon à queue rouge », le poulsard « ploussard » et vous donnerez raison à Aviet lorsqu'il fustigera les défauts du pinot noir. Derrière cette façade, ce petit domaine de 6 hectares produit une gamme sérieuse, avec les vins rouges de la Cuvée des Géologues et l'arbois, vin jaune incroyablement suave. Vincent, le fils de Lucien, travaille activement au domaine.

Berthet-Bondet

39210 Château-Chalon. Tél. : 03 84 44 60 48, fax 03 84 44 61 13.

Les vins rouges sont monotones, mais le château-chalon équilibré et aromatique vieillit bien ; le côtes du Jura tradition (assemblage de savagnin et de chardonnay) offre les mêmes accents de noix, à un prix plus raisonnable.

Croix d'Argis *voir* Henri Maire

Durand-Perron

39210 Voiteur. Tél. : 03 84 44 66 80, fax 03 84 44 62 75.

Le château-châlon de Jacques Durand figure très souvent parmi les meilleurs de la région. Son propriétaire possède de vieilles vignes et maîtrise parfaitement la vinification du vin jaune. Achetez ce vin si vous recherchez le *nec plus ultra* et la longue garde (ne le mettez pas au réfrigérateur juste avant de le boire). Par ailleurs, les côtes du jura - un savagnin et un chardonnay du village de Voiteur - sont presque aussi bons, et coûtent deux fois moins cher.

Fruitière Vinicole de Voiteur

39210 Voiteur. Tél. : 03 84 85 21 29, fax 03 84 85 27 67.

Cette petite coopérative située face à Château-Chalon, en contrebas, ne dispose que de 75 hectares (dont 45 sont plantés en chardonnay). Elle regroupe cinquante membres et seulement huit d'entre eux sont viticulteurs à plein temps. Ici, tous les vins sont soigneusement élaborés. Le plus agréable est le délicieux chardonnay-savagnin, débordant de notes d'amandes. Le vin jaune et le château-chalon sont très typiques.

Grange Grillard *voir* Henri Maire

Labet ✪

39190 Rotalier. Tél. : 03 84 25 11 13, fax 03 84 25 06 75.

Ce domaine de 9 hectares, proche de Rotalier, a été créé par Alain et Josie Labet. Aujourd'hui, leurs trois enfants, Julien, Romain, et Charline travaillent avec eux. Julien, talentueux et réfléchi, est le maître de chai. Comme beaucoup de représentants de la jeune génération dans le Jura, il produit ses meilleurs vins en remplissant totalement ses barriques. Il estime qu'ainsi le cachet du terroir peut s'exprimer plus clairement. Parmi les vins du domaine, citons le Fleur de Chardonnay, très affirmé, ainsi que Les Varrons, un chardonnay riche et séveux, issu de calcaires rouges, et La Bardette, plus parfumé, l'essence de la campagne du Jura, issu d'une terre d'argile bleue typique. Le vin de paille de Labet est superbement équilibré, et le vin jaune marqué par des arômes de noix. « Nous ne comprenons pas complètement le vin jaune, et je crois que c'est mieux ainsi », déclare Labet.

Ligier ✪

39380 Mont-sous-Voudray. Tél. : 03 84 71 74 75, fax 03 84 81 59 82.

Parmi les quatorze vins de ce domaine de 9 hectares en AOC arbois, j'ai goûté une cuvée de chardonnay Vieilles vignes et un savagnin pur de style vin jaune. Mais la meilleure de toutes est la Cuvée des Poètes, au fruit très mûr qui rappelle le viognier. Il s'agit d'un savagnin pur, produit les meilleures années et élevé dans le style bourguignon. La Cuvée des Princes, constituée de chardonnay et de savagnin à parts égales, est élaborée de la même manière. Essayez aussi le poulsard, à la bouche si tendre.

Lornet

39600 Montigny-lès-Arsures. Tél. : 03 84 37 44 95, fax 03 84 37 40 17.

Frédéric Lornet habite l'abbaye de Montigny-lès-Arsures, depuis laquelle il gère son domaine de 15 hectares d'arbois. Le trousseau Les Dames, marqué par le chêne, est le meilleur vin de Lornet. Mentionnons également le chardonnay Les Messagelins qui peut se montrer intense et généreux.

Macle ✪

39210 Château-Chalon. Tél. : 03 84 85 2 1 85, fax 03 84 85 27 38.

Jean Macle, un homme courtois, est largement considéré comme le maître du château-chalon. Désormais, son fils Laurent a repris le flambeau. Le domaine compte 11 hectares au total : 8 hectares de chardonnay plantés en côtes du jura, et 3 hectares de château-chalon (dont 1 seul hectare de sols pentus et pierreux au pied du promontoire, et 2 hectares à Menétru-le-Vignoble). L'âge moyen de la vigne est de trente ans ; les rendements frisent les 40 hl/ha pour les côtes du jura, et 25 hl/ha pour le savagnin. Les vins sont fermentés à l'aide de levures sauvages dans des cuves émaillées, puis vieillis en barrique sous voile. Les côtes du Jura peuvent se révéler aussi bons que le vin jaune, et dans certains millésimes, ils sont même plus accessibles, moins austères, riches de tonalités forestières et de champignons (morilles). Un bon château-chalon bien vieilli, chez Macle, présente de la densité et de la complexité (notamment le millésime 1989 parvenu à pleine maturité). Lorsque vous le humez ou que vous le dégustez à petites gorgées, ce vin est riche d'évocations de la nature.

Henri Maire

39600 Arbois. Tél. : 03 84 66 12 34.

Cette société, la plus grande du Jura, vend près de la moitié de la production de la région directement à des clients français, qu'elle livre à domicile, par le biais d'un réseau de 360 représentants (les ventes aux restaurants se font sous le nom de Marcel Poux). Henri Maire dispose de 300 hectares de vignes en propre, notamment quatre domaines : Grange Grillard, Sorbief, Montfort et Croix d'Argis (où il expérimente la production organique). Cette stratégie de ventes explique peut-être pourquoi les vins ne sont pas concurrentiels dans la région. Néanmoins, l'exemple de Rolet montre que la qualité et la grande taille d'un domaine ne sont pas toujours incompatibles. Les vins rouges et rosés du Sorbief sont remarquables.

Montfort *voir* Henri Maire

Système de notation utilisé dans les pages producteurs : ✪Très bon vin	✪✪ Excellent vin	✪✪✪ Vin exceptionnel

Overnoy

39600 Pupillin. Tél. : 03 84 66 14 60, fax 03 84 66 14 60.

Ce minuscule domaine d'arbois (2 hectares seulement) est géré par Pierre Overnoy, un des légendaires pionniers de la culture biologique et de la vinification non interventionniste en France. Celui-ci est aujourd'hui assisté par Emmanuel Houillon. Leurs vins sont rares, mais le rouge issu de poulsard, riche en lies et pauvre en soufre, ainsi que les blancs puissamment aromatiques figurent parmi les plus remarquables de la région.

La Pinte

39600 Arbois. Tél. : 03 84 66 24 58.

Il y a plus de dix ans, quand j'ai visité pour la première fois ce vaste domaine de 30 hectares, spécialisé dans l'arbois-Pupillin, il semblait désolé. Aujourd'hui, grâce à Philippe Chatillon, le domaine se défend en proposant des blancs extrêmement mûrs, élaborés d'une manière originale, dans des barriques totalement remplies. Ici, le poulsard trouve un excellent porte-parole dans l'enthousiaste Chatillon.

Poux *voir* Henri Maire

Puffeney ✪

39600 Montigny-lès-Arsures. Tél. : 03 84 66 10 89, fax 03 84 66 10 89.

Jacques et Monique Puffeney disposent d'un domaine de 7,5 hectares en Arbois. Jacques Puffeney se classe, dit-il lui-même, parmi la demi-douzaine de producteurs de la région qui vendangent entièrement à la main. Puffeney travaille ses sols, se sert de levures sauvages, fait fermenter presque tous ses vins en foudres, et leur accorde au moins deux années d'élevage. Après quoi, il estime qu'ils n'ont plus besoin d'être filtrés. Sa gamme est élégante, pure et clairement différenciée, fondée sur un fruit mûr. Puffeney est l'un des plus jeunes producteurs d'arbois (il n'a commencé qu'en octobre 2001).
Le chardonnay est complexe, intense, débordant de notes d'abricot.
Il possède juste assez de saveur jurassique pour dépasser son simple statut de vin de cépage. La cuvée Sacha (pour SA-vagnin et CHA-rdonnay) a de la mâche, car le savagnin a vieilli sous voile. En revanche, avec son savagnin pur, Puffeney cherche à créer un style floral pour un vin vieilli dans de plus petites barriques totalement ouillées. Il propose ainsi l'une des plus belles gammes de vins rouges de la région, entre le poulsard, très élégant, chaleureux, aux légères notes de noix, le trousseau enjoué et le pinot noir au parfum typé, sans oublier le rouge Vieilles vignes assez charnu mais délicat, avec ses tanins de thé assam (ce vin est un assemblage de poulsard, de trousseau et de pinot, avec un peu de chardonnay, planté en 1929 et 1945). Le vin jaune de Puffeney est pur, lisse, harmonieux et inhabituellement onctueux.

Rijckaert

71570 Leynes. Tél. : 03 85 35 15 09, fax 03 85 35 15 09.

Jean Rijckaert, viticulteur et négociant belge installé en Bourgogne, possède 4 hectares à Buvilly, dans les Côtes du Jura et en Arbois. Il achète également du vin à divers producteurs locaux qui possèdent des vignes (7 hectares) dans la région (vous trouverez leur nom sur les étiquettes). Ses blancs, élaborés selon la traditionnelle méthode bourguignonne, sont subtils et soignés (Rijckaert recourt à la fermentation en barrique sans oxydation). Rijckaert affirme que ces vins-là ont besoin d'être élevés plus longtemps que ses vins de Mâcon. Jeunes, ils ne sont que pureté citronnée.

Rolet ✪✪

39600Arbois. Tél. : 03 84 66 00 05, fax 03 84 37 47 41.

Cet impeccable domaine de 65 hectares est géré avec beaucoup de soin par les quatre enfants Rolet : Pierre, Elaine, Guy le maître de chai, et Bernard, qui s'occupe des vignes. La tribu Rolet prouve que les propriétés familiales présentent toutes les qualités requises pour accomplir des prouesses viticoles. Ici, on patiente jusqu'à ce que les grappes soient totalement mûries ; l'utilisation du bois est jaugée avec précision, de même que l'oxydation ménagée, afin de créer ce que Guy Rolet appelle « la petite inflexion de noisette » qui caractérise tous les vins du domaine. Leur cohérence est impressionnante pour une région au climat aussi froid. Parmi les vedettes, signalons un arbois à base de pinot noir avec un nez gracieux, un vin de l'étoile floral et durablement intense, ainsi que certains des assemblages de chardonnay et de savagnin les plus remarquables de la région et les plus aptes à vieillir en beauté, tout comme l'arbois blanc Tradition et le côtes du jura. Le vin de paille déborde de notes forestières typiques, et le vin jaune se range à ses côtés parmi les classiques.

Sorbief *voir* Henri Maire

Tissot ✪

39600 Montigny-lès-Arsures. Tél. : 03 84 66 08 27, fax 03 84 66 25 08.

Ce domaine, qui dispose de 20 hectares en Arbois et de 10 hectares en Côtes du Jura, porte toujours le nom d'André et Mireille, bien qu'aujourd'hui ce soit leur fils, Stéphane, qui mène, avec détermination, la propriété parmi les plus convaincantes de la région, mais aussi une des plus controversées. Stéphane Tissot a travaillé en Afrique du Sud et en Australie avant de collaborer avec son père en 1990. Il a converti l'ensemble du domaine à la culture biologique. Près de la moitié du domaine est située sur des pentes bien exposées et se répartit en quatre parcelles (Les Bruyères, La Mailloche, Les Graviers, et En Barberon). Les chardonnays que Stéphane élabore séparément et fait fermenter en barrique sont les plus « bourguignons » et les plus marqués par le terroir. Tout aussi excellents, les rouges à base de trousseau vieillissent en demi-muids. Citons également un superbe vin de savagnin, d'une maturité inhabituelle, très onctueux, un vin jaune parfumé, et un extraordinaire vin de paille, si doux qu'il ne peut plus être agrémenté en appellation d'origine. Tissot le vend sous l'étiquette PMG (« pour ma gueule »).

La Savoie

Portée par les succès, la Savoie est la région viticole la plus heureuse de France. Elle parvient à satisfaire aisément la demande locale. Cependant, ses vins ne sont pas nécessairement les meilleurs, et les producteurs qui s'attachent à créer des vins de terroir se sentent souvent bien seuls.

L'idée même de grands vignobles en Savoie est inconcevable. Des vignes dans les montagnes ? Là où les touristes affluent tout l'hiver et jusqu'au milieu du mois d'avril pour dévaler les pentes enneigées ? Là où il faut ménager des couloirs au milieu des forêts pour canaliser des avalanches ? Les vignes n'ont pas seulement besoin d'une quinzaine de belles journées d'été, il leur faut aussi de la chaleur, celle qui roussit l'herbe et qui vous pousse à rester à l'intérieur à l'heure du déjeuner. Alors, de la vigne ici ?

Oui. Les vignes se plaisent sur les sols en pente. Une bonne orientation peut être salutaire. Elle peut magnifier la chaleur du soleil même sous des latitudes extrêmes pour la vigne. Quand l'aire est non seulement placée face à une montagne, mais que, de surcroît, la vallée est fermée, de l'autre côté, par une autre montagne, la chaleur est augmentée de manière spectaculaire.

La vigne est ancienne dans cette région restée longtemps difficile d'accès (à Chignin, elle a été plantée dès le XIe siècle). Avant l'arrivée du monde moderne et des moyens de communication, les vallées de montagne étaient des royaumes fermés. C'est la raison de la complexité des vins de savoie. Ici, la production demeure limitée (l'appellation d'origine contrôlée corbières produit à elle seule près de quatre fois plus de vin que toute la Savoie), et pourtant elle est divisée entre quatre AOC et un VDQS. Le tout englobe plus de vingt crus et une douzaine de cépages des deux couleurs. L'évolution longue et lente de la région a donné naissance à une culture du vin qui rappelle la poupée russe.

De nombreuses pressions s'exercent pour que la région simplifie son système d'appellations afin de conquérir les marchés extérieurs. Cependant, qui se soucie d'expliquer réellement un système qui concerne une faible production consommée en très grande partie localement (plus de 80 % des vins d'un grand producteur comme Michel Quénard sont vendus dans la région Rhône-Alpes) ? La plupart des amateurs dégustent ces vins uniquement pendant leurs vacances. Ils apprécient leur vertu rafraîchissante, leur saveur de fruit du verger, leur minéralité et leurs arômes de noix et ne se préoccupent guère de leurs dénominations.

L'aventure de la terre

En Savoie, la moitié du ciel semble souvent occupée par les rochers. Il vous faudra très peu de temps pour traverser le vignoble, où au printemps quelques feuilles commencent à apparaître, et atteindre, par une route sinueuse, une forêt traversée par les rayons du soleil. En continuant toujours plus loin et plus haut, les buissons de bouleaux alternent avec les coucous et les primevères avant de laisser la place à des taillis et à des conifères couverts de neige et plantés sur un

sol encore à moitié gelé. En Savoie, pour comprendre la végétation, il faut l'appréhender à la fois sous un angle horizontal et vertical. C'est l'antithèse du Médoc.

Géologiquement, la Savoie est aussi complexe qu'elle en a l'air vue du sol ou sur une carte. Les terres agricoles, dont seulement 2 % sont consacrés à la viticulture, occupent une très faible portion du territoire. Ici, la viticulture est purement opportuniste : les vignes sont généralement plantées dans les éboulis ou dans les dépôts glaciaires amassés au pied des montagnes, dans les endroits écrasés par le soleil. Ces éboulis sont constitués de calcaire, comme les montagnes dont ils proviennent.

L'appellation d'origine contrôlée régionale est celle des **vins de savoie** ; sa mention peut être suivie du nom de l'un des quinze crus. Les vins sont rouges ou blancs, et produits à partir d'un certain nombre de cépages, souvent (mais pas toujours) mentionnés sur l'étiquette. Les vins blancs dont le cépage n'est pas précisé, sont, en principe, élaborés à partir de jacquère. La région possède une seconde appellation d'origine contrôlée régionale, la **roussette de savoie**. Celle-ci offre uniquement des vins blancs produits à partir d'un cépage indigène appelé localement roussette ou altesse. Cette AOC a ses propres crus (on en dénombre quatre).

En volume, les deux principaux crus de vins de savoie sont l'**Apremont** et l'**Abymes**, des vins blancs légers issus de jacquère. Ces noms rappellent une funeste nuit de novembre 1248, quand, après des pluies torrentielles, un large pan du mont Granier s'est affaissé sur le village de Saint-André et plusieurs hameaux voisins, ensevelissant 5 000 personnes pendant leur sommeil, sans compter le bétail. La nécropole est restée en l'état pendant plusieurs siècles avant d'être plantée de vignes aux noms (« montagne amère » et « ruines ») évocateurs de la catastrophe. Tournées vers l'est et entourées de faibles reliefs, ces vignes donnent au mieux un vin léger, frais, salé et vif comme l'ortie, le muscadet des Alpes.

En face, les pentes plus abruptes et plus chaudes de **Saint-Jeoire-Prieuré**, **Chignin**, **Montmélian**, **Arbin**, **Cruet** et **Saint-Jean-de-la-Porte**, constituent l'aire viticole des combes de Savoie, sous le massif des Bauges. Ce croissant de vignobles plantés sur des éboulis produit probablement les meilleurs vins de savoie, en particulier des blancs très parfumés issus de roussanne de **Chignin-Bergeron** (Bergeron est le nom local de la roussanne), débordant de notes de coing et de fleurs printanières. C'est également une belle aire de production de roussette de savoie, plus plantureuse et succulente, même si elle n'est pas représentée par des crus spécifiques. Tous les blancs sont marqués par des notes minérales d'une étonnante complexité. La mondeuse, cépage local rouge, est ici chez elle, notamment à Arbin. Ces crus sont situés non loin de Chambéry. Le minuscule cru

« Il y a vingt ans, on pensait que nous étions fous de planter des vignes sur les fortes pentes de Torméry. Celles-ci étaient si raides que nous avions besoin de terrasses. À cette époque, nous pouvions gagner de l'argent facilement en plantant la jacquère sur les terres plus basses. Aujourd'hui, c'est une autre histoire, tout le monde essaie de planter sur les pentes. »

MICHEL QUÉNARD

Les meilleures vignes proches du lac du Bourget se trouvent à l'ouest, au-dessus du Rhône. Ce sont les crus de Jongieux, Marestel et Monthoux.

Michel Quénard

Il vous faut des jambes solides et un cœur d'acier pour être viticulteur en Savoie. En parcourant les vignes (toutes proches des caves) au milieu desquelles Jason Lowe a photographié Michel Quénard, vous distinguez une véritable muraille de montagnes, le massif des Bauges. Les sols de l'aire de Chignin sont constitués par des gravats que le vent, le soleil et le gel ont effrités en plaques et creusés comme des cheminées, avant qu'ils ne roulent quelques centaines de mètres plus bas. Michel Quénard et son père, André, sont des maîtres du bergeron (la roussanne dans la vallée du Rhône). Selon eux, ce cépage devrait uniquement être planté sur les meilleurs sites les plus pentus ; là où il peut atteindre sa pleine maturité, comme dans les Coteaux de Toméry. D'autres viticulteurs privilégient un bergeron plus léger, qui pousse dans des sols plus plats. Les deux vins sont appréciés.

de **Monterminod**, planté en roussette, est cultivé dans un site en retrait, à proximité de Chambéry, sous les hauteurs vertigineuses de la Croix du Nivolet et du mont Peney.

Près d'Aix-les-Bains, un autre vignoble s'étend sur les deux rives du lac du Bourget. L'aire des crus de **Jongieux**, **Marestel** et **Monthoux** est entièrement coupée du lac par l'épine dorsale que constitue le mont du Chat. Elle regarde vers l'ouest les prés verdoyants de la haute vallée du Rhône. La zone pierreuse de Jongieux fournit un vin de savoie de cru ; le Marestel et le Monthoux sont des crus de roussette de savoie. L'altesse apprécie ces marnes mêlées de calcaire et ces éboulis baignés de soleil. Elle donne certains des vins les plus subtils et les plus équilibrés de toute la Savoie ; ils sont dépourvus des tonalités minérales de la combe de Savoie, mais dotés de superbes notes de miel, de pâte d'amandes et de tilleul. D'autres cépages blancs, dont la jacquère et le chardonnay, peuvent se révéler excellents. Les rouges sont moins remarquables.

La montagne, de l'autre côté du lac, recèle quelques sites viticoles qui se disputent la place avec les vastes banlieues d'Aix. Quant au cru suivant, il se trouve à environ cinq kilomètres au nord du lac du Bourget, près du Rhône. **Chautagne** donne le plus souvent son nom à des gamays rouges, légers. Encore un peu plus au nord, dans la vallée des Usses (un affluent du Rhône), la petite zone de **Frangy** produit un autre vin de savoie de cru, cependant moins prisé que le Marestel ou le Monthoux.

D'autres crus occupent les rives du Lac Léman. La région de **Ripaille**, **Marin** et **Marignan** se spécialise dans la production de chasselas planté sur des dépôts glaciaires, à l'origine de vins blancs particulièrement légers, frais, aux tonalités beurrées et salées. Tout près de là, **Crépy** possède, assez illogiquement d'ailleurs, sa propre appellation d'origine contrôlée. Le style du crépy ressemble aux trois crus locaux de vins de savoie.

La dernière AOC de Savoie est celle de **Seyssel**, aire de 82 hectares située sur les deux rives de la vallée du Rhône, à environ 10 kilomètres du lac du Bourget, entre le cru de Frangy (roussette) et le cru

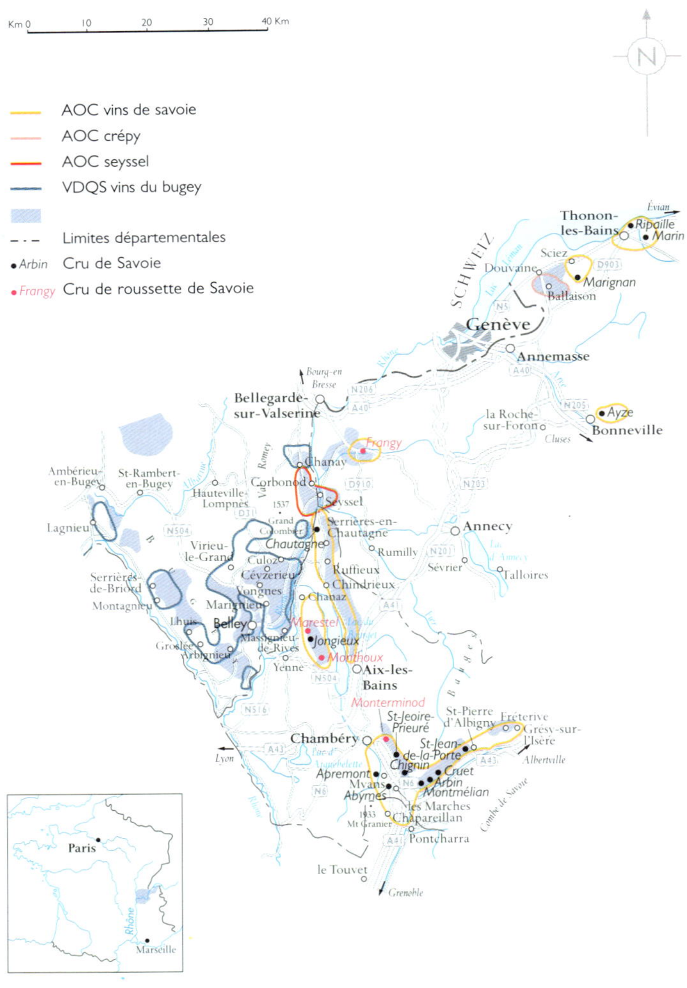

▲ *Les éboulis de Chignin sont considérés comme le meilleur site viticole de Savoie grâce à leur exposition sud-ouest, vers le « boulevard des Alpes ».*

de Chautagne (vin de savoie). Ici, l'altesse est très présente et donne des vins blancs tranquilles (que l'on appelle seyssels ou roussettes de seyssel). Ce cépage sert également à renforcer des vins assez neutres issus de cépages locaux comme la molette tandis que sont élaborés d'agréables vins pétillants de Seyssel.

Mais l'histoire ne s'arrête pas là. Le département voisin, l'Ain, dispose du VDQS bugey, dont l'aire viticole assez importante en superficie, quoique plantée de manière discontinue, se prolonge à l'ouest des appellations d'origine contrôlée de Savoie. Il existe onze crus pour le **vin du bugey** et la **roussette du bugey**, mais tous ne sont pas usités (la Savoie dispose également de crus disparus comme le Sainte-Marie-d'Alloix et le Charpignat). Les trois crus survivants du bugey sont le **Cerdon**, le **Manicle** et le **Montagnieu**. Les vins de Montagnieu sont issus de vignes plantées sur des dépôts glaciaires mêlés de calcaire, bien situés dans la vallée du Rhône, en contrebas de Jongieux, Marestel et Monthoux. Cette aire viticole se spécialise autant dans la production de vins pétillants que tranquilles issus de roussette. Manicle (lieu de naissance du célèbre gastronome et écrivain Brillat-Savarin) est proche de Virieu-le-Grand, et produit des blancs issus de jacquère et de chardonnay, ainsi que des vins rouges légers. Cerdon est la région viticole la plus proche de Bourg-en-Bresse, capitale de la volaille française, connue pour son rosé pétillant issu de poulsard (cépage du Jura). Les vins du bugey qui ne relèvent pas de ces crus sont généralement légers et gracieux mais fugaces.

Mon point de vue critique

Une curiosité locale

Après une longue journée d'efforts, les skieurs apprécient une bonne fondue et ils ne se montrent en général pas très difficiles sur la qualité du vin qui accompagne cette spécialité savoyarde. Il est vrai qu'il est alors plus agréable de boire un vin local plutôt que de se voir offrir un produit international, trop familier. Il ne faut donc pas s'étonner que la qualité moyenne des vins de Savoie soit l'une des plus basses de France. En visitant la région, j'ai bu des Apremonts et des Abymes faibles, dilués et rustiques. L'INAO devrait s'en inquiéter car les comités de dégustation ont tendance à céder aux pressions commerciales et à accorder l'appellation vins de savoie trop facilement.

En revanche, les meilleurs producteurs de la région sont souvent horrifiés devant la course aux rendements à laquelle ils assistent. Ils se lamentent de voir leurs stocks si vite épuisés, ce qui les contraint d'embouteiller leurs superbes vins plus tôt afin de pouvoir répondre à la demande des consommateurs. En réalité, la Savoie a besoin de davantage de vignes, ce qui permettrait aux meilleurs producteurs d'augmenter leur production et à la région d'être présente sur la scène nationale et internationale. Les viticulteurs locaux confirment qu'il existe de nombreux sites de qualité, et même d'excellente qualité, sur lesquels ils pourraient produire des vins susceptibles d'entrer en compétition avec ceux déjà vendus en Savoie, dès que les vignes auraient atteint leur maturité.

Mais il est difficile d'obtenir de nouveaux droits de plantation, dans cette région comme dans le Languedoc. La qualité décevante d'une grande partie du vin de savoie décourage peut-être les bureaucrates. À court terme, le vin de savoie devrait demeurer une curiosité locale. Pourtant, les âmes perdues de Saint-André méritent mieux.

Savoie : les vignerons

Pierre Boniface

73800 Les Marches. Tél. : 04 79 28 14 50, fax 04 79 28 16 82.

La gamme Les Rocailles réunit certains des jacquères les plus soignés d'Apremont. Pierre Boniface utilise les ressources de son domaine, mais achète également du raisin pour sa petite société de négoce.

Bouchez

73800 Cruet. Tél. : 04 79 84 30 9 1, fax 04 79 84 30 50.

Le domaine de Gilbert Bouchez, établi à Cruet, produit une roussette de Savoie d'une qualité constante, et une jacquère longue en bouche dont les notes de pamplemousse et de citron vert peuvent s'accompagner d'un caractère fumé.

Bouvet

73250 Saint-Pierre-d'Albigny. Tél. : 04 79 28 54 11, fax 04 79 28 51 97.

Comme beaucoup de producteurs de Fréterive, les Bouvet sont d'abord des pépiniéristes qui savent tirer parti des limons doux et fertiles de la vallée. Ce domaine, situé sur les pentes de la combe de Savoie, s'est cependant spécialisé dans la culture de cépages rouges. Notons un pinot noir agréable, élevé dans le chêne, et une savoureuse mondeuse.

Eugène Carrel

73170 Jongieux. Tél. : 04 79 44 02 20, fax 04 79 44 03 73.

C'est l'un des deux domaines Carrel qui produit le remarquable cru Jongieux. Celui-ci est un excellent gamay Vieilles vignes, bien concentré. Eugène Carrel propose aussi une subtile roussette de Savoie avec des arômes de poire.

Charlin

01680 Groslée. Tél. : 04 74 39 73 54, fax 03 74 39 75 16.

Dans l'aire viticole du Bugey, le domaine de Patrick Charlin, établi sur les terres du cru Montagnieu, propose un excellent VDQS et de remarquables vins pétillants. Le rouge, issu du pinot noir, figure parmi les meilleurs de la région.

Cave de Chautagne

73310 Ruffieux. Tél. : 04 79 54 27 12, fax 04 79 54 51 37.

Cette petite coopérative, chaleureuse et facile d'accès, mérite le détour de tous ceux qui traversent la Savoie. La cave de Chautagne est surtout réputée pour ses gamays, mais la mondeuse sait aussi se montrer agréable.

Claude Delalex

74200 Marin. Tél. : 04 50 71 45 82.

Les vins issus de chasselas élaborés dans ce domaine intéresseront ceux qui cherchent à mesurer les effets du blocage de la fermentation malolactique sur des vins blancs naturellement minéraux et biscuités : ils y trouveront sans doute un peu plus d'arômes de pêche. Le Clos de Pont est la meilleure cuvée.

Dupasquier ✪

73170 Jongieux. Tél. : 04 79 44 02 23, fax 04 79 44 03 56.

Peu de domaines savoyards sont gérés avec un tel souci du détail ! Les vignes de Noël Dupasquier (125 hectares), situées dans l'arrière-pays de Jongieux, sont orientées à l'ouest et s'étendent de manière spectaculaire jusqu'à 450 mètres d'altitude, sur les pentes qui grimpent derrière la cave. On remarque de petites plantations de gamay, de pinot noir et de mondeuse, mais le site avec son sol de calcaire et d'argile convient parfaitement aux cépages blancs, et particulièrement à l'altesse, dont Noël et son fils David possèdent 4 hectares. Les Dupasquier travaillent avec des raisins très mûrs et ont opté pour un non-interventionnisme mesuré : ils emploient des levures naturelles, un minimum de soufre, ne forcent pas la fermentation (ils ne s'opposent pas à la fermentation malolactique : la moitié des vins la font), et ils pratiquent un embouteillage accompagné d'une très légère filtration (que réclament leurs clients restaurateurs). Tous leurs blancs sont superbes. On remarque en particulier un vin de jacquère délicieusement séveux, un étonnant chardonnay, produit à partir de vignes de cinquante ans, débordant de notes de miel et de noix, une roussette de savoie riche et charnue, très plaisante (issue des parcelles d'altesse les moins bien situées), et le mémorable cru Marestel (roussette de savoie), vendangé à mi-pente. Ce dernier se montre voluptueux, riche et parfumé, avec un nez de poire, de gingembre, de crème, d'épices et de miel, et une note finale qui rappelle presque le saké. Ce vin vieillit avec grâce et, avec le temps, il dévoile des parfums de noix. Parmi les vins rouges, le pinot noir, léger mais équilibré (provenant de parcelles de graviers), est probablement le plus réussi. La mondeuse est moins riche, moins mûre et moins éclatante ici que dans le secteur de la combe de Savoie.

Michel Grisard

73250 Fréterive. Tél. : 04 79 28 54 09, fax 04 79 71 41 36.

Ce producteur de Fréterive, grand porte-parole de la biodynamie en Savoie, a choisi de dissocier son domaine de celui de son père, Philippe, et de son frère, Jean-Pierre. Les membres de la famille sont cependant toujours en bons termes ; d'ailleurs ils partagent des équipements de vinification. Les spécialités de Michel grisard sont d'une part une belle mondeuse, bien charpentée, dont il propose une version Prestige les meilleures années, et d'autre part une roussette de savoie au grain serré, longue en bouche, fermentée selon les techniques bourguignonnes (fermentation en barrique).

Marjorie Guinet et Bernard Rondeau

01640 Boyeux-Saint-Jérôme. Tél. : 04 74 37 12 34, fax 04 74 37 12 34.

Le cerdon rosé et doux, originaire du Bugey, est ici élaboré selon une méthode ancestrale. Ce vin ne concurrencera jamais Laurent-Perrier ou Krug, mais si vous voulez vous offrir un peu de plaisir, essayez la cuvée Guinet-Rondeau.

Jacquin

73170 Jongieux. Tél. : 04 79 44 02 35, fax 04 79 44 02 35.

Le domaine d'Edmond Jacquin à Jongieux propose une excellente roussette cru Marestel, appréciée pour sa longueur en bouche. Signalons également ses vins rouges issus de mondeuse, extrêmement profonds et équilibrés. Ce petit coin tranquille gagnerait à être connu. Même le gamay est très parfumé dans ce domaine où la qualité fait preuve de constance.

Lucey

73170 Lucey. Tél. : 04 79 44 01 00.

L'imposant château médiéval de Lucey appartient à Charles Defforey, fondateur des supermarchés Casino. Les 15 hectares de vignes (roussette et mondeuse) n'ont été plantés qu'au début des années 1990. Defforey a confié la gestion du domaine à Michel Grosjean, un jeune Bourguignon. Le style des vins repose largement sur la méthode bourguignonne, avec un usage du bois, un bâtonnage et un long élevage atypique, mais impressionnant.

Système de notation utilisé dans les pages producteurs : ✪ Très bon vin	✪✪ Excellent vin	✪✪✪ Vin exceptionnel

Magnin

73800 Arbin. Tél. : 04 79 84 12 12, fax 04 79 84 40 92.

Louis Magnin et sa femme Béatrice gèrent avec passion ce domaine de 5,5 hectares. Ils ont désormais arraché presque tous les ceps de jacquère pour se concentrer sur la mondeuse (4 hectares), qui produit du vin rouge, et sur le bergeron et l'altesse. Le Chignin-bergeron fleure bon les plantes de la montagne et déborde de notes d'abricot. La roussette de savoie issue d'altesse est plus ambitieuse et ferme, avec des notes de miel et de nougat. La mondeuse tradition est un vin léger et enlevé. La cuvée Vieilles vignes se montre plus riche et charnue. La cuvée La Brova, vieillie en fût de chêne, embouteillée sans collage ni filtration, révèle une belle structure, profonde. Ses fruits croquent presque en bouche et persistent longuement, comme pour nous rappeler un lointain lien de parenté avec ceux de Saint-Émilion.

Mollex

01420 Seyssel. Tél. : 04 50 56 12 20, fax 04 50 56 17 29.

Un bon producteur de seyssel dont les blancs tranquilles denses, concentrés et toniques, ainsi que les vins pétillants raffinés, longuement vieillis sur lies, figurent parmi les meilleurs de l'appellation sur cette rive du Rhône.

André et Michel Quénard ✪

73800 Chignin. Tél. : 04 79 28 12 75, fax 04 79 78 09 60.

Ce domaine de 21 hectares est géré avec beaucoup de soin par Michel Quénard. Son père André, énergique et souriant, a peut-être pris sa retraite, mais il continue de jouer un rôle essentiel. Les vignobles sont situés dans la partie méridionale (la plus ensoleillée) de la combe de Savoie. Ils comportent certaines pentes favorables de cailloutis, parfaitement exposées, plantées de bergeron, d'altesse, et de mondeuse là où les sols sont riches en argile. Les pentes moins bien exposées sont consacrées au jacquère, au gamay et au pinot noir. Toute la gamme est fiable. Parmi les vins remarquables, citons la cuvée Vieilles vignes de Chignin (les vignes de jacquère ont quarante ans d'âge) : c'est un vin dont les discrètes notes de poire et les profondeurs salées et séveuses n'ont rien à envier à la plupart des Apremonts et des Abymes, au contraire. La roussette de savoie, exotique, longue en bouche, très veloutée, vendangée à la limite de la surmaturité, présente une légère ressemblance avec un pinot gris des montagnes ou même avec un viognier. Le Chignin-bergeron est gracieux et concentré, débordant de fruits doux et bien mûrs. Par ailleurs, dans la sélection issue de la parcelle Les Terrasses, ces fruits sont relevés par une étrange note minérale et une richesse exquise. Avec le temps, ces bergerons dévoilent des notes de nougat, de tilleul et de miel, tandis que les fruits passent de la poire et de la pomme à l'abricot et à la pêche. La mondeuse commence par développer des senteurs de fruits rouges, bien marqués, avant d'évoluer dans un registre plus minéral avec des évocations de réglisse. Signalons enfin une cuvée Vieilles vignes provenant des hauts Coteaux de Torméry.

Jean-Pierre et Jean-François Quénard

73800 Chignin. Tél. : 04 79 28 08 29, fax 04 79 28 18 92.

Après avoir étudié à Bordeaux et en Californie, Jean-François Quénard a conquis des horizons qui restent fermés à de nombreux producteurs de Savoie. Il utilise habilement ses connaissances pour élaborer une belle gamme, accessible. Le domaine est situé dans l'un des plus beaux coins de Chignin, juste à côté de la tour Villard (qui appartient au château en ruine de Chignin). Le Chignin-bergeron Vieilles vignes bien rond et mûr, ainsi que le Chignin Anne de Buigerne, issu de jacquère, sont les deux meilleurs vins du domaine.

Raymond Quénard

73800 Chignin. Tél. : 04 79 28 01 46, fax 04 79 28 16 78.

Raymond Quénard a donné 5 des 7,5 hectares de son domaine à son fils Pascal, qui gère son vignoble de manière indépendante. Le chignin, vieilles vignes, élaboré à partir de vignes de centenaires, reste un bon représentant de jacquère. De très vieilles vignes de bergeron (soixante-dix ans) produisent un vin aux parfums de fleurs blanches, toutefois plus typiques de ce cépage dans la vallée du Rhône qu'en Savoie. Après quelques essais infructueux avec le chêne, Raymond Quénard en conclut : « Vous perdez à la fois les caractéristiques du cépage et la marque du terroir. »

de Ripaille

74200 Thonon-les-Bains. Tél. : 04 50 71 75 12, fax 04 50 71 22 55.

Cette magnifique propriété (très visitée) occupe un terroir ensoleillé de graves donnant sur le lac Léman. Ses 21 hectares de vignes constituent la totalité du cru Ripaille. Ce cru, comme les aires voisines de Crépy, Marignan et Marin, met en valeur le chasselas. La Franco-Canadienne Paule Necker, épouse du propriétaire Louis Necker, élabore aujourd'hui les vins (la fermentation malolactique est de mise). Les vins présentent un style helvétique, avec des arômes de beurre au nez, puis de biscuit et une petite note minérale qui se glisse dans les saveurs de fruits secs et de tilleul. L'eau d'Évian est embouteillée juste en bas de la route… Le vin de ce site éblouissant de beauté n'est pas moins rafraîchissant !

Les Rocailles *voir* Pierre Boniface

Tiollier

73800 Cruet. Tél. : 04 79 84 30 58.

Dans leur domaine haut perché, Philippe et François Tiollier sont les rois des crus de la combe de Savoie, dans l'aire du Cruet. Les deux frères proposent une vaste gamme. Ici, la jacquère est revigorante, plus structurée que les vins issus de la vallée. Outre le vin de cépage millésimé, remarquons la cuvée Jeunes vignes L'Orangerie, non millésimée, un vin de soif, et la cuvée Vieilles vignes plus profonde. La cuvée Émilie, élaborée à base de roussette, est riche. Toutefois, la mondeuse déçoit un peu.

Trosset

73800 Arbin. Tél. : 04 79 84 30 99, fax 04 79 84 30 99.

Ce petit domaine de la Combe de Savoie, situé en Arbin, propose des vins de mondeuse charnus et pleins d'allant.

Vullien

73250 Fréterive. Tél. : 04 79 28 61 58, fax 04 79 28 69 37.

Encore un excellent producteur installé aux abords de Fréterive, à l'extrémité orientale de la combe de Savoie. Les Vuillien produisent une roussette typique et subtile, qui révèle de douces notes d'amande.

La vallée du Rhône

L'affaire du moment. Le cours du Rhône établit un lien narratif entre deux familles de vins profondément différentes. Les amateurs, de plus en plus habitués aux arômes séducteurs, à la chair et à la chaleur du fruit mûr, manifestent pour les vins rhodaniens un enthousiasme sans précédent.

Nous sommes au mois de mars, le ciel est gris au sud de Lyon. La périphérie de l'agglomération est industrielle. Cet endroit ressemble à un poignet humain : un enchevêtrement de voies de communication sans aucun tissu de chair intermédiaire. Le couloir du TGV se colle au fleuve, tandis que routes et autoroutes serpentent ou s'esquivent et que des lignes électriques grimpent au versant des collines. Toutes les villes alentour proposent des hôtels bon marché, style boîte d'allumettes, tout prêts à recueillir les fugitifs de la nuit. Comme toujours dans ce pays, l'agriculture essaie de tenir le pas, mais elle le fait ici de manière industrielle : les serres des maraîchers couvrent le fond de la vallée, accélérant la marche de la croissance végétale qu'elles soustraient à la vue.

Il y a autre chose, mais à cette époque frileuse de l'année où les arbres n'ont pas encore de feuilles, vous risquez de ne pas vous en apercevoir, surtout si vous orientez trop vite le regard vers le nord ou vers le sud, brouillant l'espace intermédiaire. Cette partie de la vallée est bordée de hautes collines. Regardez d'un peu plus près, au mois de mars, et vous verrez de petites souches de vie qui produisent à leur extrémité une sorte de mycélium, en attendant le retour de la lumière et de la chaleur. Des pieds de vigne, mais aussi une forêt de piquets, offrant une lourde superstructure aux plants.

Les collines sont rocailleuses : rubans de granite, lambeaux de quartz, et surtout, blocs de schiste plus tendres. Quand on y grimpe, on dérape. Il n'y a pas beaucoup de racines pour tenir en place ces pierres ; l'homme a donc construit des terrasses.

Au sommet des pentes, le sol est plus riche. Des ruches se nichent entre les vignes. Et puis, le paysage s'ouvre, laissant derrière lui, la vallée au relief accidenté, monochrome. Les arbres fruitiers commencent à s'infiltrer dans le vignoble, puis le supplantent presque entièrement. Ils dressent leurs fleurs vers le ciel. La vigne s'évanouit.

La deuxième image est aussi saturée de couleurs que la première en était exempte. Nous voilà en septembre, au temps de la vendange. Comme au mois de mars, il y a de la brume au lever du jour, mais dans cette partie sud de la vallée du Rhône, chargée de rose et d'ocre, elle s'estompe avec le soleil qui monte. Les vendangeurs évoluent dans ce brouillard aussi furtivement que des fantômes, et le temps se dissout.

Pour moi, il n'est pas en France de plus beau vignoble que celui du sud de la vallée du Rhône. Culturellement, nous sommes déjà en Provence, le pays de l'accent du soleil, de la lavande et des vieilles romances. Dans le tortueux village fortifié de Séguret, on revient aisément cinq cents ans en arrière ; on lit quelques vers de Villon et on les revêt de la réalité charnelle d'aujourd'hui – le pépiement d'un moineau, une porte qui grince, une voix par la fenêtre ouverte. Le soleil brille ardemment et semble se coucher avec lenteur tout en extrayant les couleurs du paysage par un phénomène d'osmose.

Là, le paysage se déchaîne sur des kilomètres. Les sommets se succèdent, avec au-dessous de chaque pic un village d'une gloire médiévale devenue irréelle, regorgeant de fleurs. La nuit, les pierres luisent ; ces lieux deviennent alors des havres de paix. On ne peut pas faire 100 m sans découvrir une élévation, une faille, un pli dans le paysage ; et les vignes se perchent sur un doux désordre de terrasses. Il y a peu de régions de France où les vignobles se succèdent avec une pareille ubiquité, réunis comme des brins de paille en un faisceau d'appellations qui dégringolent jusqu'au cœur de la Provence. Le fleuve est à des kilomètres, mais jamais oublié. Plus vous montez, plus l'aride végétation boisée qui recouvre tout de pins, de chênes rabougris, de tapis de thym, se fait omniprésente.

Ces deux décors sont en quelque sorte indépendants du Rhône. Le fleuve lui-même prend sa source dans les boues froides et humides d'un glacier alpin et cascade vers la France à travers le spectaculaire vignoble du Valais, sur les versants de la montagne. La première région viticole qu'il rencontre en France est la Savoie (le seyssel est produit sur ses rives), après quoi il trace ses méandres jusqu'à Lyon. Une fois que le fleuve a mis le cap vers le sud, il écoule ses flots agités de puissants remous à travers un étroit corridor, de Vienne jusqu'à Valence, avant de poursuivre son cours plus nonchalamment vers le célèbre pont d'Avignon et la basse vallée du delta. Le cordon de vignes, qui borde le fleuve dans la partie septentrionale et la couverture de vignoble qui l'enveloppe au sud n'ont pas grand-chose en commun.

Le Beaujolais frappe aux portes de Lyon, côté nord, et la Côte-Rôtie au sud. Comparez leurs deux vins : ils sont plus proches que vous ne le pensez. Le côte-de-brouilly et le côte-rôtie sont nés dans le quartz, le schiste et le granite ; ils présentent un reflet et une forme de tannicité qui leur est propre. La syrah du côte-rôtie et le gamay du côte-de-brouilly, nourris de roches cristallines, sont les ténors (à vrai dire, le gamay serait plutôt un contre-ténor) ; le mourvèdre et le grenache ancrés dans le calcaire seraient les basses russes. Pour cultiver la métaphore, le châteauneuf, aux tanins arrondis, est aussi différent d'un côte-rôtie qu'un bouledogue d'un lévrier. Une part du classicisme du côte-rôtie provient de ce qu'il développe des arômes distincts selon la maturité des raisins, tandis que l'attrait du châteauneuf-du-pape repose en partie sur la flambée d'alcool, que seul un grand maître parvient à dompter pour obtenir plus d'élégance. Les régions septentrionales du Rhône sont très sensibles aux millésimes : les vins des années fraîches et pluvieuses sont parfois difficiles. En revanche, les intempéries semblent moins marquer les vins de la vallée méridionale.

Les deux régions diffèrent aussi par la taille de leurs exploitations. La vallée septentrionale s'inscrit, à cet égard comme à beaucoup d'autres, dans la ligne de la Bourgogne. Il n'est pas rare qu'un producteur vive sur trois ou quatre hectares de terre. Quand on regarde une carte des lieux-dits des appellations côte-rôtie et hermitage, on observe le même type de subdivisions que sur les côtes de Bourgogne,

« Je n'aime pas l'expression « producteur de vin ». Pour moi, ça ne veut rien dire. On produit, on fabrique des chaussures ; on ne fabrique pas du vin. Je préfère me dire « éleveur » de vin. On aide le vin à se faire. C'est comme ça que je considère mon travail, une façon de se soumettre à la nature, au climat, au fruit. Le vin est un immense don. Ce n'est pas nous qui l'avons fait. Il a fallu deux mille ans. Nous ne sommes là que pour un temps. »

LOUIS BARRUOL

◀ *Une longue journée de soleil commence à Tavel : le vin rose orangé de l'appellation communale est l'un des meilleurs du monde.*

Michel Chapoutier

Exubérant, ouvert et confiant, Michel Chapoutier a créé quelques-unes des plus grandes étiquettes de vins français. Chapoutier a été aidé dans sa recherche par son frère aîné, Marc, et par Albéric Mazoyer, talentueux œnologue ; il s'est inspiré, d'une part, de l'avant-garde des vins d'Alsace, avec Jean-Michel Deiss et André Ostertag, d'autre part des deux grands maîtres locaux que sont Marcel Guigal et Gérard Chave. Les 85 hectares de vignoble dans la vallée du Rhône ont été convertis à la biodynamie ; les rendements de ses plus grands vins (comme l'hermitage blanc Cuvée de L'Orée) sont aussi restreints que ceux de Leroy en Bourgogne. Les vins ont la même concentration et les mêmes prix exorbitants. Toutefois, la vaste gamme de Chapoutier offre aussi des bouteilles meilleur marché ; un signe d'ouverture d'esprit : la fabrication d'étiquettes en Braille.

▶

Yves Cuilleron

*Yves Cuilleron déborde d'enthousiasme et d'énergie. Il se destinait à une carrière de mécanique industrielle. Il a préféré reprendre les vignes d'un oncle sans enfants. Des 3,5 hectares acquis en 1987, le domaine s'est agrandi à une trentaine d'hectares. L'un des trois partenaires de l'entreprise des Vins de Vienne, Yves Cuilleron a recréé un vignoble « perdu » au nord de la Côte Rôtie et a élaboré quelques merveilleux vins de micronégociant. Il a également entrepris l'exploration d'un grand terroir du Languedoc. (L'équipe des Vins de Vienne possède aujourd'hui 4 hectares de vignes sur le terroir schisteux de Faugères, mais il faudra attendre que les ceps récemment plantés – syrah, grenache et mourvèdre – portent fruits.) Les vignobles de Sotanum, au-dessus de Vienne, sont nés de sa fascination pour l'histoire du vin et son amour des voyages. « J'adore trouver de vieux livres, dit-il, et savoir comment on procédait autrefois. Dans la partie nord de la vallée du Rhône, on dit que l'effeuillage et l'utilisation de chêne neuf sont des pratiques modernes. Or, j'ai trouvé des références à ces deux pratiques dans des ouvrages datant du XIX*e *siècle. Il n'y a pas grand-chose qui soit vraiment nouveau. » C'est ce qu'il a prouvé par son propre travail : son condrieu de vendanges tardives est un autre clin d'œil au passé. Yves Cuilleron prétend qu'il a assez à faire pour les deux ou trois ans à venir. Mais après…*

◀

Rémi Klein

On aurait du mal à ne pas aimer la vie en compagnie de Rémi Klein. Ses lointaines origines familiales se trouvent sans doute en Alsace, mais l'Afrique du Nord, où ont vécu les Klein, a – semble-t-il – marqué plus encore la personnalité de ce viticulteur chaleureux, et celle de sa femme Ouahi. Pas le moindre laisser-aller dans son travail ; et si le Domaine de Réméjeanne produit de si beaux côtes-du-rhône, c'est que Rémi Klein recherche constamment la difficulté, essaye de nouvelles techniques et de nouvelles approches. « J'aime avancer par petites étapes », dit-il, en se décrivant comme une personne en constante évolution. Il collabore en ce sens avec d'autres grands vignerons et amis comme André Romero, Marcel Richaud et Denis Alary. Extractions prolongées, micro-oxygénation, bâtonnage, travail sur lies, fermentation malolactique en barrique : il pratique toutes ces techniques, mais toujours de façon réfléchie. Il en résulte des vins qui conjuguent, comme leur créateur, raffinement et affabilité.

Louis Barruol

Au Château de Saint-Cosme, on peut remonter le cours de l'histoire jusqu'à l'année 1492 et même jusqu'aux Romains. Louis Barruol a repris le domaine de sa famille maternelle en 1992, pour le cinq centième anniversaire de l'exploitation. Pourtant, en 1997, sentant que « sa cervelle devenait de plus en plus petite » (selon ses propres mots), il décida d'étendre son activité en amont et en aval de la vallée, pour relancer une série de vins de petits négociants tout en continuant de produire le Saint-Cosme. Le réseau de relations ainsi constitué a été, dit-il, aussi enrichissant que les vins qu'il a créés : « Je travaille avec des jeunes, des anciens, des gens faciles, des gens compliqués. Je me fixe pour objectif d'élaborer des vins qui expriment avant tout leur origine ; c'est ce qui fait à mes yeux leur valeur. Qu'un vin vous rappelle un endroit de la terre, alors même que vous vous trouvez à 10 000 km de là, c'est extraordinaire. Mais il est bien évident que les méthodes et les êtres humains importent aussi beaucoup. »

La vinification selon Guigal

« La première étape est la récolte de raisins bien mûrs. Non pas surmûris, mais vendangés juste à point. Vous savez que la maturité se mesure selon deux paramètres : les taux de sucre et d'acidité. Il faut aussi tenir compte de la maturité des rafles. Les rafles de cabernet-sauvignon ne mûrissent pratiquement jamais ; les rafles de syrah, au contraire, peuvent mûrir entièrement. » Guigal dispose d'une machine qui lui permet d'utiliser de 1 à 100 % des rafles. Ensuite ? « Je mets les rafles dans une cuve et je sais, par les lois de la physique, que tout ce qui est solide flottera, tandis que le liquide restera au fond. Mon travail consiste à faire passer dans la partie liquide tout ce qui est bon au cœur de la partie solide. Je peux y parvenir en remontant le jus sur le chapeau ; une autre technique consiste à enfoncer le chapeau dans le mou, deux fois par jour. Cette dernière, qui revient au foulage du raisin au pied comme il fut pratiqué pendant deux mille quatre cents ans, n'est pas sans poser de problèmes. D'abord, en l'espace de trois semaines à un mois, vous perdez deux degrés d'alcool. Peu de gens vous le diront, surtout pas les Bourguignons, car ils reconnaîtraient alors devoir chaptaliser. Ensuite, on perd en expression aromatique. Or, pour la syrah, il faut conserver le maximum d'arômes possible. C'est pourquoi nous avons inventé une sorte de cuve close, dans laquelle nous pouvons faire descendre le chapeau par pompage. » Guigal utilise toujours des levures indigènes ; la fermentation s'opère initialement entre 28 et 30 °C, la température s'élevant parfois jusqu'à 33 ou 34 °C. En fin de fermentation, lorsque le vin ne contient plus qu'environ 5 g de sucre, il presse les grappes. Le vin de presse est immédiatement mêlé au vin de goutte, et la fermentation se termine en fût, autour de 18 °C. On se demande souvent comment Guigal réussit à faire vieillir son vin de syrah en fût quarante-deux mois sans lui léguer un boisé trop prononcé. Les rafles, le vin de presse, l'achèvement de la fermentation alcoolique et le déroulement de la fermentation malolactique dans le bois en sont, selon lui, les secrets. « La fermentation malolactique dans le bois confère aux vins rondeur et volume. Si j'éraflais tout et si je n'ajoutais pas de vin de presse, les vins se dessècheraient. »

Guigal se reconnaît une passion pour l'élevage du vin. « C'est l'obsession de la maison. » Il précise aussi que le long vieillissement le dispense de trop nombreuses interventions, mais il n'en faut pas moins beaucoup de rigueur.

bien qu'elles n'aient pas été hiérarchisées, ni sanctionnées par la création de crus.

Côté sud ? En moyenne annuelle, la production du Rhône méridional est plus de vingt-cinq fois supérieure à celle du Nord. Si l'hermitage, le côte-rôtie et ses voisins ressemblent au bourgogne, les vins des appellations méridionales tendent vers une structure plus proche du bordeaux. De même que le Rhône lui-même s'éparpille et se dissout dans l'immensité bleue de la Méditerranée, à travers la Camargue, le mince cordon de vignoble planté sur le granite qui produit les appellations septentrionales s'élargit au midi et s'étend sur les vastes champs de pierres roussies, inondés de soleil.

Le nord et le sud de la vallée du Rhône ont des histoires différentes à nous raconter. Commençons par le nord.

Connaissant la qualité d'un côte-rôtie, d'un hermitage ou d'un condrieu aujourd'hui, on imagine mal que ces vins aient pu connaître des difficultés après les rudes coups que leur avaient portés le phylloxéra, puis le gel de 1956. Au début des années 1960, l'avenir semblait plutôt appartenir à la viticulture de plaine, à hauts rendements. Pourquoi les viticulteurs devaient-ils s'échiner sur les traîtres éboulis granitiques des petites terrasses au-dessus du fleuve, remonter tous les dix ans leurs murets et hisser sur leur dos des hottes médiévales pleines de raisins, avec 15 m de dénivellation, pour gagner une petite route, alors que nous étions à la fin du XXe siècle ? Pourquoi continueraient-ils à cultiver un cépage délicat, peu productif, en voie de dégénérescence, comme le viognier ? Ne pouvaient-ils se rendre la vie plus aisée ?

Beaucoup d'entre eux ont effectivement abandonné leurs terres, mais un petit nombre, comme Georges Vernay à Condrieu, aujourd'hui célèbre, ont persisté. L'histoire les récompense largement de leur persévérance. La qualité de ces vignobles est évidente ; d'aucuns considèrent que la Côte Rôtie offre effectivement le site le plus parfait du monde pour la culture de la vigne. En outre, la lente remontée des vignobles les plus glorieux du passé se poursuit. Trois viticulteurs du nord de la vallée du Rhône, Yves Cuilleron, François Villard et Pierre Gaillard, ont entrepris de défricher et de replanter les coteaux qui produisaient autrefois les « vins de Vienne », à Seyssuel. Environ 7 hectares ont été replantés à ce jour, 6 en syrah (le sol est plus schisteux que granitique) et 1 hectare en viognier. Le vin, appelé Sotanum, est un vin de pays des Collines rhodaniennes, car le vignoble entier avait été abandonné à l'époque où ont été définies les AOC locales. »

Dans d'autres appellations aussi, ce même lent et patient travail de reconstitution du vignoble est bien engagé. L'appellation saint-joseph, en particulier, couvre une immense zone viticole avec de nombreuses enclaves qui offrent un potentiel considérable : c'est le prolongement vers le midi des pentes de granite qui donnent naissance au côte-rôtie et au condrieu ; toutefois le changement d'orientation du cours du fleuve, qui coule désormais vers le sud, rend l'exposition dominante (est plutôt que sud-est) moins propice. Cela en fait une aire idéale pour l'instauration d'un système de crus (la Côte Sainte-Épine, face à l'AOC hermitage, est déjà bien connue). Il en va de même du crozes-hermitage.

Comme on le devine à ces détails, le tempérament de ceux qui cultivent la vigne dans cette région n'est pas très éloigné du tempérament bourguignon. Parcelles, enclaves, recoins, crus : les grands viticulteurs du nord de la vallée du Rhône sont tous à la recherche de la spécificité du terroir. La palette de cépages, d'une simplicité quasi-bourguignonne ne risque pas de les distraire de cette quête. Parmi les cépages rouges, la syrah joue la vedette, produisant des vins aromatiques et d'un allant étonnant. (L'idée que l'hermitage et même le cornas seraient des vins lourds, pesants et charpentés est complètement erronée.) Les cépages blancs, pour leur part, se répartissent en deux camps. Le viognier, de Condrieu ou d'ailleurs (dont le vin ne connaît généralement pas le bois, même si ce n'est pas toujours le cas), rivalise avec le gewurztraminer alsacien pour ses délectables arômes exotiques, tandis que l'assemblage de marsanne et de roussanne (souvent boisé) offre des vins blancs structurés et gras. Comme en Bourgogne, les négociants (Chapoutier, Jaboulet et l'extraordinaire Guigal) concurrencent les plus grands viticulteurs. Comme en Bourgogne, on voit apparaître des « finisseurs » de vin (Dominique Laurent trouve son pareil pour le Rhône en la personne de Michel Tardieu qui, à son tour, a inspiré la nouvelle génération, tel Michel Barruol) ; l'équipe des Vins de Vienne a par ailleurs lancé une micro-entreprise de négoce. Le travail du consultant Jean-Luc Colombo n'est pas moins influent.

En comparaison, la partie sud de la vallée doit faire face à différents écueils. Les problèmes du passé n'étaient pas le fait d'une géographie ingrate qui aurait abouti à une éclipse totale, comme à Condrieu ou à Seyssuel, mais les domaines étaient entrés dans l'impasse en raison de la faible qualité de leurs vins, de prix trop bas et d'un volume de production excessif. Les coopératives restent majoritaires (elles sont au

▲ *C'est sans doute à Roquemaure que Hannibal traversa le Rhône avec ses éléphants ; ce terroir est aujourd'hui la patrie du chaleureux lirac.*

nombre de cent quatorze dans la vallée du Rhône); plusieurs des meilleurs producteurs d'aujourd'hui faisaient partie d'une coopérative il y a à peine dix ans. Il existe encore un océan de vins sans intérêt en AOC côtes-du-rhône, offerts à la vente le plus souvent en vrac ou à la tireuse. La mentalité qui sous-tend ce type de production n'a pas totalement disparu. Ainsi, en pleine période de vendanges, entre Tavel et Bagnols, j'ai pu voir récemment deux remorques chargées de raisin stationnées à découvert, sous le soleil brûlant, tandis que leurs conducteurs s'accordaient une confortable pause de midi.

Cependant les plus grands viticulteurs de la vallée du Rhône méridionale ne s'intéressent pas moins au terroir que leurs confrères du nord, même si la recherche des terroirs les plus favorables n'a pas été aussi loin à ce jour. Le châteauneuf-du-pape est la seule AOC à l'intérieur de laquelle les crus sont susceptibles de jouer un rôle primordial dans les dix ans à venir, et pourtant, même là, la grande diversité de cépages autorisés (treize en théorie) signifie que la palette de nuances liées au terroir est moins perceptible que dans les régions où une seule variété règne en maître. L'Hommage à Jacques Perrin de Beaucastel est certainement différent du Rayas, mais la comparaison porte-t-elle sur des crus, ou sur la différence entre deux vins à base de cépages anciens cultivés à faible rendement, le mourvèdre pour l'un, le grenache pour l'autre ? Des viticulteurs comme Yves Gras, Louis Barruol, Serge Férigoule et André Romero démontrent la qualité extraordinaire que peuvent atteindre un gigondas, un vacqueyras et un rasteau, mais il faudra encore une dizaine ou une vingtaine de millésimes, et le travail aussi consciencieux d'autres vignerons, pour que les différences entres les terroirs commencent à s'inscrire en filigrane dans les vins.

En dépit de toutes ces différences, la vallée du Rhône est actuellement l'une des régions viticoles les plus florissantes du pays. Elle est bien gérée et bénéficie d'une bonne promotion; seul le châteauneuf-du-pape est déchiré par des divisions internes sans fondement, que l'on retrouve dans bon nombre d'autres régions agricoles. Les plus grands vins du Rhône commencent à être internationalement recherchés, au même titre que les bordeaux et les bourgognes les plus raffinés (même s'ils ne sont encore disponibles qu'en petite quantité et si leurs étiquettes ont besoin d'être modernisées). À long terme, les vignerons rhodaniens de base fourniront du vin de consommation courante en plus grande quantité et d'un plus grand attrait que la Bourgogne ne pourra jamais le faire, et avec plus de consistance et d'agrément stylistique que le Bordelais. La région semble donc promise à un brillant avenir.

La fureur autoroutière

« Nous l'avons appris un peu tard, mais c'est souvent comme ça, souligne Marcel Guigal. Je suis immédiatement allé à Paris pour demander à mes collègues de l'INAO de voter une résolution contre l'autoroute. Ils m'ont étonné. Ils ont fait plus que voter, ils sont descendus manifester haut et fort, à Ampuis, au milieu du vignoble. Le côte-rôtie est une appellation historique, c'est la plus ancienne, le vignoble le plus escarpé de France. Un patrimoine aussi rare, nous devons le protéger. »

Quel était donc le problème ? Les vignobles du nord de la vallée du Rhône dominent le couloir de voies de communication le plus important de France. Les vignes ne s'en plaignent pas, mais les habitants de Lyon, si. Actuellement, les autoroutes A 6 et A 7 passent en plein centre de la ville, puis devant Vienne et Ampuis. Raymond Barre, alors maire de Lyon, voulait déplacer l'autoroute plus à l'ouest, bien à l'écart de la ville ; ce qui aurait présenté l'autre avantage, selon le préfet Michel Besse, de rapprocher l'axe Saône-Rhône du département de la Loire (reliant ainsi les deux grandes vallées fluviales). Mais devinez où le nouveau tracé rejoindrait l'ancien : à Ampuis.

« Si ce projet est poursuivi, déclare le préfet, aucune parcelle d'AOC, pas même celles qui ne sont pas encore plantées, ne sera touchée. » Sans doute ; mais le fait est que le tunnel de la nouvelle autoroute passerait juste sous la Côte-Rôtie, débouchant sur le site d'une carrière, entre les parcelles de la Côte Rozier, de La Landonne et de Neve. Le président de l'AOC, Gilles Barge, indique que la zone de cette carrière aurait dû être classée en AOC dès 1964, mais qu'elle ne l'a pas été parce que la région était encore peu connue à l'époque. En outre, on peut se poser la question de la pollution par le tunnel et l'autoroute, ainsi que celle de la nuisance apportée aux racines des ceps qui vont puiser leur nourriture très profondément dans le roc du versant. Les vignerons de la Côte-Rôtie demeurent violemment opposés au projet du nouvel itinéraire autoroutier, malgré les promesses du préfet.

L'aventure de la terre

Avant de nous attaquer aux sols et aux coteaux, un mot du vent. Dans ce corridor, il souffle en permanence. C'est l'incisif mistral : froid mais sain, chassant les brumes et les maladies parasitaires dont souffrent parfois les vignobles, mais capable dans ses jours les plus terribles d'arracher les jeunes pousses et de dépouiller les ceps. La plupart des vignes du Rhône poussent donc sur des terroirs assurant une certaine protection contre ses plus rudes assauts, à l'abri d'une falaise, d'une avancée de rocher ou dans un méandre du fleuve. Le mistral est plus aigu dans la partie septentrionale, car il s'engage dans le couloir du fleuve et dans les voies de circulation humaine – une des raisons supplémentaires qui font que cette région viticole est plus froide que sa latitude et l'imagerie populaire ne le laisseraient penser. Le climat continental règne au nord de la vallée du Rhône et l'influence méditerranéenne – journées longues, nuits chaudes – ne commence à se faire sentir qu'au-dessous de Valence et de Montélimar.

Les vignobles de Vienne, replantés récemment ont encore à faire leurs preuves avant d'émerger de la production – assez méconnue, mais souvent prometteuse – des vins de pays des Collines rhodaniennes. S'ils y parviennent, ils constitueront le cru le plus septentrional de la région de Rhône. Jusqu'ici, ce titre revient au **côte-rôtie**. Le Rhône se fraye un passage à travers un massif de roches cristallines (qui constituent la bordure orientale du Massif central, le cœur de la France, formé des couches géologiques les plus anciennes). Les 200 hectares de vignobles se trouvent sur la rive occidentale, abrupte, où ils bénéficient d'une exposition sud à sud-est; la rive orientale, moins escarpée, est exposée au nord-ouest ce qui la rend impropre à la culture de la vigne. Les coteaux abrupts, dangereux, de ce vignoble en forme de tournesol ont été repérés par les Romains; ceux-ci ont tôt fait de juger qu'il valait la peine d'envoyer des esclaves pour les aménager en terrasses et y planter de la vigne. Les coteaux, constitués de schiste et de gneiss riches en mica, se subdivisent en un grand nombre de crus, dont les toponymes n'apparaissent pas encore sur les étiquettes (même si la situation devrait changer, l'intérêt porté à cette précieuse AOC ne cessant de croître). Seules les dénominations « Côte brune » ou « Côte blonde » figurent sur les étiquettes, en référence à la partie principale de l'appellation, au-dessus d'Ampuis, où sont produits les meilleurs vins : la Côte brune se trouve au nord-est; ses schistes sombres sont exclusivement plantés de syrah; les sols plus légers et plus gris de la Côte blonde au sud-ouest, sont plantés d'une plus grande proportion de viognier (jusqu'à 15 % de ce cépage sont autorisés dans les vins rouges).

Au sud de l'aire du côte-rôtie se trouvent les 19 hectares de l'AOC **condrieu**, produisant uniquement des vins blancs à base de viognier. Pourquoi ce brusque passage du vin rouge au blanc? En raison d'une légère modification du type de sol : granite et sable supplantent le micaschiste. Autrement dit, d'une teinte miel, la terre vire au platine. Le tournant marqué du Rhône vers le sud est sans doute plus important encore, puisque les versants exposés au sud deviennent de ce fait plus rares qu'en côte-rôtie; les viticulteurs vont chercher cette exposition méridionale sur les versants des vallées latérales. Une situation qui plaît au viognier : ce cépage s'est aujourd'hui largement répandu en France et au-delà de ses frontières, mais nul n'a encore réussi, et de loin, à reproduire la puissance aromatique et la plénitude qu'il atteint sur ces minuscules terrasses, qui ne sont que trop instables. Un grand condrieu peut prétendre à deux premières places, celle des vins blancs les plus aromatiques du monde et les plus sensuels (la richesse de sa texture n'a d'égale que ses arômes). Mais toute chose a un prix : le condrieu perd, à mon avis, tout son charme en l'espace de trois ans environ. Quoi qu'en disent les producteurs locaux, il est le seul parmi les vins français indiscutablement grands à devoir être consommé jeune. Appellation monocru de 4 hectares, **château-grillet** est la réplique rhodanienne du savennières-coulée-de-serrant de la vallée de la Loire. La propriété est située, de façon assez inhabituelle, dans un amphithéâtre à la manière de Bandol et devrait produire le viognier le plus époustouflant de tous. Pourtant, le vin mis en bouteilles depuis quelques années n'atteint pas les sommets auxquels il peut prétendre.

L'appellation **saint-joseph** chevauche l'extrémité méridionale de celle de condrieu et se prolonge sur une soixantaine de kilomètres vers le sud jusqu'à Cornas, en passant de l'autre côté du fleuve à l'Hermitage et Crozes-Hermitage. Cette longue et étroite bande de vignobles (870 hectares plantés) est peut-être la plus curieuse des AOC du nord de la vallée du Rhône, et pourrait produire des vins capables de rivaliser avec les meilleurs côte-rôtie ou cornas. Non sans un énorme et rude travail pour récupérer sur la maigre garrigue les terroirs les plus appropriés (comme à Condrieu, les versants des vallées latérales exposés au sud). Une fois de plus, les sols sont constitués essentiellement de granite et de schiste; la syrah y produit des vins intenses. Les vins blancs contrastent avec la production des vignobles situés plus au nord : à base de marsanne et de roussanne, plutôt que de viognier, ils ressemblent aux crozes-hermitage, en plus fin. Fort heureusement, les représentants de l'appellation ont décidé de réduire plutôt que d'élargir ses limites, garantissant ainsi que le vignoble ne s'étende pas exagérément sur le sommet du plateau, sur des terres peu favorables à la vigne. Les 91 hectares de **cornas** constituent un autre amphithéâtre regardant le fleuve au nord-ouest de Valence. Les sols diffèrent toutefois de ceux de saint-joseph. Ils sont formés de sable granitique assez fin et d'argile auxquels viennent s'ajouter des éboulis de calcaire des collines voisines des Arlettes (phénomène unique dans la partie nord de la vallée du Rhône). Ce site abrité forme une cuvette particulièrement chaude – d'où la robustesse des vins de syrah qui y sont produits. (Cette appréciation doit, comme toujours, être replacée dans le contexte du nord de la vallée du Rhône : même le cornas, avec ses solides tanins, paraîtra peu aromatique, léger, si on le compare à un bandol ou à un coteaux-du-languedoc.) Jean-Luc Colombo qui connaît bien les cornas, définit ces vins comme « un îlot méridional dans le nord. »

Sur l'autre rive du fleuve, apparaît l'AOC **hermitage**. C'est une colline spectaculaire, comme le découvrent les passagers du TGV de Paris à Avignon. Les 134 hectares de l'hermitage sont officieusement subdivisés en pléthore de crus qui, contrairement au côte-rôtie, reposent ici sur des différences assez marquées dans la composition des sols et la nature des roches. L'extrémité occidentale du coteau (dont on considère généralement qu'elle offre les conditions les plus favorables) est granitique; cette roche provient du Massif central : il s'agit d'un bloc déplacé des porphyres que l'on trouve normalement de l'autre côté du fleuve (le meilleur terroir est Les Bessards). La partie orientale est constituée essentiellement d'alluvions fluviales agrégées, superposées et entrecoupées d'argile et de lœss (terroirs des Méal, Chante Alouette, Rocoules et autres). Mais si les pieds de vigne semblent prospérer ici, c'est surtout parce qu'ils se trouvent à une centaine de mètres au-dessus du fleuve, parfaitement exposés au soleil estival. La syrah (surtout sur le granite) produit de grands vins au caractère affirmé et impétueux, au parfum séducteur, avec une saveur généreuse de fruit; après quelques années de garde, des arômes fumés et animaux s'imposent

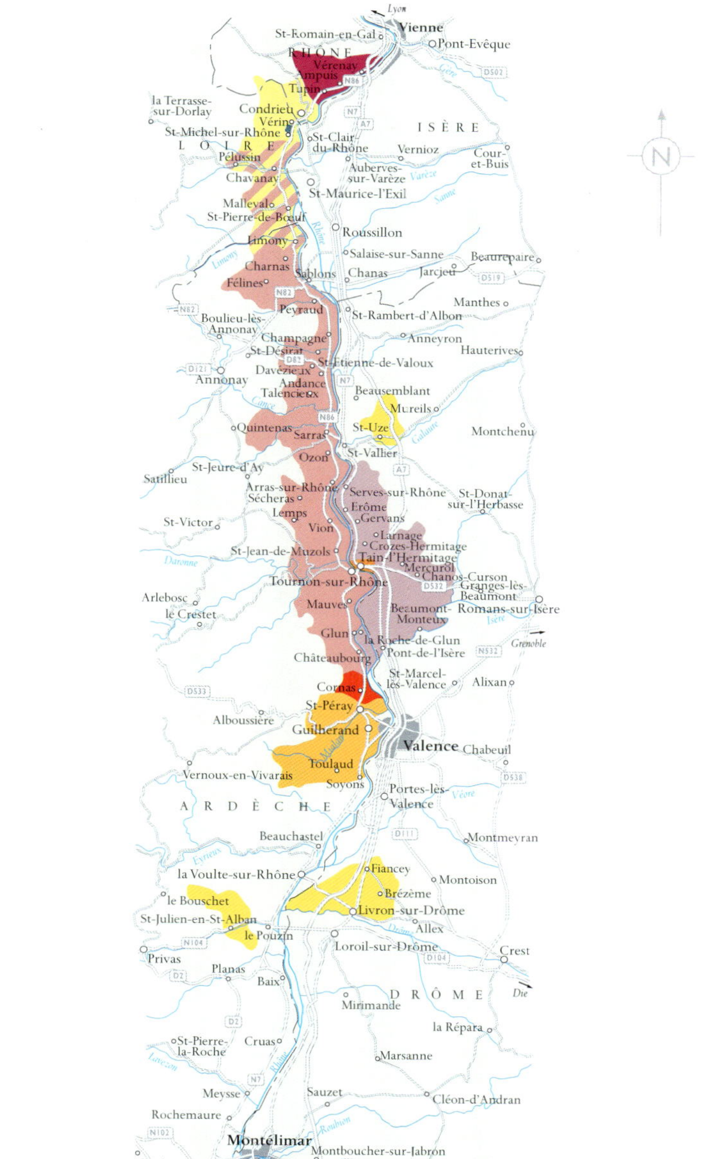

dans leur palette. Marsanne et roussanne (surtout sur les galets) donnent des vins blancs structurés et néanmoins élégants, au parfum d'aubépine. Après une période de fermeture dans leur courbe d'évolution, ils retrouvent leur vigueur. L'élaboration traditionnelle d'un vin de paille (obtenu à partir de grappes passerillées sur un lit de paille) a été relancée récemment par des producteurs comme Chave et Chapoutier.

Crozes-hermitage est une AOC infiniment plus étendue (1235 hectares) qui profite de terroirs favorables au nord et au sud de l'Hermitage, ainsi que derrière la célèbre colline. La plus grande partie de cette aire est constituée de galets et d'argile rouge déposés au cours de cette même glaciation du würm qui a vu la formation des bancs de graves du Médoc ; on trouve aussi des sables (notamment au nord de l'Hermitage) et un peu de granite recouvert de lœss. Mais nulle part il n'y a de versant comparable à celui de la grande colline dominant Tain. Une fois de plus, les vins rouges (aux arômes empyreumatiques) sont à base de syrah, les blancs de marsanne et de roussanne.

La dernière AOC de la partie nord de la vallée du Rhône est l'appellation **saint-péray** qui couvre 62 hectares et produit des vins blancs tranquilles et effervescents à partir de marsanne et de roussanne cultivées sur des terroirs de granite ou de galets, avec un apport de calcaire de Cornas sur la Montagne de Crussol. Par leur structure et leur faible acidité, ces vins ne semblent pas les plus aptes à produire des vins effervescents ; de ce fait, les vignerons produisent désormais de plus en plus de saint-péray tranquilles qui pourraient honnêtement rivaliser avec les meilleurs crozes-hermitage blancs, voire les hermitage, ainsi que l'a prouvé l'équipe de producteurs des Vins de Vienne et Jean-Luc Colombo. Néanmoins, les capiteux arômes floraux nés de l'assemblage de la marsanne et de la roussanne me semblent offrir une intéressante variante exotique aux vins effervescents du nord. Il serait triste de voir l'appellation saint-péray abandonner complètement la production de vins mousseux.

La culture de la vigne s'interrompt totalement, ou presque, de Valence à Montélimar. Il existe encore quelques aires délimitées en côtes-du-rhône autour de Brézème (la syrah rappelle ici le cornas), là où la Drôme mêle ses eaux à celles du Rhône. Les rives de la Drôme, plus en amont, sont la terre natale d'un autre vin mousseux français assez original : la **clairette-de-die**. Ce vin a une longue histoire artisa-

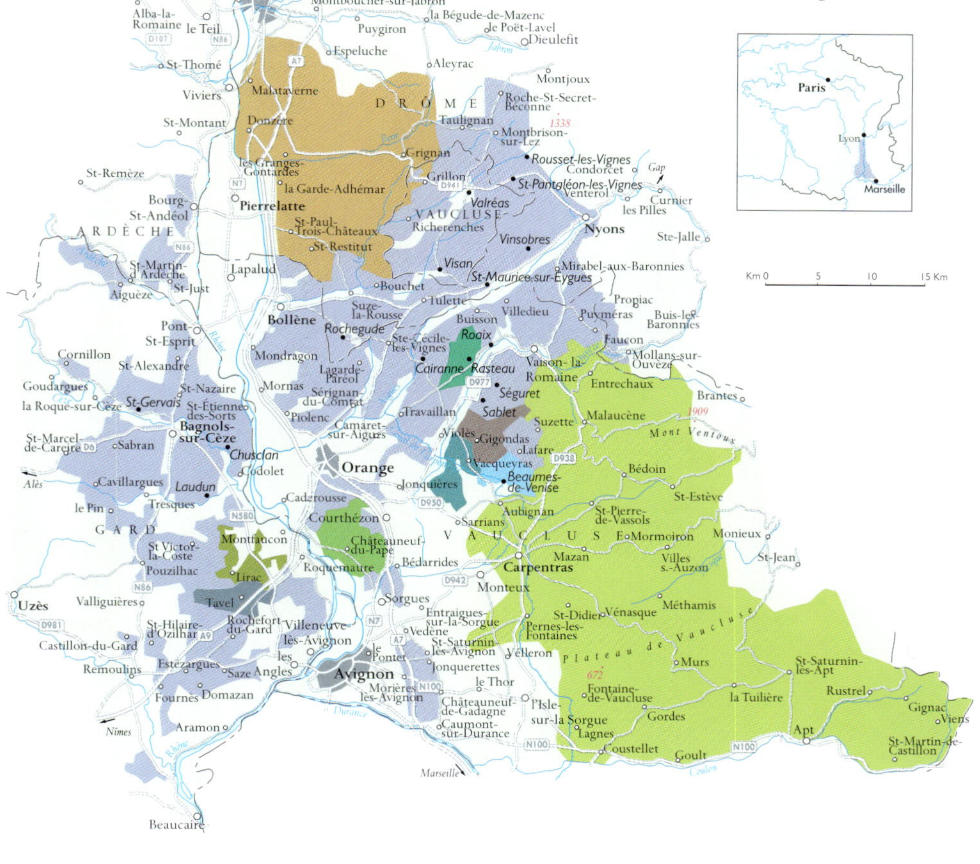

▲ *L'aire du gigondas se situe à une altitude supérieure à celle du châteauneuf-du-pape, ce qui se traduit dans le caractère très solide des vins, aux tanins plus marqués.*

nale qui ne diffère guère de celle du gaillac perlé méthode rurale du Sud-Ouest : il s'agissait autrefois de vins effervescents dont la fermentation s'arrêtait naturellement avant de reprendre au printemps. Depuis le début des années 1990, cette appellation n'a plus été revendiquée que pour des vins mousseux demi-secs de faible titre alcoométrique, à base de muscat (paradoxalement, la clairette n'entre plus dans la composition de la clairette-de-die). Le vin effervescent brut obtenu à partir de clairette porte désormais l'AOC crémant-de-die. Deux obscures AOC de vins tranquilles sont également produites : **coteaux-de-die** (même terroir que la clairette-de-die) et **châtillon-en-diois** (sur une aire voisine mais plus fraîche, à une altitude légèrement supérieure).

Le sud de la vallée du Rhône qui s'élargit douillettement par opposition à la partie nord, tout en longueur, rassemble une mosaïque d'appellations beaucoup plus diverses que la vallée septentrionale. Le grenache supplante la syrah, le soleil brille plus fort ; la densité de plantation à l'hectare se réduit des 10 000 pieds qu'elle pouvait atteindre à 3 000 à peine. L'AOC régionale côtes-du-rhône est la deuxième appellation française en volume après bordeaux. Comme en Bordelais, les terroirs les plus prometteurs à l'intérieur de cette immense aire de 42 000 hectares ont été délimités en appellation communale. L'appellation côtes-du-rhône produit un vin rouge gouleyant, de couleur légère, dans lequel s'exprime la suavité du grenache, ou bien un vin blanc plein, mais discret. Les cépages autorisés sont assez nombreux pour qu'un vin à base de syrah, de mourvèdre ou de viognier vous réserve les plus heureuses surprises. Il n'est effectivement pas rare qu'un viticulteur talentueux produise, sur quelques parcelles particulièrement bien exposées, un côtes-du-rhône rouge dont les arômes et l'élégance laissent penser que vous buvez le meilleur vin de France.

Depuis le milieu des années 1960, l'appellation **côtes-du-rhône-villages** s'est développée. Il existe deux catégories de « villages » : d'une part, quatre-vingt-seize communes ont le droit d'utiliser l'appellation côtes-du-rhône-villages ; d'autre part, seize villages peuvent adjoindre leur propre nom à l'AOC sur l'étiquette (la superficie viticole est plus importante sur les seize villages en question – plus de 4 000 hectares – que sur les quatre-vingt autres, où ne sont cultivés que 3 000 hectares).

L'AOC régionale côtes-du-rhône-villages ressemble à deux poumons relativement asymétriques, dont le droit serait nettement plus développé que le gauche. À l'est, une série de villages en demi-cercle se pelotonnent au pied du mont Ventoux, en une chaîne que viennent interrompre les pics blancs des Dentelles de Montmirail. Des torrents qui somnolent en été et reprennent vie brièvement dans l'urgence de l'hiver dégringolent des Alpes, se faufilent entre les rocailles, se perdent dans les multiples bras et canaux du Rhône. À l'ouest, plusieurs villages dont la disposition est moins géométrique se nichent au pied des montagnes de l'Ardèche ; au-dessous, les plaines plus sablonneuses se prolongent au sud, vers Nîmes. Autrement dit, la situation du vignoble est très hétérogène. Le seul type de terroir absent est le sol acide des roches cristallines, si caractéristique de la partie nord du Rhône ; calcaires friables, sables, marnes et galets, agglomérés ou non, sont ici typiques. L'altitude varie de 40 m à Laudun jusqu'aux environs de 300 m pour des villages plus élevés comme Rousset ou Saint-Pantaléon. Les pentes abruptes sont rares, mais la plupart des vignobles se situent au-dessus du fond des vallées, sur de petites hauteurs. On observe de nettes différences climatiques entre les villages du sud-est comme Cairanne, Rasteau, Séguret, Sablet, et Beaumes-de-Venise, et ceux du nord-est comme Vinsobres, Valréas et Saint-Maurice. Les villages du sud sont, comme le dit Louis Barruol, des « pays de grenache ; la syrah prospère mieux dans les villages du nord de la vallée méridionale, qui forment, en quelque sorte, le nord du sud. » Si l'on devait parier sur les prochains villages qui obtiendront le titre d'appellation communale, je miserais sur les excellents terroirs de marnes et de galets de Cairanne et de Rasteau, où les vins des meilleurs producteurs peuvent déjà concurrencer les gigondas ou les vacqueyras. Il ne faut pas oublier les AOC **rasteau** et **muscat de Beaumes-de-Venise**, à l'origine de vins doux naturels respectivement rouge sombre et riches en grenache ou bien dorés et fruités.

Il serait difficile de prétendre que le **gigondas** n'est pas un vin extraordinaire. Les marnes rouges, les sables et les galets roulés qui se dorent au soleil sur un substrat de calcaire, au pied des Dentelles de

Au sommet des pentes de la Côte Rôtie, le plus beau vignoble du monde, le soleil caresse les ceps. ▶

Montmirail, offrent au grenache un lit douillet où il mûrit tranquillement, même si la situation des vignobles, qui s'élèvent jusqu'à 400 m et dont beaucoup sont exposés au nord, fait que le vin a rarement la plénitude et le gras du châteauneuf-du-pape produit plus bas. Les tanins sont aussi plus démonstratifs dans le gigondas. Comme toujours dans les vins à dominante de grenache, il ne faut pas penser qu'une robe aux reflets clairs corresponde à un vin léger ; le gigondas est toujours capiteux. Le **vacqueyras** est le nouveau venu parmi les crus (l'AOC date de 1990), mais ses 1 100 hectares ont déjà fait leurs preuves en produisant des vins plus charnus que ceux de l'aire de gigondas voisine (le vignoble est légèrement moins élevé en altitude et plus plat, même si le substrat géologique est de composition similaire ; le grenache mûrit ici deux semaines plus tôt qu'en gigondas). Leur palette fruitée et empyreumatique se distingue en outre des arômes épicés du gigondas.

Le vignoble emblématique du sud de la vallée du Rhône est incontestablement celui du **châteauneuf-du-pape**. Il couvre une vaste étendue de 3 200 hectares, aux contours harmonieux, sous un climat très chaud ; les tapis de galets roulés dont sont recouverts certains vignobles offrent un spectacle si séduisant que le secret du terroir semble résider dans ces cailloux. Si seulement les choses étaient si simples. Beaucoup de vignobles de Châteauneuf (y compris celui de Rayas, l'un des plus prestigieux) ne présentent pas de grandes quantités de galets en surface, mais du sable et un fin gravier. Et lorsque le sol est effectivement couvert des galets roulés par la rivière (dans l'est de l'AOC), ceux-ci jouent un rôle bien moins important pour le vin que l'argile et les sables ferrugineux des couches inférieures. (Frédéric et Daniel Brunier, du domaine du Vieux Télégraphe, rappellent que la couche d'argile au-dessous de la couverture de pierre du grand plateau de La Crau emmagasine l'eau nécessaire à la vigne). Enfin, des graves apparaissent dans la partie la plus méridionale de l'AOC, entre Fortia et le fleuve. La grande variété de cépages autorisés (treize au total) ajoute encore à la diversité de l'AOC. En dépit de la faiblesse du rendement maximum fixé légalement (35 hl/ha) et de l'interdiction de la machine à vendanger, certains châteauneuf-du-pape peuvent être de faible qualité sous le couvert de la somptueuse bouteille qu'une partie de l'AOC a choisie. Quelques-uns, maladroitement vinifiés, ont une ardeur inopportune. *A contrario*, le meilleur châteauneuf est unique dans le paysage vinicole français : d'une merveilleuse souplesse, aux arômes d'épices et de bois de cèdre. S'il est est agréable jeune, à deux ou trois ans d'âge, il peut compter sur sa charpente tannique pour vieillir vingt ans. Le châteauneuf-du-pape blanc n'est pas moins capiteux que le rouge, mais son caractère ne doit pas se résumer qu'à cela. Les meilleurs sont suaves, dotés d'un arôme fruité d'abricot et d'une incroyable richesse pour des vins secs.

Les deux aires d'appellation sises sur la rive ouest du Rhône sont **lirac** et **tavel**. La géologie n'est pas bien différente à cet endroit de celle de l'AOC châteauneuf-du-pape, bien que les couches qui se trouvent sous les galets soient plutôt sablo-calcaires qu'argileuses. Lirac et Tavel ont longtemps fait leur spécialité des rosés capiteux (l'AOC de tavel produit exclusivement des vins rosés). Cependant, les vins rouges produits dans la région me semblent d'un plus grand intérêt, comme l'ont prouvé les bouteilles des meilleurs domaines de l'appellation lirac.

Toutes les régions que nous avons décrites jusqu'à présent constituent ce que nous pourrions appeler le cœur de la vallée du Rhône méridionale. Six aires d'appellation satellites se greffent autour de ce noyau central : côtes-du-vivarais et coteaux-du-tricastin au nord, côtes-du-ventoux, côtes-du-luberon et coteaux-de-pierrevert au sud-est, enfin costières-de-nîmes au sud-ouest.

◀ *L'Ouvèze coule sur un lit de calcaire d'une blancheur éclatante, au pied de Vaison-la-Romaine. Châteauneuf-du-Pape se trouve plus en aval.*

Les **côtes-du-vivarais** qui n'ont obtenu l'AOC qu'en 1999, se situent de part et d'autre des gorges que l'Ardèche a creusées à l'ouest du Rhône, en s'enfonçant dans le calcaire pur. Des vins frais et légers sont produits à une certaine altitude sur un sol argileux à substrat calcaire, dans des conditions climatiques plus froides et plus humides qu'elles ne le sont plus au sud. Au contraire, les **coteaux-du-tricastin**, de l'autre côté du Rhône et à l'est, correspondent à un terroir balayé par le mistral, plus connu pour ses chênes truffiers que pour ses vins rouges relativement peu concentrés et souvent assez rugueux. Dans le Vivarais comme dans le Tricastin, la syrah a plus de chances de parvenir à pleine maturité que le grenache, même si les réglementations de l'AOC imposent étrangement l'assemblage. Les **côtes-du-ventoux** recouvrent deux vignobles sensiblement distincts : le grand vignoble en forme de fer à cheval derrière Carpentras s'abrite entre le rempart du mont Ventoux et le couloir de vignes de la façade nord de la vallée d'Apt. Même si nous sommes bien au sud des villages de Rasteau et de Gigondas, les vins rouges du Ventoux conservent quelque chose de la fraîcheur montagnarde. Les nuits peuvent être froides, et la montagne apporte davantage de pluie que n'en recevra jamais la vallée du Rhône. Les **côtes-du-luberon** forment un autre grand vignoble en forme de coquille d'huître au cœur de la Provence, au sud d'Apt ; il s'étend sur les faces nord et sud du massif du Luberon. Dans cette région naturelle d'une grande beauté, la vigne (qui pousse sur un sol assez peu propice fait de graves sur un substrat sablonneux) semble toujours lutter pour subsister. Les côtes-du-luberon blancs semblent souvent plus intéressants que les vins rouges légers, plus ou moins vifs de l'appellation. C'est la raison pour laquelle Jean-Marie Guffens, spécialiste des vins blancs, a été attiré par la région. Enfin, plus à l'est du Rhône, et déjà sur la route des Alpes, se trouve l'appellation **coteaux-de-pierrevert**, sorte de prolongement oriental des côtes-du-luberon. Comme en Luberon, ses meilleurs vins, nés dans la splendeur d'un paysage de lavande, sont plus légers, plus élégants, plus frais et plus provençaux que les bouteilles classiquement capiteuses du Rhône.

Les **costières-de-nîmes** présentent un visage opposé. Nous sommes là dans le delta du Rhône, déjà à mi-chemin du Languedoc : le paysage plat, morne, s'en va mourir, comme épuisé, à la bordure des marécages et des roseaux de la Petite Camargue. Les vins rouges atteignent ici une qualité étonnante, avec un caractère original et quelque chose de la souplesse, de la chair et de la puissance d'un grand châteauneuf-du-pape. Grenache et mourvèdre mûrissent bien sur ce terroir si différent du Ventoux ou du Luberon. Pourtant, la plupart des producteurs préfèrent la riche saveur fruitée de la syrah. En terme géologique, le terroir des costières-de-nîmes n'est pas très distinct des sols de sables et de graviers de Châteauneuf-du-Pape ; il s'apparente aussi à certaines parcelles de l'aire de La Méjanelle en Languedoc, dont les vins rouges savoureux sont recherchés. Le vignoble, situé à basse altitude (le point culminant est 150 m), est recouvert en majeure partie d'un immense tapis de petits galets roulés de quartz, sur une épaisseur atteignant par endroits 10 m, entrecoupé de zones sablonneuses et laissant entrevoir de part en part des poches d'argile rouge.

Mon point de vue critique

Les coopératives

Bien des coopératives de la vallée du Rhône méridionale n'ont pas encore franchi le pas de la qualité. Elles produisent les pires vins de coopérative de toute la France. Tant qu'elles n'imiteront pas les meilleures, l'appellation côtes-du-rhône ne pourra tirer pleinement profit de son extraordinaire potentiel.

Des appellations de crus qui se font attendre

L'INAO devrait distinguer les « meilleurs du reste » parmi les plus grands noms des côtes-du-rhône-villages (comme Cairanne et Rasteau) et leur accorder une AOC communale qui distinguerait leurs vins rouges. Les producteurs y trouveraient un encouragement pour mener plus en avant leur quête d'une expression du terroir.

Vous avez dit prestige ?

Depuis quelques années, dans certaines appellations du sud de la vallée du Rhône, on a pris l'habitude d'élaborer des cuvées de prestige (sélection spéciale opérée sur l'ensemble de la récolte). Pratique compréhensible et, à certains égards, louable : les meilleures d'entre elles, dans les millésimes 1998 et 2000, comptent parmi les plus grandes bouteilles du sud de la vallée du Rhône. Toutefois si les meilleurs raisins sont consacrés à une cuvée de prestige, il est clair que la qualité de la cuvée principale – celle qui porte seulement le nom de la propriété – en pâtit.

Deux solutions semblent envisageables. La première s'inspire du modèle bordelais : le principal vin du domaine devient le grand vin, soit la cuvée de prestige elle-même, le vin de moins bonne qualité étant utilisé pour produire un « second vin », vendu sous un autre nom et à moindre prix. Cela demande une discipline rigoureuse, mais se révèle profitable à long terme, et c'est sans doute la meilleure solution pour la vallée du Rhône méridionale où, comme à Bordeaux, les vins d'assemblage sont monnaie courante. La seconde solution, adoptée par la vallée du Rhône septentrionale, est d'élaborer la cuvée principale du domaine par assemblage, tout en produisant des vins de cru, issus des vignes d'une seule parcelle (qui peuvent ou non être meilleurs que le vin d'assemblage). Ce système fonctionne bien dans les aires où l'on ne cultive qu'un seul cépage ; il est moins adapté aux régions où la qualité résulte toujours d'un judicieux assemblage de cépages et de parcelles.

La serine : des gènes en voie de disparition

De nombreux viticulteurs pensent que le meilleur cépage des vins de la côte-rôtie n'est pas la syrah, mais un plant autochtone, très proche, appelé serine. « Elle donne de faibles rendements, de l'ordre de 35 hl/ha au maximum, dit François Villard, et possède toujours de petits grains. » Alain Paret ajoute que si la syrah a des raisins ronds, la serine a des baies ovales, en forme d'olives. D'après Villard, sa rafle mûrit beaucoup plus régulièrement que celle de la syrah – ce qui explique que presque tout le monde (mis à part Guigal) pratique aujourd'hui l'éraflage. « C'est le clone ancien de la syrah, déclare Louis Barruol. Sa charge en fruit est moindre que celle de la syrah et son raisin est moins coloré, mais il produit des vins plus complexes, plus expressifs et élégants. C'est de là que provient ce classique arôme de fumé, ce gras, cette saveur de lard fumé. C'est risqué. Mais si s'est réussi, c'est ce que vous pouvez cultiver de mieux en côte-rôtie. » Pourtant, la serine se fait de plus en plus rare d'année en année. Pourquoi ? « Tous ses plants sont malades, soupire Louis Barruol. Ils sont sensibles aux maladies. La serine doit être replantée tous les trente ans. Du coup, les pépiniéristes y ont renoncé. Ils se contentent de vendre des clones de syrah. » Villard confirme que la seule façon d'assurer la survie de la serine consiste pour ceux qui la cultivent à faire leur propre sélection et à la reproduire ; c'est une opération délicate. Pourtant, l'idée même que nous risquons de perdre un précieux élément de la diversité génétique d'un des cépages les plus répandus du monde semble incroyable.

Les Romains savaient déjà que la vigne affectionne les coteaux bien exposés. Rien d'étonnant à ce qu'ils aient été les pionniers de la Côte-Rôtie.

Le panneau implanté par la famille Champet a pris autant de soleil que ses vignobles.

Vallée du Rhône : les vignerons

Alary

84290 Cairanne. Tél. : 04 90 30 82 32, fax : 04 90 30 74 71.

Le paisible Denis Alary et son père Daniel mènent ce domaine de 25 hectares, à Cairanne, de manière très réfléchie. Le Font d'Estevenas blanc est un assemblage judicieux, la clairette (10 %) apportant une légère acidité qui souligne le bouquet d'aubépine et de fleur d'oranger des deux autres cépages, roussanne et viognier. Le Font d'Estevenas rouge (40 % de syrah, 60 % de grenache), dans le millésime 1999, plaidait pour élever Cairanne au rang de cru : notes animales et épicées, intenses arômes d'herbe sèche, de baies, de cyprès et de thym. Une vieille vigne de grenache de soixante-cinq ans produit un côtes-du-rhône rond : la cuvée La Jean de Verde.

Thierry Allemand ✪

07130 Cornas. Tél. : 04 75 81 06 50, fax : 04 75 81 06 50.

À peine 3,4 hectares : autant dire que l'on ne voit guère le cornas Chaillot de Thierry Allemand – parfumé et charpenté –, pas plus que la cuvée de prestige Reynard. Une partie du domaine est plantée des vieilles vignes de Noël Verset. Un tel patrimoine, conjugué au savoir-faire de Thierry Allemand dans l'extraction des arômes, contribue à la création de vins fins et profonds.

Aphillantes

84850 Travaillan. Tél. : 04 90 37 25 99, fax : 04 90 37 25 99.

Petite production d'excellente qualité dans ce domaine des côtes-du-rhône-villages, proche de Travaillan. La cuvée Trois Cépages réunit à parts égales grenache, syrah et mourvèdre. La Cuvée du Galets fait la part belle au grenache, tandis que la stupéfiante Cuvée du Cros est un vin de syrah pure.

Gilles Barge

69420 Ampuis. Tél. : 04 74 56 13 90, fax : 04 74 56 10 98.

Le côte-rôtie du président de l'appellation est élaboré selon les techniques ancestrales (utilisation de toutes les rafles et de vieux bois). Dans les millésimes de bonne maturité, la Cuvée du Plessy défend remarquablement la cause des côte-rôtie.

Beaucastel ✪

84350 Courthézon. Tél. : 04 90 70 41 00, fax : 04 90 70 41 19.

Avec 100 hectares de vignes, de part et d'autre de l'autoroute, dans le nord-ouest de l'appellation châteauneuf-du-pape, ce grand domaine se considère un peu comme le Latour ou le Lafite de son AOC. Dirigé par les frères François et Jean-Pierre Perrin, Beaucastel est tantôt jugé comme le plus grand châteauneuf, tantôt décrié pour l'irrégularité de sa production et la tenue tout aussi aléatoire de ses vins au vieillissement. Beaucastel fut l'un des pionniers de la culture biologique dans les années 1970, sous l'égide du père de François et Jean-Pierre, Jacques Perrin. Celui-ci développa la pratique d'un bref chauffage de la vendange à 80 °C dès son arrivée au cellier, avant de la laisser refroidir en vue de la fermentation (apparemment, seule la pellicule atteint 80 °C, l'échauffement ne durant pas assez longtemps pour mener toute la pulpe à cette température). Cette technique est censée favoriser l'extraction, ralentir la fermentation et exercer un effet anti-oxydant, de sorte que les Perrin peuvent ensuite se contenter d'une faible utilisation de soufre. Toutefois, une telle intervention sur une matière première d'excellente qualité est pour le moins violente, alors que ce domaine se veut respectueux de la nature. Beaucastel est l'un des rares producteurs à utiliser les treize cépages autorisés, mais le mourvèdre s'impose, puisqu'il constitue 30 % des vins rouges et jusqu'à 70 % de la cuvée Hommage à Jacques Perrin (produite dans les meilleures années seulement). Les Perrin utilisent aussi une forte proportion de counoise, cépage noir, et mettent en valeur les obscurs muscardin et vaccarèse. En revanche, la part de grenache dans l'assemblage, dont la rondeur caractérise la plupart des châteauneuf-du-pape, est ramenée ici à 30 %. Tous les vins sont élevés dans de grands foudres, à l'exception de la syrah qui séjourne en barrique. Le Beaucastel peut être un vin d'une finesse exceptionnelle, doté d'arômes fruités étonnamment frais, soulignés de notes épicées élégantes. Avec l'âge, sa palette se nuance de touches animales, de café, de tabac, de truffe et d'encens (le 1989 à la senteur de havane est exemplaire). L'Hommage à Jacques Perrin, profond, intense et solidement charpenté lorsqu'il est jeune, demande une longue garde pour parfaire son équilibre. Cependant, trop de bouteilles de Beaucastel révèlent un caractère de réduction à l'ouverture, peut-être en raison du faible taux de soufre. (Historiquement, les arômes de gibier apportés par les brettanomyces ont forgé le profil organoleptique de certains millésimes de Beaucastel.) Alors que la technique du chauffage du raisin devait permettre d'éviter les écarts trop marqués entre les millésimes, le style Beaucastel semble varier davantage d'une année à l'autre que celui des autres châteauneuf-du-pape. Cette diversité vaut aussi pour le côtes-du-rhône Coudoulet de Beaucastel, produit juste de l'autre côté de l'autoroute, bien que les meilleurs millésimes dévoilent une belle expression fruitée. *A contrario*, le châteauneuf blanc, aux senteurs de fruits secs, est d'une régularité remarquable, et la cuvée spéciale Roussanne Vieilles Vignes me semble l'un des plus grands vins produits sur ce domaine : gras, charpenté, riche d'arômes d'abricot mêlés de notes minérales complexes.

Beaurenard

84231 Châteauneuf-du-Pape. Tél. : 04 90 83 71 79, fax : 04 90 83 78 06.

Ce grand domaine de 50 hectares, propriété de Paul, Daniel et Frédéric Coulon, produit des châteauneuf-du-pape fruités, d'un style moderne et à la structure fidèle au profil traditionnel de l'AOC. La cuvée de prestige Boisrenard (grenache étayé par du mourvèdre de vieilles vignes de soixante-cinq ans) est élevée en barriques neuves pour 20 % : un vin profond et subtil.

Bois de Boursan

84230 Châteauneuf-du-Pape. Tél. : 04 90 83 51 73, fax : 04 90 83 52 77.

Jean-Paul Versino produit une cuvée spéciale (Cuvée des Félix) étonnamment structurée qui ne semble pourtant pas faire de l'ombre au vin du domaine : tous deux sont gras et harmonieux. Le domaine de 13 hectares met tout en œuvre (jusqu'à la mise en bouteilles sans filtration) en faveur d'une production de qualité.

Henri Bonneau

84230 Châteauneuf-du-Pape. Tél. : 04 90 78 13 81.

J'ai tenté de rendre visite à Henri Bonneau à Châteauneuf, mais on m'a répondu que « Monsieur Bonneau ne recevait pas les journalistes anglais ». Ceux qui le connaissent bien décrivent pourtant d'inoubliables visites chez l'un des grands hommes du Rhône (peut-être le plus grand, depuis que Jacques Reynaud a disparu). Je n'ai malheureusement pas pu goûter ses vins, régulièrement loués par les connaisseurs. Ils sont issus d'une petite propriété de moins de 6 hectares à La Crau, dominée par le grenache, à laquelle s'ajoute une parcelle près de Courthézon. Y sont produites 1 500 caisses. Les cuvées spéciales, Cuvée Marie Beurrier et la légendaire Réserve des Célestins, sont considérées comme emblématiques de l'appellation. Je tenterai encore ma chance.

Système de notation utilisé dans les pages producteurs : ✪ Très bon vin ✪✪ Excellent vin ✪✪✪ Vin exceptionnel

Bosquet des Papes ✪

84230 Châteauneuf-du-Pape. Tél. : 04 90 83 72 33, fax : 04 90 83 50 52.

Il ne faut pas se laisser troubler par les étiquettes folkloriques ; ce domaine de 27 hectares produit un châteauneuf riche en grenache, persistant, élégant, aux arômes de garrigue. Si la cuvée principale peut être tannique, la Cuvée Essentiellement Grenache, au nom plein de promesses, est pleine et fondante, et la Cuvée Chante Le Merle Vieilles Vignes, dense et concentrée.

La Bouïssière ✪

84190 Gigondas. Tél. : 04 90 65 87 91, fax : 04 90 65 82 16.

Ce domaine de 8 hectares est l'une des nouvelles gloires de Gigondas. Il a produit de magnifiques bouteilles, tant en 1998 qu'en 1999, d'un vin sombre et charnu dont l'extraction bien menée a permis d'éviter la sécheresse et la chaleur alcoolique reprochée à nombre de gigondas. La sélection La Font de Tonin mêle grenache et mourvèdre pour acquérir plus de profondeur, de puissance et d'arômes fruités ; elle porte harmonieusement la marque du chêne neuf. Les frères Gilles et Thierry Faravel représentent l'avenir.

Brusset

84290 Cairanne. Tél. : 04 90 30 82 16, fax : 04 90 30 73 31.

Un immense domaine de 87 hectares, administré par Daniel Brusset et son fils Laurent, pour une production dans quatre appellations. Les vins de début de gamme sont agréables, bien faits ; le Coteaux des Travers de Cairanne a hérité d'une macération carbonique un caractère fruité. Les cuvées spéciales s'avèrent exceptionnelles, élaborées à partir de rendements faibles, avec des levures naturelles et selon les techniques de préfermentation à froid, de robopigeage, d'élevage sur lies et de mise en bouteilles sans filtration. Le Cairanne Vendanges Chabrille (grenache et syrah surmûris récoltés sur de vieilles vignes de quatre-vingts ans) regorge d'épices et trouve son équilibre dans une fraîcheur naturelle. Le Cairanne Hommage à André Brusset, cuvée de prestige lancée en 1999, bénéficie d'une trame serrée pour affronter le temps. Deux cuvées de gigondas sont produites : le Grand Montmirail, riche, légèrement tannique et épicé (70-75 % de grenache, 20-25 % de syrah et 5-10 % de cinsault), ainsi que la cuvée Les Hauts de Montmirail (55-60 % de grenache, environ 25 % de mourvèdre et 15 % de syrah), vieillie en fût de chêne, qui offre un caractère charnu et fruité.

du Caillou

84350 Courthézon. Tél. : 04 90 70 73 05, fax : 04 90 70 76 47.

Sylvie Vacheron a repris en main le domaine de son père, Claude Pouizin, et produit un bon châteauneuf-du-pape. Les deux cuvées spéciales portent ombrage à la cuvée principale. La cuvée Les Quartz présente un arôme minéral marqué (serait-ce de l'autosuggestion ?) et une structure moins charnue que celle des autres vins de l'AOC. La Réserve Clos du Caillou (40 % de mourvèdre) est au contraire un châteauneuf puissant.

Les Cailloux ✪

84230 Châteauneuf-du-Pape. Tél. : 04 90 83 73 20, fax : 04 90 83 77 24.

André Brunet a la chance de posséder sur son domaine, situé en majeure partie près de Mont Redon, des parcelles plantées de grenache centenaire. Leurs vendanges, qui entrent dans la Cuvée Centenaire, sont d'une telle richesse que le millésime 1998 a demandé plus d'un an pour achever sa fermentation. La cuvée principale, également de qualité, est vendue à un prix raisonnable ; c'est un vin d'hédonistes, séducteur par son nez de tabac, de cèpe, de café et par sa bouche si agréable.

La Canorgue

84480 Bonnieux. Tél. : 04 90 75 81 01, fax : 04 90 75 82 98.

Ce domaine de 30 hectares est situé dans le Luberon. Jean-Pierre Margan pratique d'ores et déjà l'agriculture biologique et, pour une part, biodynamique. Ses coteaux exposés au sud sont plus chauds que dans le reste du Luberon, et le mourvèdre parvient ici à maturité. Le côtes-du-luberon rouge à dominante de syrah (complétée par 20 % de grenache et 10 % de mourvèdre) est l'un des vins les mieux structurés et les plus expressifs de l'AOC, avec ses arômes de cerise sauvage.

du Cayron

84190 Gigondas. Tél. : 04 90 65 87 46, fax : 04 90 65 88 81.

Le domaine de 15 hectares de Michel Faraud est l'un des meilleurs de gigondas, conjuguant, comme peu savent le faire, volume et finesse dans ses vins qui sont embouteillés sans filtration au terme d'un long élevage.

M. Chapoutier ✪✪

26600 Tain-l'Hermitage. Tél. : 04 75 08 28 65, fax : 04 75 08 81 70.

Jusqu'au milieu des années 1980, les vins de Chapoutier pouvaient être décevants. Depuis 1987, date à laquelle Michel et Marc Chapoutier ont pris la suite de leur père Max, les progrès ont été spectaculaires : presque tous leurs vins ont gagné en concentration. Dans les premières années, ils ont été élaborés à partir de vendanges surmûries, et élevés en barriques de chêne neuf ; vers la fin des années 1990 et les premières années du siècle, Michel Chapoutier s'est orienté vers une plus grande finesse, en récoltant parfois un peu plus tôt que ses collègues (en 1999). Toutes ses parcelles, couvrant plus de 80 hectares en amont et en aval de la vallée, ont été converties ou sont en voie de conversion à la biodynamie. Chapoutier est la première maison de négoce de France qui suive cette voie. Michel Chapoutier déclare qu'il commence à tirer les bénéfices de cette orientation : grâce à la biodynamie et à de faibles rendements, sa récolte 1999 est parvenue à maturité avant celle de ses voisins.

Les vins du domaine constituent 30 % de la production, et les vins de négociants 70 %, les premiers étant souvent nettement supérieurs aux seconds. En saint-joseph, par exemple, le Domaine Les Granits blanc (pure marsanne fermentée en barriques) est d'une maturité fascinante, regorgeant d'arômes d'abricot, alors que l'équivalant en marque de négoce, Deschants, est un vin tout au plus agréable et souple. Le contraste entre les versions rouges de ces deux vins est encore plus marqué. Et l'on parvient presque à la même conclusion en comparant le crozes-hermitage de négoce, Les Meysonniers, et la cuvée du domaine, Les Varonnières. Les frères Chapoutier ont adopté la philosophie des cuvées de prestige, avec des cuvées Sélections (issues de parcelles plantées de vieilles vignes) pour presque tous les vins des plus grands crus. Les résultats peuvent être splendides : le côte-rôtie La Mordorée 1999, riche et intensément fruité, rivalise avec les plus grands. Cette pratique de la sélection a aussi permis à Chapoutier de réussir son châteauneuf-du-pape, le superbe Barbe Rac, originaire d'une petite parcelle de grenache centenaire, et le Croix de Bois, raffiné, issu d'un seul vignoble. En hermitage (ou ermitage selon l'orthographe privilégiée par Chapoutier), les trois magnifiques cuvées Méal (la plus élégante), Pavillon (la plus puissante) et l'Ermite (la plus minérale) portent ombrage à la cuvée Monier de La Sizeranne, grand vin mais rare. Même l'exceptionnel ermitage blanc L'Orée, né de pure marsanne récoltée au Méal, peut être surpassé par d'autres cuvées : ainsi des petits millésimes du début des années 1990, qui furent parfois dominés par le bois. Reste que cette maison produit des vins admirablement concentrés et expressifs. Les cuvées atteignent des prix élevés, mais certaines sélections de côtes-du-rhône septentrionales (en particulier les généreux rouges de Rasteau, Vinsobres et Valréas) offrent un excellent rapport qualité-prix.

La Charbonnière

84230 Châteauneuf-du-Pape. Tél. : 04 90 83 74 59, fax : 04 90 83 53 46.

Domaine de Châteauneuf-du-Pape qui s'est beaucoup amélioré sous l'égide de Michel Maret. La bouteille est élégante, le vin classique, sans rien d'exceptionnel. Comme bien souvent dans la région, le plaisir commence avec les trois cuvées de prestige : Mourre de Perdrix, vin fougueux né d'une parcelle près de Courthézon, marqué par 10 % de bois neuf ; Vieilles Vignes avec ses plaisants arômes de peau d'orange et l'exubérance de ses notes de fruits à l'eau-de-vie ; Les Hautes Brusquières, assemblage de grenache et de syrah très concentré.

J.-L. Chave ✪ ✪

26600 Tain l'Hermitage. Tél. : 04 75 07 42 11, fax : 04 75 07 47 34.

Les Chave, dont la lignée remonte à 1481, pourraient légitimement prétendre être la famille royale de la viticulture française : il n'est pas d'autre grand terroir où le principal propriétaire privé soit aussi profondément enraciné dans le temps et dans l'espace, aussi compétent et aussi attaché aux conceptions et aux techniques du passé, le tout avec modestie. Gérard Chave a dirigé ce domaine pendant les dernières décennies ; il bénéficie maintenant de la collaboration d'un fils intelligent, Jean-Louis ; ou place la barre haut en matière de qualité dans ce domaine qui produit de l'hermitage, un peu de saint-joseph et le côtes-du-rhône Mon Cœur. Pas plus que le domaine du Vieux Télégraphe, dans le sud, Chave ne consent à prélever le meilleur de la récolte pour élaborer des vins de cru ou des cuvées Sélections. Dans la plupart des millésimes, l'ensemble des raisins de qualité (cépages blancs de Roucoules, Maison Blanche, L'Ermite et Péléat ; cépages rouges de Roucoules, Beaumes, Dionnières, l'Ermite, Méal et des 2 hectares sur sol granitique des Bessards), est assemblé pour produire deux cuvées d'hermitage ; tout vin qui ne mérite pas le nom de Chave sur l'étiquette (soit environ 20 % de la récolte la plupart des années) est vendu en vrac à des négociants qui se disputent ce privilège. Le vin blanc de Chave, composé en général de 80 % de marsanne et de 20 % de roussanne, affiche une complexité toute bourguignonne : plein de charme dans ses premières années, il demande au moins dix ans pour s'épanouir à nouveau et révéler ses profondeurs minérales. Son vin rouge – surtout dans sa jeunesse – est certes moins spectaculaire que certaines bouteilles de ses concurrents (pas de chêne neuf, mais un vin bien armé en extraits, en tanins et en arômes de fruits mûrs). Mais avec le temps, il dévoile plus de nuances que beaucoup d'autres et constitue un modèle d'équilibre. Faible rendement, vendanges tardives (il faut que les noisettes soient tombées, dit Gérard), minimum de manipulations, pas de filtration, pas de subterfuge, rien d'autre que l'expression de l'hermitage.

Jean-Louis Chave

07300 Mauves. Tél. : 04 75 08 24 63, fax : 04 75 07 14 21.

Le fils de Gérard Chave, Jean-Louis, fait bon usage de son talent comme micronégociant en commercialisant une gamme de vins de la vallée septentrionale (en particulier un saint-joseph), à l'arôme fumé caractéristique.

Chèze

07340 Limony. Tél. : 04 75 34 02 88, fax : 04 75 34 13 25.

Saint-joseph vif et polissé, élaboré par l'un des membres du groupe des Vignobles du Rhône de Jean-Luc Colombo. La cuvée rouge Prestige de Caroline (prénom de la fille de Louis) est tout en volume.

La Citadelle

84560 Ménerbes. Tél. : 04 90 72 41 58, fax : 04 90 72 41 59.

Ce domaine de 40 hectares, situé dans le Luberon, appartient à Yves Rousset-Rouard producteur du film *Emmanuelle*. Constitué de soixante-cinq parcelles, de quatorze cépages et de quatre types de sols, il est conduit avec beaucoup d'ambition et offre trois gammes de vins : les cuvées Châtaignier, nées de vignes jeunes, les cuvées classiques du Domaine, ainsi que la cuvée du Gouverneur.

Cave des Clairmonts

26600 Beaumont-Monteaux. Tél. : 04 75 84 61 91, fax : 04 75 84 56 98.

Cette petite coopérative gérée par une famille possède 86 hectares dispersés en crozes-hermitage ; elle produit généralement quelques-uns des meilleurs vins de l'appellation, parfumés et pleins d'allant.

Auguste Clape ✪

07130 Cornas. Tél. : 04 75 40 33 64, fax : 04 75 81 01 98.

Trois générations travaillent aujourd'hui sur ce célèbre domaine de 11 hectares : Auguste Clape, son fils Pierre et le frère cadet, Olivier. Charnu, épicé, concentré, persistant, ces qualificatifs typiques du cornas sont parfois difficiles à retrouver dans les vins de certains producteurs, mais jamais dans ceux de Clape (qui procède au pigeage deux fois par jour). Le raisin de vignes jeunes entre dans l'élaboration de la Cuvée Renaissance, laquelle voisine avec un exubérant côtes-du-rhône et une cuvée issue de syrah, le Vin des Amis.

Clos des Papes

84230 Châteauneuf-du-Pape. Tél. : 04 90 83 70 13, fax : 04 90 83 50 87.

En dépit de son nom, ce domaine est constitué de dix-huit parcelles éparpillées dans l'appellation (dont l'une est le Clos des Papes) couvrant un total de 32 hectares. Paul Avril et son fils Vincent, formé en Bourgogne, produisent un châteauneuf-du-pape puissant, concentré mais souple, élevé sous bois et mis en bouteilles sans filtration.

Clos Petite Bellane

84600 Valréas. Tél. : 04 90 35 16 45, fax : 04 90 35 19 27.

Thierry Sansot, qui a fait son apprentissage à Petrus en AOC pomerol, produit de beaux vins, parfumés et soyeux, qui illustrent l'élégance du terroir de Valréas. Les Échalas, pur vin de syrah, offre un profil chaleureux.

Clusel-Roch ✪

64920 Ampuis. Tél. : 04 74 56 15 95, fax : 04 74 56 19 74.

Ce tout petit domaine de 4 hectares est géré par Gilbert Clusel et Brigitte Roch avec un grand sens du raffinement. La cuvée spéciale de côte-rôtie, Les Grandes Places, est élaborée exclusivement à partir de syrah-serine à très faible rendement (voir p. 137), ce qui contribue à donner au vin une impressionnante longueur en bouche et des arômes épicés et animaux classiques. La cuvée principale de côte-rôtie peut être d'une pureté extrême dans sa jeunesse : ses arômes de fruits rouges ont l'accent bourguignon.

du Colombier

26600 Tain-l'Hermitage. Tél. : 04 75 07 44 07, fax : 04 75 07 41 43.

Les vins du domaine de 15 hectares de Florent Viale prouvent combien la syrah cultivée dans la partie nord de la vallée du Rhône est différente : des parfums de fruits exubérants comme les flammes d'un feu de joie, de la vivacité aussi. L'hermitage, par sa structure bien supérieure à celle du crozes-hermitage, témoigne de l'exceptionnelle situation de la colline.

Jean-Luc Colombo ✪

07130 Cornas. Tél. : 04 75 40 24 47, fax : 04 75 40 16 49.

Avec son amour du chêne neuf, l'exigence de propreté absolue du cellier et sa foi dans l'éraflage total, l'œnologue Jean-Luc Colombo, né à Marseille, a heurté les traditionalistes lors de son arrivée à Cornas. Toutefois, son style a favorisé une reconnaissance internationale des vins de ce cru de la vallée du Rhône septentrionale. Il les a rendu accessibles à ceux qui n'appréciaient guère les vins de grande structure tannique dans leur jeunesse. Jean-Luc Colombo possède également des compétences commerciales. Et si des personnalités aussi indépendantes que Georges Vernay, Jean-Michel Gérin et Yves Cuilleron ont accepté ses conseils, c'est qu'il a su, comme Michel Rolland en Bordelais, les prodiguer sans autoritarisme. Ses vins, soigneusement élaborés, font référence dans leur AOC, même si je n'y trouve que très rarement l'expression suprême du terroir. (La somme de travail que cet « épicurien hyperactif », comme il se définit lui-même, effectue dans diverses autres régions, tels le Roussillon, le Languedoc et la Provence, explique peut-être que ses propres vins ne sont pas toujours aussi structurés qu'on pourrait le souhaiter. Colombo dit parcourir 60 000 kilomètres par an.) Jean-Luc Colombo produit sur son domaine de 17 hectares trois cuvées. La cuvée Vieilles vignes, issue des Ruchets, est la plus raffinée : robe sombre, arômes de fruits explosifs, nuancés d'épices douces, corps charnu étayé par une solide ossature de tanins. La Louvée (autre parcelle) et le vin d'assemblage Terres Brûlée, plus légers, semblent empreints de poésie. Enfin, Les Collines de Laure, un cornas déclassé né de vignes jeunes, peut être excellent dans les bons millésimes. Quant au cornas Les Méjeans, il est élaboré à partir d'achat de raisins. Le saint-péray La Belle de Mai (100 % de roussanne), vif et gracieux, floral est l'un des meilleurs de la nouvelle génération. Comme Michel Tardieu, Jean-Luc Colombo a travaillé avec succès auprès de coopératives, comme la Cave de Cairanne (pour ses Cuvées Antique, Temptation et Réserve des Vacances).

Pierre Coursodon

07300 Mauves. Tél. : 04 75 08 18 29, fax : 04 75 08 75 72.

Pour Jérôme Coursodon, l'avenir d'une appellation aussi extraordinaire que saint-joseph doit se fonder sur la recherche de crus. Ce producteur propose ainsi une vaste gamme de vins nés de terroirs distincts (avec l'utilisation judicieuse de bois neuf). Tout ne peut pas être réussi, mais un vin comme L'Olivaie 1999, issu de vieilles vignes, révèle une telle profondeur, qu'elle devrait servir de modèle aux autres producteurs.

Yves Cuilleron ✪

42410 Chavanay. Tél. : 04 74 87 02 37, fax : 04 74 87 05 62.

Affable et dynamique, le talentueux Yves Cuilleron s'est révélé l'un des meilleurs producteurs de la vallée du Rhône septentrionale ces dernières années. Après avoir repris, en 1987, le vignoble de son oncle Antoine, sans héritier, il s'est rapidement forgé une réputation enviable. Son Chaillets Vieilles vignes 1994 m'a fait comprendre qu'un viognier de condrieu pouvait éclipser les plus grands gewurztraminers alsaciens par la simple force subjuguante de ses arômes. Yves Cuilleron produit trois cuvées de condrieu : La Petite Côte, fruitée, le Chaillets Vieilles vignes très aromatique (issu de vignes de trente-cinq à cinquante-cinq ans) et un demi-sec, Les Éguets, issu de vendanges réalisées autour de la Toussaint, comme le faisait son grand-père. Le saint-joseph blanc Le Lombard peut aussi être excellent, mais son style diffère radicalement des cuvées de condrieu (parfum d'aubépine plutôt que de gardénia) ; quant au saint-joseph rouge Les Serines, il peut dépasser ses côte-rôtie Bassenon et Terres Sombres, parfois trop boisés (même si l'un et l'autre étaient magnifiquement équilibrés en 1999). (Voir aussi Vins de Vienne.)

Delas ✪

07302 Tournon-sur-Rhône. Tél. : 04 75 08 60 30, fax : 04 75 08 53 67.

Ce négociant et propriétaire de 12 hectares dépend de la maison de champagne Deutz, elle-même propriété de Roederer. Jusqu'à une date récente, il produisait des vins d'une puissance impressionnante, mais assez austères. Sous la direction de Jacques Grange, maître de chai de Chapoutier formé en Bourgogne, les vins ont acquis un fruité plus riche et beaucoup plus de sensualité. Le chêne neuf, autrefois boudé, est désormais de mise. Les vins ont gagné de l'ampleur grâce à la pratique de l'éraflage, de la macération préfermentaire, de l'élevage sur lies et à l'absence de collage et de filtration. Difficile de résumer une production aussi diversifiée… Vous rechercherez les meilleurs vins de milieu de gamme, tels le saint-joseph Cuvée François de Tournon ou le crozes-hermitage Clos Saint-Georges, d'une extrême finesse. Parfaitement réussis, l'hermitage Les Bessards ou le côte-rôtie La Landonne se distinguent par leur puissance. Il existe bien d'autres cuvées : ainsi le côte-rôtie Chante Perdrix, jadis modeste vin produit à raison de 30 000 bouteilles par an, s'est-il beaucoup amélioré, à la faveur d'une réduction de sa production (entre 5 000 à 10 000 bouteilles par an). Les vins blancs n'atteignent pas la qualité des rouges.

de Deurre

26110 Vinsobres. Tél. : 04 75 27 62 66, fax : 04 75 27 67 24.

Hubert Valayer a quitté la coopérative de Vinsobres en 1987 – il s'est aussi éloigné de la région pour découvrir la viticulture californienne et australienne (au domaine Penfolds). Aujourd'hui, les vins de son domaine de 46 hectares ne cessent de progresser (Valayer travaille avec l'œnologue Jean-Luc Colombo). Il produit quelques cuvées de côtes-du-rhône-villages : un Saint-Maurice aux arômes d'épices et un Vinsobres Fûts de Chêne frais et fruité. La Cuvée des Oliviers est un vin de syrah savoureux, mais c'est avec la Cuvée des Rabasses que Valayer atteint les sommets : issue de pur grenache, elle est puissante et riche d'arômes concentrés de chocolat et de sous-bois.

Pierre Dumazet ✪

07340 Limony. Tél. : 04 75 34 03 01, fax : 04 75 34 14 01.

Pierre Dumazet est un virtuose du viognier. Sa brillante Cuvée du Zénith est issue de vignes cultivées en bordure de l'AOC condrieu. Son vin de pays de pur viognier est élaboré avec un même sérieux et un grand talent. Pierre Dumazet prétend que le secret de sa réussite tient à la faiblesse des rendements. Il est partisan de l'équilibre entre les extravagances aromatiques qui ont fait la célébrité du condrieu et la solide structure acide qu'on oublie parfois de mentionner dans l'appréciation de ses vins, mais qui lui semble être le facteur clé de leur succès. Son chef-d'œuvre réside dans le Côte Fournet, né de vieilles vignes (soixante-dix ans et plus).

Entrefaux

26600 Chanos-Curson. Tél. : 04 75 07 33 38, fax : 04 75 07 32 27.

Le domaine de 25 hectares de Charles et François Tardy poursuit son évolution et donne quelques-uns des crozes-hermitage les plus expressifs. Le chêne y est utilisé plus qu'il ne l'était dans le passé, avec des résultats particulièrement impressionnants pour Les Machonnières Vieilles vignes. La cuvée Les Pends assemble judicieusement 80 % de marsanne et 20 % de roussanne.

des Espiers

84190 Vacqueyras. Tél. : 04 90 65 81 16, fax : 04 90 65 81 16.

Ce domaine de gigondas est administré par Philippe Cartoux. La Cuvée des Blaches se structure autour de tanins veloutés. Elle provient d'une parcelle de vignes âgées de trente-cinq ans, sise sur les pentes des Dentelles de Montmirail, derrière le village.

des Estubiers

26600 Tain-l'Hermitage. Tél. : 04 75 08 28 65, fax : 04 75 08 81 70.

Ce domaine de 50 hectares, couverts de galets, dans le Tricastin a été acheté par Chapoutier en 1998, qui l'a immédiatement converti à la biodynamie. La Ciboise est un grenache léger, rafraîchissant ; le Château des Estubiers, dominé par la syrah, bénéficie de tanins élégants.

Ferraton

26600 Tain-l'Hermitage. Tél. : 04 75 08 59 51, fax : 04 75 08 81 59.

Ce beau vignoble est en progression depuis que la vinification a été confiée à Albéric Mazoyer, de chez Chapoutier : le potentiel de ces 10 hectares d'hermitage et de crozes-hermitage est bien exploité. Quelques vins sont vinifiés et mis en vente sous le nom de Ferraton, marque de micronégoce (les étiquettes « Domaine Ferraton » désignent les vins de producteur).

Font de Michelle ✪

84370 Bédarrides. Tél. : 04 90 33 00 22, fax : 04 90 33 20 27.

À l'instar du Vieux Télégraphe, le Domaine de Font de Michelle (administré par des cousins des Brunier, Jean et Michel Gonnet) a considérablement fait progresser ses châteauneuf-du-pape à la fin des années 1990. Les 30 hectares sont situés à proximité des vignobles du Vieux Télégraphe à La Crau. Le grenache domine l'assemblage d'un vin rouge franc, gorgé de délicieux arômes de confiture. Les Gonnet élaborent une cuvée de prestige, la Cuvée Étienne Gonnet, qui résulte d'une sélection au chai plutôt que d'une délimitation parcellaire ; elle présente une grande puissance tannique, une concentration et un bon potentiel de garde.

Font Sane

84190 Gigondas. Tél. : 04 90 65 86 36, fax : 04 90 65 81 71.

Les deux meilleurs vins de Véronique Peysson sont un gigondas classique, riche et épicé, et le gigondas Cuvée Futée, sélection du chai vieillie en barriques, plus dense et fumé.

Fortia
84321 Châteauneuf-du-Pape. Tél. : 04 90 83 72 25, fax : 04 90 83 51 03.

Ce domaine historique de 30 hectares, qui vit naître les réglementations novatrices de l'AOC châteauneuf-du-pape, produit aujourd'hui de bons vins sous la direction de Bruno Leroy, conseillé par Jean-Luc Colombo. Le domaine n'élabore qu'un seul vin, refusant les cuvées spéciales ou sélectionnées. Celui-ci se révèle franc, bien construit.

Pierre Gaillard ✪
42520 Malleval. Tél. : 04 74 87 13 10, fax : 04 74 87 17 66.

Associé à Yves Cuilleron et à François Villard pour former le groupe des Vins de Vienne, Pierre Gaillard propose une production très cohérente ; son domaine de 16 hectares offre une gamme étendue. Gaillard travaille de main de maître le viognier, comme le montre son côtes-du-rhône floral. Il élabore un condrieu à la fois exotique et minéral, exemplaire. La cuvée de vendanges tardives Fleurs d'Automne et le vin de paille Cuvée Jeanne-Élise ouvrent des horizons nouveaux à cette AOC, qui pourrait produire quelques-uns des plus grands vins de dessert du monde. Au saint-joseph blanc à base de roussanne, charnu, rappelant la pêche blanche et l'abricot, répond un saint-joseph rouge classique, tout de cassis parfumé. Le Clos du Cuminaille exprime une ligne minérale intense, tandis que la cuvée Les Pierres, marquée par le chêne, offre des arômes fruités. Enfin, le côte-rôtie (15 % de viognier) décline son élégance dans des arômes de chocolat et de truffe ; la cuvée Rose Pourpre, aussi riche, livre des notes de fumée. Signalons trois autres cuvées : Le Crêt, aux parfums suaves (Côte Blonde) ; Les Vallières, puissant et charnu, ainsi que le Côte Rozier, sombre et dense.

Gangloff
69420 Condrieu. Tél. : 04 74 59 57 04, fax : 04 74 59 57 04.

L'inoubliable Yves Gangloff, aux cheveux en broussaille, et sa femme Mathilde ont peu de terres, mais le puissant condrieu, rond en bouche, et les deux cuvées de côte-rôtie, aux arômes de fumée et de cassis (La Barbarine et La Sereine Noire de vignes plus vieilles, très pur), sont mémorables.

La Gardine
84230 Châteauneuf. Tél. : 04 90 83 73 20, fax : 04 90 83 77 24.

Ce grand domaine de Châteauneuf-du-Pape a choisi de faire vieillir en barriques de bois neuf ses cuvées spéciales, Cuvée des Générations et Marie Léoncie, rouge et blanc. La matière première, assez dense, peut compter sur une bonne acidité pour supporter les tanins du bois, qui lui lèguent un sillage vanillé. Le classique Tradition est bien construit.

Gerin J
69420 Ampuis. Tél. : 04 74 56 16 56, fax : 04 74 56 11 37.

Le domaine du joueur de rugby Jean-Michel Gérin (7 hectares de côte-rôtie et tout juste 1,5 hectare de condrieu) propose des vins rouges sont exceptionnels. La cuvée Champin Le Seigneur (10 % de viognier) assemble différentes parcelles de côte-rôtie : retenez le 1999 riche et parfumé. Deux crus sont produits, tous deux de pure syrah : La Landonne, à la chaleureuse note de réglisse, et La Grande Place (originaire d'un terroir d'altitude élevée), velouté aux effluves de chocolat et de fleurs. Le condrieu La Loye se fait plus rond que par le passé. Dans les meilleures années, Gérin élabore une originale cuvée Vendanges Suprêmes.

Alain Graillot
26600 Pont d'Isère. Tél. : 04 75 84 67 52, fax : 04 75 84 79 33.

Alain Graillot a fait irruption sur la scène de Crozes-Hermitage au milieu des années 1980. Dans le creux de la vague au début des années 1990, les vins ont retrouvé leur régularité à partir de 1995 : le crozes-hermitage La Guiraude (sélection de fûts) est souvent étonnamment meilleur que le vin issu de la petite parcelle d'hermitage.

Gramenon ✪
26770 Montbrison. Tél. : 04 75 53 57 08, fax : 04 75 53 68 92.

Michèle Laurent a repris avec brio le travail de son mari Philippe (tué dans un accident de chasse) sur ce domaine de 24 hectares de Vinsobres. Les cuvées se présentent sous des étiquettes énigmatiques. Les valeurs de Gramemon – parfum, grâce, finesse et profondeur – demeurent. Ceux qui prônent une vinification technologique, « sécurisée », devraient déguster son côtes-du-rhône Ceps Centenaires, issu de deux parcelles de vignes de grenache centenaires, classique et d'une pureté absolue, vins jamais traités au soufre et mis en bouteilles sans collage ni filtration. L'équilibre aromatique des Hauts de Gramemon, les qualités florales de Sierra du Sud, et le caractère délectable de la cuvée Poignée de Raisins sont presque emblématiques du charme des vins du Rhône.

Grand Devers
84600 Valréas. Tél. : 04 90 35 15 98, fax : 04 90 37 49 56.

La famille Bouchard songeait à s'installer en Bordelais, mais estimant que les « différences de culture » seraient trop fortes, elle a choisi d'acquérir le domaine de René Sinard : 25 hectares au nord de l'aire des appellations *villages*, au climat plus frais. Affranchis du bois, les vins offrent un profil élégant, floral, soyeux, plein charme. Même les meilleures bouteilles (comme le Valréas 1998 et le vin de syrah 1999) privilégient la richesse aromatique et le fruit plutôt que la charpente tannique.

Bernard Gripa
07300 Mauves. Tél. : 04 75 08 14 96, fax : 04 75 07 06 81.

Ce domaine de 10 hectares est l'une des valeurs sûres en saint-joseph. On relève une régularité dans la qualité de sa production, depuis les vins blancs légers et vifs, aux arômes de fleurs des bois, jusqu'au saint-joseph classique, ouvert et profond, ou à la cuvée Les Berceaux issue d'une parcelle de vignes de cinquante ans. À signaler aussi, un saint-péray long en bouche.

Guigal ✪✪✪
69420 Ampuis. Tél. : 04 74 56 10 22, fax : 04 74 56 18 76.

L'autorité de Marcel Guigal est posée ; c'est celle d'un vieux cardinal plutôt que d'un brigadier baïonnette au canon. Sa discrétion est légendaire. Pourtant, il n'est pas de négociant plus prospère en France à ce jour, et sa maîtrise de la vinification est aussi sûre que celle de n'importe quel Bourguignon de la cinquième génération ou « directeur de production » de premier plan. Ses techniques ont joué un rôle influent auprès de nombreux producteurs. Le succès de l'entreprise a commencé avec son père, Étienne. Celui-ci avait tout d'abord été ouvrier chez Vidal-Fleury ; il a fini à soixante-quinze ans par acheter cette société avec son fils Marcel. Si les meilleurs vins de la vallée du Rhône septentrionale sont aujourd'hui aussi recherchés que les grands crus de Bourgogne (auxquels ils ressemblent par bien des aspects), le mérite en revient pour une bonne part à Étienne et Marcel Guigal. Le fils de Marcel, Philippe, œnologue, semble avoir la modestie, le sérieux, la détermination de son père, ainsi que le même attachement à la région. Avec l'acquisition récente des domaines de Jean-Louis Grippat et de Vallouit, l'entreprise se trouve confrontée à de nouveaux défis.

Il est important de faire la distinction entre la maison de négoce, qui représente un volume considérable (en côte-rôtie, Guigal achète la vendange de 67 producteurs), et le domaine familial avec ses célèbres vignobles de côte-rôtie et de condrieu (petit domaine : tout juste 14 hectares en 2000, même si les achats récents ont augmenté la superficie). Les trois étoiles que j'attribue à Guigal récompensent les vins du domaine ; si les vins de négoce atteignent rarement ces sommets, ils méritent toutefois une étoile.

Marcel Guigal utilise très largement le bois neuf, que ses vins semblent intégrer de façon remarquable : une qualité qui fascine les autres vignerons et les amateurs de vins, tant elle semble relever de la magie. Les heureux

privilégiés qui peuvent s'offrir les vins de ce domaine savoureront cet enchantement. Le condrieu La Doriane est d'une voluptueuse richesse, complétée par une note minérale. Il faut goûter le saint-joseph Vignes de l'Hospice (ex-Grippat), modèle de pureté subtilement boisée. Le reste du domaine, en appellation côte-rôtie, se répartit sur trois terroirs (La Mouline, La Landonne et La Turque) ; le Château d'Ampuis, acheté récemment, réunit six vignobles (La Garde, La Clos, La Grande Plantée, La Pommière, Pavillon Rouge et Le Moulin). La Mouline, issu de vignes vieilles de soixante ans, avec 11 % de viognier de la Côte Blonde, est parfumé, soyeux, concentré, et pourtant sans prétention ; les vins de La Landonne, nés dans les vignobles pentus de la Côte Brune et dépourvus de viognier, demandent du temps pour exprimer pleinement leurs arômes de café, de sous-bois et de truffe. Quant à la Turque (terroir situé à la frontière de la Côte Brune et de la Côte Blonde), son vin structuré évoque tantôt les fleurs, tantôt les senteurs animales (viande rôtie). Le Château d'Ampuis offre toujours un remarquable résumé du millésime ; en vendangeant tard ses raisins, Guigal lui forge ce caractère charnu, empreint d'arômes de fruits noirs.
Que dire des vins du négociant ? Les côte-rôtie, condrieu et hermitage blancs peuvent tous être excellents, surtout dans les bons millésimes, et l'hermitage rouge est honnête ; les vins du sud de la vallée du Rhône se montrent parfois un peu réservés. Le côtes-du-rhône, produit en gros volumes, atteint pourtant un haut niveau : les 1995 et 1998 ont été les porte-drapeaux de l'ensemble de la vallée. (Voir aussi Vallouit et Vidal-Fleury.)

Paul Jaboulet Aîné ✪

26600 La Roche-de-Glun. Tél. : 04 75 84 68 93, fax : 04 75 84 56 14.

Avec Guigal et Chapoutier, Paul Jaboulet Aîné est l'une des trois grandes maisons familiales de négoce dans la vallée du Rhône septentrionale.
Elle possède en propre 91 hectares de vignoble, y compris 26 hectares répartis sur la colline de l'Hermitage (5 hectares en blanc, le reste en rouge). Au sud de Tain, les 40 hectares du domaine de Thalabert, en crozes-hermitage, constituent l'un des vignobles phares de l'AOC (malgré son terroir graveleux, plat), tandis que le Domaine de Saint-Pierre (3,7 hectares) est une étoile montante du cornas, grâce à son vin subtil, dont les intenses arômes fruités contrastent avec l'expression plus animale des cornas équivalents produits sous la marque de négoce. L'engagement de Jaboulet en appellation cornas est ancien : dans les années 1980, la société commercialisait 95 % de la production de cette aire. Jaboulet a en outre acquis les 5 hectares de vieilles vignes du domaine de Raymond Roure, à Crozes-Hermitage ; ce vignoble est implanté sur des pentes granitiques, au nord de Tain, exposées au sud comme l'hermitage. Non contente d'avoir acheté des terres en saint-joseph et en condrieu, la famille Jaboulet monte actuellement un projet commun avec la ville de Saint-Péray. Jusqu'à une date récente, le niveau de qualité était élevé sur l'ensemble des domaines. Bien sûr, le légendaire hermitage rouge La Chapelle se distinguait par sa charpente, sa sève, son fruité ; il semblait trouver l'accord parfait entre la finesse aromatique des vins du Nord et la matière structurée des vins du Sud. Les marques de négoce (dont le côte-rôtie Les Jumelles, le saint-joseph La Grande Pompey et l'hermitage Le Pied de la Côte) méritent attention dans les bons millésimes.

Jean-Paul et Jean-Luc Jamet ✪

69420 Ampuis. Tél. : 04 74 56 12 57, fax : 04 74 56 02 15.

Tout juste 6,5 hectares de vigne, mais une qualité constante année après année (le 1978 fut l'un des meilleurs côte-rôtie que j'ai jamais bu) et un style jamais trahi : arômes de groseille et de fumée, flaveurs fraîches et persistantes, tanins mûrs et soyeux.

La Janasse ✪

84350 Courthézon. Tél. : 04 90 70 86 29, fax : 04 90 70 75 93.

Ce splendide domaine de 47 hectares se situe sur le secteur de Courthézon de l'appellation châteauneuf-du-pape, près de Beaucastel, même s'il possède un certain nombre d'autres parcelles éparpillées entre les différents terroirs de l'AOC. Aimé Sabon, le père, s'occupe des vignes, tandis que son fils Christophe se charge de la vinification à laquelle il a donné un style contemporain, sur les conseils de Jean-Luc Colombo : éraflage partiel, un peu de chêne neuf, pas de collage ni de filtration.
Les cuvées Prestige, Vieilles vignes et Chaupin (ces deux dernières étant issues de vignes de quatre-vingts ans) offrent un profil remarquable, d'un classicisme absolu. Face à elles, la cuvée Tradition semble bien simple. Quant au côtes-du-rhône Les Garrigues, il s'agit d'une valeur sûre.

Robert Jasmin

69420, Ampuis. Tél. : 04 74 56 16 04, fax : 04 74 56 01 78.

À la mort de son père, Robert Jasmin, en 1999, Patrick s'est retrouvé seul à la tête du domaine et a dû assurer la vinification de ce beau millésime.
Il produit un côte-rôtie d'une noble élégance qui rappelle la proximité stylistique des bourgognes et des vins de la vallée du Rhône septentrionale.

Laurus, *voir* Gabriel Meffre

Patrick Lesec (Sélections Lesec)

75018 Paris. Tél. : 01 44 70 62 90, fax : 01 44 70 62 93.

Patrick Lesec, courtier, élabore des assemblages à partir d'une matière première de qualité ; il pratique un élevage méticuleux et une mise en bouteilles sans collage ni filtration. Il s'intéresse particulièrement à la vallée du Rhône méridionale, son plus grand vin étant sans doute le châteauneuf-du-pape Les Galets Blonds (de La Crau), somptueux vin de vieilles vignes de grenache. Toutefois, le gigondas Les Espalines-Les Tendrelles, vieilli en barrique, est aussi une réussite.

Marcoux

84230 Châteauneuf-du-Pape. Tél. : 04 90 34 67 43, fax : 04 90 51 84 53.

Ce domaine de 16 hectares de châteauneuf-du-pape a été l'un des pionniers de la biodynamie dans la vallée du Rhône, sous l'égide de Philippe Armenier ; ses sœurs poursuivent son travail dans le même esprit.
Les vignobles comportent des parcelles situées dans différentes aires.
Ils donnent produits des vins suaves, souples et riches. La cuvée Vieilles vignes (entre soixante-dix et cent ans), originaire de Charbonnières est le fruit d'une parfaite extraction.

Mas Neuf

30600 Gallician. Tél. : 04 66 73 33 23.

Passionné de vin, Luc Baudet a acheté 33 hectares de vignes en costières-de-nîmes en l'an 2000 ; il a pris un excellent départ avec une cuvée de prestige bien structurée, dont les arômes évoquent une coupe de mûres saupoudrées de sucre. Ce vin (75 % de syrah, 25 % de grenache et de mourvèdre) a vieilli dans des barriques de Lafite et de Smith-Haut-Lafitte.

Gabriel Meffre

84190 Gigondas. Tél. : 04 90 12 30 22, fax : 04 90 12 30 22.

Important négociant dont la gamme Laurus offre de bons et, parfois même, d'excellents exemples de vins des plus grandes AOC rhodaniennes. Tous les vins vieillissent dans ce que Meffre appelle le « fût Laurus », barrique de 275 l, plus grande que la normale. Le côtes-du-rhône Chasse du Pape illustre bien le type de vin chaleureux et harmonieux que la région peut produire. Attention, ce n'est pas un châteauneuf-du-pape, mais un côtes-du-rhône.

Monteillet

42410 Chavanay. Tél. : 04 74 87 24 57, fax : 04 74 87 06 89.

Stephan Montez est allé voir en Californie et en Australie comment on faisait les choses ; il a même travaillé dans le vignoble anglais de Denbies.
Il produit une impressionnante gamme de vins dont certains ne sont disponibles qu'en petite quantité. Le côte-rôtie Les Grandes Places développe de séduisants et subtils arômes de café et de pain grillé. Mais avec moins d'un demi-hectare, on ne peut pas aller bien loin. En saint-joseph, la savoureuse Cuvée Papy est sans doute le meilleur vin à conseiller.

La Mordorée ✪
30126 Tavel. Tél. : 04 66 50 00 75, fax : 04 66 50 00 75.

D'assez loin le meilleur producteur de lirac, Christophe Delorme produit aussi sur les 55 hectares de son domaine un tavel d'une fraîcheur inhabituelle et un châteauneuf-du-pape Reine des Bois. Comme tous les domaines français exploités en biodynamie, ces vins font preuve d'une concentration remarquable, ainsi qu'en témoigne le côtes-du-rhône, souple et fruité, et le lirac Reine des Bois épicé et fumé.

Mourgues du Grès
30300 Beaucaire. Tél. : 04 66 59 46 10, fax : 04 66 59 34 21.

François Collard s'est établi sur le domaine familial : 35 hectares couverts des typiques galets roulés de l'AOC costières-de-nîmes (localement appelés gress). La cuvée de base, Les Galets (rouge, blanc ou rosé), mérite d'être bue jeune, sur son fruit. Sous le nom de Terre d'Argence apparaît un vin rouge structuré, issu de 80 % de syrah et de 20 % de grenache (vignes de trente-cinq ans), ou un vin blanc agréablement parfumé, à dominante de roussanne. La cuvée Capitelles de Mourgues se décline en rouge et rosé : le premier naît du même assemblage que la cuvée Terre d'Argence, mais séjourne un an sous bois ; le second, fermenté en fût, contient 60 % de mourvèdre. Collard a désormais renoncé à la filtration.

de Nages
30132 Caissargues. Tél. : 04 66 38 44 3O, fax : 04 66 38 44 21.

Le négociant Michel Gassier gère ce domaine de 70 hectares à Nîmes parallèlement au Domaine de Molines, dont le vignoble se trouve en zone de vin de pays. L'étiquette Cuvée Joseph Torrès représente les meilleurs vins, en blanc (issu exclusivement de roussanne, fermenté en fût et tout en senteurs d'abricot) comme en rouge (syrah élevée un an en barrique, avec un tiers de bois neuf ; le 1998 révèle des arômes de chocolat, de truffe, de confiture de mûres et d'épices). Mise en bouteilles sans filtration.

La Nerthe
84230 Châteauneuf-du-Pape. Tél. : 04 90 83 70 11, fax : 04 90 83 79 69.

Propriété de Châteauneuf-du-Pape située légèrement au sud-ouest de La Crau. L'acquisition de La Terre Ferme en 1991 lui fait toucher La Crau, même si la propriété regroupe des terroirs plus divers. Parce que les assemblages ne contiennent pas plus de 50 % de grenache, les vins développent des arômes de fruits des bois plus frais et des tanins plus saillants que certains autres châteauneuf-du-pape. La Cuvée des Cadettes, élevée pour 50 % en barrique, provient de vignes de grenache et de mourvèdre plantées en 1900.

Niero-Pinchon
69420 Condrieu. Tél. : 04 74 59 84 38, fax : 04 74 56 62 70.

Le banquier Robert Niero a repris et progressivement agrandi le domaine de son beau-père dans les années 1980. La cuvée de base fermente en cuve Inox (seule une petite proportion séjourne en vieilles barriques), ce qui lui donne un nez de pêche et une fraîcheur élégante. Le Coteau du Chéry est plus riche et gras, le raisin étant issu de vignes plus anciennes. Niero possède aussi une petite parcelle de côte-rôtie (Les Vallières).

Oratoire Saint-Martin
84290 Cairanne. Tél. : 04 90 30 82 07, fax : 04 90 30 74 27.

Ce domaine de 25 hectares, méticuleusement conduit, prouve la valeur du terroir de Cairanne. Les vins les plus concentrés de Frédéric et François Alary portent les étiquettes Réserve des Seigneurs et Cuvée Prestige.

Alain Paret
42520 Saint-Pierre-de-Bœuf. Tél. : 04 74 87 12 09, fax : 04 74 87 17 34.

Alain Paret est propriétaire de vignobles dans les appellations condrieu et saint-joseph ; il possède aussi un domaine de vin de pays dans l'Hérault, où il cultive de la syrah et du viognier. Il a pour ami et partenaire en condrieu l'acteur Gérard Depardieu. La gamme s'étend de l'intense condrieu (originaire d'une seule et unique parcelle) – le Lys de Volan – et du Ceps du Nebadon, plus parfumé, issu de plusieurs terroirs, jusqu'à un condrieu de vendanges tardives, Sortilèges d'Automne, élaboré lorsque le millésime le permet. Le saint-joseph (rouge et blanc) Larmes de Pierre, vieilli sous bois, provient d'un unique site de granite et d'argile bleue ; il possède de longs arômes minéraux. Les Pieds Dendés est un vin plus léger et plus simple. Le saint-joseph 420 Nuits naît de la serine plantée à Rochecourbe ; il vieillit quatre cent vingt nuits (soit quatorze mois) dans des fûts de chêne neuf originaires de cinq forêts.

Pégaü ✪
84230 Châteauneuf-du-Pape. Tél. : 04 90 83 72 70, fax : 04 90 83 53 02.

Ce domaine de 20 hectares dispose de parcelles de vignes âgées pour la plupart de quarante à soixante-dix ans, dans différentes aires de châteauneuf-du-pape. Louis Féraud et sa fille Laurence produisent des vins riches, parfois rustiques, mais toujours structurés et charnus, essentiellement issus de grenache vendangé tardivement. L'étiquette principale du domaine porte curieusement le nom de Cuvée Réservée ; lorsque le millésime a été bon et qu'un élevage en barrique a été privilégié, le vin est vendu sous le nom de cuvée Laurence. En 1998 est apparue la phénoménale Cuvée da Capo, qui rassemble les treize cépages autorisés, vendangés tard dans la saison : les moûts fermentent à leur rythme pendant deux ans jusqu'à atteindre 16,5 % vol. Sans collage ni filtration, ce sont de merveilleux vins de garde.

Perrin
84100 Orange. Tél. : 04 90 11 12 00, fax : 04 90 11 12 19.

Le nom du Domaine Perrin est utilisé pour désigner des vins de micronégoce, élaborés dans différentes appellations du Rhône par la famille Perrin de Beaucastel. Ce sont des vins d'une louable authenticité.

André Perret ✪
42410 Chavanay. Tél. : 04 74 87 24 74, fax : 04 74 87 05 26.

André Perret a tiré le meilleur du potentiel de l'appellation saint-joseph : le saint-joseph rouge Les Grisières, issu de vignes cinquantenaires, est extraordinaire. Il produit aussi de bons condrieu : l'original Coteau de Chéry.

Pesquié
84570 Mormoiron. Tél. : 04 90 61 94 08, fax : 04 90 61 94 13.

La cuvée Quintessence – sélection de parcelles et assemblage du fruit de grenaches de cinquante-cinq ans à 20 % de syrah – est l'un des côtes-du-ventoux les plus concentrés. Ce domaine de 72 hectares, qui appartient à Paul et Édith Chaudière, produit également la Cuvée Terrasses et la cuvée Prestige.

Le Pigeoulet, *voir* Vieux Télégraphe

Pignan, *voir* Rayas

Rabasse Charavin
84290 Cairanne. Tél. : 04 90 30 70 05, fax : 04 90 30 74 42.

Le domaine de Corinne Couturier produit une vaste gamme de côtes-du-rhône-villages Cairanne (14 hectares) et Rasteau (8 hectares) ; elle cultive 25 hectares en côtes-du-rhône et 18 hectares en zone de vin de pays. Le vin de Rasteau est issu d'un assemblage comportant 40 % de mourvèdre qu'équilibre le grenache avec ses arômes de prune et d'épices. Les vins de Cairanne, plus riches en grenache, doivent à ce cépage leur rondeur. La cuvée d'Estevenas développe des arômes fruités de cerise.

Rayas ✪✪
84260 Sarrians. Tél. : 04 90 65 41 75, fax : 04 90 65 38 46.

Jacques Reynaud, disparu au milieu des années 1990, était réputé à deux titres : pour son excentricité de misanthrope, comme pour sa capacité à élaborer de brillants châteauneuf. Son neveu Emmanuel a apporté quelques changements et obtenu plus de régularité dans la production. Le grenache reste roi. Un grenache provenant de vieilles vignes conduites à faibles rendements, vendangées tardivement, cultivées sur des sols sablonneux ou argilo-calcaire et non sur les mythiques galets roulés de Châteauneuf-du-Pape. Habillés d'une robe claire séduisante, les vins, ronds et gras, libèrent des arômes de fraise et de cerise dans leur jeunesse, puis évoluent vers une palette épicées au cours d'une longue garde. Aucune cuvée de prestige à Rayas : la cuvée classique du domaine constitue le grand vin. Le Pignan est une sorte de second vin, élaboré à partir du fruit de la parcelle éponyme, sise près de Courthézon, auquel sont assemblés des vins jugés moins réussis, tirés des cuves, des foudres, des barriques ou des demi-muids de Rayas. Le côtes-du-rhône Fonsalette provient de vignes cultivées à la frontière de châteauneuf-du-pape ; grâce à des rendements terriblement réduits, il atteint fréquemment un niveau supérieur à celui de beaucoup de châteauneuf de second ordre ; le climat légèrement plus frais lui lègue une robe sombre et des tanins plus anguleux que ceux du Rayas, mais sa longévité est égale. Le Fonsalette blanc remporte souvent même plus de succès que le Rayas. Une cuvée de syrah, issue d'un unique vignoble exposé au nord, livre des arômes séducteurs de truffe, de gibier. La cuvée Pialade rassemble tous les autres vins. (Voir aussi des Tours.)

Réméjeanne ✪

30200 Sabran. Tél. : 04 66 89 44 51, fax : 04 66 89 64 22.

Ce domaine de 35 hectares, que gèrent avec beaucoup d'enthousiasme Rémi et Ouahi Klein, apporte deux preuves. La première est que pour obtenir un vin rouge sans artifice il n'est pas d'endroit au monde qui puisse égaler la vallée du Rhône sous ses meilleures expositions. La seconde est que le terroir n'a pas fini de révéler ses secrets. Car, nul n'avait jamais fait bien attention aux vins du village de Sabran, situé un peu à l'écart, jusqu'au jour où Rémi Klein est arrivé. Et voilà un nouveau terroir où la syrah atteint une sensualité et une souplesse remarquables. La cuvée classique, Les Arbousiers, se conjugue dans les trois couleurs : un blanc au parfum citronné, un rosé vineux et un rouge à la douce saveur fruitée, constitué à parts égales de syrah et de grenache récoltés sur un sol de lœss. Les Chèvrefeuilles est un assemblage de vins de jeunes vignes, soutenus par un peu de carignan et de counoise de ceps vénérables. Les Genévrières se compose de grenache, complété par la syrah et le mourvèdre : il propose un délicieux compromis entre grâce et puissance. Le meilleur vin, Les Églantiers, issu de syrah, allie les notes de fruits à des nuances de chocolat.

Remizières ✪

26600 Mercurol. Tél. : 04 75 07 44 28, fax : 04 75 07 45 87.

Le soin méticuleux apporté à la vinification est l'une des caractéristiques de ce domaine en constant progrès, géré par Philippe Desmeure. Le saint-joseph explose d'arômes de fruits et de notes minérales, tandis que les vins de crozes-hermitage, très diserts, affichent une vivacité bienvenue. La cuvée Christophe non filtrée, vieillie en fût de chêne, atteint un parfait équilibre entre la richesse du chêne et l'élégance du fruit frais. En blanc, elle distille un parfum de miel persistant. Ces vins sont un fidèle reflet du terroir.

Richaud

84290 Cairanne. Tél. : 04 90 30 85 25, fax : 04 90 30 71 12.

Marcel Richaud est l'une des étoiles montantes de Cairanne. Il produit sur ses 41 hectares des côtes-du-rhône convaincants. Le vin blanc, fermenté en partie en barrique, surpasse la modeste AOC régionale, tandis que le Cairanne classique est rond, long en bouche et d'une plaisante onctuosité. Deux cuvées supérieures : l'Ébrescade (provenant de vignobles d'altitude plus élevée, près de Rasteau), et la cuvée Estrambords.

La Roquette, *voir* Vieux Télégraphe

René Rostaing ✪

69420 Ampuis. Tél. : 04 74 56 12 00.

René Rostaing procède à une lente révision de son art (il réduit encore l'utilisation de chêne neuf, vendange plus tard, met en bouteilles sans filtration). Ce faisant, il devient l'un des meilleurs producteurs de côte-rôtie. Il élabore trois cuvées : Classique (qui profite aujourd'hui de la parcelle de Viallière, autrefois vinifiée séparément), La Landonne, dense et aromatique, et la séduisante Côte Blonde, toute parfumée, qui est la seule cuvée de Rostaing à contenir une pointe de viognier. Le condrieu de Rostaing, La Bonette, non boisé, exhale le chèvrefeuille.

Roger Sabon

84230 Châteauneuf-du-Pape. Tél. : 04 90 83 71 72, fax : 04 90 83 50 51.

Les propriétés de Roger Sabon sont éparpillées dans différents secteurs de châteauneuf-du-pape (dont La Crau et Nalys). Ses vins ont une solide base de grenache – même pour la cuvée Prestige issue de vignes vieilles de cent ans. À part la cuvée Tradition, assez simple, les vins, mis en bouteilles sans filtration, offrent de l'expression aromatique et de la structure.

Saint-Cosme ✪

84190 Gigondas. Tél. : 04 90 65 80 80, fax : 04 90 65 81 05.

Louis Barruol est une des nouvelles étoiles de la vallée du Rhône, non seulement méridionale, mais aussi septentrionale, puisque ses condrieu et côte-rôtie sont superbes. Grâce, pureté et mélodie de fruits sont les trois traits emblématiques de Barruol. Le côtes-du-rhône Les Deux Albion enchante par ses arômes floraux dans sa jeunesse (ce vin rouge comporte 10 % de clairette) ; même le gigondas cuvée de prestige de Valbelle de Barruol a de la finesse aromatique.

Sang des Cailloux ✪

84260 Sarrians. Tél. : 04 90 65 88 64, fax : 04 90 65 88 75.

Le domaine de 16 hectares de Serge Férigoule est l'un des plus en vue de l'appellation vacqueyras. Pas d'herbicide, pas de pesticide, pas d'acier inoxydable, pas de collage, pas de filtration. Son vin blanc fermenté en fût, produit en très faibles quantités, laisse le souvenir de ses senteurs florales. La cuvée classique porte, d'une année sur l'autre, le nom d'une des trois filles de Férigoule : Floureto, Doucinello et Azalaïs. La cuvée Vieilles vignes est appelé Lopy ; elle reprend les parfums de fleurs et d'agrumes de la cuvée classique, tout en persistant sur un arôme de cerise et des tanins soyeux. Le domaine du Sang des Cailloux montre qu'une différence existe entre le vacqueyras et le gigondas voisin.

Santa-Duc ✪

84190 Gigondas. Tél. : 04 90 65 84 49, fax : 04 90 65 81 63.

Les 22 hectares d'Yves Gras constituent l'un des premiers domaines de l'AOC gigondas depuis maintenant plus d'une dizaine d'années. Les vins s'enrichissent d'une profondeur et d'une densité de plus en plus marquées. Goûtez, par exemple, le côtes-du-rhône si fruité et les bons millésimes du gigondas Hautes Garrigues, issu de vieux grenache et de 20 % de mourvèdre, vendangés à maturité, puis élevés sous bois. La saveur du fruit est plus difficile à extraire que les tanins ; peu y parviennent avec autant de succès que ce producteur. L'élevage sur les lies n'y est pas étranger. Il pratique aussi la macération préfermentaire. L'élevage se fait lentement et les vins sont mis en bouteilles sans collage, avec une légère filtration. La cuvée Hautes Garrigues est une sélection de vieilles vignes du terroir éponyme (du calcaire mêlé d'argile).

Marc Sorrel

26600 Tain-l'Hermitage. Tél. : 04 75 08 59 51, fax : 04 75 08 81 59.

Avec les 4 hectares dont dispose Marc Sorrel, ses vins rouges et blancs de l'hermitage et de crozes-hermitage n'envahiront pas les caves du monde entier. Son niveau de qualité est constant et son style d'un grand classicisme. Notez les deux cuvée d'hermitage : Le Gréal, vin rouge assemblant le fruit des terroirs du Méal et des Greffieux, et l'hermitage blanc originaire des Roucoules.

La Soumade ✪

84110 Rasteau. Tél. : 04 90 46 11 26, fax : 04 90 46 11 69.

André Romero, « le fou de Rasteau » comme il se surnomme lui-même, recherche avec ténacité à transmettre à son vin, la moindre expression du raisin vendangé ici. Le domaine de 26 hectares est de taille raisonnable et la gamme de vins est excellente (depuis les vins de pays jusqu'à la magnifique cuvée Confiance, élaborée uniquement les meilleures années à partir d'une seule parcelle de grenache de vignes centenaires, cultivées sur de l'argile bleue). Outre ses magnifiques vins secs, Romero élabore des vins doux naturels sous l'AOC rasteau, dont un Grenache Blanc Doré amené à un degré de complexité inhabituelle par le vieillissement en foudre.

Jean-Michel Stephan

69420 Tupin et Semons. Tél. : 04 74 56 62 66, fax : 04 74 56 62 66.

Jeune et prometteur vigneron de côte-rôtie, dont la cuvée Vieilles vignes d'un style élégant, concentré, est issue de vignes centenaires : Jean-Michel Stephan travaillait autrefois pour Guigal ; la qualité de ses vins l'atteste.

Cave de Tain-l'Hermitage

26601 Tain-l'Hermitage. Tél. : 04 75 08 20 87, fax : 04 75 07 15 16.

Les meilleures cuvées d'hermitage de cette coopérative, Gambert de Loche et Nobles Rives, sont des vins structurés qui méritent une dégustation.

Tardieu-Laurent ✪✪

84160 Lourmarin. Tél. : 04 90 68 80 25, fax : 04 90 68 22 65.

Le principe est assez simple : vous achetez le meilleur raisin, puis vous lui réservez un traitement royal. Les fournisseurs élaborent le vin. Le travail de Tardieu consiste à le bichonner, en le faisant séjourner sur ses lies, avec un minimum de soufre, à éviter les phénomènes de réduction et à le faire vieillir en fûts de première catégorie avant de procéder à l'embouteillage à la main, sans collage ni filtration. La gamme couvre toute la vallée du Rhône, depuis un côtes-du-luberon qui sent la lavande, élaboré avec la Cave de Lourmarin, ou un costières-de-nîmes charnu, jusqu'au côte-rôtie classique, floral, et à l'hermitage subtilement parfumé. Même si le crozes-hermitage peut manquer un peu de maturité et si le côtes-du-rhône blanc Cuvée Guy Louis se débat sous le poids du chêne, il y a foule de vins exceptionnels. Humez plutôt cette explosion d'épices qu'offre le côtes-du-rhône Vieilles vignes rouge (issu de 80 % de vieux ceps de grenache), le vacqueyras Vieilles vignes aux arômes de café et de moka, ou le saint-joseph Vieilles vignes aux senteurs de violette. Vers les sommets, vous trouverez aussi un cornas Vieilles vignes (issus de plants de cents ans, à Sabarotte), le saint-joseph Les Roches Vieilles vignes, profond, minéral, aux arômes de cassis, et, par-dessus, tout la Cuvée Spéciale Vieilles vignes de côte-rôtie, tout en parfums.

Tourettes

71960 Sologny. Tél. : 03 85 51 66 00, fax : 03 85 51 66 09.

Le Château des Tourettes de Jean-Marie et Maine Guffens, près d'Apt, est à l'origine des vins Verget du Sud. Quand il a vu ce plateau de pur calcaire, à 400 m d'altitude, orienté au nord, il a su d'emblée qu'il pourrait y produire de bons vins blancs – mais avec une part de chardonnay, de sorte que la production est vendue en vins de pays. Le Plateau de l'Aigle est le nom de ses meilleurs vins (fermentés en fût, naturellement). La gamme inclut des vins blancs Verget du Sud du Luberon et du Ventoux, et des vins rouges Tourettes du Luberon. Les 1998 et 1999 dévoilaient sous une robe sombre un caractère épicé et une trame tannique élégante.

des Tours

84260 Sarrians. Tél. : 04 90 65 41 75, fax : 04 90 65 38 46.

Emmanuel Reynaud produit un vacqueyras Grande Réserve issu de plus de 90 % de grenache complété par la syrah : souple, mûr et long en bouche (cependant, le 1998 a suscité des controverses parmi les jurys d'agrément, tant et si bien que ce millésime a été vendu sous l'appellation côtes-du-rhône). Le vin de pays du Vaucluse du Domaine des Tours, plus léger et plus simple, résulte d'un assemblage de grenache, de syrah et de cinsault.

de La Tuilerie

30900 Nîmes. Tél. : 04 66 70 07 53, fax : 04 66 70 04 36.

Les 70 hectares du domaine de la famille Comte, à Nîmes, comptent des vignes exposées au nord. De ce fait, les bons millésimes du Château de La Tuilerie, présentent un équilibre net et précis. Les trois cuvées font la part belle à la syrah : la Carte Blanche, fraîche et parfumée (jusqu'à 40 % de grenache), une cuvée Vieilles Vignes, issue de plants de syrah de vingt-cinq ans, et la cuvée Éole, élevée en fût.

du Tunnel

07130 Saint-Péray. Tél. : 04 75 80 04 66, fax : 04 75 80 06 50.

Le domaine de Stéphane Robert, créé en 1996, produit, outre un saint-péray très frais, deux bonnes cuvées de cornas : la cuvée Prestige, savoureuse, issue de vignes vieilles de quatre-vingts ans, sentant le poivre noir et la violette, et la cuvée classique issue de vignes de cinquante ans, moins intéressante.

Pierre Usseglio

84230 Châteauneuf-du-Pape. Tél. : 04 90 83 72 98, fax : 04 90 83 72 98.

Le domaine de 23 hectares de Jean-Pierre et Thierry Usseglio a remporté un immense succès dans les années 1990 pour son vin classique, mais aussi pour deux cuvées sélectionnées, la Cuvée de Mon Aïeul (1998) et la Cuvée Cinquantenaire (1999), qui célébrait le cinquantième anniversaire du domaine. La qualité exceptionnelle de ces vins (la Cuvée de Mon Aïeul était issue de vignes de grenache de quatre-vingts ans) est de bon augure.

de Vallouit

26240 Saint-Vallier. Tél. : 04 75 23 10 11, fax : 04 75 23 05 58.

Cette dernière acquisition de Guigal bénéficie de quelques vignes dans la partie nord de la vallée du Rhône (comme Les Greffières en hermitage et Les Anges en saint-joseph), dont le producteur saura tirer profit. Les vins de négoce devraient aussi progresser.

Verget du Sud, *voir* Tourettes

Georges Vernay ✪

69420 Condrieu. Tél. : 04 74 56 81 81, fax : 04 74 56 60 98.

Georges Vernay fut l'homme qui sauva Condrieu en refusant de renoncer à ses vieilles vignes de viognier aux faibles rendements et à ses terrasses inaccessibles, qui ne pouvaient pas être exploitées à la machine, à une époque où tout le monde estimait que les vignerons devraient se faciliter la vie grâce au modernisme. Il doit se réjouir aujourd'hui de voir que le viognier est désormais mis à l'honneur dans la plupart des régions viticoles du monde, au climat plus chaud. Depuis qu'il a pris sa retraite, le domaine de 7 hectares est géré par sa fille Christine, épaulée par son mari Paul Ansellem. Le condrieu classique est ici bien fait, long en bouche mais sans plus ; pour les feux d'artifice, il faut se tourner vers l'un des deux crus : Les Chaillées de l'Enfer et le Coteau de Vernon, fermentés en barriques (avec un maximum de 20 % de chêne neuf seulement). Ces vins magnifiques offrent leur sensualité d'un bout à l'autre de la dégustation, subtilement étayée par une ligne minérale et une structure équilibrée. Miel et chèvrefeuille caractérisent le Coteau de Vernon, tandis que Les Chaillées se montre d'une nature plus ardente, plus épicée. Retenez aussi les deux côte-rôtie : une cuvée classique, élégante et chocolatée (10 % de viognier) et une cuvée Maison Rouge de pure syrah.

Vidal-Fleury

69420 Ampuis. Tél. : 04 74 56 10 18, fax : 04 74 56 19 19.

Société de courtage qui appartient depuis 1994 à Guigal. La magie de Guigal n'a pas encore fait effet sur la gamme Vidal-Fleury. Quelques améliorations sont perceptibles dans les sélections de la vallée du Rhône septentrionale, en particulier dans le côte-rôtie La Chatilhomme.

Vieille Julienne

84100 Orange. Tél. : 04 90 34 20 10, fax : 04 90 34 10 20.

Le domaine de Jean-Paul Daumen réalise des progrès fulgurants en châteauneuf-du-pape. La cuvée classique du domaine est plaisante, souple. Au contraire, la Cuvée Réservée et la cuvée Vieilles vignes font preuve d'une remarquable puissance, bâties autour de 80 % de grenache (Daumen est un grand amateur de Rayas). L'une et l'autre demandent du temps pour s'assouplir. Le côtes-du-rhône est chaleureux et épicé.

Vins de Vienne ✪✪

38200 Seyssuel. Tél. : 04 74 85 04 52, fax : 04 74 31 97 55.

Yves Cuilleron, Pierre Gaillard et François Villard se sont associés pour recréer le vignoble historique (mais abandonné depuis longtemps) de Seyssuel, situé au-dessus de Vienne, à l'endroit où, à l'image du Rheingau, le fleuve oblique à l'ouest. (Son nom est curieusement proche de celui du vignoble de Seyssel en Savoie, également situé sur les rives du Rhône, mais bien plus au nord) Pierre Gaillard a découvert mention de ce vignoble dans un texte du XVIIe siècle d'Olivier de Serres. « L'idée un peu folle » de le replanter a pris forme avec la création du groupe des Vins de Vienne, en février 1996 ; les pentes de schiste exposées au sud ont été défrichées l'année suivante. Bien qu'à l'est du fleuve, le terroir est protégé et chaud : on y trouve des cactées et même des cigales, elles qui ne devraient apparaître que 200 kilomètres plus au sud ; le versant possède sa propre fleur, unique en son genre : la gagée du rocher. Trois vins rouges, tous de pure syrah, seront produits : le Sotanum (classique), le Taburnum (sélection de parcelles) et l'Heluicum (super-sélection, élaborée uniquement les bonnes années). Il y aura aussi un Sotanum rosé et un Vionnier (*sic*) blanc, tous vendus sous l'étiquette « vin de pays des Collines rhodaniennes », puisque Seyssuel se trouve en dehors de la délimitation actuelle de l'AOC. Les premières cuvées de Sotanum (après un élevage de dix-huit mois en barrique de chêne neuf) possèdent une richesse et une chair prometteuses pour des vins issus de tout jeunes plants.
Les Vins de Vienne font par ailleurs fonction de micronégoce pour les vins de la vallée du Rhône. L'équipe a pris dans ce domaine un excellent départ avec quelques très beaux vins de 1999 et 2000, parmi lesquels un saint-péray Les Bialères frais, aux notes beurrées, un condrieu La Chambée équilibré, et un côte-rôtie Les Essartailles exotique et épicé. On devine l'influence de Michel Tardieu dans l'élaboration de tous ces vins élevés en chêne neuf (parfois à l'excès, comme le saint-joseph blanc l'Élouède 1999) et sur lies. La présentation élégante de ces vins séduit les restaurateurs.

Le Vieux Donjon

84230 Châteauneuf-du-Pape. Tél. : 04 90 83 70 03, fax : 04 90 83 50 38.

Châteauneuf-du-pape classique, chaleureux et bien fait, qui a la rondeur des galets. Il est issu de vignes vieilles de quatre-vingts ans ou plus, cultivées sur les galets roulés du secteur du Pied Long, au nord-ouest de l'AOC.

Vieux Relais

30126 Tavel. Tél. : 04 66 50 36 52, fax : 04 66 50 35 32.

Le Vieux Relais semble être l'un des meilleurs terroirs de l'AOC costières-de-nîmes. Les deux cuvées élaborées par Pierre Bardin, son propriétaire, ont un long passé. La cuvée Tradition, parfumée et riche, naît d'un assemblage de grenache et de syrah à parts égales. La Sélection se compose surtout de mourvèdre (ce qui est rare en costières-de-nîmes), équilibré par du grenache ; elle dévoile des arômes de fruits à noyau et de liqueur.

Vieux Télégraphe ✪✪

84370 Bedarrides. Tél. : 04 90 33 00 31, fax : 04 90 33 18 47.

Ce domaine de châteauneuf-du-pape est l'un des plus prestigieux de la vallée du Rhône, conduit par Frédéric et Daniel Brunier, arrière-petit-fils du fondateur Hippolyte Brunier. Le vignoble couvre 70 hectares du plateau rocailleux et chaud de La Crau, à l'est de l'appellation ; les galets étaient à 37 °C le jour de ma venue. En outre, les Brunier possèdent un domaine de 28 hectares à La Roquette (composé de trois terroirs, dont Le Pignan au sol sableux), et ont des parts (avec l'importateur américain Kemit Lynch) dans le Domaine Les Pallières, qui couvre 25 hectares en AOC gigondas. Les vins du Vieux Télégraphe ont gagné en profondeur depuis que les fils ont pris la suite de leur père Henri, même si, comme le dit Daniel Brunier, « Ici, on ne fait pas la course à l'extraction » et si le domaine préfère toujours les grands foudres de bois aux barriques pour l'élevage des vins rouges (une partie des vins blancs séjournent, en revanche, un certain temps en barrique). Le vin est soutiré tous les trois mois pendant deux ans, puis mis en bouteilles sans collage ni filtration. L'une des explications de l'amélioration constante de la qualité du Vieux Télégraphe est la décision judicieuse de produire un second vin, appelé Vieux Mas des Papes (à partir de 1994) ; les rendements sont toujours faibles, et les vins sont issus de vignes âgées de quarante à soixante-dix ans. Le grenache domine les assemblages, ce qui donne aux vins une teinte légère, mais des arômes puissants (viande grillée, sous-bois et prune douce) et une structure de tanins souples. Les vins du domaine de La Roquette sont à peine moins impressionnants (vignes de quarante ans et dominante de grenache) avec des senteurs de fruits exubérantes, tandis que Les Pallières exprime le fruité et le grain fin du gigondas, tout en laissant une chaleureuse impression (plus encore que le châteauneuf-du-pape, ce vin rappelle les pierres chaudes de son terroir). Le Pigeoulet est léger, parfumé et rafraîchissant en blanc comme en rouge : vin de pays du Vaucluse, il naît en bordure de l'appellation châteauneuf-du-pape.

François Villard ✪

42410 Saint-Michel-sur-Rhône. Tél. : 04 74 56 83 60, fax : 04 74 56 87 78.

Le domaine de l'ancien chef François Villard n'est pas encore très étendu (tout juste 6,5 hectares), mais ses vins sont d'une intensité remarquable. Il produit quatre cuvées de condrieu (Grand Vallon, Terrasses du Palat, Deponcins et la cuvée de vendanges tardives Quintescence), le côte-rôtie La Brocarde, deux saint-joseph rouges (Reflet et Grand Reflet) et un blanc (Mairlant). Récolte tardive, élevage sur lies, rendements très faibles sont pratiqués sur ce domaine ; ainsi les vins intègrent le généreux boisé qu'ils héritent de leur élevage dans leur riche matière aromatique. Les vins de condrieu sont tous flamboyants, même s'ils manquent parfois de subtilité. Le caractère fruité, les nuances fumées et les tanins élégants perceptibles à la dégustation de La Brocarde ou de la cuvée Reflet laissent penser que le talent de vinificateur de François Villard se manifeste plus encore dans les vins rouges.

Viret

26110 Saint-Maurice. Tél. : 04 75 27 62 77, fax : 04 75 27 62 31.

Ce fascinant domaine du village de Saint-Maurice, dans la vallée du Rhône, est géré par Alain Viret et par son fils Philippe. Ils entendent pratiquer non pas l'agriculture biologique, ni la biodynamie, mais la « cosmoculture », système agricole inspiré de la civilisation maya. La cave, ou « cathédrale des vins », est fermée d'énormes blocs de pierre pesant de trois à six tonnes, disposés en fonction du nombre d'or. Les vins reflètent leur « biotope unique » dans lequel ils voient le jour. Comme vous pouvez le deviner, la récolte se fait à la main, la fermentation avec des levures indigènes, le soufre est utilisé en dose minimale et la mise en bouteilles se fait sans filtration. Les cuvées sont au nombre de six, les meilleures résultant de la vinification séparée du fruit de trois parcelles de Saint-Maurice. Le Maréotis est léger et parfumé ; les Colonnades, à base de vieux carignan, de mourvèdre et de vignes de grenache centenaires, révèle une riche texture chocolatée ; l'Émergence (grenache, carignan et la plus vieille syrah du domaine) est le plus puissant des trois.

Voge

07130 Cornas. Tél. : 04 75 40 32 04 fax : 04 75 81 06 02.

Alain Voge a baptisé sa cuvée de saint-péray, issue de pure marsanne et non boisée, Cuvée Mélodie-William, d'après les prénoms de ses petits-enfants : c'est un vin extraordinaire, dont les notes minérales et florales l'emportent sur le fruit. La cuvée Boisé voit le chêne (pour moitié neuf) masquer ses caractères plus subtils. Le cornas de Voge est un classique. Signalons aussi une cuvée Vieilles vignes, élevée en barriques, et les bons millésimes de la cuvée Les Vieilles Fontaines, issue des plus vieilles vignes. Alain Voge possède 7 hectares dans chaque appellation.

La Provence

En quête d'une âme. La Provence a tout pour elle : rocaille, soleil, large palette de cépages et des conditions plus propices à la culture biologique que nulle par ailleurs. Pourtant, à l'exception du bandol, les grands vins y sont plutôt rares. Pourquoi ?

Le système d'appellations d'origine contrôlée instauré en France donne à la pyramide des vins un air de stabilité et de permanence. À Bordeaux, qui douterait que l'assemblage cabernet-sauvignon et merlot soit le plus approprié pour un pauillac ? Qui oserait s'interroger sur le choix du parfum de pinot noir pour un côte-de-nuits, de la touche de silex du sauvignon blanc pour un sancerre, ou de la richesse aromatique du viognier pour un condrieu ?

Pourtant si on l'examine de plus près, ce formidable système d'appellations d'origine contrôlée révèle de multiples failles. Les délimitations géographiques peuvent répondre à une précision presque excessive en Bourgogne ou à une aire si vaste qu'elle ne répond pas à la diversité des parcelles qui le composent, comme en Champagne et dans le sud de la vallée du Rhône. La politique n'a théoriquement aucun rôle à jouer dans le système d'appellations, pourtant dans le Languedoc (avec la division entre corbières et fitou), elle se substitue parfois aux données du terroir. En Provence, l'ensemble du système des appellations d'origine contrôlée est manifestement en voie de restructuration. L'appellation côtes-de-provence ne peut rester dans ses limites actuelles avec sa gamme de cépages. La Provence produit beaucoup de bons vins et certains grands vins, mais elle produit aussi une quantité considérable de vin sans caractère. La délimitation grossière de l'appellation en une vaste aire géographique et sa réglementation en matière de cépages sont en partie responsables de cette situation. La Provence pourrait faire mieux – et elle fera mieux –, à condition que la réglementation autorise les viticulteurs les plus talentueux à choisir d'autres voies et que le cadre de l'AOC soit régulièrement rectifié en tenant compte des résultats obtenus.

La grande beauté de la Provence est incontestable. Y a-t-il, au monde, une autoroute qui se soit taillé un couloir à travers des paysages plus merveilleux que ceux que traverse l'A8 en Provence ? La longue succession de collines qui s'élèvent et retombent suivant trois plis successifs du tertiaire, période géologique particulièrement agitée, confère à la région une sinuosité fascinante. Au moins trois types de sols brillent sous une luminosité éclatante; d'un côté des mica-schistes aux multiples reflets, de l'autre des sols d'un rouge saisissant, chargés d'oxyde, qui contraste fortement avec le bleu du ciel. Enfin, les ossatures de pierre blanche qui se dressent au-dessus de l'autoroute sont couvertes d'arbustes odorants. Les pins d'Alep, tout imprégnés de résines et bénéficiant de l'humidité hivernale, font par endroits ressembler la Provence aux îles grecques de la mer Ionienne; ailleurs, ils atteignent la perfection complexe et noueuse d'un paysage japonais brossé par un Masanobu ou un Tohaku. Hors des grands axes de circulation, la garrigue, omniprésente, avec son thym, son fenouil, ses genévriers et ses chênes verts, rappelle la Toscane. Au moindre souffle de vent, l'envers argenté des feuilles d'olivier brille

comme un banc de petits poissons. Dans la nuit, le chant des cigales enveloppe les dormeurs de son épaisse chaleur. Toutes les beautés du monde méditerranéen semblent s'être données rendez-vous en Provence. Même les sommets – dents des Alpilles, lourd massif de la Montagne Sainte-Victoire, falaises des Maures – qui ponctuent le paysage donnent à la région un caractère pictural parfait. Qui pourrait imaginer un meilleur vent dominant que le mistral? L'hiver, son incisive constance est harassante pour ceux qui taillent la vigne; mais l'été, il rend la chaleur qui règne à l'intérieur de la Provence la plus sèche et la plus vivifiante de tout le midi. Le mistral chasse vers la mer brumes et brouillards, laissant derrière lui une atmosphère d'une pureté éclatante. Nulle part ailleurs dans les pays du sud de l'Europe, la clarté de la lumière n'approche d'aussi près la limpidité que connaissent Stellenbosch en Afrique du Sud ou Marlborough en Nouvelle-Zélande. La vigne apprécie ce climat. Un rapide coup d'œil aux vignobles de Bandol ou des Baux-de-Provence laisserait penser que c'est là, plutôt qu'à Pomerol ou à Pommard, que se trouvent les plus grands domaines viticoles de France.

Si la vigne se plaît en Provence, les gens aussi. Paradoxalement, c'est probablement une des raisons qui a empêché la viticulture de connaître ici l'évolution qu'on a vue dans d'autres régions. Au début du XXe siècle, la Provence était «pauvre, isolée, et misérable, pour reprendre les termes de Marielyne Pouchin du château Bas. Les gens mouraient de faim. On assurait sa subsistance avec quelques moutons, une polyculture à petite échelle. Nous n'étions sur aucun des grands axes de circulation comme Bordeaux, la Bourgogne ou le Rhône. C'était le pays de Jean de Florette. Il a fallu attendre Brigitte Bardot pour que nous vendions nos produits plus cher.» Philippe Pouchin, son mari, fait observer que la conurbation Avignon-Marseille-Aix-Nîmes est aujourd'hui le second bassin de consommation français après Paris. «Aix est notre Silicon City. Nous sommes devenus une banlieue de Paris», poursuit Marielyne en souriant. La pression foncière ne cesse d'augmenter. «Nous n'avons pas le dos au mur, reprend Philippe Pouchin. Nos viticulteurs bénéficient d'un marché local étendu et d'un immense marché constitué par les touristes; ils réalisent aussi de nombreuses transactions foncières. Les coins reculés du Languedoc ne disposent pas de cette manne : ils ont beaucoup de moustiques, mais moins de touristes... Aussi les viticulteurs se donnent-ils un peu de mal; pas les nôtres.»

La place relativement confortable de la viticulture dans la vie économique locale est parfois un frein à l'évolution qualitative. Pour citer un autre exemple européen, la piètre qualité du vin de la région du Wurtemberg, en Allemagne, est la conséquence de la prospérité d'un marché local peu exigeant, avec ses usines Mercedes et Porsche.

«Le carignan? Je l'aime pour sa difficulté. Le pire cépage avec lequel j'ai jamais eu à travailler est le cabernet-sauvignon, parce que c'est tellement facile. Il suffit de décider le rendement que vous voulez. Vous pouvez en tirer de bons vins, mais je pense qu'ici c'est une région de syrah, de mourvèdre ou de carignan. C'est un pays rude, il lui faut des cépages rudes.»

LARS TORSTENSON

◀ *Le ciel bleu et la clarté de l'atmosphère, ici au-dessus de Bonnieux, font de la vie en Provence un délice des quatre saisons.*

Ce phénomène est encore aggravé en Provence, où beaucoup d'autochtones et de touristes boivent du vin non pas avec leur nez et leur bouche, mais avec les yeux. «Les consommateurs de rosé, dit France Carreau Gaschereau du château du Seuil, sont surtout des consommateurs de robe.»

Je me promène de bon matin, à la fin du mois d'août, dans le petit village d'Éguilles. Le soleil brille, des chiens traînent sur les trottoirs tandis que leur maître achète le journal et une baguette pour le petit-déjeuner. Je passe devant un café ouvert sur la rue. À une table, un homme au teint bronzé et aux cheveux blancs, regarde la rue, la cigarette à la main; nous échangeons des regards indifférents. Un ballon à demi rempli de rosé est posé devant lui. La condensation sur les parois indique qu'il vient d'être servi. Cinq minutes plus tard, je repasse au même endroit. L'homme est assis à la même place, un autre verre devant lui, toujours embué de condensation, et plein du même rosé pâle, glacé. Il a l'air bougon mais content.

Les vins rosés constituent la base de la production régionale et représentent 80% des côtes-de-provence, 70% des côteaux varois et 50% des coteaux-d'aix-en-provence. Bien sûr, la Provence produit quelques grands rosés, dont (de manière assez surprenante) un certain nombre sont fermentés et vieillis en barrique. La fermentation du rosé en barrique est une opération longue, coûteuse et peu rentable pour le vigneron, sauf si les raisins possèdent un arôme intense et sont produits à faible rendement. Une utilisation judicieuse du bois (des fûts de une ou deux années plutôt que du bois neuf) permet aux rosés puissamment fruités d'acquérir structure et profondeur. Elle donne ce que Guy Négrel appelle un «rosé d'hiver».

Je considère cependant que la plupart des rosés de Provence sont aussi ennuyeux à boire que beaux à voir. En préparant ce livre, je n'ai jamais eu autant de mal à m'intéresser au vin français que pendant la dégustation des rosés de Provence. Dès lors qu'ils se vendent facilement (et c'est bien le cas), on peut difficilement reprocher aux viticulteurs de les produire; les bénéfices tirés de ces vins à haut rendement apportent évidemment une sécurité financière. Les coupables sont les consommateurs, qui ne se montrent pas assez exigeants. Mais ceux-ci viennent essentiellement ici pour passer d'agréables vacances d'été et la notion de culpabilité n'a alors pas grand sens. Pour voir une amélioration sensible de la qualité moyenne des rosés de Provence, il faudrait d'autres paramètres de consommation. Tous les grands vins de Provence sont rouges ou blancs, mais pour la plupart des domaines, ces vins ne constituent qu'une faible partie de leur production (une part infime pour les blancs – à peine 4% des côtes-de-provence).

Le plus heureux mariage entre cépage et terroir en Provence est indiscutablement celui du mourvèdre avec la région de Bandol. Ce raisin à maturité tardive, si revêche et morne ailleurs, s'épanouit dans la cuvette de calcaire et de grès de Bandol pour donner des vins à la robe sombre, débordant d'arôme de cassis. Toutefois le mourvèdre «a besoin d'avoir les pieds dans l'eau, la tête au soleil, et la vue dégagée sur la mer» explique Phlippe Pouchin. «Comme les Parisiens en vacances», ajoute Marielyne. En d'autres termes, ce cépage n'est pas adapté aux vignobles provençaux établis vers 300 mètres d'altitude. Christian Double du château de Beaupré et Éloi Dürrbach du domaine de Trévallon constatent que, dans leur vignoble, le mourvèdre dépasse rarement les onze degrés d'alcool. Il n'atteint pas la maturité souhaitée. Si le domaine n'est pas situé dans l'aire de Bandol, ou dans les zones côtières encore plus chaudes des côtes-de-provence, avec quels cépages faut-il élaborer le vin blanc? Grenache, syrah, cinsault, cabernet-sauvignon et carignan jouent tous un rôle important, le cabernet-sauvignon (dont la proportion est officiellement limitée à 30% de la plantation totale de chaque vignoble) étant le plus controversé. Que vient faire le cabernet en Provence? Y a-t-il vraiment sa place?

Son implantation est relativement ancienne et remonte à la période qui a succédé au phylloxéra. Le cabernet n'a donc pas été planté en Provence pour profiter du renom international dont jouit ce cépage depuis trente ans. En outre, il est apprécié par bien des producteurs avec lesquels je me suis entretenu – pour une mauvaise raison, serais-je tenté de dire –, parce qu'il ne pose pas de problème. Lars Torstenson du domaine Rabiega (voir citation page 149) résume l'attrait et le

Lars Torstenson

On pourrait difficilement faire moins provençal que ce grand Suédois, blond et parlant aussi couramment l'anglais que le français. Quatorze ans dans le midi lui ont donné un hâle permanent et un formidable sens de l'humour. Il gère deux propriétés : le domaine Rabiega, qui appartient depuis 1986 à l'ancien monopole de la boisson de Suède, Vin & Spirit, et le château d'Esclans, affermé à Vins & Spirit. Plusieurs vins de négociants sont aussi vendus à Rabiega. Torstenson est viticulteur et… romancier – il a également publié en suédois des ouvrages sur le vin («Ces livres sur le vin sont très ennuyeux, dit-il, j'ai essayé de les rendre amusants, mais je n'y suis pas parvenu.») Voilà un producteur imaginatif.

La production de Torstenson semble produite spécialement pour compliquer la tâche des autorités en matière d'appellation! Torstenson expérimente à l'infini; c'est l'une des personnalités intéressantes de cette région qui cherche encore sa voie. Mieux vaut avoir quelques notions d'anglais pour décoder les étiquettes. Le Carbase du Château d'Esclans, par exemple, est un vin de pur carignan (produit avec un rendement de 10hl/ha de vignes vieilles de 60 à 70 ans et élevé un an en barrique). Le Mourbase est un pur mourvèdre. En principe, les vins de cépage unique ne sont pas autorisés dans l'appellation côtes-de-provence. Toutefois Henning Hoesch de Richeaume n'a jamais rencontré le moindre problème avec cette interdiction. Les variétés de cépages plantés dans le vignoble seraient-elles plus importantes que le contenu de chaque bouteille?

De toute façon, Torstenson vient à peine de se lancer dans la production de vin de cépage. Les deux vins les plus caractéristiques de sa production – Recinsault et Vin Toussaint, le produit phare de Rabiega – sont officiellement classés en vins de table. Pour le Recinsault, Torstenson a utilisé du cinsault d'Esclans et élaboré un vin du style recioto1 pour lequel il a laissé sécher les grappes avant la fermentation. Pourquoi du cinsault? «Parce que je ne savais pas quoi faire de ce fichu raisin.» Le Vin Toussaint pousse l'expérimentation à la limite de l'excentricité – ou de la parcimonie. C'est un assemblage de plusieurs millésimes (1991, 1992 et 1993) de carignan surmûri jusqu'à la pourriture, qui a été vendangé au mois de novembre, après la Toussaint, puis élevé avec oxydation dans du chêne neuf du Limousin avant que soit effectué le mélange et la mise en bouteille en 1995. Le fruit était surmaturé, car les vignes étaient alors encore en train de se remettre de l'excès d'azote laissé dans le sol par des années de viticulture conventionnelle (l'ensemble du vignoble est désormais mené en agrobiologie). De plus, les vignes avaient besoin de travaux de drainage plus poussés. Le produit de cette opération de sauvetage de dernière minute se vend aujourd'hui 106 € le demi-litre, et est apparemment recherché. Il y a de la méthode dans cette folie!

Raimond Villeneuve

La plupart des viticulteurs qui pratiquent la biodynamie en France se sont convertis à l'âge mûr. Ils l'ont comparée avec la viticulture conventionnelle, puis constatant l'amélioration de leurs vins, ils l'ont adopté. Ce n'est pas le cas de Raimond Villeneuve.

Rudolf Steiner est plus connu pour ses théories sur l'éducation que pour un système d'exploitation agricole mis au point (par d'autres) à partir d'une série de conférences quasi-prémonitoires qu'il donna un an avant sa mort. Raimond Villeneuve, dont la mère est bavaroise, a fréquenté dix ans une école Rudolf Steiner en Allemagne; il comprend de manière instinctive les principes de la biodynamie. Par exemple, l'idée de biotope : l'exploitation est considérée comme une niche environnementale fonctionnant en autarcie et non plus comme une unité de production. L'importance de la polyculture reste un idéal même si le château de Roquefort n'est pas encore en polyculture. Roquefort est, depuis 1812, un domaine familial, toutefois Villeneuve a commencé une formation d'ébéniste : il a travaillé dans cette branche pendant trois ans en Italie, avant de suivre une formation commerciale à Paris et de devenir négociant à Mâcon. Il est revenu au domaine de Roquefort en 1995 et l'a trouvé «en bonne forme». «Il avait été entretenu par la famille dans la tradition ancestrale. On se contentait d'acheter du soufre et d'en employer le moins possible pour des raisons de coût. J'ai beaucoup appris de nos vieux ouvriers, Louis et François Rigaud - ils avaient de longues années d'observation derrière eux, ce qui est la base de toute culture biologique. N'importe qui peut acheter des produits biologiques, mais ce n'est qu'un premier pas.»

Comme bien des meilleurs viticulteurs provençaux, Villeneuve rencontre des difficultés avec les responsables professionnels. Par l'observation et la dégustation, il a découvert que ce qu'il considère comme sa meilleure parcelle de vignes se situait en fait sur un sol considéré comme pauvre par l'INAO. Il envisage donc de produire à l'avenir tous ses vins rouges et ses blancs en vins de pays, laissant uniquement le rosé sous la bannière des côtes-de-provence. «Le problème est que les instances nationales ne comprennent rien à l'environnement du midi; la démarche pédagogique est ici très différente de ce qu'elle est dans les pays de Loire ou en Bourgogne.» Pour son propre vignoble – situé à l'extrême sud, près de Bandol –, Raimond Villeneuve est convaincu que le grenache et, dans une moindre mesure, le carignan sont les cépages idéaux. «La base pour moi ici est le grenache, parce que, à pleine maturité, il donne à mes vins le caractère jovial du midi. C'est la viande. Tout le reste est légume.» L'atmosphère était en effet enjouée à Roquefort le jour de ma visite. Raimond Villeneuve s'entretenait avec des Allemands passionnés de vin, sa femme Florence s'occupait de leur fille Anastasia (surnommée Poupette par Raimond); les chiens batifolaient malgré la chaleur, puis Max, un homme tapageur, ancien capitaine, est arrivé pour déguster, acheter du vin et échanger quelques chaleureux jurons avec Raimond Villeneuve qu'il me confia ensuite considérer comme l'homme «le meilleur de la région». J'ai eu l'impression que le capitaine (célibataire séducteur pour qui la biodynamie ne représentait rien) évoquait ce désir de recherche permanente et passionnée.

danger du cabernet-sauvignon pour la Provence. Guy Négrel, du Mas de Cadenet apporte une autre réponse, très caractéristique : « Je veux avoir du cabernet-sauvignon pour la structure qu'il apporte, mais je ne veux surtout pas de vins au parfum et à la saveur de cabernet. » D'une certaine manière, le débat sur le cabernet a été escamoté car deux des plus grands producteurs de la région, Éloi Dürrbach de Trévallon et Henning et Sylvain Hoesch de Richeaume, ont obtenus d'excellents résultats avec ce cépage. Toutefois, ni Trévallon, ni Richeaume ne sont vraiment représentatifs de la Provence, pour le terroir, comme pour les méthodes de vinification. Pour ma part, j'estime que le cabernet-sauvignon est responsable de l'étrange saveur amère, acide et austère de beaucoup de vins rouges provençaux ainsi que de leur manque de structure et d'épaisseur. On parvient trop vite au degré de maturité des sucres avec le cabernet, alors que la pleine maturité physiologique n'est pas atteinte. Le cabernet préfère une lente saison maritime. René Rougier, du château Simone à Palette, affirme, se fondant sur son immense expérience, que le cabernet ne devrait être rien d'autre que le « sel et le poivre dans les rouges de Provence », tandis que pour Bernard Teillaud du château Sainte-Roseline, l'usage du cabernet est « une mauvaise idée, tant sur le plan intellectuel que stratégique. Nous ne ferons jamais qu'un cabernet de second ordre par comparaison avec Bordeaux. » Quant à savoir si le cœur du vin de chaque domaine est fait de grenache ou de syrah, cela dépend de la chaleur et de l'altitude. Même le grenache peut connaître quelque difficulté à parvenir à pleine maturité sur les domaines provençaux les plus élevés. Aujourd'hui, on assiste à un élan d'expérimentation et d'observation poussée qui ne doit pas faire oublier, après tout, qu'initialement la proportion de mourvèdre elle-même était limitée à 20% à Bandol, alors qu'aujourd'hui les plus grands bandol sont de pur mourvèdre.

La situation pour les cépages blancs est encore plus difficile. Rolle, ugni blanc et clairette sont les trois principaux cépages indigènes, grenache blanc, sauvignon blanc, sémillon et marsanne ne jouant qu'un rôle secondaire. Chaque cépage a ses partisans : un viticulteur avisé peut obtenir un blanc subtil et élégant en élaborant avec finesse un assemblage savant de ces cépages autorisés. La Cuvée du Temple Blanc que produit Philippe Pouchin au château Bas à partir de sauvignon blanc, de rolle et de grenache blanc en offre un exemple convaincant, tandis que les vins blancs du château Simone à Palette illustrent remarquablement les qualités de la clairette. Néanmoins un grand nombre de vins blancs de Provence sont sans caractère et sans consistance – alors même que l'altitude des vignobles et leur sol calcaire sembleraient leur offrir des conditions extrêmement propices. Alain Combard du domaine Saint-André de Figuière est arrivé de Chablis, pensant faire, en Provence, d'excellents rouges, mais il a été surpris par la qualité potentielle des blancs.

Si on ne veut ni rolle, ni ugni blanc, ni clairette, alors que reste-t-il ? Éloi Dürrbach fait observer que son vignoble de Trévallon est à moins de 10 kilomètres des limites de la vallée du Rhône ; or l'assemblage marsanne-roussanne, autorisé dans le Rhône, est interdit pour les blancs d'appellations d'origine contrôlée de Provence, alors que le médiocre ugni blanc peut régner en maître sur le vignoble. Gilles Meimoun du Château Real Martin est, lui aussi, convaincu des qualités de la marsanne et de la roussanne, même si jusqu'à présent il vinifie ses blancs à partir de l'ugni blanc de vignes vieilles de 50 ans, dont les rendements sont faibles. Il assemble une vendange précoce à une vendange tardive et obtient ainsi un vin agréable, mais évanescent. Et Meimoun aimerait faire mieux.

Comme dans la partie sud de la vallée du Rhône, l'usage du bois suscite le débat en Provence. L'école « moderniste » est intimement persuadée que les barriques sont susceptibles de conférer au vin la profondeur et la sensualité dont manquent parfois les vins austères de

▲ *Les Alpilles ont fourni le calcaire, érodé aux époques glaciaires, dont se nourrit le vignoble des Baux.*

la région. Les domaines de Richeaume, Rabiega, Courtade et Bas ainsi que le Bourguignon Luc Sorin à Bandol sont favorables à cette utilisation. « Pour moi, explique Philippe Pouchin du Château Bas, les foudres c'est du passé. Ils relèvent d'une autre époque. » La majorité des autres producteurs de Bandol sont hostiles à l'usage de barriques et se rangent aux côtés de Cyrille Portalis de l'historique domaine de Pradeaux qui déclare que « les tisanes de bois, ce n'est pas le bandol ». Éloi Dürrbach et son successeur Rémy Reboul du Château d'Estoublon préfèrent aussi éviter les barriques pour les vins rouges. « Les barriques, dit Éloi Dürrbach, donnent aux rouges d'ici un goût trop civilisé. Avec les foudres, les arômes du vin sont plus purs ; j'arrive à conserver le caractère sauvage des Alpilles dans mes vins. » Henri de Saint-Victor du château Pibarnon, un passionné de vin convaincu que le Pomerol était plus grand lorsque les producteurs n'avaient pas encore les moyens de se procurer du bois neuf en quantité, est d'avis « qu'avec les foudres, le vin vieillit de manière plus inattendue et plus éloquente. »

La Provence est la première région de France pour la production de vin biologique. « Cela n'a rien d'extraordinaire ici, dit Rémy Reboul. Nous produisons aisément du vin sans recourir à des moyens chimiques. » « C'est facile ici, confirme Dominique Hauvette. La plupart de nos propriétés sont isolées, entourées de garrigue, et nous avons le mistral. » Pourtant rares sont les producteurs qui font l'effort d'obtenir l'attestation de culture biologique. La région n'a pas l'air de vouloir exploiter cette dimension « verte » dans ses opérations de promotion. Pourquoi ? Les producteurs craignent de ne plus avoir les faveurs des amateurs à la recherche de vins de terroir de qualité. Cela me paraît être une vision dépassée du rôle de la viticulture biologique sur l'immense marché des vins. Les producteurs et les comités régionaux finiront-ils par s'en rendre compte ? Si la Provence remplaçait le rosé par le vert, j'affirme que ce serait tout à son avantage !

L'aventure de la terre

Où commence la Provence ? La réponse du représentant de la chambre d'agriculture risque d'être toute différente de celle du cultivateur d'oliviers. Lorsque j'ai interrogé Serge Férigoule, qui produit un magnifique vacqueyras au domaine du Sang des Cailloux, sur ses origines, il m'a répondu qu'il était provençal – d'Avignon. Les villages situés au sud de l'appellation côtes-du-rhône sentent la lavande et vous y croiserez des petites filles vêtues de tissu provençal. Le côtes-du-ventoux pourrait être considéré (et dégusté) comme un vin du Rhône, d'altitude, mais le côtes-du-luberon, produit plus au sud, est indiscutablement provençal en termes de culture, de paysage et d'arôme, de même que le coteaux-de-pierrevert, situé un peu plus loin vers l'est. Les textes d'Henri Bosco ou de Jean Giono en offrent de délicieuses confirmations littéraires. Mais toutes ces régions sont regroupées sous la bannière réglementaire des côtes-du-rhône. Comme le Rhône est bien mieux organisé que la Provence pour la promotion commerciale, ces appellations ont tout intérêt à rester où elles sont ; néanmoins on peut considérer que faire commencer la Provence au sud de la Durance est pour elle un appauvrissement culturel.

En quittant Avignon, la première appellation d'origine contrôlée que l'on rencontre est celle des **baux-de-provence**, la plus récente. En tant que telle, cette appellation de vins rouges et rosés a vu le jour en 1995 ; auparavant, il s'agissait d'une subdivision des coteaux-d'aix (les blancs produits aux Baux sont d'ailleurs toujours vendus sous l'appellation coteaux-d'aix). Tous ceux qui ont visité les Baux-de-Provence n'oublieront jamais la vue depuis le château en ruine qui s'élève au sommet d'un piton, ni les cruelles légendes qui suintent des pierres. La forteresse des Baux se dresse sur l'un des pics des Alpilles – massif calcaire très découpé et déformé par l'érosion – même si la plupart des vignobles de cette AOC ne se situent pas en son centre, mais plus bas, au pied des collines, aux quatre points cardinaux. La majorité des vignes poussent dans les débris calcaires arrachés aux Alpilles au cours des périodes les plus froides des glaciations et mêlés à une couche d'argile plus ou moins importante. Dans cette zone relativement restreinte, les raisins arrivent à maturité à des dates diverses. Ainsi, ils atteignent leu maturité au Mas de la Dame, au sud, quinze jours plus tôt qu'au domaine de Trévallon, au nord. Les deux zones méritent-elles pour autant deux appellations d'origine contrôlée différentes ? Si nous étions en Bourgogne, il y en aurait sans doute même quatre. La réglementation pour l'appellation des Baux est un peu plus stricte que pour les coteaux-d'aix – rendements plus restreints, plantation plus dense, et pour les vins rouges douze mois de vieillissement avant la mise sur le marché.

L'appellation **coteaux-d'aix-en-provence** est l'une des deux grandes appellations de Provence. Elle recouvre une grande diversité de terroirs, depuis l'extrémité orientale des Alpilles jusqu'à la vallée de la Durance, des monts de l'arrière-pays jusqu'à la plaine urbanisée et industrielle qui entoure l'étang de Berre. En arrivant à Marseille en avion, vous survolez les vignobles des coteaux-d'aix. Les sols sont essentiellement constitués de calcaire, qui tantôt prend la forme de cailloux et d'éboulis d'un blanc éclatant, et tantôt se mêle à des argiles plus sombres et plus riches, à des marnes, ou encore à des sables et à des graviers. La nature des sols compte moins ici que l'altitude et les différences de température diurne qu'elle entraîne. Les zones les plus élevées de l'appellation, entre 300 et 400 mètres d'altitude, abritent plusieurs des plus prestigieux domaines et offrent un environnement plutôt frais pour la culture de la vigne. James de Roany de Fonscolombe et Calavon, par exemple, a des parents à Crozes-Hermitage. En comparant les données, il a constaté que leur syrah bourgeonnait et mûrissait plus tôt que la sienne. Lors de mon petit périple en Provence, au mois d'août 2001, la température diurne était d'environ 35 °C. La nuit, la température au château Calissanne, située tout près de l'étang de Berre, au niveau de la mer, était à peine moins élevée. Au contraire, au château Revelette, le propriétaire Peter Fischer affirmait que les températures matinales se situaient autour de 7 °C.

Les **côtes-de-provence** présentent une plus grande diversité. Cette AOC couvre une zone très étendue (environ 20 000 hectares) et ne regroupe pas moins de six aires, dont aucune ne jouxte l'autre. Pas plus que les coteaux-du-languedoc, elle ne peut être considérée comme autre chose qu'une appellation régionale. Les sols des coteaux-d'aix offrent une certaine uniformité, en revanche les différences d'altitude permettent de produire des vins de styles différents ; les côtes-de-provence n'ont même pas d'élément commun. L'appellation correspond au moins à trois types de sols fondamentalement différents et les variations d'altitude enregistrées sont équivalents à celles des coteaux-d'aix. La partie est et la bordure côtière de l'appellation est constituée de roches cristallines : granite, schiste et quartz assez érodés pour donner des sols sensiblement acides. Au nord-ouest, au contraire, le terrain est

Lourmarin et les collines du Luberon peuvent vouloir s'inscrire dans la vallée du Rhône, mais leurs parfums et leurs accents sont résolument provençaux.

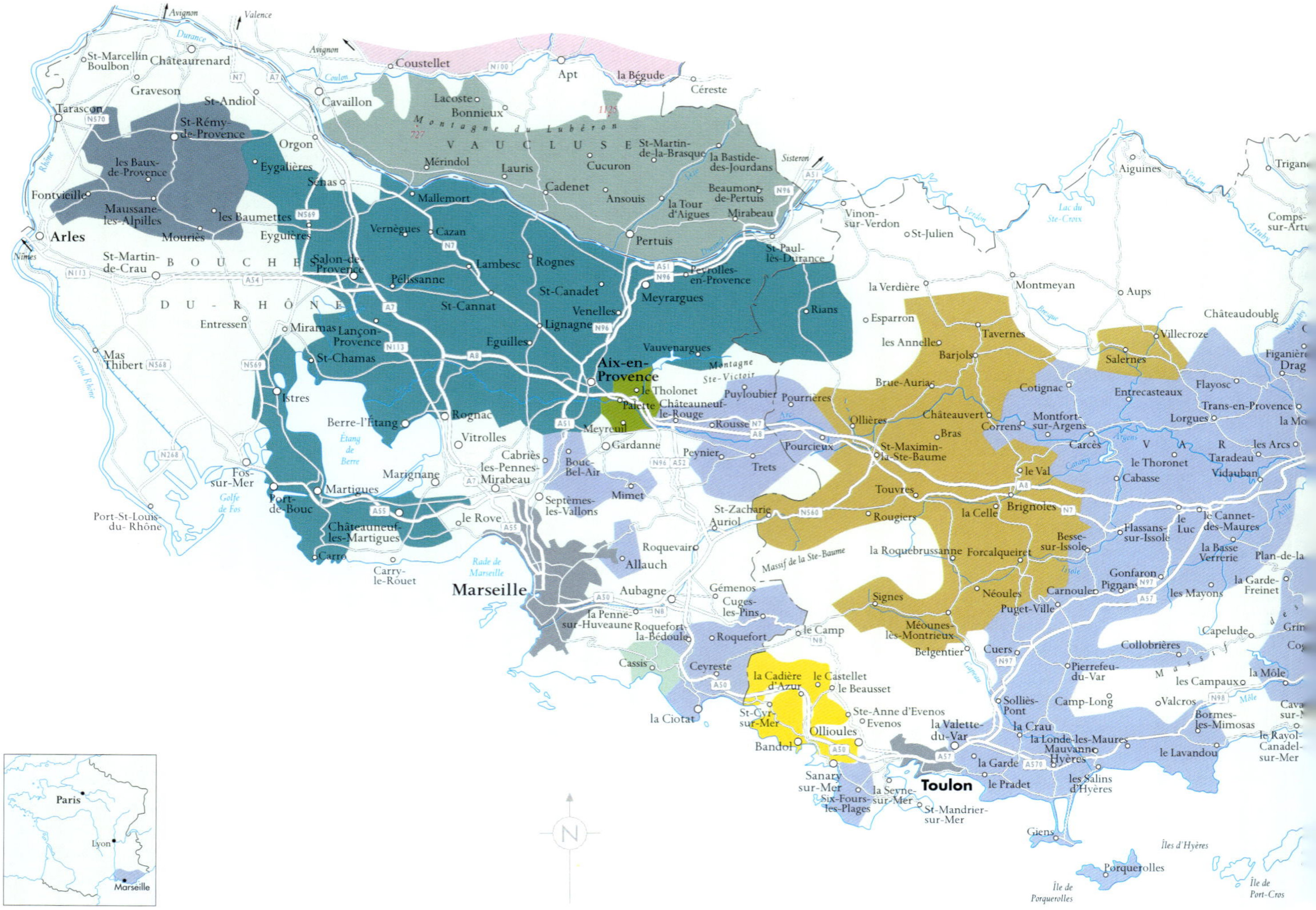

calcaire, du type de celui des coteaux-d'aix et des Baux, tandis que le grès rouge domine au sud-ouest. On relève aussi des zones de transition, non négligeables, où s'entremêlent des sols de différentes natures. Les vins rosés constituent 80 % de la production, je serais assez tenté de dire que, de toutes les appellations françaises, c'est celle pour laquelle le terroir compte le moins.

Le petit lobe occidental et le grand lobe oriental des côtes-de-provence sont séparés par l'appellation des **coteaux varois**. Une fois encore, c'est une vaste AOC regroupant des vignobles largement dispersés, situés à l'intérieur des terres, généralement à une altitude plus élevée (300-400 mètres) et dans une atmosphère plus fraîche que beaucoup d'autres en Provence. Le climat est, lui aussi, plus continental que dans d'autres régions de la Provence, avec des hivers froids et des saisons printanière et automnale plus marquées. Les microclimats jouent ici un rôle capital ; beaucoup de vignobles sont nichés au creux des collines boisées.

Ces différentes zones constituent 80 % des vignobles provençaux. Il reste trois minuscules appellations qui présentent un intérêt historique certain et les vignobles constituant le seul vrai grand cru de Provence, le **bandol**. Bandol a une identité tout à fait claire et homogène. Il s'étend sur les pentes des collines de huit villages situés dans l'arrière-pays de la ville de Bandol, en bord de mer. Ces collines forment une sorte d'amphithéâtre dont les vignes les plus élevées se trouvent à environ 400 m d'altitude. La plupart des coteaux (mais pas tous, car il y a des dépressions à l'intérieur de l'amphithéâtre) sont exposés au sud, ce qui permet à l'AOC de bénéficier de trois mille heures d'ensoleillement par an. S'il est en France des coteaux qui mériteraient le nom de « côtes rôties », ce sont bien ceux de Bandol. Les sols sont composés d'un alliage de calcaire et de marnes auxquels s'ajoutent un peu de grès et d'argile rouge. Le rude mourvèdre, cépage qui mûrit tardivement, se plaît en ces lieux ; il se gorge de lumière et de chaleur tout au long de l'été brûlant, ce qui lui donne une allure plus avenante et plus généreuse qu'ailleurs. La faiblesse des rendements (limités à 40 hl/ha et 35 hl/ha pour le mourvèdre) et l'obligation de la vendange manuelle aident à préserver la qualité.

Entre Bandol et Marseille se trouve la petite AOC (à peine 200 hectares) de **cassis**. Les sols, un calcaire beaucoup plus pur qu'à Bandol,

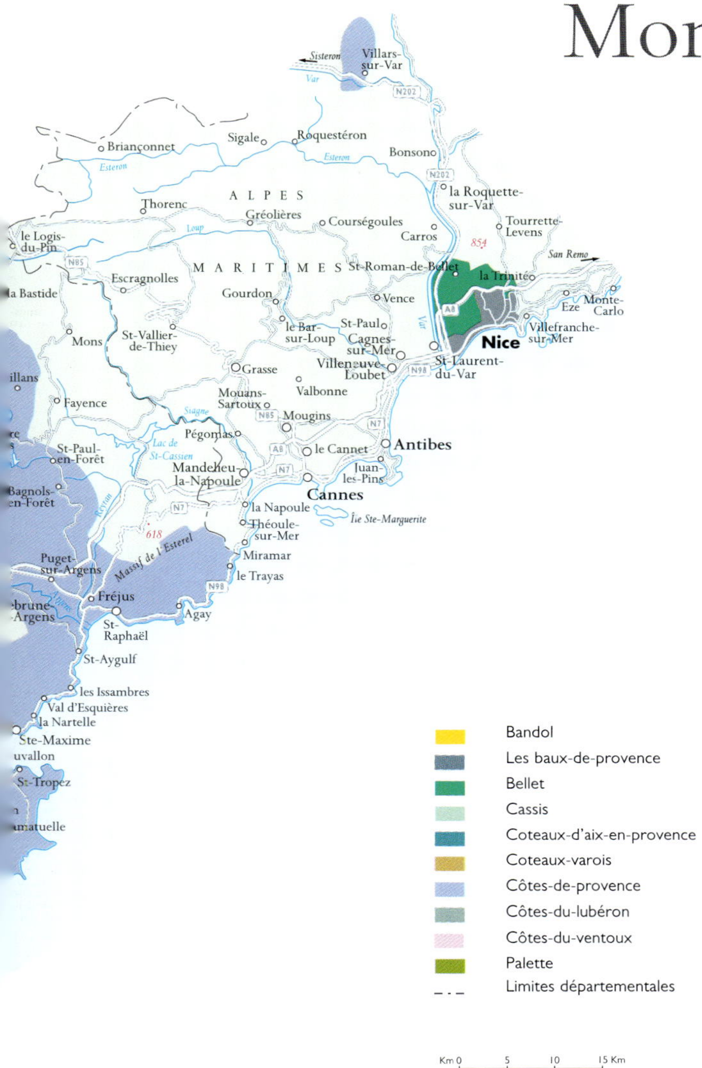

expliquent sans doute que les vins blancs sont ici plus nombreux que les rouges. Le principal cépage est l'ugni blanc, auquel viennent s'ajouter clairette, marsanne et sauvignon blanc. Le paysage est d'une grande beauté avec laquelle les vins ont du mal à rivaliser. **Palette**, entre Marseille et Aix-en-Provence, est une appellation encore plus petite, avec seulement 35 hectares plantés en vigne : Château Simone, véritable joyau, en est le porte-drapeau. Là encore, le sol est composé par un socle de roche calcaire, même si le site est très différent de celui de Cassis, exposé au nord et caché dans les bois. Tout est exceptionnel sous l'appellation palette, y compris la collection de cépages apparemment pris au hasard (voir page 152); le blanc est plus marqué et plus distingué que le rouge. Enfin, beaucoup plus à l'est, aux portes de Nice, se trouve **bellet**. C'est une minuscule et pittoresque appellation dont la production de vin est quasi confidentielle à partir d'une sélection de cépages – essentiellement rolle pour le blanc, folle noire et braquet pour le rouge. Les vignes sont plantées sur des coteaux abrupts de gravier, de sable et d'argile.

Mon point de vue critique

Un réseau d'appellations

Les régions françaises ne disposent pas d'un système hiérarchique identique au sein des différentes appellations. Certaines régions (comme la Bourgogne) me semblent en avoir trop; d'autres (comme le sud de la vallée du Rhône) pas assez. Certaines appellations (comme celles de la région de Bergerac) ont un fondement historique, d'autres (comme les côtes-du-vivarais ou les coteaux-du-tricastin) correspondent à un avenir qui n'existe pas encore. La Provence, si privilégiée à bien des égards, ne l'est pas en matière d'appellations, son réseau étant peut-être le moins précis de toutes les régions française. À l'heure actuelle, bandol est pratiquement la seule appellation qui répond à un critère en Provence; éventuellement, celle des Baux pourrait se mettre sur les rangs. Toutes les autres recouvrent des aires géographiques très étendues qui comprennent un grand nombre de terroirs, souvent extrêmement différents comme en côtes-de-provence, mais aussi pour les coteaux-d'aix ou les coteaux varois; à l'inverse, d'autres appellations ont la taille d'un mouchoir de poche (bellet, palette, et cassis). Le besoin de réforme est urgent, mais les professionnels ne semblent pas en avoir pris conscience.

Un problème de cépage

La Provence possède le trésor dont toute région a besoin : un cépage qu'elle peut dire sien, le mourvèdre. Malheureusement, celui-ci n'arrive à maturité que dans des conditions de chaleur extrême. À Bandol, ces conditions sont réunies. Mais la plupart des vignobles provençaux sont installés dans les collines, où il fait beaucoup plus frais, et où le mourvèdre n'a guère de chance de prospérer. Alors que faire? La syrah, le grenache et le cabernet-sauvignon forment une alliance peu satisfaisante avec le carignan et le cinsault. Bordeaux ne souhaite pas voir la Provence augmenter les proportions de cabernet-sauvignon, ni même qu'elle puisse disposer de merlot; la vallée du Rhône n'a pas envie de voir la Provence se concentrer sur le grenache et la syrah. La situation est analogue pour les vins blancs pour lesquels la Provence aurait beaucoup plus de dispositions que les amateurs ne le croient. Les régions rivales (alors qu'il ne devrait pas y avoir de rivalité entre les régions françaises) tiennent à ce qu'elle continue d'employer essentiellement des cépages méditerranéens ternes (vermentino, clairette et ugni blanc, avec un peu de sémillon et parfois un rien de sauvignon en guise de porte-bonheur). Du point de vue des cépages, la Provence est la mal aimée.

Je suis persuadé qu'il suffit de considérer une situation culturelle plus générale pour comprendre celle de la viticulture. Comme je l'ai expliqué plus haut, ce que les amateurs nomment appellations méridionales du Rhône appartiennent en fait à la vaste Provence. La Provence vinicole devrait avoir exactement la même variété de cépages que le sud de la vallée du Rhône – et les cépages du Bordelais devraient progressivement être relégués ici au statut de vins de pays car ils donnent des vins exceptionnels seulement chez un petit nombre de viticulteurs d'exception, et à l'échelle régionale ils ne peuvent qu'être une grave erreur.

Le rosé : un problème sans véritable désagrément

Dans cet ouvrage, le rosé de Provence semble être une anomalie. En dégustation, je ne l'apprécie pas. Toutefois la plupart des consommateurs lui trouvent une belle couleur et ne se soucient guère de sa saveur : la plupart sont contents. Si les viticulteurs de la région ont parfaitement conscience qu'un effort qualitatif est nécessaire, ils n'éprouvent guère de difficultés commerciales.

Provence : les vignerons

des Alysses

83670 Pontevès. Tél. 04 94 77 10 36, fax 04 94 77 11 64.

Vendangée vers la fin octobre, la Cuvée Angélique rouge présente une maturité assez inhabituelle dans les coteaux varois. Le propriétaire, Jean-Marc Étienne, ancien enseignant et ami d'Éloi Dürrbach, élabore aussi une Cuvée Prestige qui vieillit d'abord en barriques, puis en foudres (en 2001, les millésimes 1997 et 1998 étaient encore en foudres). Les millésimes 1994 et 1996 sont équilibrés, pleins et subtils.

Barbanau

13830 Roquefort-la-Bédoule. Tél. 04 42 73 14 60, fax 04 42 73 17 85.

Ce domaine de 20 hectares de côtes-de-provence jouxte presque Roquefort, mais est encore plus proche de Bandol et de Cassis. Il est administré par Sophie Cerciello-Simonini et Didier Simonini, qui gère également le Clos Val Bruyère, à Cassis. Leurs vins blancs présentent de frais arômes d'agrumes, en particulier la Cuvée Classique, assemblage de 80% de rolle, récoltés légèrement surmûris, et de 20% de clairette.

Bas

13116 Vernègues. Tél. 04 90 59 13 16, fax 04 90 59 44 35.

Sous la direction de Philippe Pouchin, les vins des coteaux d'aix de la propriété ont spectaculairement progressé. Ils sont d'un très haut niveau : l'Alvernègue se montre simple et très vif, Pierre du Sud est un vin gastronomique, et la Cuvée du Temple appartient à la gamme supérieure, «un chef-d'œuvre de l'art et de l'expression du terroir,» d'après Philippe Pouchin. Le rosé Cuvée du Temple est l'un des vins les plus réussis parmi ceux issus des nouvelles vinifications en fût de chêne, pratiquées par les domaines de Provence font le plus d'effort : 40% du vin est fermenté en fût. Ce rosé comble le palais, il devient séveux sans perdre pour autant les nuances d'épices (poivre) et de réglisse du fruit. La Cuvée du Temple rouge (55% syrah, 30% cabernet et 15% grenache) est suave et aromatique, souple, avec de moelleux arômes de chocolat. Toutefois, pour moi, la meilleure est la Cuvée du Temple blanc, qui est peut-être le plus grand vin blanc de l'AOC. Elle sait se montrer élégante, subtile, pleine et fine à la fois; son délicat arôme de mandarine est magnifiquement équilibré par la richesse apportée par les lies et le chêne de la fermentation en fût.

Bastide Blanche

83330 Le Beausset. Tél. 04 94 32 63 20, fax 04 42 08 84 84.

Le domaine de 23 hectares de Louis et Michel Bronzo est emblématique de bandol. La cuvée Longue Garde (composé d'environ 25% de grenache) fournit de merveilleux vins capiteux, charnus, d'une grande longévité. Signalons aussi deux cuvées de mourvèdre quasiment pur, l'Estagnol (issue d'un sol d'argile, de calcaire et de graviers) et Fontanieu (issue d'un sol d'argile rouge).

des Béates ✪

13410 Lambesc. Tél. 04 42 57 07 58, fax 04 42 57 07 58.

Ce domaine de 25 hectares de l'appellation coteaux d'aix, exploité en biodynamie, appartient pour une part aux frères Chapoutier. Les arômes de truffe et de sous-bois dominent dans le vin du Domaine, tandis que la Cuvée Terra d'Or se révèle plus sombre, davantage marquée par le chêne. Elle conjugue l'éclat et la pureté du fruit si caractéristique de la Provence avec un style plus riche, plus capiteux, une extraction plus forte que ne la recherchent, ou ne l'obtiennent, les autres producteurs.

la Bégude

83330 Camp-de-Castellet. Tél. 04 42 08 92 34, fax 04 42 08 27 02.

Les 11 hectares de Guillaume Tari couvrent la partie la plus élevée de l'appellation bandol, sur des sols de marne et d'argile. Le vin rouge, qui contient jusqu'à 10% de grenache, est particulièrement doux, léger, expressif.

Bunan ✪✪

83740 La Cadière-d'Azur. Tél. 04 94 98 58 98, fax 04 94 98 60 05.

Les frères Paul et Pierre Bunan figurent parmi les pionniers du bandol; Paul se souvient de leur arrivée au Moulin des Costes, dans les années 1960 : «Nous étions seuls dans la montagne. Maintenant on se dispute la moindre parcelle de terre viticole dans l'AOC». Bunan est administré par Paul, son fils Laurent (qui a auparavant travaillé pour Mondavi et Phelps en Californie) et le maître de chai Robert Gago, au domaine depuis très longtemps, aidés de vingt-cinq employés. La propriété compte aujourd'hui 85 hectares répartis en quatre domaines : Moulin des Costes, Mas de La Rouvière, château de La Rouvière et domaine de Bélouvé. Leur gamme est homogène, et les meilleurs vins (comme le Moulin des Costes Charriage, 1998) font accéder le bandol à de nouveaux sommets. Noir, avec des arômes encore fermés mais prometteurs de truffe, d'humus et de prune, ce vin est l'un des rares à justifier la métaphore de la symphonie.

Calissanne

13680 Lançon-de-Provence. Tél. 04 90 42 63 03, fax 04 90 42 40 O0.

Cet immense domaine (1 000 hectares dont 100 plantés en vigne) est proche de l'étang de Berre, dans une zone chaude. Une parcelle de mourvèdre plantée récemment, entourée de garrigue, donne d'ores et déjà de très bons résultats. Le meilleur vin est le Clos Victoire, un blanc à base de clairette, riche, méridional, avec un parfum de miel. Le rouge (60% de syrah et 40% de cabernet-sauvignon) compte parmi les grands vins de Provence, avec ses notes fumées et beaucoup d'onctuosité.

La Calisse

83670 Pontevès. Tél. 04 93 99 11 01, fax 04 93 99 06 10.

L'inoubliable et passionnée Patricia Ortelli, convertie à la viticulture à l'âge mûr, a ranimé ce vignoble de 10,5 hectares des coteaux varois avec énergie et une détermination. «Je veux que les gens qui boivent le vin, dit-elle, aient l'impression de mordre un raisin», et cette fraîcheur du fruit est effectivement le trait dominant de ses trois gammes : Tradition, Patricia Ortelli et Étoile.

la Courtade

83400 Porquerolles. Tél. 04 94 58 31 44, fax 04 94 58 34 12.

Les 25 hectares de vignoble de l'île de Porquerolles au large de Hyères produisent des côtes-de-provence ambitieux et chers. Le blanc à base de rolle, fermenté en fût, est nuancé de notes citronnées; le rouge à base de mourvèdre, d'une bonne acidité, porte la marque du chêne et possède des tanins puissants. Les seconds vins, baptisés Alycastre, sont moins structurés.

Duvivier

83670 Pontevès. Tél. 04 94 77 02 96, fax 04 94 77 26 66.

Cette fascinante propriété des coteaux varois, qui appartient à 4500 actionnaires suisses et allemands réunis sous l'égide de Karl Scheffer, courtier en vins biologiques, est administrée par Antoine Kaufmann.
Le meilleur vin, Les Mûriers, est l'un des plus terroités de l'AOC.

Système de notation utilisé dans les pages producteurs :	✪ Très bon vin	✪✪ Excellent vin	✪✪✪ Vin exceptionnel

d'Estoublon

13990 Fontvieille. Tél. 04 90 54 64 00, fax 04 90 54 64 01.

Cette très ancienne propriété du sud-ouest de l'appellation coteaux des baux est en cours de rénovation. L'élégant Rémy Reboul, sa femme Valérie, et son père Ernest Schneider (propriétaire de Breitling Watches) réhabilitent le domaine, et suivent les conseils d'Éloi Dürrbach de Trévallon. 17 hectares sont déjà plantés en vignes et il y en aura peut-être jusqu'à 20. La majeure partie des sols est constituée de graviers assez grossiers. Les vins rouges de 1999 et 2000 (vieillis en foudres de 30 hectolitres plutôt qu'en barriques) sont légers et pleins d'arômes de fruits mûrs. L'assemblage est dominé par le grenache, avec de petits pourcentages de syrah et de counoise et une pointe de cinsault. Le blanc, issu d'ugni blanc et de grenache blanc, est trop lourd, mais Rémy Reboul a planté de la marsanne et de la roussanne qui devraient permettre une amélioration de la qualité à partir de 2003 (même si l'INAO a lutté contre ces cépages en Provence).

Jean-Pierre Gaussen ✪

83740 La Cadière-d'Azur. Tél. 04 94 98 75 54, fax 04 94 98 65 34.

Ce domaine de 15 hectares, dont les meilleures parcelles sont situées au bas d'une longue pente d'argile mêlée de calcaire près de La Cadière-d'Azur, est réputé pour sa cuvée Longue Garde en bandol (vin de pur mourvèdre, produit dans les meilleures années). La vinification s'effectue en roto-fermentateurs et les vins sont vieillis en vieux foudres. Si cuvée Longue Garde livre des arômes de mûre et de cassis dans sa jeunesse, elle se ferme au bout quelque temps, avant de s'ouvrir à nouveau avec l'âge pour dévoiler des notes animales, des nuances de tabac et de tapenade.

Gros' Noré ✪

83740 La Cadière-d'Azur. Tél. 04 94 90 08 50, fax 04 94 98 20 65.

Alain Pascal possède 13 hectares de vignes sur la même pente de fine argile mêlée de calcaire de bandol que Lafran-Veyrolles et Jean-Pierre Gaussen. Le terroir s'exprime dans ses vins rouges structurés et charnus, une nuance de fumée provenant des foudres neufs.

Dominique Hauvette

13210 Saint-Rémy-de-Provence. Tél. 04 90 92 03 90, fax 04 90 92 08 91.

Dominique Hauvette exploite les 14 hectares de sa propriété ainsi que 6 hectares en fermage aux Baux-de-Provence. Elle a foi dans le cinsault qui compose à 90% sa cuvée Améthyste issue de vignes âgées de 35 ans : c'est un vin souple, frais et parfumé. Le vin du Domaine, issu de 50% de grenache, complétés par de la syrah et du cabernet, est riche et subtil.

Lafran Veyrolles ✪

83740 La Cadière-d'Azur. Tél. 04 94 90 11 18, fax 04 94 90 11 18.

Le domaine de 10 hectares de Claude Jouve-Ferec produit, outre des vins blancs à base de clairette et un rosé légèrement fruité, deux vins rouges de bandol. La cuvée classique où le mourvèdre est assemblé à du cinsault, du carignan et du grenache de vieilles vignes est un vin capiteux à l'arôme de cassis. La cuvée Longue Garde, issue de mourvèdre, se révèle plus profonde avec des arômes d'humus et de fumée, mêlés à des notes minérales et de prunes parfumées.

Mas de Cadenet

13530 Trest. Tél. 04 42 29 21 59, fax 04 42 61 32 09.

Les 40 hectares de côtes-de-provence que possèdent Guy Négrel et son fils Mathieu produisent deux gammes de vins. Les Mas de Cadenet sont vieillis en foudres, et les Mas Négrel Cadenet désignent des sélections de vieilles vignes élevées en barriques. Les assemblages privilégient, pour les blancs, le rolle, qui apporte une souplesse très discrètement anisée. Les rouges sont issus de grenache (45%), syrah (40%) et cabernet-sauvignon (15%). Les deux cuvées rouges sont souples. La cuvée Mas Négrel Cadenet plaide pour les vins de vieilles vignes élevés en barriques : le terroir particulier de gravier du domaine s'exprime dans ce vin d'une remarquable finesse.

Mas de la Dame

13520 Les Baux-de-Provence. Tél. 04 90 54 32 24, fax 04 90 54 40 67.

Le Mas de la Dame appartient aujourd'hui à Anne Poniatowski et Caroline Missoffe. Le domaine, dans la partie la plus chaude et la plus méridionale des Baux, bénéficie des conseils de Jean-Luc Colombo qui a imposé un retour aux vendanges manuelles et repensé l'ensemble de la gamme. La cuvée blanche Coin Café (issue de 80% de sémillon complété par la clairette) est un des meilleurs vins de Provence vieilli en fût de chêne. Elle est riche, séveuse et ronde. Des trois vins rouges, la Réserve de Mas Rouge est le plus typé, léger et sec, avec des arômes de garrigue et de pierre. Le Coin Café rouge (issu d'une unique parcelle de grenache, avec 20% de syrah), bien structuré, est un délicieux clin d'œil en direction de Châteauneuf, avec ses arômes d'épices et de confiture. La Stèle (le nom fait référence à une pierre pyramidale où, d'après Nostradamus, la mer montante s'arrêtera un jour) est la cuvée haut de gamme du domaine. La présence de cabernet (40%) est plus marquée que celle de la syrah (60%).

Mas de Gourgonnier

13890 Mouriès. Tél. 04 90 47 50 45, fax 04 90 47 51 36.

Ce domaine traditionnel dans le secteur sud, le plus chaud, des Baux, est entre les mains de la même famille depuis cinq générations. La Réserve du Mas est la meilleure cuvée : grenache, syrah et cabernet apportent des arômes épicés étrangers au chêne neuf (les frères Cartier préfèrent l'oxydation ménagée des foudres).

Mas de la Rouvière, *voir* Bunan

Moulin des Costes, *voir* Bunan

Ouillières

13410 Lambesc. Tél. 04 42 92 83 39, fax 04 42 92 83 39.

Les meilleurs vins rouges, Dame des Ouillières et la Réserve Louis Charles, de ce grand domaine (78 hectares de coteaux d'aix et 22 hectares de vins de pays), conjuguent les arômes fruités de prune à ceux nés d'un élevage intelligent dans le chêne. Les Ouillières perpétue la tradition provençale du vin cuit.

Pibarnon ✪

83740 La Cadière-d'Azur. Tél. 04 94 90 12 73, fax 04 94 90 12 98.

Au départ, seulement 3,5 hectares de vignes de bandol s'étendait autour d'une maison sans grand charme; aujourd'hui le domaine compte 50 ha autour de ce qui ressemble à un manoir du XVIIIe siècle. Henri de Saint-Victor, qui a présidé à la création de ce vignoble, est toujours très impliqué dans le domaine, même si son fils Éric prend aujourd'hui la relève. Le vin blanc, qui réunit ici presque autant de cépages qu'au domaine Simone, se montre subtil. Le rouge, né de mourvèdre presque pur avec un soupçon de grenache, est l'un des bandol les plus classiques. Il conjugue de fines notes de prune douce, de tabac, de violette et de pin.

Pigoudet

83560 Rians. Tél. 04 94 80 31 78, fax 04 94 80 54 25.

La Cuvée la Chapelle aux senteurs de garrigue et de fleurs témoigne du savoir-faire du vigneron. La propriété de 70 hectares de Sabine Rabe et Elke Schmidt, près de Rians, est la plus septentrionale des coteaux d'Aix.

Pradeaux

83270 Saint-Cyr-sur-Mer. Tél. 04 94 32 10 21, fax 04 94 32 16 02.

Pradeaux fut acheté en 1752 par Jean-Marie-Étienne Portalis, l'un des coauteurs du Code civil napoléonien; les générations suivantes, en particulier la comtesse Arlette Portalis, contribuèrent à remettre l'AOC sur pied en 1941. Cyrille Portalis est en charge des antiques celliers avec leurs montagnes de foudres anciens (dont certains fuient un peu). Les méthodes les plus traditionnelles sont ici respectées. On vendange tard, il n'y a pas d'éraflage, et surtout pas de barriques; les vins séjournent en foudres trois à quatre ans. Les 20 hectares de vignes sont plantés à environ 30 mètres d'altitude, bien plus bas que les autres grands domaines de l'AOC. Les vins sont de couleur relativement pâle, presque dépourvus de tanins avec des arômes de champignons, d'humus et d'olive. Le domaine est très convoité par les bâtisseurs de grandes voies de communication : il a perdu des vignes lors de la construction de la ligne ferroviaire Paris-Nice en 1956, et évité de justesse l'autoroute Marseille-Toulon. Aujourd'hui, Pradeaux est menacé par la liaison TGV Marseille-Toulon…

Rabiega

83300 Draguignan. Tél. 04 94 68 44 22, fax 04 94 47 17 72.

Le domaine le plus inventif et le plus expérimental de Provence, acheté par la société suédoise Vin & Spirit en 1986, est administré, depuis 1988, par Lars Torstenson. Ses vins sont distribués sur le marché en AOC côtes-de-provence, en vin de pays et même en vin de table Lars Torstenson possède deux domaines : le domaine Rabiega (10 hectares, en altitude relativement élevée, ouvert sur la montagne) et le château d'Esclans (35 hectares, à basse altitude, également ouvert sur la mer, à La Motte); les vins qui portent simplement la mention Rabiega appartiennent à la marque de négoce. Les meilleures bouteilles sont le Clos Dière, vin blanc aux arômes contenus de pêche, issu de sauvignon blanc (60%), de chardonnay (30%) et de viognier; le Clos Dière rouge se présente sous deux versions (l'une à base de syrah, l'autre à base de grenache et de carignan avec un peu de cabernet). Le Clos Dière cuvée I est un vin sensuel, parfumé, subtil aux arômes fruités, la cuvée II est moins exceptionnelle, bien que la douceur de son chêne et ses vifs arômes fruités se révèlent fort agréables. La cuvée Recinsault est une sorte de vin de cinsault de style reccioto du château d'Esclans, tandis que le Carbase et le Mourbase d'Esclans sont des vins de cépage unique (respectivement carignan et mourvèdre); le premier possède une chaleureuse profondeur et un intense arôme de prune, le second est correct, simplement plaisant.

Real Martin

83143 Le Val. Tél. 04 94 86 40 90, fax 04 94 86 32 23.

Environ 33 hectares de ce domaine de 200 hectares, situé à une altitude de 350 à 400 mètres, en bordure des appellations côtes-de-provence et coteaux-varois, sont plantés en vignes – mais sans cabernet-sauvignon. Les vins sont élaborés par Gilles Meimoun, gendre du propriétaire Jacques Clotilde, sur les conseils de Jacky Coll (qui a aidé à la création du domaine de la Courtade). Meimoun est attaché au caractère méditerranéen de ses vins. Le blanc est caractéristique de l'ugni blanc; le rouge est un assemblage non boisé de syrah et de grenache, élégant. La cuvée L'Optimum n'est pas – et Meimoun insiste sur ce point – une cuvée de prestige, mais simplement un autre vin rouge dont une partie de l'assemblage issue de syrah a passé un an en barriques.

Revelette

13490 Jouques. Tél. 04 42 63 75 43, fax 04 42 67 62 04.

Contrairement à Calissanne, par exemple, le domaine de Peter Fischer est un des plus élevés des coteaux d'aix, avec des vignes plantées à 400 mètres d'altitude. Les vins en portent la marque dans leur élégance. Revelette produit l'un des meilleurs chardonnay de Provence, le Grand Blanc, vin de pays des Bouches-du-Rhône. Le Grand Rouge issu de syrah et de cabernet est un vin vif, plein de grâce.

Richeaume ✪

13114 Puyloubier. Tél. 04 42 66 31 27, fax 04 42 66 30 59.

Ce superbe domaine de côtes-de-provence, implanté sur un sol d'argile rouge (avec 25 hectares de vignoble), est niché au pied de la Montagne Sainte-Victoire; il a été administré pendant 30 ans par l'illustre Henning Hoesch. Celui-ci a été rejoint par son fils Sylvain, formé par Paul Draper à Ridge en Californie et chez Penfolds en Australie. En 1989, à la suite d'un incendie, le domaine a été en partie replanté; aujourd'hui, les vins sont plus denses que par le passé, notamment grâce à des vendanges de plus en plus tardives. Le cabernet offre une magnifique structure, avec des arômes de cassis et de fumée, tandis que la syrah atteint un lyrisme aromatique plus proche des vins du nord de la vallée du Rhône que du Midi. La cuvée Columelle est l'un des vins les plus complexes de Provence : issue d'une sélection des meilleurs raisins de cabernet, de syrah et de merlot du domaine, elle semble dominée par un parfum de thym frais. Le viognier offre des arômes de nougat.

Rimauresq

83790 Pignans. Tél. 04 94 48 80 45, fax 04 94 33 22 31.

Ce domaine de 37 hectares de côtes-de-provence, administré par Pierre Duffort, appartient à une famille écossaise de planteurs de thé du nom de Wemyss. Le terroir est inhabituel avec des sables granitiques, du quartz, du schiste et une roche couleur vert-de-gris, que Duffort considère comme un témoignage de la présence de bauxite. Aussi bien le vin blanc (issu uniquement de rolle en 2000) que le rouge (cabernet, syrah, mourvèdre, grenache et un peu de carignan vieilli en foudre) ont des arômes minéraux qui leur donnent une distinction particulière; ils pourraient être encore meilleurs avec des rendements plus restreints.

Romanin

13210 Saint-Rémy-de-Provence. Tél. 04 90 92 45 87, fax 04 90 92 24 36.

Exploité en biodynamie, ce domaine des Baux a été créé par Jean-André Charil, chef et propriétaire du restaurant l'Oustau de Baumanière des Baux-de-Provence au nom d'un couple parisien, Colette et Jean-Pierre Peyraud. Le vin rouge assemble de syrah, de grenache et de cabernet-sauvignon auxquels s'ajoutent parfois un peu de counoise et de mourvèdre. Cœur, une sélection des meilleures vignes, est en partie vieillie en barriques. Les vins du domaine sont caractérisés par l'élégance et la vivacité, avec une finale légèrement amère.

La Roque

83740 La Cadière-d'Azur. Tél. 04 94 90 10 39, fax 04 94 90 08 11.

Avec son Grande Réserve, la coopérative de Bandol rivalise avec les meilleurs domaines de l'appellation. Ce vin, issu de rendements de 30 hl/ha où 5% de grenache et 5% de carignan équilibrent le mourvèdre, évolue assez rapidement, mais possède une structure harmonieuse.

de Roquefort ✪

13830 Roquefort-La-Bédoule. Tél. 04 42 73 20 84, fax 04 42 73 11 19.

Les 27 ha de côtes-de-provence de Raimond Villeneuve se situent derrière les collines de Bandol et de Cassis. Les vignes, proches de la mer (moins de 5 kilomètres), sont plantées en altitude (350 m) sur des sols d'argile rougeâtre et de calcaire dans une cuvette chaude, au-dessous de la forteresse en ruine de Roquefort. L'approche de Raimond Villeneuve sur ce terroir est un modèle de biodynamie réfléchie; il veut surtout fonctionner en biotope, comme un organisme équilibré. Raimond Villeneuve élabore deux blancs : d'une part, un vin de pays des Bouches-du-Rhône exclusivement issu de clairettte, vif, avec des arômes de liqueur; d'autre part un vin plus riche et plus séveux, Les Genêts, assemblage de clairette et de rolle brièvement fermentés en fût. Les Mûres, assemblages de tous ces cépages rouges, possède de brillants arômes de fruit, une finale vive et nette, légèrement amère. Rubrum Obscurum Ex Veteribus Vitibus (le plus sombre de tous les rouges de vieilles vignes) est un assemblage de grenache, de mourvèdre et de carignan vieilli en foudre; ce vin offre un splendide arôme fruité de prune mêlé d'herbes douces. La saignée du Rubrum Obscurum est utilisée pour élaborer un beau rosé à la saveur salée, appelé Semiramis. Enfin, Villeneuve propose certaines années La Pourpre, Le Pin de Provence : un vin épicé et exotique, riche assemblage de syrah et de carignan vieilli dans le bois de jeunes demi-muids.

Routas

83149 Châteauvert. Tél. 04 94 69 93 92, fax 04 94 69 93 92.

Philippe Bieler, ancien financier de Wall Street, élabore une large gamme de vins sur son domaine de 45 hectares en coteaux varois et en vin de pays du Var. Le Pyramus est caractéristique du vin blanc provençal d'ugni blanc, de rolle et de clairette, tandis que le Coquelicot assemble viognier (80%) et chardonnay. Infernet (baptisé ainsi à la suite de la découverte sur la propriété d'une étonnante cavité souterraine) est lui aussi typiquement provençal. Il est élaboré à partir de grenache, de syrah et de cabernet. Agrippa est un simple assemblage de syrah et de cabernet. Philippe Bieler propose également trois vins de cépage rouges : le cabernet-sauvignon That Wild Boar Prefer (*sic*), Cyrano (syrah) et Carignane (carignan issu de vieilles vignes de 60 ans).

Rouvière *voir* Bunan

Saint-André de Figuière

83250 La Londe-les-Maures. Tél. 04 94 00 44 70, fax 04 94 35 04 46.

Ce domaine de 20 hectares de la zone maritime des côtes-de-provence est implanté sur des sols de granite et de schiste. Il appartient à Alain Combard qui a travaillé vingt ans avec Michel Laroche à Chablis. Combard estime que ses vins blancs sont plus impressionnants que ses rouges : le riche Grande Cuvée Delphine, aux arômes fruités, met en valeur le rolle par une fermentation en fûts. Les vins rouges sont élégants.

Sainte-Roseline

83460 Les Arcs-sur-Argens. Tél. 04 94 99 50 30, fax 04 94 47 53 06.

Bernard Teillaud n'a reculé devant aucune dépense pour restaurer ce magnifique domaine de côtes-de-provence, fondé il y a dix siècles par un ordre monastique. Beaucoup de vignes sont encore jeunes sur les 37 hectares, mais les conseils de Michel Rolland ont déjà permis de produire la Cuvée Prieuré (issue de rolle et de sémillon) et la Cuvée Pierre aux arômes de cassis, issue de mourvèdre, de syrah et de cabernet-sauvignon.

du Seuil

13450 Puyricard. Tél. 04 42 92 15 99, fax 04 42 92 18 77.

Les vins du château Grand Seuil comptent un merveilleux blanc à l'arôme de miel, un rosé trop marqué par le chêne (12 mois en barriques), et un rouge souple, composé de cabernet (60%). Ce domaine de 55 hectares, situé en dessous de 350 mètres d'altitude, appartient à la famille Carreau Gaschereau.

Simone

13590 Meyreuil. Tél. 04 42 66 92 58, fax 04 42 66 80 77.

Le petit vignoble planté au milieu des bois est méticuleusement entretenu par René Rougier et son fils Jean-François, à la fois musiciens et vignerons. Pour l'instant, Simone est, à mes yeux, le seul vignoble de Palette qui produit des vins sérieux; toutefois Crémade, avec son nouveau propriétaire parisien, risque bientôt de devenir un rival. Les vignobles de Simone sont plantés sur un versant d'éboulis calcaires exposé au nord dans la vallée de l'Arc au milieu d'une région boisée. Certains pieds de vigne sont ici depuis 150 ans, avec notamment du muscat, du furmint et du bourboulenc pour les blancs, et du castet et du manosquin pour les noirs. Les vins blancs sont néanmoins élaborés essentiellement à base de clairette (80%) et le vin rouge est composé de 50% de grenache et de 25% de mourvèdre. Ils bénéficient tous les deux d'un long élevage et prennent toute leur valeur après un vieillissement en bouteille. Le Simone blanc évoque la cire et l'encens, toujours maintenu en éveil par sa vive acidité. Le rosé est vineux et mûr; les rouges sont relativement légers, sveltes et élégants. Les bouteilles de forme bordelaise, avec leurs étiquettes à l'ancienne, ajoutent à l'originalité de ce domaine.

La Suffrène ✪

83740 La Cadière d'Azur, Tél. : 04 94 90 09 23, fax 04 94 90 02 21.

Cédric Gravier a quitté la coopérative juste avant la vendange 1998, et ses premiers vins confirment qu'il est l'une des étoiles montantes de l'appellation. Pour un premier millésime, la superbe cuvée de vieilles vignes Les Lauves présentait des tanins équilibrés, des arômes de noisette et d'humus.

Tempier ✪

83330 Le Castellet. Tél. 04 94 98 70 21, fax 04 94 90 21 65.

Avec Pradeaux, Tempier est l'un des deux grands et anciens domaines de bandol. La lignée de la famille Peyraud est interrompue pour l'instant, mais le savoyard Daniel Ravier progresse dans l'élaboration des vins au nom de la famille propriétaire. Il propose pas moins de cinq cuvées de vins rouges dont deux couvrent le domaine tout entier : la cuvée Classique, légère, aux arômes de cerise, issue de vignes de 20 ans où le mourvèdre est mêlé au grenache, au carignan et au cinsault; et la Cuvée Spéciale, plus succulente, née de vignes de 35 ans, avec 80% de mourvèdre et 20% de grenache. Trois autres vins sont élaborés à partir de parcelles séparées : La Tourtine provenant de 6 hectares situés à 170 mètres d'altitude, Cabassou, parcelle de 1 à 2 hectares, logée au-dessous de La Tourtine, et La Migoua, une parcelle de 5 hectares située à 270m, où l'exposition sud et la disposition en amphithéâtre augmentent la chaleur. La proportion de mourvèdre varie : 95% pour Cabassou (avec un peu de grenache et de syrah); de 70 à 80% pour La Tourtine (avec du cinsault et du grenache); et tout juste 50% pour La Migoua (avec 30% de cinsault, 18% de grenache et 2% de syrah). Le Cabassou est le vin le plus charnu et le plus épicé; La Migoua est long et animal, plein d'arômes de feuilles de laurier et de cuir; La Tourtine se révèle un peu austère, malgré ses nuances d'olives et de garrigue.

Tour du Bon ✪

83330 Le Brûlat-du-Castellet. Tél. 04 98 03 66 22, fax 04 98 03 66 26.

Ce domaine de 12 hectares de bandol produit une cuvée Classique harmonieuse prête à boire assez rapidement. C'est un assemblage de 55% de mourvèdre, 35% de grenache et 10% de cinsault. Le superbe Saint-Férréol, avec ses arômes concentrés d'olive noire et de cacao, est un vin de longue garde.

Trévallon ✪

13103 Saint-Étienne-du-Grès. Tél. 04 90 49 06 00, fax 04 90 49 02 17.

Éloi Dürrbach du domaine de Trévallon, le plus grand de tous les producteurs de vins des baux, doit vendre son vin en vin de pays. À cause de ses différends avec les autorités sur l'utilisation du cabernet, Dürrbach n'a pas obtenu l'autorisation d'étendre son vignoble. Trévallon s'étend assez loin au nord des Baux, sur trente petites parcelles d'éboulis de calcaire blanc, donnant des vins d'une grande finesse, mais pas nécessairement d'une grande force («il fait trop frais ici, explique Dürrbach pour amener à pleine maturité du mourvèdre ou du grenache»). Le vin blanc, issu de roussanne et de marsanne, fermenté en barrique, offre de somptueux arômes de miel; le rouge (carbernet et syrah à parts égales) est équilibré, avec des notes de laurier. Il faut l'attendre. En 1985, Dürrbach a mis en bouteille des cuvées expérimentales de vins rouges vieillis en barrique et en foudre ; avec le temps, les vins vieillis en foudre «conservent mieux le caractère sauvage de la région».

Les Valentines

83250 La-Londe-les-Maures. Tél. 04 94 15 95 50, fax 04 94 15 95 55.

Gilles Pons produit sur son domaine de 23 hectares de côtes-de-provence l'un des meilleurs blancs issus d'ugni blanc, à partir de vignes vieilles de 70 ans. Il emploie une technique similaire à celle de Gilles Meimoun à Real Martin, récoltant tôt une partie de la vendange pour la fraîcheur, et une autre tardivement pour la richesse et le volume. Le rouge est élaboré à partir de 35% de grenache, 35% de syrah auxquels s'ajoutent 15% de cabernet et de mourvèdre; ces deux cépages sont vinifiés dans le bois pour la structure, tandis que les autres cépages sont vinifiés dans des cuves de béton pour accentuer leur caractère fruité. Environ 30% de l'assemblage final passe en barriques.

Vannières

83740 La Cadière-d'Azur. Tél. 04 94 90 08 08, fax 04 94 90 15 98.

Cet élégant domaine de 32 hectares à la limite des appellations bandol (20 hectares) et côtes-de-provence (10 hectares, avec 2 hectares de vin de pays) produit un bon vin blanc, à l'arôme de pêche, et un bandol rouge floral dans sa jeunesse, avec des notes d'épices fraîches et des tanins souples.

Vignelaure

83560 Rians. Tél. 04 94 37 21 10, fax 04 94 80 53 39.

Vignelaure, établi dans l'appellation des coteaux d'aix, mériterait un ouvrage à lui tout seul. Son propriétaire actuel est l'ancien entraîneur de chevaux de course David O'Brien. Il a commencé par se faire connaître avec un vin de domaine agréable, aux arômes de tabac et de cerise. Il produit également des vins de cépage (cabernet et merlot) vendus en vin de pays.

Le Bordelais

Réécrire les classiques. Le Bordelais a changé de visage. Autrefois région de tradition, il est devenu un vignoble d'expérimentation, qui cultive la diversité et nourrit une grande ambition.

L'hélicoptère s'élève à la verticale dans un tournoiement de poussière. Il vibre dans la chaleur de l'air, rejoignant, rapide comme l'éclair, l'éclatante lumière du soleil. Il flotte dans le ciel, tangue puis bascule vers l'avant comme pour mieux vous révéler ce morceau de terre plat que vous avez laissé derrière vous.

Au premier abord, le Médoc ne dévoile que son histoire de paisible terre de pâture, avec ses troupeaux de vaches brunes qui somnolent. Puis, une à une, des taches blanches, aux contours brodés de verdure, commencent à se distinguer. Elles ne sont pas aussi étendues que l'on pourrait l'imaginer en parcourant en voiture les routes de la région ; les bois et les pâturages, les fossés et les digues entrecoupent le vignoble et créent des zones humides. Il n'y a qu'à Saint-Julien et à Pauillac, après les pâturages qui font suite au Château Margaux, que la vigne semble devenir une monoculture.

Au cœur de certains vignobles des souches manquent. Entre les vignes, des bandes de terre nue, manifestement desherbées. Des collines ? Je n'en vois qu'une : celle de Lafite, qui s'élève au-dessus de ses jardins, face à Cos d'Estournel au nord, et partagée avec Mouton au sud. Le reste, vu du ciel, n'est qu'une douce étendue de sable pâle et de galets, que font miroiter les plus légères brises de la nuit et dont les ondulations évoquent un paysage de neige. Vus du ciel, les châteaux, si imposants à terre, ne semblent plus que des tumulus, d'harmonieux empilements de pierres laissés par des voyageurs pour jalonner l'espace. Après Saint-Estèphe, les longues lignes symétriques dessinées par les ceps se perdent. Les taches blanches ne sont plus que ponctuelles, les rangées bien alignées disséminées. La forêt gagne sur les terres cultivées.

Plus tard, un samedi soir, j'enfourche une bicyclette belge, solide, confortable, archaïque. Il a plu, l'air a été lavé. Le soleil printanier descend sur Libourne, Bordeaux, l'Atlantique, illuminant Pomerol de reflets cuivre et or. L'index pointé du clocher de l'église s'élève dans la fraîcheur du ciel. Je pars de Le Pin et de Catusseau – hameau d'ouvriers viticoles, avec ses petits potagers, qui semble nourrir de secrètes ambitions. Et me voici rendu à Trotanoy, jolie propriété à laquelle des allées de cyprès prêtent un air toscan. Une parcelle est en cours de replantation le long de la route. J'examine la terre nue, cherchant des traces visibles de magie et n'en trouvant évidemment pas. Juste des pierres, arrachées aux lointaines collines du Périgord et du Limousin, des millions et des millions de galets roulés. La molasse, couleur brique, collante, les engloutit indifféremment.

Je me dirige vers l'église de Pomerol. Le drapeau tricolore flotte vaillamment à la brise du soir sur le monument aux morts. Une école, un terrain de jeu, quelques maisons : Pomerol est un vrai village. Le cimetière est à l'extérieur, au milieu des vignes, près du château L'Église Clinet. J'avance dans cette direction, puis tourne à droite vers d'autres domaines. Le sol devient plus encore caillouteux à mesure que je gravis cette côte, tandis que, sur ma gauche, le vignoble descend en pente

jusqu'à la Barbanne. Il est aisé de trouver Petrus : des chaufferettes bordent la vigne (en mars, avril, les risques de gelées sont encore bien réels), et l'initiale P, dorée, au sommet de la hampe accroche les derniers rayons de soleil. Je gravis doucement la colline : c'est la partie la plus élevée de l'appellation pomerol. On dit que ce vignoble d'exception est situé sur une boutonnière d'argile qui réapparaît au-dessus des graves et de la molasse. Pourtant, aux yeux du cycliste que je suis, les vignes ne sont guère différentes de celles du Vieux Château Certan, tout à côté. Je tourne à gauche, puis encore une fois à gauche : je passe successivement devant La Conseillante et L'Évangile, avant de franchir l'étrange frontière qui sépare pomerol de saint-émilion. Cheval Blanc et les domaines Figeac se présentent avec une discrétion toute bordelaise; pas de grands murs portant le nom du vignoble à la façon de l'hermitage. Je rentre à Catusseau par Petit Village et Beauregard. J'ai vu tout ce qu'il y avait de mieux en une demi-heure. Le Pin, Trotanoy, l'Église-Clinet, Lafleur, Petrus... et, tout à côté, des propriétés comme Haut-Tropchaud ou Guillot. La célébrité internationale côtoyant des existences obscures : c'est aussi cela le Bordelais.

Le Bordelais : géant du vin

Supposez que les grandes lignes de la carte de France ne soient pas dessinées en fonction de la topographie, mais de l'émotion. La position du Bordelais changerait alors du tout au tout. Ce ne serait plus cette petite flaque rouge à l'entrée de la région verdoyante et montagneuse du Sud-Ouest, avec une profonde percée maritime. Bordeaux serait quelque part ailleurs, en plein cœur du pays. Car il ne constitue pas seulement la plus grande aire d'appellation, son succès donne aussi l'échelle à laquelle se mesurent toutes les autres régions. En fait, n'importe quel producteur qui a envie de faire du vin rouge, où que ce soit dans le monde, se tourne vers Bordeaux. La ville est au vin ce que Shakespeare est au théâtre anglais, Verdi à l'opéra italien, ou Tolstoï au roman russe : inépuisable, multiple, représentant, au-delà de sa propre réalité, toute la culture dans laquelle elle s'inscrit.

Quelques chiffres permettront d'illustrer mon propos. La célèbre appellation de la vallée du Rhône qu'est l'hermitage, par exemple, couvre au total 134 hectares; un grand producteur d'hermitage comme Jean-Louis Chave exploite 10 hectares sur une colline à la géologie complexe. Condrieu couvre au total à peine 98 hectares, et même l'AOC côte-rôtie ne couvre que 200 hectares. En Bourgogne, les aires d'appellation sont encore plus petites. Un négociant comme Louis Jadot élabore des vins de trente-huit appellations – et cela ne représente que 70 hectares. La majorité de ceux qui commercialisent et mettent en bouteilles le grand cru montrachet détiennent moins de 1 hectare de vignoble. Seules vingt-cinq caisses de montrachet de Leflaive sont produites pour satisfaire la demande du monde entier.

« Si vous jouez la finesse sur un grand terroir, vous obtenez de grands vins classiques du Bordelais. La puissance n'est pas naturelle à Bordeaux, parce que nous ne jouissons pas du même ensoleillement qu'en Californie ou en Australie. Jouer sur ce terrain, c'est comme boxer au-dessus de son poids. Et si vous boxez au-dessus de votre poids, vous savez comment ça se termine... mal. »

CHRISTIAN MOUEIX

« Trop de finesse tue la finesse. »

JEAN-LUC THUNEVIN

Angelus est parvenu au rang de premier grand cru B dans le classement de Saint-Émilion. Il recherche plus que jamais l'élégance dans ses vins.

Le Bordelais est une terre de contrastes. Le Château Lafite-Rothschild, l'un des cinq premiers crus classés du Médoc, possède 90 hectares de vignoble, et produit jusqu'à 220 000 bouteilles par an. Le plus vaste des crus classés, Château Lagrange, ne possède pas moins de 113 hectares, soit une superficie supérieure à celle de l'AOC condrieu. Beaucoup de châteaux médocains disposent au moins de 50 hectares de vignes ; quatre châteaux suffiraient donc à couvrir toute la surface de l'appellation côte-rôtie. Le Médoc compte des centaines de châteaux. Les propriétés sont certes de taille plus restreinte dans les appellations saint-émilion et pomerol (le Château Cheval Blanc a une surface de 36 hectares et Petrus de 11 hectares), mais les appellations elles-mêmes sont encore immenses en comparaison de celles d'autres régions : saint-émilion couvre plus de 5 000 hectares. Bien sûr, tous les vins ne sont pas grands. Mais il existe suffisamment de terroirs viticoles de qualité pour produire un volume important de vins de toutes les couleurs. Le Bordelais est la seule région de France à élaborer des vins rouges, blancs secs, moelleux ou liquoreux aux niveaux les plus hauts. Vous trouverez un bordeaux pour presque toutes les occasions ; seul un bon vin effervescent fait défaut, le crémant étant presque confidentiel.

Une telle superficie, la notion de château et les classements des vins officiellement entérinés depuis le XIXe siècle ont beaucoup contribué à la prospérité de la région. Le vin de Bordeaux est ainsi coté en Bourse. Aucune autre région de France (ni même du monde jusqu'à cette date) n'a cette chance. Il existe suffisamment de crus de qualité dans le Bordelais pour que les actions puissent être acquises et négociées sur le plan international. Les noms de châteaux qui ne font référence à aucun propriétaire confèrent à ce marché une permanence et une continuité (du moins en apparence) qui fait défaut, par exemple, aux domaines familiaux bourguignons, dont on ne sait que trop avec quelle rapidité ils peuvent changer de mains. La base de toute entreprise de vins fins, ou de spéculation boursière sur le vin, est le bordeaux. C'est ce qui fait la richesse de la région et attire sur elle les regards du monde entier.

Pourtant, historiquement, le Bordelais, tel que nous le connaissons aujourd'hui, est une région viticole relativement nouvelle, de date beaucoup plus récente que la Bourgogne ou que ses rivaux du Sud-Ouest, comme Cahors, dont Bordeaux regardait la grandeur avec une telle envie qu'il lui fallut recourir à des mesures protectionnistes pour lui enlever ses marchés. Il existait quelques vignes à l'époque romaine – surtout à Saint-Émilion, dont l'escarpement abrupt bien exposé au sud ne pouvait qu'éveiller les instincts viticoles des Romains (ils ne laissaient jamais une colline esseulée, sans y établir une citadelle ou un vignoble). Le Médoc, au contraire, était une zone marécageuse inaccessible, inondable jusqu'au XVIIe siècle, époque où des ingénieurs hollandais vinrent drainer la région. Les vastes bancs de graves ainsi mis à nu se révélèrent, avec le temps, extrêmement propices à la culture du cabernet-sauvignon. Un terroir avait été découvert ; il allait apporter la prospérité. Une petite excursion sur la D 2, dont le tracé sinueux traverse tout le Médoc en direction du nord, vous permet de découvrir une densité incomparable de somptueux châteaux. Ce fut la Napa Valley du XVIIIe siècle.

Au XXe siècle, le Bordelais a certes connu des vicissitudes, mais pas plus que n'importe quelle autre grande région viticole. L'économie du vin est étroitement liée à deux facteurs : les dispositions naturelles (la qualité des millésimes, particulièrement importante sous un climat océanique comme celui de la Gironde) et le contexte social qui dicte la consommation des vins. Deux guerres mondiales et une crise économique internationale n'ont pas favorisé la prospérité de la viticulture dans la première moitié du XXe siècle ; les mauvais millésimes des années

C'est dans une ruelle comme celle-ci, dans la pittoresque ville de Saint-Émilion, qu'est né le mouvement des « vins de garage ».

1930 et le niveau moyen de la période 1960-1980 réduisirent encore l'intérêt porté au vin. Bordeaux a toutefois gardé sa superbe, vivant de sa réputation historique. Les vignerons bordelais d'aujourd'hui sont étonnés de constater le degré de médiocrité auquel certains domaines avaient pu tomber. Et ce n'est pas sans une certaine appréhension que beaucoup ouvrent leur vinothèque avec les millésimes passés.

L'année 1982 vint tout changer. Ce fut un millésime magnifique, chaud et généreux. Les progrès de la vinification, apportés par le professeur Émile Peynaud (le plus notable étant sans doute la sélection de la meilleure partie de la vendange uniquement pour l'élaboration du grand vin vendu sous le nom du château) commençaient à porter leurs fruits. À compter de 1982, les trois cents plus illustres domaines du Bordelais ont connu une période de prospérité sans précédent depuis le milieu du XIXe siècle. Quelles en sont les raisons ?

Avant tout la demande. Le monde traverse une période de plus grande richesse depuis un certain nombre d'années. L'Europe n'est plus en guerre et de nombreuses cultures qui autrefois ne s'intéressaient ni au vin ni à la cuisine européenne – dans laquelle le vin joue un rôle capital – ont appris à apprécier l'un et l'autre. Jusqu'en 1982, les clients du Bordelais se trouvaient en majorité au sein de la bourgeoisie des pays européens, auxquels s'ajoutaient quelques Américains épris de l'Europe. Ils sont aujourd'hui répartis dans les classes supérieures de toute la planète. De fait, c'est une demande presque hystérique de la part des marchés asiatiques qui a fait monter le prix du bordeaux 1996 en primeur et qui a encouragé les châteaux du Bordelais à commercialiser le millésime 1997, agréable mais faible, à des prix indéfendables.

Le deuxième facteur majeur de cette évolution a été le développement de l'information et de la communication sur le vin, et l'essor de la critique œnologique. Au mois de mars de l'année qui suit chaque millésime, les critiques arrivent et portent leur premier jugement sur les vins. C'est une opération quelque peu hasardeuse, puisque les vins sont encore inachevés, que les assemblages ne sont pas aboutis et que la mise en bouteilles ne se fera pas avant un an. Non seulement le diagnostic est porté trop hâtivement, mais des allégations de truquage des échantillons pour la cuvée du journaliste ressortent régulièrement. Pascal Delbeck du Château Belair affirmait au moment de la dégustation du millésime 2000 en primeur, que « les notes en pourcentage attribuées au nouveau millésime se sont (souvent) fondées sur des échantillons truqués », tandis qu'un grand propriétaire de domaine de pomerol m'a assuré qu'on utilisait souvent du chêne américain pour adoucir les échantillons présentés à la dégustation en primeur. Les propriétaires fixent les prix de leurs vins en fonction des réactions des critiques, et en particulier du commentaire de l'Américain Robert Parker. La spéculation se déchaîne. Cela a créé un esprit de compétition, avec des vins vendus à des prix étonnamment élevés, dix ans ou plus avant d'arriver à maturité et même parfois avant d'être mis en bouteilles. Au moment où j'écris, les nouveau-nés de l'an 2000 de certains châteaux font l'ouverture à des prix plus élevés que les grands vins (parvenus à un stade de demi-maturité) du millésime 1990 des mêmes domaines. L'afflux de liquidités pour les bénéficiaires a un effet magnétique sur d'autres producteurs, qu'il incite à monter la barre. Le résultat est une augmentation de revenus pour le nombre croissant de propriétaires décidés à entrer dans ce jeu.

Toutefois, les bénéfices ne sont pas répartis de manière égale dans la région. Les premiers à souffrir de ce nouvel état de choses ont été les négociants – les grands « princes marchands » du passé. D'un point de vue historique, on ne peut guère tirer qu'une conclusion : le rôle qui fut autrefois le leur est révolu. Ils étaient censés aider les propriétaires à franchir le cap des millésimes difficiles. Les progrès de la vinification et la demande planétaire font qu'il n'y a plus de millésimes difficiles au sens ancien du terme ; et les critiques œnologiques

Cette petite statue religieuse est une bien modeste ornementation d'un des chais les plus sobres du Bordelais, celui de Petrus.

assument la fonction de représentants de commerce pour les grands bordeaux. Si la commercialisation des vins de châteaux par une vingtaine de sociétés de négoce se perpétue, la raison principale réside dans la grossière erreur de calcul que commirent les propriétaires sur la valeur du millésime 1997. En 2001, les négociants écoulent le stock de 1997 afin de s'assurer ainsi leur fidélité. Mais, bientôt, il n'y aura peut-être plus de raison économique pour que ce système de commercialisation tripartite se maintienne. Qu'est-ce qui peut empêcher, par exemple, les châteaux Le Pin, Léoville-Poyferré ou Lafaurie-Peyraguey d'organiser sur Internet une vente aux enchères en primeur ? Ce serait certainement l'intérêt des propriétaires que de procéder ainsi, l'augmentation de leurs revenus directs compensant alors les coûts administratifs supplémentaires.

Vous n'aurez pas manqué de noter que j'ai mentionné précédemment « les trois cents plus illustres domaines ». Il existe au total environ 12 500 producteurs en Bordelais ; 95 % d'entre eux élaborent des vins relativement simples qu'ils mettent immédiatement sur le marché, sans élevage préliminaire. La récente vague de prospérité a laissé ces vignerons en marge. À ce niveau, le Bordelais est même considéré comme une région viticole de moins en moins compétitive, surestimée, dont les appellations administrées de façon laxiste perdent rapidement le crédit qu'elles pouvaient avoir aux yeux du consommateur.

La récente vague de croissance a eu un autre effet, dont certains se réjouissent, alors que d'autres en redoutent les conséquences catastrophiques : le profil du vin de Bordeaux change.

Stephan von Neipperg

Stephan von Neipperg est le cinquième d'une famille de huit enfants. Son père a acheté le château Canon-la-Gaffelière, en saint-émilion, en 1971 ; les vignobles du Clos de l'Oratoire, de La Mondotte et de l'Aiguilhe ont été acquis plus tard. Depuis le milieu des années 1990, le comte Neipperg travaille avec Stéphane Derenoncourt ; les vins qu'ils ont élaborés ensemble comptent aujourd'hui parmi les plus prisés de la région. « Mon objectif a toujours été clair : je voulais faire le meilleur vin possible sur chaque terroir. Il m'a fallu des années pour découvrir mon terroir, et je n'en sais toujours pas tout. Aujourd'hui, nous faisons du vin comme il y a quatre-vingts ans, ce qui a beaucoup plus d'intérêt que les méthodes employées depuis une vingtaine d'années. Écouter davantage la nature, trier le raisin, utiliser des levures indigènes, privilégier les cuves en bois plutôt que l'Inox, conserver les grains entiers, pratiquer le pigeage, travailler sur les lies, réduire l'utilisation de soufre, laisser fermenter le vin très lentement : tout a son importance. Il faut respecter le raisin et sa pellicule. Avec une très bonne pellicule, on peut élaborer un grand vin ; une mauvaise pellicule ne donnera jamais de grand vin. Je suis producteur de pellicules. » ▶

Michel Rolland

Michel Rolland n'est pas seulement le conseiller le plus influent du Bordelais, il est devenu le plus illustre concepteur de vins du monde. « Je ne transforme pas les vins, j'essaie de les rendre aussi bons qu'ils peuvent l'être dans le cadre où ils sont produits. Quand je bois, j'aime qu'il y ait une sensation de plaisir. J'aime les vins souples, issus de raisins mûrs, et c'est ce que recherche le consommateur. »

La vendange à pleine maturité est la principale innovation de Michel Rolland. Longtemps, les Bordelais ont considéré une telle pratique dangereuse en raison du risque que pouvaient représenter les pluies d'automne. Michel Rolland m'a dit que, sur la propriété familiale du Bon Pasteur à Pomerol, son père récoltait systématiquement la vendange avant que le fruit fût tout à fait mûr. « Il m'a enseigné des tas de choses, mais pas la maturité. En fait, quand j'ai commencé à travailler en 1970, j'ai dû analyser les millésimes dont tout le monde parlait à Bordeaux : 1928, 1929, 1945, 1947, 1955 et 1961. À peine six grand millésimes en soixante-dix ans. J'ai pensé que j'avais choisi un métier assez ennuyeux. Mais je me suis bientôt demandé pourquoi ces millésimes étaient si réussis. En examinant leur profil, je me suis aperçu qu'ils étaient tous forts en alcool, de faible acidité, nés de petites récoltes et, donc de toute évidence, de récoltes mûres. Prenez par exemple 1947 – je suis né en 1947 – vous constatez que les vins atteignent souvent plus de quatorze degrés, avec un pH de plus de 3,6 et une acidité totale inférieure à 3 g/l, ce qui leur donne de la suavité, de la rondeur et du soyeux. Ils étaient mûrs, très mûrs. Je suis un épicurien. J'aime le plaisir. Pour élaborer les vins que j'aimais, il fallait récolter des raisins mûrs. »

Le nom de Michel Rolland est attaché à certaines techniques – dont la pratique de la fermentation malolactique en fût de chêne neuf. « Je pense qu'un grand vin doit être élevé sous bois. Mais on peut aussi gâter le vin avec le bois. Il faut essayer d'intégrer, aussi complètement que possible, la saveur du bois neuf. Le meilleur moyen pour y parvenir est de mettre le vin en barriques, tant qu'il est encore chaud, juste après la fermentation à une température de 25-26 °C. Vous pouvez aussi procéder à la fermentation malolactique en barriques, mais ce n'est pas indispensable. Ce qui compte c'est de mettre très vite le vin sous bois. » Une autre innovation de Michel Rolland fut d'élaborer des vins de faible acidité, ce qui aurait été jugé dangereux par le passé. « L'acidité aide le vin à surmonter l'épreuve du temps, mais sans nécessairement apporter grand-chose en terme de qualité. Autrement dit, le vin reste austère, un peu rigide et fermé, et ce n'est pas très agréable pour le consommateur. Il est vrai que les vins de faible acidité sont vulnérables : ils peuvent être attaqués par des maladies bactériennes ou levuriennes. À un faible degré d'acidité, le soufre est moins actif, vous obtenez donc des vins plus difficiles à conserver. Pour éviter ces problèmes, la cave doit être d'une hygiène impeccable. »

Autre caractéristique : la souplesse des tanins. « Lorsque le raisin est mûr, les tanins deviennent soyeux, souples, et vous pouvez en extraire de nombreux composants. »

Certains critiques estiment cependant que les vins élaborés sur les conseils de Michel Rolland sont trop simples et monotones. « Je ne suis pas un intellectuel, donc je ne sais pas faire de vins intellectuels. Le vin est un commerce. Il est fait pour être bu tous les jours. On produit tous les ans 250 millions d'hectolitres de vin à travers le monde. Si donner du plaisir est un défaut, alors je suis bourré de défauts. »

Gérard Perse

Gérard Perse est pour moi, avec Stephan von Neipperg, le propriétaire le plus influent du Bordelais. Son travail aux châteaux Monbousquet, Pavie et Pavie-Decesse (en collaboration avec Michel Rolland, Alain Raynaud et le responsable du vignoble Laurent Lusseau) pourrait servir de modèle. Quelles sont ses méthodes ?

« Nous avons repensé nos modes de taille, nous avons échalassé de nouveau le vignoble, nous avons retourné la terre des rangs de vignes pour que les racines s'enfoncent plus profondément. Nous avons réduit le rendement de 60 hl/ha à 25 hl/ha. Pour la vinification, je me suis inspiré des meilleures méthodes appliquées ici et là, et notamment en Bourgogne. Tables de tri, maturité maximale, contrôle de la température et élevage sur lies. Nous récupérons toutes les lies fines de la fermentation et nous les ajoutons au vin en barrique : les lies apportent profondeur, onctuosité, puissance aromatique et structure au vin. La macération du raisin à froid avant la fermentation n'a pas réellement été empruntée à la Bourgogne ; j'en ai eu l'idée moi-même. Je m'étais aperçu que, plus la fermentation commençait tard, plus les arômes étaient purs. Autrefois, on faisait débuter la fermentation le plus vite possible pour éviter les risques. J'ai décidé de faire le contraire, et j'ai obtenu des arômes plus fins, plus francs. »

Mais dans quelle mesure ces vins sont-ils caractéristiques du style classique du bordeaux ? « Le Bordelais a souffert de surproduction pendant trente ans et a perdu son lien au terroir. Plus vous réduisez les rendements, plus vous donnez de chance au terroir de s'exprimer. Le style de nos vins est plus proche de ce qui était produit avant 1939. Toutes les méthodes modernes ont engendré une forte dilution. »

◄

Jacques Thienpont

Jacques Thienpont est un marchant de vin belge, mais sa famille avait un pied-à-terre à Pomerol : son grand-père acheta, en effet, Vieux Château Certan en 1924. Le château est aujourd'hui géré par son cousin Alexandre. Un autre cousin, Nicolas Thienpont, possède des propriétés en bordeaux-côtes-de-francs et administre les châteaux Pavie-Macquin et Bellevue ; son frère Luc est propriétaire de Labégorce-Zédé et du Clos des Quatre Vents en AOC margaux. Jacques Thienpont a créé le vignoble le plus célèbre du monde : les 2,5 hectares du Pin. La parcelle initiale de 1 hectare a été mise en vente en 1979 ; son oncle souhaitait l'acheter pour Vieux Château Certan, mais les actionnaires n'étant pas d'accord, Jacques s'en porta acquéreur. Depuis, il a doublé sa surface « en flirtant avec les voisins ». Sa philosophie met en avant le terroir et le millésime. « Je surveille les raisins. J'essaie d'élaborer le vin le plus simple possible. Dans la cave du Pin, il n'y a pas de machines ni d'ordinateur. Tout se fait à la main. » Pas de macération à froid, pas d'extraction prolongée, pas d'utilisation de 200 % de chêne neuf. Thienpont procède à la fermentation malolactique en barrique. « Au début, je ne disposait que d'une cuve pour la vinification. Je n'avais donc pas d'autre solution que de mettre le vin en fût après fermentation et de chauffer le local pour déclencher la "malo". Mon conseiller en œnologie, Dany Rolland, épouse de Michel, jugea l'expérience intéressante. Désormais, cette pratique est devenue à la mode, mais pour ma part, je n'ai fait que suivre les méthodes de mon grand-père. Autrefois, au Vieux Château Certan, on disait que les fûts "se parlaient entre eux", mais on ne savait pas pourquoi. » Thienpont est étonné du succès extraordinaire du Pin. « Ma maxime était plutôt "Pour vivre heureux, vivons cachés", mais je me retrouve à présent face à la foule ; c'est embarrassant. Je fais mon vin à ma manière et il est vendu dans la demi-heure. Jusqu'à présent personne ne l'a refusé. Le marché fait le reste. »

Jeux de style

Hier soir, à Oxford, j'ai compris quelque chose. J'étais avec mes parents ; nous allions nous mettre à table. J'ai sorti un 1998, Château Cluzan, simple AOC bordeaux, distribué par la maison Sichel.

Je le débouche, je le verse dans le verre. J'en prends une gorgée, une autre gorgée, mais cette fois j'en ai pris dans ma bouche beaucoup plus que je ne le ferais normalement. Il est frais, limpide et persistant : un vin équilibré, très équilibré… Il me fait penser aux mouettes rieuses que j'ai vu l'après-midi même se poser sur l'eau du Cherwell, malmenées par les vents d'équinoxe, tremblant à leur souffle et se posant pourtant tranquillement sur l'eau calme, en souplesse. Je prends trois longues gorgées, laissant le vin m'emplir la bouche. Pas de brûlure, pas de feu ; un pur rafraîchissement. Ce n'est pas que je mourais d'envie de boire – on avait bu du vin au déjeuner –, mais je savais que ce vin descendrait avec la facilité d'une boule de billard s'acheminant sereinement vers son trou. Nous étions trois. Toutefois, en d'autres circonstances, j'aurais pu terminer cette bouteille à moi tout seul. C'était une boisson agréable, équilibrée, admirablement digeste. Un clairet qui mettait dans le mille.

J'ai alors compris ce que Christian Moueix (l'homme qui élabore Petrus depuis 1971) m'avait dit six jours auparavant. Nous discutions du pour et du contre du nouveau bordeaux. « Je suis traditionaliste, même si je ne suis pas encore très vieux. Je veux dire que je respecte le terroir, je respecte le climat. Je suis contre les nouvelles technologies, parce que je pense qu'elles comportent l'énorme risque de faire perdre la finesse et l'élégance qui font du bordeaux un vin unique. Cette facilité avec laquelle se boit un grand bordeaux fait que vous partagez aisément une bouteille à deux, sans ressentir la moindre fatigue. Les nouveaux vins technologiques son tellement épais qu'on a du mal à les avaler. Nous entrons dans une compétition du muscle et non plus du cerveau. À mon sens, cette nouvelle approche est une grave erreur. Ce qui ne veut pas dire que la nouvelle école ne gagnera pas. Je crains même qu'elle ne gagne. Mais ce serait au détriment du bordeaux. »

Moueix n'est pas le seul à voir les choses de cette manière. L'été 1999, Anthony Barton, du Château Léoville-Barton, me confiait : « Les nouveaux vins, avec leur hyper-extraction, sont sans mystère. S'ils vieilliront ou non, cela reste à voir. Mon palais est habitué à un style de vins plus fin, plus subtil. » Je pensai aussi à Paul Pontallier, du Château Margaux, me vantant le style du margaux 1999. « Tous nos efforts ici, à Château Margaux, s'appliquent à produire un vin à la hauteur du 1999 : tout en souplesse, en délicatesse…, où la force se cache derrière la souplesse, la puissance derrière la subtilité. Le 1999 a maintenant passé cinq mois en chêne neuf à 100 %. Où est le chêne ? Digéré par le vin. C'est la preuve de la force du vin. Derrière son élégance, il y a une poigne de fer. Le génie spécifique de margaux est là. » Et je pensai encore à l'illustre dégustateur et critique Michael Broadbent, écrivant dans *A Century of Wine* (*Un siècle de vin*, éd. Stephen Brook) : « Il n'y a rien de mieux qu'un bordeaux à table. Il a le volume qu'il faut, il est rarement trop fort en alcool et il flatte les sens – et même, quand c'est un vin plus raffiné, l'esprit. Le bordeaux est rafraîchissant… Est-ce trop d'espérer persuader l'œnologue de se tenir en retrait, de laisser au pomerol son style naturellement plus charnu, au médoc son mélange de styles masculin et féminin, que le vieillissement en bouteilles améliore l'un et l'autre ? »

Qu'est-ce qui les tracasse tous ? « Un effort extraordinaire, et sur l'une des vedettes du millésime : le 1998 se pare d'une robe opaque, d'allure épaisse, noire et pourprée, en plus de somptueux arômes de mûre, de myrtille, de fumée, de minéraux et de vanille. Un vin plein et riche… Cet effort prodigieux est l'une des grandes surprises du millésime. » C'est la note de dégustation de Robert Parker sur le Péby Faugères 1998, saint-émilion qu'il place (en 2001) au-dessus des vins de Cheval Blanc ou d'Ausone. « Une robe pourpre dense est suivie d'arômes de gelée de fruit noir, entremêlés de fumée, de liqueur et de truffes. Un vin profond, qui a du corps, de la texture, une pureté et une harmonie extrêmes. Ce vin extraordinaire est à boire pendant dix ou quinze ans. » Parker encore, à propos du margaux Clos du Jagueyron 1999, qu'il place en 2001 plus haut que le même millésime de Cos d'Estournel, de Ducru Beaucaillou, de Léoville-Barton ou de Léoville-las-Cases. Il serait inexact et trompeur de prétendre que Parker ne soit pas capable d'apprécier la subtilité et la beauté tranquille d'un vin (ainsi que le montrent ses notes sur Haut-Brion), mais il aime la maturité, la richesse, les textures épaisses. Il récompense de notes enthousiastes les vins présentant un tel profil. Or, Robert Parker fait la loi sur le marché des grands bordeaux. Les vins de ce style se vendent bien.

Bien sûr, Petrus, Léoville-Barton et Margaux sont également très appréciés. Ainsi se vendent-ils tout aussi bien. Mais pour d'autres châteaux, en particulier pour ceux qui ne croient pas au bordeaux riche et concentré, la lutte est plus difficile. La famille Lurton, par exemple, a dû se battre longtemps pour arriver à ce que les vins des Châteaux Brane-Cantenac et Durfort-Vivens soient appréciés. Il en va de même

Denis Durantou

Peut-être n'est-ce pas pure coïncidence si la maison de Denis Durantou et la cave de L'Église-Clinet sont tout près du cimetière de Pomerol : rares sont ceux à avoir aussi bien tiré la leçon des ancêtres que ce maître adroit et espiègle qui se lance dans son vingtième millésime. Pas de formules magiques, pas de fétiches, juste la conjonction précieuse des graves, de vieilles vignes, de faibles rendements et de 80 % de barriques de chêne neuf.

Durantou est marié au peintre Marie Reilhac et a trois filles, Alix, Noémie et Constance. Plutôt que de se lancer dans l'élaboration de vins de garage, il a monté une affaire de négociant dans le chai qu'il a construit récemment à Catusseau – au-dessus duquel Marie Reilhac possède un atelier inondé de lumière. Le vin est bien entouré, entre le commerce et l'art.

▶

Jean-Luc Thunevin

Jean-Luc Thunevin est peut-être l'homme qui a voulu secouer l'univers des producteurs de Saint-Émilion, mais il est loin d'occuper une position marginale : Alain Vauthier, propriétaire du château Ausone, était l'un de ses camarades de classe, et les deux hommes sont restés amis. La famille joue un rôle moteur ici, comme dans bien des domaines traditionnels : la femme de Jean-Luc Thunevin, Murielle Andraud vinifie au château Marojallia, à Margaux. Leur fille Virginie travaille aussi avec eux. La fille de Virginie, Axelle, a déjà donné son nom à une cuvée 2000 de Valandraud. Ce producteur fait figure de modèle, de même que son vin de garage : Valandraud. Ainsi Michel Puzio, du château La Croix de Labrie, reconnaît-il l'aide apportée par Thunevin, avant que lui-même ne devienne conseiller d'autres châteaux... Le réseau s'agrandit.

de Laurent Vonderheyden du Château Monbrison, ou pour John Kolasa, aux Châteaux Rauzan-Ségla et Canon, ou encore de Pascal Delbeck à Belair. Considérez le peu d'enthousiasme de Parker pour les vins de Magdelaine ou de Vieux Châteaux Certan, alors que beaucoup pensent que ce sont les plus belles propriétés de saint-émilion et de pomerol. Considérez aussi sa franche désaffection pour les vins qu'élabore Moueix aux Châteaux Moulin du Cadet ou Fonroque.

Vous aurez retenu la formule de Christian Moueix : « des vins technologiques. »

Vous avez dit « technologique » ?

Autrefois, dans le Bordelais, le mode de taille, les méthodes de vinification et d'élevage étaient uniformes, séculaires. Les rendements oscillaient, bien entendu, en fonction de la générosité de l'été, et la qualité des vins variait en conséquence. « Historiquement, dit Christian Moueix, sur dix millésimes de bordeaux, il y en a toujours eu deux grands, trois bons, trois moyens et deux mauvais. Pendant des siècles. »

Et maintenant ? Il existe de multiples moyens de réduire de manière drastique les rendements jusqu'à des niveaux extrêmement bas de 30 hl/ha, ou même inférieurs (des rendements de 50 à 60 hl/ha étaient classiques dans le Bordelais pendant toute la seconde moitié du XXe siècle). De pareils rendements n'étaient économiquement pas viables à l'époque ; mais avec une note de Parker de quatre-vingt-dix ou plus, ce n'est plus le cas. Le vieux consensus sur la maturité n'existe plus non plus ; aujourd'hui les vins mûrs sont ceux que l'on aurait dits hier surmûris. La nouvelle économie des super-vedettes du bordeaux rend possible le tri rigoureux des bons et des mauvais raisins, seuls les grains impeccables étant destinés à l'élaboration du grand vin (ou micro-cuvée).

Une fois que le raisin est pressé, d'autres possibilités sont encore offertes. La technique bourguignonne d'une macération à froid, avant la fermentation, par exemple, est aujourd'hui largement pratiquée à saint-émilion pour obtenir des arômes de fruits frais. Au Château Pavie, 600 kg de carboglace sont déversés dans chaque cuve de fermentation

Stéphane Derenoncourt

« Je suis arrivé à Fronsac en 1982. En auto-stop. Je n'avais pas de travail, donc j'ai fait les vendanges. Jusqu'en 1982, je n'avais jamais vu un pied de vigne. En revanche, j'ai vu qu'il faisait beau par ici. »

Unique parmi les grands producteurs bordelais, Stéphane Derenoncourt est autodidacte. Son histoire d'amour avec le vin n'a pas commencé tout de suite ; il préférait la musique. « Je n'aimais pas le travail de la vigne, trop dur. Les mentalités ne sont pas identiques, non plus : Bordeaux a une mentalité très féodale. Je préférais jouer du jazz... À la fin des années 1980, Madame Barre du château Pavie Macquin m'a demandé de travailler avec elle. Quand j'ai vu le domaine, j'ai accepté tout de suite. J'ai aimé la viticulture après en avoir fait l'expérience sur tout un cycle. »

Derenoncourt ne rejette pas l'innovation technique, mais il se laisse guider par l'intuition, l'observation et par un profond respect de la nature. Je l'ai toujours vu porter des sandales et jamais de costume-cravate. « J'ai appris la biodynamie en cultivant mon propre potager, avant d'en appliquer les règles dans la vigne. Pour pratiquer la biodynamie, il faut observer la vigne et en être proche. C'est pourquoi j'ai été d'abord si méfiant à l'égard de la biodynamie en Bordelais, car les propriétaires sont rarement les vignerons : ce sont des hommes d'affaires. Ceux qui travaillent à la vigne restent toujours dans l'ombre. Nous avons beaucoup moins de problèmes de maladies dans les côtes-de-castillon qu'en saint-émilion. Pourquoi ? Je pense que c'est parce qu'ici, on a moins d'argent à dépenser pour les traitements phytosanitaires : on a donc moins tué la vie. Le principe de la lutte raisonnée consiste en une utilisation judicieuse et en moindre quantité des produits, mais la philosophie reste la même. À partir du moment où vous traitez, vous tuez. Or, le monde du vivant est une chaîne. À partir du moment où vous enlevez un maillon, plus rien ne fonctionne. »

Ses techniques ? « La première révolution a été de goûter le raisin sur souche. La seconde, de traiter la vendange en douceur. Ensuite, je pratique la micro-oxygénation. La tradition à Bordeaux est de procéder à un soutirage tous les trois mois. Je n'en connais pas la raison ; c'est la tradition. Mais pourquoi soutirer le vin quand il n'en a pas besoin ? Je ne veux intervenir que si le vin en a besoin. Travailler de la façon la plus naturelle possible, c'est ma philosophie de la vinification. »

en bois, maintenant la température de la vendange à 8 °C, une semaine durant, avant même le début de la fermentation. La plus célèbre des techniques récentes est toutefois la « concentration » que l'on commence à préférer à la chaptalisation. Cette dernière méthode consistait à sucrer le moût pour atteindre un degré d'alcool plus élevé que celui que le raisin était capable de donner après fermentation : elle était utilisée, presque tous les ans, même par les châteaux les plus illustres. 1999 fut, par exemple, la première année depuis 1961 où aucune chaptalisation du cabernet-sauvignon, ou autre pratique du même ordre, n'a été envisagée au Château Palmer. « Nous avons toujours chaptalisé au moins la moitié de notre cabernet-sauvignon », me disait en 1999 Paul Pontallier, de Margaux, « même dans les grands millésimes. » La concentration consiste à prélever de l'eau, par osmose inverse ou par évaporation, pour obtenir un moût plus riche, plus dense. Celui-ci développe alors non seulement un plus fort degré d'alcool, mais aussi de plus riches arômes. Toutefois, même les plus ardents partisans de cette méthode reconnaissent que, si le vin libère des arômes indésirables, la concentration ne peut que les amplifier malencontreusement. La technique traditionnelle de la saignée continue à se pratiquer, souvent de manière excessive ; en 1999 l'ambitieux domaine de La Croix de Labrie fit disparaître 40 % de sa récolte, diminuant ainsi de façon drastique la proportion de jus par rapport aux matières solides et augmentant la concentration de manière spectaculaire la concentration du vin fini.

On peut utiliser des enzymes pour agir sur la nature de la matière extraite des raisins, et le contrôle de la température permet aussi une extraction lente et maximale. On peut recourir à des levures sélectionnées pour créer des arômes particuliers. Le vin peut achever sa fermentation en chêne neuf, et la pratique complexe de la fermentation malolactique en fût de bois neuf est maintenant largement répandue ; ces deux techniques permettent une meilleure intégration du chêne neuf que les pratiques traditionnelles. Les vins peuvent être placés dans 200 % de chêne neuf, c'est-à-dire qu'on les soutire d'un fût de chêne tout neuf pour les mettre dans un autre fût de chêne tout neuf, ce qui contribue à leur donner une intense ligne vanillée, des arômes de brûlé et à leur léguer les tanins du chêne. Tant en cuve qu'en fût, les vins peuvent séjourner sur leurs lies pendant une longue période, avec application de la technique de micro-oxygénation pour éviter les phénomènes de réduction et la naissance d'arômes déplaisants qui risqueraient de les

▲ *L'herbe qui pousse entre les rangs de vignes de saint-émilion marque une modeste avancée vers des pratiques de la lutte raisonnée.*

accompagner. On ajoute même parfois les lies de la première fermentation au vin en fût. On peut procéder au remuage des lies, surtout avant la fermentation malolactique. Cette période d'élevage sur lies donne au vin plus de corps, d'arômes et de richesse. Enfin les vins sont mis en bouteilles sans filtration ni collage.

Ce ne sont là que quelques-unes des méthodes qui font qu'un vin, comme celui du Château Monbousquet, peut dépasser le potentiel apparent de son modeste terroir de saint-émilion, qu'un La Mondotte étonne d'emblée le monde, avec ses deux premiers millésimes (1996 et 1997), ou qu'un Valandraud, issu de parcelles dispersées sur l'appellation saint-émilion, se vende à un prix plus élevé que les premiers crus du Médoc ou encore qu'un château comme Cos d'Estournel parvienne à produire des vins profonds et aromatiques dans des années pluvieuses comme 1997, 1998 et 1999. Tel est le nouveau bordeaux, et le motif d'inquiétude pour l'avenir exprimé par des traditionalistes comme Christian Moueix.

À tort ou à raison ?

J'ai fait observer à Christian Moueix qu'il résultait de ces différents efforts une amélioration générale de la qualité des grands bordeaux. Il pouvait certes regretter les changements de style, mais non l'amélioration qualitative. Le niveau était monté.

« C'est vrai, admit-il, grâce aux nouvelles technologies en matière de viticulture et de vinification, les deux grands millésimes (sur dix) restent les grands millésimes ; les trois bons millésimes sont désormais très bons, les trois millésimes moyens sont sans doute devenus de bons millésimes, et les deux millésimes désastreux sont devenus des millésimes moyens. Cela fait une sérieuse différence. »

Ces vins denses, concentrés, défiant les millésimes, ne sont produits que depuis 1995 environ ; il faudra attendre à peu près 2020 pour tirer la leçon de cette expérience. Pour ma part, je reste confiant. Pourquoi ?

Toutes les évolutions récentes dans le Bordelais se sont accompagnées d'efforts accrus, aussi bien à la vigne que dans les chais. Les rendements ont été réduits et les vendangeurs ont attendu systématiquement la pleine maturité, les raisins étant soumis à une rigoureuse

L'esprit de garage

L'expression « vin de garage » est née lorsque Jean-Luc Thunevin, ancien ouvrier forestier, disc-jockey, employé de banque et marchand de vin, s'est mis à élaborer du vin dans les locaux d'un ancien garage d'une petite rue de Saint-Émilion. En vinifiant des raisins de différentes parcelles, il créa un vin qui n'avait pas encore de nom ni de réputation. « Au début, explique Thunevin, ceux qui produisaient des vins de garage étaient des gens comme moi qui, sans le moindre argent, connurent un grand succès. On faisait des vins cousus main, parce qu'on n'avait pas d'autre solution. Depuis, beaucoup se sont rattachés à ce mouvement, dont de célèbres crus classés qui élaborent leur propre vin de garage avec un étonnant succès. Voyez La Mondotte de Canon-La Gaffelière, La Gomerie de Beauséjour-Bécot, l'Hermitage de Matras ou Saint-Domingue de La Dominique. C'est souvent l'INAO qui a fait naître ces vins de garage, en refusant à une parcelle isolée d'être classée comme le reste de la propriété. Les producteurs ont donc choisi de faire de ces parcelles un grand vin. D'autres ont voulu prendre le train en marche. Mais le vrai producteur de vin de garage est celui qui n'a pas d'autre possibilité que d'élaborer le meilleur vin possible parce qu'il n'a pas d'argent, pas de grand vignoble et qu'il doit vivre de la vente de ses 3 000 bouteilles. Pour moi, c'est ça le « garagiste » à l'état pur. »

« Et comment fait-on ? Quelle est la recette ? », ai-je demandé à Thunevin. « Ce n'est pas compliqué. On fait le contraire de ce qu'on fait normalement quand on est petit. On investit beaucoup de travail. On sacrifie tout au vin. Donc :
1. Faibles rendements. On nous permet 60 hl/ha. Un grand vin se fait avec 30 hl/ha, tout au plus. C'est une règle essentielle.
2. Agriculture biologique. On résout les problèmes par le travail physique dans la vigne, plutôt qu'avec des produits chimiques.
3. On pratique l'effeuillage.
4. On récolte des raisins absolument mûrs, au risque de tout perdre. On vendange à la main, bien sûr, et on trie chaque grappe, grain par grain.
5. On procède à une vinification rigoureuse : je veux dire qu'on utilise des levures indigènes, uniquement des cuves de bois dans une cave propre, et des fûts de chêne neuf. Les grands vins n'ont pas peur du chêne neuf. Il faut mener un élevage méticuleux, soit sur lies sans soutirage, soit comme je le fais, à la manière traditionnelle, avec soutirage. Il faut élaborer un second vin, même si vous êtes tout petit, ou bien vendre en vrac ce qui n'est pas assez bon. Et puis, il faut convier des critiques à déguster le vin pour qu'ils en tombent amoureux. »

Je fais à Jean-Luc Thunevin l'objection que l'on formule le plus fréquemment aux « garagistes » : leur méticuleux travail technique ne masque-t-il pas le terroir. Objection rejetée. « On ne peut pas faire d'un âne un cheval de course. Impossible ! Le terroir est toujours bien plus important que toutes les techniques humaines. Il peut sembler paradoxal que je vous dise cela, mais c'est vrai. Sur un mauvais terroir, un « garagiste » produira un vin correct. Sur un terroir moyen, il fera un bon vin. Et sur un grand terroir, il pourra élaborer un très grand vin. Le vinificateur est un catalyseur de qualité, c'est tout. »

Les « garagistes » ne sont-ils pas tout simplement en train de reproduire à Bordeaux un style de vin typique du Nouveau Monde ? « Quelles que soient nos techniques et nos objectifs, vous ne pouvez pas récolter un raisin mûr à Bordeaux et en faire un vin californien. Mais si quelqu'un veut comparer Valandraud à un Harlan ou à un Grange, je prends cela comme un compliment. »

Et l'élégance et la finesse qui ont toujours caractérisé le bordeaux ? Retrouve-t-on vraiment ces qualités dans les vins de garage ? « Trop de finesse tue la finesse. La finesse ne doit pas devenir maigreur. En fait, les grands millésimes d'autrefois ne portaient pas tant la marque de l'élégance et de la finesse que celle de la générosité de la nature. »

sélection ; le processus de la vinification lui-même a été compris et analysé de façon beaucoup plus approfondie que jamais dans le passé. Il faut être clair : tout cela n'est pas fait pour produire de mauvais vins. On fait du mauvais vin quand on économise sa peine, qu'on augmente les rendements, qu'on ne tient pas compte de la tradition, qu'on crée des arômes par des procédés chimiques, au chai, au lieu de travailler dur dans le vignoble, lorsque la noble activité agricole qu'est la production de vin se transforme en activité industrielle pour augmenter au maximum le profit des actionnaires.

Deux progrès essentiels ont été réalisés en Bordelais dans les années 1990. D'abord, la majorité des propriétaires de grands châteaux s'efforcent désormais de produire de grands vins, tous les ans. Le second est que la palette des couleurs, des arômes et des saveurs que peut prendre un bordeaux s'est élargie. Le Bordelais est peut-être l'endroit le plus privilégié de la planète pour la production de vin rouge ; nulle part ailleurs dans le monde on ne trouve pareille étendue de terroir de toute évidence magnifique. La comparaison entre ce qui se passe actuellement dans la viticulture bordelaise et ce qui s'est passé en Italie avec la peinture Renaissance, ou ce qui s'est passé avec la littérature anglaise à l'époque élisabéthaine, n'est pas incongrue. Les possibilités de la région se sont brusquement montrées plus nombreuses, plus excitantes. Un monde confiné s'est transformé en un vaste univers de recherche. Bien sûr il y a des débordements et des excès, mais la vérité fondamentale est que le Bordelais n'a jamais produit autant de vins aussi bons et de styles aussi divers qu'aujourd'hui.

▼ *Des ceps sur le point de mourir au Château Pavie. Le nouveau propriétaire Gérard Perse a l'intention d'employer moins d'herbicides que son prédécesseur. Je ne peux que l'en féliciter.*

L'aventure de la terre

Le Bordelais est l'une des plus grandes et des plus belles régions viticoles du monde. Si sa géologie était aussi complexe que celle de la Bourgogne ou de l'Alsace, il faudrait des centaines d'appellations pour en rendre compte, et ce chapitre ne suffirait pas à la présenter. Fort heureusement, il n'en est rien. C'est une région de grands domaines, de vastes appellations, avec des différences sensibles.

Le Bordelais se répartit entre rive gauche et rive droite. La rive gauche correspond à la partie occidentale de la Garonne et de l'estuaire de la Gironde, soit aux régions du Médoc et des Graves. La rive droite désigne la partie du vignoble qui se trouve à l'est de la Dordogne et de la Gironde : saint-émilion, pomerol, fronsac (je me contente de mentionner ici les principales AOC, Bordeaux n'ayant pas moins de cinquante-sept appellations différentes). Entre la Dordogne et la Garonne qui confluent pour former la Gironde, se trouve la région de l'Entre-deux-Mers (c'est-à-dire entre deux eaux, *in media aquae*).

La distinction entre rive gauche et rive droite est essentielle si l'on veut comprendre l'aventure – on pourrait presque dire la bataille – de cette terre. Non seulement elle correspond souvent à un changement

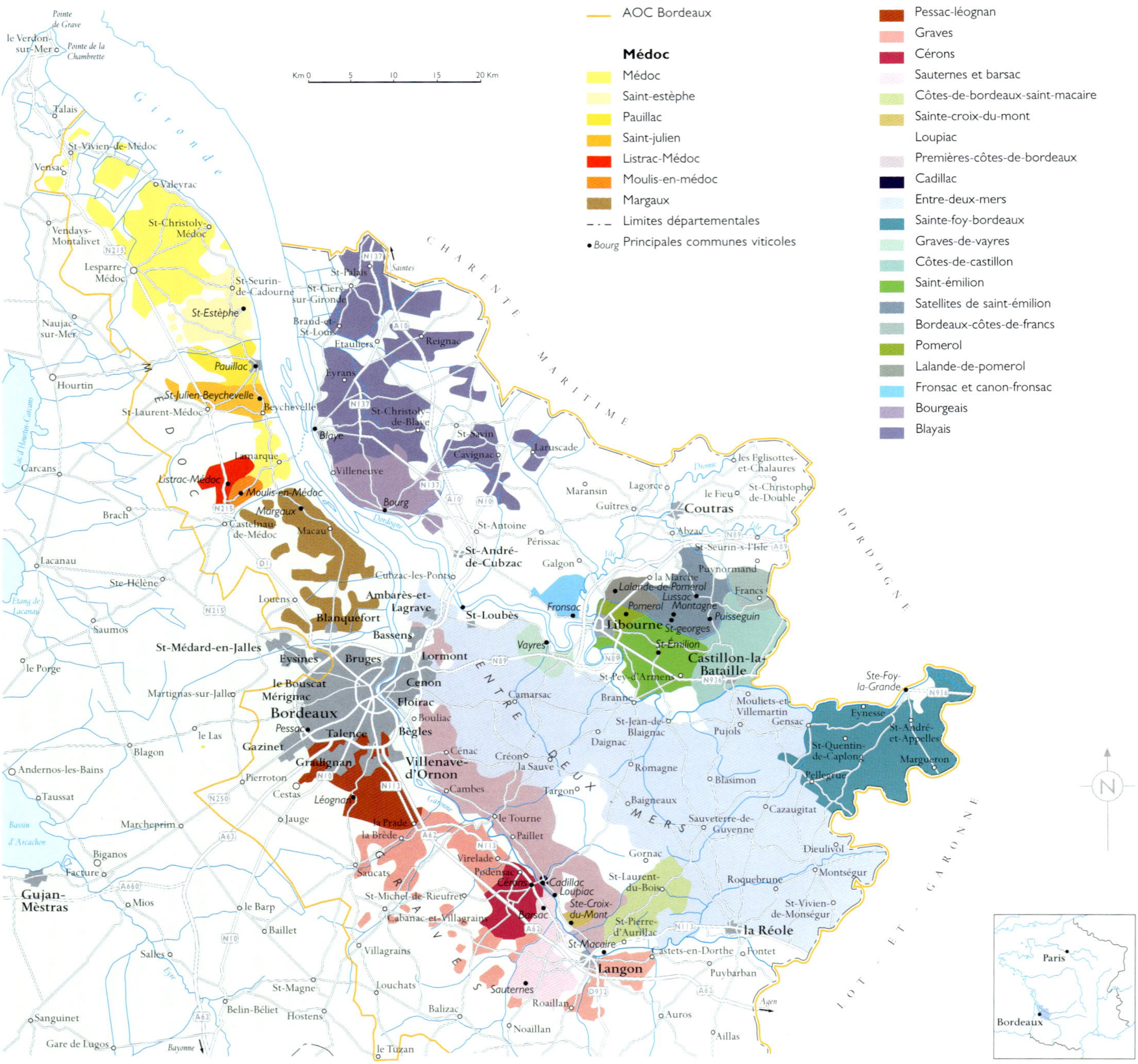

fondamental de terroir, mais elle marque aussi la frontière entre deux encépagements : le cabernet-sauvignon occupe majoritairement la rive gauche, tandis que le merlot est davantage cultivé sur la rive droite. Lorsque des dégustateurs s'installent à une table devant une carafe de bordeaux, ils tentent tout d'abord de découvrir si le vin provient de la rive droite ou de la rive gauche. L'appellation, le millésime et le domaine viennent ensuite.

Géologiquement, la rive gauche représente la région viticole la plus jeune de France. Elle s'est formée au quaternaire, au même moment que l'homme est apparu et bien après que les dinosaures ont disparu. Des champs de glace recouvraient alors la majeure partie de la Grande-Bretagne et toute la Scandinavie. Les glaciations eurent pour effet de retenir l'eau au pôle nord et au pôle sud, faisant baisser le niveau des mers hors des zones polaires. Pendant la glaciation de würm, l'hiver géologique le plus froid et le plus long de l'ère glaciaire, le cours de la Gironde se trouvait quelque soixante mètres plus bas qu'il n'est aujourd'hui. Cet ancien lit a disparu, enseveli depuis longtemps.

Les fleuves se déplacent au fil du temps. Sous l'effet de catastrophes naturelles, comme les inondations, ils se transportent vers les passages qui leur oppose une moindre résistance. En même temps, ils ne cessent de pousser des masses d'eau vers la mer et charrient sédiments, minéraux et cailloux. Ce phénomène géologique est récurrent dans les plus grandes régions viticoles de France. Les châteaux Latour, Lafite, Haut-Brion, Yquem et tous les géants de la rive gauche se situent sur des sols de cailloux roulés, arrachés au Massif Central, aux Pyrénées, au Périgord ou au Limousin. La neige, la pluie et les eaux des glaciers du quaternaire, avec ses périodes glaciaires et interglaciaires, ont délavé et érodé les versants rocailleux des montagnes, dont elles ont charrié les débris dans le bassin d'Aquitaine. À la faveur de la montée ou de la baisse des eaux, et du déplacement du lit de la Garonne, de la Dordogne et de la Gironde, ces galets roulés ont formé des bancs, un peu comme les feuilles d'automne balayées par un jardinier. Les bancs de graves sur lesquels est implantée la majeure partie du vignoble actuel datent de la glaciation du Günz, au début de l'âge de pierre, il y a un peu moins d'un million d'années. Il en va de même du meilleur secteur de pomerol. Il y eut aussi des périodes d'accalmie et des dépôts plus fins : ces bancs de galets sont entrecoupés de loupes d'argile dense et de sable aggloméré. En se retirant, la mer laissa derrière elle des kilomètres de dunes isolées descendant dans l'océan Atlantique que nous connaissons aujourd'hui. Le vent soufflait fort en ces temps reculés, et une grande partie de ce sable fut à nouveau emporté vers l'intérieur des terres pour former des dépôts éoliens. Au cours de la glaciation du riss, les sables apportés par le vent faillirent engloutir les graves du Médoc. Si, plus tard, les hommes n'avaient pas planté l'une des plus grandes forêts de pin de France, sur la bordure maritime sablonneuse du Médoc, les graves seraient aujourd'hui entièrement recouvertes de dunes et nous n'aurions jamais connu le goût d'un Lafite ou d'un Latour.

Au-dessous des galets, bien sûr, il y a la roche. Comme souvent en France, sur un territoire qui, au fil de l'histoire géologique, a été régulièrement submergé et inondé, il s'agit de calcaire. Toutefois, ce calcaire ne date pas, comme en Bourgogne, de l'époque des dinosaures. Plus récent, il a été déposé au fil des incursions maritimes, à l'ère tertiaire. Le fossile caractéristique de ces mers est une astérie, d'où le nom de la roche mère : calcaire à astéries. Il s'est émietté dans le sol, et il est hélas impossible d'en trouver d'intact.

Si, d'une façon générale, la rive gauche est un terroir de graves sur un lit de calcaire, la rive droite se caractérise par des affleurements de calcaire en surface et une moindre présence des graves. Une grande partie des terres les plus hautes des appellations saint-émilion, bourg, blaye, côtes-de-castillon et canon-fronsac sont situées sur du calcaire à astéries fortement érodé. Dans les parties basses, des alluvions fluviales récentes se mêlent au sable et à quelques galets. Le plateau de Pomerol constitue l'exception majeure sur la rive droite, en s'apparentant à un mini-Médoc. L'Isle (qui est actuellement un modeste affluent de la Dordogne, mais qui fut beaucoup plus puissante à l'ère glaciaire) a déposé des millions de tonnes de galets provenant des hautes terres du Périgord et du Limousin. Ici, la roche mère ne se compose pas de calcaire à astéries, mais de dépôts d'argile sablonneuse (marne), appelés « molasse du Fronsadais ». Comme chacun sait, l'argile réapparaît dans la boutonnière de Petrus. Autre caractéristique de Pomerol : une couche de « crasse de fer », dépôts éoliens de sable ferrugineux.

Bien sûr, le secret du Bordelais ne réside pas uniquement dans les graves ; à elles seules celles-ci n'auraient pas grand-chose à offrir à la vigne. Au cœur des bancs de graves, les minéraux se mélangent, l'argile et le sable apparaissent, tandis que le calcaire ou la molasse constituent la roche mère. Les racines de la vigne peuvent ainsi puiser le trésor minéral de la terre.

Bien sûr, le terroir ne se réduit pas à la géologie : l'exposition, la topographie et le microclimat entrent dans sa définition. Ne venez pas en Bordelais en espérant y trouver une nouvelle Côte d'Or, une Côte-Rôtie ou une colline de l'Hermitage. Le seul endroit où vous puissiez trouver un tel versant de coteau, un site clairement voué à la vigne, est la côte de Saint-Émilion et son prolongement des côtes de Castillon, là où le plateau calcaire redescend en pente abrupte sur la plaine de la vallée de la Dordogne. C'est l'exception. Le Bordelais se présente plutôt comme une région ouverte, à la manière de l'aire d'appellation châteauneuf-du-pape : la vigne peut occuper les pentes d'un tertre ou d'une croupe, mais elle recouvre plus généralement les étendues planes de graves, face au ciel, exposée aux caprices du temps.

Les catastrophes ne sont pas écartées. Certes, la latitude de Bordeaux, juste au-dessous du 45e parallèle, place cette région dans la moitié méridionale de la France viticole (et non pas dans la moitié septentrionale, plus froide), mais l'océan Atlantique joue un rôle plus important que la latitude, en transmettant les courants chauds qui font le tour du golfe de Gascogne. Le Médoc lui-même forme une langue de graves et de sable qui s'avance pour laper le sel de l'Océan. Si le réchauffement de la planète fait effectivement remonter le niveau des mers, Latour et Margaux seront parmi les tout premiers vignobles du monde à s'enfoncer sous les rouleaux des vagues. Le climat de la Gironde est essentiellement océanique : doux et changeant d'un bout à l'autre de l'année. Les vents d'ouest dominants, venus de l'Océan, apportent fréquemment de la pluie et, souvent, au mauvais moment. S'il ne fallait trouver qu'une seule différence entre un grand millésime et un millésime honnête, ce serait la pluie au moment des vendanges. Parce que le temps est capricieux, la notion de millésime prend tout son sens dans cette région viticole, que l'on aurait pu croire épargnée en raison de sa latitude. Dans le Bordelais, les millésimes comptent.

Qu'en est-il des aires d'appellation d'origine contrôlée ? AOC régionale, **bordeaux** représente 38 551 hectares (soit trois fois la superficie de l'appellation coteaux-du-languedoc, soixante-dix fois l'AOC bourgogne et trente-cinq fois la surface de tous les vignobles du Jura). Comme on peut l'imaginer, sur une aire aussi étendue, la qualité et le style des vins varient.

Le Bordelais peut se diviser en quatre sous-régions : le Médoc, les Graves et le Sauternais, l'Entre-deux-Mers et la rive droite.

Le Médoc, célèbre langue de terre entre l'Atlantique et la Gironde, comporte plusieurs appellations. La pointe septentrionale correspond à l'AOC **médoc** ; la moitié sud, plus favorisée, produit les **haut-médoc**. Dans le haut-Médoc se trouvent les AOC communales de **saint-estèphe**, **pauillac**, **saint-julien**, **listrac**, **moulis** et **margaux** (du nord au sud). Ces six appellations, et plus particulièrement saint-estèphe, pauillac, saint-julien et margaux, donnent naissance aux grands vins de la rive gauche, composés en majorité de cabernet-sauvignon que viennent compléter le merlot, le cabernet franc et, parfois, les malbec et petit verdot. Il est peu d'endroits en France où les nuances complexes du terroir sont exploitées avec autant de subtilité. En principe, les meilleurs terroirs présentent des traits communs : bancs de graves bien drainés, à l'écart des zones marécageuses les plus basses qui bordent le fleuve ou l'estuaire. (Je suis descendu à pied du Château Margaux et du Château Latour jusqu'au bord de l'eau : en quelques secondes, on quitte des vignobles qui n'ont pas de prix pour des terres de pâture sans valeur.) Or, il suffit d'avoir dégusté les vins de ces appellations à l'aveugle pour savoir qu'ils se distinguent incontestablement. Les vins de l'appellation margaux sont fins, élégants, riches d'arômes floraux ; ceux de saint-julien sont fruités, intenses et raffinés ; le pauillac est charnu, gras et puissant ; le saint-estèphe plus austère et plus tannique. L'amateur de géologie réclamera des explications – fer dans les graves de saint-estèphe, calcaire et marne plus près de la surface à margaux –, mais les raisons précises se cachent dans la roche mère, qui varie d'un domaine à l'autre. Les aires de moulis et listrac présentent moins de galets : le calcaire et les marnes remontent en surface, la couche de graves s'amenuise. Les vins sont moins raffinés.

La région des Graves commence dans la ville même de Bordeaux. En 1987 les vignerons de la partie nord des Graves décidèrent d'abandonner ce vieux nom, pourtant évocateur, pour prendre celui de **pessac-léognan.** Il suffit de visiter le célèbre vignoble de Haut-Brion, en pleine ville, pour voir les vignes implantées sur de splendides graves de quartz. Il est évident que Haut-Brion possède le terroir le plus caractéristique de la région : ses graves datant de la glaciation du günz recouvrent un substrat de calcaire à astéries. Le vin rouge lui-même est un archétype, d'une finesse et d'une concentration aromatique et d'une structure remarquables. L'extension de la ville de Bordeaux a fait disparaître certains beaux vignobles ; les viticulteurs n'ont pas moins de raison de verser des larmes sur ces vins à tout jamais perdus, que les mélomanes sur les deux *Passions* de Bach qui n'ont pas été conservées.

L'aire de pessac-léognan recouvre principalement ces deux communes et leur banlieue ; elle s'immisce dans les bois qui s'étendent au sud de la ville de Bordeaux. Les pins sont la principale source de revenus de nombreuses familles d'agriculteurs, aussi bien dans les Graves que dans le Sauternais, au sud. Car aucun vin ne comporte autant de facteurs impondérables que le sauternes. On y investit l'argent qu'on a de reste, sans espoir de retour.

L'actuelle AOC **graves** se trouve au sud de l'appellation pessac-léognan. Une fois de plus, ses meilleurs terroirs reposent sur des tertres graveleux, mais la teneur en graves est moindre que dans l'appellation pessac-léognan, et les vins atteignent rarement le même niveau de qualité. Les deux appellations pessac-léognan et graves produisent des vins blancs et rouges, illustrant le fait que les graves commencent à s'amenuiser, tandis que le sable et le calcaire prennent de l'importance dans la composition des sols. La proximité de la forêt exerce aussi une influence, car elle atténue la lumière (à la différence de la luminosité éclatante perceptible dans le Médoc) et augmente l'humidité.

Cérons se trouve entre les AOC graves et barsac. Les vins rouges et blancs secs produits sur son aire sont vendus sous l'appellation graves. Les vins doux de cette aire de transition n'ont pas la réputation du barsac et du sauternes (produire un vin liquoreux est un travail coûteux, qui demande des sacrifices : moins le retour est rémunérateur, plus il est difficile d'atteindre la qualité).

Avec **barsac** (dont les producteurs peuvent, s'ils le souhaitent, utiliser l'appellation sauternes) et **sauternes** même, nous entrons au pays des vins liquoreux. Là encore, le Bordelais réussit à surpasser ses rivaux du monde entier. Ce ne sont pas de quelconques vins doux, mais peut-être les plus prodigieusement sensuels de tous : capiteux, onctueux, dont l'élevage en fûts de chêne neuf apporte un magnifique enrichissement aromatique. À vrai dire, le terroir importe moins que l'intervention de l'homme dans leur création – ou, pour le dire autrement, ces vins blancs liquoreux doivent leur existence à un terroir façonné par l'homme.

Jusqu'au XVIIe siècle, cette région n'était qu'un prolongement des graves, produisant des vins rouges (dont certains sont encore produits aujourd'hui sous la simple AOC bordeaux) rarement extraordinaires. Les bancs de graves sont ici irréguliers, parfois profonds, parfois mêlés de sable, de calcaire et de marne. À Barsac, les graves disparaissent même au profit du calcaire et des sables ferrugineux. Le plus illustre château de cette appellation, Yquem, se situe sur un tertre de graves sablonneuses épandues sur une couche argilo-calcaire. Cette aire doit son caractère unique au réseau hydrographique.

C'est là qu'une toute petite rivière, le Ciron, se jette dans la Garonne. Ce cours d'eau a rarement vu la lumière du soleil jusqu'à cet endroit, car il serpente à l'ombre d'un million de pins plantés par les hommes pour tirer un profit économique des kilomètres de sable. Ses eaux sont donc froides, plus froides que celles de la Garonne. Les arbres attirent l'humidité. Quand les cours d'eau se mêlent, il se produit de la brume, surtout au début de l'automne. Et lorsqu'une matinée brumeuse et une après-midi ensoleillée se succèdent, les conditions sont réunies pour que se forme sur les grains mûrs de sémillon et de sauvignon une pourriture noble (*Botrytis cinerea*) qui fait la gloire du sauternes. Les vignobles de la rive gauche se prolongent après Langon, mais uniquement sous l'appellation bordeaux.

Traversons la Garonne. Entre ces deux mers que forment la Garonne et la Dordogne, s'étend la plus vaste région viticole du Bordelais. Pourtant, elle ne produit pas les plus grands vins : vouée à la polyculture, elle s'est orientée vers la viticulture pour des raisons culturelles. Elle a aussi été subdivisée en une foule d'appellations peu connues, dont la réputation s'est souvent forgée autour de vins blancs liquoreux à petits prix, auxquels le marché ne s'intéresse plus beaucoup. Néanmoins, **cadillac, loupiac** et **sainte-croix-du-mont**, qui font face à l'appellation sauternes, sur la rive nord de la Garonne, comptent parmi les meilleures appellations de cette région ; les pentes plus abruptes de cette rive font que la couche de graves est moins épaisse, la brume moins fréquente. Les rendements sont aussi plus élevés ici. L'appellation **premières-côtes-de-bordeaux** (vins rouges et blancs liquoreux) désigne une longue bande de vignoble depuis la banlieue de Bordeaux jusqu'à Langon. Les vins moelleux et secs de l'appellation **côtes-de-bordeaux-saint-macaire** et les vins blancs secs de l'**entre-deux-mers-haut-benauge**, appellations toutes deux confidentielles, prolongent l'AOC premières-côtes-de-bordeaux au sud-est. L'appellation **entre-deux-mers** elle-même est une aire géante productrice de vins blancs secs ; les rouges et les rosés, également produits ici, sont vendus sous l'AOC bordeaux. **Sainte-foy-bordeaux** (vins rouges et vins blancs secs ou doux) est une excroissance des AOC bergerac et monbazillac, mais parce qu'elle se trouve dans le département de la Gironde, et non dans celui de la Dordogne, elle est rattachée au vignoble bordelais. Enfin, les vignobles des **graves-de-vayres** (vins rouges et blancs) sont implantés sur les sols de graves relativement riches du sud de la Dordogne.

Les terroirs des deux appellations les plus célèbres du Libournais, **saint-émilion** et **pomerol**, ont été décrits précédemment. Le plateau de graves de pomerol est plus homogène que celui de saint-émilion. Toutefois, comme je l'ai découvert incidemment en me promenant, à la veille de l'écriture de ce texte, un certain nombre de vignobles pomerolais, encore assez mal drainés, sont implantés sur des bancs sablo-marneux plutôt que graveleux. Autre caractéristique notable : les

graves datant de la glaciation du günz – considérées comme les meilleurs sols viticoles du Bordelais – prédominent entre Petrus, La Conseillante et l'église du village (à environ 35 m d'altitude). L'aire d'appellation descend ensuite doucement vers les graves de la glaciation du mindel (de part et d'autre de la N 89, autour de 20 m d'altitude) jusqu'à parvenir à la bande de graves de la glaciation du riss, le long de la ligne de chemin de fer, à la limite de l'appellation (15 m d'altitude). La qualité des vins baisse parallèlement. Si nous étions en Bourgogne, pomerol se diviserait au moins en trois AOC.

Ce qui est vrai de l'appellation pomerol l'est encore plus de celle de saint-émilion, qui recouvre au moins quatre terroirs très différents. On pense souvent que les meilleurs terroirs sont ceux de l'escarpement calcaire au sommet duquel fut bâtie la cité médiévale de Saint-Émilion, qui est sans aucun doute la plus belle de la région bordelaise, car ils bénéficient d'une terre grasse résultant de la transformation du calcaire à astéries, remarquablement drainée, et d'une exposition au sud. Là se trouvent Ausone, Belair et Magdelaine. On pense aussi que les crus qui se situent au pied de cet escarpement et dans la partie plate de la vallée de la Dordogne sont moins favorisés, parce qu'ils sont implantés sur des sols sablo-marneux et très légèrement graveleux. Toutefois, l'ambition du producteur fait beaucoup : Monbousquet prouve qu'il est possible d'y produire de beaux saint-émilion. Les vignes plantées sur le plateau, qui s'incline en pente douce au nord de la ville, enfoncent leurs racines dans une terre riche issue de l'érosion du calcaire à astéries, mêlée à des dépôts éoliens d'origine plus récente : ce sont des sols généralement un peu plus frais. Enfin, le nord-est de l'appellation est un mini-pomerol : terrasses de graves du günz sur un soubassement calcaire. C'est là que se trouve l'extraordinaire Cheval Blanc, ainsi que Figeac et La Dominique (il s'agit cependant d'une zone de transition, puisque le château Cheval Blanc possède lui-même trois terroirs distincts en son sein). Ces châteaux ont un terroir commun avec leurs voisins l'Évangile, Petit-Village et Beauregard.

L'appellation **côtes-de-castillon** correspond à un prolongement des vignobles de l'escarpement calcaire de saint-émilion, et ses meilleurs terroirs devraient produire de grands vins. **Lalande-de-pomerol** et les AOC satellites de saint-émilion (**montagne-saint-émilion, saint-georges-saint-émilion, puisseguin-saint-émilion** et **lussac-saint-émilion**) sont séparées de leur grande sœur par la Barbanne. Lussac se trouve sur des terrasses alluviales postérieures à l'âge glaciaire qui présentent moins d'intérêt que les graves de l'âge glaciaire de l'appellation pomerol. Les satellites de saint-émilion tirent toutefois profit des affleurements de calcaire à astéries qu'affectionne le merlot. Quant à l'appellation **bordeaux-côtes-des-francs**, elle recouvre des sols sablonneux. De l'autre côté de l'Isle, à l'ouest de Pomerol, s'étendent les collines viticoles de **fronsac** et de **canon-fronsac** ; sur des sols d'argile, de calcaire et de marne sablonneuse, le cabernet franc et le malbec donnent naissance à des vins relativement robustes, qui sont un peu les listrac et moulis de la rive droite. Enfin, face à l'appellation médoc, de l'autre côté de la Gironde se trouvent les AOC : **blaye**, **côtes-de-blaye** ou **premières-côtes-de-blaye** et, au sud, **côtes-de-bourg.** L'AOC côtes-de-blaye désigne des vins uniquement blancs, tandis que les autres appellations s'appliquent aux deux couleurs (rouge et blanc). L'aire des côtes-de-bourg produit généralement les meilleurs vins rouges. Il faut noter, toutefois, qu'à partir du millésime 2000, les rendements de l'AOC blaye seront inférieurs à ceux des côtes-de-blaye : un maximum de 51 hl/ha contre 61 hl/ha. Les sols sont extrêmement variés dans cette aire, le calcaire du plateau ayant été érodé et mêlé à du sable, des graves et des argiles à forte composante ferrugineuse.

◀ *Si le réchauffement de la planète faisait remonter le niveau des mers, la Gironde viendrait recouvrir les terres du Médoc.*

Mon point de vue critique

Une société hétéroclite

Dire que le Bordelais est fait de deux mondes est une évidence. Je lui ai consacré le plus long chapitre de ce livre, et je n'ai pourtant traité que 5 % de la production totale de la région. Le Bordelais dont on parle est celui d'un petit noyau de vins célèbres, destinés aux tables privilégiées des milieux les plus aisés. Le viticulteur ordinaire du Bordelais produit du bordeaux pour des consommateurs moins fortunés et ne profite guère des fastes que renvoient les fenêtres des grands châteaux. Le bordeaux d'AOC régionale est un vin rouge qui a assez de corps, mais guère de distinction. En fait, si ce n'était la notoriété des grands crus (tous les vins d'AOC de bordeaux portent désormais obligatoirement le nom présomptueux de « Grand vin de bordeaux »), il ne trouverait pas de débouché. L'écart entre les prix des plus grands crus et des vins les plus modestes se creuse d'année en année. « Il y a un siècle, dit Anthony Barton, un bordeaux se vendait deux tiers du prix des premiers crus. » Aujourd'hui, cette seule idée est risible. Mais en même temps, la famille des vins des appellations régionales souffre des espoirs déraisonnables que l'on place en elle. « Il faut que nous donnions aux vins de bordeaux une nouvelle image, pour en démocratiser la consommation, dit Éric Dulong, alors président du Comité interprofessionnel des vins de Bordeaux. Il faut que les gens prennent plaisir à boire du bordeaux. Je voudrais les voir boire du bordeaux comme on boit une bière au bar, en emporter une bouteille en pique-nique ou en partager une entre amis. » Est-ce le moyen d'y parvenir que d'étiqueter un vin de supermarché « Grand vin » ? J'en doute. Quoi qu'il en soit, la co-existence d'une infime élite de vins, à la célébrité à internationale, et d'un volume considérable de vins anonymes est anormale. Bordeaux doit trouver un moyen de rapprocher les membres de sa famille.

Les appellations bordelaises en question

Le système d'appellations du Bordelais me semble comporter de multiples anomalies. Parmi les cinquante-sept appellations, certaines sont peu connues : quand avez-vous bu pour la dernière fois un bordeaux-haut-benauge ou un côtes-de-bordeaux-saint-macaire ? Pourquoi ces aires géographiques devraient-elles être distinctes du bordeaux régional ou de l'AOC entre-deux-mers ? D'autres appellations bordelaises sont, au contraire, manifestement trop vastes. L'AOC saint-émilion recouvre au moins quatre terroirs totalement différents. D'après les études menées par l'université de Bordeaux, il n'y a pas moins de dix-sept types de sols, de compositions géologiques différentes, au sein de l'appellation saint-émilion et de ses satellites. La majeure partie de l'appellation côtes-de-castillon est plus proche, en termes de terroir, du classique saint-émilion que certains secteurs de l'appellation même. La petite appellation pomerol devrait, sur le seul motif du terroir, être divisée en trois AOC différentes au moins : une pour chacune des terrasses glaciaires (günz, mindel et riss). Dans l'appellation médoc, une délimi-

▼ *Rares sont les domaines qui peuvent s'offrir leur propre chaîne de mise en bouteilles en France.*

tation des terroirs, tertre par tertre, se défendrait mieux que l'actuel système éclaté d'AOC communales. Si une étude de cet ordre était entreprise, on comprendrait pourquoi des domaines mondialement célèbres comme Château Latour jouxtent, au sein de l'appellation pauillac, des propriétés dont presque personne n'a jamais entendu parler, comme le Château Saint-Mambert Bellevue. C'est le tertre, et non pas la commune, qui compte. Les différents systèmes de classification visent évidemment à rectifier ces anomalies, mais ils ne le font pas efficacement. L'analyse géologique a bel et bien été menée et a trouvé une application pragmatique dans le vignoble ; les caves des amateurs les plus riches de la terre en possèdent les preuves en bouteille. Alors pourquoi l'INAO ne révise-t-il pas le système en repartant à zéro ?

La richesse bordelaise

On admire beaucoup les vins du Bordelais, mais ceux qui les produisent ont auprès du public l'image d'une élite riche et snob. Le prix des prestigieuses étiquettes est souvent quatre à cinq fois supérieur à celui des grandes bouteilles de la vallée du Rhône, alors qu'un simple coup d'œil sur les chiffres de production révèle que les vins de Bordeaux sont souvent produits en volumes bien plus importants que leurs équivalents rhodaniens. À qui la faute ?

La réponse est évidente : à ceux qui paient ces prix et non pas à ceux qui les proposent. Ce ne sont pas les producteurs qui font les prix, mais le marché. Il existe un grand choix de vins à travers le monde : personne n'est obligé de boire du bordeaux. Si le prix est trop élevé (comme ce fut le cas en 1997), le vin ne se vend pas. Toutefois, dans le monde entier, les amateurs restent absolument convaincus que les plus grands vins rouges sont ceux de cette région, surtout après de grands millésimes comme 1990, 1995, 1996 ou 2000. Les pays « développés » jouissant pour la plupart de la paix et de la prospérité, bien des consommateurs aisés estiment que la somme de 1 667 euros est un prix normal pour une caisse de vin. « À partir du moment où quelqu'un est prêt à payer une bouteille 23 euros, observe Anthony Barton qui a toujours vendu le Léoville-Barton à des prix assez modestes, vous n'allez pas lui dire, je te la donne pour 15 euros. »

La vente au primeur, porte ouverte à la fraude ?

C'est un paradoxe que les vins les plus chers du monde se vendent alors qu'ils sont inachevés. Vendanges en septembre, fermentations à l'automne. Au mois de février, la récolte d'une dizaine de parcelles se retrouve dispersée entre des centaines de fûts de vins, de différentes qualités, nouveaux et inachevés, qui doivent encore être élevés un an ou davantage avant la mise en bouteilles, tous différents les uns des autres, le devenant de plus en plus avec chaque jour qui passe.

C'est à ce stade que les responsables de la production doivent décider quels fûts seront utilisés pour l'élaboration du grand vin et quels autres iront dans un second vin (voire un troisième). Ils doivent décider de la proportion de vin de presse qu'ils y incluront et composer des échantillons d'assemblages différents jusqu'au choix définitif. Puis, au mois de mars, les dégustateurs du monde entier arrivent. Avec les critiques et courtiers. Enfin, soyons honnêtes, surtout les courtiers. La majeure partie des dégustateurs assure ce qu'un propriétaire de château appelle « le bruit » ; pour les prix, un seul dégustateur compte. Les châteaux attendent d'avoir leur cotation, car les prix (dans la majorité des cas) seront fixés en fonction. Les ventes se concluent en juillet. Et les vins ? Ils sont encore inachevés, toujours en mille morceaux dans les fûts.

▼ *De précieuses graves du günz sur cette parcelle de Trotanoy, prête à être replantée de vignes.*

Le système se prête évidemment aux plus larges abus. On peut peaufiner les échantillons pour cette dégustation en primeur, leurs donner la forme voulue ; personne n'en contrôle l'authenticité. À partir du moment où un vin obtient une bonne cotation, le propriétaire risque fort d'être tenté de faire un peu moins de second vin qu'il ne l'avait prévu à l'origine. Quoi qu'il arrive, un grand nombre de choix – et de hasards – interviennent encore avant que le vin ne soit mis en bouteilles. Lorsque le vin, terminé, n'est pas à la hauteur de la qualité de l'échantillon, le dégustateur – et la rumeur – révise la cotation. Mais jamais personne n'a demandé le remboursement. Les marchés sont conclus ; l'argent est à la banque.

Il n'existe qu'une solution, mais difficile à appliquer à court terme : elle demande un front commun de tous les grands domaines de Bordeaux. Ce serait de suivre l'exemple de la plus illustre propriété du monde, Château d'Yquem, qui offre des échantillons à la dégustation, mais ne met en vente qu'une fois que le vin est embouteillé et achevé. (Malheureusement, dans la folie des ventes de mai et de juin 2001, Yquem a proposé pour la première fois son millésime 2000 en primeur.) Bien sûr, cela représenterait une énorme perte de revenus pour tous les intéressés : être payé plus tôt assure une trésorerie importante. Par conséquent, il n'y aura sans doute pas de changement, et la fraude continuera.

Quel rôle jouent les classements officiels ?

J'ai assisté un jour à une dégustation à l'aveugle de vins rouges de Bordeaux, à laquelle participait aussi « un officiel », un simple représentant du monde du vin. Il soutenait qu'il serait complètement déplacé de déguster lors d'une même séance les saint-émilion grand cru et les saint-émilion grands crus classés, car ils représentaient des ordres de mérite distincts. Cinq minutes de dégustation suffirent à prouver le contraire. Ce type de hiérarchisation me semble stalinien et aussi ridicule que pitoyable.

Le Bordelais compte plusieurs classements officiels, que nous avons tenu à ignorer ici (d'autres ouvrages spécialisés les reproduisent fidèlement), car tous ne sont finalement que d'une faible utilité. D'abord, les classements du Bordelais ne se fondent pas sur le terroir, mais sur des propriétés privées. Les châteaux échangent, achètent et vendent constamment des parcelles ; ils modifient ainsi leurs limites dont le tracé ne tient pas compte du terroir. Il existe assurément de très grands terroirs dans tout le Bordelais, mais je pense que ce n'est pas en classant les châteaux qu'on a des chance de les répertorier.

Ensuite, les classements impliquent des différences qualitatives. Or, ils ne correspondent qu'à une décision historique, et la qualité de certains domaines varie à la même vitesse que celle des eaux de la Gironde se jetant dans l'Océan. Même si les classifications peuvent être révisées, il ne s'écoule habituellement pas moins de dix ans entre le moment où un producteur consciencieux atteint un niveau de qualité et le moment où ce niveau est reconnu dans le classement. Des changements drastiques se sont produits dans le Bordelais à la fin des années 1990, rendant obsolètes les classifications.

Bien sûr, les classements sont un passionnant sujet de débat pour les spécialistes. Certains – comme le classement des crus classés du Médoc de 1855 – servent de guide pour connaître la localisation des meilleurs terroirs. Le fait qu'un château obtienne ou non des résultats conformes à son rang dans le classement de 1855 est parfois considéré comme le signe et la mesure de la qualité de l'exploitation actuelle (mais les producteurs étaient-ils aussi doués – ou peu doués – en 1855). La vérité est que ce classement de 1855 ne constitue qu'une photographie instantanée d'une époque révolue.

▼ *Les grands châteaux du Bordelais appartiennent certes à des propriétaires prospères, mais ceux qui travaillent la vigne ne voient guère cette richesse.*

Second vin, troisième vin… et grand vin

Essayons de comparer un château typique du Bordelais et un domaine de Bourgogne. Le Bordelais est entouré de son vignoble, généralement situé à l'intérieur d'une seule appellation ; le Bourguignon, au contraire, possède peu de vignes de grand cru, cinq ou six parcelles de premier cru, et une foule de vignobles dispersés sur une distance de 48 kilomètres et couvrant une dizaine d'AOC ou même davantage. Est-ce donc totalement différent ?

En apparence, oui. Cependant ces différences sont trompeuses. Les limites de propriété des châteaux du Bordelais n'ont pas été fixées par des géologues, ni par des courtiers en vins, ou par le Comité interprofessionnel de la région. Elles ont été déterminées par de multiples hasards : le drainage des terres, le passage de l'élevage à la viticulture, ou la décision d'arracher quelques pêchers, auxquels s'ajoutent, bien évidemment, les aléas des successions familiales. En terme de terroir, les limites des propriétés ne représentent pas grand-chose. Presque tous les châteaux bordelais (les propriétés médocaines couvrent en général une soixantaine d'hectares) possèdent de bonnes parcelles, des parcelles moyennes et des parcelles sans grande qualité. Ils disposent de vieilles vignes et de vignes jeunes. Ils cultivent jusqu'à quatre cépages, dont certains donnent de bons résultats dans un millésime, alors que d'autres atteignent leur maturité une autre année. Au mois de juin, ils ont ainsi dans leur cave le fruit de la vendange précédente, fragmenté en lots dont la qualité varie grandement. Ils pourraient, bien évidemment, embouteiller le tout sous le nom du château et produire un vin moyen. Ou suivre les conseils que donnaient le professeur Émile Peynaud, il y a un demi-siècle : répartir leur vendange en deux cuvées, la meilleure embouteillée sous le nom du château formant le grand vin, le reste étant vendu comme second vin (quand ce ne sont pas trois cuvées, avec un bon second vin et un troisième vin d'appellation régionale bordeaux). Tous les grands crus produisent aujourd'hui un second vin. Une propriété médiocre, quelle que soit sa taille, est bien celle qui refuse d'élaborer un second vin.

Je n'ai pas tenu compte des seconds vins parce que leur profil suit généralement celui du cru dont ils sont issus. Il faut toutefois noter que ces vins offrent souvent un bon rapport qualité-prix. Leur nom indique habituellement le domaine dont ils proviennent. Parmi les exemples les plus célèbres, on peut citer Les Forts de Latour, Carruades de Lafite ou Réserve de la Comtesse. D'autres adoptent bizarrement dans leur dénomination une politique moins transparente.

Bordelais : les vignerons

Domaine de l'A

33500 Castillon. Tél. : 05 57 24 60 29.

Côtes-de-castillon est l'une des appellations les plus prometteuses du Bordelais : Stéphane Derenoncourt (voir p. 167) et sa femme Christine sont aujourd'hui des pionniers de ce vignoble. Le Domaine de l'A (4 hectares) se trouve à l'ouest de l'AOC, à la limite de saint-émilion. Cultivé en biodynamie, il est planté de vieilles vignes (60 % de merlot) ; les vins fermentent sous bois, vieillissent en barrique sur leurs lies, puis sont mis en bouteilles sans collage ni filtration. Les deux premiers millésimes, 1999 et 2000, étaient d'une richesse prometteuse, mais j'en attendais davantage de structure.

d'Aiguilhe

33350 Saint-Philippe-d'Aiguille. Tél. : 05 57 40 60 10, fax : 05 57 40 63 56.

Ce grand domaine de 30 hectares de côtes-de-castillon a été acheté en 1998 à la famille Raventós i Blanc, producteur de cava, par le comte Stephan von Neipperg, propriétaire du château Canon-La Gaffelière, du Clos de l'Oratoire et du château La Mondotte. Les progrès ont été rapides depuis, les millésimes 1999 et 2000 représentant les meilleurs rapports qualité-prix de Bordeaux. Ces vins rouges, expressifs, généreux, portent la marque de la rive droite. Le millésime 2000, d'un splendide équilibre, possède des tanins veloutés.

Ampélia

33500 Castillon. Tél. : 07 57 25 19 94.

Propriété (4,5 hectares) des côtes-de-castillon appartenant à François Despagne. Le millésime 2000 était rond en bouche et riche d'arômes de violette.

d'Andréas

33330 Saint-Émilion. Tél. : 05 57 55 09 13, fax : 05 57 55 09 12.

Les vins de ce domaine de 2 hectares de saint-émilion sont élaborés sur les conseils de Jean-Luc Thunevin. Chaleureux et de forte extraction, ils demandent du temps pour s'assouplir.

Angelus ✪

33330 Saint-Émilion. Tél. : 05 57 24 71 39, fax : 05 57 24 68 56.

Cette propriété de 23,5 hectares, à l'ouest de Saint-Émilion, est l'une des chefs de file de l'appellation depuis le milieu des années 1980. Concentré et profond, l'Angelus demande du temps pour assimiler ses riches arômes de chocolat et la marque du chêne. Hubert de Boüard de Laforest a été, à l'Angelus, l'un des pionniers de l'effeuillage, de la vendange en vert et d'une récolte à pleine maturité au sein de cette appellation. Pourtant, la nécessité de vendanger plus tôt en 1999, après un violent orage de grêle, semble avoir ouvert des perspectives esthétiques nouvelles ; ainsi, le millésime 2000 dévoilait-il une fraîcheur, une vivacité et une pureté séduisantes.

d'Angludet

33460 Cantenac. Tél. : 05 57 88 71 41, fax : 05 57 88 72 52.

Ce domaine de 34 hectares en appellation margaux, bien administré par la famille Sichel, produit des vins souples, agréables.

l'Archange

33330 Saint-Émilion. Tél. : 05 57 51 31 31.

Ce domaine de Saint-Émilion, ancienne pépinière viticole, est la propriété familiale de Pascal Chatonnet, œnologue conseil international (il travaille notamment pour Vega Sicilia, en Espagne). L'Archange se situe près de Cheval Blanc, de La Dominique, de Rol Valentin et de Figeac. Son premier millésime sur le marché international fut le 2000, un vin d'une grande souplesse et voluptueusement fruité.

d'Arche

33210 Sauternes. Tél. : 05 56 61 97 64, fax : 05 56 61 95 67.

Propriété de 30 hectares de sauternes qui a beaucoup progressé et produisait, à la fin des années 1990, des vins aux arômes de pêche.

d'Armailhac

33250 Pauillac. Tél. : 05 56 59 22 22, fax : 05 56 73 20 44.

La cadette des trois propriétés voisines appartenant à Philippine de Rothschild, fille du baron Philippe de Rothschild. Le domaine, qui a plusieurs fois changé de nom (Mouton d'Armailhacq, Mouton Baronne Philippe et, depuis 1989, d'Armailhac), offre régulièrement (1995, 1999) de beaux vins, classiques du Bordelais, qui ont la classe du pauillac tout en se montrant souples, fins et riches d'arômes animaux.

l'Arrosée

33330 Saint-Émilion. Tél. : 05 57 24 70 47.

Ce vignoble escarpé de l'appellation saint-émilion produit des vins élégants et souples, empreints de poésie. Cependant, des investissements sont nécessaires pour rénover la cave ; j'imagine que le vignoble est à peu près dans le même état.

Aurelius

33330 Saint-Émilion. Tél. : 05 57 24 70 71, fax : 05 57 24 65 18.

Nouveau vin de garage riche et agréable, dont la coopérative de Saint-Émilion (qui ressemble à un hangar) produit 48 000 bouteilles.

Ausone ✪✪✪

33330 Saint-Émilion. Tél. : 05 57 24 70 25, fax : 05 57 74 47 39.

Avec Cheval Blanc (malgré des terroirs et des styles de vin très différents), Ausone a toujours été considéré comme l'un des deux meilleurs saint-émilion grands crus classé. D'une certaine manière, il est l'âme du saint-émilion. Ses 7 hectares se situent en hauteur sur l'escarpement calcaire, plantés sur d'anciennes carrières consolidées au mortier ; les vins vieillissent dans des caves spectaculaires (récemment rénovées en raison de problèmes d'humidité). Ses vieilles vignes offrent également la quintessence de saint-émilion, celle d'un merlot concentré, doré au soleil sur des sols calcaires, aux faibles rendements. Ausone a obtenu des résultats insuffisants dans la seconde moitié du XXe siècle, mais après de difficiles changements de propriété et de gestion au milieu des années 1990, de nettes améliorations se sont fait jour à partir du millésime 1996. Le propriétaire Alain Vauthier, qui s'est assuré les conseils de Michel Rolland, a enveloppé le caractère minéral et la structure dense de ses vins d'arômes de fleurs, d'épices et de notes animales. Le vin n'a rien perdu de son autorité ni de sa longévité. Bien au contraire, Ausone a pu dès lors émerger de sa coquille et révéler tous ses charmes.

Axelle de Valandraud, *voir* Valandraud

Balestard

33750 Saint-Quentin-de-Baron. Tél. : 05 57 24 28 09, fax : 05 57 24 18 76.

Cette propriété de 9,5 hectares dans l'Entre-deux-Mers produit l'un des meilleurs vins rouges de l'AOC bordeaux. Elle prouve ainsi que chaque effort réalisé pour améliorer la qualité porte ses fruits. Il existe en Bordelais beaucoup de châteaux classés dont le vin est inférieur à celui de Balestard.

Balestard La Tonnelle

33330 Saint-Émilion. Tél. : 05 57 74 62 06, fax : 05 57 74 59 34.

Domaine de 11 hectares de saint-émilion offrant un vin plus séduisant par sa structure que par sa finesse.

Barde-Haut

33330 Saint-Christophe-des-Bardes. Tél. : 05 56 64 05 22, fax : 05 56 64 06 98.

Cette propriété de 17 hectares en saint-émilion est sortie de l'anonymat grâce à un bon millésime 1997, dont Robert Parker s'est fait l'avocat. Des résultats convaincants en 1998 et 1999 aboutirent à la vente du domaine à l'ambitieuse famille Cathiard-Garcia. Le millésime 2000 laisse penser que cette propriété, proche de Trottevieille, maintiendra son rang au sein de

Système de notation utilisé dans les pages producteurs : ✪ Très bon vin ✪✪ Excellent vin ✪✪✪ Vin exceptionnel

l'avant-garde saint-émilionnaise. On peut en attendre des vins de belle couleur et d'une savoureuse richesse.

Bastor-Lamontagne

33210 Preignac. Tél. : 05 56 63 27 66, fax : 05 56 76 87 03.

Le domaine de 58 hectares de Bastor-Lamontagne, situé près de Suduiraut, appartient au Crédit Foncier, qui possède aussi Beauregard à Pomerol. Son vin, de qualité constante, riche d'arômes de pamplemousse, vieillit bien. Il offre, comme la plupart des meilleurs crus de sauternes, un excellent rapport qualité-prix.

Batailley

33250 Pauillac. Tél. : 05 56 00 00 70, fax : 05 57 87 48 61.

Ce château de 55 hectares à Pauillac est bien éloigné du fleuve. Il produit un vin rond et bien équilibré.

Beaulieu

33540 Sauveterre-de-Guyenne. Tél. : 05 56 61 55 21, fax : 05 56 71 60 11.

Un domaine producteur de bordeaux rouge qui ne devrait pas épargner ses efforts.

Beauregard

33500 Pomerol. Tél. : 05 57 51 13 36, fax : 05 57 25 09 55.

Avec 17 hectares, ce cru est la plus grande propriété de l'AOC pomerol. Il appartient depuis 1991 au Crédit Foncier. Le vignoble produit un pomerol séveux, d'un agréable classicisme, que l'on peut apprécier dès sa jeunesse ou laisser vieillir.

Beau-Séjour Bécot ✪

33330 Saint-Émilion. Tél. : 05 57 74 46 87, fax : 05 57 24 66 88.

Ce château, fort de 16,5 hectares, produit un saint-émilion au fruité riche et aux tanins denses, que souligne une ligne boisée. Un long vieillissement permet à ses vins remarquables d'épanouir leur palette et de se fondre.

Beauséjour Duffau Lagarrosse

33330 Saint-Émilion. Tél. : 05 57 24 71 61, fax : 05 57 24 66 88.

Beauséjour possédait autrefois un vignoble d'un seul tenant, aujourd'hui divisé en deux domaines, dont Beauséjour Duffau Lagarrosse (7 hectares). Les vins sont moins exubérants que ceux de Beauséjour Bécot. Dans les grands millésimes (1990, 2000), les facteurs se conjuguent pour produire des saint-émilion d'une densité et d'une intensité remarquables.

Beau-Site

33250 Pauillac. Tél. : 05 56 00 00 70, fax : 05 57 87 48 61.

Un saint-estèphe charpenté ne contenant pas moins de 70% de cabernet-sauvignon. Beau-Site est proche de Calon-Ségur.

Beau Soleil

33750 Pomerol. Tél. : 05 56 68 55 88, fax : 05 56 68 55 77.

Cette propriété pomerolaise de 3 hectares, administrée par GAM Audy, vendange assez tardivement pour élaborer des vins solides et profonds.

Bel-Air La Royère

33390 Cars. Tél. : 05 57 42 91 34, fax : 05 57 42 32 87.

Les 45 hectares de côtes-de-blaye de Xavier Loriaud produisent des vins rouges charnus grâce à de faibles rendements et à une vinification soignée. Une bonne affaire.

Belgrave

33290 Parempuyre. Tél. : 05 56 35 53 00, fax : 05 56 35 53 29.

Propriété de 55 hectares en AOC haut-médoc, située à Saint-Laurent, à côté du château Lagrange. Elle partage un tertre avec Camensac et La Tour Carnet. Comme certains de ces domaines, elle obtint son meilleur millésime en 2000 : un vin gorgé d'arômes de baies noires, rond et équilibré.

Bellefont-Belcier

33330 Saint-Laurent-des-Combes. Tél. : 05 57 24 72 16, fax : 05 57 74 45 06.

Les 12 hectares de cette propriété de saint-émilion sont situés dans une aire assez plate. La qualité s'est améliorée à la fin des années 1990, avec l'ancien maître de chai du château Larmande. Les vins sont aujourd'hui d'une densité satisfaisante.

Bellegrave

33500 Pomerol. Tél. : 05 57 51 20 47, fax : 05 57 51 23 14.

Ce domaine de 7 hectares (près du château de Sales) produit un vin bien équilibré, sans prétention et de prix modeste.

Bellevue

33330 Saint-Émilion. Tél. : 05 57 74 41 61.

«Un terroir de rêve», dit Stéphane Derenoncourt de ce vignoble de 6 hectares en saint-émilion, situé près de l'Angelus, de Beau-Séjour Bécot et de Beauséjour Duffau Lagarrosse. Il menait une carrière tranquille lorsque, en 2000, Nicolas Thienpont en a pris la direction, et choisit Derenoncourt pour conseiller. À partir de vignes vieilles de quarante ans, tous deux ont élaboré un vin au nez de prune, d'une grande distinction. Ils ont réduit drastiquement les rendements et privilégié l'élevage sur lies.

Bellevue Mondotte

33530 Arveyres. Tél. : 05 57 24 87 87, fax : 05 57 84 93 70.

Micro-cuvée de saint-émilion créée par Gérard Perse, exubérante et pourtant controversée. Est-ce du bordeaux ou un vin australien de la Barossa Valley?

Bellile Mondotte

33330 Saint-Laurent-des-Combes. Tél. : 05 57 74 41 17.

Propriété saint-émilionnaise de 4,5 hectares, admirablement située entre Troplong-Mondot, La Mondotte et Tertre Roteboeuf. Avec de pareils voisins, il convenait de se montrer à la hauteur. Jean-Luc Tunevin a été appelé pour contrôler la vinification; ce sera un nom à suivre. Notez le millésime 2000, dominé par le fruit.

Berliquet

33330 Saint-Émilion. Tél. : 05 57 24 70 48, fax : 05 57 24 70 24.

Autrefois, le saint-émilion de ce domaine de 9 hectares (propriété du vicomte Patrick de Lesquen) était élaboré par l'Union des Producteurs de Saint-Émilion. Les qualités de son terroir, planté de vignes de quarante ans lui ont permis de devenir un grand cru classé. Sous l'égide de Patrick Valette, fils de l'ancien propriétaire de Pavie, le vin a fait de grands progrès. Le millésime 2000 est profond, classique, d'un équilibre superbe, délicatement marqué de notes épicées et boisées.

Bernadotte

33250 Saint-Sauveur. Tél. : 05 56 59 57 04, fax : 05 56 59 57 04.

Proche de Lynch-Moussas, cette propriété pauillacaise de 8 hectares appartient au même propriétaire que Pichon-Lalande. Ne cherchez pas dans ses vins une chair imposante, mais de jolis arômes de cassis.

Beychevelle

33250 Saint-Julien-Beychevelle. Tél. : 05 56 73 20 70, fax : 05 56 73 20 71.

Vaste domaine de saint-julien (90 hectares), bien situé, dont le vin est plus réputé pour son élégance que pour sa concentration et sa structure.

Bonalgue

33500 Libourne. Tél. : 05 57 51 62 17, fax : 05 57 51 28 28.

Un pomerol robuste et massif, produit à la périphérie de Libourne. Un bon rapport qualité-prix.

Bonnet

33420 Grézillac. Tél. : 05 57 25 58 58, fax : 05 57 74 98 59.

Ce cru vaste de 225 hectares est plus étendu que l'AOC côte-rôtie ou condrieu. Propriété d'André Lurton, il produit de l'entre-deux-mers et du bordeaux rouge. Le meilleur de la vendange est destiné à la Réserve spéciale et à la Cuvée Divinus.

Le Bon Pasteur

33500 Pomerol. Tél. : 05 57 51 23 05, fax : 05 57 51 66 08.

Michel Rolland, également consultant, est si occupé qu'on se demande comment il peut se consacrer à sa propriété. Pourtant Le Bon Pasteur conserve un niveau enviable. Sa position en bordure de l'appellation saint-émilion est un atout; la maturité et les faibles rendements assurent à ses vins une grande profondeur.

Bourgneuf Vayron

33500 Pomerol. Tél. : 05 57 51 42 03, fax : 05 57 25 01 40.

Ce domaine de 9 hectares situé à Pomerol a amélioré la concentration de ses vins; le style demeure toutefois rustique.

Boyd-Cantenac

33460 Margaux. Tél. : 05 57 88 90, fax : 05 57 88 33 27.

L'un des châteaux phares de l'AOC margaux, Boyd-Cantenac s'enorgueillit d'un prestigieux passé; la profondeur et l'élégance du millésime 2000 permet de nourrir de grands espoirs.

Branaire

33250 Saint-Julien-Beychevelle. Tél. : 05 56 59 25 86, fax : 05 56 59 16 26.

Aucun effort n'a été économisé sur cette propriété de 52 hectares en AOC saint-julien. Elle partage avec Beychevelle des vins d'une élégance presqu'égale à celle du margaux. Le Château Branaire présente une grande profondeur et de beaux arômes de groseille. S'il peut être plus discret, son équilibre et sa distinction en font une bouteille de choix (retenez les millésimes 1996 et 2000).

Branda

33750 Puisseguin. Tél. : 05 57 74 62 55, fax : 05 57 74 57 33.

L'un des bénéfices de la révolution des vins de garage en Bordelais a été une spectaculaire amélioration qualitative de vins d'origine modeste, tels les savoureux puisseguin-saint-émilion de ce vignoble de 5 hectares. Michel Puzio de La Croix de Labrie assure la vinification pour les propriétaires, Arnaud Delaire et Yves Blanc. Les conseillers sont Michel Rolland et Pascal Chatonnet. Le château médiéval, attraction touristique, est fier de son jardin des Sens.

Brane-Cantenac

33460 Cantenac. Tél. : 05 57 88 83 33, fax : 05 57 88 72 51.

Il faut longtemps pour rénover un vignoble de 85 hectares. Pourtant, telle est l'entreprise de Lucien et Henri Lurton, depuis quelques décennies, dans ce grand château margalais. Le millésime 2000 fait référence : aromatique, svelte, rond et équilibré. Le modèle même de l'élégance.

Branon

33850 Léognan. Tél. : 05 56 64 05 22, fax : 05 56 64 06 98.

Une micro-cuvée de pessac-léognan ultra-souple, produite par Garcin-Cathiard. Les 3000 bouteilles du millésime 2000, issu de 2 hectares de vignes (avec un pH de 4,12), ont été élaborées sous l'égide de Michel Rolland. Le vin impressionne par ses notes animales, son gras enveloppant et sa longue finale fumée. 4 hectares de plus ont été plantés.

Brisson

33220 Saint-André-et-Appelles. Tél. : 05 57 46 10 79.

Autre grand côtes-de-castillon, Brisson conjugue une part des riches arômes fruités du lalande-de-pomerol à la structure charnue du saint-émilion classique.

Broustet

33720 Barsac. Tél. : 05 56 27 16 87, fax : 05 56 27 05 93.

Cette propriété de 16 hectares produit des vins fins et équilibrés, aux arômes de crème au citron, qui ont progressé tout au long des années 1990.

Brown

33850 Léognan. Tél. : 05 56 87 08 10, fax : 05 56 87 87 34.

Au nord de l'appellation pessac-léognan, le château Brown (25 hectares) appartient à Bernard Barthe. Il produit des vins rouges élégants, caractéristiques de l'AOC.

La Cabanne

33500 Libourne. Tél. : 05 57 51 04 09, fax : 05 57 25 13 38.

Les 10 hectares de La Cabanne se répartissent en de nombreuses parcelles sur pomerol. Les vins, charpentés, sont aptes à une longue garde.

Calon-Ségur ✪

33180 Saint-Estèphe. Tél. : 05 56 59 30 08, fax : 05 56 59 71 51.

Cette propriété de 74 hectares est le plus septentrional des crus classés du Médoc. Les impressionnants millésimes 1995, 1996 et 2000 ont marqué un grand progrès par rapport aux années 1960-1990. Son terroir de graves sur sol de marne et sa longue histoire indiquent bien que ce domaine peut produire l'un des saint-estèphe les plus classiques : un corps structuré, des arômes de fruits mûrs et un réel potentiel de garde.

Cambon La Pelouse

33460 Macau. Tél. : 05 57 88 40 32, fax : 05 57 88 40 32.

Propriété située près des châteaux Giscours et Cantemerle, à la limite de l'AOC haut-médoc, produisant des vins mûrs, agréables dès leur jeune âge. Elle dément le mythe selon lequel tous les bons bordeaux seraient surévalués.

Camensac

33112 Saint-Laurent-Médoc. Tél. : 05 56 59 41 69, fax : 05 56 59 41 73.

Excellent domaine de 75 hectares établi dans l'un des meilleurs secteurs de l'appellation haut-médoc, proche de Belgrave et de La Tour Carnet. Les vins les plus réussis (tel le millésime 2000) allient une chair mûre à de frais arômes de cassis.

Canon (AOC canon-fronsac)

33500 Libourne. Tél. : 05 57 55 05 80, fax : 05 57 55 79 79.

Propriété de 1,5 hectares dominant la Dordogne dans l'aire du canon-fronsac. Anciennement propriété de Christian Moueix, elle a été acquise par Jean Halley de la chaîne Carrefour. Dans les bons millésimes, comme 1998, ses vins comptent parmi les plus exceptionnels de l'appellation : structurés et élégants. Canon de Brem et Canon-Moueix sont proches : leurs vins sont plus solides et plus expressifs (voir aussi La Croix-Canon). Serait-il trop demander à Halley de changer ces noms qui prêtent à confusion?

Canon (AOC saint-émilion) ✪

33330 Saint-Émilion. Tél. : 05 57 55 23 45, fax : 05 57 24 68 00.

Cet élégant château saint-émilionnais appartient depuis le milieu des années 1990 à la famille Wertheimer de la maison Chanel. Son vignoble s'étend sur 18 hectares, mais 7 hectares doivent être restaurés car, comme de nombreuses propriétés de l'appellation saint-émilion, les vignes ont été affectées par le pourridié, maladie qui affecte les racines des ceps plantés sur d'anciennes terres à vergers mal assainies. Canon a récemment acquis les 3,5 hectares de Curé-Bon. Le début des années 1990 a marqué une période malheureuse, car de nombreux vins ont souffert de contamination au TCA, en raison des pentachlorophénols contenus dans les produits de traitement des charpentes. Mais les nouveaux propriétaires ont su surmonter ces problèmes. Le millésime 2000 a montré le chemin à suivre : c'est un vin plein de grâce, concentré, doté des arômes animaux classiques du saint-émilion.

Canon-La Gaffelière

33330 Saint-Émilion. Tél. : 05 57 24 71 33, fax : 05 57 24 67 95.

Situé en contrebas du fameux escarpement de calcaire de Saint-Émilion, ce domaine de 19,5 hectares appartient à une famille allemande depuis 1971 ; il fut acheté par l'un des principaux producteurs de vins du Wurtemberg, le comte Joseph Hubert von Neipperg. Depuis que le comte Stephan von Neipperg (voir p. 164), fils de Joseph Hubert, a repris la propriété en 1985, les vins n'ont cessé de gagner en qualité, en intensité et en concentration, tant et si bien qu'ils comptent aujourd'hui parmi les plus intéressants de l'appellation. Le cabernet franc représente ici entre 40 et 45 % de l'assemblage. Neipperg assure que son terroir est beaucoup plus chaud que celui de La Mondotte, presque trop chaud pour que le merlot y réussisse.

Cantemerle

33460 Macau. Tél. : 05 57 97 02 82, fax : 05 57 97 02 84.

Au sortir de Bordeaux, en direction du nord, le parc forestier du château Cantemerle, sobre derrière ses grilles, marque le début du Médoc.

Ce domaine de 85 hectares appartient aujourd'hui à la mutuelle SMABTP. Les vins sont relativement légers, mais savoureux.

Cantenac-Brown

33460 Cantenac. Tél. : 05 57 88 81 81, fax : 05 57 88 81 90.

Les 42 hectares de cet élégant cru de margaux et son extraordinaire château victorien ont posé à la branche viticole de la compagnie d'assurance AXA l'un de ses plus gros dilemmes. Margaux est la commune du Bordelais où il est le plus difficile de produire d'emblée un vin spectaculaire, puisque les vertus de l'appellation résident précisément dans la discrétion et la nuance. Les extractions excessives sont souvent responsables de vins trop lourds. Depuis 1997, cependant, la propriété produit des vins délicieux, aux arômes de fleurs et d'épices, d'un classicisme admirable.

Cap de Faugères

33350 Sainte-Colombe. Tél. : 05 57 40 34 99, fax : 05 57 40 36 14.

Prometteuse propriété des côtes-de-castillon, achetée, en 1987, par le producteur de cinéma Péby Guisez et sa femme Corinne, en même temps que le vignoble saint-émilionnais voisin, château Faugères (les vignobles se trouvent de part et d'autre de la frontière entre les deux appellations). Péby Guisez est mort en 1977, mais Corinne poursuit son œuvre admirable. Le vin, de couleur sombre, charnu, atteint un niveau bien supérieur à beaucoup de saint-émilion.

Caprice d'Angélique, *voir* Rocher Bellevue

Carignan

33360 Carignan. Tél. : 05 56 21 21 31, fax : 05 56 78 36 65.

Ce château est l'un des plus remarquables des premières-côtes-de-bordeaux depuis son acquisition, en 1981, par Philippe Pierraerts. De faibles rendements, 100% de bois neuf, une vinification soignée et les conseils de Louis Mitjavile ont permis de produire un grand vin, issu de 12 hectares sur les 65 que compte le vignoble. Intense et structuré, le vin n'a toutefois pas la souplesse que laisserait espérer la dominante de merlot (70%).

de Carles

33141 Saillans. Tél. : 05 57 84 32 03, fax : 05 57 84 31 91.

Cette belle propriété de 20 hectares en AOC fronsac occupe une position dominante au-dessus de l'Isle. Son étrange château, trapu, est classé Monument historique. Quelques-uns des fronsac les plus ambitieux et les plus typiques sont produits ici. Haut Carles est la cuvée de prestige. Produit en 2000, La Preuve par Carles a été déclassé en vin de table (à l'instar de L'Interdit de Valandraud ou du Défi de Fontenil), parce que les vignobles dont il était issu avaient été recouverts de films de plastique censés les protéger d'éventuels orages de grêle.

Les Carmes Haut-Brion

33600 Pessac. Tél. : 05 56 93 23 40.

Ce parc de 4,7 hectares de pessac-léognan subit la pression de la ville de Bordeaux. Contrairement aux autres châteaux proches de Haut-Brion, le cru ne produit que des vins rouges conjuguant la finesse du pessac à des arômes de fruit raffinés.

Carsin

33410 Rions. Tél. : 05 56 76 93 06, fax : 05 56 62 64 80.

Ce domaine de 40 hectares situé dans les premières-côtes-de-bordeaux appartient à un Finlandais qui en a confié la gestion, depuis 1991, au maître de chai australien Mandy Jones. Les vins sont structurés et bien élaborés.

Certan de May (de Certan)

33500 Pomerol. Tél. : 05 57 41 53, fax : 05 57 51 88 51.

La propriété de 5 hectares se trouve juste à côté de Vieux Château Certan, avec lequel elle ne faisait qu'un autrefois. Elle produit un vin d'une grâce similaire, mais avec des tanins d'un grain peut-être encore plus fin.

Certan Guiraud, *voir* Certan Marzelle, Hosanna

Certan Marzelle

33500 Pomerol. Tél. : 05 57 51 78 96.

Parcelle de merlot achetée par Moueix en même temps que l'ancien Certan-Guiraud. Le vin sera élaboré à la nouvelle cave Hosanna et mis en bouteilles séparément.

de Chambrun

33500 Libourne. Tél. : 05 57 51 18 95, fax : 05 57 25 10 59.

Cette propriété de 1,5 hectare en AOC lalande-de-pomerol ne cesse de progresser. Elle appartient à la famille Janoueix. Le millésime 2000, de teinte profonde, présente des arômes de fruits mûrs, de cassis et de truffe.

Chantegrive

33720 Podensac. Tél. : 05 56 27 17 38, fax : 05 56 27 29 42.

Domaine de 92 hectares, dont le graves blanc Cuvée Caroline, élevé en fût, peut être somptueux; les vins rouges sont aussi de plus en plus impressionnants.

Charmail

33180 Saint-Seurin-de-Cadourne. Tél. : 05 56 59 70 63, fax : 05 56 59 39 20.

Vin de grande qualité issu d'une propriété de 22 hectares située sur le tertre de Saint-Seurin-de-Cadourne, au nord de l'AOC saint-estèphe. C'est l'un des premiers domaines médocains à avoir expérimenté la technique de macération préfermentaire à froid qui se pratique sur la rive droite.

Les Charmes Godard

33570 Saint-Cibart. Tél. : 05 57 56 07 47, fax : 05 57 56 07 48.

Cette propriété de 6 hectares située en bordeaux-côtes-des-francs, au nord de Castillon, appartient à Nicolas Thienpont de Puygueraud. La famille Thienpont, qui possède aussi Vieux Château Certan, Le Pin et Monbrison, a contribué à promouvoir cette région de collines où se pratique la polyculture. Outre son vin rouge structuré, le domaine élabore un vin blanc à partir d'un assemblage de sémillon, de muscadelle et de sauvignon gris. Fermenté en fût, il offre un profil exotique, avec des notes de pêche et de citron.

Chasse-Spleen

33480 Moulis-en-Médoc. Tél. : 05 56 58 02 37, fax : 05 57 88 84 40.

Propriété de famille Merlaut, ce domaine au nom mémorable (le spleen ne serait pas celui de Baudelaire, mais de Lord Byron) couvre 80 hectares en AOC moulis-en-médoc. Il produit des vins d'une élégance et d'un équilibre supérieurs aux autres vins de l'appellation.

Cheval Blanc ✪✪✪

33330 Saint-Émilion. Tél. : 05 57 55 55 55, fax : 05 57 55 55 50.

Cheval Blanc est, avec Ausone (dont il se distingue pourtant radicalement), l'un des deux crus légendaires de l'appellation saint-émilion. Il est situé à l'écart de l'agglomération de Saint-Émilion, sur sa célèbre côte calcaire, près de l'Évangile et de La Conseillante : serait-ce un pomerol égaré en dehors de l'aire délimitée du pomerol? On relève trois types de sols sur les 36 hectares de la propriété : les graves classiques du Pomerolais, un sol argilo-graveleux et un mélange de sablo-argileux. Le cabernet franc règne (75%). Car si le merlot est roi de l'autre côté de la frontière de pomerol, dans cette zone excentrée, ce *far west* de saint-émilion, les cabernets jouent un rôle clé (à Figeac, de l'autre côté de la route, le cabernet-sauvignon gagne sur le merlot hectare après hectare). Le château Cheval Blanc a changé de propriétaires en 1998, lorsque Bernard Arnault et le baron Albert Frère l'ont acheté à la famille Fourcaud-Laussac. Depuis aucune dépense n'a été épargnée pour en faire la plus somptueuse propriété de la rive droite du Bordelais, avec l'ambition de devenir celle de toute la région. Les millésimes 1998, 1999 et 2000 de Cheval Blanc étaient extraordinaires. Pierre Lurton, directeur calme et confiant, fait bon usage des libertés qui lui ont été accordées et travaille avec l'aide du conseiller en viticulture Kees van Leeuwen. Ce n'est pas le plus grand, ni le plus charnu des bordeaux, et ceux qui jugent les vins dans leur jeunesse en pesant les tanins dans une main et les arômes de fruits dans l'autre s'interrogent sur la prédominance du fruit.

Mais avec le temps, le Cheval Blanc révèle des facettes secrètes : un caractère soyeux, une trame de plus en plus satinée, sensuelle et souple, une palette subtile d'arômes de chocolat, de framboise, de cerise que soulignent des notes de cèdre. Ceux qui ne connaissent le cabernet franc que d'après les vins rouges de la Loire perdront leurs repères dans cette somptueuse rondeur en bouche. Le fil de l'histoire ne s'est jamais rompu ici : à l'image de Haut-Brion, Cheval Blanc a souvent offert de grands vins, même lorsqu'ils étaient élaborés selon les anciennes méthodes vinicoles. Une conclusion s'impose : Cheval Blanc occupe l'un des plus beaux terroirs du Bordelais.

Domaine de Chevalier

33850 Léognan. Tél. : 05 56 64 16 16, fax : 05 56 64 18 18.

Cette propriété de 35 hectares se situe au milieu des bois, à l'extrémité ouest de l'AOC pessac-léognan. Elle produit des vins rouges et des vins blancs secs qui, dans les bons millésimes, évoluent lentement en bouteilles vers la finesse. Le terroir, exposé aux risques de gel et de grêle, n'est pas facile à cultiver. Le style du domaine a pu me paraître un peu désuet dans les années 1990, avec des résultats irréguliers.

Cissac

33250 Cissac-Médoc. Tél. : 05 56 59 58 13, fax : 05 56 59 55 67.

Château renommé de 50 hectares, située sur l'une des communes les moins favorisées de l'AOC haut-médoc. Les vins de Cissac étaient minces et austères autrefois; ils sont élaborés aujourd'hui dans un style plus riche et plus rond.

Citran

33480 Avensan. Tél. : 05 56 58 21 01, fax : 05 57 88 84 60

En bordure de moulis, ce domaine couvre 90 hectares en AOC haut-médoc. Il a bénéficié durant neuf ans d'investissements japonais, permettant d'améliorer le vignoble et d'installer des systèmes de drainage, certes inesthétiques mais efficaces. Je suis persuadé que la mauvaise qualité du drainage est le premier facteur empêchant l'amélioration de nombreuses propriétés bordelaises plus modestes. Citran appartient à la famille Merlaut et produit des vins charnus, à boire jeunes.

Clarke

33480 Listrac-Médoc. Tél. : 05 56 58 38 00, fax : 05 56 58 26 46.

Ce cru de l'AOC listrac-médoc (53 hectares) appartient au baron Benjamin de Rothschild. Il devrait produire les meilleurs vins du médoc, car aucune dépense n'est épargnée. Toutefois, les vérités du terroir sont les mêmes pour tous; le domaine produit un vin bien fait, que je recommande un peu vieilli, mais listrac ne produira jamais de vins aussi profonds que ceux des plus grands terroirs des graves, de pauillac ou de margaux.

Clément-Pichon

33290 Parempuyre. Tél. : 05 56 35 23 79, fax : 05 56 35 85 23.

Juste au nord de Bordeaux, cette propriété de 25 hectares appartient au propriétaire de La Dominique, Clément Fayat. Conseillé par Michel Rolland, il produit des vins atypiques, très structurés, aux arômes de fruits doux.

Clerc Milon

33250 Pauillac. Tél. : 05 56 59 22 22, fax : 05 56 73 20 44.

Les 32 hectares de Clerc Milon appartiennent à Mouton-Rothschild. Le vignoble produit un vin dense et structuré, l'une des meilleures valeurs de l'AOC pauillac.

Climens ✪✪

33720 Barsac. Tél. : 05 56 27 15 33, fax : 05 56 27 21 04.

Le château Climens (29 hectares) rassemble les meilleures parcelles et les plus hautes de l'AOC barsac. Chaque millésime est soigneusement élaboré par Bérénice Lurton. La finesse des purs arômes de fruits s'oppose à la rondeur riche des autres barsac. Climens a peu de rivaux.

Clinet ✪

33500 Pomerol. Tél. : 05 57 51 27 87.

Ce cru de pomerol de 9 hectares occupe une place privilégiée parmi les châteaux de la rive droite qui se sont hissés aux premiers rangs dans les dix dernières années du XXe siècle. Clinet n'a pas connu une amélioration progressive, mais a produit deux millésimes exceptionnels : 1989 et 1990. Ces vins sombres, riches d'arômes, structurés mais ronds en bouche sont des références pour chacun de ces millésimes. Faibles rendements et surmaturité du merlot en sont les principaux secrets, bien que le tri de la vendange, l'élevage en 100% de chêne et l'absence de collage et de filtration aient aussi leur importance. Tout au long des années 1990, Arcaute collait ses vins, mais jamais il ne renonça à pratiquer des vendanges à parfaite maturité, faisant de château Clinet l'un des vins les plus intensément colorés et les plus savoureux de l'appellation. Bien sûr, il y eut des écueils; dans les millésimes 1998 et 1999, la pluie de fin de saison a compliqué les choses. Pourtant, Clinet a conservé son style, avec plus de réussites que d'échecs. Les vins n'ont jamais été marqués par la dilution; les critiques font ressortir que des niveaux d'acidité aussi bas tendent à donner des vins plutôt corpulents, qui manquent de fraîcheur et ne se boivent pas facilement. Arcaute a quitté Clinet un an avant sa mort, en 2001, le nouveau propriétaire Jean-Louis Laborde s'attache à perpétuer le style Clinet, sur les conseils de Michel Rolland.

Clos Badon Thunevin

33330 Saint-Émilion. Tél. : 05 57 55 09 13, fax : 05 57 55 09 12.

«Clos» est aujourd'hui l'un des termes clé dans la désignation des vins de garage bordelais. Ce vignoble de 6,6 hectares en AOC saint-émilion s'étend en pente, juste au nord de la route de Castillon, au-dessous de Pavie. Il est exploité par le roi des «garagistes», Jean-Luc Thunevin, qui assemble merlot et cabernet franc. Comme on pouvait s'y attendre, il produit des vins très riches, mais d'un meilleur rapport qualité-prix que beaucoup d'autres vins de garage.

Clos Chaumont

33550 Haux. Tél. : 05 56 23 37 23, fax : 05 56 23 30 54.

Ambitieux domaine des premières-côtes-de-bordeaux qui appartient à des Hollandais et produit de magnifiques vins rouges, ainsi qu'un bordeaux sec fermenté en fût et de petites quantités de cadillac.

Clos du Clocher

33500 Pomerol. Tél. : 05 57 51 92 14.

Ce domaine de 6 hectares se situe près de Beauregard; son style poétique fait écho à celui de son prestigieux voisin. Grâce à des rendements réduits et sur les conseils de Michel Rolland, la concentration a augmenté.

Clos Dubreuil

33330 Saint-Émilion.

De faibles volumes d'un saint-émilion riche et dense, élaboré sur les conseils de Louis Mitjavile.

Clos l'Église (AOC côtes-de-castillon)

33350 Saint-Magne-de-Castillon. Tél. : 05 57 40 06 75.

L'une des deux propriétés (avec Sainte-Colombe) que possèdent Gérard Perse et Alain Raynaud. Les ambitions sont plus grandes sur cette propriété de 16 hectares : 35 hl/ha, vendanges manuelles, 100% de chêne neuf et l'assemblage de 60% de merlot à 40% des deux cabernets donnent naissance à l'un des vins les plus structurés, les plus denses des côtes-de-castillon. L'embouteillage se réalise sans collage ni filtration.

Clos l'Église (Pomerol)

33500 Pomerol. Tél. : 05 56 64 05 22, fax : 05 56 64 06 98.

Cette propriété de 6 hectares est dirigée par la famille Cathiard-Garcin qui s'y dévoue totalement. Un pomerol d'une profondeur étonnante, riche de notes de chêne, d'arômes de vanille et de cacao.

Clos Fourtet

33330 Saint-Émilion. Tél. : 05 57 24 70 90, fax : 05 57 74 46 52.

Son terroir de 20 hectares, proche de Saint-Émilion, fait du Clos Fourtet l'un des crus les plus en vue. Philippe Cuvelier l'a acheté à la famille Lurton en 2001. Ce vin devrait connaître de sensibles améliorations dans les années à venir; il est déjà beaucoup plus structuré et plus riche que par le passé.

Clos Haut-Peyraguey

33210 Bommes. Tél. : 05 56 76 61 53, fax : 05 56 76 69 65.

Un sauternes de valeur, vanillé, parfaitement équilibré et frais. La propriété, de 15 hectares, est bien située entre Yquem et Rayne-Vigneau.

Clos du Jaugueyron

33460 Arsac.

Margaux couvre une aire bien plus étendue que d'autres AOC du Médoc : elle s'étend sur les communes de Soussans, d'Arsac, de Cantenac et de Labarde. Ce n'est donc pas un hasard si l'esprit de garage s'est installé ici, à Marojallia, au Clos des Quatre Vents et au Clos du Jaugueyron. Ce dernier est une propriété de 2,5 hectares, plantée de vieilles vignes, à cheval sur les appellations margaux et haut-médoc. Le propriétaire Michel Théron pense que les souches datent de la période préphylloxérique. Les vins ne sont pas avares en arômes concentrés de cassis et d'épices. Ne sont produites que 1 200 bouteilles de margaux : il s'agit donc de bordeaux à l'échelle bourguignonne…

Clos Nardian

33330 Vignonet. Tél. : 05 57 84 64 22, fax : 05 57 84 63 54.

Vin blanc produit par Jonathan Maltus, à partir de 0,5 hectare de vignes implantées sur la bordure nord-est de l'AOC entre-deux-mers. Des souches de cinquante ans et un rendement de 25 hl/hectares, une fermentation en fûts de chêne neuf permettent d'élaborer de somptueux vins, issus à parts égales de sauvignon et de sémillon.

Clos de l'Oratoire

33330 Saint-Émilion. Tél. : 05 57 24 71 33, fax : 05 57 24 67 95.

Situé sur le plateau plus froid du nord de Saint-Émilion, ce vignoble de 10 hectares est peut-être le terroir le moins intéressant des trois châteaux de Neipperg (les deux autres étant Canon-La Gaffelière et La Mondotte). Pourtant, la concentration et l'équilibre de ses vins, dont les prix sont en outre raisonnables, en font une grande réussite. Selon Stephan von Neipperg, le merlot mûrit comme il le faut sur ce terroir (de même qu'à La Mondotte), bien que son vin soit moins élancé et moins riche.

Clos Puy Arnaud

33350 Belvès-de-Castillon. Tél. : 05 57 47 90 33, fax : 05 56 90 15 44.

Ces 8,5 hectares de côtes-de-castillon ont été récemment acquis par le chanteur de jazz Thierry Valette. Les vins sont élaborés avec l'aide de Stéphane Derenoncourt. Le millésime 2000 est élégant et épicé. On peut s'attendre à d'autres améliorations et à un passage éventuel à la biodynamie.

Clos des Quatre Vents

33460 Soussans.

2 hectares de margaux plantés de très vieilles vignes produisent ce vin fruité, complexe et finement boisé élaboré par Luc Thienpont de Labégorce-Zédé.

Clos René

33500 Pomerol. Tél. : 05 57 51 10 41, fax : 05 57 51 16 28.

Il n'y a pas de grand pomerol dans le secteur nord-ouest de l'AOC, où se situent les 12 hectares de cette propriété, mais son vin est généralement bien élaboré, facile à boire, souple, rond et riche.

Clos Saint-martin ✪

33330 Saint-Émilion. Tél. : 05 57 24 71 09, fax : 05 57 24 69 72.

Juste 1,4 hectare, bien exposé, vendangé le plus tardivement possible pour donner un saint-émilion d'une concentration maximale, avec une profonde emprise des tanins.

Clos de Sarpe

33330 Saint-Émilion. Tél. : 05 57 24 72 39, fax : 05 57 74 47 54.

Autre propriété de saint-émilion où la vogue des vins de garage n'est pas passée inaperçue. Ses 4 hectares situés près de Trottevieille, à l'est de la ville, sont majoritairement plantés de vieilles vignes, aux rendements très limités (à peine 25 hl/ha). Mis en bouteilles sans collage ni filtration, le vin est élaboré dans un style hyper-extractif, qui fait disparaître le terroir.

La Clotte

33330 Saint-Émilion. Tél. : 05 57 24 66 85, fax : 05 57 24 79 67.

La Clotte repose sur un sol sablo-graveleux, proche de Pavie-Macquin. Ses 3,7 hectares commencent à révéler la qualité du terroir; depuis peu, des vins aux doux arômes de fruit sont élaborés sur les conseils de Stéphane Derenoncourt.

La Clusière

33330 Saint-Émilion. Tél. : 05 57 55 43 43, fax : 05 57 24 63 99.

Cette micropropriété de 2 hectares en AOC saint-émilion fait partie de Pavie. De ce vignoble implanté sur la crête, un peu plus loin vers l'est, ne naissent pas des vins aussi puissants que Pavie, mais leurs francs arômes nuancés de chocolat n'en sont pas moins impressionnants.

La Conseillante ✪

33500 Pomerol. Tél. : 05 57 51 15 32, fax : 05 57 51 42 39.

Propriété pomerolaise de 12 hectares, remarquablement située sur la bordure nord-ouest de l'appellation saint-émilion. Comme Cheval Blanc, le vin de La Conseillante commence souvent son existence enserrée dans ses tanins. Mais il gagne en velouté avec l'âge, prenant de plus en plus de saveur et de parfum de havane. À mon sens, la création d'un second vin améliorerait sa concentration.

Corbin

33330 Saint-Émilion. Tél. : 05 57 25 20 30, fax : 05 57 25 22 00.

Les nombreuses propriétés Corbin se trouvent dans un secteur étonnant de l'AOC saint-émilion, à l'extrémité nord-ouest, à peu de distance de La Dominique et de Cheval Blanc. De ce terroir naissent les saint-émilion les plus souples, les plus soyeux, proches du pomerol. De tels vins sont destinés aux hédonistes, car ils ne possèdent pas cette trame tannique parfois très masculine des vins de la Côte. Le Corbin, gorgé de fruits, s'inscrit dans cette ligne.

Cos d'Estournel ✪

33180 Saint-Estèphe. Tél. : 05 56 73 15 50, fax : 05 56 59 72 59.

Le célèbre deuxième cru classé de saint-estèphe (64 hectares) appartient à un chef d'entreprise genevois de l'industrie alimentaire, Michel Reybier. Il bénéficie d'une situation privilégiée sur une épaisse couche de graves. Stylistiquement, les vins de Cos d'Estournel sont moins caractéristiques de l'appellation que ceux de Canon-Ségur ou de Montrose, car ils n'affichent pas la même force tannique dans leur jeunesse et ne nécessitent pas le même temps de garde pour atteindre l'harmonie. Jean-Guillaume Prats est l'un des pionniers du Médoc dans l'application des techniques de concentration, l'usage de chêne neuf et la fermentation malolactique en barriques qui ajoute à la somptuosité de ses vins. Il est aussi l'un des rares vinificateurs de l'AOC saint-estèphe à voir d'un bon œil l'influence des producteurs de vins de garage : après avoir observé leurs méthodes, il a réduit les rendements (bien qu'avec 40 hl/hectares il reste à un niveau plus élevé que les typiques rendements de «garage») et travaille la vigne de façon à améliorer la qualité des pellicules des baies. Le Cos 2000 reflète cette nouvelle philosophie : il conjugue les arômes floraux à des flaveurs de torréfaction et à des notes animales.

Cos Labory

33180 Saint-Estèphe. Tél. : 05 56 59 30 22, fax : 05 56 59 73 52.

Le vignoble de 18 hectares en AOC saint-estèphe, voisin du Cos d'Estournel, produit des vins de valeur. Le Cos d'Estournel possède les meilleurs sols du tertre de graves que les deux propriétés se partagent avec Lafon-Rochet.

Côte de Baleau

33330 Saint-Émilion. Tél. : 05 57 24 71 09, fax : 05 57 24 69 72

Cette propriété de 17 hectares, située sur le plateau de saint-émilion, est la plus grande des trois crus de la famille Reigger (les deux autres sont Les Grandes Murailles et Clos Saint-Martin). Le château a réalisé d'énormes progrès et produit aujourd'hui un vin dense, structuré, vendu à un prix intéressant.

Coufran

33180 Saint-Seurin-de-Cadourne. Tél. : 05 56 59 31 02, fax : 05 56 59 32 85.

Les 75 hectares du château Coufran sont doublement atypique d'un haut-médoc. D'abord parce que la propriété occupe un tertre de graves proéminent à deux pas de la Gironde, ensuite parce que le vignoble comprend un haut pourcentage de merlot (85 %). Il en résulte des vins plus riches, plus ronds et plus épicés que la plupart des autres haut-médoc.

La Couspaude

33330 Saint-Émilion. Tél. : 05 57 40 15 76, fax : 05 57 40 10 14.

Les 7 hectares de ce château saint-émilionnais (un véritable clos) se situent sur le plateau, derrière la cité. À partir du milieu des années 1990, le château La Coupaude a adopté un style «nouvelle vague». D'une faible acidité, les vins semblaient fondre leur arôme de fruit dans une douceur caramélisée.

Coutet ✪

33720 Barsac. Tél. : 05 56 27 15 46, fax : 05 56 27 02 20.

Coutet est l'une des deux grandes propriétés de Barsac. Ses vins, aux subtiles nuances d'agrumes, atteignent des sommets de la délicatesse.

Couvent des Jacobins

33330 Saint-Émilion. Tél. : 05 57 24 70 66, fax : 05 57 24 62 51.

Le vignoble de cet ancien monastère situé au cœur de saint-émilion (magnifique édifice avec, en sous-sol, un mystérieux dédale de caves) se trouve juste à l'extérieur de la ville. Longtemps ses vins furent bien faits, sans autres qualités, mais le 2000 est d'une profondeur prometteuse.

La Croix-Canon

33126 Fronsac. Tél. : 05 57 25 90 81, fax : 05 57 25 11 74

Avec ses 14 hectares, ce cru, qui s'appelait initialement Charlemagne, est le plus grand des vignobles de l'AOC canon-fronsac. Autrefois propriété de Moueix, il appartient aujourd'hui à Jean Halley, de la chaîne Carrefour. Ses vieilles vignes et une proportion de 70 % de merlot donnent naissance à un vin d'une richesse exceptionnelle pour un canon-fronsac.

La Croix de Gay

33500 Pomerol. Tél. : 05 57 51 19 05, fax : 05 57 74 15 62.

Bien situés, les 12 hectares de La Croix de Gay, menés sous la baguette d'Alain Raynaud et de sa sœur Chantal Lebreton, produisent l'un des pomerol les plus aériens, les plus délicatement équilibrés. Voir aussi Fleur de Gay.

Croix de Labrie

33330 Saint-Émilion. Tél. : 05 57 24 64 60.

Toute petite propriété implantée sur le plateau de saint-émilion : 1 500 bouteilles à l'origine, aujourd'hui 9 000 élaborées par Michel Puzio, conseillé par Jean-Luc Thunevin, avec une volonté d'excellence. Michel Puzio, par exemple, n'a sélectionné que 40 % de ce vin en 1999 ; ce n'était plus une saignée mais une véritable hémorragie ! Des vins rares, mais étonnants de qualité.

La Croix du Casse

33750 Saint-Germain-du-Puch. Tél. : 05 57 34 51 51, fax : 05 56 30 11 45.

Cette propriété de 9 hectares ne se situe pas dans un secteur favorisé de pomerol, mais à la limite sud de l'AOC, le long de la ligne de chemin de fer. Néanmoins, les résultats récents de La Croix du Casse ont été excellents : des vins rouge profond, vendangés tardivement, issus d'une riche extraction, qui se montrent tanniques, marqués par le chêne et d'une faible acidité (mise en bouteilles sans collage ni filtration). Peut-être ces pomerol manquent-ils de chair, de ce fruité intense que seul le terroir peut apporter.

La Croix Saint-Georges

33506 Libourne. Tél. : 05 57 51 41 86, fax : 05 57 51 53 16.

Ce vignoble de 5 hectares en pomerol a changé : les millésimes 1999 et 2000, élaborés dans un esprit «nouvelle vague», arborent un profil expressif, riche d'arômes du terroir et de baies noires écrasées, et une tannicité marquée.

Croizet-Bages

33250 Pauillac. Tél. : 05 56 59 01 62, fax : 05 56 59 23 39.

Longtemps ce château de pauillac resta dans la médiocrité, en raison de la faible qualité du terroir. Les 29 hectares implantés au cœur du plateau de Lynch-Bages continuent d'être vendangés à la machine et aucun second vin n'est élaboré. Toutefois, la vinification est plus satisfaisante qu'autrefois.

Les Cruzelles

33500 Lalande-de-Pomerol. Tél. : 05 57 51 79 83.

Domaine de lalande-de-pomerol lancé par Denis Durantou du château L'Église-Clinet. Le millésime 2000 était frais et souple, à boire rapidement.

Dassault

33330 Saint-Émilion. Tél. : 05 57 55 10 00, fax : 05 57 55 10 01.

Sis au nord de l'AOC saint-émilion, sur le plateau, ce château ne manque pas de ressources ; il est dirigé par le gendre de Marcel Dassault. Ses vins demeurent assez simples, mais francs et soigneusement élaborés.

La Dauphine

33126 Fronsac. Tél. : 05 57 25 90 81, fax : 05 57 25 11 74

Proche de Canon de Brem et de Canon-Moueix à la limite de l'AOC canon-fronsac, au-dessus de la Dordogne, cette propriété de 10 hectares en AOC fronsac appartenait autrefois à Moueix et a été achetée par Jean Halley, de la chaîne Carrefour. Elle offre des vins plus charmeurs que jamais, d'un excellent rapport qualité-prix.

Dauzac

33460 Labarde-Margaux. Tél. : 05 57 88 32 10, fax : 05 57 88 96 00.

La MAIF est propriétaire de ce vignoble de 45 hectares, proche de l'estuaire, dont les vins (de longévité moyenne) ont la rondeur des tertres de l'extrême sud de l'AOC margaux.

Doisy-Daëne

33720 Barsac. Tél. : 05 56 27 15 84, fax : 05 56 27 13 99.

Les trois propriétés de Doisy se trouvent entre Coutet et Climens, à Barsac. Ce cru de 15 hectares (propriété du père du célèbre œnologue bordelais Denis Dubourdieu) produit un vin liquoreux de pur sémillon, parfaitement équilibré, dont le style se rapproche davantage du sauternes que du barsac.

Doisy-Dubroca

33720 Barsac. Tél. : 05 57 83 10 10, fax : 05 57 83 10 11.

Vignoble de 3 hectares, dont la famille Lurton est propriétaire. Les vins liquoreux, aux arômes d'agrumes, sont vinifiés au château Climens.

Doisy-Védrines

33720 Barsac. Tél. : 05 56 27 15 13 fax : 05 56 27 26 76.

Avec 27 hectares, ce cru est le plus grand des trois Doisy. Ses vins sont élaborés soigneusement, mais n'atteignent pas l'excellence des meilleurs barsac et sauternes.

Le Dôme

33330 Vignonet. Tél. : 05 57 84 64 22, fax : 05 57 84 63 54.

Parcelle de saint-émilion (1,7 hectares) située entre Angelus et le château Grand-Mayne, plantée de 72 % de cabernet franc. Elle appartient à Jonathan Maltus, propriétaire du château Teyssier. Le Dôme est vinifié par Neil White, sur les conseils de Gilles Pauquet (également conseiller de Cheval Blanc et Figeac). Les millésimes 1998 et 2000 ont donné des vins rouge sombre, au nez riche mais encore discret de framboise et de prune. Les 100 % de bois neuf laissent une empreinte mesurée et assurent une base solide à l'évolution en bouteilles.

La Dominique

33330 Saint-Émilion. Tél. : 05 57 51 31 36, fax : 05 57 51 63 04.

Le terroir de 18 hectares jouxte le château Cheval Blanc. La Dominique fut l'un des premiers domaines conseillés par Michel Rolland. Les vins riches, aux arômes de mûre, font presque écho à ceux de La Conseillante, même s'ils ont moins de complexité et de profondeur fruitée. Outre le grand vin, il existe un second vin (Saint-Paul de Dominique) ; une microcuvée (Saint-Dominique) a été produite à partir de parcelles non classées : très concentrée, elle offre un caractère exotique, exprimant une vendange de grande maturité et la généreuse douceur du chêne.

Ducru-Beaucaillou ✪

33250 Saint-Julien-Beychevelle. Tél. : 05 56 73 16 73, fax : 05 56 59 27 37.

Illustre domaine de saint-julien, dont le nom fait référence aux 50 hectares de beaux galets situés dans le secteur de Beychevelle, au sud de l'appellation et au bord de la Gironde (il faut traverser les palus pour atteindre le bord de l'eau). Grand classique, le vin possède du corps, sans extraction excessive, ni marque imposante du chêne; toujours équilibré et élégant, il offre de purs arômes de cassis. Depuis que la famille Borie a acheté la propriété en 1941, le niveau de qualité a été constant, avec une seule période difficile de 1988 à 1990 en raison des problèmes de TCA dans les caves.

Duhart-Milon

33250 Pauillac. Tél. : 05 56 73 18 18, fax : 05 56 59 26 83.

Ce cru de 65 hectares (uniquement de vignoble et sans aucun bâtiment) appartient à Lafite. Il produit des pauillac élégants, aux notes de liqueur, de poivre et d'anis. La maturité des vins n'a cessé de s'améliorer depuis 1990, sous l'égide de Charles Chevalier. De même que Lafite rivalise de prestige avec Mouton, Duhart-Milon rivalise de qualité avec Clerc-Milon.

Durfort-Vivens

33460 Margaux. Tél. : 05 57 88 31 02, fax : 05 57 88 60 60.

Comme toutes les propriétés de la famille de Lucien Lurton (celle-ci appartient à Gonzague Lurton), ce cru de 30 hectares de margaux met l'accent sur l'élégance et le classicisme plutôt que sur l'extraction en vogue.

Domaine de l'Église

33330 Saint-Émilion. Tél. : 05 56 00 00 70, fax : 05 57 87 48 61.

Les 7 hectares de ce domaine produisent des vins de mieux en mieux structurés, aux amples arômes fruités.

L'Église-Clinet ✪✪

33500 Pomerol. Tél. : 05 57 25 99 00.

Denis Durantou produit sur ses 6 hectares l'un des pomerol les plus exceptionnels de l'AOC, grâce à de vieilles vignes (dont certaines centenaires) qui enfoncent profondément leurs racines dans le terroir. Durantou résiste aux phénomènes de mode (vendanges à surmaturité, abus de chêne et micro-oxygénation). Ses pomerol, d'une imposante charpente, sont souvent tanniques et austères dans leur jeunesse, mais avec le temps, ils s'assouplissent, s'enrichissent et dévoilent un grand caractère.

L'Évangile

33500 Libourne. Tél. : 05 57 51 15 30, fax : 05 57 51 45 78.

Les 14 hectares du château l'Évangile couvrent un superbe terroir entre Petrus, La Conseillante et Cheval Blanc. Aujourd'hui on perçoit une plus grande régularité dans la production depuis la reprise du vignoble par Lafite-Rothschild, en 1990. L'Évangile conjugue les séduisants arômes de framboise de Cheval Blanc et l'intensité de Petrus.

Faizeau

33570 Montagne. Tél. : 05 57 24 68 94, fax : 05 57 24 60 37.

Ce château de montagne-saint-émilion (10 hectares) possède des ceps de merlot vieux de quatre-vingts ans, à l'origine de la cuvée Vieilles vignes. Il appartient en copropriété à Alain Raynaud et à sa sœur Chantal Lebreton, laquelle vinifie ses vins en même temps qu'elle aide son père, Noël Raynaud, à produire ceux des domaines Croix de Gay et Fleur de Gay.

Falfas

33710 Bayon-sur-Gironde. Tél. : 05 57 64 80 41, fax : 05 57 64 93 24.

22 hectares en côtes-de-bourg exploités en biodynamie par un propriétaire américain. Les vins, peu spectaculaires, présentent toutefois puissance et matière.

de Fargues

33210 Fargues-de-Langon. Tél. : 05 57 98 04 20, fax : 05 57 98 04 21.

Le terroir chante la mélodie du vin, le reste est pure performance technique. Telle est la philosophie du château de Fargues, propriété de la famille Lur-Saluces depuis plus de cinq cents ans, soit depuis plus longtemps qu'Yquem. Le vin a toujours été élaboré de la même manière, avec le même soin et, bien souvent, avec de plus faibles rendements qu'à Yquem (la propriété, qui se trouve à l'est du célèbre cru, vendange généralement à une date plus tardive). La qualité de son vin est exceptionnelle, sans pourtant égaler celle des sauternes d'Yquem, car les 15 hectares de vignes se trouvent sur un tertre de graves distinctes, avec un autre réseau de veines d'argile, un peu plus loin de la Garonne et du Ciron.

Faugères

33330 Saint-Étienne-de-Lisse. Tél. : 05 57 40 34 99, fax : 05 57 40 36 14.

Vignoble de 20 hectares situé à l'extrémité est de l'AOC saint-émilion. Corinne Guisez produit des vins rouges séduisants, dont la qualité égale celle atteinte autrefois par les seuls chefs de file de l'appellation. Voir aussi Cap de Faugères et Péby Faugères.

Ferrand-Lartigue

33330 Saint-Émilion. Tél. : 05 57 74 46 19, fax : 05 57 74 46 19.

Propriété de 3 hectares, exploitée de façon perfectionniste. Elle bénéficie en matière de vinification des conseils de Louis Mitjaville. Vins souples.

Ferrière

33460 Margaux. Tél. : 05 57 88 76 65, fax : 05 57 88 98 33.

Petit vignoble médocain de 8 hectares, Ferrière produit, sous la direction de Claire Villars-Lurton, un margaux classique et aromatique.

Feytit-Clinet

33500 Pomerol. Tél. : 05 57 25 51 27, fax : 05 57 25 93 97.

Ce château de 7 hectares est peut-être proche de Latour à Pomerol, mais, sous la direction de Moueix, le profil de ses pomerol était à l'opposé : léger, souple et facile. Aujourd'hui le nouveau propriétaire, Jérémy Chasseuil, souhaite élaborer un vin plus profond, avec une plus grande personnalité.

de Fieuzal

33850 Léognan. Tél. : 05 56 64 77 86, fax : 05 56 64 18 88.

Au sud de Pessac, ce vignoble de 48 hectares produit des vins blancs et rouges de plus en plus somptueux (les millésimes 1999 et 2000 étaient plus riches que beaucoup de vins de l'AOC, grâce au travail de Jean-Luc Marchive, qui travaillait autrefois à l'Évangile). Le cru a été acheté en 2001 par le banquier irlandais, Lachlann Quinn.

Figeac ✪

33330 Saint-Émilion. Tél. : 05 57 24 72 26, fax : 05 57 74 45 74.

Vaste propriété de 40 hectares, château Figeac fut autrefois plus grand encore. Il se situe à l'extrémité de l'AOC saint-émilion, vers pomerol, juste de l'autre côté de la route qui vient de Cheval Blanc. Comme à Cheval Blanc, à La Dominique ou à Corbin, le plateau graveleux de Pomerol se poursuit ici. Les millésimes 1982, 1990 et 1998 illustrent le potentiel de ce domaine. Parce qu'il est planté de 70% de cabernet-sauvignon et de cabernet franc, et de 30% seulement de merlot, il ne donnera jamais de saint-émilion (ni de pomerol) typique (pas plus que Cheval Blanc). Je m'interroge sur la régularité de Figeac, ses échantillons étant des plus difficiles à évaluer, mais ses meilleurs vins sont des chefs-d'œuvre d'équilibre.

Filhot

33210 Sauternes. Tél. : 05 56 76 61 09, fax : 05 56 76 67 91.

Vaste cru de 60 hectares de sauternes situé au-dessous de Guiraud, produisant des vins de petit niveau, sans élevage en barrique de chêne.

La Fleur

33230 Saint-Émilion. Tél. : 05 57 51 75 55.

Un nom largement utilisé dans le Bordelais qui prête à confusion; il désigne en effet un grand nombre de propriétés de la rive droite (en deux mots ou un seul), ainsi que divers seconds vins ou cuvées spéciales d'autres propriétés. Rien d'étonnant à ce que les consommateurs se perdent dans cette avalanche de fleurs. La Fleur est le nom de ce petit vignoble de 6 hectares conduit par Moueix. Situé dans la partie nord de l'appellation saint-émilion, il ne bénéficie pas du secteur le plus favorable : ses vins, agréables, évoluent rapidement.

La Fleur de Boüard

33330 Saint-Émilion. Tél. : 05 57 24 77 31.

Trois «fleurs» se détachent de cette nouvelle propriété de lalande-de-pomerol, appartenant à Hubert de Boüard avec La Fleur Saint-Georges, la cuvée supérieure et Le Plus de la Fleur de Boüard. Ces vins à la robe sombre, aux doux arômes de fruits ont beaucoup d'attrait : reste à voir si les terrasses alluviales de lalande-de-pomerol peuvent ou non produire des vins assez structurés pour résister à l'épreuve du temps.

La Fleur Caillou, *voir* La Grave (Fronsac)

La Fleur de Gay

33500 Pomerol. Tél. : 05 57 51 19 05, fax : 05 57 74 15 62

Cuvée spéciale de La Croix de Gay, produite uniquement les bonnes années. D'un profil plus traditionnel que celui des vins de la nouvelle vague: forte teneur en tanins, douceur du fruit, mais pas trop d'extraction et élevage sur lies.

La Fleur de Jaugue

33500 Libourne. Tél. : 05 57 51 51 29, fax : 05 57 51 29 70.

Un saint-émilion concentré, relativement bon marché et d'une excellente qualité, élaboré à partir de faibles rendements.

La Fleur-Petrus

33500 Pomerol. Tél. : 05 57 51 78 96, fax : 05 57 51 79 79.

Ce domaine de 13 hectares a beau être proche de Petrus, de l'autre côté de la route, ses vins adoptent un style très différent : raffinement extrême, note de clou de girofle parfois, texture soyeuse et riche d'arômes fruités.

La Fleur Saint-Georges, *voir* La Fleur de Boüard

Fombrauge

33330 Saint-Émilion. Tél. : 05 57 24 77 12, fax : 05 57 24 66 95.

Fombrauge occupe 52 hectares (ce qui en fait le plus grand vignoble saint-émilionnais) sur le plateau de Saint-Émilion, au nord-est de l'appellation. Il domine la commune de Saint-Christophe-des-Bardes. Ce secteur n'a jamais été considéré comme d'excellente qualité, mais la situation me semble changer depuis que Bernard Magrez, des châteaux Pape-Clément et La Tour Carnet, a pris la suite du consortium danois (10% de parts de la marque Lego) qui possédait le domaine. Le millésime 2000 a marqué un progrès spectaculaire : fruit de faibles rendements et d'une minutieuse sélection des raisins, il offre un caractère mûr, charnu, des arômes de café et de cerise noire. J'imagine que l'avenir sera plus brillant encore. (Voir aussi Magrez-Fombrauge.)

Fomplégade

33330 Saint-Émilion. Tél. : 05 57 74 43 11, fax : 05 57 74 44 67.

Ce cru de 18 hectares en saint-émilion occupe un terroir à mi-pente de la Côte. La période de déception semble révolue avec le millésime 2000, élaboré sous le contrôle de Christian Moueix : c'est un vin classique, dans le style de la Côte, avec de légers arômes de baies noires.

Fonroque

33500 Libourne. Tél. : 05 57 51 78 96.

Disposant de 19 hectares sur le plateau de l'appellation saint-émilion, Fonroque produit un vin relativement austère, avec parfois des tanins très fermes. Pas à la mode? Ses arômes animaux et épicés sont pourtant agréables. De nouvelles orientations devraient apporter de réelles améliorations.

Fontenil

33500 Pomerol. Tél. : 05 57 51 23 05, fax : 05 57 51 66 08.

Michel Rolland élabore le château Fontenil sur la propriété de 8,5 hectares qu'il possède avec sa femme Dany, dans le secteur nord-est de l'appellation fronsac, face à lalande-de-pomerol, de l'autre côté de l'Isle. Ce vin mûr et riche est à mille lieux de la rusticité qui caractérisait autrefois l'appellation.

Fougas Maldoror

33710 Lansac. Tél. : 05 57 68 42 15, fax : 05 57 68 28 59.

Propriété de 11 hectares en côtes-de-bourg, dont la cuvée de prestige est baptisée Maldoror. Le vin est sombre, à l'image de son nom, mais, il se fait doux, souple et original. Le propriétaire, Jean-Yves Béchet, est aussi celui du Riou de Thaillas, dont les vins dévoilent des tanins plus impressionnants.

Franc Maillet

33500 Pomerol. Tél. : 06 09 73 69 47, fax : 05 57 51 96 75.

Propriété peu connue, mais en progression, située dans le secteur nord-est de l'appellation. Une aire prometteuse. La Cuvée Jean-Baptiste est particulièrement réussie. Les millésimes récents regorgeaient d'arômes de prunes et d'épices.

Franc Mayne

33330 Saint-Émilion. Tél. : 05 57 24 62 61, fax : 05 57 24 68 25.

Les deux châteaux Franc Mayne et Grand Mayne occupent la pente calcaire qui descend doucement de la cité de Saint-Émilion vers les graves de Figeac. La Gometrie est l'autre grand vin produit dans ce secteur. Entre les deux crus, Franc Mayne (avec 7 hectares) est de loin le plus petit; il appartient aujourd'hui à Georgy Fourcroy et à ses associés, et bénéficie des conseils de Michel Rolland. Les vins ont connu une nette amélioration, comme le révèlent leur matière dense et leur profondeur aromatique.

de France

33850 Léognan. Tél. : 05 56 64 75 39, fax : 05 56 64 72 13.

Avec ses 34 hectares de vignes proches de celles du Domaine de Chevalier, des châteaux de Fieuzal et Haut-Gardère, et grâce à l'aide de Michel Rolland, l'ancien magnat de la betterave sucrière, Bernard Thomassin, est en train de conduire ce château de pessac-léognan vers l'excellence.

Gaby

33126 Fronsac. Tél. : 05 57 51 24 97, fax : 05 57 25 18 99.

Propriété de 9,5 hectares, appartenant à Antoine Khayat, dont les canon-fronsac sont élaborés sur les conseils de Gilles Pauquet.

La Gaffelière

33330 Saint-Émilion. Tél. : 05 57 24 72 15, fax : 05 57 24 69 06.

Ce cru de 22 hectares, implanté sur la partie basse de la Côte de Saint-Émilion, inclut l'un des sites archéologiques les plus importants de la région, les restes d'une villa romaine de dix pièces. Son vin, classique dans sa réserve et ses arômes élégants, n'est jamais alourdi par une surextraction.

Gamage

33350 Castillon-la-Bataille. Tél. : 05 57 40 52 02, fax : 05 57 40 53 77.

Cette propriété de 36 hectares en Entre-deux-Mers appartient en partie à Steven Spurrier, spécialiste britannique de la littérature œnologique. Son vin blanc est frais, équilibré (grâce à 60% de sémillon); son bordeaux supérieur harmonieux, souple et plein.

La Garde

33650 La Brède. Tél. : 05 56 81 58 90.

Vignoble de 45 hectares de pessac-léognan appartenant depuis 1990 à CVBG-Dourthe Kressman. Il produit des vins soignés, mais rarement puissants ou concentrés.

Garreau

33710 Pugnac. Tél. : 05 57 68 90 75, fax : 05 57 68 90 84.

Grande propriété de côtes-de-blaye, dont les vins rouges mûrs sont issus de vignes à faible rendement. Il faut goûter la Cuvée Armande, sélection des meilleurs raisins, vieillie dans 100% de chêne neuf : un vin rouge sombre, brillant, aux notes fumées.

Le Gay

33500 Pomerol. Tél. : 05 57 51 12 43, fax : 05 57 51 67 99.

Cinq hectares de pomerol : un petit vignoble bien situé, perché au-dessus de la Barbanne, au nord de l'AOC. Des vins solidement charpentés.

Gazin

33500 Pomerol. Tél. : 05 57 51 07 05, fax : 05 57 51 69 96.

Superbe propriété de 24 hectares de vignes en pomerol, jouxtant Petrus et l'Évangile. Les vins puissants, charnus ont un solide caractère.

Gigault
33390 Blaye. Tél. : 05 57 42 34 34, fax : 05 57 42 34 35.

Avec Grands Maréchaux, Gigault (grâce à sa Cuvée Viva) prouve que même les vignobles des premières-côtes-de-blaye peuvent produire des vins élégants, rouge sombre, aux arômes de fruits. Le propriétaire, Christophe Reboul-Salze, les élabore avec les conseils de l'actionnaire, Stéphane Derenoncourt. La Cuvée Viva est issue de 95% de merlot, majoritairement élevé dans du chêne neuf.

Gilette
33210 Preignac. Tél. : 05 56 76 28 44, fax : 05 56 76 28 43.

Christian Médeville, propriétaire de ce cru de sauternes de 4,5 hectares situé presque au bord de la Garonne, laisse fermenter ses vins en cuves Inox, puis les conserve pendant quinze ans, ou plus, dans des cuves en béton avant de les mettre en bouteilles. Les résultats sont plus frais et plus souples qu'on ne pourrait le penser. Néanmoins, l'exemple n'a pas été suivi dans la région.

Girolate
33420 Naujan-et-Potiac. Tél. : 05 57 84 55 08, fax : 05 57 84 57 31.

Dans ce domaine de 10 hectares, en Entre-deux-Mers, le merlot est planté à une densité de 10000 pieds à l'hectare; le vin est entièrement vinifié en barriques. À l'origine de cet ambitieux projet : Jean-Louis Despagne.

Giscours
33460 Labarde. Tél. : 05 57 97 09 09, fax : 05 57 97 09 00.

Vaste vignoble de 83 hectares, à l'extrémité sud de margaux, dont la qualité a beaucoup varié au fil des années. Sous la houlette du propriétaire hollandais, Éric Albada Jelgersma, le domaine a enregistré des progrès notables. 2000 a été le meilleur millésime des deux dernières décennies : c'est un vin riche, charnu, parfaitement équilibré.

Gloria
33250 Saint-Julien-Beychevelle. Tél. : 05 56 59 08 18, fax : 05 56 59 16 18.

Les 48 hectares du château Gloria sont dispersés sur Beychevelle; le vin est ouvert, plein et aromatique, mais je le préférerais plus concentré.

La Gomerie
33330 Saint-Émilion. Tél. : 05 57 74 46 87, fax : 05 57 24 66 88.

Gérard Bécot élabore un vin de merlot empreint de la marque du chêne, sur une petite propriété de 2,5 hectares en saint-émilion, juste au-dessous du château Grand Mayne.

Gracia
33330 Saint-Émilion. Tél. : 05 57 24 70 35, fax : 05 57 74 46 72.

Propriété appartenant à Michel Gracia, dont le vin sombre, tannique, proche du style des vins de garage, est élaboré avec l'aide d'Alain Vauthier.

Grand-Corbin Despagne
33330 Saint-Émilion. Tél. : 05 57 51 08 38, fax : 05 57 51 29 18.

Cette propriété de 27 hectares en saint-émilion, située au nord-est du château Cheval Blanc, a beaucoup progressé de 1995 à 2000, grâce à François Despagne. Le millésime 2000 était riche d'arômes concentrés de cassis, à la manière d'un pomerol, et offrait un excellent rapport qualité-prix.

Grandes Murailles ✪
33330 Saint-Émilion. Tél. : 05 57 24 71 09, fax : 05 57 24 69 72.

Propriété de 2 hectares en saint-émilion, dont les grandes murailles, moins hautes aujourd'hui, étaient autrefois celles d'un monastère. Comme les deux autres vins de la famille Reiffer (le Clos-Saint-Martin, encore plus petit, et le Côte de Baleau, plus vaste), le château Grandes Murailles offre une matière dense, une texture serrée, et a besoin d'un long sommeil en cave pour parvenir à maturité.

Grand Mayne
33330 Saint-Émilion. Tél. : 05 57 74 42 50, fax : 05 57 24 68 34.

Avec 19 hectares, ce château est la plus grande des deux propriétés implantées sur le versant de la colline de Mayne; il est conduit avec grand soin par la famille Nony. Malgré quelques problèmes de TCA dans les millésimes 1993 et 1994, le vin est ample, mêlant les classiques arômes animaux et élégance.

Grand Pontet
33330 Saint-Émilion. Tél. : 06 85 83 08 65.

Cette propriété de 14 hectares sur la bordure nord de Saint-Émilion illustre à nouveau l'amélioration qualitative des dernières années du XXe siècle : la réduction des rendements et l'augmentation de la maturité ont permis d'obtenir un vin rond, aux riches arômes de fruits.

Grand-Puy-Ducasse
33042 Bordeaux. Tél. : 05 56 11 29 00, fax : 05 56 11 29 01.

Cette propriété de 40 hectares comprend nombre de parcelles éparpillées. Une constante amélioration de la qualité est observée depuis que le domaine appartient à la maison de négoce Mestrezat (abandon de la vendange à la machine, récolte plus sélective, plus de 50% de chêne neuf pour le grand vin). Ce pauillac, rapidement mûr, satisfera les amateurs les plus impatients. (Mestrezat, comme Cordier, appartient désormais au groupe du Val d'Orbieu, dont le siège se trouve en Languedoc.)

Grand-Puy-Lacoste
33250 Pauillac. Tél. : 05 56 73 16 73, fax : 05 56 59 27 37.

Bien à l'écart du fleuve, les 52 hectares de Grand-Puy-Lacoste ne produisent pas les pauillac les plus charnus et les plus structurés, mais cette propriété, qui appartient à la famille Borie, tire de ses bancs de graves un vin profond, gorgé d'arômes de cassis, apte à la garde.

Les Grands Chênes
33340 Saint-Christoly-Médoc. Tél. : 05 56 41 53 12, fax 05 56 41 35 69.

Cette propriété du Haut-Médoc appartient à Bernard Magrez et bénéficie des conseils de l'équipe de Michel Rolland. Le millésime 2000 était charnu, long en bouche et savoureux.

Grands Maréchaux
33920 Saint-Girons d'Aiguevives. Tél. : 05 57 42 49 08.

Cette propriété des premières-côtes-de-blaye, qui appartient en copropriété à Christophe Reboul-Salze et Étienne Barre, prouve que des rendements restreints et le recours aux techniques contemporaines (macération préfermentaire à froid, longue fermentation alcoolique, vieillissement sous bois et élevage sur lies) peuvent donner aux vins de la région une expression nouvelle.

La Grave (AOC fronsac)
33126 Fronsac. Tél. : 05 57 51 31 11, fax : 05 57 25 08 61.

Ce domaine de 4 hectares exploité en biodynamie par Paul Barre produit des vins francs, souples et agréables. Les 4,4 hectares de La Fleur Caillou en canon-fronsac ont le même propriétaire. Ce fut le premier terrain d'entraînement de Stéphane Derenoncourt à Bordeaux, de 1985 à 1987.

La Grave à Pomerol, Trignant de Boisset
33500 Pomerol.

Au nord de l'appellation pomerol, ce vignoble de 8,4 hectares, propriété de Moueix, produit des vins pleins de grâce, aux doux arômes de cassis.

Gree Laroque
33910 Saint-Ciers-d'Abzac. Tél. : 05 57 49 45 42, fax : 05 57 49 45 42.

Une petite propriété de 1,6 hectares de bordeaux-supérieur (située à 8km de Fronsac) produit ce vin de garage issu de vignes de quarante ans. Avec l'aide de Stéphane Derenoncourt, les propriétaires, Patricia et Arnaud Benoît de Nyvenheim, élaborent un vin aux délicieux arômes fruités.

Greysac
33340 Bégadan. Tél. : 05 56 73 26 56, fax : 05 56 73 26 58.

Cette propriété de 80 hectares en haut-médoc produit des vins qui ont plus d'élégance que de corps, rapidement prêts à boire.

La Griffe de Cap d'Or
33330 Saint-Émilion. Tél. : 05 57 55 09 13, fax : 05 57 55 09 12.

Vin de garage de saint-georges-saint-émilion issu de pur merlot, généreusement marqué par le chêne, plein et savoureux.

Gruaud-Larose ✪
33250 Saint-Julien-Beycherelle. Tél. : 05 56 73 15 20, fax : 05 56 59 64 72.

Cette propriété de 80 hectares appartient aujourd'hui à Jean Merlaut, du groupe Taillan, mais les vins sont élaborés depuis 1970 par Georges Pauli de Cordier. Cette douce pente de graves rouges a donné naissance dans le passé à l'un des vins les plus lourds, les plus chargés de tanins de la commune. Les plus grands succès de Gruaud-Larose ne peuvent être atteints que lorsque ces tanins se mêlent intimement aux arômes de cassis (comme dans les millésimes 1986, 1990 et 2000).

Guiraud ✪
33210 Sauternes. Tél. : 05 56 76 61 01, fax : 05 56 76 61 01.

La sobre étiquette noire de ce château (84 hectares) cache une histoire haute en couleur, au cours de laquelle le cru a été remis sur pied, puis ruiné plusieurs fois par une succession de propriétaires excentriques. Depuis 1981, il est entre les mains de la famille Nardy, canadienne, et son habile directeur Xavier Planty a fait de Guiraud l'un des sauternes les plus réguliers et les plus généreux, caractérisé par des arômes d'abricot et d'amande amère.

La Gurgue
33460 Margaux. Tél. : 05 57 88 46 65, fax : 05 57 88 98 33.

Ce château à la tête de 10 hectares, propriété de la famille Merlaut, produit des margaux harmonieux et fruités.

Haut-Bages Averous
33250 Pauillac. Tél. : 05 56 73 24 00, fax : 05 56 59 26 42.

Second vin de Lynch-Bages.

Haut-Bages Libéral
33250 Pauillac. Tél. : 05 57 88 76 65, fax : 05 57 88 98 33.

Les 28 hectares de ce cru de l'AOC pauillac jouxtent les vignobles de Latour et de Pichon-Lalande. Son vin, aux arômes frais, est un classique. Il pourrait être plus grand encore, car son terroir est magnifique.

Haut-Bailly ✪
33850 Léognan. Tél. : 05 56 64 75 11, fax : 05 56 64 53 60.

Cette propriété de 28 hectares, tout proche de Larrivet Haut-Brion, est l'une des plus belles de pessac-léognan. Robert Wilmers, banquier new-yorkais en est le nouveau propriétaire, même si l'ancien, Jean Sanders, et sa petite-fille Véronique continuent à gérer le domaine. On pourrait l'appeler La Conseillante de Léognan, tant le vin de Haut-Bailly, riche d'arômes de cerise les premières années, vieillit merveilleusement. La texture charnue de sa jeunesse gagne en élégance au fil de la garde et atteint des sommets d'équilibre.

Haut Batailley
33250 Pauillac. Tél. : 05 56 73 16 73, fax : 05 56 59 27 37.

Ce cru de 22 hectares en pauillac, sis à l'intérieur des terres, appartient à la famille Borie qui y produit des vins simples et francs, d'une fraîche élégance, avec des arômes de cassis.

Haut-Beauséjour
33180 Saint-Estèphe. Tél. : 05 56 59 30 26, fax : 05 56 59 39 25.

Cette propriété de saint-estèphe (19 hectares) appartient à Louis Roederer. Le plein succès n'est pas atteint: le millésime 2000 restait moins charnu que la plupart de ses pairs.

Haut-Bergey
33840 Léognan. Tél. : 05 56 64 05 22, fax : 05 56 64 06 98.

Michel Rolland et Jean-Luc Thunevin sont tous deux conseillers de ce domaine de 26 hectares de pessac-léognan qui appartient depuis 1991 à la sœur de Daniel Cathiard, Sylviane Garcin-Cathiard. Celle-ci n'épargne aucune dépense, pour le vignoble ou la cave. De fait, depuis 1998, le vin a acquis plus de structure et de chair, avec des arômes de fumée et de baies noires. À mesure que les derniers millésimes du XXe siècle vieillissent, la marque du terroir devrait davantage se faire sentir.

Haut-Brion ✪✪✪
33602 Pessac. Tél. : 05 56 00 29 30, fax : 05 56 98 75 14.

Nous y voilà. Nous nous trouvons dans la périphérie de Bordeaux. Pourtant, les bancs de graves de cette splendide propriété de 50 hectares rivalisent avec les meilleurs terroirs des appellations pauillac ou saint-estèphe. Tandis que l'agitation urbaine suit son cours de l'autre côté des grands murs, l'on vit paisiblement dans les pièces lambrissées de ce château entouré d'un parc. Haut-Brion fut historiquement l'un des premiers crus du Bordelais. Il fut même le premier de tous, puisque les nantis de Paris et de Londres venaient s'y fournir en vin bien avant qu'aucun spécialiste hollandais du drainage ne fût venu s'occuper du Médoc. Aujourd'hui encore, les vins produits par Haut-Brion et ses quatre proches voisins dévoilent un raffinement unique. Rarement les arômes et les flaveurs si caractéristiques du bordeaux sont portés à un plus haut degré de finesse qu'ici. Rarement le cèdre et le havane se conjuguent avec autant de puissance. Bien sûr, le fruit est au centre de tout, mais il se fait plus discret, plus complexe dans le Haut-Brion; comme une truffe, il faut le déterrer... Les meilleurs millésimes (le plus mémorable fut 1989) présentent une étonnante densité et une saveur douce, inattendue, succulente. Le domaine produit aussi un vin blanc, en très petites quantités : riche d'arômes d'agrumes dans sa jeunesse, celui-ci devient suave avec l'âge.

Haut de Carles, *voir* de Carles

Haut-Chaigneau
33500 Néac. Tél. : 05 57 51 31 31, fax : 05 57 25 08 93.

Cette propriété (20 hectares) de lalande-de-pomerol se trouve dans le secteur est de l'AOC; elle est conduite par son propriétaire, André Chatonnet, père de l'œnologue Pascal Chatonnet. Comme bien des lalande-de-pomerol, ce vin ne présente pas une structure imposante, mais ses arômes de cerise et de chocolat en font un vin de qualité, à boire assez jeune.

Haut-Condissas
33340 Bégadan. Tél. : 05 56 41 58 59, fax : 05 56 41 37 82.

Haut-médoc issu de microparcelles sélectionnées du château Rollan de By : le millésime 2000 est sombre, fruité, doté de tanins mûrs.

Haut-Gardère
33850 Léognan. Tél. : 05 56 64 75 33, fax : 05 56 64 53 64

Le domaine de 25 hectares de Haut-Gardère produit des vins rouges de qualité, aux arômes fumés, ainsi que des vins blancs équilibrés, agréablement marqués par le chêne.

Haut-Marbuzet
33180 Saint-Estèphe. Tél. : 05 56 59 30 54, fax : 05 56 59 70 87.

Les 50 hectares de Haut-Marbuzet produisent des saint-estèphe souples, richement marqués par le chêne, contenant plus de merlot que la plupart des vins de l'AOC.

Haut-Nouchet
33650 Martillac. Tél. : 05 56 72 69 74.

Ce vignoble de 38 hectares, propriété de Louis Lurton, est conduit en culture biologique. Ses pessac-léognan rouges et blancs gagnent en vieillissant profondeur et richesse.

Haut-Sarpe
33506 Libourne. Tél. : 05 57 51 41 86, fax : 05 57 51 53 16.

Cette propriété de 11 hectares, proche de Sansonnet et de La Couspaude, appartient à l'empire Janoueix; elle enregistre de rapides progrès.

Haut-Troquart la Grâce Dieu
33502 Libourne. Tél. : 05 57 51 78 96, fax : 05 57 51 79 79.

Petite propriété de l'écurie Moueix : 2,5 hectares de saint-émilion, avec 90% de merlot, produisant des vins souples.

Haut-Villet

33330 Saint-Émilion. Tél. : 05 57 47 97 60, fax : 05 57 47 92 94.

À l'image de château Faugères, le domaine de 7 hectares de Haut-Villet se situe à l'extrémité est de l'appellation saint-émilion. Ses vins n'en sont pas moins ambitieux, surtout la cuvée Pomone, de forte extraction ; ils ont besoin de vieillir.

L'Hermitage

33540 Saint-Martin-du-Puy. Tél. : 05 56 71 57 58, fax : 05 56 71 65 00.

Propriété de 4 hectares, dont les propriétaires sont ceux de château Matras. Elle produit un pur merlot, dont les deux tiers proviennent de vignes âgées de soixante-dix ans. De teinte sombre, le vin est mûr, riche, aux doux arômes fruités.

Hosanna✪

33500 Pomerol.

Christian Moueix a rebaptisé Hosanna l'ancien domaine de Certan Guiraud, dont il a vendu les 4 hectares du Clos du Roy au château Nenin (voir aussi Certan Marzelle). De nouveaux chais sont en construction. Réalisés sur les plans de Herzog et Meuron, ils feront paraître le chai de Petrus plus désuet que jamais. Hosanna est merveilleusement situé près de Vieux Château Certan, de Lafleur et de Petrus. Le millésime 2000 a produit un vin à la robe sombre, d'une grâce stupéfiante (le merlot est équilibré par 30 % de cabernet franc).

d'Issan

33460 Cantenac. Tél. : 05 57 88 35 91, fax : 05 57 88 74 24.

Les 52 hectares de margaux de cette propriété d'Issan sont tout ce qu'il reste du puissant empire Cruse. Si l'empire devait être réduit à un seul domaine, on comprend que le choix se soit porté sur celui-ci. La fabuleuse élégance du château du XVIIe reproduit sur l'étiquette des vins (la plus belle du monde?) donne un reflet exact de la réalité. Le vin est élégant et aromatique, davantage apprécié de la critique œnologique européenne que par les Américains. Les millésimes 1996 et 1999 étaient exceptionnellement raffinés, et le millésime 2000 également hors du commun.

Jacques Blanc

33330 Saint-Émilion. Tél. : 05 57 56 02 97, fax : 05 57 40 18 01.

Ce domaine de 20 hectares porte le nom d'un illustre personnage du XVe siècle à Saint-Émilion. Conduit en biodynamie depuis 1989, il produit un grand nombre de cuvées, de qualité variable, dont la meilleure est l'Apogée. Il bénéficie des conseils de Jean-Luc Thunevin.

Jonqueyres

33750 Saint-Germain du Puch. Tél. : 05 57 34 51 51.

Les 45 hectares de ce château, propriété de la société GAM Audy, sont exploités sur les conseils de Jean-Michel Arcaute et de Michel Rolland. Ses bordeaux-supérieur offrent une structure beaucoup plus solide que la plupart de vins de l'appellation.

Karolus

33290 Le Plan-Médoc. Tél. : 05 56 70 20 11, fax : 05 56 70 23 91.

Ce vin est élaboré à partir des 3,5 hectares de vignes du château Sénéjac. Son style est plus profond, plus ample que celui de Sénéjac, sa structure tannique plus riche, mais il libère moins d'arômes de cassis.

Kirwan

33000 Bordeaux. Tél. : 05 57 87 64 55, fax : 05 57 87 57 20.

Peu de propriétés du Médoc ont amélioré la qualité de leur vins aussi visiblement que ce château, de 35 hectares en AOC margaux. Les millésimes 1998, 1999 et 2000, aromatiques, structurés et riches, peuvent rivaliser avec les meilleurs crus de l'appellation. Le conseiller est Michel Rolland.

Labégorce

33460 Margaux. Tél. : 05 57 88 71 32, fax : 05 57 88 35 01.

Ce cru de 33 hectares de margaux est l'un des rares à reconnaître utiliser du chêne américain pour élaborer ses vins, taillés à la serpe mais dotés de doux arômes. Ses margaux sont aujourd'hui un peu plus raffinés.

Labégorce-Zédé

33460 Soussans. Tél. : 05 57 88 71 31, fax : 05 57 88 72 54.

Élégant et classique margaux, issu de 25,5 hectares de vignes séparées depuis longtemps de Labégorce. Comme Le Pin et Vieux Château Certan, cette propriété appartient à la famille belge Thienpont. Luc Thienpont l'administre avec un grand soin du détail et fidélité au terroir.

Lafaurie-Peyraguey

33300 Bordeaux. Tél. : 05 57 19 57 77, fax : 05 57 19 57 87

Cette propriété sauternaise de 40 hectares se situe à l'ouest d'Yquem, sur un terroir de graves proches du Ciron. Détenue par Cordier depuis 1917, elle est passée aux mains du Val d'Orbieu. Georges Pauli préside à la vinification, produisant des vins d'une richesse toujours égale et de longue garde.

Lafite-Rothschild ✪✪✪

33250 Pauillac. Tél. : 01 53 89 78 00/05 56 59 01 74, fax : 01 53 89 78 01/05 56 59 26 83.

Lafite est le plus étendu des premiers crus classés avec 94 hectares, alors que Margaux en compte 90. Il se distingue aussi par ses graves plus fines que celles des autres crus. Voisin, Cos d'Estournel domine Lafite, dont le terroir a été drainé pour aménager des prairies et des jardins. Au sud du château toutefois, les bancs de graves s'élèvent de façon abrupte comme une immense vague de pierre, formant un tertre de 25 m, que le domaine partage avec Mouton-Rothschild ; certaines parcelles de Lafite s'étendent à l'est, presque jusqu'à l'ancienne raffinerie de pétrole de Pauillac. Rien d'étonnant à ce qu'à peine un tiers de la production de Lafite entre actuellement dans le grand vin. Sous l'égide de son propriétaire, Éric Rothschild, et depuis que le cru a été confié à Charles Chevalier, en 1994, Lafite a connu une série de millésimes qui sont les plus glorieux de son histoire. Les qualités des grands bordeaux sont l'élégance et la finesse. À Lafite, les pauillac sont aussi finement réalisés qu'une gravure de Gustave Doré, tout en nuances, sans jamais tomber dans la surextraction. L'harmonie est parfaite.

Lafleur ✪

33240 Mouillac. Tél. : 05 57 84 44 03, fax : 05 57 84 83 31.

Lequel des cinq illustres voisins de Petrus dispose d'un terroir susceptible de rivaliser avec la fameuse boutonnière d'argile? Les 4,5 hectares de Lafleur, dont l'épaisse couche de graves est complétée de crasse de fer. Ce sont des crus différents, par les 50% de cabernet franc qui composent Lafleur, mais dans les meilleures années le cru produit des vins structurés, capables de rivaliser avec Petrus. Le millésime 2000, avec ses arômes de pruneau, semble devoir évoluer vers la puissance.

Lafon-Rochet

33180 Saint-Estèphe. Tél. : 05 56 59 32 06, fax : 05 56 59 72 43.

Les 40 hectares de Lafon-Rochet devraient pouvoir rivaliser avec Cos d'Estournel et même avec Lafite. Tel n'est pas le cas, pourtant, en dépit du soin que les propriétaires, Alfred et Michel Tesseron, apportent à l'élaboration de leur saint-estèphe. Encore un autre secret de l'énigmatique potentiel des tertres graveleux du Médoc? Sans doute. Lafon-Rochet a néanmoins produit, au milieu et à la fin des années 1990, des vins délicieux, aux arômes d'épices, de plus en plus profonds, commercialisés à des prix intéressants.

Laforge

33330 Vignonet. Tél. : 05 57 84 64 22, fax : 05 57 84 63 54.

L'un des trois domaines de saint-émilion appartenant à Jonathan Maltus. Les 6 hectares sont largement dispersés, avec quelques parcelles (cinq au total) en plaine, près de Monbousquet, d'autres sur le plateau, près de Larmande. Les meilleurs vignobles sont proches du Clos Fourtet et de la cité de Saint-Émilion. Laforge est agréablement fruité (cerises et de prune) et riche en merlot.

Lagrange (AOC pomerol)

33500 Libourne. Tél. : 05 57 55 05 80, fax : 05 57 51 79 79.

Cette propriété de 8 hectares, qui occupe une position centrale dans l'appellation, appartient à Moueix. Ses vins aux arômes de fruits égalent rarement en structure la qualité d'autres vins du même producteur.

Lagrange (AOC saint-julien)

33250 Saint-Julien-Beychevelle. Tél. : 05 56 73 38 38, fax : 05 56 59 26 09.

Les 113 hectares de vignes font de Lagrange le plus grand domaine classé du Médoc, propriété de Suntory depuis 1983. Lagrange est bien administré par Marcel Ducasse, œnologue, et les rendements, la sélection, la vinification ont donné dans les bons millésimes 1989 et 1990 : des vins classiques, élégants, riches d'arômes de cassis. Toutefois, Ducasse n'est pas de ceux qui sont prêts à courir les risques inhérents à l'absence de collage et de filtration. J'estime qu'il y a parfois un écart entre la qualité des échantillons tirés des fûts et celle du vin mis en bouteilles.

La Lagune

33290 Ludon-Médoc. Tél. : 05 57 88 82 77, fax : 05 57 88 82 70.

Le premier château du Médoc que l'on rencontre en venant de Bordeaux, La Lagune (72 hectares) produit un haut-médoc rond, agréable à boire jeune.

Lamothe-Bergeron

33460 Cussac Fort Médoc. Tél. : 05 56 58 94 77, fax : 05 56 58 98 18.

Ce cru de 66 hectares de haut-médoc occupe un terroir très favorable près de Cussac. Il produit des vins satisfaisants et bon marché. Ses propriétaires sont les mêmes que ceux du Grand-Puy-Ducasse (Mestrezat et Val d'Orbieu).

Lamothe Guignard

33210 Sauternes. Tél. : 05 56 76 60 28, fax : 05 56 76 69 05.

Ce cru de 17 hectares de sauternes, contigu à La Tour Blanche, a produit dans les années 1990 des vins aromatiques, richement botyrisés et d'un remarquable potentiel de garde.

Lanessan

33460 Cussac Fort Médoc. Tél. : 05 56 58 94 80, fax : 05 57 88 89 92.

Plusieurs communes séparent saint-julien de margaux. Elles appartiennent à l'aire d'appellation haut-médoc. Proche de Gruaud-Larose, les 40 hectares de Lanessan sont plantés sur un banc de graves qui offre un excellent terroir. Le vin expressif, doté d'arômes de cassis, ne connaît pas le chêne neuf.

Langoa Barton

33250 Saint-Julien-Beychevelle. Tél. : 05 56 59 06 05, fax : 05 56 59 14 29.

Cette propriété, petite sœur de Léoville-Barton (à peine 15 hectares), jouit d'une situation géographique moins favorable. Ses vins me semblent plus légers et plus vifs que ceux de Léoville, tout en affichant des arômes classiques.

Larcis Ducasse

33330 Saint-Émilion. Tél. : 05 57 24 70 84, fax : 05 57 24 64 00.

Propriété de saint-émilion de 11 hectares se trouvant à mi-pente près de Pavie. Ce terroir de choix devrait produire de bien meilleurs vins.

Larmande

33330 Saint-Émilion. Tél. : 05 57 24 71 41, fax : 05 57 74 42 80.

Ce vignoble de 25 hectares est implanté sur le plateau nord, plus frais, derrière la cité de Saint-Émilion. Il produit des vins d'une impressionnante densité grâce aux investissements de la compagnie d'assurance La Mondiale.

Larose-Trintaudon

33112, Saint-Laurent-Médoc. Tél. : 05 56 59 41 72, fax : 05 56 59 93 22.

Larose-Trintaudon appartient à la compagnie d'assurance AGF et produit un million de bouteilles par an. Gigantesque cru de 172 hectares (certaines aires d'appellation n'égalent pas cette superficie), il offre des vins souples et fruités. La Tourette, second vin, est le plus intéressant.

Larrivet Haut-Brion

33850 Léognan. Tél. : 05 56 64 75 51, fax : 05 56 64 53 47.

Sans rapport avec Haut-Brion, ce cru de 42 hectares en pessac-léognan, près de Haut-Bailly, a connu une renaissance et une amélioration de la qualité à partir de 1995, grâce aux conseils de Michel Rolland. Aussi bien le rouge que le blanc sont souples et généreux. La propriété appartient au groupe Andros et est administrée avec le plus grand soin par Philippe Gervoson.

Lascombes

33460 Margaux. Tél. : 05 57 88 70 66, fax : 05 57 88 72 17.

De grands changements sont intervenus sur ce domaine de 50 hectares de margaux avec les nouveaux propriétaires américains (société d'investissement Colony Capital) qui ont engagé l'ancien maître de chai de Montrose, Bruno Lemoine, pour conduire les travaux vitivinicoles. L'influence des administrateurs de domaines de la rive droite, Alain Raynaud et Yves Vatelot se fait fortement sentir. Le millésime 2000, produit à partir de rendements considérablement réduits et d'une sélection rigoureuse (30 % seulement de la récolte totale), marque un notable bond en avant en termes de qualité.

Latour ✪✪✪

33250 Pauillac. Tél. : 05 56 73 19 80, fax : 05 56 73 19 81

Trois des cinq premiers crus classés en 1855 se trouve sur l'aire de pauillac. Les 65 hectares de Latour sont les plus proches de la Gironde. De la salle de dégustation du château, on domine, au-delà des prairies, l'estuaire; le soleil se réfléchit sur l'eau pour inonder de sa chaleur un vignoble qui s'étend à perte de vue. Les tertres de graves de Latour forment une sorte de plage géante surélevée, en bordure de l'estuaire. Les plus vieilles vignes plantées sur ces graves sont celles de l'Enclos, tout autour du château : elles ont quarante-cinq ans. Depuis 1993, Latour appartient au grand industriel François Pinault, qui a d'abord fait fortune dans le bois, et le domaine est administré avec autant d'ambition que de dévouement par Frédéric Engerer. D'énormes investissements sont en cours pour l'aménagement des chais : l'équipe actuelle semble déterminée à faire de Latour le plus grand vin du Médoc. La manière dont le domaine surmonte les variations des millésimes laisse à penser que le terroir est sans égal. Latour est le plus noble des premiers crus, tant ses vins sont profonds, complexes et d'un potentiel de garde extraordinaire. Pinault et Engerer ont-ils donné naissance à un nouveau Latour? S'il faut définir un caractère nouveau, ce serait le charme. Latour était autrefois ce que j'appellerais le madiran du Médoc : un grand vin, mais qui n'avait guère de pouvoir de séduction et qui n'était pas très accessible. Les grands Latour de la dernière décennie (1995, 1996, 1999, 2000) ont mis en avant leurs arômes fruités dès les premières années, sans perdre leur puissance. Tel est peut-être l'effet du travail d'Engener sur les vins de presse. Tous les premiers crus produisent aujourd'hui des seconds vins exemplaires : Les Forts de Latour sont d'une qualité appréciable, capables de rivaliser avec d'autres grands vins de châteaux du Médoc.

Latour-Martillac

33650 Martillac. Tél. : 05 57 97 71 11, fax : 05 57 97 71 17.

Ce cru de 38 hectares de pessac-léognan appartient à la famille Kressman. Il produisait autrefois des vins blancs plus riches que ses vins rouges. Toutefois, le pessac rouge 1998 a marqué un changement de style. Le vignoble (juste au sud du village de Martillac) est proche de la limite de l'AOC graves.

Latour à Pomerol

33500 Libourne. Tél. : 05 57 51 78 96.

Le vignoble de 8 hectares se compose de parcelles séparées, dont l'une, privilégiée, est proche de l'église. Des vins d'une profonde richesse ont été produits dans les bons millésimes, mais la qualité n'est pas régulière : le vin souffre parfois d'une vivacité trop sensible et de tanins rébarbatifs. 1998 a été le plus réussi des récents millésimes.

Laville Haut-Brion

33602 Pessac. Tél. : 05 56 00 29 30, fax : 05 56 98 75 14.

Ce cru (3,7 hectares) ne produit que du pessac-léognan blanc. Les vignobles sont situés sur la partie la moins graveleuse, au sud de ce groupe de propriétés suburbaines. Dans sa première jeunesse, le vin est plus croquant et plus floral que le vin blanc de Haut-Brion lui-même, mais il déploie peu à peu des arômes richement fruités et gagne en complexité.

Léoville-Barton ✪✪

33250 Saint-Julien-Beychevelle. Tél. : 05 56 59 06 05, fax : 05 56 59 14 29.

Les saint-julien de ce château de 45 hectares sont très recherchés par les amateurs, car ils s'inscrivent dans une esthétique classique du Médoc et sont vendus à des prix généralement modestes. Anthony Barton a fermement résisté aux propositions d'achat de la compagnie AXA dans les années 1980. S'il applique des méthodes classiques, il a introduit des changements dans les années 1990 : une récolte plus tardive que par le passé et une sélectivité croissante pour le grand vin. Il demeure toutefois opposé à tout ce qui «rend le vin plus épais et plus noir qu'il ne l'était autrefois.» Et il n'est pas «très amateur de vins trop boisés»... «Mon palais, dit-il, est habitué à un style de vin plus souple, plus subtil.» Léoville-Barton a produit des vins extrêmement fins dans les millésimes 1995, 1996, 1999 et 2000. À bien des égards, ce château est le modèle de l'appellation en matière d'élevage, car les vins gardent un équilibre impeccable et leurs frais arômes de groseille.

Léoville-Las Cases ✪✪

33250 Saint-Julien-Beychevelle. Tél. : 05 56 73 25 26, fax : 05 56 59 18 33.

La plus grande des trois propriétés de Léoville. Les vignobles de Las Cases (97 hectares au total) font un peu le pendant de ceux de Latour, qu'ils jouxtent plus au nord. Las Cases est un vin aussi monumental que l'arche de pierre surmontée d'un lion à l'entrée du domaine. Il est aussi le plus pauillacais de tous les saint-julien. Le château souhaiterait une révision du classement de 1855 afin d'accéder au rang de premier cru. Dans les années 1980 et 1990, grâce à Michel Delon, les vins ont gagné en concentration et en puissance pour atteindre une extraordinaire qualité de longévité. Pour ce faire, les Delon ont écarté (pour le second vin Clos du Marquis et le troisième vin Bigamon) les cuvées les moins intéressantes, même dans les grands millésimes (la proportion écartée était de 67% en 1990). Les prix élevés de Las Cases marquent bien le désir de rivaliser avec les premiers crus. Michel Delon est mort en 2000; son fils, Jean-Hubert, lui a succédé avec les mêmes ambitions.

Léoville-Poyferré ✪

33250 Saint-Julien-Beychevelle. Tél. : 05 56 59 08 30, fax : 05 56 59 60 09.

Les 80 hectares de Léoville-Poyferré se composent d'un grand nombre de parcelles éparpillées qui s'imbriquent avec celles de Léoville-Barton et de Léoville-Las Cases. Historiquement, le cru n'a jamais égalé ses voisins, très différents, mais tous deux également prestigieux. Toutefois, depuis le début des années 1980, il se montre à la hauteur des promesses du terroir. Grâce aux conseils de Michel Rolland, le Poyferré est devenu plus charnu que ses deux rivaux; sa palette fruitée s'accompagne de douces notes boisées et de nuances épicées apportées par le petit-verdot (10 % de l'assemblage).

Lezongars

33550 Villenave-de-Rions. Tél. : 05 56 72 18 06, fax : 05 56 72 31 44.

Ce cru de 45 hectares, en premières-côtes-de-bordeaux, produit des vins rouges d'une vivacité intéressante, depuis qu'il appartient à la famille britannique Iles. Le maître de chai, Samuel Mestre, bénéficie des conseils de Michel Puzio. L'Enclos du Château Lezongars est issu des meilleures parcelles.

Lilian Ladouys

33180 Saint-Estèphe. Tél. : 05 56 59 71 96, fax : 05 56 59 35 97.

Propriété de 48 hectares de saint-estèphe qui jouit d'un terroir de qualité, et appartient à Alcatel. La vinification est assurée par Georges Pauli.

Liot

33720 Barsac. Tél. : 05 56 27 15 31, fax : 05 56 27 14 42.

Une valeur sûre : 20 hectares de barsac situés près du château Climens, produisant des vins liquoreux souples, à boire jeune.

Liversan

33250 Saint-Sauveur-Médoc. Tél. : 05 56 41 50 18, fax : 05 56 41 54 65.

Cette propriété de 50 hectares en haut-médoc, sise derrière Pauillac (et près de l'excellent domaine de Bernadotte), produit un vin rouge charnu.

Loudenne

33340 Saint-Yzans-de-Médoc. Tél. : 05 56 73 17 80, fax : 05 56 09 02 87.

Cru de 48 hectares d'AOC médoc superbement implanté sur un tertre proche de la Gironde, au nord de Saint-Estèphe. Loudenne est sans doute plus connu pour son école du vin, que pour ses vins, assez légers. Le millésime 1998 annonce des progrès notables.

La Louvière

33420 Grézillac. Tél. : 05 57 25 58 58, fax : 05 57 74 98 59.

Vignoble de 48 hectares en pessac-léognan, bien situé entre Haut-Bailly et Carbonnieux. Les vins, rouges et blancs, sont parfaitement élaborés : de bons classiques qui me semblent meilleurs jeunes qu'après un long vieillissement.

Lynch-Bages ✪✪

33250 Pauillac. Tél. : 05 56 73 24 00, fax : 05 56 59 26 42.

Cette propriété située à la périphérie de Pauillac reste bien placée dans mes vins favoris du Médoc. Un propriétaire charismatique, Jean-Michel Cazes, assisté de Daniel Lhose. Un vin dont le caractère allie la chair du pauillac classique à une affabilité chaleureuse, signe de grande maturité. Dans les millésimes 1989 et 1990, le Lynch-Bages comptait parmi les dix meilleurs crus du Médoc. Le 2000 semble bien être du même niveau. Les millésimes moins favorables sont toutefois rarement médiocres, car même lorsque le vin manque de concentration, il présente toujours beaucoup d'agrément.

Lynch-Moussas

33250 Pauillac. Tél. : 05 56 00 00 70, fax : 05 57 87 48 61.

Les 35 hectares de Lynch-Moussas sont éloignés du fleuve, mais proches de Grand-Puy-Lacoste et de Batailley. Les vins, souples, aux doux arômes de fruits dans les millésimes assez chauds, méritent d'être bus relativement jeunes.

Magdelaine

33330 Saint-Émilion. Tél. : 05 57 51 75 55, fax : 05 57 25 13 30.

Cette propriété de 10 hectares en saint-émilion (90% de merlot), sise sur la pente qui descend de Canon, est administrée par Christian Moueix. Celui-ci accorde la plus grande attention à la vinification; le raisin des vignes jeunes produit désormais un second vin : château Saint-Brice. Le style est bien plus proche de celui de Belair que d'Ausone - après 1996 - ou d'Angelus, également proche. Issus de vieilles vignes de cinquante ans, les vins dévoilent notamment une grande persistance. La tradition de travailler le vignoble avec un cheval se perpétue ici : Camilla a succédé à Rêveuse (qui avait elle-même pris la suite de Pompon).

Magrez-Fombrauge

33330 Saint-Émilion. Tél. : 05 57 24 77 12, fax : 05 57 24 66 95.

Ce vin (6000 bouteilles) de prix élevé est une sélection de raisins de Fombrauge (ceps de vingt-cinq ans environ). On perçoit la signature de Michel Rolland dans les arômes de baies noires, la maturité et les notes de chêne. L'avenir dira quelle est la véritable valeur du terroir.

Malartic-Lagravière

33850 Léognan. Tél. : 05 56 64 75 08, fax : 05 56 64 99 66.

Les 44 hectares de cette propriété de pessac-léognan sont proches de la ville de Léognan. Après une période difficile, alors que le cru appartenait à la marque de champagne Laurent-Perrier, Malartic a été acheté par la famille Bonnie. Les vins ont connu une amélioration notable, notamment le pessac rouge, profond.

Malescasse

33460 Lamarque. Tél. : 05 56 58 90 09, fax : 05 56 59 64 72.

Le château, à la tête de 37 hectares en haut-médoc, propriété d'Alcatel-Alsthom, produit, sous la houlette de Georges Pauli, des vins rouges fruités de moyenne garde.

Malescot-Saint-Exupéry

33460 Margaux. Tél. : 05 57 88 97 20, fax : 05 57 88 97 21.

23 hectares plantés de vigne sur une propriété de 45 hectares, au centre de l'appellation margaux, proche de château Margaux. Malescot est passé à une vitesse supérieure au cours des années 1990 – comme la plupart des crus de l'AOC à cette époque. Le charme de ce vin gracieux, aérien et aromatique ne doit pas grand-chose à la mode de l'extraction, mais beaucoup au terroir.

de Malle

33210 Preignac. Tél. : 05 56 62 36 86, fax : 05 56 76 82 40.

Grand cru classé de 200 hectares (27 hectares de sauternes), ce château est plus proche de la Garonne (et du Ciron qui joue un rôle capital) que la plupart des grands noms de l'appellation. La moitié du vignoble se trouve dans les graves, où est produit le Cardailhan rouge. Dans les bons millésimes, le sauternes offre une élégance aérienne, des arômes de fruits miellés et de crème brûlée.

Marbuzet

33180 Saint-Estèphe. Tél. 05 56 73 15 50, fax : 05 56 59 72 59.

Petite propriété de 7 hectares qui donnait autrefois son nom au second vin du Cos d'Estournel, mais qui est redevenue une propriété à part entière. Elle a produit des saint-estèphe affables et bien ronds, mais le millésime 2000, plus profond et aux tanins plus mûrs, laisse espérer d'imminentes améliorations.

Margaux ✪✪✪

33460 Margaux. Tél. : 05 57 88 83 83, fax : 05 57 88 83 32.

Les visiteurs, qui ont remonté l'allée de graviers ombragée d'arbres qui conduit à ce château aristocratique et à son portique à quatre colonnes, seront séduits par l'impression de calme qui émane de chacune de ses pierres et de la moindre feuille tremblante. Ce lieu, qui attire une foule de visiteurs, semble symboliser la sereine suprématie de Bordeaux, à l'image de son vin (pour les rares privilégié qui ont la chance de le goûter). S'il existe un cru qui traduise l'unicité du Bordelais dans l'univers du vin, c'est bien Château Margaux avec ses arômes élégants et sa puissance mesurée. Dans sa jeunesse, Château Margaux (notamment dans les millésimes 1996 et 2000) possède toutes les qualités pour s'épanouir dans un parfait équilibre. Âgé, il montre une subtilité sans égal et semble ne jamais devoir s'éteindre (même si les millésimes faibles des années 1960 et 1970 ont moins bien résisté au temps). Le domaine réunit au total 90 ha de vignes, dont certaines à plusieurs kilomètres du château. Aucune, déclare l'administrateur Paul Pontallier, « n'est incapable de contribuer un jour ou l'autre à la grandeur du Margaux ». La complexité du vin résulte d'une sélection plutôt que d'une extraction intense : les millésimes 1999 et 2000 ne contenaient que 40 % de la récolte, le reste composant soit le second vin, Pavillon Rouge, de qualité exemplaire, ou un vin vendu en vrac. Le grand vin est élevé dans du chêne neuf pendant une période pouvant aller jusqu'à deux ans, mais on aurait du mal à distinguer les notes boisées au milieu des arômes de fruits et de fleurs. Le château appartient à Corinne Mentzelopoulos, dont le père acheta Margaux aux Ginestet en 1977.

Marjosse

33420 Tizac-de-Curton. Tél. : 05 57 55 57 80, fax : 05 57 55 57 84.

Vignoble d'appellation bordeaux, propriété de Pierre Lurton, administrateur du Château Cheval Blanc. Il produit un vin rouge souple, à boire jeune.

Marojallia

33330 Saint-Émilion. Tél. : 05 57 55 09 13, fax : 05 57 55 09 12.

En 1999, lorsque Murielle Andraud, femme de Jean-Luc Thunevin, a créé le vignoble de Marojallia sur 2 ha à peine de margaux, le monde du Médoc s'est agité : la vague des vins de garage arrivait-elle dans la région ? Les rendements qui ne dépassent pas 20 hl/ha permettent de produire un vin dense. Ceux qui prétendent que les vins de garage nient le terroir devraient noter la fraîcheur des arômes de fruits de ce vin très différent de la production des Thunevin en AOC saint-émilion. Les vignes (jeunes) appartiennent à Philippe Porcheron. En dépit de la petite superficie, il existe un second vin : le Clos Margalaine. La propriété se trouve entre Le Tertre et Monbrison.

Marquis d'Alesme Becker

33460 Margaux. Tél. : 05 57 88 70 27, fax : 05 57 88 73 78.

Les 10 ha appartiennent à la même famille que le domaine de Malescot-Saint-Exupéry. Le margaux produit ici est moins impressionnant et moins généreux.

Marquis de Terme

33460 Margaux. Tél. : 05 57 88 30 01, fax : 05 57 88 32 51

Ce cru de 40 ha produit régulièrement des margaux légers et épicés, mais le 1996 était exceptionnellement profond et tannique.

Marsau

33750 Francs. Tél. : 05 57 40 67 23, fax : 05 57 40 67 23.

Un vin sombre, aux douces notes de chêne, issu de pur merlot cultivé sur 9 ha. Il s'agit bien d'un bordeaux-côtes-de-francs. La propriété est celle du P-DG du CVBG Dourthe-Kressman, Jean-Marie Charbonnier.

Matras

33330 Saint-Émilion. Tél. : 05 57 51 52 39, fax : 05 57 51 70 19.

Propriété de 10 ha de saint-émilion, située au-dessous de Berliquet, qui appartient au même propriétaire que l'Hermitage. Contrairement au vin de l'Hermitage issu de pur merlot, celui de Matras se compose à parts égales de merlot, de cabernet-sauvignon et de cabernet franc, donnant un caractère moins rond.

Maucaillou

33480 Moulis. Tél. : 05 56 58 01 23, fax : 05 56 58 00 88.

Vignoble de 85 ha en AOC moulis, commandée par un incroyable et étrange château que son propriétaire, Philippe Dourthe, décrit lui-même comme « mi-Renaissance, mi-villa d'Arcachon ». Le vin de Maucaillou est devenu de plus en plus structuré, épicé et sérieux au fil des années 1990, atteignant un sommet avec l'impressionnant 2000, à la robe sombre et aux tanins serrés.

Mazeris

33126 Saint-Michel-de-Fronsac. Tél. : 05 57 24 96 93, fax : 05 57 24 98 25.

Les canon-fronsac de cette propriété de 15 ha sont élaborés sous la bannière Moueix. Agréables, ils sont marqués par des notes épicées.

Mazeyres

33500 Libourne. Tél. : 05 57 51 16 69.

Cette propriété de 20 ha de pomerol s'améliore sous l'égide d'Alain Moueix, bien qu'elle ne bénéficie pas d'un terroir très favorable. Le millésime 2000 offrait une texture impressionnante, avec des arômes d'encens.

Méaume

33230 Marasin. Tél. : 05 57 49 41 04, fax : 05 57 69 02 70.

Le Britannique Alan Johnson-Hill produit sur son domaine de 28 ha des bordeaux rouges d'AOC régionale, bien équilibrés, à boire jeunes.

Meyney

33180 Saint-Estèphe. Tél. : 05 57 57 25 50, fax : 05 56 11 29 01.

Les 49 ha de Château Meyney se situent au nord de Montrose, en AOC saint-estèphe, dominant la Gironde. Le terroir est inhabituel, les racines de la vigne plongeant dans d'épaisses couches d'argile bleue et de graves. Ce château, qui appartient à Cordier, produit un vin aromatique, fumé, capiteux, d'une excellente qualité et d'une structure impressionnante.

Milens

33330 Saint-Hippolyte. Tél. : 05 57 55 24 47, fax : 05 57 55 24 44.

Cette propriété de saint-émilion ne bénéficie pas d'une situation très favorable dans la partie plus méridionale et plus plate de l'AOC, mais elle produit, grâce à Jean-Luc Thunevin et Louis Mitjaville, un vin charnu et agréable.

La Mission Haut-Brion ✪✪

33602 Pessac. Tél. : 05 56 00 29 30, fax : 05 56 98 75 14.

La grille de La Mission fait face à celle de Haut-Brion sur l'avenue Jean-Jaurès, à Pessac. Les parties les plus méridionales de ces deux grands châteaux de l'appellation pessac-léognan s'imbriquent l'une dans l'autre. La Mission présente une densité de plantation plus importante que celle de Haut-Brion (soit 10 000 pieds à l'hectare au lieu de 8 000). Les deux crus ont le même propriétaire depuis 1983 : certains le déplorent, prétendant que La Mission éclipsait plus régulièrement son rival Haut-Brion à l'époque où les deux domaines étaient directement rivaux. Toutefois, d'après Jean-Bernard Delmas, les châteaux étant administrés de la même façon, avec les mêmes rendements et la même vinification, ils offrent une rare occasion d'explorer les plus infimes nuances de terroir. La Mission produisait autrefois un vin plus riche et plus tannique que Haut-Brion ; son vin partage aujourd'hui l'élégance, la finesse, l'équilibre parfait et la complexité aromatique de celui de Haut-Brion. Dans les millésimes chauds, comme 1989 et 2000, une part de cette ancienne puissance tannique semble réapparaître et le vin tient le pas à son voisin ; dans les années plus faibles, il affiche une rare profondeur d'arômes. Il est considéré comme l'un des plus réguliers de tous les grands bordeaux.

Monbousquet ✪

33330 Saint-Sulpice-de-Faleyrens. Tél. : 05 57 55 43 43, fax : 05 57 24 63 99.

Un nom qui a fait parler de lui à Bordeaux ces dernières années. Plus que tout autre, ce château de 3,4 ha a montré qu'une production marginale pouvait répondre à tous les espoirs, dès lors que le propriétaire réunissait les fonds nécessaires et faisait preuve d'ambition (en l'occurrence l'ancien propriétaire d'hypermarchés, Gérard Perse). Monbousquet était jadis une obscure propriété de saint-émilion ; elle est éloignée de la majestueuse pente au sommet de laquelle se dresse la cité et donc des meilleurs terroirs. Un sol plat, sablo-argilo-graveleux : rien de grandiose. Pourtant, depuis 1995 (Perse a acheté en 1993), Monbousquet s'est efforcé de mettre sur le marché un vin dont la somptueuse chair, la riche plénitude, l'extraction des arômes de fruits ont séduit tous ceux qui ont pu y goûter. Si Monbousquet a pu y parvenir, pourquoi pas d'autres ? Ce défi a conduit au développement des vins de garage dans la région et à une relecture des terroirs de Saint-Émilion.

Monbrison

33460 Arsac. Tél. : 0 56 58 80 04, fax : 05 56 58 85 33.

Ce petit vignoble margalais de 21 ha (géré par Laurent Vonderheyden) partage avec Le Tertre la première place de mon classement des châteaux sis à Arsac, commune de l'intérieur des terres. Le margaux de Monbrison est un modèle d'élégance, sa structure est plus légère que celle du Tertre.

La Mondotte ✪✪

33330 Saint-Émilion. Tél. : 05 57 24 71 33, fax : 05 57 74 67 95.

La Mondotte est une parcelle de 4,5 ha de saint-émilion située entre Troplong Mondot et Tertre Rotebœuf, que son propriétaire, le comte Stephan von Neipperg, souhaitait initialement intégrer à Canon-La Gaffelière. En AOC saint-émilion, les autorités décrétèrent que Neipperg ne pouvait inclure La Mondotte à Canon-La Gaffelière sans être déclassé, c'est-à-dire passé de la catégorie de grand cru classé à celle de grand cru. « D'accord, répliqua Neipperg piqué au vif, alors je vais vous montrer ce que je peux faire à La Mondotte. » Et il mit en place une « cave spéciale » pour élaborer un « vin spécial ». Son maître de chai, Stéphane Derenoncourt, et lui-même se mirent au travail, cultivant leur vignoble comme un jardin, pratiquant l'effeuillage, réduisant les rendements de façon drastique, travaillant suivant les méthodes de la biodynamie et sélectionnant rigoureusement les baies. Le raisin n'est pas éraflé. Le vin fermente lentement, avec peu de soufre, et séjourne en barriques de chêne neuf avant la fermentation malolactique ; il est élevé sur lies, avec micro-oxygénation pour éviter les phénomènes de réduction. L'étiquette ne porte aucune des mentions réglementaires, lesquelles sont renvoyées sur la contre-étiquette. Ce vin de pur merlot (le vignoble comporte du cabernet franc, mais ce cépage est généralement exclu) offre une grande concentration et de doux arômes de fruits. Accueilli favorablement par Parker et par les millionnaires du monde entier, le vin atteint des prix exorbitants.

Montrose

33180 Saint-Estèphe. Tél. : 05 56 59 30 12, fax : 05 56 59 38 48.

Cette superbe propriété de 68 ha de saint-estèphe est capable de produire quelques-uns des vins les plus grandioses, les plus riches en tanins du Médoc. Montrose résiste à l'épreuve du temps. Toutefois, de considérables variations sont perceptibles entre les millésimes ; certains vins ont été plus légers et ouverts au cours des deux dernières décennies, mais les 1999 et 2000 semblent marquer un retour vers plus de concentration.

Le Moulin

33500 Pomerol. Tél. : 05 57 51 77 69.

Toute petite propriété de pomerol, autrefois inconnue, qui produit des vins souples et riches.

Moulin du Cadet

33500 Libourne. Tél. : 05 57 55 05 80, fax : 05 57 51 79 79.

Jean-Pierre Moueix possède ce vignoble de 5 ha en saint-émilion, qui a servi de champ d'expérimentation à la biodynamie. Comme d'autres vins de Moueix, celui-ci est d'un style plus léger et plus frais que les autres saint-émilion : il défend l'élégance des grands vins de Bordeaux, qualité que J.-P. Moueix juge menacée par la mode de la surextraction.

Moulinet

33330 Saint-Émilion. Tél. : 05 57 74 43 11, fax : 05 57 74 44 67.

Vaste vignoble de 18 ha situé sur la bordure nord-ouest, moins favorable, de l'AOC pomerol. Moulinet a traditionnellement produit des vins rouges légers. L'équipe de Moueix (à partir de 2000) améliorera peut-être les choses.

Moulin Pey-Labrie

33126 Fronsac. Tél. : 05 57 51 14 37, fax : 05 57 51 53 45.

Un château de 7 ha qui produit des canon-fronsac robustes et capiteux.

Moulin Saint-Georges

33330 Saint-Émilion. Tél. : 05 57 24 70 26, fax : 05 57 74 47 39.

Bien située au-dessous de la ville et proche des premières parcelles de Valandraud, cette propriété de 6,5 ha (qui appartient à Alain Vauthier, d'Ausone) produit des vins expressifs qui conjuguent la densité, l'élégance et cette gamme fruitée si pure propre à Ausone.

Mouton Rothschild ✪✪✪

33250 Pauillac. Tél. : 05 56 59 22 22, fax : 05 56 73 20 44.

Le vignoble de 75 ha se trouve en retrait de l'estuaire, sur le plateau et sur le versant sud du tertre que ce premier cru – promu en 1973 – partage avec Lafite. (Lafite, de surface plus étendue, possède aussi quelques parcelles en propre sur la face sud.) Mais si Lafite se caractérise par une réserve et une élégance aristocratiques, les vins de Mouton se montrent voluptueux, ronds, opulents. L'importante croupe de graves joue certainement un rôle crucial, mais les différences entre les deux crus s'expliquent davantage par la déclivité et l'altitude : le terroir de Lafite descend en pente vers le nord, jusqu'à environ 5 m, tandis que presque toutes les parcelles de Mouton se situent à 20 ou 25 m d'altitude. Le grand maître de cette propriété fut Philippe de Rothschild, inventif et perspicace, qui a lancé la mise en bouteilles au domaine, les étiquettes d'artistes et (avec Mouton Cadet) a forgé la notion de marque en Bordelais. Il m'a semblé que Mouton stagnait un peu après sa mort en 1988, mais depuis 1995 il a été énergiquement remis sur la bonne voie et a produit des pauillac séducteurs (aucun millésime ne vaut pourtant le 1986).

Myrat

33720 Barsac. Tél. : 05 56 27 09 06, fax : 05 56 27 11 75.

Cette propriété de 22 ha en AOC barsac appartient aux descendants des Pontac. Elle a été entièrement replantée en 1988. Les vins gagnent en profondeur et s'améliorent progressivement.

Nairac ✪

33270 Barsac. Tél. : 05 56 27 16 16, fax : 05 56 27 26 50.

Peu de crus de sauternes sont menés avec un soin aussi attentif que Nairac ; Nicole Tari porte à ses 16 ha, situés près de la commune de Barsac, une grande attention. Elle suit les mêmes méthodes patientes, non-interventionnistes que les plus grands producteurs d'Alsace – ce qui n'est pas une pratique commune dans l'appellation sauternes, assez conservatrice –, utilisant un moût très concentré, issu de raisins récoltés le plus tard possible, avec le plus de précautions possibles. Les vins, qui évoluent lentement, conjuguent la richesse fruitée du barsac classique à l'onctuosité des grands sauternes.

Nenin ✪

33500 Libourne. Tél. : 05 57 51 00 01, fax : 05 57 51 77 47.

Cette propriété de pomerol, située à l'extérieur du hameau de Catuseau, a été achetée en septembre 1997 par la famille Delon, de Léoville-las-Cases (AOC saint-julien). Son vignoble s'est étendu à 34 ha depuis de nouvelles acquisitions. Les millésimes 1998 et 1999 n'avaient rien d'exceptionnel, mais en 2000 Nenin a produit exactement ce qu'attendaient les amateurs qui suivaient depuis longtemps l'approche de Delon : un vin dense, puissant, aux riches flaveurs, l'un des premiers de l'appellation dans ce millésime. Rendements restreints, maturité complète et sélection (élaboration du second vin Fugue de Nenin) ont produit l'effet désiré. Jean-Hubert Delon n'exclut pas la production «d'autres types de vins, comme une mircocuvée ou un troisième vin.» Nenin serait-il l'endroit choisi par Jean-Hubert Delon pour élaborer des vins de garage? À suivre.

Olivier

33850 Léognan. Tél. : 05 56 64 75 16, fax : 05 56 64 54 23.

Ce château fortifié d'origine médiévale, commandant un vignoble de 48 ha, offre un plus grand intérêt architectural que vinicole. Il a produit néanmoins des vins de plus en plus impressionnants depuis la fin des années 1990, et le millésime 2000, un pessac-léognan riche d'arômes de prune et de tabac, comptait parmi les meilleurs de l'AOC.

Les Ormes de Pez

33180 Saint-Estèphe. Tél. : 05 56 73 24 00, fax : 05 56 59 26 42.

Propriété de 35 ha en saint-estèphe qui appartient à la famille Cazes (du château Lynch-Bages). Le vignoble est éloigné et se situe à distance de la Grionde, autour du hameau de Pez. Le vin, ouvert et accessible, offre des arômes de cassis; les vieilles vignes lui confèrent de la profondeur.

Les Ormes Sorbet

33340 Couquèques. Tél. : 05 56 73 30 30, fax : 05 56 73 30 31.

Dans le nord du Médoc, voué à la polyculture, sont dispersés des centaines de petits vignobles peu connus. Grâce à de fortes densités de plantation, de faibles rendements et le refus de pactiser avec le chêne, ce château de 21 ha offre d'excellents vins.

Palmer ✪

33460 Margaux. Tél. : 05 57 88 72 72, fax : 05 57 88 37 16.

Les margaux de Château Palmer reflètent la qualité des millésimes : ils sont donc très divers, mais dans les meilleures années, ils se présentent comme les principaux concurrents des vins de Château Margaux. Le vignoble de 45 ha se situe plus au sud que Margaux, entre Issan et Rauzan-Ségla. Les meilleurs millésimes (1999 et 2000) se révèlent charnus et équilibrés, avec de délicieux arômes de myrtille.

Pape-Clément ✪

33600 Pessac. Tél. : 05 57 26 38 38, fax : 05 57 26 38 39.

Le vignoble de 32 ha de Pape-Clément est implanté en zone suburbaine, encerclé par la ville de Bordeaux. D'énormes progrès ont été réalisés ici dans les années 1990 par les propriétaires, Bernard Magrez et Léo Montagne. Les pessac-léognan, rouges et blancs, comptent parmi les plus mémorables de l'AOC. Comme à Haut-Brion, tout proche le sol est essentiellement graveleux, mais il semble donner naissance à des vins rouges plus souples, plus affables, moins marqués de notes de graphite et de graves, avec davantage d'arômes de cerise et de café. On retrouve dans les vins blancs le même caractère suave.

Patache d'Aux

33340 Bégadan. Tél. : 05 56 41 50 18, fax : 05 56 41 54 65.

Située vers l'extrémité nord du Médoc, ce cru de 43 ha produit des vins séduisants et pleins, surtout dans les années chaudes.

Pavie ✪

33330 Saint-Émilion. Tél. : 05 57 55 43 43, fax : 05 57 24 63 99.

Magnifiquement situé, ce cru de 37 ha, dont la cave d'origine était creusée dans le spectaculaire escarpement du coteau de Saint-Émilion, a appartenu à la famille Valette jusqu'en 1998. Il a été acquis par l'ambitieux Gérard Perse qui a «tout vendu pour l'acheter». Celui-ci a immédiatement construit une spectaculaire cuverie et un nouveau chai (l'ancien, troglodytique, bien que pittoresque, était trop humide). Autrefois, le vin était rond, expressif, gracieux, typé dans les bons millésimes, mais moins réussi les années plus difficles. Gérard Perse, travaillant en collaboration avec Alain Raynaud et Laurent Lusseau, a cherché à lui donner profondeur et force sans en sacrifier l'harmonie. Quelques règles se sont imposées : faibles rendements, effeuillage, vendanges à pleine maturité, tri sélectif, hygiène impeccable des installations, macération préfermentaire à froid, large emploi du bois neuf, refus du collage et de la filtration. En d'autres termes, Perse mêle l'ancien et le nouveau pour recréer son idéal de «la cuisine de grand-mère»: des vins très profonds, saturés d'arômes, délicieux dès leur jeunesse, mais vieillissant bien et reflétant le plus clairement possible leur terroir d'origine.

Pavie Decesse ✪

33330 Saint-Émilion. Tél. : 05 57 55 43 43, fax : 05 57 24 63 99.

Pavie Decesse est une propriété bien plus petite (10 ha) que celle de Pavie; elle se situe sur la plateau de Saint-Émilion et non pas sur le versant. Parce qu'elles appartiennent toutes deux à Gérard Perse et suivent les mêmes méthodes méticuleuses, il est instructif de comparer leurs vins. Pavie Decesse, plus intense, offre davantage d'arômes de prune et d'épices; il lui manque la puissance et la mâche, de Pavie. Et ce, bien que Pavie Decesse soit planté à 90% de merlot et à 10% de cabernet franc, alors que Pavie compte 30% de cabernet franc et 10% de cabernet-sauvignon.

Pavie Macquin ✪

33330 Saint-Émilion. Tél. : 05 57 24 74 23, fax : 05 57 24 63 78.

Située au-dessus de Pavie et dominant la profonde petite vallée au pied de la ville de Saint-Émilion, cette propriété de 15 ha appartient à la famille Corre-Macquin. Elle est conduite par Nicolas Thienpont, cousin de Jacques Thienpont (du Château Le Pin) et d'Alexandre Thienpont (Vieux Château Certan), selon les principes de la biodynamie. Stéphane Derenoncourt est le conseiller du cru – on se souvient que le Château la Fleur Caillou, en canon-fronsac, son premier poste dans le Bordelais, pratique la biodynamie. Les principes d'intervention minimale, d'élevage sur lies et de micro-oxygénation ont amélioré le profil organoleptique du Pavie Macquin, auparavant un peu austère. La robe, les arômes de fruits et la structure tannique ont gagné en profondeur (les vieilles vignes sont nombreuses). L'un des meilleurs vins de garde de l'appellation.

Péby Faugères

33330 Saint-Étienne-de-Lisse. Tél. : 05 57 40 34 99, fax : 05 57 40 36 14.

Corinne Guisez, poursuivant la gestion du cru après la mort de son mari, a donné ce nom à la super-cuvée qu'elle produit au Château Faugères, à l'extrémité est de l'appellation saint-émilion. Ce vin est issu d'une petite parcelle de merlot, auquel se mêle le cabernet franc. Le vignoble est implanté sur les terroirs «les moins favorables» de saint-émilion. Néanmoins, il produit un vin à la robe sombre, aux puissants arômes de baies noires et riche en tanins.

Petite Église

33500 Pomerol. Tél. : 05 57 51 79 83.

Il ne s'agit pas du second vin du Château L'Église-Clinet, même si le 2000 est né de l'assemblage de soixante-dix des cent vingt fûts de L'Église-Clinet. Le pomerol d'assemblage qu'élabore Denis Durantou est d'une grande classe; il offre une idée de la qualité du grand vin de l'Église Clinet.

Petit Village

33500 Pomerol. Tél. : 05 57 51 21 08, fax : 05 57 51 87 31.

Cette propriété de 11 ha en pomerol, bien située entre Vieux Château Certan et Château Beauregard, a appartenu à des Médocains pendant trente ans (d'abord à Bruno Prats, de Cos d'Estournel, puis à AXA millésimes). Elle produit toujours un pomerol harmonieux, de couleur sombre et aux arômes de baies noires, mais celui-ci ne possède pas la puissance et la longévité des meilleurs vins de l'AOC.

Petrus ✪✪✪

33500 Pomerol. Tél. : 05 57 51 17 96, fax : 05 57 51 17 96.

Des deux crus légendaires de pomerol (l'autre étant Le Pin), ce vignoble de 11,5 ha est le plus ancien, ses illustres références remontant aux années 1920. Après une période d'incertitude au milieu des années 1980, Petrus a atteint un niveau remarquable et son ascension a été fulgurante. Géré par Jean-Pierre puis Christian Moueix, il cherche la perfection. Christian Moueix, facilement autocritique, ne doute pas que 1998 soit le plus exceptionnel des derniers millésimes. Car les grands millésimes de Petrus jalonnent le temps : puissants, complexes, regorgeant d'arômes de café, d'épices, d'humus et de baies noires rôties. Petrus n'est pourtant pas un vin moderne, ignorant les nuances entre les années. Au contraire, il reflète toujours la nature du millésime, parfois même par ses «défauts». Le plus grand reproche que l'on puisse lui faire est d'être inaccessible aux amateurs insuffisamment fortunés. Pourquoi est-il si différent de ses gracieux voisins, comme La Conseillante, Vieux Château Certan ou La Fleur-Petrus? Lorsque vous parcourez la route qui mène de Vieux Château Certan à Petrus, vous n'avez pas le sentiment que les fines graves du günz et les sables ferrugineux changent aux limites du vignoble. Pourtant, le sous-sol composé d'une couche de molasse du Fronsadais remonte à la surface. L'explication serait donc : moins de graves et davantage d'argile. Pour autant que l'on sache, le Petrus est presque exclusivement issu de merlot. Or le même cépage compose La Fleur-Petrus, pourtant si différent. Les résultats obtenus à Cheval Blanc avec le carbernet franc, qui se donne des allures de merlot, laissent à penser que la qualité du cépage est subordonnée ici à celle du terroir.

Peyrou

33350 Saint-Magne-de-Castillon. Tél. : 05 57 40 06 49, fax : 05 57 74 40 03.

Prometteuse, mais de petite taille (5 ha) cette propriété des côtes-de-castillon se situe à l'extrême limite de l'appellation saint-émilion, près de Faugères.

de Pez

33180 Saint-Estèphe. Tél. : 05 56 59 30 26, fax : 05 56 59 39 25.

Cette propriété de 24 ha appartient depuis 1985 à la marque de champagne Louis Roederer. Les vins, de teinte sombre, offrent une corbeille d'arômes fruités, mais ils ne sont pas encore fondamentalement différents de ce qu'ils étaient dans le passé.

Phélan Ségur

33180 Saint-Estèphe. Tél. : 05 56 59 74 00, fax : 05 56 59 74 10.

Situé entre Meyney et Calon-Ségur, le vignoble de 64 ha produit des saint-estèphe élégants, plus fruités que les autres vins de l'AOC.

Piada

33720 Barsac. Tél. : 05 56 27 16 13, fax : 05 56 27 26 30.

Ce cru de 9,5 ha de barsac faisait partie du château de Coutet. Les vins offrent un bon rapport qualité-prix, même si de meilleurs résultats pourraient être obtenus.

Pibran

33250 Pauillac. Tél. : 05 56 73 17 17, fax : 05 56 73 17 28. xx

Voisin de Pontet-Canet, Pibran fait partie du portefeuille d'AXA Millésimes et produit sur ses 10 ha des vins classiques de pauillac, structurés, charnus, remarquables dans les bons millésimes.

Pichon-Longueville Baron ✪

33250 Pauillac. Tél. : 05 56 73 17 17, fax : 05 56 73 17 28.

Avec ses 68 ha, voici le plus petit des deux crus de Pichon, même si le bâtiment du château, moderne, et le chai d'inspiration égyptienne sont les plus grandioses de Pauillac et rivalisent avec les bâtiments de château Margaux. Ses vignes occupent le secteur central d'un tertre qui ne cesse de s'élever depuis Latour, en s'éloignant de l'estuaire, jusqu'à Haut-Batailley. Des deux Pichon, le Baron est celui qui se rapproche le plus clairement du style de Latour : arômes de baies noires écrasées, puissance, chair veloutée, équilibre. Le château est bien mené depuis la fin des années 1980 par AXA Millésimes, les années 1989 et 1990 ayant été exceptionnelles.

Pichon-Longueville Comtesse de Lalande ✪

33250 Pauillac. Tél. : 05 56 59 19 40, fax : 05 56 59 26 56.

À l'exception d'une petite parcelle située au nord du château, presque toutes les vignes de Pichon Comtesse (75 ha) sont éloignées des bâtiments, à l'intérieur des terres, entre les parcelles de Pichon Baron et celles de Haut-Batailley. Le pauillac de Pichon-Comtesse est peut-être le plus gracieux et le moins puissant des vins de l'AOC, et il devient somptueux dans les meilleurs millésimes. L'origine d'un tel profil réside dans un terroir de graves plus élevé et dans un pourcentage important de merlot (35 %). Quelque 10 % de vieilles vignes de petit verdot (plantées en 1932) viennent raffermir le vin de la Comtesse et lui apporter des nuances poivrées.

Picque Caillou

33700 Mérignac. Tél. : 05 56 47 37 98, fax : 05 56 97 99 37.

Pique Caillou possède un beau terroir de graves de 20 ha dans l'aire de pessac-léognan. Cet endroit est le plus pluvieux du Bordelais; aussi Picque Caillou souffre-t-il cruellement dans les années marquées par de fortes précipitations. Dans les meilleurs millésimes, il produit un pessac-léognan aromatique, élégant et agréable à boire dès sa jeunesse. La propriété appartient à Paulin Calvet, directeur de l'exportation pour Jean-Pierre Moueix; son conseiller est Jean-Claude Berrouet.

Le Pin ✪✪

33500 Pomerol. Tél. : 05 57 51 33 99.

Le Pin est, avec Petrus, le deuxième cru légendaire de Pomerol. Dans les années 1990, les bouteilles de ce minuscule vignoble de 2,1 ha sont devenues les trophées les plus enviables des collectionneurs du monde entier, pour la plus grande stupéfaction de son propriétaire belge, Jacques Thienpont. Celui-ci a acheté le premier hectare en 1979. Il s'agissait de vignes plantées à proximité de parcelles du Vieux Château Certan, château que le grand-père de Jacques Thienpont avait lui-même acquis en 1924. Le beau terroir se situe au nord du hameau de Catusseau; il se compose d'épaisses graves du günz, bien drainées, reposant sur la molasse du Fronsadais. (Les voisins du Pin mieux drainés et avec de meilleures techniques viticoles, pourraient donner des résultats bien plus intéressants). Jacques Thienpont commença par exploiter le vignoble presque comme un hobby, mais la nature du sol et sa propre philosophie du «rester simple» en matière de vinification lui permirent d'élaborer des vins brillants, non seulement dans les grands millésimes, mais aussi dans les années moins favorables comme 1987 et 1993. Il fut par ailleurs le premier à montrer l'intérêt de la fermentation malolactique en barriques de chêne neuf. Original, certes, mais le vin est aussi véritablement voluptueux, comme doit l'être un pomerol, et accessible; les amateurs initiés ou non initiés peuvent aisément en apprécier la grandeur. Le nom était simple, l'étiquette d'un classicisme absolu (dessinée en deux minutes sur le comptoir de l'imprimerie locale). Le vin eut du succès. Sa rareté (il n'y en a pas plus de 500 caisses dans le monde entier) aiguisa la curiosité des collectionneurs au moins autant que ses arômes et ses saveurs. Ainsi, au sommet de la vague de spéculation de l'été 1997, Le Pin 1982 se négociait-il 44 000 € la caisse. Jacques Thienpont l'avait vendue moins de 46 € la caisse. Il se sentait, dit-il, «un peu comme Van Gogh qui vendait ses toiles pour une bouchée de pain alors qu'elles atteignaient d'autres prix sur le marché de l'art.» Cette célébrité a aussi causé quelques malentendus sur le style de ce vin, beaucoup s'attendant à ce qu'il ait une robe noire, qu'il soit tannique et puissamment extrait (comme les vins de garage de Thunevin). En fait, Le Pin a un air de famille avec Vieux Château Certan (dont Jacques Thienpont estime qu'il est souvent aussi bon que Le Pin) : c'est un pomerol d'une grande élégance.

Le Pin Beausoleil

33420 Saint-Vincent-de-Pertignas. Tél. : 05 57 84 02 56, fax : 05 57 84 02 56.

Ce château, de 6 ha, produit des bordeaux: supérieur et des côtes-de-castillon. Entièrement restauré par son propriétaire, Amaud Pauchet (depuis 1994), il produit aujourd'hui des vins concentrés, mais souples, aux arômes de cassis, qui dépassent de loin le niveau de leur AOC. Nicolas Thienpont et Stéphane Derenoncourt apportent leurs conseils.

de Pitray

33350 Gardégan. Tél. : 05 57 40 63 38, fax : 05 57 40 66 24.

Cette propriété de 30 ha est l'une des plus illustres des côtes-de-castillon et produit, depuis longtemps, des vins de style classique, bien équilibrés.

La Pointe

33500 Pomerol. Tél. : 05 57 51 02 11, fax : 05 57 51 42 33.

Sur ses 22 ha en pomerol, ce voisin de Nenin pourrait certainement produire un meilleur vin si une réduction des rendements étaient effectuée dans les vignes.

Pontet-Canet

33250 Pauillac. Tél. : 05 56 59 04 04, fax : 05 56 59 26 63.

En examinant le terroir de Pontet-Canet, on est naturellement amené à conclure que ce devrait être l'un des plus grands pauillac. Ce vaste domaine de 79 ha occupe le secteur sud de l'immense banc de graves sur lequel Lafite et Mouton ont aussi planté leurs vignobles. C'est une situation idéale, exactement à la même altitude que certaines des meilleures parcelles de Mouton. Pontet-Canet a été plutôt mal géré par ses anciens propriétaires, les Cruse. Les nouveaux propriétaires, Guy et Alfred Tesseron, ont mis un certain temps avant d'apporter les améliorations nécessaires (abandon de la vendange à la machine, tri systématique de la récolte et création d'un second vin). Mais depuis 1994, Pontet-Canet a montré qu'il pouvait produire de grands vins, plus riches, aux arômes concentrés d'épices et d'humus.

Potensac

33340 Lesparre-Médoc. Tél. : 05 56 73 25 26, fax : 05 56 59 18 33

Ce cru de 51 ha n'est pas le mieux situé dans la partie nord de l'AOC saint-estèphe, mais son administration scrupuleuse par la famille Delon porte ses fruits. Disposant de nombreuses vieilles vignes, Potensac pratique de faibles rendements (35 hl/ha), le tri de la récolte, utilise 20% de chêne neuf et met en bouteilles sans filtration. Dans les millésimes chauds, le Potensac arbore une robe profonde, des arômes de cassis et une bonne capacité de vieillissement.

Poujeaux

33480 Moulis-en-Médoc. Tél. : 05 56 58 02 96, fax : 05 56 58 01 25.

Le vignoble de 52 ha, bien conduit, fait de Poujeaux l'un des plus beaux châteaux de Moulis. Il produit un vin intense, structuré qui a besoin de quelques années pour fondre un caractère souvent un peu tannique.

La Prade

33570 Saint-Cibard. Tél. : 05 57 56 07 47, fax : 05 57 56 07 48.

Petite propriété de 4,5 ha en côtes-de-francs vendue en 2000 par Patrick Valette au spécialiste de l'appellation, Nicolas Thienpont. Les sols argileux, frais, produisent un vin élégant, rond en bouche.

Preuillac

33340 Lesparre-Médoc. Tél. : 05 56 09 00 29, fax : 05 56 09 00 34.

Preuillac compte 30 ha sur les parcelles reculées du Médoc et appartient à la famille Mau et à ses agents hollandais : le millésime 2000 a marqué un grand progrès. La propriété accueille aussi une école du vin.

Prieuré-Lichine

33460 Cantenac. Tél. : 05 57 88 36 28, fax : 05 57 88 78 93.

Le fait que cette propriété de 70 ha de margaux possède des parcelles réparties sur toutes les communes de l'AOC (achetées à différentes dates à Brane-Cantenac, Durfort-Vivens, Palmer, Ferrière, Kirwan, Giscours, Issan et autres) rend difficile toute généralisation à son propos – et la rend aussi difficile à gérer. Dans sa forme actuelle, la propriété a été créée par Alexis Lichine et son fils Sacha. Sacha Lichine a vendu la propriété, en juin 1999, au Groupe Ballande (importants actionnaires de Sovex, compagnie minière qui a des intérêts en Nouvelle-Calédonie). La gestion en a été confiée à Stéphane Derenoncourt, lequel pratique l'élevage sur lies. Le vin, élégant, a ainsi acquis plus de richesse. Le millésime 2000 a connu un succès extraordinaire : sa palette fruitée se nuance de notes florales.

Prieurs de la Commanderie

33330 Saint-Émilion. Tél. : 05 57 51 31 36, fax : 05 57 51 63 04.

Petite propriété de 4 ha, assez mal située dans l'appellation pomerol, qui a les mêmes propriétaires que La Dominique à Saint-Émilion.

Puygueraud

33570 Saint-Cibard. Tél. : 05 57 56 07 47, fax : 05 57 56 07 48.

Excellent cru de bordeaux-côtes-de-francs, propriété de Nicolas Thienpont. Il produit des vins aux arômes de framboise, marqués par une certaine amertume. La Cuvée Georges, élaborée dans les meilleures années, assemble 35% de malbec et de 35% de cabemet franc, que complètent 20% de merlot et tout juste 10% de cabemet-sauvignon : le vin persiste bien sur des arômes de poivre, d'épices et de fruits à l'eau-de-vie.

Quinault l'Enclos

33500 Libourne. Tél. : 05 57 74 19 52, fax : 05 57 25 91 20.

Le clos, de 15 ha, situé à l'intérieur de la ville, est planté de vignes de cinquante ans; il a été acheté vers 1995 par Alain et Françoise Raynaud. Les vins sont élaborés dans un style contemporain, grâce à de faibles rendements, un tri scrupuleux de la récolte, une macération préfermentaire à froid, de longues cuvaisons, une fermentation malolactique en barrique et un séjour de quinze mois dans 100% de bois neuf. La robe sombre de ce vin habille un corps solide et des arômes de fruits inhabituels (mûre et myrtille) accompagnent les notes boisées du fût.

Rabaud-Promis

33210 Bommes. Tél. : 05 56 76 67 38, fax : 05 56 76 63 10.

Un beau terroir de l'AOC sautemes, près du Ciron, jouxtant les domaines de Rayne Vigneau et Sigalas-Rabaud, accueille ce cru de 33 ha. Les millésimes 1988, 1989 et 1990 ont été excellents, et les suivants ont gardé ce niveau de générosité et d'élégance.

Rahoul

33640 Portets. Tél. : 05 56 67 01 12, fax : 05 56 67 02 88.

Vignoble de 31 ha de graves, propriété du Champenois Alain Thiénot, également propriétaire du Château Ricaud en AOC loupiac. Il produit un vin souple, de structure moyenne, aux arômes de groseille et de tabac.

Rauzan-Despagne

33420 Naujan-et-Postiac. Tél. : 05 57 84 55 08, fax : 07 57 84 57 31.

Propriété de 40 ha, bien menée, située à l'est de l'Entre-deux-Mers. La cuvée Passion, riche en merlot, est un vin mûr, épicé, rond en bouche.

Rauzan-Gassies

33460 Margaux. Tél. : 05 57 88 71 88, fax : 05 57 88 37 49.

Ce château, à la tête de 30 ha en margaux montre que le terroir reste muet sans efforts suffisants en matière de viticulture et de vinification. La vendange à la machine et le refus de faire un second vin empêchent d'élaborer de grands margaux. Les millésimes sont moyens, manquant de longévité et sans personnalité bien marquée.

Rauzan-Ségla ✪

33460 Margaux. Tél. : 05 57 88 82 10, fax : 05 57 88 34 54.

Fort de 51 ha, Rauzan-Ségla appartient à la famille Wertheimer. Des investissements majeurs ont été faits dans les vignobles et la cave de Rauzan-Ségla, de même que dans les bâtiments du château. Le margaux est aujourd'hui profond tout en finesse, d'une rare élégance, avec d'intenses arômes de cassis.

Raymond-Lafon ✪

33210 Sauternes. Tél. : 05 56 63 21 02, fax : 05 56 63 19 58.

La famille de l'ancien régisseur d'Yquem, Pierre Meslier, possède ce cru, situé au-dessous d'Yquem. Ses rendements moyens et l'élaboration de son vin sont identiques à deux d'Yquem. Le sauternes de Raymond-Lafon est sans doute difficile à trouver, mais c'est l'un des meilleurs.

Rayne Vigneau

33210 Bommes. Tél. : 05 56 01 30 12, fax : 05 56 01 30 27.

Ce vignoble de 18ha occupe une superbe colline en Sauternais, qui domine le Ciron, s'élevant de 25 à 60m d'altitude. La Tour Blanche, tout près, jouit d'une situation similaire, mais d'une moindre surface. Les graves de cette rive pentue sont censées renfermer des pierres semi-précieuses, agate et topaze. Rayne Vigneau a produit des vins décevants pendant la majeure partie du XXe siècle; les améliorations apportées par Mestrezat au cours des années 1980 ont fait évoluer la propriété vers un vin de style aérien, aux arômes citronnés, sans pour autant parvenir à l'onctuosité que le terroir et la réputation de la propriété au XIXe siècle sembleraient permettre d'obtenir.

Reignac

33450 Saint-Loubès. Tél. : 05 56 20 41 05, fax : 05 56 68 63 31.

Vaste propriété de 63ha dans l'Entre-deux-Mers. Stéphanie et Yves Vatelot produisent un superbe bordeaux rouge d'AOC régionale, avec un sérieux qui ferait rougir bien des grands propriétaires du Médoc. La Cuvée Spéciale atteint un niveau légèrement supérieur à la Cuvée Prestige, ce qui me semble un peu troublant. À noter : de beaux vins blancs.

Reynon

33410 Béguey. Tél. : 05 56 62 96 51, fax : 05 56 62 14 89.

Denis Dubourdieu, professeur à l'université de Bordeaux, se consacre à la recherche sur les vins blancs. Avec sa femme, il habite sur cette propriété de 38ha proche de Cadillac. Tous deux produisent des vins rouges et blancs, dont le fleuron est l'aromatique Reynon Vieilles Vignes.

Rieussec ✪

33210 Fargues-de-Langon. Tél. : 05 56 62 20 71, fax : 05 57 98 14 10.

Le château fut d'abord placé sous la houlette d'Albert Vuillier, puis sous l'autorité de Lafite des Domaines Barons de Rothschild. Le cru (75ha) occupe une colline, à l'est d'Yquem, à 70m d'altitude. L'utilisation de chêne neuf est plus étendue aujourd'hui que du temps de Vuillier, de sorte que Rieussec – qui a toujours produit l'un des plus riches sauternes – est plus suave, plus rond que jamais. Le pourcentage important de sémillon et le microclimat dont bénéficie le vignoble accentuent les notes d'orange, de miel et les riches nuances florales de gardénia de la palette aromatique.

Riou de Thaillas

33330 Saint-Émilion. Tél. : 05 57 68 42 15, fax : 05 57 68 28 59.

Saint-émilion traduisant une forte extraction, produit sur un vignoble de 2,5ha à la limite de l'appellation pomerol. Jean-Yves Béchet fait preuve d'un engagement et d'une ambition dignes de l'esprit du vin de garage. À suivre.

Ripeau

33330 Saint-Émilion. Tél. : 05 57 74 41 41, fax : 05 57 74 41 57.

Le Château Ripeau commande 15ha de saint-émilion, tout près de Cheval Blanc et de Figeac. Le millésime 2000, aromatique, a montré son potentiel; il a été élaboré avec l'aide d'Alain Raynaud, de Quinault l'Enclos.

de la Rivière

33126 Fronsac. Tél. : 05 57 55 56 56, fax : 05 57 24 94 39.

Le château le plus impressionnant de Fronsac (avec 8ha de caves) produit des vins typiques, francs, qui ont de la mâche.

Roc de Cambes

33330 Saint-Laurent-des-Combes, fax : 05 57 74 42 11.

François Mitjaville a prouvé à Roc de Cambes que de grands bordeaux pouvaient naître sous de modestes appellations. Il a acheté les 10ha de ce cru des côtes-de-bourg au milieu des années 1980, lui rappelant le Tertre Roteboeuf par ses vieilles vignes et sa disposition naturelle en amphithéâtre, au-dessus de la ville de Bourg et des derniers kilomètres de la Dordogne. Avec de faibles rendements, une vendange à maturité et l'usage intelligent du chêne, François Mitjaville a réussi à créer un vin rouge, issu de 65% de merlot, aux délicieux arômes de fruits sucrés. Dans les grands millésimes, ce côtes-de-bourg pourrait aisément être comparé à un saint-émilion.

Rocher Bellevue

33350 Saint-Magne-de-Castillon. Tél. : 05 57 40 08 88, fax : 05 57 40 19 93.

Propriété de 15ha de côtes-du-castillon, bien située sur le prolongement de la pente de Saint-Émilion. C'est là que le talentueux vinificateur ombrien, Riccardo Cotarelle, a élaboré en 2000 un vin de garage, gras et charnu, issu de pur merlot, appelé Caprice d'Angélique.

Rocher Figeac

33500 Libourne. Tél. : 05 57 51 36 49, fax : 05 57 51 98 70.

Ce vignoble de 7ha, sur la longue ceinture de propriétés de la périphérie de Libourne, produit un vin souple qui se rapproche du pomerol.

Rol Valentin

33330 Saint-Émilion. Tél. : 05 57 74 43 51, fax : 05 57 74 45 13.

Toute petite propriété de 3,5ha du plateau de Saint-Émilion où l'ancien joueur de football, Éric Prisette, élabore un vin de garage dense, de structure serrée, de forte extraction et destiné à un long vieillissement. En 1999, il a vendu une parcelle sablonneuse pour acquérir un meilleur terroir, argilo-calcaire.

Rollan de By

33340 Bégadan. Tél. : 05 56 41 58 59, fax : 05 56 41 37 82.

Ambitieux château, à la tête de 23ha en AOC médoc, dont la qualité s'est notablement améliorée à la fin des années 1990. Voir aussi Haut-Condissas.

Romer du Hayot

33720 Barsac. Tél. : 05 56 27 15 37, fax : 05 56 27 04 24.

Cette propriété de 16ha de sauternes est proche du château de Malle. Les vins sont légers, miellés, riches de doux arômes de fruits, à boire dans leur jeunesse.

Rouget

33500 Pomerol. Tél. : 05 57 51 05 85, fax : 05 57 55 22 45.

Vaste propriété de 16ha située sur la bordure nord de l'appellation pomerol, là où les belles parcelles du plateau entourant l'église commencent à descendre vers la Barbanne. Ce terroir a toujours été considéré comme excellent, bien que, sous l'ancien propriétaire, les vins, robustes, aient rarement été intéressants. Avec la famille Labruyère, des changements se produisent, et le style des vins commence à gagner en subtilité, avec des arômes de fruits et une plus grande richesse.

Roylland

33330 Saint-Émilion. Tél. : 05 57 24 68 27, fax : 05 57 24 65 25.

Cette propriété de 10ha en saint-émilion se situe au-dessous d'Angelus; elle produit des vins aux doux arômes de fruits, qui s'appuient sur des tanins souples et des notes boisées épicées. Le propriétaire, Bernard Oddo est conseillé par Jean-Michel Dubois du domaine Beauséjour Duffau.

Saintayme

33500 Pomerol. Tél. : 05 57 51 79 83.

Ce saint-émilion produit par Denis Durantou, de l'Église-Clinet à Pomerol, naît d'une sélection de raisins achetés à des crus proches de Figeac, du Tertre-Daugay et de Monbousquet. Ils sont élevés en fût dans les celliers que Denis Durantou vient de construire au hameau de Catusseau. Le millésime de lancement, 2000, était souple, riche.

Saint-Brice, voir Magdelaine

Saint-Domingue, voir La Dominique

Saint-Pierre (Pomerol)

33500 Libourne. Tél. : 05 57 51 06 07, fax : 05 57 51 59 61.

Propriété de 3 ha proche de l'église du village. Comme ceux de plusieurs petites propriétés de pomerol, les vins ne sont pas à la hauteur du terroir.

Saint-Pierre (Saint-Julien)

33250 Saint-Julien-Beychevelle. Tél. : 05 56 59 08 18, fax : 05 56 59 16 18.

Situé près de Branaire et Beychevelle, ce château, fort de 17 ha, produit des vins structurés et parfumés, qui manquent toutefois de subtilité.

Sainte-Colombe

33500 Saint-Magne-de-Castillon. Tél. : 05 57 40 06 75.

Sainte-Colombe est l'une des deux propriétés de l'AOC côtes-de-castillon appartenant à Gérard Perse et Alain Raynaud. Elle pratique des rendements plus élevés (50 hl/ha) et des vendanges mécaniques. Son vin, collé et filtré, est vif, croquant, franc, et ne demande guère de vieillissement.

de Sales

33500 Pomerol. Tél. : 05 57 51 O4 82, fax : 05 57 25 23 91.

Avec 47,5 ha, le château de Sales est la plus vaste propriété de pomerol, mais c'est aussi l'une des moins bien situées, dans le secteur nord-ouest de l'AOC. Elle produit, dans les bons millésimes, des vins équilibrés, sans grande ambition.

Sansonnet

33330 Saint-Émilion. Tél. : 05 57 24 76 29.

Sansonnet (7 ha) a été acheté en 1999 par la famille d'Aulan, anciennement propriétaire de la maison de champagne Piper-Heidseick. Depuis, il dévoile un style riche, propre à des vendanges très mûres; des arômes de fruits sombres accompagnent des notes de chêne fumé.

Sénéjac

33290 Le Pian-Médoc. Tél. : 05 56 70 20 11, fax : 05 56 70 23 91.

Ce cru de 28 ha situé à l'extrémité sud du Médoc a été acheté par Thierry et Loraine Rustmann, du Château Talbot. Son vin, autrefois léger et aux arômes de cassis, a gagné une profondeur impressionnante. Sénéjac est l'une des propriétés du Médoc ayant choisi de sélectionner la récolte de leurs meilleures vignes pour élaborer une microcuvée, baptisée Karolus.

Sigalas-Rabaud

33210 Langon. Tél. : 05 56 11 29 00, fax : 05 56 11 29 01.

Sigalas-Rabaud correspond à la plus petite partie résultant de la division du domaine de Rabaud. Les vins sont légèrement plus intéressants que ceux de Rabaud-Promis et ont historiquement toujours été considérés comme supérieurs. Cordier et son habile maître de chai Georges Pauli administrent le domaine au nom de ses propriétaires et produisent un beau sauternes, accessible, aux généreux et séduisants arômes de fruits.

Siran

33460 Labarde. Tél. : 05 57 88 34 04, fax : 05 57 88 70 05.

Siran, cru de 25 ha de margaux situé au sud de l'AOC, bénéficie depuis plus de trente ans d'une bonne gestion. Ses 12% de petit verdot complètent le vin. Les conseils de Michel Rolland contribuent à forger un style plus structuré et plus parfumé que les autres vins de l'AOC.

Smith Haut-Lafite ✪

33650 Martillac. Tél. : 05 57 83 11 22, fax : 05 57 83 11 21.

Sur les 55 ha, 11 sont consacrés à la production d'un vin blanc qui allie la vivacité du fruit aux somptueuses notes de la barrique (généralement issu de sauvignon blanc pur; le vignoble comporte à peine 5% de sémillon et 5% de sauvignon gris). Le vin rouge, au corps structuré, porte moins la marque des graves dans ses arômes que les vins des propriétés de Haut-Brion, mais il séduit par sa légèreté, ses doux arômes de fruits fumés, sa finale de cèdre et de chocolat. Les Cathiard ont créé une station de vinothérapie sur le domaine qui utilise des produits issus du raisin et qui est gérée par leur fille, Mathilde. Intéressés par la biodynamie, ils vont tenter d'en appliquer les principes. Ils confectionnent leurs propres barriques de chêne et ont même élaboré autrefois du pessac-léognan kascher.

Sociando-Mallet ✪

33180 Saint-Seurin-de-Cadourne. Tél. : 05 56 73 38 80, fax : 05 56 73 38 88.

Le château Sociando-Mallet défie tout classement; ses 45 ha de haut-médoc occupent un tertre de graves près du fleuve. Sa qualité est le fruit des efforts de Jean Gautreau, qui acheta la propriété en ruines en 1969. De fortes densités de plantation, une vendange manuelle et à pleine maturité, de longues macérations, l'utilisation de 80 à 100% de chêne neuf et le refus de toute filtration sont les atouts du succès de ce vin puissamment structuré, qui évolue lentement.

de Sours

33750 Saint-Quentin de Baron. Tél. : 05 57 24 10 81, fax : 05 57 24 10 83.

Ce cru de 50 ha situé dans l'Entre-deux-Mers appartient au Britannique Esmé Johnstone. Il produit des vins rouges, blancs et rosés. Il est surtout connu pour son rosé, l'un des meilleurs de France, et sa cuvée rouge La Source, issue de vignes vieilles.

Suduiraut ✪

33210 Preignac. Tél. : 05 56 63 27 29, fax : 05 56 63 07 00.

Ce cru de 87 ha est l'un des trois grands voisins d'Yquem (avec Rieussec et Guiraud). Ses vins n'ont cessé de s'améliorer depuis le rachat par AXA Millésimes en 1992. Le millésime 1999, particulièrement remarquable, a été l'un des vins de l'année. Le sauternes de Suduiraut, à son meilleur niveau, est un vin structuré, d'une grande liqueur, aux arômes de beurre citronné et de miel.

Taillefer

33500 Libourne. Tél. : 05 57 25 50 45, fax : 05 57 51 50 63.

Cette propriété de 11,5 ha est située à l'extrémité sud de l'appellation pomerol et produit des vins agréables sans être exceptionnels.

Talbot

33250 Saint-Julien-Beychevelle. Tél. : 05 56 73 21 50, fax : 05 56 73 21 51.

Ce vignoble de 102 ha est le plus vaste de saint-julien et l'un des plus grands de tout le Médoc; la majeure partie des vignes est implantée sur un banc de graves. Il demeure dans la famille Cordier, alors que la maison de négoce Cordier fait désormais partie du groupe languedocien Val d'Orbieu. Talbot avait la réputation de produire des vins tanniques à l'époque de Georges Pauli (celui-ci me confia un jour qu'il aimait le goût du tanin); ils sont élaborés aujourd'hui dans un style plus souple, plus voluptueux, plus accessible.

du Tertre

33460 Arsac. Tél. : 05 57 97 09 09, fax : 05 57 97 09 00.

Les 50 ha du château du Tertre forment l'une des premières propriétés de la commune d'Arsac dans l'appellation margaux; les vignes sont plantées sur un banc sablo-graveleux; elles constituent un vignoble d'un seul tenant. Depuis 1961, le château du Tertre bénéficie d'une patiente rénovation, commencée par la famille Capbern-Gasqueton, poursuivie par Éric Albada Jelgersma. Ces efforts ont porté leurs fruits: en témoigne le succès des splendides millésimes 1996 et 2000. C'est aujourd'hui l'un des vins de margaux les plus denses.

Tertre Rotebœuf ✪

33330 Saint-Laurent-des-Combes, fax : 05 57 74 42 11.

Ce joyau de 5 ha en saint-émilion, brillamment administré, est à bien des égards le précurseur et l'instigateur du mouvement des vins de garage. Depuis le début des années 1980 les vins du château se sont transformés pour rivaliser avec les crus les plus raffinés et les plus illustres de l'appellation, millésime après millésime. Le terroir, parfaitement protégé forme un amphithéâtre dans cette côte de Saint-Émilion en forme de fer à cheval, entre Saint-Laurent et Saint-Hippolyte. La propriété appartient à François Mitjaville, dont la chaleureuse affabilité cache un impitoyable acharnement dans la recherche de la qualité. La vendange se fait le plus tard possible, les rendements ne dépassent pas 35 hl/ha et les vins passent dix-huit mois dans le chêne neuf. Il en résulte de magnifiques vins rouges à la chair épicée (les châteauneuf de saint-émilion, en quelque sorte). La seule déception est l'étiquette très quelconque.

Teyssier

33330 Vignonet. Tél. : 05 57 84 64 22, fax : 05 57 84 63 54.

Cette propriété de 11 ha en saint-émilion appartient à Jonathan Maltus. Elle est située dans le secteur le plus bas et le moins passionnant de l'AOC, mais n'en produit pas moins un vin rouge bien fait, plein, à boire dans sa jeunesse.

Thieuley

33670 La Sauve. Tél. : 05 56 23 00 01, fax : 05 56 23 34 37.

Propriété de 60 ha implantée sur un terroir modeste, entre Créon et Targon, où l'habile Francis Courselle élabore de bons bordeaux secs, dont une remarquable Cuvée François Courselle fermentée en barrique de chêne.

La Tour Blanche

33210 Bommes. Tél. : 05 57 98 02 73, fax : 05 57 98 02 78.

Les 30 ha de vignobles, recouvrant une pente relativement abrupte au-dessus du Ciron, appartiennent à un lycée viticole depuis 1911. Le dernier propriétaire privé, Daniel Osiris, fabricant de parapluies au nom inoubliable, légua la propriété à l'État français à la condition qu'il en fît un établissement d'enseignement agricole « gratuit et ouvert à tous ». Le remarquable terroir, était considéré jadis pour sa qualité, juste derrière Yquem. Jean-Pierre Jausserand, qui l'a dirigé de 1983 à 2001, lui a permis de retrouver un haut niveau. Depuis 1988, le vin est élevé en fût de chêne comme tout grand sauternes; les bons millésimes, comme 1990 ou 1997, ont donné un vin puissant miellé, onctueux, riche en notes concentrées d'ananas et d'orange.

La Tour de By

33340 Lesparre Médoc. Tél. 05 56 41 50 03, fax : 05 56 41 36 10.

Propriété de 74 ha dans le Médoc, implantée sur un tertre proche de l'estuaire. Elle produit un vin rouge solide, tannique, qui fit référence au cours des années 1980 et 1990. Les derniers millésimes m'ont toutefois déçu.

La Tour Carnet

33112 Saint-Laurent-de-Médoc. Tél. : 05 57 22 28 00, fax : 05 57 22 28 05.

Le vignoble de 42 ha, en AOC haut-médoc, est proche de Belgrave et de Camensac. La Tour Carnet appartient à Bernard Magrez, négociant et propriétaire des châteaux Pape Clément et Fombrauge. Il bénéficie des conseils de l'équipe de Michel Rolland; le millésime 2000 témoignait de la réduction des rendements et d'une vendange à plus grande maturité. Le vin, dense, s'appuie sur une prometteuse charpente tannique.

La Tour Figeac

33330 Saint-Émilion. Tél. : 05 57 51 77 62, fax : 05 57 25 36 92.

Lorsque vous avez pour voisins les châteaux Figeac et Cheval Blanc, vous ne pouvez pas élaborer un vin inintéressant. Depuis l'arrivée d'Otto Rettenmaier, en 1994, on assiste à un renouveau sur cette propriété de 12 ha de saint-émilion. Celle-ci est exploitée en biodynamie pour Rettenmaier par Christine Derenoncourt, femme de Stéphane, avec un dévouement total. Les résultats sont impressionnants depuis le millésime 1998. Christine Derenoncourt déteste le « manque de maturité », qui reste, selon elle, l'un des problèmes majeurs dans beaucoup de bordeaux. Les millésimes 1998 et 2000 sont des saint-émilion grands crus aromatiques, fruités et pleins de grâce : autrement dit, plus Cheval Blanc que Figeac.

La Tour Haut-Brion

33602 Pessac. Tél. : 05 56 00 29 30, fax : 05 56 98 75 14.

Les 5 ha de vignes de La Tour Haut-Brion sont implantés au sud de La Mission, entrecoupés de parcelles de La Mission Haut-Brion et de Laville Haut-Brion. La proportion de presque 80% de cabernet-sauvignon et de cabernet franc fait que ce vin pourrait être l'un des plus austères de cette petite communauté. Or, ce sont plutôt les arômes de cassis et de sous-bois qui dominent dans le vin de La Tour Haut-Brion, car l'assemblage final associe des pourcentages de cépages souvent très différents de l'encépagement : le millésime 2000, par exemple, contenait 53% de merlot, donnant au vin un aspect plus souple qu'on ne pourrait s'y attendre.

Tour de Mirambeau

33420 Naujan-et-Postiac. Tél. : 05 57 84 55 08, fax : 05 57 84 57 31.

Propriété de 60 ha, à l'est de l'Entre-deux-Mers, appartenant à Jean-Louis Despagne. Elle produit un excellent bordeaux rouge et un entre-deux-mers. Les deux Cuvées Passion peuvent rivaliser avec leurs pairs de pessac-léognan (blanc) et de saint-émilion (rouge, issu de 70% de merlot). Des valeurs sûres. Voir aussi Girolate.

La Tourette, *voir* Larose-Trintaudon

Troplong Mondot

33330 Saint-Émilion. Tél. : 05 57 55 32 05, fax : 0 57 55 32 07.

Ce cru de 30 ha de saint-émilion, conduit par Christine Valette, conseillée par Michel Rolland, occupe une position clé, à l'ouest de Saint-Émilion. Là, les vignes atteignent l'altitude la plus élevée; nous sommes à une centaine de mètres au-dessus du niveau de la mer (par opposition à Monbousquet, qui est à 5 m, et au domaine de Cheval Blanc, à 35 m). Est-ce l'altitude qui donne à ses vins à la robe sombre leur fermeté et leur vivacité, ou bien peut-être le raisin de vieilles vignes? Les notes de chêne neuf sont parfois trop marquées dans leur jeune âge. Les arômes et la riche matière ne se révèlent qu'après quelques années en cave.

Trotanoy ✪✪

33500 Pomerol.

Ce cru de 7 ha occupe une position clé au centre de l'appellation pomerol, là où le plateau commence à s'incliner vers le nord-ouest, avec des sols argilo-graveleux. Le château se trouve au bout d'une allée bordée de cyprès à l'italienne; Jean-Jacques Moueix, le cousin de Christian, y habite. Trotanoy a été l'un des plus grands de tous les pomerols, près Petrus : son vin très dense aux tanins serrés a besoin de nombreuses années pour se déployer et dévoiler ses trésors aromatiques (notes animales et cacaotées). Après une décennie 1980 décevante, il a retrouvé tout son éclat dans les années 1990 et dans le millésime 2000.

Trottevieille

33330 Saint-Émilion. Tél. : 05 56 00 00 70, fax : 05 57 87 48 61.

Ce cru de 10 ha de saint-émilion se trouve juste au nord de Troplong Mondot. Le terroir est prometteur, mais les vins ont souvent manqué de tenir leurs promesses, n'ayant pas assez de richesse ni de profondeur.

Valandraud

33330 Saint-Émilion. Tél. : 05 57 55 09 13, fax : 05 57 55 09 12.

Valandraud est élaboré par le « roi des garagistes », Jean-Luc Thunevin, qui s'est fait un nom au cours des millésimes les moins faciles du début des années 1990. Thunevin a voulu rivaliser avec les plus grands noms de l'appellation en appliquant ses propres techniques d'exploitation viticole et de vinification. C'est dans le centre historique de Saint-Émilion que se trouve la cave étonnamment propre et ordonnée, la salle de dégustation, mais aussi la maison. Jusqu'en 1997, le vin était élaboré à partir de la récolte de trois petites parcelles, la meilleure étant située dans la petite vallée, au pied de la cité. Cette cuvée porte le nom de jeune fille de sa femme, Andraud, mais le nom cadastral de cette parcelle est Franc Fongaban. Les deux autres parcelles occupent des sols sablo-graveleux, moins intéressants, dans la partie sud, plus plate, de l'AOC. « Depuis 1997, dit Thunevin, on a gagné beaucoup d'argent; alors, j'ai acheté une parcelle de 6,5 ha entre Pavie et la route de Castillon au pied de la Côte pour me faire une propriété que j'ai baptisée Clos Badon Thunevin. En 1999, j'ai acheté 5,5 ha dans le meilleur secteur de l'appellation, une parcelle qui s'appelle Belle Air Ouÿ. » Cette parcelle se trouve sur le plateau, à l'ouest de l'AOC (ce qui n 'est peut-être pas vraiment le « meilleur » terroir), près de Fleur Cardinale. En 2000, la majeure partie de l'assemblage de Valandraud provenait de Belle Air Ouÿ, donnant un vin moins charnu que les précédents. Avant que Thunevin ne cesse d'agrandir son vignoble, il sera difficile de porter un jugement sur le caractère général de son vin, même si la qualité est toujours au rendez-vous : robe sombre, arômes intensément fruités, belles notes boisées. Le second vin porte le nom de Virginie de Valandraud – prénom de sa fille. En 2000, les meilleurs fûts de merlot, de cabernet-sauvignon, de cabernet franc et de malbec ont été assemblés pour donner naissance à une cuvée Axelle, prénom de la petite-fille de Jean-Luc Thunevin : un vin à la robe noire, chargé d'arômes de truffe.

Valrose

33370 Fargues-Saint-Hilaire. Tél. : 05 56 68 33 83.

Ce cru de 5 ha devait être un grand saint-estèphe. C'est ainsi que l'avaient conçu Jean-Michel Arcaute et Gérard Neraudau : les améliorations de qualité étaient en cours lorsque J.-M. Arcaute trouva tragiquement la mort.

Verdignan

33180 Saint-Seurin-de-Cadourne. Tél. : 05 56 59 31 02, fax : 05 56 81 32 35.

Cette propriété située sur un tertre de graves profondes appartient à la famille Miailhe. Son voisin est le château Sociando-Mallet. Une valeur sûre.

La Vieille Cure

33141 Saillans. Tél. : 05 57 84 32 05, fax : 05 57 74 39 83.

Le vignoble de 40 ha en fronsac appartient à des Américains. Proche de l'AOC lalande-pomerol, il produit un vin dont le style généreux ressemble davantage au lalande qu'au fronsac type. Une réputation méritée.

Vieux Château Certan ✪✪

33500 Pomerol. Tél. : 05 57 51 17 33, fax : 05 57 25 35 08.

Situé au croisement de cinq routes à Pomerol, ce cru de 13,5 ha est mené par Alexandre Thienpont. Avant que Petrus n'accède à la gloire, Vieux Château Certan était considéré comme le premier château de l'AOC. Son pomerol est rarement l'un des plus riches et des plus spectaculaire, en raison d'une part de la présence des deux cabernets (40 % de l'assemblage), d'autre part du drainage aléatoire des graves, enfin de la vinification traditionnelle prônée par Alexandre Thienpont qui refuse que l'élevage soit mené à 100 % en bois neuf. Dans les meilleurs millésimes (1998 et 2000), Vieux Château Certan est un vin d'une grâce extraordinaire, avec des arômes de framboise à la fois fins et intenses, ainsi qu'un séduisant parfum floral.

Vieux Château Champ de Mars

33350 Castillon

Cette propriété de 17 ha située au cœur de l'appellation côtes-de-castillon a un fort contingent de vieilles vignes, ce qui, conjugué à de faibles rendements et aux nouvelles techniques de vinification, contribue à la naissance de vins concentrés. La Cuvée Johanna résulte du même assemblage que le vin principal, mais est vinifiée suivant les techniques bourguignonnes de macération préfermentaire et de fermentation en petites cuves avec pigeage.

Vieux Robin

33340 Bégadan. Tél. : 05 56 41 50 64, fax : 05 56 41 37 85.

Propriété du Médoc dont la moitié de la production entre dans l'élaboration de la Cuvée Bois de Lunier, extrêmement complexe et aromatique.

Villa Bel-Air

33650 Saint-Morillon. Tél. : 05 56 20 29 35, fax : 05 56 78 44 80.

Cette propriété de 46 ha, située au cœur des forêts des graves, appartient à Jean-Michel Cazes, du Château Lynch-Bages. Très réussi, le graves rouge du millésime 2000 était souple, délicat, plein de charme.

Vray Croix de Gay

33500 Néac. Tél. : 05 57 51 64 58, fax : 05 57 51 41 56.

Propriété de 4 ha, dont les vignes se situent près de Lafleur et de La Croix de Gay. Ses propriétaires possèdent aussi Sauriac. La vinification manque de délicatesse, le vin présentant parfois des tanins trop puissants.

Yon Figeac

33330 Saint-Émilion. Tél. : 05 57 74 49 59, fax : 05 57 74 47 58.

Ce cru de 24,5 ha, fort bien situé, est la plus belle propriété du Bordelais de Bernard Germain, lequel possède de nombreux châteaux dans la vallée de la Loire (Fesles, Varennes et Chamboureau). Le millésime 2000, dense et puissant, aux arômes fumés, est de bon augure. Le groupe Germain est propriétaire de dix autres châteaux en Bordelais.

d'Yquem ✪✪✪

33210 Sauternes. Tél. : 05 57 98 07 07, fax : 05 57 98 07 08.

Avec ses 113 ha, Château d'Yquem est le plus grand cru de l'AOC. Sis en son cœur, il produit indiscutablement le meilleur sauternes. Lorsque des amateurs évoquent « la meilleure bouteille qu'ils aient dégustées » (dans toute une gamme de millésimes), ils mentionnent immanquablement d'Yquem avec la plus grande passion. Le souci de la qualité et la rigueur de la sélection est si bien ancrée dans la tradition du sauternes qu'Yquem s'inscrit parmi les vins les plus réguliers (les millésimes de moindre qualité sont systématiquement déclassés). Après avoir appartenu à la famille Lur Saluces de 1785 à 1999, Yquem fut acquis en 1999 par le groupe de produits de luxe LVMH. Non sans difficulté. Alexandre de Lur Saluces continue cependant de diriger Yquem pour LVMH.

Qu'y a-t-il de si extraordinaire à Yquem ? Le terroir bien sûr, même si l'homme a son rôle à jouer. Le sommet arrondi de colline sur lequel est implanté le vignoble est recouvert de sables et de graves sur une couche argilo-calcaire. La présence d'argile signifie que l'humidité est importante. Au XIXe siècle, plus de 10 km de canalisations de drainage furent installées, sans lesquelles Yquem ne serait pas Yquem. Sa position au sommet des pentes est idéale pour que le vignoble profite de l'alternance des brumes matinales et des après-midi ensoleillées en automne. De faibles rendements (10 hl/ha), une immense patience pour attendre le moment idéal de la récolte et pour trier en plusieurs passages chaque grappe de raisin (150 vendangeurs passent tous les ans jusqu'à six semaines au château) permettent de vinifier une matière première aussi parfaite que la nature le permet. Les moûts fermentent dans du chêne neuf, puis les vins passent trois ans et demi en fût avant d'être mis en bouteilles sans filtration. Un si long séjour en fût signifie que de chaque millésime d'Yquem disparaissent jusqu'à 20 % du précieux liquide (« la part des anges ») ; les fûts jugés insuffisants au stade de l'assemblage final sont écartés, même dans les grands millésimes. La récompense de tels efforts est un vin liquoreux de couleur or, d'une concentration, d'une densité et d'une onctuosité ahurissantes, capable dans la plupart des millésimes de vieillir cinquante ans et même davantage. Les grands millésimes, comme 1986 et 1988, semblent gagner en subtilité et en puissance aromatique, et surpassent tous les autres crus de sauternes. Un millésime comme 1983 impressionne tout simplement.

Le Sud-Ouest

En quête d'un vin disparu. Aucune région de France n'est plus éloignée de Paris et des marchés d'outre-mer que ce haut-pays dont les vins à la robe sombre et aux accents profonds ont bien failli disparaître. Ils renaissent dans un style plus chatoyant que par le passé.

Le train entre lentement en gare de Cahors. Mon sac sur le dos, je suis prêt à descendre. Sur une voie parallèle, stationne une longue file de wagons de marchandises, chargés à bloc. Ils ne sont pas remplis de charbon, ni de sable, encore moins de raisins ou de vin. Ils transportent du bois, le fruit des causses. D'énormes grumes sont déposées dans d'immenses berceaux, et l'ensemble du train forme une sorte de bélier géant.

Pour parvenir jusqu'ici, j'ai traversé des forêts et d'autres forêts s'étendent encore au-delà. Le temps est aussi peu accueillant que ces bois sauvages. Nous sommes fin avril, le temps est gris, froid et venteux. De temps en temps, une averse de pluie froide tombe sur la ville La serveuse du buffet de la gare m'a dit, avec plus de gentillesse que de souci d'exactitude, que c'était aujourd'hui l'un des saints de glace. Dans ce bar, ce dimanche matin, mes compagnons sont tous des Nord-Africains, bien emmitouflés pour se protéger du froid, sirotant leur café, fumant et s'interpellant d'un bout à l'autre de la salle, levant les bras au ciel avec une indolence propre à des climats plus chauds. On a plus chaud, quand on est moins seul.

Je marche dans les rues étroites de la ville calme et vide, enserrée comme une péninsule au creux des méandres du Lot. Les ruelles sont pleines de curiosités : une horloge magnétique actionnée par de lents roulements à billes, une fontaine musicale sur laquelle on peut produire des notes en bouchant du bout des doigts les orifices qui laissent passer l'eau. Ces délices de mécanique sont l'œuvre de Michel Zachariov. Moi qui ai l'esprit si peu mécanique, je m'incline, émerveillé.

À l'heure du dîner, il pleut des cordes. L'Auberge du Vieux Cahors est ouverte. Je commande une bouteille de Château Lagrezette 1998. C'est un vin équilibré, à la robe sombre, d'une texture épaisse, terroité comme si on lui avait ajouté quelques cailloux ; s'il possède un arôme de fruit, c'est de pruneau, et il révèle aussi des notes de café et de fumée. Un vin sauvage. Le repas est excellent : quinze euros pour une épaisse tranche de foie gras, un magret accompagné de tagliatelles et de haricots verts, et le reste ; je n'ai pas terminé un plat que le suivant arrive. Le chef est à l'étage – je l'imagine regardant la télévision tout en préparant les plats pour les quelques clients de son petit restaurant. Pour le dessert, je choisis une île flottante. La serveuse lance par le conduit du monte-charge « une île ! », et pas plus de trente seconde plus tard, elle arrive. Je ne laisse pas une miette de ce repas.

Je traverse ensuite le pont Valentré, désormais réservé aux piétons ; des millions de voitures ont usé et entamé ses pierres pendant des siècles. Je suis seul, par cette nuit froide et humide, sur le pont illuminé. Je suis attiré par le grondement de la retenue d'eau. À l'aide de mon parapluie, je protège mes yeux de la lumière éblouissante des réverbères et je regarde l'eau, trente mètre au-dessous : d'innom-

brables gouttes scintillantes s'abattent sur le Lot comme sur une gravure de Gustave Doré illustrant le plus obscur Moyen Âge. L'eau est noire, aussi noire que fut jadis le vin, aussi noir qu'il l'est à nouveau.

Le retour de l'histoire

Les vins du sud-ouest de la France ont connu, au cours des deux derniers siècles, une époque difficile. À l'époque romaine, ces régions furent vite colonisées (vers 50 av. J.-C.) par les légions pour le bois et le vin. Le Lot, le Tarn, l'Aveyron (affluent du Tarn), le Viaur (qui se jette dans l'Aveyron) finissent par rejoindre la Garonne, qui traverse le Bordelais, rejoint par la Dordogne au bec d'Ambès. Au Moyen Âge, les vins du haut-pays étaient considérés comme étant de qualité supérieure à ceux du Bordelais ; d'ailleurs on mêlait souvent le vin de Bordeaux, au « vin noir » de Cahors et d'autres régions voisines, pour lui donner le corps et la texture qu'appréciaient les riches clients de l'Europe du Nord. Au milieu du XIXe siècle, la production de Cahors et de Gaillac rivalise avec celle de Bordeaux. Pourtant Bordeaux exploitait systématiquement sa position. Tout au long du Moyen Âge, les vins du haut-pays ne pouvaient quitter le port de la Lune, à Bordeaux, avant Noël. Bordeaux exigeait que le Cahors soit transporté en fûts de plus petite contenance que le Bordeaux… la même taxe étant imposée à tous les fûts, indépendamment de leur capacité. Aujourd'hui, les producteurs n'ont pas oublié ces injustices.

Au XIXe siècle, le phylloxéra dévasta tout le haut-pays. Le Bordelais et la Bourgogne bénéficiaient d'une renommée internationale qui leur permit de se remettre assez rapidement de ce fléau, à la faveur des progrès de la viticulture. En revanche, Cahors et Gaillac sont des régions reculées dont l'exploitation agricole était difficile. Lorsque les vignes furent touchées par le phylloxéra et moururent, les agriculteurs partirent pour la ville - ou commencèrent une nouvelle vie en Amérique du Sud. Dans les années 1950, il ne restait que des lambeaux de vignoble aux mains de viticulteurs vieillissants qui plaçaient tous leurs espoirs dans les coopératives. Vingt ans d'appellation d'origine contrôlée étaient perdus pour le Sud-Ouest. La tradition était presque oubliée.

Presque. Trois éléments se sont toutefois conjugués au cours des dix dernières années pour faire du Sud-Ouest l'une des régions de la Nouvelle France vinicole qui a connu les améliorations les plus sensibles : de merveilleux cépages, des terroirs oubliés d'une qualité exceptionnelle, et un ardent désir de prouver quelque chose. Il reste du chemin à parcourir, et dans cette région le vignoble ne retrouvera sans doute jamais sa superficie passée. Cahors, par exemple, possède aujourd'hui environ 6 000 hectares de vignes. Cette surface augmentera probablement sans atteindre les 40 000 hectares du milieu du

« Ma formule est simple. Tous les matins, je me demande si je peux améliorer la qualité de mon vin. Pour cela j'emploie la méthode d'investigation la plus poussée et la plus fiable à la fois : la dégustation. C'est ainsi que je comprends ce qui va et ce qui ne va pas, ce qui a besoin d'être modifié, ce que je pourrais mieux faire. La dégustation rapproche du terroir. Le travail que l'on effectue tout au long de l'année dans le vignoble se voit immédiatement – dans le verre. »

ALAIN BRUMONT

◀ *Les boucles et les méandres du Lot offrent de magnifiques points de vue panoramiques et d'excellents vignobles sur graviers de rivière.*

XIXe siècle. Néanmoins, le Sud-Ouest redonnera de grands vins ; d'ailleurs il le fait déjà.

Il n'est pas facile de comprendre cette région avec laquelle aucune autre ne pourrait rivaliser quant à son hétérogénéité. En voici quelques vues instantanées afin d'illustrer sa diversité et cette volonté acharnée de prouver quelque chose.

Luc de Conti

J'étais à Vinexpo à Bordeaux devant mon stand préféré : rustique, fonctionnel, même plutôt disgracieux. C'était celui d'un groupe de producteurs autodésignés Vinarchistes. Luc de Conti est des leurs.

Au milieu de l'agitation de Vinexpo, il semblait calme, avec ses yeux rieurs. « Il ne faut pas me classer parmi les adeptes de la biodynamie », me confia-t-il. Cependant ses interrogations rejoignent celles de tous les producteurs des plus grands vins de France, en dehors du cadre conservateur et parfaitement hiérarchisé de Bordeaux. « Le sol est comme un cadavre. Il a perdu même sa capacité à digérer les feuilles mortes. Les idées de Steiner étaient faites pour des sols fondamentalement sains ; les sols agricoles ont été arrosés de produits chimiques depuis cinquante ans. Il faudra dix ans pour qu'ils retrouvent leur équilibre. » Luc de Conti pratique l'agrobiologie et ramène progressivement à la vie les sols de ses 40 hectares par des apports de compost, de varech, de silice.

Son autre préoccupation, presque une obsession, concerne les lies – l'une des matières vivantes du vin. Après fermentation, Luc de Conti recueille les lies et en fait, avec un mixer, ce qu'il décrit comme une sorte de mayonnaise qu'il réintègre ensuite au vin pour le nourrir. Il ne soutire pas, s'en remettant uniquement à la méthode de micro-oxygénation pour prévenir les phénomènes de réduction ; les lies l'aident dans cette démarche. Le faible usage de soufre, voire son absence totale, nécessite une propreté parfaite de tout le cellier. Chaque année, Luc de Conti élabore un fût d'essai, pour tester ses levures ; il affirme dénombrer plus de trois cents germes de levures sur son domaine, alors que les domaines pratiquant l'agriculture conventionnelle n'en répertorient pas plus d'une vingtaine. Nous dégustons ensemble ses vins qui ont la douceur du cachemire. Autre originalité, en ces temps où prévaut une pure esthétique du vin rouge se fondant sur l'opacité de la robe et la puissance : Luc de Conti pratique uniquement quatre pigeages, et opte pour une température de fermentation de 25 °C. « On cherche la sous-extraction. Je tiens à éviter tout ce qui serait dur et brutal. » Sous-extraction ? Luc de Conti est un vrai vinarchiste !

Clos Triguedina

Malheureusement, Jean-Luc Baldès était absent lorsque je suis passé. Il est le représentant de la huitième génération de Baldès et produit du vin au Clos Triguedina à Cahors, assurant une continuité historique. Arnaud Bergeron, son chef de culture, me dit : « Je vais vous montrer les vignes. »

Et nous voici en voiture, montant à travers l'étendue de taillis parsemée de chênes rabougris. De temps en temps, entre les arbres, Arnaud Bergeron m'indique les restes de quelques murets de pierre sèche. Ceux-ci marquaient les limites de bornage de la région de Cahors avant le phylloxéra : des terrasses de vignes fantômes, abandonnées depuis longtemps et recouvertes de feuilles, d'arbustes épineux et de brindilles. Cette promenade m'a fait découvrir un phénomène que j'allais retrouver dans tout le Sud-Ouest : la plupart des vignes poussent sur d'anciennes terrasses alluviales, asséchées à la suite du déplacement du lit des cours d'eau.

Alain Brumont

Alain Brumont est le Citizen Kane de Madiran. C'est en tout cas l'avis que je formulerai pour apporter ma contribution personnelle à un débat en cours. Feuilletez son brillant dossier de presse et vous verrez qu'il est aussi surnommé le Philippe de Rothschild de Madiran, le Garibaldi du Sud-Ouest, le Che de la vigne ou encore le Louis XIV de la viticulture. Il ne doit pas être facile d'incarner à la fois Che Guevara et Louis XIV, me direz-vous, mais c'est que nous avons affaire à une personnalité complexe.

Alain Brumont est un homme rude, d'un abord difficile. Il s'est d'abord brouillé avec son père avant de se fâcher avec la plupart de ceux qu'il a croisés sur son chemin. « Il vit sur la planète Vin, m'a expliqué sa seconde femme, Caty, pas sur la planète Terre. Et ça rend les rapports difficiles… » Le résultat de ses désaccords profonds ? Alain Brumont fait tout lui-même. Il a constitué le plus grand domaine de Madiran ; il possède plus de 10 % de l'appellation d'origine contrôlée de l'AOC et 150 hectares de vignobles magnifiquement situés. Il assure lui-même toutes les étapes de la vinification, sans micro-oxygénation. Il a mis au point son propre système d'auto-pigeage. Il est un fervent partisan du bois neuf. Il a une forte densité de plantation, plus de 8 500 pieds à l'hectare. Il fait son propre compost, avec du crottin de cheval, de la bouse de vache, du marc, et des cailloux concassés. Actuellement, il construit un hôtel quatre étoiles et son château. Il essaie même de vendre lui-même la majeure partie de sa récolte à 60 000 clients privés. « À mes yeux, pour faire du vin, il faut refuser tout ce qui vient de l'extérieur. » C'est pourquoi, dans cette grandeur de la performance solitaire, il me rappelle Citizen Kane.

Pascal Verhaeghe

Les mathématiques ont été le premier amour de Pascal Verhaeghe. « Je ne m'intéressais pas au vin, se souvient-il. J'étais fils de viticulteur, je voyais que c'était beaucoup de travail, de rude travail, c'était tout. » Et puis ? Un de ses amis, qui travaillait avec Jean-Marie Guffens en Bourgogne, l'invita. « Je pensais y passer une heure ou deux, j'y suis resté trois jours. Après ça, j'ai renoncé aux maths. Jean-Marie m'a enseigné une foule de choses sur le vin, et sur le plaisir du vin. » Verhaeghe a travaillé avec Guffens, et Saintsbury à Los Carneros en Californie, avant de reprendre le domaine familial à Cahors avec son frère en 1987. Luc de Conti a été leur mentor et ami. Comprendre comment on peut obtenir la pleine maturité du malbec, comment tirer une richesse supplémentaire du contact avec les lies, comment fermenter les vins rouges en tonneau pour obtenir texture et complexité, sans notes boisées, édicter une Charte de Qualité pour le cahors : Verhaeghe a beaucoup fait pour ce terroir oublié. Aujourd'hui, avec Marceval dans le Roussillon, il commence un nouveau chapitre.

La famille Laplace

Le Château Aydie se trouve au sommet d'une colline. L'appellation madiran est constituée de quatre vallées glissées dans un coude de l'Adour, et nous les avons presque toutes devant nous. Les avions de l'armée passent parfois à basse altitude dans un vrombissement assourdissant, mais dans le silence entre ces roulements de tonnerre, on entend les cloches des églises et les aboiements des chiens. C'est un pays de chien : tout le monde a un chien, de gros chiens de berger des Pyrénées affectueux, toujours prêts à mordiller votre pantalon. Il y a aussi des tracteurs, des vaches et du maïs. Jusqu'à une date récente, ceux-ci étaient d'ailleurs plus nombreux que les vignes. Pas étonnant, si l'on regarde le sol, une argile claire, riche, qui ne ressemble pas à un terroir viticole : trop fertile, avec trop peu de cailloux. Mais la surface est parfois trompeuse : d'énormes blocs de calcaire « flottent là-dedans, dit Alain Brumont, comme des nuages dans un ciel d'été. »

Je n'ai jamais rencontré de viticulteurs d'un plus grand sérieux que les trois frères Laplace. François s'occupe de la commercialisation, Jean-Luc a en charge la vinification, et Bernard prend soin du vignoble. Marie, leur sœur, gère le domaine, et leur père Pierre apporte toujours son aide aux différents travaux. Tout est impeccable, méticuleusement organisé, pensé, raffiné. Les Laplace sourient peu, mais réfléchissent beaucoup. Le tannat, l'argile, et un peu d'industrieuse rigueur vont sans doute bien ensemble.

Le tannat, qui mûrit tardivement, a certainement causé quelques tracas aux viticulteurs de madiran, en dépit de ses qualités potentielles. François Laplace m'a signalé une particularité de ce cépage : celui-ci ne peut être vendangé à la machine ; les vibrations font tomber toutes les feuilles, tandis que les grappes restent solidement attachées au cep. Comme son nom l'indique, le tannat est fortement tannique, c'est un véritable tigre parmi les cépages. La méthode traditionnelle pour dompter ces tanins consistait à faire séjourner le tannat plusieurs années dans des cuves de bois. Lorsque l'AOC fut établie en 1948, les vins devaient vieillir trois ans avant d'être mis en vente (délai ramené à un an). Au cours des années 1980, les cuves d'acier inoxydable ont remplacé les vieilles cuves de bois, en partie pour des raisons d'hygiène, mais aussi pour renforcer les arômes de fruits, de plus en plus recherchés. Le résultat fut désastreux ici. Non seulement le tannat conservait la violence de ses tanins, mais on s'aperçut qu'il était très sensible aux phénomènes de réduction ; les vins commencèrent à sentir mauvais. Il fallut alors les soutirer, les transvaser, les oxygéner sans cesse. Ils en ressortaient meurtris, vidés de leur chair, toujours aussi tannique, mais plus sèchement.

Chacun se mit activement à rechercher une solution. Et on en trouva une avec la micro-oxygénation : de fines bulles d'oxygène sont envoyées dans le vin à différents stades de son élaboration. L'inventeur de ce procédé, l'œnologue Patrick Ducournau, était un cousin des Laplace. Une grande partie du travail d'expérimentation se déroula donc au Château Aydie, et le brevet original fut déposé conjointement par Ducournau et les Laplace. Jean-Luc Laplace m'a donné un rapide cours de micro-oxygénation (J'ai exposé page 205 ce que le profane que je suis en avait retenu.)

La micro-oxigénation est sans doute l'évolution la plus importante des techniques de vinification dans les années 1990. Désormais, elle est pratiquée dans presque toutes les régions de l'Hexagone productrices de vins rouges. À Bordeaux, elle a eu des effets considérables ; la petite appellation madiran a modifié le goût des plus grands vins français. Avant cette découverte, on a beaucoup parlé de réduire la proportion de tannat du madiran au-dessous des 60 % stipulés par l'AOC. Le jour où j'ai rencontré les Laplace, une commission de l'INAO, chargée d'étudier la proposition d'élever à 80 % cette proportion de tannat se déroulait dans la région. Mais de nombreux viticulteurs travaillent déjà avec 100 % de tannat !

Nous sommes passés à la dégustation. « Ce sont des vins faits pour accompagner un repas, a souligné Jean-Luc. Ils sont difficiles à déguster seuls. Il faut absolument les décanter. » Ces vins noirs étaient magnifiques dans d'harmonieux flacons de décantation, à fond plat, conçus certainement par les Laplace eux-mêmes, après de systématiques essais de dégustation. Et les vins ?

Si on pouvait déguster une nuit d'hiver, elle aurait le goût de ces vins : la fumée des feux, la noirceur des ciels nuageux, des fruits aussi saisissants que le vent du Nord, des tanins aussi puissant que la tempête. Mais adouci par le chêne. Autre découverte des Laplace : les barriques n'intensifient pas les tanins du tannat, mais les assouplissent. Et aussi surprenant que cela puisse paraître, ces vins sont délicieux.

Nous sommes montés encore plus haut pour atteindre le vignoble planté sur un sol recouvert de cailloux blanchis. Nous étions vraiment sur le causse, plateau calcaire qui s'étend au-dessus des terrasses et forme le deuxième grand terroir cadurcien. La vallée du Lot s'ouvrait devant nous, dans un silence parfait.

Baldès n'est pas seulement respectueux du passé, il souhaite aussi tenter de nouvelles expériences. Il produit un cahors impressionnant – notamment Prince Probus. Cependant, il a également élaboré des vins blancs fins issus des vignobles les plus hauts d'une zone à dominante de vin rouge. On remarque, entre autres, un superbe vin de dessert à base de chenin blanc. Une réflexion sur le passé a conduit Jean-Luc Baldès à produire un « nouveau vin noir ».

Qu'était donc le vin noir ancien ? La description de cette curiosité que nous livre, en 1816, André Jullien est assez saisissante. Les raisins étaient d'abord passés au four et rôtis, ou pressurés. Le moût obtenu était ensuite mis à bouillir dans une marmite. Après ce qui devait parfois être une fermentation assez aléatoire et laborieuse, le vin était muté à l'alcool pour donner une sorte de porto sec. « C'est très utile, précise l'auteur, pour conférer plus de corps, de couleur et de force aux vins trop inconsistants ». Et il ajoute, sans que cela soit vraiment nécessaire, « ces vins résistent au transport. » La désignation anglaise de *black wine* était communément employée, parce que celui-ci était très apprécié par les clients d'outre-manche.

La version moderne proposée par Baldès est différente (il faut bien qu'elle entre dans la catégorie de l'AOC cahors). Arnaud Bergeron m'a expliqué que l'élaboration du vin s'inspirait de la technique employée dans l'artisanat local des pruneaux. Les grappes d'auxerrois, légèrement surmûries, sont récoltées à la main ; elles sont ensuite placées dans des caisses dont le fond est grillagé et reçoivent de l'air chaud pulsé par le fond de la caisse. L'air chaud monte, les raisins se ratatinent. Ils sont ensuite pressurés et mis en fermentation. Puis le vin vieillit dix-huit mois dans des barriques de chêne neuf. « Noir » n'est pas le terme juste aujourd'hui (le jeune Probus est plus noir) ; le vin est sombre, éloquent, fumé, avec un agréable mélange d'amertume et de douceur.

Robert Plageoles

Lorsque je suis allé voir Robert Plageoles, dont le domaine est situé sur un versant de colline, il était avec un client. Plageoles se veut résolument vigneron ; mais il serait plus pertinent de le considérer comme un archéologue de la viticulture, faisant du vin pour vérifier expérimentalement certaines de ses théories et de ses recherches. Pendant tout l'après-midi, nous avons élucubré sur le vin comme je ne l'avais encore jamais fait. Plageoles parlait des Romains comme s'ils avaient quitté le pays depuis un an ou deux. Il décrivait le passerillage d'Hésiode (manière de pincer les tiges qu'on utilisait pour l'élaboration de liquoreux à base d'ondenc) comme s'il enseignait à l'institut d'œnologie voisin.

D'après Plageoles, à la grande époque du vignoble gallo-romain, Gaillac rivalisait avec l'Hermitage et la Côte Rôtie. Il a passé ces vingt dernières années à rechercher les cépages utilisés anciennement pour le gaillac : mauzac vert, roux et noir, ondenc, duras, prunelart (cot à queue rouge). L'ascension du cépage « international » lui inspire une véritable horreur. « Quand je bois du merlot dans les Corbières, ça me fait dresser les cheveux sur la tête, et ça me donne la nausée. Nous sommes en train de trahir deux mille ans d'histoire. » Beaucoup des vins de Plageoles (et pas seulement son Mauzac Vin de Voile semblable au vin jaune) présentent une très nette oxydation. « L'oxydation est-elle un défaut ? Pardonnez-moi, mais l'imbécillité aussi en est un. » Ses vins blancs révèlent un arôme de fruit vert, les vins rouges sont pâles et légers. Par bien des aspects, ils sont atypiques de Gaillac, mais l'AOC gaillac possède tellement de facettes, qu'à leur manière, ces vins semblent paradoxalement caractéristiques. Plageoles aime ça. « Le jour où on sait, on est déçu. », dit-il.

Patrick Germain, Frédéric Ribes et Marc Penavayre

Vin noir à Cahors, vins historiques à Gaillac, et puis… quoi d'autre exactement ? Que dire des côtes-du-frontonnais, et de leur cépage, la négrette ? Patrick Germain, après la perte des immenses propriétés familiales en Algérie et au Maroc, a acheté Bellevue la Forêt en 1974, sachant déjà très bien ce qu'il comptait y faire. « Je ne voulais pas inventer un grand vin, dit-il, mais un vin sympathique. » Il ne pouvait choisir de meilleur endroit que Fronton, ni de meilleur cépage que la négrette pour réaliser ce qu'il souhaitait. Avec ses senteurs de poivre et de tabac et ses arômes de fruits frais, son vin peut être décrit comme le beaujolais du Sud. Il est parfait servi à température de la cave par une chaude soirée à Toulouse. Gouleyant, capiteux : une véritable aria. Le pur plaisir du vin.

C'est en tout cas ce que donne la négrette mêlée à un peu de syrah, de cabernet-sauvignon et de gamay, avec des rendements légèrement supérieurs à 50 hl/ha sur des vignobles vendangés à la machine et plantés de moins de 5000 pieds à l'hectare. Bien évidemment, Patrick Germain souhaite maintenant poursuivre ses efforts. Après avoir créé un « vin sympa », il se dit qu'il serait peut-être amusant de faire un « grand vin ».

Frédéric Ribes du domaine Le Roc et Marc Penavayre du château Plaisance interviennent alors. La meilleure cuvée de Ribes est un assemblage de négrette et de syrah, baptisée Don Quichotte, produit sur ses meilleures parcelles, avec une extraction en douceur par

▼ *Le large écart entre les rangées de ceps, ici à Bergerac, permet le passage des machines, mais ne favorise guère la production de grand vin.*

pigeage, suivie d'un an d'élevage en vieilles barriques et d'un an en cuve. Si le fronton de Patrick Germain est proche du beaujolais, le Don Quichotte de Ribes se rapproche du nord du Rhône avec ses arômes mêlés de fleurs fraîches et de café brûlé. Au contraire, Marc Penavayre tire Fronton vers les vins de Bourgogne avec son Thibaut de Plaisance, un assemblage de négrette et de syrah vieilli en fût de chêne. C'est un vin élégant et soyeux avec des arômes de fruits frais arrosés de liqueur.

Les plaisirs simples de la campagne ne sont jamais très loin à Fronton. Avec en bouche la saveur de sa gratifiante et rafraîchissante cuvée classique, je me souviens avoir remarqué les jambons suspendus au plafond du cellier. J'arrivai au Château Plaisance en retard. J'étais un peu gêné, mais Simone, la mère de Marc Penavayre, m'a dit en hochant la tête avec un grand sourire tranquille : « Nous vivons dans un monde de précipitation. » Cette folie nous a fait pouffer de rire.

Jean Casaubielh et ses amis

Daniel Craker, jeune viticulteur anglais qui travaille avec Jean-Bernard Larrieu au Clos Lapeyre, est venu me chercher à la gare de Pau. Nous avons quitté la ville et sommes montés dans les collines. Les Pyrénées étincelaient devant nous. De nombreux cyclistes étaient sortis profitant du tout récent réchauffement des températures. Brusquement, j'aurais voulu être à vélo, moi aussi, sentir la résistance de la pente, le souffle de la brise, l'odeur des feuilles naissantes, et profiter du spectacle fascinant de ces montagnes enneigées.

Nous sommes arrivés au domaine Guirardel. C'est une vieille maison, spacieuse et bien aménagée, perchée sur un versant de colline, à l'abri d'un rempart de forêt. Un groupe de producteurs nous a accueillis ; chacun avait apporté une bouteille. Nous avons commencé par descendre dans le vignoble de Jean Casaubielh, qui couvre le versant de la colline au-delà de son jardin. « Les vignes regardent les Pyrénées et le soleil », m'a-t-il expliqué. Nous avons fait de même. Le jurançon est un exemple classique de viticulture opportuniste qui se pratique sur de toutes petites parcelles bien exposées au soleil et abritées. Des vignes plantées sur le bon versant d'une colline permettront de produire des vins blancs d'une intensité qui retient l'attention tandis que sur l'autre versant, vous n'arriverez pas à faire mûrir votre raisin. En automne, le fœhn, venu d'Espagne, souffle, chasse la pluie, et fait mûrir les raisins des cépages les plus rudes, grand manseng et petit manseng. Nous sommes remontés vers le jardin de Jean Casaubielh ; après ma stupéfaction devant la neige, il voulait me montrer la lavande, les palmiers, les orangers, et le laurier, qui survivent tous, sans protection particulière, à l'hiver sub-pyrénéen.

Nous avons dégusté les vins dans la cave en bavardant : Daniel, Jean, Pascal Labasse, Charles Hours et Henri Ramonteu. Dehors, le soleil continuait d'inonder la vigne de lumière. Ensuite, Jean Casaubielh nous a invités à déjeuner, dans son salon où trônait un poste de télévision sur lequel dansaient les rayons du soleil. Le repas – des plats préparés par le traiteur local – s'est déroulé dans une franche hilarité, avec beaucoup de vin ; le point d'orgue fut un Bi de Prat 1938 de Guirardel. En retrouvant l'arôme automnal depuis longtemps oublié et ses secrets parfums de fruits, toujours aussi frais après cinquante ans de sommeil, nous sommes devenus silencieux.

La micro-oxygénation : invention du Sud-Ouest

Les vins ont besoin de respirer. Et si un excès d'air peut leur être fatal (ils s'oxydent et se gâtent), un manque d'oxygène est presque aussi néfaste (ils se réduisent et se gâtent également) ; comme les poissons, ils ont juste besoin d'un petit peu d'oxygène pour conserver fraîcheur et santé. Comment leur procurer l'aération nécessaire ? Traditionnellement, ils étaient élevés dans des récipients de bois (poreux) et transvasés dans d'autres récipients de bois tous les mois ou tous les deux mois (soutirage). Au cours des trente dernières années, on a beaucoup réfléchi à la vinification et de nombreuses expériences ont été tentées, mais on ne s'est guère attardé sur la manière dont se faisait le dosage d'oxygène. Jusqu'au jour où les producteurs de madiran ont connu de terribles problèmes de réduction après avoir mis leurs vins rouges à base de tannat dans des cuves en acier inoxydable.

▲ *Les vins noirs de Cahors ont des origines plus anciennes que les vins à la robe grenat du Médoc.*

C'est ainsi qu'est née la micro-oxygénation. Cette technique répond au besoin du vin en oxygène ; son emploi permet de stabiliser la couleur de la robe, d'améliorer la structure et la texture d'un vin, et d'éviter les mauvaises odeurs résultant parfois des phénomènes de réduction. Les vins peuvent être soumis à une micro-oxygénation durant la fermentation alcoolique pour améliorer l'action des levures et éviter le risque d'arrêt de la fermentation. Après la fermentation alcoolique et avant la fermentation malolactique, la micro-oxygénation aide à fixer la couleur, à obtenir des tanins plus ronds, des arômes plus riches et plus expressifs. Au cours du vieillissement en fût, les bénéfices sont à peu près les mêmes, avec une plus grande complexité des arômes et une harmonisation de la rondeur de la masse tannique. Cette évolution n'est pas uniquement la conséquence de l'oxygénation, mais elle résulte aussi de ce que le vin se nourrit sur ses lies – ce qui était assez inhabituel autrefois pour les vins rouges, systématiquement séparés des lies.

Les quantités d'oxygène insufflées au fond de la cuve contenant le vin sont très faibles (d'où le terme de micro-bulleur pour désigner l'équipement qui assure cette opération). En fait, l'oxygène est absorbé par le vin et n'atteint jamais la surface. Les doses d'oxygène peuvent être contrôlées par ordinateur et administrées automatiquement jour et nuit. La micro-oxygénation manuelle, pour des barriques prises isolément, s'effectue par l'intermédiaire d'une sorte de baguette appelée cliqueur en raison du bruit que fait entendre l'appareil en propulsant l'oxygène dans le vin.

L'aventure de la terre

AOC

- Béarn
- Buzet
- Cahors
- Côtes-de-duras
- Côtes-du-marmandais
- Côtes-du-frontonnais
- Gaillac
- Irouléguy
- Jurançon
- Madiran et pacherenc-du-vic-bilh
- Montravel
- Haut-montravel
- Côtes-de-montravel
- Bergerac
- Monbazillac
- Pécharmant
- Rosette
- Saussignac

VDQS

- Côtes-du-brulhois
- Côtes-de-saint-mont
- Lavilledieu
- Tursan
- Coteaux-du-quercy

Vin de Pays

- Côtes de Gascogne

Limites départementales

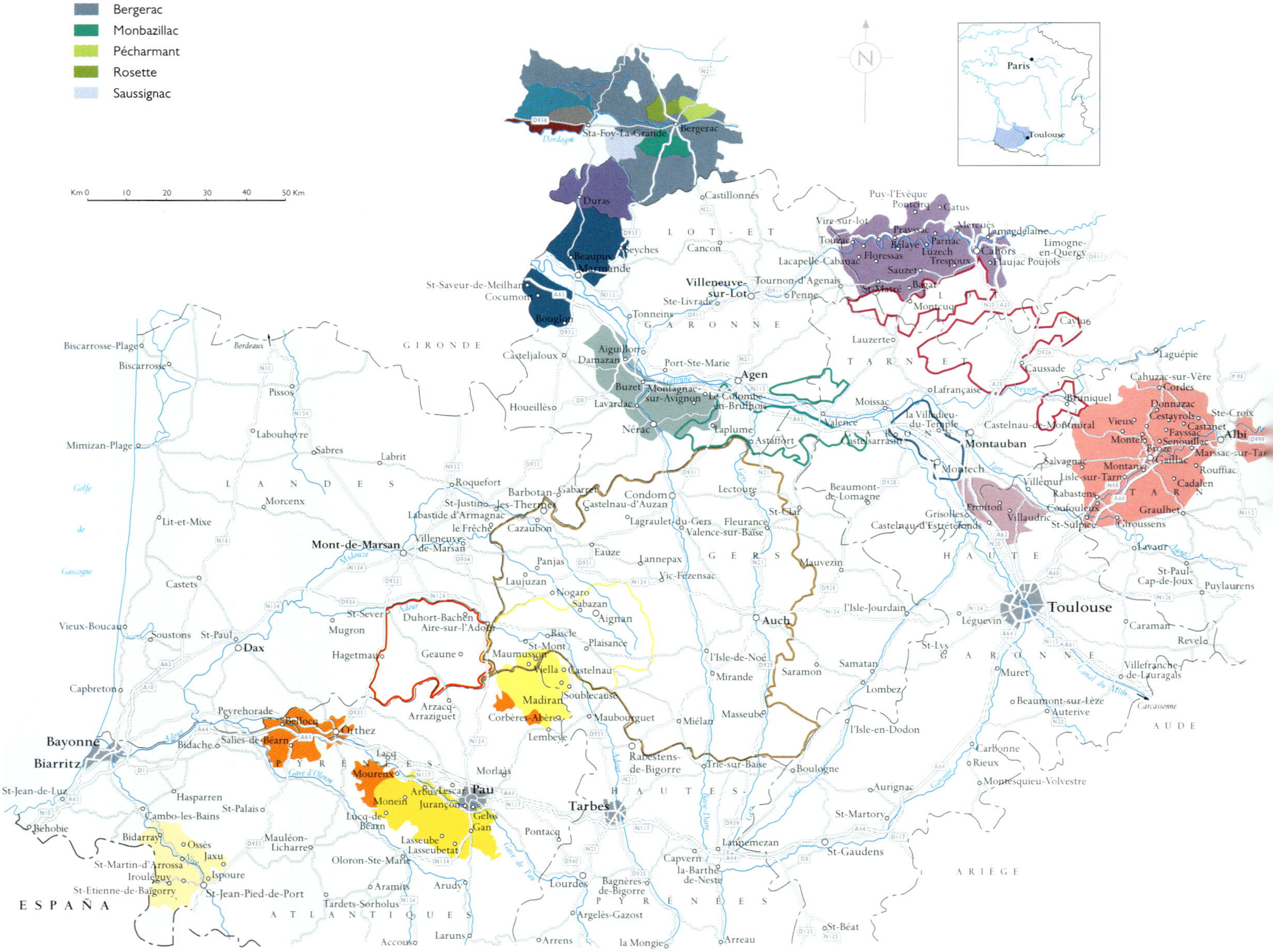

D'un point de vue géologique ou administratif, le Sud-Ouest est une mosaïque. La région viticole appartient à deux régions administratives : Bergerac (Aquitaine) est à moins d'une heure du centre de Saint-Émilion, tandis que Gaillac et les côtes-du-frontonnais sont en Midi-Pyrénées. La pointe extrême est au Pays basque, sur les coteaux verdoyants qui produisent le mystérieux irouléguy. Cépages, sols et climats diffèrent considérablement.

Commençons par le **bergerac**. D'abord pourquoi cette aire viticole ne fait-elle pas partie de Bordeaux ? La réponse est d'ordre politique et historique, ou peut-être d'ordre religieux. On change de département : Bordeaux est dans le département de la Gironde, Bergerac dans celui de la Dordogne. Bergerac faisait partie d'une région protestante, alors que Bordeaux était catholique. Bergerac n'était pas soumis au « privilège de Bordeaux » : c'était la seule zone de production du haut-pays qui pouvait acheminer ses vins vers l'embouchure du fleuve et accéder aux marchés étrangers, sans subir les entraves du Bordelais, ni avoir à payer les taxes afférentes. Cependant, Bergerac fait encore partie du grand terroir Bordelais : le calcaire à astéries et la molasse du Fronsadais que l'on trouve à Bordeaux, sur la rive droite, se poursuivent en amont, entremêlés de sables, de graviers et d'alluvions des versants charriés par la Dordogne dans sa tumultueuse descente d'Auvergne. Montravel jouxte les côtes-de-castillon ; saussignac est pris dans l'entre-deux-mers.

Ici, le système d'appellations est d'une grande complexité. Bergerac et les côtes-de-bergerac sont des appellations régionales offrant des vins rouges, rosés et blancs, secs et moelleux. Les côtes-de-bergerac n'ont pas de délimitation propre, mais doivent répondre à des conditions de production plus strictes que l'AOC bergerac. Les vins liquoreux de l'ensemble de cette zone se vendent sous l'appellation côtes-de-bergerac moelleux. Il existe plusieurs appellations communales dont la plupart propose des vins blancs. Aujourd'hui, cette vocation semble beaucoup moins nette, et les producteurs de **Montravel**, par exemple, ont obtenu, en 2002, le droit d'élaborer des montravel rouges qui devraient se révéler aussi charnus que les côtes-de-castillon. **Pécharmant** est une autre exception à cette règle d'exclusion des rouges ; les sables ferrugineux qui recouvrent la couche de calcaire à cet endroit sont propices à la production de vins aptes à la garde. Montravel est l'unique cru de blanc sec du reste de la région. En revanche, les blancs liquoreux peuvent être produits par les crus de **rosette**, **côtes-de-montravel**, **haut-montravel**, **saussignac**, et, le plus célèbre, **monbazillac**. C'est sans conteste l'appellation monbazillac qui revêt le caractère le plus marqué : elle donne de prodigieux blancs liquoreux qui n'ont pas tout à fait la finesse d'un sauternes ou d'un barsac, mais font plus que pouvoir rivaliser avec eux en termes de volume miellé, de puissance de saveur et de longueur. Les ceps ne poussent pas, comme ceux de Sauternes, sur des tertres de sable et de graviers, mais sur de riche marne et du sable argileux pris entre deux couches de calcaire. Monbazillac est le point culminant de la région de Bergerac. C'est là que les brumes automnales du fleuve se dissipent le plus tôt, favorisant la pourriture noble, le passerillage et la formation des grains rôtis indispensables aux grands liquoreux. Les cépages du Bordelais sont utilisés dans toute la région de Bergerac.

L'appellation **côtes-de-duras** s'inscrit dans le prolongement du bergerac : elle jouxte à la fois Saussignac et Bergerac, possède les mêmes sols et les mêmes cépages. Il est d'ailleurs assez difficile de distinguer ses blancs (secs ou liquoreux) et ses vins rouges de ceux du reste du peloton. La question ne se pose pas pour les **côtes-du-marmandais**, dont les deux aires de production s'étendent de part et d'autre de la Garonne, parce que l'appellation utilise au moins quelques cépages propres au Sud-Ouest dont le fer-servadou, l'abouriou et le malbec (cot). Ces derniers sont souvent mélangés à des cépages de Bordeaux. La réglementation plus que souple de l'AOC autorise même le gamay et la syrah. De ces deux terroirs, celui situé au nord-est de la Garonne se rapproche du duras et du bergerac (calcaire, schiste et molasse), tandis que les zones méridionales, plus prometteuses, présentent de bonnes terrasses de gravier, assez semblables à celles des sauternes, et des graves en aval.

Plus loin en amont et vers le sud-est, les appellations **buzet** et **côtes-du-bruhlois**, font face à la région des pruneaux d'Agen, de l'autre côté d'une eau couverte de libellules. La première AOC se trouve sur un sol où alternent boulbènes, graves et argilo-calcaire. Elle cultive les cépages du Bordelais. À mon avis, ses vins n'obtiennent pas d'aussi bons résultats que Bordeaux, en dépit des efforts soutenus de la coopérative locale. Les côtes-du-bruhlois, VDQS de 250 hectares, réunissent deux coopératives et quatre producteurs privés. Elles reprennent le travail entrepris dans le marmandais sur les cépages du Sud-Ouest : tannat, cot, et fer-servadou sont autorisés en même temps que les variétés classiques du bordelais ; et le Bruhlois se réclame d'une tradition de vin noir.

Juste avant Agen, le Lot conflue avec la Garonne. En remontant la verdoyante vallée du Lot, on arrive à **Cahors**. Cette appellation, qui s'est beaucoup améliorée, possède deux types de terroirs. On s'attendrait donc à trouver deux styles de vin entièrement différents, correspondant à ces terroirs. Et s'il y a effectivement deux styles de cahors – un vin austère, sombre, de texture serrée, d'une profondeur minérale, et des vins plus légers, plus faciles, qui se boivent d'un trait –, les différences relèvent de l'ambition de l'élaboration et n'ont rien à voir avec le terroir.

Que sont ces deux terroirs ? À cet endroit, le Lot a creusé sa vallée à travers un causse calcaire aride, parsemé de chênes, où prospèrent les truffières et où poussent des vignes. Les autres vignes sont en majorité situées plus bas dans la vallée, sur des terrasses caillouteuses façonnées à la faveur des méandres du fleuve. La culture de la vigne est plus facile dans la vallée (moins de sécheresse, moins de gelées), mais les deux terroirs (qui possèdent une composante minérale commune) produisent de grands vins. Les graviers déposés par le fleuve contiennent du minerai de fer argileux et sur le plateau du causse, l'érosion a creusé de nombreuses cuvettes où se sont collectés les oxydes de fer précipités issus de la nappe phréatique. L'appellation ne porte que sur des vins rouges (les blancs sont distribués sur le marché comme vins de pays) composés au moins à 70 % de cot (malbec, paradoxalement appelé ici auxerrois), merlot et tannat figurant parmi les cépages complémentaires. Vers le sud, la nouvelle appellation VDQS des **coteaux-du-quercy** s'étend sur le causse ; elle est très prometteuse, mais il faut travailler dur sur ce terroir ingrat.

Plus à l'est, en remontant le cours du Lot, on traverse les deux petites appellations VDQS **vins d'engraygues-et-du-fel** et **vins d'estaing**, auxquelles vient s'ajouter l'AOC **marcillac**. Les deux premières sont minuscules (à peine 10 hectares pour celle d'entraygues et du fel) et compliquées. Les sables du Fel sont schisteux alors que ceux d'Entraygues sont granitiques. La première appellation produit des vins rouges à base de fer-servadou, cabernet et gamay, tandis que la seconde affectionne les blancs à base de chenin. Les toutes petites terrasses calcaires d'Estaing (à peine 7 hectares) sont plantées d'arboriou, de moussaygues et de gamay pour les vins rouges, de chenin et de rousselou pour les blancs. De son côté, l'appellation marcillac, dont les 150 hectares de vignes sont tout ce qui reste d'un étonnant vignoble de 5 000 hectares en 1870, reprend le thème ferrugineux du cahors avec des vins rouges issus de fer-servadou (localement mansois) produit sur des terrasses d'argile ferrugineuse rouge appelée rougier. Le causse calcaire comporte aussi quelques vignes. Le terroir de

▲ *Pascal Verhaeghe est sceptique quant au causse, il préfère les graviers de rivière des terrasses du Cèdre pour produire du grand cahors.*

Marcillac avait initialement pour mission d'étancher la soif des travailleurs de la région minière toute proche, avec Decazeville.

Revenons vers la Garonne qui poursuit sa route après Toulouse, récupérant les eaux du Tarn, du Viaur et de l'Aveyron. L'appellation VDQS **lavilledieu** et l'AOC **côtes-du-frontonnais** abreuvent Toulouse de leurs vins rouges légers, poivrés, savoureux, obtenus sur de modestes terrasses alluviales de la vallée, légèrement en pente, dont les sols sont constitués de différents éléments minéraux, argile, limon, sable, gravier et galets. Ils doivent davantage leur caractère à la négrette (que vient équilibrer tout une gamme de cépages complémentaires comprenant à la fois les variétés de cabernet, du gamay et de la syrah) qu'à une marque spécifique du terroir.

Plus en amont sur le Tarn, l'appellation **gaillac** possède une longue et prestigieuse histoire, dont les nombreux tourments sont toutefois autant d'entraves au progrès d'aujourd'hui. Gaillac est à mi-chemin entre l'Atlantique et la Méditerranée, entre Bordeaux et le Languedoc, entre passé et présent. On y produit beaucoup de vin, dont seulement un tiers fait partie de l'appellation (un autre tiers se vend en vin de pays, et le reste en vin de table). « C'est la première fois de mémoire d'homme, m'a dit Alain Boulanger président du Comité interprofessionnel, que, ici, des viticulteurs, ont été payés plus pour produire moins. » Le terroir de l'appellation s'étage le long de la rivière, mais la plupart des vignobles se trouvent sur la rive nord qui s'élève régulièrement à travers des terrasses de sable et de gravier, en passant par les versants d'argile et de calcaire, jusqu'au plateau calcaire boisé qui s'étend autour de Cordes. Ces sols sont épais, riches, et souvent les vignes jouxtent des champs de blé ou de maïs. La vendange à la machine domine. Au-dessous des vignes, au bord de la rivière, on remarque quelques terres alluviales, tandis que sur la rive sud, on retrouve des terrasses de gravier et des couches d'argile gravillonnaire près de Cunac. La majeure partie de la production de l'AOC est constituée par des vins rouges d'une simplicité décevante et sans ambition à base de duras, de fer-servadou (appelé localement braucol), de syrah et de gamay. Les blancs sont plus intéressants, grâce à deux cépages indigènes, le mauzac à l'arôme de pomme et le len de l'el (désignation occitane du loin-de-l'œil), plus végétal. Ces deux cépages peuvent-ils espérer exercer un jour un attrait international ? Les vins les plus plaisants de cette AOC sont issus de muscadelle. Robert Plageoles, grand archéologue de la viticulture, se donne beaucoup de mal pour produire des vins à base de cépages autorisés mais rares comme le ondenc et le prunelart, mais il n'est pas suivi par ses confrères. Outre les vins blancs, secs ou liquoreux, l'AOC produit aussi deux vins mousseux : le perlé (ou fraîcheur perlée) dont l'effervescence provient simplement du gaz dégagé par la fermentation malolactique, à la différence du gaillac mousseux, qui est un vin effervescent à part entière réalisé suivant la méthode traditionnelle, ou méthode gaillacoise, dite encore méthode rurale, où l'achèvement de la fermentation alcoolique crée l'effervescence dans la bouteille. Enfin, plus en amont sur le Tarn, l'appellation VDQS **côtes-de-millau** élabore ses vins essentiellement à partir du gamay et de syrah, pour les rouges, et du chenin blanc pour les blancs ; ce sont généralement des vins légers et minces, assez proches des **côtes-d'auvergne** situées de l'autre côté du Massif central.

Presque tous ces vignobles du Sud-Ouest doivent leur existence à la présence d'un réseau fluvial. Cette vaste zone ne représente qu'une partie du bassin de drainage qui déverse ses eaux dans la mer par l'estuaire de la Gironde ; rien d'étonnant à ce que le Bordelais ait pu faire régner sur ces vignobles les lois de ses intérêts commerciaux.

Le reste du vignoble du Sud-Ouest s'inscrit, au contraire, dans une tout autre histoire. Nous pénétrons dans un deuxième bassin de drainage dont les eaux se jettent dans la mer à Bayonne avant de traverser la région d'Armagnac pour se rapprocher des Pyrénées.

La transition est assurée par un des vins les plus appréciés et les plus impressionnants de toute la région : le **côtes-de-saint-mont**.

Comme tous les vins de pays de dénomination **Côtes de Gascogne**, il doit son existence à la volonté des viticulteurs gascons de trouver un nouveau créneau sur le marché du vin à un moment où la consommation d'armagnac est moins importante que par le passé. Le succès des Côtes de Gascogne s'est fondé essentiellement sur des vins blancs obtenus à partir des cépages de l'armagnac (ugni blanc et colombard) auxquels ils confèrent un attrait commercial particulier par la fermentation à froid et l'utilisation de sucre résiduel. En revanche, le terroir s'exprime clairement à travers le VDQS côtes-de-saint-mont, produit sur les sables et l'argile grasse du sud du Bas-Armagnac, jouxtant le madiran, et assez proches des sols et des pentes du madiran lui-même. L'emploi de 70 %, ou plus, de tannat pour les vins rouges, et d'arrufiac, de manseng et de courbu, qu'équilibrent sémillon et sauvignon pour les vins blancs, renforce encore cette parenté. Ces cépages, qui ne sont pas ceux d'un alcool, font du côtes-de-saint-mont un mini-madiran, un pacherenc junior.

Le **madiran** lui-même et son alter ego en blanc, le **pacherenc-du-vic-bilh**, occupent une seule et même aire de l'appellation sur la rive gauche de l'Adour qui descend vers Bayonne. La combinaison d'argile grasse et de galets calcaires, avec une série de vallées aux pentes douces, s'est révélée idéale, en particulier pour le tannat qu'équilibrent les deux cabernets et le fer-servadou. Les vins rouges de Madiran atteignent une qualité extrême. Aucun autre vin rouge français ne peut véritablement rivaliser avec eux tant pour la puissance des tanins, le goût de fumée que la sombre ardeur belliqueuse. L'ingéniosité et le dynamisme des producteurs locaux a donné des résultats impressionnants au cours de la dernière décennie. En 1945, il ne restait plus que quelques hectares de vigne et, aujourd'hui, la région produit certains des vins rouges français les plus exigeants, mais aussi les plus grands. L'extraordinaire amélioration du pacherenc est encore plus récente. Quelques vins de dessert d'une plaisante complexité, élaborés jusque dans le détail avec raffinement, sont apparus depuis quelques années et peuvent rivaliser avec ceux du Jurançon. Tout près de Madiran, l'appellation VDQS **tursan** utilise du tannat, en même temps que les deux cabernets et du fer-servadou, et pour les vins blancs le baroque, cépage rare, complété par du manseng et du sauvignon blanc. Les vins du vignoble des Landes sont toutefois beaucoup plus légers et moins ambitieux que les madiran ou les pacherenc (exception faite de ceux de Château de Bachen).

Plus près encore de la frontière espagnole se trouvent les trois derniers vignobles côté français, trois AOC : béarn, jurançon et irouléguy. **Jurançon** est incontestablement la plus remarquable des trois, même si l'appellation ne porte que sur les vins blancs à base de gros manseng, petit manseng et courbu. Le vignoble s'accroche à une longue chaîne de collines argileuses, enrichies de l'habituel aggloméрат de galets roulés et de quartz de moraines glaciaires, recouvertes d'argile ferrugineuse. Ce sol peut être terriblement difficile à travailler. Mais l'exposition de chacun des vignobles, disposés en forme de tournesol, compte autant que le sol lui-même, ainsi que la conduite de toutes les vignes soutenues par des échelles. La douceur cristalline et neigeuse des plus grands jurançons n'a rien à voir avec la pourriture noble, mais bien plus avec l'ensoleillement langoureux de l'automne qui déshydrate et recroqueville le petit manseng, cépage à faible rendement, qui a tendance à se dessécher.

L'appellation **béarn** (et sa récente subdivision **béarn-bellocq**) est située en aval de celle de jurançon, entre les deux gaves de Pau et Oléron. Les vignobles, qui s'étagent sur des collines d'argile et de calcaires mêlés, produisent des blancs secs, des blancs liquoreux, des rouges légers, gouleyants, et des rosés très appréciés localement. Les principaux cépages qui composent les vins rouges sont le tannat et les deux cabernets ; les blancs sont à base d'un cépage local dénommé raffiat de moncade et associé aux deux mansengs.

L'appellation **irouléguy** constitue l'ultime frontière. Les cartographes modernes s'en rendent compte : nous sommes là au cœur du Pays basque, et le tracé actuel de la frontière franco-espagnole a fait de ce lieu une sorte d'avant-poste. Une fois de plus, le vignoble est éparpillé, venant interrompre une étendue de verts pâturages. Les vignes sont disséminées sur les versants exposés au sud, souvent abrupts, les racines allant puiser leur nourriture en profondeur dans le grès et le schiste mêlés à l'argile rouge. Le tannat et les cabernets donnent des vins rouges, tandis que les blancs sont à base de manseng et de petit courbu. Irouléguy tend à produire des vins rouges d'une fulgurante acidité, avec des notes dominantes ferrugineuses, et une certaine amertume ; les blancs sont d'un abord plus aisé et mieux domestiqués, regorgeant de la fraîcheur montagnarde.

Mon point de vue critique

Le Sud-Ouest n'est pas encore une région

Qu'est-ce que Bergerac et Irouléguy ont à voir ensemble ? Peu de choses, en vérité. Les appellations bergerac et cahors se considèrent comme rivales, car elles appartiennent à deux régions administratives qui renferment deux réseaux fluviaux entièrement différents.

Ces zones vinicoles ont choisi la bannière Sud-Ouest, parce qu'elles n'avaient aucune autre entité à laquelle se rattacher. Ne faut-il pas parfois des écussons différents pour faire une bannière ? Toutes les régions viticoles françaises devraient comprendre qu'elles n'ont aucun intérêt à rester rivales. Au contraire, elles sont complémentaires et défendent une cause commune. Aujourd'hui, l'un des handicaps de la France dans l'univers du vin est son système de promotion fragmentaire et inefficace. De toutes les régions viticoles, le Sud-Ouest est celle qui ressemble le plus à une boîte de chocolats : chaque vin, à l'intérieur, possède sa forme, sa taille, et est composé par différents ingrédients. Un front commun doit rapidement s'organiser, si ces splendides vignobles veulent pouvoir un jour sortir de l'anonymat.

Le Sud-Ouest est morcelé

Quiconque décide d'étudier le niveau de qualité actuelle du bergerac, du cahors, du madiran ou du jurançon sera stupéfait par ce qu'il découvrira. Peu d'appellations d'origine contrôlée ont progressé en termes de qualité aussi rapidement que celles-ci au cours des dix dernières années. Au contraire, la qualité moyenne à Buzet, Brulhois, Lavilledieu, Tursan et même Gaillac, reste au niveau des années 1980. On pourrait être tenté d'incriminer la frilosité des coopératives et leur prédominance, mais on aurait tort. Le magnifique travail des Producteurs Plaimont en Gascogne et sur l'appellation côtes-de-saint-mont, ou l'esprit audacieux qui régit une coopérative comme l'Union CVG dans le Gers, prouvent que le travail collectif n'empêche pas la qualité. L'essentiel est l'impartialité. Tant que les producteurs de ces appellations en difficulté ne jugeront pas leurs vins selon des critères atteints par les producteurs privés d'autres AOC, leur avenir sera limité. Le palais gâté par l'accoutumance à ses propres vins, qui rend incapable d'en voir les défauts, a toujours été un frein au développement ; le drame serait de ne pas savoir y porter remède.

Sud-Ouest : les vignerons

L'Ancienne Cure

24560 Colombier. Tél. 05 53 58 27 90, fax 05 53 24 83 95.

Christian Roche possède, à Bergerac, un domaine de 38 hectares. Ses meilleurs vins : les cuvées l'Abbaye (avec un monbazillac à la saveur de pâte d'amandes, et un somptueux bergerac sec) et L'Extase, rouge, charnue et épicée.

Arretxea

64220 Irouléguy. Tél. 05 59 37 33 67, fax 05 59 37 33 67.

L'appellation irouléguy du Pays basque tend à produire des vins difficiles, d'une vive acidité, avec une dominante de fer et une certaine amertume. Thérèse et Michel Riouspeyous possèdent un domaine de 6 hectares établi sur des terrasses exposées au midi. Ils parviennent à équilibrer les différentes composantes du terroir en atteignant le degré de maturité et de richesse indispensables pour que les vins apparaissent sous leur meilleur jour. Signalons le blanc Hegoxuri, assemblage des deux mansengs et de petit courbu qui fermente en partie en fût.

Aydie ✪✪

64330 Aydie. Tél. 05 59 04 08 00, fax 05 59 04 08 08.

Ce domaine, un des mieux administrés avec 68 hectares de madiran et 20 hectares de vins de pays de Gascogne, est une affaire de famille, celle de Pierre Laplace – dont le propre père, Frédéric, fut l'un des pionniers de la renaissance du madiran (lorsque l'AOC fut créée en 1948, on recensait à peine 50 hectares cultivés en vignoble, contre 1 650 hectares aujourd'hui). Toutes les étapes de la production d'un vin sont ici soumises à une recherche et à un examen scrupuleux. Non seulement les Laplace ont participé à l'invention de la micro-oxygénation, mais ils se sont aussi livrés à une recherche poussée sur les matériaux les plus favorables à la vinification du tannat (bois ou fibre de verre – à cause du besoin d'oxygène de ce cépage). Pour l'extraction, les Laplace préfèrent le délestage au pigeage ou remontage (cette méthode disloque mieux le chapeau de pellicules) ; ils sont en train d'expérimenter des méthodes de macérations préfermentaires à froid. Pour eux, les barriques de 250 litres sont idéales pour le vieillissement des vins de grands millésimes, mais dans les années plus médiocres, le vin progresse mieux dans des récipients de 400 litres. L'utilisation des lies est elle aussi une science : « Elles aident à construire les arômes de fruit, explique Jean-Luc Laplace, mais il faut les sélectionner d'abord, puis les remuer ; elles agissent mieux par la micro-oxygénation dans de grands foudres de bois qu'en barriques. » Les Laplace produisent tout une gamme de madiran modèles. La cuvée Mansus Irani est le classique du domaine ; assemblant 60 % de tannat et 40 % de cabernet, le vin offre des parfums de violette avec des arômes de prunelle pressée. Odé d'Aydie porte la proportion de tannat à 80 % et parfois même (comme en 2000) à 100 %, dont une partie est vieillie en barrique et l'autre en foudre : ce vin plus doux et plus riche, aux arômes de pruneaux, possède une imposante structure tannique. Enfin, le Château d'Aydie est le grand vin, un vin de sélection rigoureuse de parcelles, à 100 % issu de tannat ; il a davantage de force que ses frères : puissance des arômes de fruits (mûre, cassis), mais aussi de belles évocations de tabac et de champignons forestiers qui se révèlent avec l'âge. Le pacherenc sec est brillamment vinifié et présente une grande concentration d'arômes de pamplemousse sec et d'ananas. Le pacherenc moelleux, merveilleusement concentré, a moins de séduction.

Bachen

40800 Duhort-Bachen. Tél. 05 58 71 76 76, fax 05 58 71 77 77.

Parce que l'hôtel-restaurant d'Eugénie-les-Bains, propriété de Michel Guérard se trouve dans l'aire de tursan, les vins qu'il propose sont les plus connus de cette appellation ; Guérard est quasi le seul producteur à vinifier un blanc à base de baroque. Baron de Bachen est sa cuvée prestige et Château de Bachen la version classique. Les vins sont agréables, sans plus.

Barréjat

32400 Maumusson-Laguian. Tél. 05 62 69 74 92, fax 05 62 69 77 54.

Ceux qui trouvent les madiran trop rustiques doivent goûter ceux que produit Denis Capmartin sur son domaine de 20 hectares du Château Barréjat, dont trois cuvées de rouge, richement fruitées et sensuelles. La cuvée moyenne (composée de tannat et de cabernet à parts égales) est baptisée Sélection. La cuvée classique Tradition (60 % de tannat) est souple, bien équilibrée, avec une note fruitée de surmaturation. La gloire du domaine est sa Réserve de vieilles vignes, en partie non-greffées, datant d'avant le phylloxéra, avec des ceps d'environ 200 ans. Leurs raisins sont utilisés pour l'élaboration de la cuvée Vieux Ceps, constituée par 80 % de tannat.
Le millésime 1999 offre des parfums riches et fumés, avec une flaveur savoureuse conjuguant la mûre aux cerises noires et au sucre brun caramélisé. Le pacherenc blanc n'a rien d'exceptionnel, mais s'améliorera peut-être lorsque l'arrufiac sera remplacé par du petit manseng. Le moelleux, issu exclusivement de petit manseng (avec une version fût de chêne et une autre non boisée) est concentré, mais peu complexe.

Beaulieu

47180 Saint-Sauveur-de-Meilhan, Tél. : 05 53 94 30 40, fax 05 53 94 30 40.

Le domaine de 30 hectares de Robert et Agnès Schulte dans le Marmandais produit des vins élégants soigneusement élaborés, dont le meilleur est la Cuvée l'Oratoire, élevée en fût de chêne. Si l'inspiration d'Elian da Ros semble venir des profondeurs du terroir du nouveau Languedoc, ces vins tendent plutôt vers le nord-ouest et la finesse du bordeaux classique.

Beauportail

24100 Bergerac. Tél. 05 53 24 85 16, fax 05 53 61 28 63.

Le jeune Fabrice Feytout s'est placé en tête du petit peloton de pécharmant avec une série de vins rouges gracieux et élégants, à commencer par le 1998 tout en rondeur.

Bellegarde ✪

64360 Monein. Tél. 05 59 21 33 17, fax 05 59 21 44 40.

Le domaine de 15 hectares de Pascal Labasse produit deux jurançon secs. Le premier, issus de gros manseng, se révèle net, vif, doté de notes minérales, l'autre, la Cuvée Bois, fermentée en fût comporte 30 % de petit manseng, donnant un vin plus souple, plus rond. Mais ce sont ses trois vins moelleux qui illustrent le talent de Labasse. La cuvée classique possède une richesse étonnante pour un vin qui n'a pas connu le chêne, tandis que la Cuvée Thibault, élevée en fût de chêne, conjugue richesse et finesse. Le millésime 2000 Cuvée DB, récolté le 23 décembre, atteint des niveaux de concentration comparables à ceux d'une essence et présente des arômes floraux et fruités, de miel, d'épices, avec une fraîcheur printanière sous-jacente. La Cuvée DB 1995, avec ses arômes d'agrumes, montre les qualités de vieillissement de ce vin qui évolue en s'assouplissant tout en conservant sa puissance aromatique. Pascal Labasse produit aussi un vin auquel il n'apporte

Système de notation utilisé dans les pages producteurs : ✪ Très bon vin ✪✪ Excellent vin ✪✪✪ Vin exceptionnel

aucun traitement par le soufre : le vin présente alors quelques phénomènes d'oxydation, et les arômes fruités seraient plutôt d'abricot que d'agrumes.

Bellevue la Forêt

31620 Fronton, Tél. : 05 34 27 91 91, fax 05 61 82 43 21.

Le domaine d'un seul tenant, 115 hectares, de Patrick Germain a des airs d'Australie ou de Californie. Les quantités de vins produites ont contribué à donner à cette AOC, sans grande expression, sa place sur la carte internationale. Le domaine est composé de différents sols, certains sableux, d'autres caillouteux. Cette diversité se traduit par un grand nombre de cuvées. L'autre trait caractéristique de la production est l'utilisation par Patrick Germain et son maître de chai, Christian Ivorra, de la négrette ; ils expérimentent la micro-oxygénation afin de déterminer si elle permet à la négrette de mieux s'accommoder du bois que ne le fait normalement ce cépage. La cuvée rouge classique est un assemblage de 50 % de négrette avec 15 % de syrah, 15 % et de cabernet franc, 10 % de cabernet-sauvignon et autant de gamay : elle a un parfum de poivre et de feuilles de tabac et une saveur aigrelette et fraîche avec des arômes de cerise et de prune, des tanins doux et une finale poivrée. Le produit de pure négrette, Ce Vin, issu des meilleures parcelles est léger et floral avec une note de goudron. Deux autres cuvées sont élevées en fût de chêne : la cuvée Sélection (30 % de négrette, 40 % de cabernet-sauvignon, 20 % de cabernet franc et 10 % de syrah) et la cuvée Prestige (seulement 10 % de négrette assemblée à 50 % de cabernet-sauvignon, 25 % de cabernet franc et 15 % de syrah). La Cuvée Or (20 % de négrette, 30 % de cabernet sauvignon, 30 % de cabernet franc et 20 % de syrah) n'est pas boisée, mais élaborée avec une forte extraction. Aucun de ces vins n'a toutefois une profondeur ni une texture extraordinaire : ils sont agréables, fruités, bien élaborés.

Berthoumieu ✪

32400 Viella. Tél. 05 62 69 74 05, fax 05 62 69 80 64.

Le domaine de 26 hectares de Didier Barré se situe dans l'appellation madiran. La Cuvée Tradition contient 55 % de tannat, bien que sa profondeur et sa structure laissent penser qu'il y en a davantage. La Cuvée Charles de Batz, avec 90 % de tannat a la force concentrée typique du madiran, qui demande au moins cinq ans pour commencer à s'ouvrir. Ses riches tanins sont d'une onctuosité impressionnante. Didier Barré possède 3,5 hectares de cépages blancs dont il tire un pacherenc sec de vieilles vignes et le voluptueux Symphonie d'Automne, vieilli en fût de chêne.

Bouscassé *voir* Brumont

Bru-Baché

64360 Monein. Tél. 05 59 21 36 34, fax 05 59 21 32 67.

Claude Loustalot, neveu de Georges Bru-Baché, produit une gamme de vins remarquablement fruités sur ses 8 hectares de vignoble de jurançon. Citons le jurançon sec Casterrasses, savamment équilibré, et surtout La Quintescence, jurançon liquoreux capable d'acquérir avec l'âge des dominantes richement beurrées. L'Éminence, vin encore supérieur, possède plus de force, sans atteindre la complexité de la Quintescence.

Brumont ✪✪✪

32400 Maumusson-Laguian, Tél. 05 62 69 74 67, fax 05 62 69 70 46.

Alain Brumont est un homme dynamique. Il estime que l'appellation madiran comporte vingt-deux bonnes collines, et il semble s'employer à devenir propriétaire d'un vignoble sur chacune d'entre elles. Bouscassé, Montus et Meinjarre sont les trois domaines dont le nom est associé depuis longtemps à celui de Brumont et auxquels se sont ajouté La Rosée et La Tyre, sans doute le meilleur terroir de tous. Chacun de ces domaines repose sur un sol de nature différente, l'appellation madiran étant loin d'être homogène : le sol de Bouscassé est constitué d'argile et de calcaire relativement riche, avec des composantes ferrugineuses. Montus est un versant classique avec des terrasses de gravier d'origine glaciaire. Avec sa série de pacherenc de vendanges tardives dont les noms sont empruntés au calendrier révolutionnaire, Brumont a lancé un véritable défi au jurançon et ajouté au registre des liquoreux des vins d'un équilibre et d'un arôme remarquables.

Il élève dans le chêne les vins issus de tannat ; sa Cuvée Millenium, spéciale, est née du millésime 1994, élevé 2 000 jours en barrique. Le résultat est loin d'un simple vin boisé ; le chêne est seulement la clé qui permet de libérer toute la gamme d'expression du cépage. Le Bouscassé Vieilles Vignes de 1990 est un madiran purement sensuel, avec une riche palette d'arômes, une onctueuse saveur d'épices et des notes minérales. La Cuvée Prestige Montus 1990 est un vin plus masculin, plus vigoureux avec des tanins plus denses et une acidité plus affirmée ; mais même là, le chêne ne domine pas. Jeune, le Bouscassé (dont il existe une version classique et une version vieilles vignes) affiche des notes de cassis et de prunes, tandis que Montus (en vin classique comme en Cuvée Prestige) revêt des arômes de fruits analogues, mais les drape d'un manteau de tanins, et de parfums d'encens et d'épices fumées. Les 12 hectares de La Tyre promettent les vins les plus profonds. Le millésime 2000 a un goût de jeune porto sec vintage, avec de vives saveurs de plantes et une avalanche d'arômes de pierre et de fruit : il ne semble pas uniquement composé par le raisin, mais par les ceps tout entiers. Aucun des vins rouges ne subit de filtration. « Le meilleur filtre, c'est la barrique », affirme Brumont. Les dernières expériences de ce chercheur invétéré sont celles qu'il a menées avec ses barriques armagnacaises de 400 litres, utilisées aujourd'hui pour donner plus de souplesse à la Cuvée Montus XL. Brumont a suivi jusqu'à présent sa propre voie en matière de vinification (auto-pigeage et pas de micro-oxigénation, mais soutirages réguliers). Il commence à collaborer avec le bordelais Pascal Chatonnet, en particulier pour essayer de surmonter des problèmes de molinie. Pour ses vins blancs secs, Brumont croit beaucoup au potentiel du petit courbu (« petit par ici, ça veut dire grand »), dont il pense qu'il pourrait être le viognier du Sud-Ouest. Son pacherenc sec parfumé, Jardins de Bouscassé, avec ses arômes d'abricot et de gâteau au miel, vient appuyer cette théorie. Le Montus blanc est du pur petit courbu, fermenté en fût et vieilli 18 mois (après avoir été mis à sécher quelques jours en caissettes après la vendange) : c'est un vin blanc succulent, exotique, savoureux et convaincant. Les pacherenc doux ont tous passé deux années ou plus en barriques (le Frimaire ne se fait que deux ans sur cinq environ car il nécessite un micro-climat d'automne exceptionnel) ; ils peuvent être d'une complexité extrême, même si les risques encourus en font des produits moins constants que l'ensemble des vins Brumont. Les meilleurs sont de véritables symphonies d'automne, merveilleux composés d'arômes de feuilles, de baies, de fruits du verger, auxquels s'ajoute le parfum de la vanille douce hérité du chêne.

Capmartin

32400 Maumusson-Laguian, Tél. : 05 62 69 87 88, fax 05 62 69 83 07.

Le domaine de 8 hectares de madiran de Guy Capmartin produit une gamme de vins toujours impressionnante avec en tête la Cuvée du Couvent, vin profond aux arômes épicés.

Cauhapé ✪✪✪

64360 Monein. Tél. 05 59 21 33 02, fax 05 59 21 41 82.

En la personne de Henri Ramonteu, la viticulture possède sans doute l'un de ses plus grands représentants. Il se décrit lui-même volontiers comme un « grammairien du vin ». C'est une allusion au caractère net et précis de ses vinifications, mais aussi à sa méthode d'élaboration propre au jurançon : il faut attendre, récolter, attendre encore, récolter un peu plus, et ainsi de suite… Ses vins se divisent en « déclinaisons de gros manseng » (deux secs, Sève d'Automne, élevé en fût de chêne, et Chant des Vignes, non boisé, auquel s'ajoute un vin liquoreux, Ballet d'Octobre) et « déclinaisons de petit manseng » (un sec, Noblesse, vieilli en fût de chêne, et trois versions liquoreuses dont les raisins sont vendangés par tries durant l'automne : Symphonie de Novembre, Noblesse du Temps, et Quintessence du Petit Manseng, du milieu de l'hiver). Il est intéressant de noter ce que Ramonteu écrit lui-même à propos de ces deux cépages (il possède 17 hectares de chacun) qu'il connaît très précisément. Il décrit la fraîche saveur et le caractère musclé du gros manseng dont, dit-il, on peut extraire des « lignes de force » pour élaborer des « vins architecturaux » dont l'exubérance aromatique et la grâce formelle s'équilibrent parfaitement. Au contraire, le petit manseng se rassemble comme un tissu de fils jusqu'à un point de « densité tendue et concentrée », l'extraordinaire équilibre entre sucre et acidité faisant naître non pas tant une architecture qu'un champ magnétique. La netteté et la précision sont des éléments clefs de la vinification de Ramonteu. Et cette netteté est d'autant plus frappante qu'il pratique une vinification sur lies. Ses vins sont aussi d'une magnifique intensité, alors que les rendements ne sont guère réduits et que les vignes sont âgées en moyenne de 20 ans. Enfin, Sève d'Automne et Noblesse sont sans doute les plus réussis des jurançon secs, dans leurs versions élevées en fût de chêne : une fois de plus, Ramonteu semble avoir une telle maîtrise qu'il réussit, à partir des différents constituants du vin, à construire un ensemble homogène. La conduite du chêne de la cuvée Quintessence est aussi une remarquable réussite, prêtant aux intenses et vifs arômes de fruits une saveur irrésistible avec une note grillée. Un domaine de référence.

du Cayrou

46220 Prayssac, Tél. : 05 65 22 40 26, fax 05 65 22 45 44.

Il s'agit de l'un des trois domaines appartenant à la famille de Jean Jouffreau, un des pionniers de la renaissance de Cahors. Les deux autres domaines sont le Clos de Gamot, qui possède une parcelle de 2 hectares de malbec, plantée de vignes vieilles de cent seize ans, et le Clos Saint-Jean, replantée avec une forte densité de ceps. Cayrou et le Clos de Gamot sont pour l'essentiel des vignobles en terrasses sur les versants de la vallée, blottis dans deux des boucles les plus sinueuses du Lot. Le Clos Saint-Jean, au contraire, est un vignoble de versant de colline, près de Sals. Les vins sont plutôt de style classique, avec des robes assez claires, des structures légères, des arômes fruités frais et élégants ; le plus mémorable est la Cuvée des Vignes Centenaires, produit par le Clos de Gamot les meilleures années, remarquable par sa saveur et sa profondeur.

du Cèdre ✪✪

46700 Vire-sur-Lot. Tél. 05 65 36 53 87, fax 05 65 24 64 36.

Le domaine de 24 hectares de Pascal et Jean-Marie Verhaeghe a fait plus que tout autre pour améliorer la qualité récente du cahors et lancer un réel défi aux vins de malbec argentins, et à quelques grands vins français. Non seulement le domaine donne l'exemple, mais Pascal Verhaeghe a été l'un des moteurs de l'établissement d'une Charte de Qualité du cahors. Le domaine produit quatre cuvées. La première, classique, Le Cèdre, aux arômes animaux et fruités, est élaborée avec 20 % de merlot pour assouplir le malbec ; il en existe aussi une version Prestige, vieillie en barrique, où le merlot est remplacé par 10 % de tannat, ce qui donne au vin un caractère austère et fumé. Le meilleur malbec sert à élaborer Le Cèdre, entièrement vieilli dans du chêne neuf : riche d'arômes floraux dans sa jeunesse, il prend ensuite une note fumée puis ses arômes explosifs de pruneau et ses tanins léonins évoluent lentement vers la souplesse apportée par la maturité et l'âge. Les frères Verhaeghe travaillent depuis le début des années 1990 avec Patrick Ducourneau : ils ont participé à une grande partie des recherches de Luc de conti, entreprises à Bergerac, sur l'élevage sur lies. Comme Luc de Conti, ils ont produit en 2000, selon cette méthode, une nouvelle cuvée baptisée GC, entièrement vinifiée en demi-muids de 500 litres de chêne neuf : les vins que j'ai pu goûter étaient étonnamment souples, richement fruités ; une sorte de pomerol à Cahors.

Chante Coucou *voir* Elian da Ros

Chapelle l'Enclos *voir* Mouréou

Clos de Gamot *voir* Château du Cayrou

Clos Lapeyre ✪

64110 Jurançon, Tél. 05 59 21 50 80, fax 05 59 21 51 83.

Ce domaine de 12 hectares près de La Chapelle de Rousse est administré par Jean-Bernard Larrieu associé à Daniel Craker. La Cuvée Vitatge Vielh sec figure parmi les meilleurs vins secs de la région ; elle est issue d'une petite parcelle de 1,5 hectare de vieilles vignes de 60 ans plantée à 50 % de petit manseng. Le vin a un intense arôme, pénétrant, qui s'appuie sur une vive acidité. Le domaine produit aussi trois vins de vendanges tardives : la cuvée classique est issue à 80 % de gros manseng, majoritairement vieilli en cuve, alors que la cuvée Sélection est issue de 100 % de petit manseng, récolté par tries au mois de novembre et fermenté en fût de chêne neuf. Le Clos Lapeyre de base est magnifique, plein d'arôme d'abricot qui ne demande qu'à s'épanouir. La cuvée Sélection est plus intense, mêlant les notes de verveine, de citron et de menthe aux vifs et brillants arômes de fruits. Ses douze mois dans le chêne neuf sur lies fines ajoutent à la richesse d'une texture beurrée. Enfin, le Vent Balaguèr (nom occitan du vent chaud qui vient du sud en automne) se révèle extraordinaire. Il est uniquement élaboré les bonnes années à partir de petit manseng passerillé récolté en décembre et laissé dehors dans de petites caissettes quand le temps est encore ensoleillé, à l'intérieur dans le cas contraire. Il est pressuré début janvier, et mis en fermentation à son rythme dans du bois neuf. Le millésime 1998 était liquoreux, chaleureux et rôti, doté de magnifique arômes fruités, d'une longueur de trente caudalies en bouche. Dans le Béarn, un autre domaine porte le même nom, mais il n'a aucun lien avec le précédent ; il produit un vin rouge du Béarn frais et d'une vivacité montagnarde, ainsi qu'un blanc boisé issu de gros manseng et d'arrufiac.

Clos Saint-Jean *voir* Château du Cayrou

Clos Triguedina ✪

46700 Puy-l'Évêque. Tél. 05 65 21 30 81, fax 05 65 21 39 28.

Ce domaine de Cahors est installé sur 48 hectares de terrasses sur les versants de la vallée et sur 12 hectares dans le causse, exploités en cépages blancs, vendus sous le nom de vins de pays du Comté Tolosan. Le Clos Triguedina est issu de 75 % de malbec, 20 % de merlot et 5 % de tannat, et vieilli 18 mois dans du chêne usagé : c'est un vin souple et riche, qui parvient à exprimer les notes de fer et de viande grillée caractéristiques du vrai cahors. Il vieillit bien. La cuvée spéciale, Prince Probus, élaborée exclusivement à partir de vieilles vignes de malbec (50 ans et plus), est vieillie en fûts de chêne neuf : avec une robe noire tant qu'il est jeune, ce vin d'une maturité profonde, de style charnu présente des arômes de café, de prunes fumées et de fleurs (iris, pivoine) dans son extrême jeunesse. Il évolue lentement vers des notes de champignons forestiers et de truffe. *The New Black Wine*, produit depuis 1994 à partir de pur malbec, est paradoxalement un peu plus léger que Prince Probus, avec davantage de notes fumées, d'épices, de liqueur et une pointe douce-amère. Les Vins de Lune blancs issus de chardonnay et de viognier, sont secs, fermentés en fût ; ils sont pleins, structurés, miellés. Le blanc moelleux à base de chenin, vieilli 18 mois dans le chêne, est onctueux, charnu, regorgeant de parfum d'abricot et de pêche, avec une acidité pondérée à mi-chemin entre le jurançon et le sauternes.

Clos Uroulat

64360 Monein. Tél. 05 59 21 46 19, fax 05 59 21 46 90.

Charles Hours correspond à l'image idéale que l'on se fait du vigneron pyrénéen. Mais il ne faut pas s'y tromper, ce viticulteur compétent est bien plus qu'un stéréotype de carte postale. Le jurançon sec Cuvée Marie est issu de 3 hectares plantés presque exclusivement en gros manseng auquel s'ajoute un peu de courbu. Il fermente en fût (avec seulement 10 % de chêne neuf) et séjourne sur ses lies onze mois. Il peut alors donner le plus onctueux et le plus fumé des jurançon. Le clos Uroulat produit un grand jurançon liquoreux à partir de 4 hectares plantés de petit manseng, vendangés en octobre et novembre. Ce vin a besoin de vieillir. Jeune, il est solide et demande une dizaine d'années pour s'ouvrir sur des notes beurrées et des arômes de fruits frais.

La Colombière

31620 Villaudric. Tél. 05 61 82 44 05, fax 05 61 82 57 56.

Le baron François de Driesen et sa fille Diane ont été les chefs de file de la pratique de la macération carbonique de la négrette sur leur domaine de 17 hectares à Fronton. Leurs vins sont légers, tendres, d'une fraîcheur de fraise.

Coss-Maisonneuve
46410 Carnac Rouffiac. Tél. 05 65 24 22 36.

De francs arômes floraux et de purs fruits épicés caractérisent l'élégant cahors Les Laquais de ce domaine exploité en biodynamie.

Côtes d'Olt
46140 Parnac. Tél. 05 65 30 71 86, fax 05 65 20 17 71.

Cette coopérative produit de bien meilleurs vins que par le passé, surtout l'Impernal, un fin cahors à l'ancienne. Il n'a ni la couleur ni le degré d'extraction des chefs de file mais peut rivaliser avec eux pour sa chaleur et ses arômes de prune et de fumé. Ce vin est typique de l'intérieur des terres.

du Cros
12390 Goutrens. Tél. 05 65 72 71 77, fax 05 65 72 68 80.

Ce domaine, qui appartient à Philippe Teulier, est le plus grand de l'appellation marcillac. Sa cuvée Lo Sang del Païs présente un style net et des arômes de fruits frais, comme un beaujolais, avec un peu plus de vigueur. La Cuvée Vieilles Vignes est rustique et vigoureuse : sa finale joue sur des notes minérales.

Ducournau *voir* Mouréou

Escausses
81150 Sainte-Croix. Tél. 05 63 56 80 52, fax 05 63 56 87 62.

Les gaillac de Denis Balaran, nets, frais et expressifs, sont parmi les meilleurs de cette AOC, aux innombrables types de vins.

Grand Chêne
82340 Donzac. Tél. 05 63 39 91 92, fax 05 63 39 82 83.

L'agréable vin rouge léger, que produit la Cave de Donzac à partir de 40 % de cabernet franc et de 30 % de tannat équilibrés par du merlot et du cabernet-sauvignon, est l'un des meilleurs de l'appellation des côtes-de-bruhlois.

Guirardel
64360 Monein. Tél. 05 59 21 31 48.

Le petit domaine traditionnel de Jean Casaubielh produit deux jurançon vinifiés avec soin. Le vin du domaine est issu de gros manseng, tandis que le Bi de Prat, plus intense, naît de petit manseng.

Haut-Bernasse
24240 Bernasse. Tél. 05 53 58 36 22, fax 05 53 61 26 40.

Les vins de Jacques Blais ont plus de finesse, d'équilibre et de délicatesse que bien d'autres monbazillac. Leurs arômes de miel, de banane, de zeste de citron cristallisé conjugués à l'acidité de la peau de pêche les rendent très agréables.

Haut-Montplaisir ✪
46700 Lacapelle Cabanac. Tél. 05 65 24 64 78, fax 05 65 24 68 90.

Ce domaine de Cahors, qui appartient à la famille Fournié, est situé juste au-dessus du Château du Cèdre. Cathy Fournié et Daniel Salinié bénéficient des conseils des frères Verhaeghe. Ensemble, ils élaborent trois cuvées : le Haut-Montplaisir, agréable, avec des tanins souples, le Prestige Haut-Montplaisir, plus riche, de texture plus profonde, et une nouvelle Cuvée Charte de Qualité, également vieillie en fût de chêne mais avec des arômes de fruits plus intenses que ceux de la cuvée Prestige. Haut-Montplaisir est de toute évidence un terroir prometteur

Henri Mina
64220 Ispoure.

Jean-Claude Berrouet contrôle la vinification des vins de Jean-Pierre Moueix dans le Bordelais. Il possède également son propre domaine à Ispoure dans l'appellation irouléguy. Son vin blanc aux arômes d'angélique et de citron d'une fraîcheur intense fait venir l'eau à la bouche.

Jolys
64290 Gan. Tél. 05 59 21 72 79, fax 05 59 21 55 61.

Le Château Jolys (36 hectares) est une des plus grandes propriétés du jurançon. Le jurançon sec présente une brillante fraîcheur minérale. Les quatre vins liquoreux sont d'un style légèrement plus souple que beaucoup de leurs semblables, la comparaison la plus intéressante se faisant entre le Vendange tardive de petit manseng, récolté en décembre, et l'Épiphanie issu de gros manseng, récolté en janvier, qui passent tous deux 18 mois en barrique. L'Épiphanie est plus lourd, le Vendange tardive possède plus de finesse et de nuance. La Cuvée Jean, vin de petit manseng récolté en novembre, est rond et regorge de fruits purs.

K de Krevel
33220 Porte-Sainte-Foy-Ponchapt. Tél. 05 53 24 77 27.

Guy-Jean Kreusch (Kreusch + Monravel = Krevel), magnat belge, est à l'origine de deux bons vins rouge et blanc du domaine de la Métairie (il est aussi propriétaire du domaine Puy de Grave à Pécharmant). Le montravel blanc, élaboré avec l'aide de Denis Dubourdieu, est souple, sec mais mieillé ; le rouge possède la fraîcheur fruitée caractéristique des meilleurs bergerac.

Labranche Laffont
32400 Maumusson-Laguian. Tél. 05 62 69 74 90, fax 05 62 69 76 03.

Encore un domaine d'un bon niveau de compétence au sein de l'appellation madiran. La cuvée Vieilles Vignes (issue de ceps de 50 ans et plus) est un vin profond, expressif, aux arômes de fruits noirs frais.

Labrande *voir* Clos Triguedina

Laffitte-Teston
32400 Maumusson. Tél. 05 62 69 74 58, fax 05 62 69 76 87.

Le domaine de 40 hectares de Jean-Marc Laffitte produit un madiran solide et d'impressionnants pacherenc. Le blanc sec Ericka, fermenté en partie dans du chêne neuf, est un vin vigoureux et rond ; le blanc moelleux est aromatique et séveux.

Lagrezette ✪
46140 Caillac. Tél. 05 65 20 07 42, fax 05 65 20 06 95.

Ce domaine de 65 hectares est l'une des étoiles montantes du cahors ; il appartient à Alain-Dominique Perrin, PDG de la société de produits de luxe Richemont. Ce dernier a acheté la propriété en 1980 et a commencé par porter ses raisins à la Cave coopérative d'Olt, qu'il a quittée en 1992, pour monter une entreprise de négociant et mettre en bouteilles ses propres vins. Son conseiller est Michel Rolland : la vendange est tardive et se fait à la main. Il procède à une macération préfermentaire à froid, et élève la plupart de ses vins en barrique de chêne. Le processus de sélection se fait à plusieurs niveaux avec un troisième vin (Moulin Lagrezette 1) et un second vin (Chevalier Lagrezette) qui contribuent à la qualité du Château Lagrezette. Au-dessus viennent deux cuvées de prestige : Cuvée Dame d'Honneur et Pigeonnier. Moulin Lagrezette 2 et Chevalier Lagrezette sont des cahors plaisants, assouplis par le chêne. Les trois vins supérieurs sont d'une remarquable profondeur et d'une expressivité nuancée, ils ont les qualités intrinsèques du cahors avec une robe sombre et des arômes fumés. Lagrezette lui-même, constitué d'environ 82 % de malbec, complété par du merlot et un peu de tannat, passe huit mois dans le chêne, avec un tiers de bois neuf : l'équilibre entre de succulents arômes de prune et les saveurs fumées, ferrugineuses est subtil. La cuvée Dame d'Honneur (sans tannat) se montre plus douce et plus chocolatée, l'arôme boisé du chêne y est plus somptueux. Le Pigeonnier, issu de pur malbec (avec des rendements n'excédant pas 20 hl/ha), possède d'intenses arômes de prunelle et reste très vif dans sa jeunesse, les saveurs de poivre et de pierre demandant un certain vieillissement pour s'épanouir.

Masburel
33220 Sainte-Foy-la-Grande. Tél. 05 53 24 77 73, fax 05 53 24 27 30.

Le domaine de 25 hectares de bergerac d'Olivia et Neil Donnan est administré avec l'ambition et la curiosité émerveillée de ceux qui ont découvert tardivement la culture de la vigne. « Ce qui me fascine dans le vin, c'est les 10 000 variables, explique Neil. Rien ne se reproduit jamais deux fois. » Olivia est le moteur caché de Château Masburel ; elle travaille avec le maître de chai Éric Combret, qui était auparavant à Sigalas-Rabaud. « Une belle argile facile, dit Olivia Donnan pour décrire ses sols, avec beaucoup de calcaire au-dessous. » Les vins sont solides mais manquent encore d'harmonie et de subtilité. Le pur sauvignon est lourd et miellé, le vin rouge est fumé et sauvage, d'un style plus proche du madiran que du bergerac. Lady Masburel est la deuxième étiquette.

Jean-Luc Matha

12330 Clairvaux. Tél. 05 65 72 63 29, fax 05 65 72 70 43.

Quatorze hectares défrichés par Jean-Luc Matha sur les coteaux de Marcillac depuis 1975 produisent l'un des vins les plus doux et les plus frais de la région pour la cuvée principale. La Cuvée Spéciale, élevée en fût de chêne, est plus vive et plus profonde avec de complexes arômes ferrugineux.

Meinjarre *voir* Brumont

Montauriol

31340 Villematier. Tél. 05 61 35 30 58, fax 05 61 35 30 59.

Le Tradition (60 % de négrette, 40 % de syrah et de cabernet franc) et le Mons Aureolus (issu de 50 % de négrette, 25 % de syrah et 25 % de cabernet) sont deux des plus impressionnants vins de fronton. Le domaine, acheté par Nicolas Gélis en 1998, est constitué de deux parcelles de 35 hectares.

Montus *voir* Brumon

Moulin des Dames *voir* Tour des Gendres

Mouréou ✪

32400 Maumousson-Laguian. Tél. 05 62 69 78 11, fax 05 62 69 75 87.

Patrick Ducournau est sans doute le vigneron le plus influent de tout le Sud-Ouest. C'est Monsieur Micro-oxygénation, technique mise au point pour dompter les puissants tanins du tannat et éviter les problèmes de réduction. « L'effet du bois, sans le goût du bois », telle est en résumé la maxime de Ducournau. Cette technique apporte de la souplesse et une grande richesse : le Domaine Mouréou peut se boire avec plaisir presque immédiatement, tandis que le Chapelle l'Enclos, plus dense et plus sauvage, met plus de temps à se déployer. Le pacherenc Chapelle l'Enclos présente des notes de miel et de cire presque comme un vin de Loire.

Pichard

65700 Soublecause, Tél. 05 62 96 35 73, fax 05 62 96 96 72.

René Tachouères, l'un des premiers à pratiquer la mise en bouteille dans la région, possède 12 hectares de madiran exposés au midi, qu'il a hérité de son oncle. Ces vignes sont plantées de 50 % de tannat, 40 % de cabernet franc et 10 % de cabernet-sauvignon. Pourquoi tant de cabernet ? « Les bonnes années, le tannat est sublime, mais les années difficiles, il peut être décevant. » Tachouères est le gardien de la tradition du madiran à l'ancienne : tous ses vins vieillissent longuement dans de vieux foudres de bois puis en bouteille ; pas de barriques ni de micro-oxygénation chez lui. Cela donne des vins moins spectaculaires que ceux produits par l'avant-garde de cette AOC, mais les bons millésimes (comme 1995, 1994 et 1990) peuvent présenter de séduisants arômes d'encens, et des flaveurs rondes, crémeuses de liqueur de prune et de pastille au cassis. Ils ont quelque chose des clarets, peut-être à cause du cabernet. La Cuvée Prestige 1994 avec 60 % de tannat vieillie dans deux foudres de bois neuf achetés cette année-là et la cuvée vieillie en barrique du millésime 1990, ont été des bouteilles emblématiques.

Robert et Bernard Plageoles

81140 Cahuzac-sur-Vère. Tél. 05 63 33 90 40, fax 05 63 33 95 64.

Les vins de ce domaine exceptionnel de gaillac (composé de deux propriétés séparées, Roucou et Très Cantou) sont un défi, parce que rien de comparable n'est produit ailleurs en France. Plus qu'un simple objet d'hédonisme, ils sont un défi à l'analyse des arômes et des saveurs. Le Mauzac Nature est pétillant, faible en alcool, empreint de levures et d'arômes de fruits du verger ; le Mauzac Vert (que Plageoles qualifie de sec tendre) est un vin tranquille où les arômes de pomme et de poire prennent une légère amertume sucrée. Le Mauzac Roux, au contraire, est un vin rond, souple et doux, où les mêmes arômes de fruits se concentrent jusqu'à devenir succulents. Le vin de toute évidence le plus remarquable des Plageoles est leur Muscadelle, liquoreux issu de très faibles rendements (12 hl/ha), de raisins qu'il dit « blettis sur souche » : comme du miel liquide. De l'ondenc (« le cépage qui a jadis fait la gloire du gaillac »), Plageoles tire un moelleux légèrement amer, et l'impressionnant Vin d'Autan (« vin du vent et de l'esprit ») récolté plus tard dans la saison, légèrement oxydé, empli d'arômes concentrés de feuilles d'automne, de miel, de noix, et de coing, avec une vive acidité : une sorte de tokay du Sud-Ouest. Le fameux Vin de Voile de Plageoles (élaboré avec une sorte de voile à la surface, comme les vins jaunes du Jura) est issu de mauzac roux ; son caractère oxydatif titille les sens. Citons aussi un Mauzac Nature, « à boire l'esprit libre ». Les rouges de Plageoles ont, eux aussi, un peu plus qu'une touche de jura, ils sont en général légers, frais, non boisés et sans tanins : j'ai goûté le frais Punelart (cot à queue rouge) et le Mauzac noir avec des arômes de noyau.

Plaisance

31340 Vacquiers. Tél. 05 61 84 97 41, fax 05 61 84 11 26.

Marc Penavayres, ancien chercheur en viticulture de l'INRA d'Angers, a repris le domaine familial de Fronton. Le Grain de Folie est un vin de négrette presque pure avec seulement 10 % de gamay ; un « vin de plaisir, de copains, de comptoir », comme dit Penavayres, avec une vive acidité et de délicieux arômes fruités et poivrés. Ses autres cuvées rouges sont plus sérieuses : Château Plaisance (65 % de négrette avec 22 % de syrah complétés par du cabernet-sauvignon) est pondéré, vif et floral ; Thibaut de Plaisance, sélection de ses meilleures cuvées de négrette et de syrah, vieilli en barrique, fruité et liquoreux, possède un style quasi bourguignon. Tout Ço Que Cal est le nom d'un nouvel assemblage (négrette, syrah et cabernet sauvignon) inspiré des grands vins rouges languedociens du Mas Julien. La vocation de chercheur de Marc Penavayres n'est pas éteinte ; celui-ci emploie un nouveau cépage appelé liliorila (hybride de baroque et de chardonnay) avec du chenin blanc et du sémillon pour élaborer un blanc demi-sec appelé Maëlle. Il procède également à des essais avec du chenin blanc botrytisé pour tenter de créer un vin inspiré des sélections de grains nobles alsaciennes.

Primo Palatum ✪

33190 Morizès, Tél. 05 56 71 39 39, fax 05 56 71 39 40.

Xavier Coppel est, en quelque sorte, le Dominique Laurent du Sud. Il produit une gamme de vins vinifiés artisanalement à partir de raisins achetés dans le Languedoc, le Roussillon, le Sud-Ouest et le Bordelais C'est avec ses cuvées de madiran, de cahors et de jurançon qu'il a remporté les plus grands succès, en partie grâce au potentiel de qualité de ces AOC, et en partie parce que les vins se prêtent particulièrement bien à son style de vinification, qui force l'extraction et à un élevage en barrique. Cahors et jurançon existent en version classique et mythologique, cette dernière étant encore plus concentrée et généreuse.

Producteurs Plaimont

32400 Saint-Mont. Tél. 05 62 69 62 87, fax 05 62 69 61 68.

Ce groupe de coopératives est un modèle – tant en terme de recherche de qualité que d'innovation pour préserver une tradition fondée sur le goût du terroir. Le groupe possède 1 200 hectares dans les côtes-de-saint-mont, 1 200 hectares dans les Côtes de Gascogne, et 250 hectares dans les appellations madiran et pacherenc. Les meilleurs vins sont produits dans l'AOC côtes-de-saint-mont, notamment un blanc vif et nerveux, Les Bastions (40 % de gros manseng, 30 % d'arrufiac et 30 % de petit courbu) et un vin rouge frais et minéral Les Bastions (70 % de tannat, 15 % de cabernet-sauvignon, 15 % de cabernet franc). La cuvée Esprit des Vignes est vieillie en barrique, et le Monastère de Saint-Mont est issu d'une seule parcelle de 7,5 hectares. Le Faîte, meilleure cuvée rouge de la gamme des côtes-de-saint-mont, est une audacieuse sélection des meilleures parcelles et cuvées ; c'est un vin profond à l'arôme de cuir, fumé. Le madiran Arte Benedicte possède les arômes minéraux et la robustesse caractéristiques.

Henri Ramonteu *voir* Cauhapé

Le Roc

31620 Fronton. Tél. 05 61 82 93 90, fax 05 61 82 72 38.

Le domaine de 26 hectares de Frédéric et Jean-Luc Ribes est réparti sur cinq parcelles. Ils produisent un fin rosé obtenu par saignée des cépages rouges après une macération préfermentaire à froid, avec parfois cinq mois d'élevage sur lies, quelques-uns des meilleurs vins de l'AOC. La cuvée classique est un vin frais, rond en bouche (60 % de négrette, 25 % de syrah et 15 % de cabernet). La Cuvée Réservée (25 % de cabernet et 50 % de négrette) est une sélection des meilleures parcelles. Elle subit une longue macération et passe un an en barrique (dont environ 20 % sont neuves), puis six mois en cuve Inox, lui conservant la fraîcheur et les arômes floraux caractéristiques du frontonnais, tout en donnant au vin plus de souplesse et de richesse. La Cuvée Don Quichotte, moitié négrette, moitié syrah, est encore plus ambitieuse avec une extraction par pigeage pour donner plus de densité aux arômes fruités et de souplesse aux tanins ; elle passe ensuite un an en barrique (sans bois neuf) et un an en cuve avant d'être embouteillée sans collage ni filtration. Des arômes de café s'ajoutent aux notes florales ; le palais est légèrement fumé, avec de vifs arômes de fruits.

Elian da Ros ✪

47250 Cocumont. Tél. 05 53 94 72 29, fax 05 53 94 72 29.

Les vins élaborés par Elian da Ros, formé par Olivier Humbrecht, ont réussi à donner aux côtes-du-marmandais la personnalité qu'il leur fallait pour se faire une place sur la carte des vins. Les bénéfices d'une approche non-interventionniste, fondée sur de faibles rendements, sont visibles à travers tous les vins d'Elian da Ros, qu'il s'agisse du vin de pays de l'Agenais, essentiellement à base de merlot, du Vignoble de Cocumont, plein de la chaleur de la route du tabac, ou de la cuvée supérieure Clos Bacquey, côtes-du-marmandais, élaborée à partir des meilleurs terroirs du domaine avec un pourcentage d'abouriou plus élevé que la norme. C'est ce qui donne au vin sa vigueur et sa palette d'arômes minéraux, de nuances de réglisse et de chocolat amer. Le Chante Coucou est un vin très agréable d'une profondeur soutenue ; ses arômes sous-jacents de framboise sont chargés de l'éclat du fer et d'une solide couverture de tanins.

La Rosée *voir* Brumont

Rotier

81600 Cadalen. Tél. 05 63 41 75 14, fax 05 63 41 54 56.

Ce domaine, bien conduit, de 28 hectares est l'un des premiers de l'appellation gaillac. Il tend lentement vers des vins concentrés, profonds et mordants. Le haut de gamme est le Renaissance.

Roucou *voir* Plageoles

Saint-Guilhem

31620, Castelnau-d'Estretefonds. Tél. 05 61 82 12 09, fax 05 61 82 65 59.

Le vignoble de 7 hectares de Philippe et Arlette Laduguie produit trois cuvées : la Tradition, simple, la Renaissance, élevée en fût de chêne, et la cuvée Amadeus, un peu moins boisée, que Laduguie présente comme « la quintessence de ses meilleures parcelles ». Ce vin (issu d'une récolte tardive, avec une macération préfermentaire à froid et un vieillissement en barrique) a du succès : ses arômes fruités s'accompagnent d'une note de violette.

Tariquet

32800 Eauze. Tél. 05 62 09 87 82, fax 05 62 09 89 49.

Yves Grassa est l'un des producteurs les plus habiles et commercialement les plus astucieux des Côtes de Gascogne. Le Tête de Cuvée Chardonnay, plus subtil que son chardonnay classique, caramélisé et boisé, est le plus réussi de sa vaste gamme de vins. Yves Grassa élabore aussi un assemblage d'ugni blanc et de colombard, assez doux, légèrement herbacé.

Tirecul la Gravière ✪

24240 Monbazillac. Tél. 05 53 57 44 75, fax 05 53 24 85 01.

Le domaine de 10 hectares de Bruno Billancini produit quelques-uns des monbazillac les plus étonnants. Ceux-ci ne figurent cependant pas parmi les plus typiques avec leur 50 % de muscadelle, 42 % de sémillon, complétés par seulement 8 % de sauvignon. Le système de vendanges par tries est appliqué rigoureusement et la fermentation se fait entièrement en barrique. Outre la cuvée classique, d'excellente qualité, il faut signaler l'extraordinaire Cuvée Madame.

Tour des Gendres ✪

24240 Ribagnac. Tél. 05 53 57 12 43, fax 05 53 58 89 49.

Luc de Conti gère en collaboration avec son frère Jean et son cousin Francis ce domaine novateur de 40 hectares de bergerac. « On cherche l'anti-vin moderne par excellence », explique Luc de Conti. Outre les vins de la Tour des Gendres, ceux du Moulin des Dames sont aussi produits sur ce domaine ; 6 hectares sont plantés de cépages blancs, 8 hectares de noirs. Au vin blanc subtil répond un rouge de couleur sombre, aux arômes de cassis, dont la riche trame tannique n'entame pas la souplesse. La Cuvée La Gloire de mon Père, un vin rouge, tendre et souple d'une profondeur et d'une présence élégantes, est le meilleur des vins produits sur le calcaire de la Tour des Gendres. Avec Pascal Verhaeghe du Château du Cèdre à Cahors, les Conti ont expérimenté la fermentation en fût de 500 litres des vins rouges. Tandis que Verhaeghe, pour sa cuvée GC, renversait les fûts, enlevait le couvercle et procédait au pigeage, comme si le fût était une micro-cuve, de Conti obtenait son extraction en faisant rouler les fûts une fois par jour pendant huit jours. Le résultat est un vin baptisé Anthologia, richement fruité et parfumé, équilibré avec une texture soyeuse ; c'est le Château Margaux du bergerac.

Tres Cantous *voir* Plageoles

La Tyre *voir* Brumont

Les Verdots ✪

24560 Conne-de-Labarde. Tél. 05 53 58 34 31, fax 05 53 57 82 00.

Les vins de David Fourtout sont vendus sous un grand nombre de noms (Clos des Verdots, Château les Tours des Verdots, Les Verdots selon David Fourtout, Grand Vin les Verdots), peut-être à cause du jeu de mot sur « verre d'eau » ! La dernière dénomination de ce qui fut Le Grand Vin est aujourd'hui Le Vin ; David Fourtout peut ainsi expliquer à ses clients : « Avant je faisais les verres d'eau, maintenant je fais le Vin. » Au-delà de ces plaisanteries, nous avons à faire à un vigneron sérieux, pondéré et inventif – il a dessiné ses propres cuves coniques, par exemple, ce qui lui permet d'obtenir la micro-pression souhaitée pour l'extraction pendant la cuvaison. Les vins les moins ambitieux (Clos des Verdots et Château les Tours des Verdots) sont frais et délicieux. Le haut de gamme est le Grand Vin (Le Vin en 2000). Le vin, issu de vignes vieilles de 80 ans cultivées avec des rendements inférieurs à 20 hl/ha, est composé à 40 % de muscadelle (dont une partie est botyrisée), 30 % de sauvignon blanc, 20 % de sauvignon gris et 10 % de sémillon. Les arômes floraux préparent le dégustateur à l'explosion de fruits écrasés, et à l'onctuosité du chêne qui vient ensuite. Le rouge à dominante de merlot est moins intéressant, mais il se montre cependant agréable avec de doux arômes de fruits croquants. David Fourtout produit aussi quelques-uns des meilleurs côtes-de-bergerac moelleux, issus de vignobles situés à 50 m à peine de la limite de l'AOC monbazillac à partir de vignes en fermage ; le 1999 offrait de délicats arômes mentholés et une irrésistible douceur.

de Viella ✪

32400 Viella. Tél. 05 62 69 75 81, fax 05 62 69 70 18.

Le domaine de 23 hectares Alain Bortolussi produit aujourd'hui quelques-uns des meilleurs vins de l'AOC de madiran. Il faut goûter le pacherenc sec, fermenté en fût, et le moelleux à la texture onctueuse accompagnée de notes beurrées. Alain Bortolussi parvient à trouver la douceur que le tannat demande dans l'élaboration de son madiran soigneusement vinifié. La cuvée Tradition, non boisée, est issue de 40 % des deux cabernets qui équilibrent le tannat. La cuvée de prestige du domaine, vieillie en fût de chêne, est issue de 5 hectares plantés de ceps de tannat âgés de 30 ans. Non seulement la concentration témoigne de faibles rendements, mais le vin est merveilleusement vinifié, associant l'expression du terroir et du raisin à des textures d'une douceur et d'une souplesse remarquables.

Le Languedoc-Roussillon

Sous les feux de la rampe. Les vins rustiques, bon marché, restent certes nombreux en Languedoc-Roussillon, mais les meilleurs vignerons se sont depuis longtemps écartés de cette voie pour donner à leurs vins la déconcertante beauté méditerranéenne.

Mi-septembre : nous approchons de la date des vendanges. Mon guide et moi-même roulons vers la mer. Deux grands axes permettent de relier Paris, Lyon et le Bordelais à la Méditerranée : d'un côté, le Rhône qui descend du nord, de l'autre l'axe Toulouse-Carcassonne, occupé depuis le XVIIe siècle par le canal du Midi, d'ouest en est. Entre les deux s'étendent montagnes et plateaux, et en bordure de la côte, faisant le lien, une plaine.

La Clape, massif oblong de calcaire éclatant, formait jadis une île protégeant l'entrée du port romain de Narbo (actuelle Narbonne); elle est maintenant rattachée à la terre par les cordons littoraux qui entourent les étangs, caractéristiques de la côte méditerranéenne occidentale. Le soleil de l'après-midi scintille sur l'eau, brouillant l'horizon comme un vol de papillons étincelants.

Nous grimpons un chemin parsemé de débris et nous arrêtons dans la cour d'une vieille demeure délabrée : le Château de Négly. À l'étage supérieur de ce qui ressemble à une ancienne grange, un homme qui téléphone sur son portable nous regarde arriver, puis disparaît.

Nous entrons et montons à l'étage. Des ouvriers se bousculent autour d'une presse pneumatique. On nous ignore. Le personnage visiblement le plus important est parti dans la pièce voisine, où il continue de téléphoner tout en observant en bas ses cuves encore vides. Le temps passe. Nous admirons de cette grange la vue sur la mer. Des palmiers agitent au loin leurs feuilles comme pour nous faire des adieux.

Lorsque la communication téléphonique se termine, Jean Paux-Rosset, au dur et bon regard d'une vedette de cinéma populaire, s'adresse à tous. Son accent et son élocution rapide font que j'ai du mal à le comprendre. Que voulons-nous savoir ? Il n'a pas vraiment le temps de s'occuper de nous ; son maître de chai, Cyril Chamontin, va nous recevoir. Il trouvera cependant le temps de nous faire visiter son domaine, et lorsqu'il nous confie aux bons soins de Cyril Chamontin pour une dégustation, il intervient constamment. Il a de l'esprit, aime à plaisanter. Il caresse sa barbe naissante, nous interroge des yeux, provoque. D'autres appels arrivent sur le portable. Tout le monde semble de mauvaise humeur.

Puis nous passons à la dégustation. Le contraste entre le désordre environnant et l'harmonie du vin est étonnant. Jean Paux-Rosset nous dit travailler avec des rendements infimes, jusqu'à 15 hl/ha. La propriété appartenait à ses parents. À la mort de son père, sa mère l'a gérée comme elle l'entendait. Elle appartenait à l'ancienne école, produisant 4 500 hectolitres par an sur ses cinquante hectares, soit un rendement moyen de 90 hl/ha. Aujourd'hui, son fils en produit 1 500 (30 hl/ha). Il laisse le raisin mûrir parfaitement, quels que soient les risques météorologiques. « Pas un seul grain endommagé n'entre dans

les cuves», nous précise-t-il; Jason Lowe l'a photographié, triant son raisin, grain par grain (p. 221). Pour son meilleur vin, qui porte le nom évocateur de Porte du Ciel, il achète tous les ans un nouveau cuvier de fermentation en bois, ouvert. La cuvaison dure d'octobre à Noël, avec pigeage trois à quatre fois par jour. «À la fin, c'est comme une soupe.» Le vin passe ensuite jusqu'à deux ans en barriques; il connaît, selon les années, une micro-oxygénation, un élevage sur lies, des soutirages : Paux-Rosset et Chamontin, sur les conseils de Claude Gros, adaptent leurs méthodes à la qualité de la vendange.

Nous dégustons ces vins d'une concentration étonnante tout en regardant les murs délabrés et, au loin, le sable de la plage. Songeant à ce que Jean Paux-Rosset vient de nous dire de sa mère qui croyait à la quantité avant tout, nous découvrons le nouveau visage du Languedoc.

Rencontres dans les montagnes

Narbonne-Carcassonne, Carcassonne-Toulouse, Toulouse-Agen, Agen-Bordeaux : ce couloir irrigué qui va de la Méditerranée à l'Atlantique est la principale caractéristique topographique du Languedoc-Roussillon. La construction du canal du Midi au XVIIe siècle peut être comparée à celle du canal de Suez ou de Panama au XIXe siècle, puisqu'il permettait d'échapper à de périlleuses semaines de navigation à travers le golfe de Biscaye, le long des côtes de la péninsule Ibérique et à travers le détroit de Gibraltar. Aujourd'hui, ce canal somnolent bordé de platanes sert essentiellement à satisfaire les rêves de vacances sur l'eau d'agents de change du Surrey ou du Sussex, car si les Français semblent le trouver un peu trop lent, les Britanniques l'apprécient.

De part et d'autre du canal s'élèvent des collines puis, au-delà, des montagnes. Au sud, les Corbières où nous pénétrons au crépuscule. Je suis déjà venu ici une fois, voir un anthropologue anglais, Nick Bradford, devenu vigneron, au Domaine des Pensées Sauvages, à Albas, qui m'avait servi une salade parsemée de lamelles de foie séché. Je me souviens d'avoir pensé que ce foie séché, cette nourriture de subsistance, fruste, donnait la mesure du paysage, couvert d'herbes aromatiques et brûlé de soleil. Tandis que nous nous enfonçons plus avant dans ces collines perdues, une voiture arrive à toute allure dans l'autre sens, au sommet d'une côte d'où l'on ne voit rien. Elle fait un violent écart pour éviter la collision et s'évanouit dans la pénombre. Juste un instant d'inattention chez ce conducteur anonyme et pressé, et quelqu'un d'autre serait en train d'écrire ce livre. Il avait sans doute fait cette route des dizaines de fois sans jamais croiser d'autre véhicule.

La nuit tombe et nous nous sentons de nouveau oppressés. Les lumières se font de plus en plus rares dans cet enchevêtrement de collines érodées, accidentées, couvertes de pierres et de végétation épineuse.

«Nous touchons à la fin d'une histoire. Quand des viticulteurs vident des citernes de vin comme ils l'ont fait à Sète, il y a dix jours, c'est la fin d'une histoire. Ces gens n'ont plus d'avenir; ils ne sont plus reconnus par personne. J'ai une grande confiance dans les vins de qualité de cette région. Nous avons un style encore mal défini, mais nous arriverons à plus de finesse. Cela n'aura pas été un voyage de tout repos, mais j'ai toujours eu la conviction qu'on y arriverait.»

JEAN CLAVEL, DÉCEMBRE 2001

◀ *Le soleil, la mer et le schiste : un cadre idyllique pour de grands banyuls et collioure. Grenache, syrah et mourvèdre prospèrent sur ces terrasses.*

▲ *Quelques rares producteurs conservent encore les rafles dans les cuves. Mais la plupart – comme la coopérative de Maury – éraflent avant de pressurer.*

Il fait nuit quand nous atteignons notre destination : le petit village d'Embres et Castelmaure, dans le Termenès, le plus méridional des onze terroirs des Corbières. Dans ce village encerclé de sombres massifs, on se croirait au bout du monde. J'ai vaguement le souvenir (mais la mémoire joue parfois des tours) de réverbères de théâtre éclairant à peine, des chiens errants, des véhicules cabossés et poussiéreux. Quelqu'un jouait de la trompette et des chants arabes étranges venaient d'une pièce située au premier étage. L'horloge sonna huit heures ; le chat de la coopérative miaula pour qu'on le fasse entrer afin de chasser ses proies entre les flaques d'eau et les cuves de moût sombre et odorant.

Le président de la Société coopérative des Vignerons de Castelmaure vient à ma rencontre et me tend la main avec une curiosité non dissimulée. Il s'appelle Patrick de Marien. Il vient de terminer une lourde journée de travail : nous sommes au milieu des vendanges. Il semble assez bohème – il pourrait aussi bien être acteur de cinéma ou restaurateur de Monuments historiques. Un sourire éclaire son visage tandis qu'il m'expose, avec une éloquence mêlée d'humour, tout ce que la coopérative a réussi à faire. Il est accompagné de Bernard Pueyo, le directeur, sérieux et travailleur.

Comme beaucoup de coopératives en France, celle de Castelmaure a l'avantage de ne pas être trop grande. Elle compte quatre-vingt-dix adhérents qui possèdent au total 300 hectares, mais douze d'entre eux assurent 90 % de la récolte. « Il y a vingt ans à peine, explique Patrick de Marien, on passait pour n'être bons qu'à produire des vins de table. » La coopérative a évolué au rythme des innovations qu'a connu le Languedoc : macération carbonique pour prêter au carignan des arômes plus élégants, recherche des meilleures parcelles parmi les sept cent soixante que compte la coopérative (quatre terroirs locaux ont été délimités en fonction de la composition des sols – schiste, calcaire, alluvions et terrasses de gravillons –, mais sans donner lieu ce jour à une quelconque hiérarchie officielle). Les rendements été réduits de manière drastique. L'objectif des douze principaux adhérents est de produire un vin de domaine. Une même politique est déjà mise en œuvre dans le gigantesque groupe Val d'Orbieu, par exemple.

L'événement décisif fut, en avril 1998, un coup de téléphone de Michel Tardieu, de la vallée du Rhône. Les responsables de la viticulture des Corbières lui avaient demandé, après mûre réflexion, ainsi qu'à son partenaire bourguignon Dominique Laurent, spécialistes de l'élevage des vins (voir p. 103 et 146), de participer à une large consultation dans la région. En 1997, un grand nombre de vignerons des Corbières avaient, sans discernement, adopté le bois neuf : les résultats n'étaient pas fameux. On avait besoin d'une petite aide extérieure. Des douze coopératives candidates au projet, Castelmaure fut l'une des quatre sélectionnées. Le millésime 2000, sur le point d'être vendangé, allait être la troisième vinification de Tardieu. Les vins élaborés par les deux partenaires se vendent bien (à des prix qui auraient été considérés comme inimaginables dix ans plus tôt) ; ils ouvrent d'étonnantes perspectives de qualité. L'objectif est maintenant de mettre au point une hiérarchisation de crus, de pousser encore plus loin la réduction des rendements et la recherche de la maturité.

Nous avons dégusté la Cuvée N° 3 du millésime 1998 (numéro trois, parce qu'il s'agit du troisième vin de la coopérative, élaboré par trois producteurs, à partir de trois cépages, et vendu pour un prix à trois chiffres), tandis que la nuit s'installait au-dessus de nous dans les collines. Un vin élégant, charnu, particulièrement expressif pour un corbières, élaboré à partir d'une vendange mûre (quatorze degrés). Nos yeux brillaient. « Et que disent-ils de cela à Paris ? », me suis-je permis de demander. « Il se vendra à Paris, me répondirent-ils, mais d'abord, on veut qu'il soit vendu à Bordeaux. »

Le retour du marin

En Languedoc, il y a les marginaux, les illuminés. Michel Escande est dans son cellier, les mains posées sur le comptoir, un sourire malicieux éclairant son visage. Je le revois encore, planté là, les pieds largement écartés, comme s'il s'attendait à ce qu'une voile se gonfle dans le cellier et à ce que le bar se métamorphose en gouvernail. « J'étais élégant à l'époque, se rappelle-t-il, et je prenais soin de moi. C'était la belle vie. » Il parle de ses premières années de voile, lorsqu'il rencontra sa femme au retour d'une croisière en Casamance, lorsqu'il acheta son propre catamaran et monta une école de voile, qui périclita bien vite. « Je n'ai jamais eu qu'un client, et quand il m'a laissé tomber, le rêve s'est effondré. »

Peut-être n'est-il pas tout à fait juste de traiter Escande de marginal ; son père, propriétaire d'une société de location de gros engins, possédait 10 hectares de terres dans la région, à La Livinière, dans le Minervois. Quand il n'avait pas grand-chose à faire, il nettoyait les terres avec ses machines pour s'amuser. « Ma femme et moi, nous avons décidé de travailler la vigne, parce que c'était aussi proche de la nature que la voile, explique Escande. Il y a des analogies étonnantes entre les deux, en fait. Ce que je fais aujourd'hui ressemble à la navigation : il faut tirer le meilleur parti des conditions naturelles. Quand vous partez en bateau, vous devez écouter le bulletin météo pour vous informer de l'état de la mer. En matière de vin, la météo est aussi fondamentale. Et puis il y a l'amitié. Dans un port, la fraternité entre les hommes de la mer est extraordinaire, cette sympathie, cette passion partagée. C'est la même chose avec la vigne et les hommes qui dégustent les vins. Nous avons tous une même philosophie de l'existence. Je n'ai pas eu de problème de transition. »

▲ *Les hautes Corbières sont un pays rude, au passé tourmenté ; la brume descend souvent sur les vignes solitaires.*

Escande s'est inspiré de l'exemple de Jacques Raynaud du Château Rayas, à Châteauneuf-du-Pape, qu'il admirait et dont il a beaucoup appris. « C'est Raynaud qui m'a fait sentir ce que l'on pouvait faire avec du raisin quand je me suis mis à produire du vin. Il s'est montré très accueillant. Il faut savoir ce que l'on veut produire, m'a-t-il appris. » Comme Raynaud, toutefois, Escande travaille intuitivement. Il a ainsi renoncé à la biodynamie, après l'avoir essayée pendant deux ans. « Ça ne marchait pas. Ce genre de choses ne doit pas être imposé. Les règles, les chartes, les systèmes – tout ça, ce n'est pas très intéressant. Il faut aller où le vent vous pousse. » Il a aussi l'approche humoristique de Raynaud. Lorsqu'on lui demande comment il dose ses extractions, par exemple, il répond « qu'il prend un fer à cheval et qu'il le met à la surface du vin. S'il flotte, le degré d'extraction est suffisant, s'il coule, non. »

Le charme des vins de Michel Escande réside dans leur sensualité. « Autrefois, je labourais pieds nus, dit-il, juste pour le plaisir physique. Il faut sentir les choses. » Il qualifie son Esprit d'Automne de « vin consensuel ». Dans La Féline, « rien ne devrait ressortir, tout devrait être en profondeur. » Il apprécie beaucoup l'élan dont fait preuve la viticulture languedocienne, en particulier le dynamisme du cru La Livinière. On l'aura deviné, Michel Escande ne se plairait pas à Bordeaux. « Le Languedoc est un vivier, une aventure. Tout est à redécouvrir. On est en pleine effervescence, et la mayonnaise prend, c'est extraordinaire. Le vin, c'est de l'énergie. En ce moment, ça me rend fou de joie. C'est une antenne entre ciel et terre, avec à l'horizon d'immenses possibilités. »

Un chemin à parcourir

Les trois scènes que nous venons de décrire se répètent à l'heure actuelle d'un bout à l'autre du Languedoc. Mais pas partout : le spectacle le plus fréquent au moment des vendanges reste celui d'énormes machines raflant le raisin sur des kilomètres de vignoble absolument plat. Les remorques chargées de grains plus ou moins éclatés sont ensuite conduites en pleine chaleur de l'après-midi jusqu'à la coopérative, où la récolte sera vinifiée pour donner ce rouge léger que l'on se procure à la tireuse et que les consommateurs d'un certain âge continuent curieusement de tenir en haute estime. Ce marché est toutefois en chute libre. Quatre millions d'hectolitres de vin du Languedoc étaient en excédent en 2000 et 2001, et je considère qu'il reste encore dans la région environ 100000 hectares de vignes à arracher. Pour Chantal Lecouty du Prieuré de Saint-Jean de Bébian, les coopératives les plus faibles du Languedoc constituent « le problème majeur : elles sont un poids mort. » Sylvain Fadat, du Domaine d'Aupilhac, affirme que le système de coopératives du Languedoc est « complètement dépassé. » Lorsque Alexandre Pagès proposa à la coopérative dont il faisait partie une charte de qualité pour élaborer un vin noble, on refusa son projet : il n'eut d'autre solution que de quitter la coopérative pour créer son propre domaine (Clos Sainte-Pauline).

Pourtant, petit à petit, ce monde, où l'initiative était aussi limitée que l'exigence, change. La philosophie qui guide les adhérents de la coopérative de Castelmaure ou Michel Escande s'apparente à celle de Jean-Michel Deiss à Altenheim de Bergheim ou du Domaine Zind-Humbrecht à Rangen, ou encore à celle de Claude Papin avec sa Pierre Bise, ou de l'équipe des Vins de Vienne avec le Sotanum, ou d'Élian da Ros avec son Clos Baquey. Tous veulent révéler le caractère du terroir. Partout on peut produire du raisin pour faire du vin. Des générations de vignerons ont poursuivi des méthodes ancestrales sans les remettre en cause. Aujourd'hui, il est temps de s'appliquer à la culture de la vigne avec une dévotion quasi monastique, de la pratiquer en s'appuyant sur la recherche géologique. Le sentiment d'infériorité que le Languedoc a longtemps éprouvé semble disparaître : l'enjeu est ici fondamental et fondateur d'une viticulture durable. C'est pourquoi les vignerons de Castelmaure espèrent étonner Bordeaux avant Paris.

Ceux qui sont déterminés à produire du vin de qualité en Languedoc disposent de deux outils : les vins de pays et les vins d'appellation. Dans les années 1990, les vins de cépage élaborés à la manière du Nouveau Monde, en misant sur le caractère variétal et le mode de vinification, semblaient offrir les plus brillantes perspectives. Or, la concurrence est grande sur le marché international des vins de cépage, et les coûts de production en France seront toujours plus élevés que dans les vignobles hautement mécanisés des plaines irriguées d'Australie, d'Amérique du Sud ou d'Afrique du Sud. Par ailleurs, le consommateur français considère que les vins sans appellation sont de qualité inférieure, ce qui n'est pas infondé puisque les vins de pays sont souvent élaborés à partir de cépages inadaptés à la région, sur des terroirs de second ordre. Étrangement, le merlot occupe la deuxième place parmi les cépages les plus répandus en Languedoc. Pourtant, au cours de mes visites, je n'ai goûté qu'un seul grand merlot du Languedoc : Le Merle aux Alouettes d'Alain Chabanon. D'une façon générale, ce cépage délicat, dont il est difficile de déterminer exactement la maturité idéale, semble ne pas être à son aise dans cette région chaude, rude, souvent rocailleuse (même s'il faut attendre que les vignes soient un peu plus vieilles pour formuler un verdict définitif).

Jean-Marie Rimbert

▲

Je jetai un coup d'œil sur le cellier. Il y avait un blaireau empaillé, une pompe à pétrole très ancienne, des cadres rouillés de vélos, des dames-jeannes, des panneaux indicateurs et une énorme araignée en plastique. On m'avait dit que Jean-Marie Rimbert collectionnait les vieilles boîtes à sardines…

C'est un homme d'assez grande taille, les avant-bras brûlés par le soleil. Il a travaillé cinq ans comme maître de chai à Flaugergues avant d'acheter des terres à Saint-Chinian, attiré par les vieilles vignes de carignan et les terrasses de schiste. Son humour va jusqu'à imprimer les millésimes en chiffres romains sur ses étiquettes, et il a appelé son domaine Le Mas au Schiste ! Il faut être de la trempe de Rimbert pour entreprendre l'exploitation des 20 hectares de terrasses abruptes qui interdisent l'utilisation d'un tracteur.

Il est le portrait type des nouveaux carignanistes. « Le carignan, c'est mon pinot. Avec de petits rendements, c'est un cépage noble. C'est un bien meilleur interprète du terroir que la syrah et le grenache, au moins ici où les schistes donnent des vins d'acidité assez faible. »

Rimbert élabore trois vins : une cuvée gourmande appelée Les Travers de Marsau, la cuvée Mas au Schiste elle-même et le Chant de Marjolaine, « mon expression libre » : un vin de table de pur carignan, titrant 14,5 % vol., issu de petits rendements et de vendanges tardives. Les meilleurs vins du Languedoc ne sont jamais simples : on croirait qu'on a mis des cailloux dans une centrifugeuse pour obtenir une pâte sombre que l'on a ensuite mêlée à des fruits âpres, cerise aigre, prune de Damas ou prunelle sauvage. C'est en tout cas le profil du Chant de Marjolaine, des notes jamais perçues dans la période postphylloxérique.

Le cabernet-sauvignon surmonte mieux les rigueurs de cette contrée, mais ses vins ne sont pas les plus expressifs, ni les plus passionnants (voir p. 238, Moulin de Ciffre). Le chardonnay, mis à part sur les hauteurs de Limoux, ne réussit pas mieux. Le sauvignon blanc donne pour sa part des vins de facture uniforme, d'un bout à l'autre du Languedoc. D'ailleurs, les ventes de vin de pays en ce début de siècle sont faibles, sauf sous la désignation vins de pays d'Oc ou encore Grand Oc, pour laquelle les meilleurs vins sont sélectionnés après dégustation et bénéficient d'un élevage de douze mois. N'oublions pas que certains vins de pays atteignent les prix les plus élevés du Languedoc, comme le Mas de Daumas Gassac et la Grange des Pères. D'autres producteurs – comme Terre Inconnue – ne voient guère de différence entre un vin de pays et un vin de table. Si les Languedociens aspirent à une totale liberté, à la fois dans le choix des cépages et les méthodes de vinification, ils optent pour la catégorie des vins de table.

Toutefois, les mentalités changent aujourd'hui. Les vins les plus chers de la région sont déjà tous en AOC (les roussillon de Gérard Gauby et les coteaux-du-languedoc de Négly). D'une façon générale, les vins languedociens d'appellation prospèrent. Au cours des vingt dernières années, la production régionale a baissé de moitié, alors que la production d'AOC a été multipliée par cinq. Les raisons ne sont pas difficiles à deviner. Un grand vin est toujours le résultat de l'équation entre un terroir favorable, un cépage adapté, une viticulture soignée et une vinification non-interventionniste. Les meilleurs vignobles du Languedoc-Roussillon sont en majorité classés AOC. On sait que les règles de l'appellation favorisent les cépages les mieux adaptés à la région. Bien entendu, il y a parfois des erreurs : par exemple, les efforts trop zélés pour chasser le carignan du saint-chinian ou – selon la famille Parcé du Domaine de la Rectorie – la promotion abusive de la syrah dans le Roussillon, ou encore, comme le souligne Gérard Gauby, la recherche d'un degré maximal d'alcool dans les vins blancs du Roussillon. Aucune législation n'est définitive : il reste donc à espérer que ces erreurs soient réparées dans les prochaines années.

Ma conviction, qui se fonde sur les dégustations que j'ai effectuées au cours de mes trois voyages dans la région, est que la qualité des vins du Languedoc s'améliore et que les meilleurs d'entre eux sont majoritairement classés AOC. Les bons vins de pays attachés à un terroir, comme celui des Côtes de Thongue, accéderont à l'appellation le moment venu. La dénomination vin de pays est bien utile, en attendant, pour les cuvées secondaires, les extensions de gamme. Elle laisse une marge de fantaisie. La démarche de Gilles Chabbert du Domaine des Aires Hautes est caractéristique. Son grand vin, Clos de L'Escandil (magistral en 1998), appartient à l'AOC minervois-la-livinière ; il est issu de vieux grenache, de syrah plantée plus récemment et de mourvèdre. Mais Chabbert possède aussi une parcelle de malbec de trente-cinq ans qui lui permet d'élaborer un excellent vin de pays.

Jean Paux-Rosset

«Ma mère Lucette descend d'une vieille famille de Narbonne. Nous venions passer nos dimanches dans cette propriété, au château de Négly. Pendant des décennies, nous nous sommes contentés d'assurer la marche de la propriété. Le vin n'était qu'un moyen de gagner un peu d'argent. Il y a vingt-cinq ans, il m'a semblé qu'on pourrait faire autrement, que nous possédions un terroir merveilleux sur lequel nous pourrions obtenir d'excellents vins. J'ai demandé à ma famille de me laisser reprendre la propriété. Cela me fut refusé.» Écoute petit, ne crois pas que tu peux gérer tout ça, tu n'as pas vraiment compris comment ça fonctionnait.». «Les rendements étaient élevés et le raisin allait toujours à la coopérative.

«Devant tant d'incompréhension j'ai dû faire autre chose. J'ai travaillé dans la promotion de projets immobiliers, j'ai géré un garage pour véhicules lourds, espérant qu'un jour je pourrais revenir à mes racines. Quand mes parents ont enfin accepté que je prenne les rênes, j'ai eu peur. Je savais ce que je voulais faire. Mais la qualité coûte cher, et aujourd'hui je ne peux pas cacher que les choses sont très difficiles. Mais il faut continuer : l'aventure en vaut la peine. Il y a dix ou quinze ans tout était contre moi, mais le temps a prouvé que j'avais raison. Je pense que mes parents ont regretté de ne pas m'avoir laissé faire plus tôt. Mon père est mort; je regrette vraiment qu'il ne soit pas là pour apprécier nos vins. Mon fils, Bastien, s'intéresse à la propriété et sa petite sœur aussi. S'ils veulent travailler là, ils seront les bienvenus.»

J'ai interrogé Jean Paux-Rosset afin de comprendre son choix de La Clape pour produire de grands vins. Après tout, il y a vingt-cinq ans, c'était un pays de vin de table où l'on arrivait tout juste à vivoter, quelques vignobles près de la mer derrière Narbonne et Béziers, sans grande réputation.

«Vous savez, j'ai toujours cru au potentiel de La Clape. L'inspiration n'est pas venue d'ailleurs; je n'ai pas été parachuté ici, j'ai été bercé dans cette culture. Les autres ne voyaient pas le problème comme moi. La personnalité des hommes compte pour beaucoup.» Il marque une pause. «Pour moi, les hommes importent encore plus que la notion de terroir.» C'est un point de vue assez original en France, même dans une région comme le Languedoc. Jean Paux-Rosset n'est pas non plus de ceux qui ont voulu travailler en dehors du système de l'AOC. On murmure que La Clape serait l'un des premiers secteurs des coteaux-du-languedoc à recevoir sa propre appellation, ce dont Jean Paux-Rosset se réjouirait certainement. «Peu importe. Pour moi, l'avenir c'est Négly.»

L'aventure de la terre

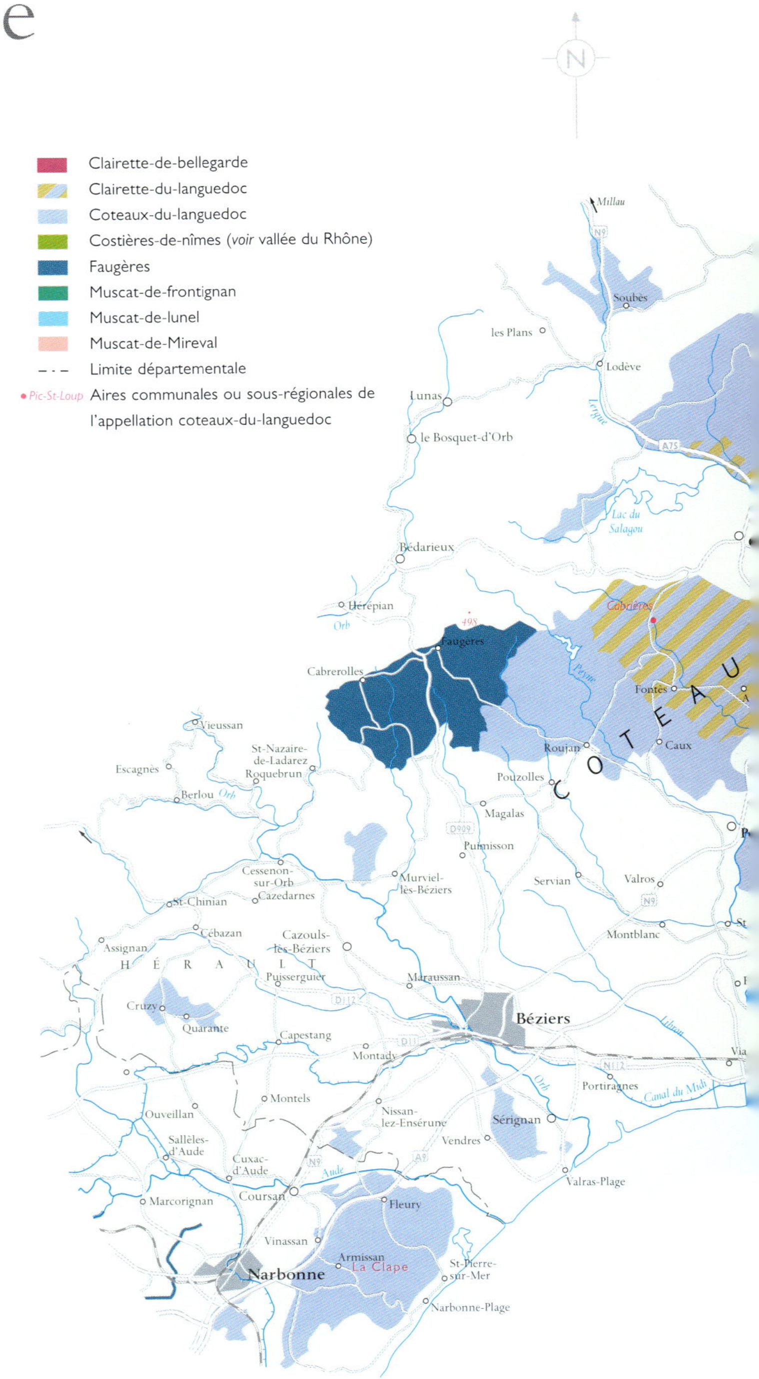

Le paysage languedocien des appellations d'origine est loin d'être définitif. Il évolue encore. Les délimitations des AOC ont bien souvent été dictées par des manœuvres politiques ou administratives plutôt que par la nature des sols, de l'exposition et du microclimat.

En simplifiant grossièrement, on pourrait dire que le Languedoc-Roussillon a trois types d'AOC : terroirs de collines, terroirs de plaines et terroirs du corridor atlantique. Les vignobles de coteaux se situent sur les lignes de collines au relief complexe qui forment les contreforts du Massif central et des Pyrénées (Minervois, Saint-Chinian et Faugères, certaines parties des Coteaux du Languedoc, le Roussillon, Banyuls, Corbières et le secteur ouest de Fitou). Les vignobles de plaine constituent la majeure partie des coteaux du Languedoc, certaines parties des Corbières, les zones côtières de Fitou et du Roussillon. Cabardès, La Malepère et la région de Limoux forment le corridor atlantique, soumis aux influences océaniques et souvent plantés de cépages bordelais.

L'appellation **corbières** est le géant du Languedoc, produisant presque deux fois plus de vin que la seconde, coteaux-du-languedoc. C'est aussi la quatrième appellation française en superficie après bordeaux, bordeaux-supérieur et côtes-du-rhône. Les corbières ont obtenu leur AOC en 1985, après avoir été VDQS depuis 1951. L'aire d'appellation me semble trop étendue, ce qui peut expliquer les énormes différences de qualité entre ses vins. Les producteurs eux-mêmes en sont conscients : ils ont subdivisé l'AOC en onze terroirs différents (d'est en ouest : Sigean – rebaptisé La Méditerranée –, Fontfroide, Durban, Lézignan, Boutenac, Saint-Victor, Lagrasse, Montagne d'Alaric, Serviès, Termenès et Queribus). Si ces entités n'ont pas encore de statut légal, l'idée est bien de distinguer sept ou huit crus officiels. Au moment où paraît cet ouvrage, il semble que le premier terroir qui ait des chances d'être admis au titre de cru soit celui de Boutenac, la partie incontestablement la plus chaude de l'AOC, au sol essentiellement constitué de grès, Durban, Lagrasse et La Méditerranée devant suivre. Il est difficile aujourd'hui d'émettre des appréciations générales sur ces terroirs, tant leurs sols (calcaire, schiste, grès et marne), leur altitude (allant du niveau de la mer pour La Méditerranée et Lézignan jusqu'à 500 m dans le Termenès) et leur exposition (innombrables vallées, pentes, versants, plateaux et plaines) sont différentes. Dans son ouvrage *Terroir*, James Wilson parle de « cacophonie géologique » ; on ne peut en effet se rendre dans les Corbières sans être frappé par l'évidente violence de l'histoire géologique des lieux, bataille de plusieurs millions d'années entre la pierre et les ères climatiques : où que vous vous trouviez, vous en trouvez trace à vos pieds. Sonder les vins qui naissent de ce chaos suffira à réjouir les amateurs pour les quelques siècles à venir. Les cépages utilisés sont le carignan (avec un maximum de 50 %, même si l'on murmure que Boutenac se verrait autorisé une proportion de 65 %, puisque le carignan réussit bien sur ce terroir), la syrah, le grenache et le mourvèdre, ces trois derniers sans limitation, pourvu que soient assemblés au moins deux cépages.

Fitou constitue l'aire frontière entre les Corbières et le Roussillon. La plus ancienne appellation du Languedoc, créée en 1948, ne concerne que des vins rouges (les blancs et les rosés peuvent être vendus sous l'appellation corbières). Le terroir compte aussi des vignes classées pour la production de vin doux naturel de rivesaltes et de muscat-de-rivesaltes. Ses 2 560 hectares cultivés sont subdivisés en deux secteurs, très différents l'un de l'autre. Le secteur côtier, le Fitou maritime (communes de Caves, Fitou, Lapalme, Leucate et Treilles), jouxte l'étang de Salses, sous un climat très chaud et à basse altitude. Ses sols sont constitués d'un mélange d'argile et de calcaire, la composition la plus caractéristique des terroirs viticoles en France. La partie plus sauvage du Fitou montagneux (communes de Cascastel, Paziols, Tuchan et Villeneuve) est essentiellement constituée de schistes, avec quelques zones argilo-calcaires à Paziols et Tuchan. (Le mont Tauch lui-même est un pic calcaire.) Des deux secteurs, il me semble que le Fitou Montagneux produit les meilleurs vins. À l'image des hautes Corbières, il se présente comme champ de bataille géologique, un

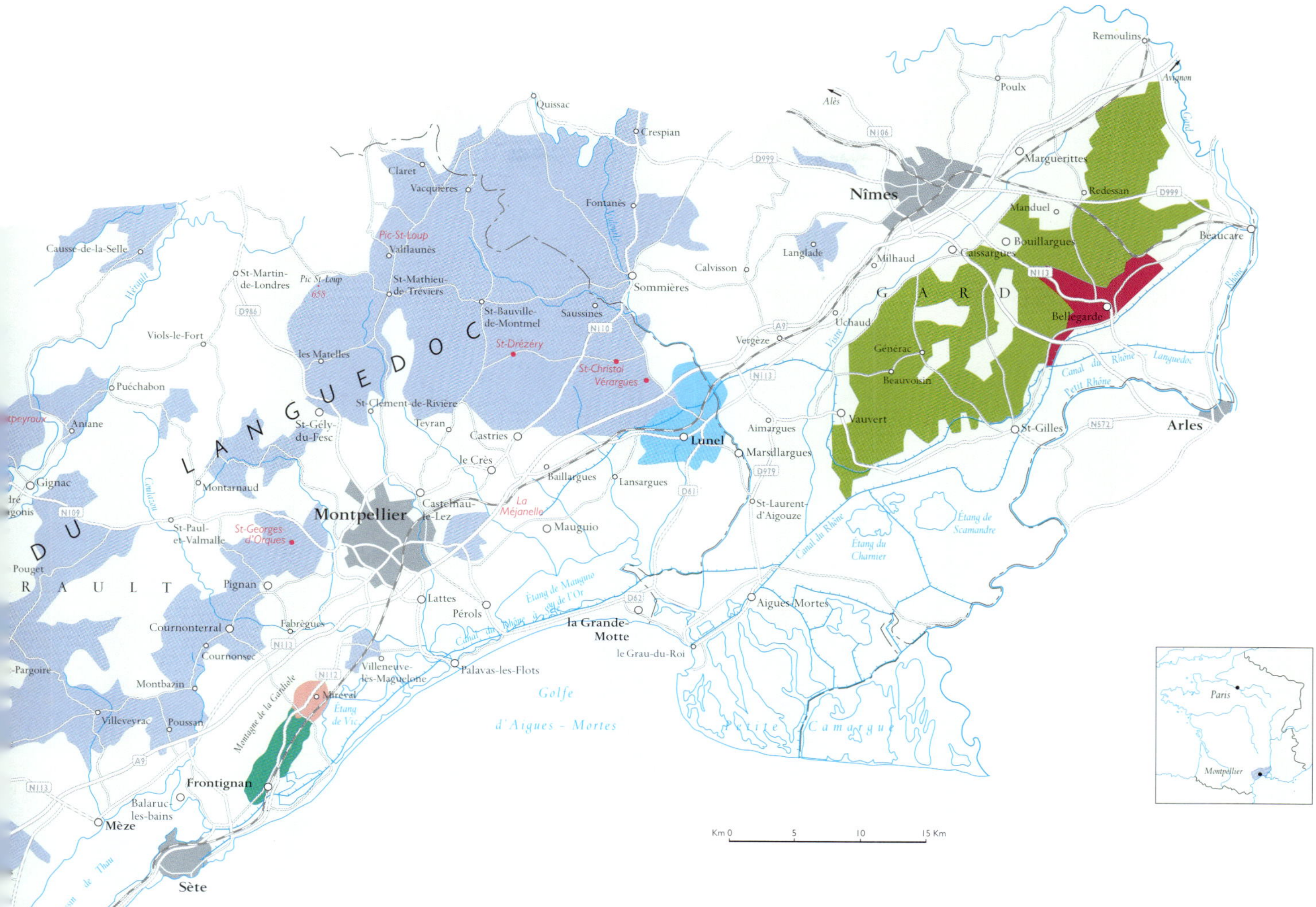

désert de pierres plus accueillant pour les sangliers et les corbeaux que pour l'espèce humaine. Les vignes (qui poussent à une altitude moyenne de 300 m) sont courbées vers le sud par les vents dominants. L'appellation fitou admet trois cépages. Elle est actuellement la seule AOC à promouvoir le carignan, (proportion minimale de 30 % dans le vin). La syrah devra toutefois représenter entre 10 et 30 % de l'assemblage en 2007, et le temps de vieillissement minimal avant la mise sur le marché est au minimum de neuf mois (il est de quatre mois pour l'appellation corbières). Il est question d'étendre l'AOC aux vins blancs issus de grenache blanc et d'un complément de vermentino.

Cap d'Agde
Agde

Au sud des appellations corbières et fitou se trouve les **côtes-du-roussillon**. Quelles sont les différences ? En principe, la délimitation des appellations contrôlées s'explique uniquement par le terroir. Or, rien ne distingue Cucugnan, Paziols et Embres du côté des corbières et fitou de leurs voisins du Roussillon : ce sont les mêmes collines rocailleuses, le même vent du Nord cinglant, les mêmes étés de sécheresse. Le schiste progresse vers le sud, mais il était déjà bien présent dans le Fitou montagneux et dominait dans l'aire du faugères comme au nord de celle de saint-chinian. En réalité, c'est une limite administrative qui a été franchie : nous avons quitté le département de l'Aude pour entrer dans celui des Pyrénées-Orientales. Mais l'administration et la politique n'expliquent pas tout. Lorsque j'ai demandé aux habitants des Corbières ce qui les distinguait du Roussillon, ils m'ont répondu que la différence était d'ordre culturel : « Nous sommes Languedociens, ils sont Catalans. »

L'ensemble de l'appellation côtes-du-roussillon couvre cent dix-huit communes et environ 4 800 hectares. L'AOC **côtes-du-roussillon-villages** (trente-deux communes) est une appellation sous-régionale ; les vins sont à 80 % rouges. Les meilleurs *villages* proviennent des aires les plus élevées des trois principales vallées qui traversent les collines en descendant vers la mer : celles de l'Agly, de la Têt et du Tech. Ici, le schiste s'accompagne de gneiss, de granite et de calcaire. Par endroits, le calcaire est assez pur pour donner lieu à l'ouverture de carrières. Ces différences géologiques se retrouvent dans les quatre crus qui peuvent adjoindre leur nom à l'appellation *villages*. **Caramany** est produit sur du gneiss, **Latour-de-France** sur du schiste brun, **Lesquerde** sur du granite et **Tautavel** (pour Tautavel et Vingrau) sur de l'argile mêlée de calcaire. Grenache et carignan ont toujours été les cépages dominants de la région, tandis que la syrah et le mourvèdre sont apparus plus récemment. Quelques producteurs locaux, comme les frères Parcé, au Domaine de La Rectorie, pensent que la syrah menace la bienheureuse hégémonie du grenache dans le Roussillon ; d'autres, comme Gérard Gauby, l'accueillent au contraire à bras ouverts.

Le Roussillon est la plus grande région française de vins doux naturels. Sur l'ensemble de la région, les vins rouges de producteurs comme le Clos des Fées, Gardiès, Gauby, Lhéritier et Marcevol, sont mes préférés. Il existe une parenté évidente entre ces grenaches et ceux du Priorato voisin, en Catalogne espagnole : les notes rôties, les arômes de fruits et la chair dense. La qualité obtenue dans le Roussillon lorsque les rendements sont limités, est souvent étonnante. Bien sûr, le terroir y est pour quelque chose : les sols calcaro-schisteux sont difficiles à travailler, austères, mais particulièrement adaptés.

Si les vins rouges atteignent aujourd'hui une telle qualité, c'est aussi parce que les vins doux naturels ont connu une grande vogue dans la période qui suivit les privations de la Seconde Guerre mondiale. La production totale de vins doux naturels culmina en 1964 à 712 690 hl ; aujourd'hui, elle dépasse rarement les 500 000 hl. Mais les vignes, en particulier celles de grenache, sont toujours là. Elles ont une cinquantaine d'années. Autrement dit, l'héritage du vin doux naturel, son patrimoine de vieilles vignes, a donné au Roussillon d'indéniables atouts par rapport au Languedoc qui a dû arracher son aramon avant de pouvoir s'engager dans la recherche d'un vin rouge de qualité. Notez que les plantations anciennes de carignan sont communes aux deux secteurs.

Le Roussillon compte six appellations de vins doux naturels. La plus importante en volumes produits est **rivesaltes**, qui couvre environ 10 000 hectares sur l'ensemble de la région (l'aire s'étend aussi dans les Corbières et autour de Fitou). Le rivesaltes était autrefois un vin de marque, commercialisé par des négociants. Or, lorsque, confrontés à la crise, les négociants se retirèrent, les producteurs se trouvèrent seuls face à un marché difficile. L'appellation a donc particulièrement souffert au cours des vingt dernières années. Le rivesaltes peut être obtenu à partir de raisins blancs ou noirs (les grenaches blanc, gris et noir dominent). Les vins sont mutés en cours de fermentation, lors-

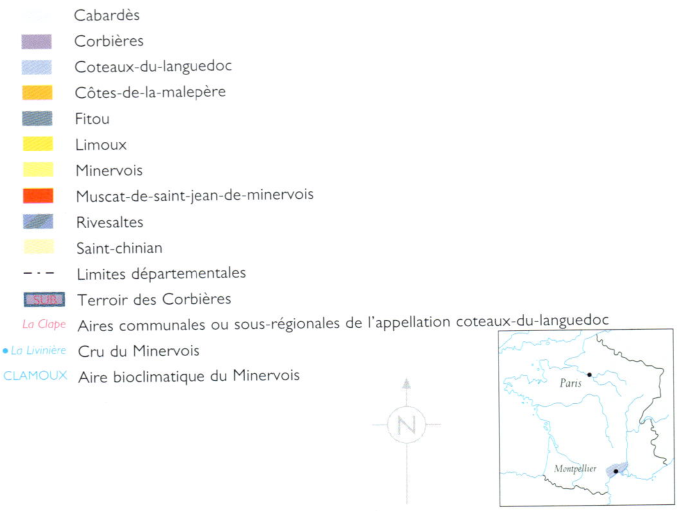

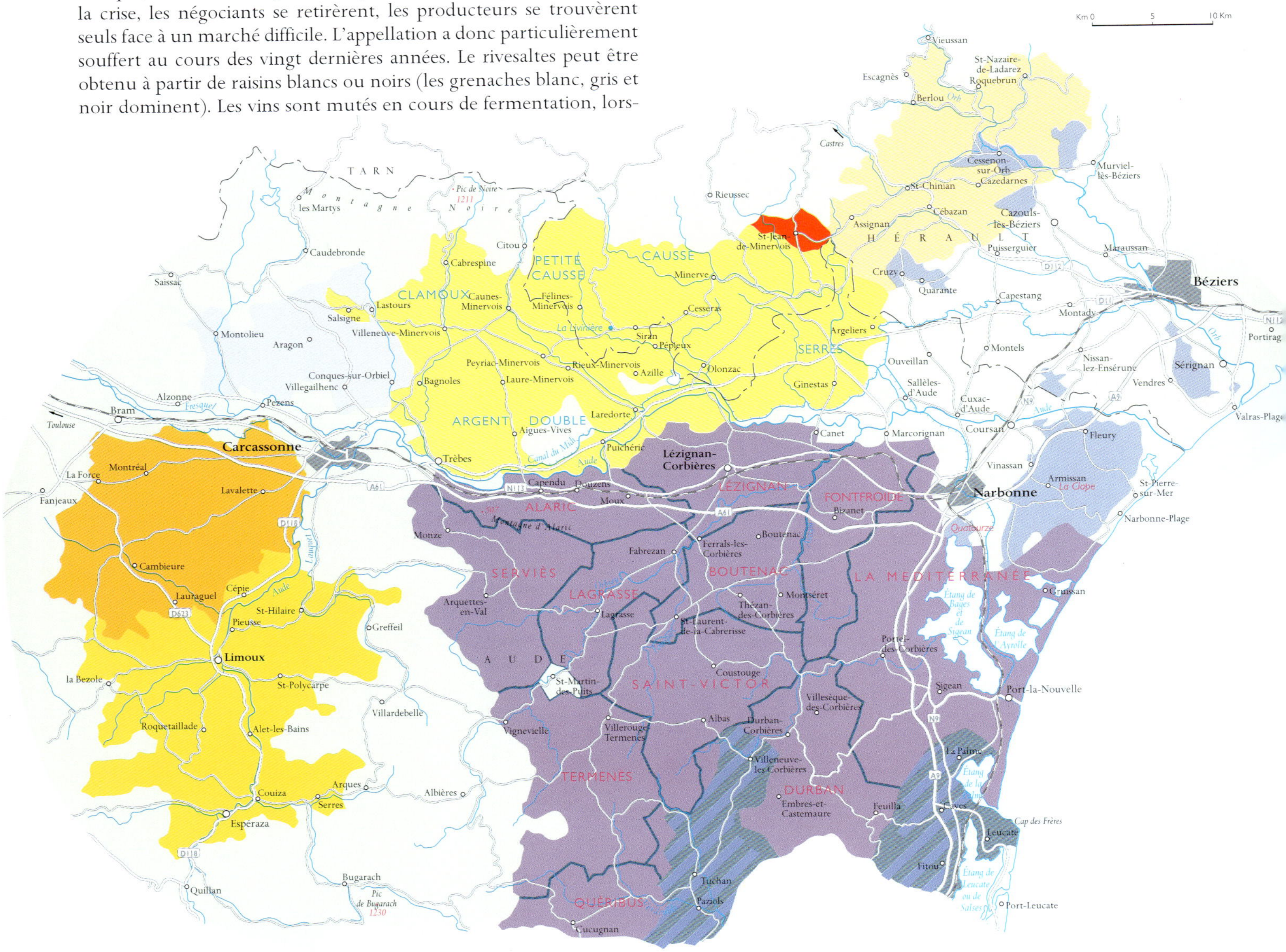

qu'ils atteignent 21,5% vol. Le rivesaltes peut être rouge (jeune et non-oxydé), ambré (deux ans d'élevage oxydatif) et tuilé (même élevage, avec au moins 50% de grenache noir). La mention «hors d'âge» sur une étiquette signifie que le vin a vieilli au moins cinq ans. La version supérieure du rivesaltes millésimé (mis en bouteilles jeune et issu de 70% de grenache noir) est le rivesalte Grenat. En 1998, le rendement moyen en rivesaltes était de 16,5 hl/ha.

La région de **Maury** est un couloir schisteux bordé de côtes calcaires, dans le prolongement des Corbières. On aperçoit de loin le château de Queribus perché sur son piton. Le maury est un vin doux naturel rouge, essentiellement à base de grenache. Mis en bouteilles jeune, il a parfois la puissance étonnante des porto millésimés – même si le terme «Vintage», utilisé pendant un certain temps, a désormais été interdit en Roussillon pour être remplacé par «Vendange» ou «Récolte». Le **banyuls** est produit sur une mosaïque de coteaux schisteux aménagés en terrasses vertigineuses, tout près de la frontière espagnole, en bordure de Méditerranée. Ce vin traditionnellement élevé dans des conditions oxydatives est marqué par un caractère rancio, qu'il soit raditionnel, blanc, doré ou ambré. Plus expressif et donc plus intéressant, le Rimage (millésimé) n'est en principe élaboré que les bonnes années. L'AOC **banyuls grand cru** correspond à un vin constitué d'au moins 70% de grenache et élevé pendant trente mois minimum. Quant à l'AOC **grand-roussillon**, elle désigne les assemblages de rivesaltes, banyuls et maury. Enfin, le **muscat-de-rivesaltes** (vin doux naturel de muscat) peut être produit dans l'aire des trois AOC rivesaltes, banyuls et maury. Les producteurs de Banyuls désireux de vinifier leur grenache (ou leurs syrah, mourvèdre, carignan et cinsault) en vin rouge peuvent utiliser l'AOC **collioure**, dont les limites se confondent avec celles de banyuls.

À Limoux, brusquement, tout change. On se retrouve sur de hautes chaînes de collines sauvages comme dans les Corbières, au sud du canal du Midi, mais on est plus à l'ouest que dans les Corbières, un petit peu plus proche de l'Atlantique. Le climat fait la différence, très bénéfique à la production de vins effervescents. Les 1800 hectares de l'aire de limoux produisent non seulement le meilleur vin mousseux du Languedoc, mais aussi des vins blancs tranquilles frais, proches des vins de vignobles plus septentrionaux. Les sols riches en argile et rocailleux contiennent aussi du grès, des marnes et des conglomérats. Ces terroirs de qualité ont toujours produit des vins blancs. L'abbaye de Saint-Hilaire aurait pratiqué la fermentation en bouteilles dès 1531, soit bien avant les Champenois. La **blanquette-de-limoux** est un vin effervescent élaboré suivant la méthode traditionnelle, essentiellement à partir de mauzac (cépage de maturité tardive, à l'arôme de pomme) assemblé à 10% de chenin blanc et de chardonnay. Une étonnante blanquette de pur mauzac, dite **méthode ancestrale**, est élaborée en laissant le vin achever sa fermentation en bouteille. La prise de mousse se faisant sans dégorgement, le vin mis sur le marché est sucré et relativement faible en

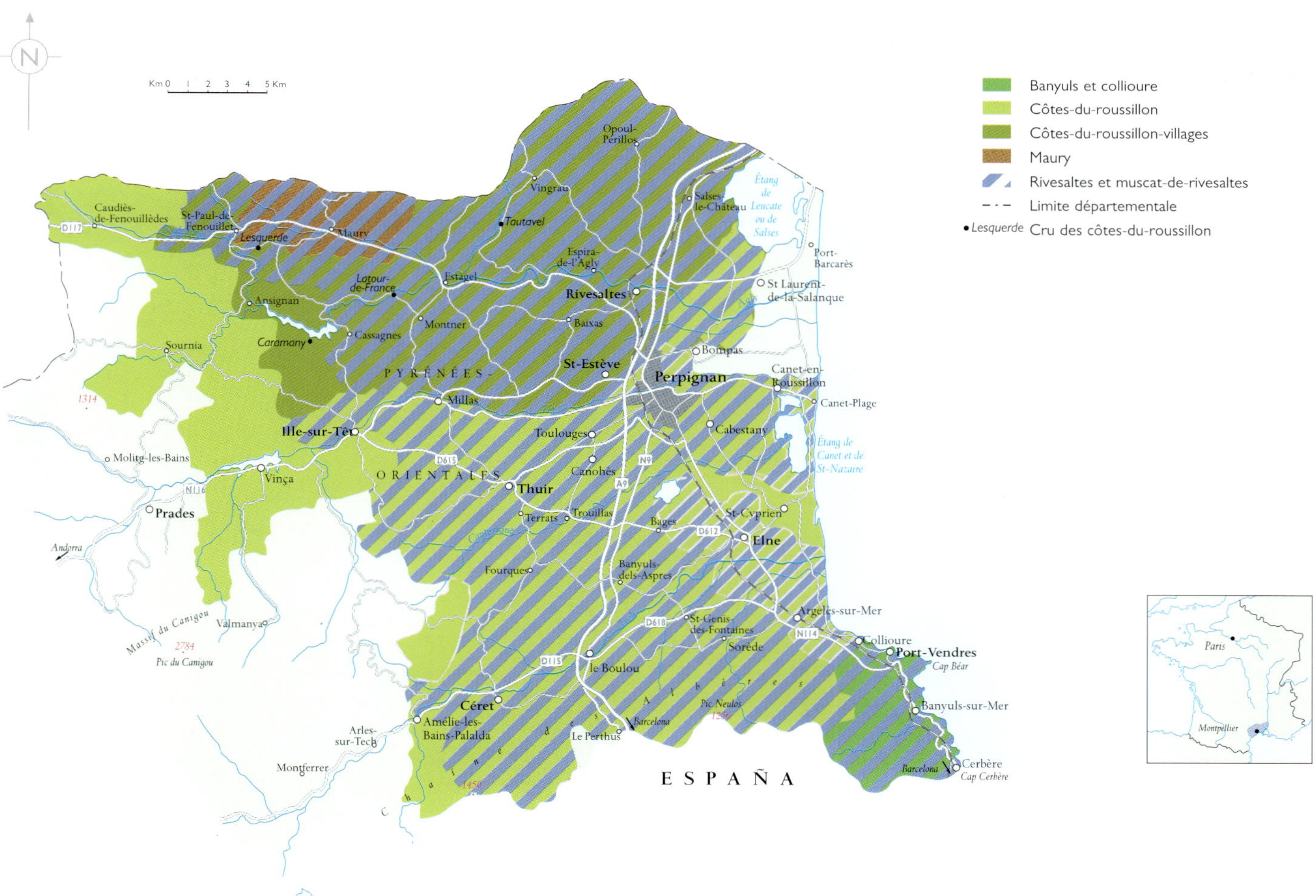

▲ *Durban, l'un des onze terroirs des corbières, attend la consécration officielle de cru.*

alcool : une rafraîchissante gorgée de mousse de vin. Le **crémant-de-limoux** prend mousse selon la méthode traditionnelle ; il se compose d'un plus fort pourcentage (jusqu'à 30 %) de chardonnay et de chenin.

Le **limoux** tranquille a remporté l'un des plus grands succès du Languedoc moderne. C'est en outre le seul vin blanc d'appellation en France, dont le raisin est pressuré avec les rafles et dont le moût fermente en fût. En Limouxin, les vignes de chardonnay sont plus âgées que celles habituellement cultivées dans les zones de vins de pays : dès 1975, des modifications ont en effet été apportées aux décrets de l'AOC blanquette-de-limoux pour autoriser ce cépage. Les vins doivent toutefois contenir au moins 15 % de mauzac ; le remplacement du chardonnay par du chenin blanc est admis (même s'il ne se pratique généralement pas). On trouve là un bon exemple d'une modification judicieuse des règles d'une appellation, permettant de répondre à l'attente des jeunes consommateurs, sans malmener la tradition ni ignorer les potentialités du terroir. Le limoux rouge vient d'être reconnu en AOC. Cabernet-sauvignon, cabernet franc, malbec, syrah et grenache sont les cépages autorisés en complément du merlot.

Au-dessous de Limoux se trouve l'appellation **côtes-de-la-malepère**. Cette nouvelle AOC de vins rouges et rosés est une petite sœur du cabardès qui se trouve de l'autre côté du canal du Midi. Grenache, cinsault, syrah et lledoner pelut (proche parent du grenache) se mêlent aux cépages bordelais. Comme la région de Limoux, les Côtes de la Malepère sont séparées de la Méditerranée par la chaîne des Corbières. Le climat est donc plus frais et plus humide que dans le reste du Languedoc. Les vignobles entourent le cône de calcaire aplati de Mont Naut et l'arête des Bois de la Malepère ; ils s'étendent sur un sol classique d'argile et de calcaire, avec un mélange de sables et de galets provenant de l'érosion des Pyrénées.

La minuscule appellation **cabardès** ne compte que 400 hectares plantés de vigne pour la production de vins rouges et rosés. Si les côtes-de-la-malepère peuvent être rapprochés du limoux rouge, le cabardès s'apparente au minervois, en plus frais et en plus atlantique. Comme les appellations minervois et saint-chinian, son aire s'adosse au sombre ventre de la Montagne Noire, dans une sorte d'amphithéâtre délimité par six rivières. Mais elle se trouve à l'extrémité la plus fraîche, la plus ventée et la plus humide de la Montagne Noire. Les cépages bordelais (merlot, cabernet-sauvignon, cabernet franc) constituent un minimum de 40 % de l'assemblage, et les cépages du Languedoc et du Rhône (syrah et grenache) encore 40 %. L'équilibre est assuré par une intéressante alternance de malbec, de fer-servadou et de cinsault. Les sols complexes sont identiques à la Montagne Noire : granite, quartzite, calcaire et schistes. Les vins rouges figurent parmi les plus frais et souvent les plus parfumés du Languedoc.

Avec ses 4 500 hectares de vigne, **minervois** est la troisième appellation languedocienne en superficie, après corbières et coteaux-du-languedoc. Comme ces dernières, elle réunit une immense variété de terroirs. On a peine à croire que de nouvelles délimitations ne seront pas mise en œuvre dans les cent prochaines années. La consécration du cru **minervois-la-livinière**, en 1998, montre bien que la région a pris de l'avance sur ses deux rivales pour la mise en place officielle d'un ensemble de crus. D'autres délimitations ne vont pas manquer de suivre. Le Minervois ferait-il donc figure de champion du languedoc ?

Il ne manque pas d'atouts. D'abord, il possède de magnifiques terroirs sur les contreforts de la Montagne Noire, découpés en terrasses jusqu'à l'Aude par les différents cours d'eau. Les producteurs ont divisé l'appellation en cinq zones bioclimatiques, dont certaines se subdivisent encore, illustrant une fois de plus la complexité des AOC du Languedoc. La première de ces zones est celle des Côtes noires, au nord-ouest de l'appellation, dont les sols schisteux renferment des filons de marbres ; Clamoux se trouve au sud des Côtes noires, sur la bordure occidentale de l'AOC. Ces deux zones seraient presque de même nature que le Cabardès, mais davantage soumises aux influences atlantiques que méditerranéennes, avec un peu de pluie pendant l'été. Elles produisent les minervois les plus frais, les plus légers et les moins alcoolisés. La zone centrale rassemble des terroirs divers depuis les Balcons de l'Aude, à très basse altitude, autour de l'ancien étang de Marseillette aujourd'hui asséché, produisant des vins souvent médiocres, jusqu'au Petit Causse, zone marno-calcaire haute, remarquablement exposée au sud. C'est dans Le Petit Causse que se distingue l'AOC la livinière. Les vastes terrasses de l'Argent Double à l'ouest et les austères et rocailleux Mourels, à l'est, forment le reste de la zone centrale. Les vignobles les plus élevés en altitude sont situés sur le véritable causse de calcaire blanc érodé, au nord-est de l'appellation (plateau élevé, entrecoupé de gorges), soumis à des hivers rudes et à de chauds étés. Cette terre de sécheresse aux pierres d'une blancheur éclatante se consacre pour une part à la production de **muscat-de-saint-jean-de-minervois**, le plus fin de tous les vins de muscat. De l'air frais descend de la Montagne Noire et les vignes poussent dans des poches ou sur de petites parcelles abritées. C'est là que se trouve le village de Minerve où, en 1210, au terme d'un siège de sept semaines, Simon de Montfort fit brûler vifs cent quarante paysans cathares qui mourraient déjà de soif : l'histoire est ici aussi féroce que le paysage. Simon de Monfort eut ce qu'il méritait : il fut tué au siège de Toulouse par un boulet de canon. Enfin, Les Serres, à l'extrémité orientale de l'appellation minervois, correspondent à la partie la plus chaude et la plus méditerranéenne. Ses vignobles s'étendent depuis les terrasses à basse altitude, aux sols épais en bordure de rivière, jusqu'aux versants marneux et aux pentes abruptes de calcaire. Les réglementations autorisent un maximum de 40 % de carignan ; grenache, syrah, mourvèdre et lledoner pelut (ou n'importe quelle autre combinaison) constituent un minimum de 60 % de l'assemblage. Les règles de l'AOC la livinière sont plus strictes dans la mesure où elles stipulent que les vins (obtenus avec des rendements légèrement plus faibles que dans l'AOC minervois) doivent passer trois fois devant la commission d'agrément et vieillir un an avant la mise en vente.

La région du **saint-chinian**, comme le secteur occidental du minervois, s'élève au-dessus de la plaine du Languedoc (le corridor atlantique est derrière nous) ; l'arrière-plan montagneux n'est plus seulement celui de la Montagne Noire, mais aussi du Caroux et de l'Espinousse. Ses 3000 hectares se subdivisent en deux zones : une partie de schiste et de grès au nord et à l'est, du calcaire au sud et à l'ouest. Les versants schisteux, d'altitude plus élevée, produisent des vins rouges et rosés concentrés ; les terrains calcaires en contrebas, des vins plus souples, souvent plus forts en alcool. Grenache, syrah et mourvèdre constituent 60 % des assemblages, mais les meilleurs viticulteurs se font aussi les champions du carignan de vieilles vignes.

L'appellation **faugères** couvre une arête schisteuse qui remonte de la plaine du Languedoc et de la périphérie de Béziers jusqu'au pied des collines des Cévennes : 1800 hectares de vignoble produisent des vins rouges et rosés issus (comme à l'ordinaire) d'un maximum de 40 % de carignan et d'un minimum de 60 % de syrah, de grenache et de mourvèdre. Les innovations récentes visent à étendre l'appellation aux vins blancs. Il existe même un projet destiné à relancer la fine faugères : Faugères produit en effet une eau-de-vie depuis le XIXe siècle ; un petit nombre de producteurs en distillent encore aujourd'hui. Le projet, intéressant même s'il risque de prêter à confusion, est d'étendre l'acception du terme à une gamme de vins issus de vieilles vignes (quarante ans pour le carignan, vingt ans pour la syrah et le grenache, quinze ans pour le mourvèdre).

L'AOC **clairette-de-languedoc** existe depuis 1948, mais la réputation dont jouissaient ces vins blancs s'est ternie. La clairette n'est certainement plus le cépage de choix des viticulteurs languedociens : sa faible acidité et sa lourdeur rend ses vins bien moins attrayants aujourd'hui que l'aromatique roussanne, le riche grenache blanc ou même le vif bourboulenc. La clairette-de-languedoc existe sous de multiples versions, en sec ou en doux, mutées ou non. Si la clairette moelleuse a connu des heures fastes et tente un modeste retour, la plupart des vins sont secs à présent. Seuls 70 hectares sont plantés de vignes sur des terrasses d'origines géologiques diverses, partagées entre deux zones à une trentaine de kilomètres de la mer. La **clairette-de-bellegarde**, minuscule aire d'appellation, dont le nom est rarement revendiqué, se trouve au sud-est des costières-de-nîmes (voir chapitre vallée du Rhône).

L'appellation la moins bien définie à l'heure actuelle, bien qu'elle produise certains des meilleurs vins français, est celle des **coteaux-du-languedoc**. Et, c'est bien là que seront délimitées les futures aires d'appellation. Pour le moment, tout le monde porte le même uniforme, mais chacun souhaite se démaquer et faire ses preuves. Saint-chinian, faugères et clairette-du-languedoc font déjà cavalier seul et sont considérés comme des crus à part entière (bien que les vins de

▼ *La vendange à la machine, sous la pluie, n'est pas le meilleur moyen pour produire un vin de qualité.*

▼ *L'étonnante lumière de Collioure est aussi prisée des peintres – et navigateurs du dimanche – que de la vigne.*

ces appellations puissent aussi être vendus sous l'appellation coteaux-du-languedoc).

En principe, tous les vignobles de la zone côtière qui ne bénéficiaient pas de leur propre appellation ont été réunis sous l'AOC coteaux-du-languedoc. Les terroirs les moins favorables ou dénués de tradition viticole sont classés en **vin de pays**. Il existe quelques exceptions à cette règle : un certain nombre de producteurs (comme ceux d'Aniane) ont accédé à l'AOC, mais préfèrent travailler dans le cadre des vins de pays parce qu'ils souhaitent vinifier des cépages autres que les variétés locales. En outre, l'INAO avait proposé aux producteurs de la région de Béziers (où l'on trouve d'excellents terroirs, comme celui des Côtes de Thongue, à mi-chemin entre Béziers et Pézenas) la délimitation de leur vignoble, mais ceux-ci ont refusé parce qu'à l'époque l'orientation vers les vins de pays (avec des cépages internationaux) semblait permettre d'oublier plus rapidement un passé de misère que la production de vins d'appellation issus des cépages locaux. Une décision qu'ils regrettent parfois aujourd'hui.

La meilleure façon de comprendre la mosaïque que compose l'appellation coteaux-du-languedoc consiste sans doute à la concevoir de la même manière que la fameuse pyramide des appellations bourguignonnes. La large et lourde base de la pyramide est constituée de l'AOC régionale coteaux-du-languedoc elle-même.

À mi-hauteur de la pyramide se situeraient les sept subdivisions (parfois appelées «régions climatiques»), qui sont des AOC indépendantes en puissance, avec du sud-ouest au nord-est : La Clape, Terrasses de Béziers (aire beaucoup plus restreinte qu'elle ne devrait être pour les raisons exposées plus haut), Pézenas, Terrasses du Larzac, Grès de Montpellier, Pic Saint-Loup et, près de Nîmes, Terre de Sommières.

Enfin, au sommet de la pyramide, viendraient les aires communales (parfois appelées «terroirs»), qui sont également des AOC en puissance. Là encore, du sud-ouest au nord-est : Quatourze, Picpoul-de-Pinet, Cabrières, Saint-Saturnin, Montpeyroux, Saint-Georges d'Orques, La Méjanelle, Saint-Drézery, Vérargues et Saint-Christol. Rappelons que La Clape et Pic Saint-Loup désignent à la fois des aires sous-régionales et communales. Tous ces noms figurent dès à présent en dénomination sur les étiquettes de l'AOC coteaux-du-languedoc.

Si vous voulez faire des paris, les initiés donnent gagnants de la course à la promotion en AOC, dans l'ordre, Picpoul-de-Pinet (vin de cépage blanc à l'arôme citronné), Montpeyroux (qui inclurait la célèbre localité d'Aniane), Pic Saint-Loup, Grès de Montpellier et La Clape.

L'AOC coteaux-du-languedoc recouvre une extraordinaire palette de terroirs. Certains, comme Saint-Saturnin, Montpeyroux et le Pic Saint-Loup, sont de classiques vignobles en terrasses, aux sols marno-calcaires, accrochés aux pieds des Cévennes. D'autres, comme La Méjanelle, Vérargues et Saint-Christol, couvrent des terrasses graveleuses à basse altitude, dont les sols sont les produits de l'érosion fluviale ; ils sont comparables aux costières-de-nîmes. Comme Faugères, Cabrières correspond à un terroir schisteux. La Clape, ensemble de collines calcaires, anciennement séparée du continent, est encore différente à cause de son climat très nettement maritime. Pour des raisons administratives et politiques curieuses un appendice des Corbières remonte pour rejoindre la partie la plus méridionale de La Clape. Le vignoble de Quatourze, à proximité de Narbonne, est plat et caillouteux. Ce serait une grave erreur de croire que les collines viticoles des coteaux-du-languedoc sont systématiquement supérieures aux plaines et aux terroirs de basse altitude. Dans les Grès de Montpellier, La Méjanelle, par exemple, peut produire de superbes vins rouges sur ses sols d'argile et de galets de rivière. La ville de Montpellier est malheureusement en train de dévorer ces vignobles en les sillonnant de routes et d'autoroutes.

Sur une zone côtière plate, les aires d'appellations **muscat-de-frontignan**, **muscat-de-mireval** et **muscat-de-lunel** produisent des vins doux naturels à base de muscat, onctueux, miellés et généreux. Ceux-ci n'atteignent pas la finesse aromatique du muscat-de-saint-jean-de-minervois, né plus haut sur des cailloutis calcaires d'une blancheur éclatante.

▼ *Raisins blancs et noirs mêlés : certaines coopératives ont encore des progrès à faire sur la voie de la qualité.*

Mon point de vue critique

L'affaire Mondavi

Ce que l'on a appelé « l'affaire Mondavi » a fait apparaître le Languedoc sous un jour étonnant. Robert Mondavi, producteur californien, avait le projet d'acheter ou de créer un domaine à Aniane, où il aurait implanté de la syrah. La commune d'Aniane – grâce à l'existence des domaines du Mas de Daumas Gassac, de La Grange des Pères et de Capion – s'est forgé une excellente réputation dans la production de vins de pays. Une rumeur locale persistante laisse à penser que Mondavi était en pourparlers pour l'achat du Mas de Daumas Gassac lui-même, mais qu'aucun accord n'a pu être trouvé sur le prix. (Southcorp, société australienne, aurait conduit pendant six mois des négociations pour l'achat de ce même domaine et aurait échoué pour les mêmes raisons.) Mondavi décida donc de créer son propre domaine en défrichant des terres qu'Aimé Guibert appelle la forêt vierge sur le territoire d'Aniane, mais que David Pearson, l'homme d'affaires représentant Mondavi en France, décrivait comme « des terres en friches qui avaient été utilisées pour faire paître les troupeaux ou qui avaient fait l'objet d'une exploitation agricole cinquante ans auparavant ». Le Conseil municipal d'Aniane et son maire, André Ruiz, avec le soutien actif du maire de Montpellier, Georges Frêche, approuvèrent le projet de Mondavi le 25 juillet 2000. Le projet initial prévoyait de planter de petites surfaces de 5 hectares dans la garrigue, comme Aimé Guibert a lui-même installé le vignoble du Mas de Daumas Gassac.

Les élections municipales eurent lieu l'année suivante; le choix entre Mondavi et la garrigue fut l'un des thèmes de la campagne. Ruiz fut battu. Le vainqueur, Marcel Diaz, était issu du camp anti-Mondavi. Aussi l'Américain abandonna-t-il son projet au mois de mai suivant, se retirant complètement de la France et renonçant ensuite à sa marque Vichon Méditerranée. Laurent Vaillé de La Grange des Pères y vit « une catastrophe » : on venait de ruiner l'unique chance pour le Languedoc de se faire connaître dans le monde entier. Le Languedoc est apparu comme une terre assez peu accueillante à toute intrusion étrangère.

Cependant, on a du mal à croire que Mondavi n'ait pu trouver, dans tout le Languedoc, aucune autre terre viticole pour faire un bon vin de syrah. Ce cépage peut donner de splendides résultats à Saint-Chinian, comme à Faugères, ou à La Livinière dans le Minervois, pour ne citer que trois terroirs. Le Muntada de Gauby et le Clos des Truffiers du Château Négly sont des vins à base de syrah d'une qualité étonnante : ils ne sont pas produits près d'Aniane. Un témoin local affirme que Mondavi cherchait un vignoble situé entre le Mas Daumas-Gassac et La Grange des Pères. Il aurait pu s'installer à mille autres endroits tout aussi favorables, mais il voulait être tout contre Guibert. « Il faut aussi reconnaître que l'issue finale constitue un admirable et rare exemple de victoire de la démocratie locale sur le capital étranger allié à la force politique locale. » Pour le meilleur ou pour le pire, c'est la population locale qui a eu le dernier mot.

Les vignerons en colère

En ce début de XXIe siècle, le Languedoc est la seule région de France où le vin et surtout la surproduction de vin médiocre demeurent un motif d'agitation sociale. On a vidé des citernes, saccagé des équipements d'autoroute et causé 3,8 millions d'euros de dommages dans les locaux du négociant du Midi, Daniel Bessière, au moment où sa société s'apprêtait à fêter son centième anniversaire. Les auteurs de tels actes considèrent qu'ils s'inscrivent dans la tradition de la révolte de 1907, mais la plupart des observateurs s'accordent à penser que si le marché était complètement ruiné en 1907, la crise d'aujourd'hui a pour seule origine la mauvaise qualité, pour reprendre les paroles de Jean Clavel : « La moitié du vin du Languedoc est invendable ». Jean Clavel a travaillé quarante ans pour guider le Languedoc vers la production de vins d'appellation et de vins de pays; il est convaincu qu'on assiste aux derniers soupirs de ceux qui refusent de se réformer. « Les producteurs de vin et les coopératives qui font du vin de qualité n'ont aucun problème d'écoulement; mais un bon tiers des coopératives – ou même davantage – n'a pas réalisé les progrès nécessaires. Elles ne veulent pas changer car beaucoup de leurs membres sont âgés et n'ont pas de successeurs. Lorsqu'ils s'arrêteront de travailler, le problème disparaîtra de lui-même. »

▼ *Le paisible petit port de Banyuls ne voit plus passer beaucoup de vin depuis qu'on le transporte par route ou par voie ferrée. Les pêcheurs ne peuvent que s'en réjouir.*

Languedoc-Roussillon : les vignerons

Abbotts

34000 Montpellier. Tél. : 04 67 91 31 00, fax : 04 67 91 31 07.

Le couple australien, Nerida Abbott et Briton Nigel Sneyd, achète généralement son raisin pour le vinifier en AOC limoux, minervois, coteaux-du-languedoc et côtes-du-roussillon. Joliment conditionnés, les vins sont structurés, puissants, agréables sans plus, fortement marqués par le chêne. Le meilleur d'entre eux est le minervois Cumulonimbus (syrah). Selon Nerida Abbott, cette région possède « le potentiel le plus étonnant du monde »; elle a choisi de travailler dans le cadre des AOC plutôt que dans celui des vins de pays parce que « les aires d'AOC correspondent aux meilleurs terroirs du sud de la France. »

de l'Aigle

11300 Roquetaillade. Tél. : 04 68 31 39 12, fax : 04 68 31 39 14.

Ce domaine de 22 hectares en limoux appartient à une maison de négoce bourguignonne, Antonin Rodet. Nadine Gublin, talentueuse responsable de la vinification, apprécie le Limouxin pour « ses journées chaudes, ses nuits fraîches, sa pluviosité faible, ses sols d'argile et de calcaire qui favorisent la maturité du raisin. » Les rendements sont limités à 40 hl/ha. Les vins de cépage, plus subtils que leurs concurrents, manquent encore de profondeur. (Le propriétaire précédent, Jean-Louis Denois, d'origine champenoise, avait planté du riesling et du gewurztraminer, cépages interdits dans les AOC de limoux. Victime d'une délation, il fut poursuivi et choisit de vendre le domaine).

Aiguelière

34150 Montpeyroux. Tél. : 04 67 96 61 43, fax : 04 67 44 49 67.

Les meilleurs vins de ce domaine de Montpeyroux sont ses deux cuvées de syrah, Côte Dorée (vignes cultivées sur un sol de gravier) et Côte Rousse (sur sol calcaire). Ils sont souples et élégants.

Aiguilloux

11200 Thézan des Corbières. Tél. : 04 68 43 32 71, fax : 04 68 43 30 66.

Ce domaine des Corbières (37 hectares) est situé sur l'un des rares sols calcaires de Boutenac; il produit des vins rouges chaleureux, mûrs, délicieusement fruités, élevés dans du vieux bois.

Aires Hautes

34210 Siran. Tél. : 04 68 91 54 40, fax : 04 68 91 54 40.

La production de Gilles Chabbert sur son domaine de 28 hectares comprend un intéressant malbec en vin de pays d'Oc, issu de vignes de trente-cinq ans, ainsi que des cuvées de minervois et de minervois-la-livinière. Le plus grand vin est le Clos de l'Escandil, originaire d'un vignoble clos de murs, à La Livinière, planté de jeunes souches de syrah et de mourvèdre, et de ceps cinquantenaires de grenache. Les récents millésimes n'ont pas atteint la qualité du légendaire 1998 (issu de rendements de 16 hl/ha), mais demeurent bien construits et élégants avec leurs arômes de café.

Alquier

34600 Faugères. Tél. : 04 67 23 07 89.

Ce domaine compte parmi les meilleurs de Faugères, mais, les vins étiquetés Gilbert Alquier déçoivent par leur minceur. Tournez-vous vers les étiquettes JM & F Alquier (Maison Jaune et Bastides), même si la mise en bouteilles et la mise en vente tardives ne jouent pas toujours en leur faveur.

Aupilhac

34150 Montpeyroux. Tél. : 04 67 96 61 19, fax : 04 67 96 67 24.

Avec ses 30 hectares, Sylvain Fadat se place à l'avant-garde de Montpeyroux : il produit des vins de pays de Mont Baudile (un pur carignan et un vin de plaisir appelé Lou Badet) et de l'Hérault (un cinsault de vignes âgées de cent un ans, Les Servières, ainsi que le vin de sa nouvelle entreprise d'Aniane, Les Plôs de Baumes, un savoureux assemblage à la bordelaise de cépages plantés sur la terre que cultivait son grand-père maternel). Toutefois, le domaine d'Aupilhac même produit le vin le plus dense, aux arômes les plus complexes (le 1999 était composé de 40% de mourvèdre, 40% de carignan et 20% de syrah).

Les Aurelles

34720 Caux. Tél. : 04 67 98 46 21, fax : 04 67 09 32 58.

Karl Mauguin et Basile Saint-Germain, convertis à la viticulture à l'âge mûr, ont établi ce domaine de 11,5 hectares, proche de Pézenas, dans les années 1990 en achetant des parcelles sur des terrasses graveleuses situées au nord de la ville, classées en coteaux-du-languedoc. La cuvée Solen, élégante, est issue de 65% de carignan et de 35% de grenache, tandis que l'Aurel, légèrement plus lourde bien qu'encore subtile, contient 45% de grenache, 40% de mourvèdre et 25% de syrah. L'inspiration est bordelaise, car les deux propriétaires ont travaillé aux châteaux Haut-Brion et Latour, et affectionnent les sols de graves. Cependant, ils n'élèvent pas leurs vins rouges en barrique.

Baron'Arques

11250 Gardie. Tél. : 04 68 69 77 77.

Ce vin rouge est produit à Limoux par la maison bordelaise Baron Philippe de Rothschild, avec la coopérative du Sieur d'Arques : un assemblage de 60% de cépages atlantiques (merlot et les deux cabernets) et de 40% de cépages méditerranéens (grenache, syrah, malbec), vinifié selon la méthode bordelaise et élevé en fût, ce qui l'apparente au cabardès ou au côtes-de-la-malepère. Les parcelles exploitées dans les trois premiers millésimes relevaient des terroirs de la Méditerranée et de la haute vallée de l'Aude (Villar-Saint-Anselme, Saint-Polycarpe, Gardie et Villebazy); les étiquettes portaient le nom de vin de pays de la haute vallée de l'Aude jusqu'en 2002. Maintenant que limoux a obtenu son AOC en rouge, peut-être arboreront-elles l'appellation. Ce sont des vins complexes et plus souples que bien d'autres vins du Languedoc, avec un fruité de plus en plus profond; 1999 a marqué un progrès et Vincent Montigaud affirme que 2000 et 2001 sont encore meilleurs. Toutefois, les prix qui égalent ceux du château d'Armailhacq en pauillac, sont excessifs. Le même partenariat produit une gamme de vins de cépage sans intérêt, vendus sous le nom de Rothschild. Le Domaine de Lambert appartient à la baronne Philippine de Rothschild. En cours de replantation, sous l'égide du dynamique californien Tod Mostero, il devrait satisfaire aux exigences de l'AOC limoux rouge.

La Baume

34290 Servian. Tél. : 04 67 39 29 49, fax : 04 67 39 29 40.

La société australienne BRL Hardy's Languedoc s'est spécialisée dans la production de vins de cépage corrects, mais sans ambition. Les Sélections Chardonnay et Cabernet-Sauvignon sont issues de beaux raisins et vieillissent en barrique; les meilleurs vins sont le blanc du Domaine La Baume, souple, épicé, fermenté en fût et composé de 70% de viognier et de 30% de chardonnay en 1998, ainsi que le Domaine La Baume rouge, associant 55% de merlot et 45% de sauvignon en 1998.

La Bégude *voir* Comte Cathar

Système de notation utilisé dans les pages producteurs : ✪ Très bon vin ✪✪ Excellent vin ✪✪✪ Vin exceptionnel

Belles Eaux

34720 Caux. Tél. : 04 67 09 30 95, fax : 04 67 09 30 95.

Ce domaine de 50 hectares en coteaux-du-languedoc a traditionnellement vendu une partie de sa production à des négociants, mais il procède désormais fréquemment à la mise en bouteilles. Notez les cuvées Tradition souple et fruitée, Fûts de Chêne au boisé bien intégré, Sylveric, profonde, aux arômes fruités et épicés, à base de 70% de syrah.

Bergé

11350 Paziols. Tél. : 04 68 45 41 73, fax : 04 68 45 41 73.

Bertrand Bergé est l'une des étoiles montantes de fitou, AOC qui me déçoit souvent. Goûtez sa cuvée Ancestrale, aux parfums de garrigue et à la chair ample.

Borie de Maurel ✪✪

34210 Félines-Minervois. Tél. : 04 68 91 68 58, fax : 04 68 91 63 92.

Le domaine de 28 hectares de Michel Escande produit quelques-uns des plus grands vins des AOC minervois et minervois-la-livinière. La cuvée Aude est un vin blanc vif, assemblage aromatique de marsanne et de petites quantités de muscat. Esprit d'Automne et La Féline sont à dominante de syrah. La Cuvée Maxim fait un clin d'œil au bandol : ce vin de pur mourvèdre, issu de vignes cultivées sur un sol gréseux et élevé en demi-muids, dévoile des accents de cuir, des notes minérales et une trame tannique dense. Le pur syrah cuvée Scylla, non boisé, semble aérien par rapport à la cuvée Porte du Ciel du château de La Négly : les arômes seraient presque ceux d'un hermitage, avec des connotations de cerise et de réglisse. Ce vin provient des terroirs les plus élevés du domaine de Michel Escande, autour de 300 m d'altitude, aux sols calcaro-marneux. L'hommage d'Escande à son mentor Jacques Reynaud, Belle de Nuit («Ça fond, ça enrobe, c'est la lune», selon ses propres termes), est un pur grenache, dont les vignes auraient poussé sur du silex. Une fois de plus, la cuvée Borie de Maurel est un exemple d'équilibre, de finesse, de souplesse et d'intensité aromatique. Il faut enfin découvrir le Rêve de Carignan, un vin de 14,5% vol., aux arômes de baies noires et à la belle vivacité, témoignant du potentiel de ce cépage. Formé par un grand maître, Escande en devient un à son tour.

Borie La Vitarèle

34490 Saint-Nazaire-de-Laderez. Tél. : 04 67 89 50 43, fax : 04 67 89 50 43.

Les 10 hectares du domaine de Jean-François Izam réunissent divers terroirs : riches sols de fond de vallée pour les vins de pays; galets de bord de rivière pour son vin aromatique à base de syrah, Les Cerises (saint-chinian); calcaire pour le coteaux-du-languedoc Terres Blanches, plus tendre et essentiellement à base de grenache; schistes pour l'assemblage de syrah et de grenache, Les Schistes.

Bousquette

34460 Cessenon-sur-Orb. Tél. : 04 67 89 65 38, fax : 04 67 89 57 58.

Ce domaine prometteur de saint-chinian appartient, comme Foulaquier au Pic Saint-Loup et la Grange des Quatre Sous, à des propriétaires suisses. Les vignes d'Éric Perret sont en culture biologique. La cuvée Prestige est un vin ambitieux, bien structuré, illustrant le terroir schisteux de l'AOC saint-chinian.

Cabrol

11600 Aragon. Tél. : 04 68 77 19 06, fax : 04 68 77 54 90.

Ce domaine de 21 hectares situé en Cabardès, à 300 m d'altitude, est conduit par Claude Carayol et son frère. Les influences atlantique et méditerranéenne ont déterminé le style des deux cuvées principales : Vent d'Est, à base de syrah, concentre les influences du Languedoc; Vent d'Ouest, à base de cabernet, se tourne vers l'Aquitaine. Pas de vieillissement en fût de chêne. Le Vent d'Est est aromatique et épicé, le Vent d'Ouest plus dense et plus riche. La Cuvée Réquieu est constituée du raisin restant.

Camplazens

11100 Narbonne. Tél. : 04 68 45 38 89.

Actuellement entre les mains de propriétaires britanniques, ce beau domaine de 40 hectares est situé en coteaux-du-languedoc La Clape. Il produit un vin de pays d'Oc issu de viognier, d'une savoureuse intensité. La version de prestige du Château Camplazens est un vin profond. Le vin de garage MO-9, ambitieux mais un peu trop lourd, s'améliore.

Canet Valette ✪

34460 Cessenon-sur-Orb. Tél. : 04 67 89 51 83, fax : 04 67 89 37 50.

Le domaine de 18 hectares de Marc Valette produit deux saint-chinian, excellents dans le grand millésime 1998 comme dans les suivants. La cuvée Mille Nuits (anciennement Tradition), souple, ronde et fruitée, rassemble tous les cépages cultivés par Valette, avec une dominante de grenache. Le Vin Maghani (anciennement cuvée Fûts de Chêne, née des meilleurs plants de syrah, de mourvèdre et de grenache du domaine) atteint une plus grande plénitude : épicé, enveloppé d'intenses arômes de fruits, il bénéficie d'une bonne structure. Les faibles rendements, le tri de la vendange, le pigeage pieds nus pratiqué deux fois par jour («On se sent bien, on sent bon»), les levures naturelles, le refus du collage et de la filtration permettent d'obtenir des vins expressifs. Ancien membre de la coopérative locale, Valette élabore un pur carignan encore plus étonnant que celui de Jean-Marie Rimbert : Galéjades de Canet Valette. Le 1999 avait été récolté à 18,5% vol. d'alcool et fermenté par macération semi-carbonique, conservant 20 g/l de sucre résiduel : un véritable concentré de prune, des notes de fumée et de réglisse qui se prolongent jusqu'en finale. Le jour où j'ai goûté ce vin, j'ai compris qu'il était erroné de mépriser le carignan. Inutile de dire que ce vin ne correspond à aucune réglementation d'AOC et qu'il est donc commercialisé comme vin de table.

Capion

34150 Gignac. Tél. : 04 67 57 71 37, fax : 04 67 57 33 94.

Troisième domaine à produire le célèbre vin de pays d'Aniane, avec le Mas Daumas Gassac et La Grange des Pères. Il appartient à Adrian Buhrer, également propriétaire du domaine de Saxenburg en Afrique du Sud et dont le maître de chai, Nico van der Merwe, assure l'élaboration de deux millésimes par an. Le haut de gamme en blanc, Le Sorbier, est souple, boisé, exotique, légèrement doux. Néanmoins, le vin de marsanne et de roussanne révèle des arômes bien plus intéressants. De la vaste gamme en rouge, retenez Le Juge, assemblage de syrah et de grenache.

Casa Blanca

66650 Banyuls-sur-Mer. Tél. : 04 68 88 12 85, fax : 04 68 88 04 08.

Le domaine de Banyuls d'Alain Soufflet et de Laurent Escarpa produit un collioure d'une agréable rondeur (60% de grenache, 40% de syrah); le millésime 1998 semblait presque avoir la douceur du banyuls, tirant vers le porto en finale. Le banyuls lui-même se décline en une version Tradition (à base de grenache gris) et en Vintage (grenache noir). Cette dernière, aux notes de figue et de raisin sec, s'avère plus savoureuse.

Castelmaure ✪

11360 Embres-et-Castelmaure. Tél. : 04 68 45 91 83, fax : 04 68 45 83 56.

Avec quatre-vingt-dix adhérents, la coopérative cultive 300 hectares, divisés en 760 parcelles, mais ses douze principaux membres assurent 90% de la production. «Il y a vingt ans à peine, déclare son président Patrick de Marien, on considérait que nous n'étions bons qu'à faire du vin de table». Depuis 1998, grâce aux conseils de Michel Tardieu, la cave produit l'un des plus grands corbières rouges, la Cuvée N° 3, assemblage de syrah, de grenache et de carignan bien mûrs, conduits à faible rendement, réunissant une palette aux accents de fruits doux et de kirsch, la souplesse et une ardeur minérale. La Cuvée Pompadour est un judicieux assemblage de carignan soumis à une macération carbonique et de syrah, complété par 30% de grenache. Élevé pendant six mois dans des fûts anciens, c'est un vin rouge chaleureux, mûr, aux tanins souples. La Grande Cuvée composée de syrah, de grenache et d'un peu de carignan est plus riche, plus structurée, plus minérale aussi.

Cazeneuve

34270 Lauret. Tél. : 04 67 59 07 49, fax : 04 67 59 06 91.

Le travail d'André Leenhardt, président des vignerons du Pic Saint-Loup, montre que ce secteur est aussi prometteur pour les vins blancs que pour les rouges. L'assemblage de rolle, de grenache blanc et de viognier, fermenté en barrique, semble parfumé de lavande et d'herbes aromatiques. En rouge, la cuvée Calcaires, non boisée, exprime la garrigue, tandis que Le Roc des Mates, qui achève son élevage dans le chêne, semble moins marqué par la région. Le Sang du Calcaire résulte d'une sélection de vendanges (pur mourvèdre en 1997, pure syrah en 1998), élevée sous bois neuf. Le fruit atteint ici une telle qualité que l'influence du chêne ne peut être que bénéfique : ce sont des vins à la robe sombre, concentrés, d'un équilibre parfait.

La Cazenove

66300 Trouillas. Tél. : 04 68 21 66 33, fax : 04 68 21 77 81.

La meilleure cuvée de ce domaine de côtes-du-roussillon est la Cuvée du Commandant François Joubert, aux arômes de fruits frais.

Cazes

66602 Rivesaltes. Tél. : 04 68 64 08 26, fax : 04 68 64 69 79.

En Roussillon, ce vaste domaine de 160 hectares produit une large gamme de vins, dont les meilleurs sont incontestablement les vins doux naturels (des muscats miellés et un puissant rivesaltes Grenat millésimé). Parmi les vins non mutés à alcool, le Canon du Maréchal, à l'arôme de mandarine, issu de pur muscat, offre un apéritif agréable. Quelques vins rouges déçoivent par leur légèreté, mais le côtes-du-roussillon-villages Trilogy s'avère complexe, aux doux arômes de fruit cuit. La conversion du domaine Cazes à la biodynamie, ces cinq dernières années, en fait l'un des plus grands domaines de France à appliquer les méthodes de Steiner et de Maria Thun.

Chênes

66600 Vingrau. Tél. : 04 68 29 40 21, fax : 04 68 29 10 91.

Ce domaine de 32 hectares appartient à la famille d'Alain Razungles, enseignant à l'ENSA de Montpellier. Soigneusement vinifiés, avec une fermentation en fût pour les blancs et l'obtention de tanins fondus, pour les rouges. Les Chênes produisent deux vins blancs – Les Sorbières (grenache blanc et macabeu) et Les Magdaliens (roussanne et grenache blanc) –, ainsi qu'un vin de pur carignan, Les Grands'Mères, un classique du Roussillon appelé Les Alzines et un vin de syrah et de mourvèdre de Tautavel.

Clavel

34160 Saint-Bauzille de Montimes. Tél. : 04 67 86 97 36, fax : 04 67 86 97 37.

Pierre Clavel, fils de Jean Clavel qui joua un grand rôle dans le vignoble languedocien, possède 40 hectares. Les plus vieilles vignes se trouvent à La Méjanelle, dans l'aire des Grès de Montpellier (subdivision des coteaux-du-languedoc) ; les plus jeunes sont cultivées à 20 kilomètres plus au nord, dans les collines. Le meilleur vin de cette gamme, généralement impressionnante, est le Copa Santa, vieilli dans le chêne, assemblage de syrah de vieilles vignes (jusqu'à 80 %), de grenache et de mourvèdre de La Méjanelle. Parfumé d'épices, Les Garrigues possède une même concentration.

Clos Centeilles

34210 Siran. Tél. : 04 68 91 52 18, fax : 04 68 91 65 92.

Daniel Domergue est l'un des plus illustres ampélographes du Languedoc. Avec sa femme Patricia, il a aussi été l'un des pionniers du minervois de qualité sur son domaine de 18 hectares. « Nous ne faisons pas des vins de compétition, déclare Patricia, nous faisons des vins à boire à table. Tout en dentelle. » Ce style gracieux, souvent non boisé, se démarque de celui de l'avant-garde languedocienne. Le Clos Centeilles serait-il le Belair de sa région ? Retenez aussi le pur cinsault Capitelles de Centeilles.

Clos de l'Escandil, *voir* Aires hautes

Clos Fantine

34600 Faugères.

Le domaine de 20 hectares d'Olivier Andrieu à Faugères, qu'il mène avec ses sœurs Corinne et Carole, est profondément traditionnel : pas de bois, beaucoup de carignan, un peu de cinsault et même un petit faible pour l'aramon. « Nous ne sommes pas favorables à des techniques fantaisistes. Nous voyons notre avenir dans le passé », dit Andrieu. « Chaque cépage a sa valeur », ajoute Corinne. Le Clos Fantine 1998 était concentré, riche d'arômes de garrigue et d'une structure raffinée. La Cuvée Courtiel est plus ambitieuse.

Clos des Fées ✪

66600 Vingrau. Tél. : 04 68 29 40 00, fax : 04 68 29 03 84.

L'ancien sommelier et journaliste Hervé Bizeul a été attiré dans le Roussillon par son patrimoine viticole, dont il a brillamment tiré parti dans des vins concentrés et élégants. Ses vignes poussent essentiellement sur des sols argilo-calcaires, plutôt que sur schiste, ce qui peut expliquer la fraîcheur fruitée des vins. Retenez Les Sorcières du Clos des Fées (carignan, grenache et mourvèdre), souple, au fruité suave, idéal « pour accompagner une pizza », dit Bizeul, plaisantant à demi. La cuvée Vieilles Vignes de lladoner pelut, de grenache, de syrah et de carignan (ceps de cinquante à cent ans) dévoile une plus grande puissance tannique, alors que le Clos des Fées, issu de vieilles vignes et vinifié en demi-muids ouverts, conjugue des arômes de fruit à une solide structure. Ce vin assemble 25 % de syrah, au mourvèdre, au grenache et au carignan. La dernière acquisition de Bizeul est un vignoble de 1,16 hectares de grenache, planté en 1952 et localement connu sous le nom de La petite Sibérie, parce qu'il se situe dans un corridor montagneux, près des anciennes mines de fer de Calce. C'est un terroir de schiste rouge sombre sur un socle calcaire. La première vendange, en date du 5 octobre 2001, a donné un vin complexe, dont la fraîcheur équilibre les doux arômes de mûre. Tous les vins, à l'exception des Sorcières, sont mis en bouteilles sans filtration.

Clos du Gravillas

34360 Saint-Jean-de-Minervois. Tél. : 04 67 38 17 52.

Le domaine de Nicole Bojanovski est l'un des premiers de la zone de vin de pays des Côtes de Brian. En blanc, la cuvée L'inattendu n'est pas un franc succès, mais le rouge Lo Vièlh, élégant et équilibré, est une vraie réussite.

Clos Maginiai

34270 Pic Saint-Loup.

Nouveau producteur, Zumbaum Tomasi pratique la biodynamie au Pic Saint-Loup et élabore des vins rouges souples, d'une grande maturité.

Clos Marie

34270 Lauret. Tél. : 04 67 59 06 96, fax : 04 67 59 08 56.

Impressionnant domaine du Pic Saint-Loup dont le vin haut de gamme, Les Glorieuses, offre une chair pleine et structurée. Le Simon est plus simple.

Clos des Paulilles

66660 Port-Vendres. Tél. : 04 68 38 90 10, fax : 04 68 38 91 33.

Le domaine de la famille Dauré (voir Château de Jau) produit du banyuls et du collioure. Le banyuls Rimage offre un nez concentré de fruits frais, et le Rimage Mise Tardive se montre plus souple. Le Bap Béar, après un an passé en bonbonnes exposées à l'air libre, propose un caractère plein d'allant. Le rivesaltes du Mas Christine est un autre vin doux naturel produit par la même équipe.

Clos Sainte-Pauline

34230 Paulhan. Tél. : 04 67 25 29 42, fax : 04 67 25 29 42.

Récemment, les Pagès ont créé ce domaine en coteaux-du-languedoc., produisant deux cuvées d'un vin de syrah et de grenache dense, aux arômes de fruits, dont l'une séjourne dans le chêne, l'autre pas. Un autre vin est élaboré avec une proportion complémentaire de mourvèdre.

Clos des Truffiers, *voir* Château de la Négly

Combebelle, *voir* Comte Cathar

Combe Blanche

Non communiqué.

La cuvée Le Dessous de l'Enfer de ce domaine des Côtes de Brian est l'une des tentatives les plus réussies de culture du tempranillo en Languedoc. Le vin regorge d'intenses arômes de cerise. Un vin blanc structuré, issu à parts égales de roussanne et de viognier, est également produit.

Comberousse

34220 La Livinière. Tél. : 04 68 91 42 63, fax : 04 68 91 62 15.

Propriétaire de 12 hectares en coteaux-du-languedoc Saint-Georges d'Orques, à l'ouest de Montpellier, Alain Reder élabore un excellent vin blanc de rolle, de roussanne et de grenache blanc. Le 1998 offrait d'intenses arômes de pêche et d'abricot, bien que l'assemblage ne comporte pas de viognier; seule sa vivacité traduisait la présence d'autres cépages.

Comte Cathare

34220 La Livinière. Tél. : 04 68 91 42 63, fax : 04 68 91 62 15.

Pléthore d'activités sont coordonnées avec enthousiasme et selon une philosophie biodynamique, par le Britannique Bertie Eden, petit-neveu du Premier Ministre du Royaume-Uni à l'époque de la crise du canal de Suez. Eden a fondé l'entreprise en 1994 avec l'aide financière de ses partenaires, Kevin Parker et Richard Dunn. Il réunit les 50 hectares du Château Combebelle à Saint-Chinian (qui inclut l'ancien Domaine de La Magnanerie), les 23 hectares du Domaine de La Bégude à Limoux, les 6 hectares du Domaine de Montahuc à Saint-Jean-de-Minervois et les 60 hectares du Château Maris à La Livinière, dans le Minervois. Comte Cathars est aussi une marque de négociant, qui achète du raisin au Château Ollieux Romanis (70 hectares) dans les Corbières, au Domaine Saint-Louis de Villeraze (60 hectares) dans le Cabardès, au Domaine du Mal Passé à Faugères et au Mas Désiré dans le Roussillon. Combe Aval, en fitou, correspond à un achat en coopérative. Tous les vins sont présentés au public dans une ancienne briqueterie, La Tuilerie, à La Livinière, et au Relais de La Pigasse, restaurant d'Ouveillan, sur le canal du Midi. La gamme est considérable et de bon niveau. Comte Cathars semble hésiter entre la voie du terroir et de l'AOC, ou celle des vins de cépages et des vins de pays. La dernière entreprise (qui a donné les meilleurs vins de Comte Cathars à ce jour) s'oriente plutôt vers la seconde voie, avec une gamme de quatre vins de cépage de qualité : DGS (syrah), Umbra (grenache), La Colline (cabernet-sauvignon) et d'Oc (carignan). «C'est juste une affaire de paperasse», dit Eden pour expliquer son choix de vins de pays et non d'AOC. Des quatre, le meilleur est le DGS, avec ses somptueux arômes et ses tanins soyeux : un vin de cépage populaire plutôt qu'un ambitieux vin de terroir. Le reste de la gamme résulte d'une élaboration irréprochable et fait preuve d'élégance, mais l'on aimerait trouver dans les vins un peu plus de caractère, à l'image du nom de «Comte Cathars».

Conquêtes

34150 Aniane. Tél. : 04 67 57 35 99, fax : 04 67 57 35 99.

Rares sont les producteurs qui renoncent au revenu régulier de vignobles en Champagne pour ceux plus incertains des vignes du Languedoc. Tel a été pourtant le choix de Sylvie et Philippe Elner en 1994, même si les vignobles champenois sont restés dans la famille. Leur domaine de 15 hectares se situe près d'Aniane. Ils produisent à la fois des vins d'AOC coteaux-du-languedoc (Terrasses de Larzac) et des vins de pays. Conquêtes est la cuvée d'AOC : elle contient environ 70% de syrah, étayés de grenache et de mourvèdre. Les arômes de baies noires fumés et le caractère de la syrah dominent ce vin puissant. Le Domaine des Conquêtes, vin de pays issu de 60% de cabernet et de 40% de merlot, est légèrement plus austère, mais il libère les mêmes arômes de viande grillée que les vins d'AOC. Le Domaine des Conquêtes blanc porte l'empreinte de chêne; il est issu de chardonnay, complété par du viognier et du grenache blanc.

Clos de la Belle, *voir* Roc d'Anglade

Coupe-Roses

34210 La Caunette. Tél. : 04 68 91 21 95, fax : 04 68 91 11 73.

Domaine du Minervois prometteur. La cuvée Les Plôts (syrah, grenache et carignan de vieilles vignes) est un vin sombre, aux notes fumées et fruitées.

Courtilles

11590 Cuxac d'Aude. Tél. : 04 68 33 57 54.

Bernard Schurr est le représentant de la société australienne Southcorp en Languedoc (voir James Herrick). C'est sur ce domaine de 12,5 hectares en corbières qu'il poursuit, comme le dit la contre-étiquette, «ses propres rêves». Bernard Schurr a été stupéfait de découvrir la mosaïque géologique de ce vignoble de petite superficie, situé à Embres. Il produit deux vins rouges : le Côte 125 (vinifié par macération carbonique et essentiellement issu du carignan du domaine auquel s'ajoute une part d'achat de raisin) et l'étiquette Domaine des Courtilles (grenache et syrah, avec un peu de carignan, dont 50% élevés en barrique). Le Côte 125 porte la marque des paysages sauvages de la région. 1998 fut le premier millésime du Domaine des Courtilles : charnu et capiteux, il comportait du grenache récolté à près de 17 °. Le 1999, au contraire, était sec et acidulé, décevant : ce fut un millésime plus difficile, car les pluies abondantes favorisèrent les attaques du ver de la grappe. Schurr abandonna collage et filtration. La saveur du millésime 2000 marque le retour à des vins amples et structurés. «J'aime les vins qui ont de la substance», dit Bernard Schurr.

des Creisses

34920 Valros.

Un nouveau domaine ambitieux que son propriétaire, Philippe Chessenelong, conduit avec l'aide de son cousin Louis Mitjavile, fils de François Mitjavile propriétaire de Tertre Roteboeuf en Bordelais. La cuvée principale de coteaux-du-languedoc, agréable et équilibrée, naît d'une sélection, la majeure partie de la récolte étant vendue en vrac. Plus réussie et d'un bon rapport qualité-prix, la cuvée Les Brunes, vin de pays d'Oc, associe syrah, mourvèdre et cabernet.

La Croix Belle

34480 Puissalicon. Tél. : 04 67 36 27 23, fax : 04 67 36 60 45.

L'un des meilleurs domaines de la zone de vin de pays des Côtes de Thongue. À goûter : le vin rouge Les Calades, issu de mourvèdre, de syrah et de merlot, aux amples arômes de fruits. Le blanc N° 7 est un assemblage de cépages encore plus singulier (viognier, chardonnay, grenache blanc et carignan blanc, ainsi que sauvignon blanc, muscat et chasan), aux arômes de fruits exotiques accompagnés de légères notes boisées.

Embres et Castelmaure, *voir* Embres

Escourrou

11610 Ventenac-Cabardès.

Ambitieux nouveau domaine de l'appellation cabardès, conduit par Arnaud Escourrou. La cuvée Hommage à Cécile est concentrée et épicée, tandis que La Régalona est plus puissante, plus tannique et plus dense.

Estanilles

34480 Cabrerolles. Tél. : 04 67 90 29 25, fax : 04 67 90 10 99.

Michel Louison a été l'une des vedettes de l'AOC faugères pendant des années. Il continue de briller aujourd'hui avec une gamme de vins à base de syrah produits sur son domaine de 34 hectares, aux sol schisteux, situé au hameau de Lenthéric. Ses vins structurés, mûrs et intensément fruités – surtout en 1998 – font apparaître le Languedoc sous son meilleur jour.

Félines Jourdan

34140 Mèze. Tél. : 04 67 43 69 29, fax : 04 67 43 69 29.

Le picpoul-de-pinet de Claude Jourdan, avec leurs arômes citronnés, accompagneront dignement les fruits de mer. Normal pour des coteaux-du-languedoc issus de vignes plantées à proximité des parcs à huîtres…

Ferrer Ribière ✪

66300 Terrats. Tél. : 04 68 53 24 45, fax : 04 68 53 10 79.

En 1993, l'employé de bureau Bruno Ribière devenu viticulteur rencontra dans les vignobles du Roussillon Denis Ferrer, adhérant d'une cave coopérative. Les deux hommes s'entendirent («Nous avions les mêmes idées et nos compétences étaient complémentaires»). Ils formèrent un domaine commun de 40 hectares à Terrats, à 40 km de la frontière espagnole. Ferrer s'occupe des vignes; l'autodidacte Ribière qui semble avoir la sombre ardeur d'un poète surveille les vins. «Un jour, j'ai quitté le bureau, explique Ribière, le lendemain j'étais dans les vignes. J'ai tout appris par la pratique et en écoutant les autres. Le vin m'a pris comme une maladie. En fait, je ne sais rien de la vinification, je fais tout à l'émotion et au sentiment.» Et voici une étonnante gamme de vins, plus ou moins réussis, mais toujours d'un caractère marqué. La situation des vignobles se prête à cet état d'esprit : une zone tourmentée, dont les sols vont du schiste au graves, en passant par l'argilo-calcaires et les marnes. D'une façon générale, les vins blancs sont moins intéressants que les rouges : le Fleur de Lies par exemple, grenache blanc et gris assemblés aux deux muscats, vinifié sur ses lies, est «un vin du passé, un vin culturel». Le vin de pur grenache blanc, Empreinte du Temps, né de vignes de soixante-seize ans, conduites à faibles rendements, fermente en fût : la délicate note anisée du fruit se perd dans le chêne. Les vins rouges vieux, au contraire, sont incomparables, en particulier l'Empreinte du Temps Carignan, élaboré à partir de souches de cent vingt-trois ans – un vin que l'on sent aussi solide que les vignes dont il est issu. Mémoire du Temps, en dépit de son nom, provient essentiellement de vins de jeune syrah, avec un peu de grenache et de carignan. C'est le rouge qui dévoile les plus doux arômes fruités et les tanins les plus fins. Le Cana 1999, sélection de vendanges tardives de grenache, de syrah et de mourvèdre, est l'un des vins aux plus purs arômes minéraux que j'ai jamais dégusté, son séjour de quatorze mois en barrique contribuant encore à amplifier ses flaveurs naturelles sans les dénaturer. L'extraordinaire Selenœ naît de la même philosophie, poussée à son extrême : carignan, grenache et syrah sont récoltés grain par grain au mois de novembre avant de macérer soixante jours. «En fait, c'est de la confiture», dit Ribière. Et lorsque je lui ai demandé comment il embouteillait, il m'a répondu : «À la vieille lune et par vend de sud-est».

Flaugergues

34000 Montpellier. Tél. : 04 99 52 66 37, fax : 04 99 52 66 44.

La propriété de 34 hectares, avec son beau château, semble devenir le Haut-Brion du Languedoc sous la pression urbaine. Le vignoble est aujourd'hui coupé par des grands axes routiers et utilisé à l'occasion comme décharge. Heureusement, Flaugergues est conduit avec le plus grand soin par son propriétaire, le comte Henri de Colbert, résolument persuadé qu' «un nom n'est pas un droit, mais un devoir.» Le terroir – même secteur de Grès de Montpellier que La Méjanelle – correspond aux vastes et profonds bancs de gravier de l'ancien delta du Rhône; ces bancs jouent le même rôle ici que dans les costières-de-nîmes. Les meilleurs vins de la vaste gamme du domaine sont la Cuvée Sommelière non boisée, mais d'un caractère marqué, assemblage de 70% de syrah et de 30% de grenache, et la cuvée Fûts de Chêne qui contient, les bonnes années, du mourvèdre en plus des deux principaux cépages. Grâce à la faiblesse des rendements, ce dernier vin dévoile un côté charnu et une séduisante finale chocolatée.

Font Caude ✪

34150 Lagamas. Tél. : 04 67 57 84 64, fax : 04 67 57 84 65.

Alain Chabanon a travaillé pour le domaine Peraldi en Corse comme pour Alain Brumont dans le Madiran. Un vigneron de talent, qui tient à rester aussi modeste que possible. «Le monde de la finance s'est emparé du monde du vin», regrette-t-il, et il fait de son mieux pour tenir à distance ce monde-là! Considérant que Brumont a la folie du gigantisme, il affirme vouloir rester petit. Si le discours est misanthrope, la qualité des vins est exceptionnelle et la demande risque de dépasser sa propre logique. Le Merle aux Alouettes (on ne peut pas manquer le jeu de mot : c'est du merlot!) est un grand vin de pays d'Oc; Les Boissières, à base de grenache de Montpeyroux, décline des arômes élégants de cerise et de fruits cuits; l'Esprit de Font Caude, syrah et mourvèdre, est plus charnu et plus gras. Chabanon produit aussi un vin de chenin blanc, appelé Le Villard, d'une intense douceur, élaboré à partir de raisins passerillés.

Força Real

66170 Millas. Tél. : 04 68 85 06 07, fax : 04 68 85 49 00.

Ce domaine de 70 hectares dans l'appellation côtes-du-roussillon-villages possède des vignes sur des pentes de schiste. Le Mas de La Garrigue est un vin rouge simple, vif, issu de jeunes vignes de grenache, avec un peu de syrah et de carignan. Le Domaine Força Real, issu de vieilles vignes, a un caractère plus régional, aux arômes de caramel et une solide structure. La cuvée supérieure Les Hauts de Força Real (80% de syrah équilibrés par du mourvèdre et du grenache, séjournant jusqu'à vingt mois en barrique) est un vin rouge concentré, aux arômes de pierre et de tabac, auquel il ne manque que la densité et la chair de certains grands vins de la région.

Foulaquier ✪

34270 Claret. Tél. : 04 67 59 96 94, fax : 04 67 59 96 94.

Ce domaine de 8 hectares situé au nord du secteur du Pic Saint-Loup en AOC coteaux-du-languedoc appartient à Pierre Jequier. Les premiers millésimes (1999 fut le premier) sont presque stupéfiants : trois vins non-filtrés, d'une pureté et d'une définition admirables, signant une belle réussite sur le terroir délicat du Pic Saint-Loup. Grenache et syrah sont utilisés pour les trois cuvées : L'Orphée (70-90% de grenache), Le Rollier (environ 50% de chaque cépage) et Les Calades (80% de syrah avec un peu de vieillissement en demi-muids de chêne). Les vignes plantées sur une parcelle unique à 200 m d'altitude sont encore jeunes, de sorte que le niveau de qualité devrait encore monter. Un domaine à suivre.

Gardiès ✪✪

66600 Vingrau. Tél. : 04 68 64 61 16, fax : 04 68 64 69 36.

Le domaine de 30 hectares de Jean Gardiès, à Tautavel dans le Roussillon, fait partie des propriétés extraordinaires sur ce terroir qui est l'un des plus prometteurs du Midi. Le millésime 2000 est admirable. Les sols sont essentiellement constitués de calcaire et d'argile; il y a peu de schiste. Les Millières débutent une merveilleuse dégustation, riche d'arômes floraux et de douces flaveurs d'épices. Le Tautavel Vieilles Vignes (90% de grenache de souches de cinquante ans et plus) évoque des parfums d'encens avant de se prolonger dans une finale minérale. Les Falaises, autre cuvée de vieilles vignes, mais issue de syrah libère des notes animales et des touches de café. Le vin le plus réussi est La Torre, assemblage de mourvèdre et de carignan d'une remarquable structure, avec d'étonnants arômes de cerises et une finale minérale. Serait-ce le meilleur mourvèdre hors de l'appellation bandol?

Gauby ✪✪

66370 Calce. Tél. : 04 68 64 34 19, fax : 04 68 64 41 77.

Le domaine de 32 hectares de l'exubérant Gérard Gauby, exploité en biodynamie à Calce, est l'un des meilleurs, non seulement du Roussillon, mais aussi de tout le Midi. Comme Jean Paux-Rosset au Château de La Négly, Gérard Gauby s'assure de très faibles rendements par une taille rigoureuse et une vendange en vert; il trie ensuite sa récolte grain par grain. Il pratique une macération préfermentaire à froid, utilise des levures naturelles et un minimum de soufre. Les vins sont embouteillés sans collage ni filtration.
La marque du terroir est naturellement éclatante dans les vins, ainsi que le montre Les Aleaux, vin de pays des Coteaux catalans : un vin blanc de style méditerranéen, aux arômes anisés. Curieusement, ce vin naît du seul chardonnay. La Jasse est un ambitieux muscat sec, tandis que les cuvées Coume Gineste et La Roque, originaires de terroirs uniques et spécifiques, constituent d'étonnants vins blancs issus respectivement de grenache blanc et de grenache gris, parcourus de profonds arômes minéraux. Le blanc Vieille Cuvée est puissant et subtilement fruité, issu d'un étrange assemblage de carignan blanc, grenache blanc et gris, macabeu, malvoisie et viognier. Il faut aussi signaler la cuvée Vieilles Vignes rouge, issue de souches de grenache de plus de cinquante ans et de carignan de plus de cent ans, cultivées sur différents terroirs (calcaire, schiste, grès et galets), auxquelles s'ajoutent de la syrah et du mourvèdre, également de vieilles vignes : un vin savoureux, «rocailleux» et fruité. Les Calciniaires est issu de vignes cultivées exclusivement sur du calcaire et, pour l'essentiel, de grenache : il affiche d'intenses arômes de confiture. Enfin, Muntada, essentiellement issu de syrah, est le plus minéral des trois vins, d'une séduisante profondeur, long en bouche (les rendements se limitaient à 14 hl/ha dans le millésime 1999).

Comme beaucoup de grands producteurs de la région, Gauby a réduit ses extractions au cours des derniers millésimes, obtenant ainsi des vins plus souples et moins rugueux.

Gléon Montanié

11360 Durban. Tél. : 04 68 48 46 20, fax : 04 68 48 46 20.

Le Gaston Bonnes 1998 de Jean-Pierre et Philippe Montanié, dont le vignoble est implanté dans le secteur de Durban de l'appellation corbières, a été un grand succès. Cette cuvée composée de 60 % de syrah, complétés par du grenache, du carignan et du mourvèdre, séjourne un an en barrique.

Gourgazaud

34210 La Livinière. Tél. : 04 68 78 10 02, fax : 04 68 78 10 02.

Les vins épicés, chaleureux et conviviaux de ce domaine pionnier du minervois, dont le propriétaire est l'ancien directeur de Chantovent, Roger Piquet, ont permis à bien des amateurs de découvrir cette AOC. La Réserve, vin le plus ambitieux de Gourgazaud, est issue de syrah.

Grand Crès

11200 Ferrals-les-Corbières. Tél. : 04 68 43 69 08, fax : 04 68 43 58 99.

Le vin de pays d'Oc délicieusement parfumé (issu de roussanne, viognier et muscat) est pour moi le meilleur de ce domaine de 12 hectares situé dans l'appellation corbières, sur le terroir de Lagrasse. Le corbières rosé, aux arômes de fraise, est tout aussi bon. La Cuvée Classique rouge est peut-être un peu légère, mais la Cuvée Majeure (75 % de syrah et 25 % de grenache) offre toute sa richesse. Le propriétaire, Hervé Leferrer, a été pendant six ans régisseur du Domaine de La Romanée-Conti : le raffinement de sa production n'a donc rien d'étonnant.

Grange des Pères ✪

34150 Aniane. Tél. : 04 67 57 70 55, fax : 04 67 57 32 04.

La propriété de Laurent Vaillé se situe près du Mas de Daumas Gassac, à Aniane. Beaucoup estiment qu'elle tend à éclipser son voisin, depuis sa création en 1992, grâce à la qualité de sa production, même si elle ne possède pas les mêmes moyens de communication. Vaillé a travaillé entre autres avec Gérard Chave, Éloi Dürrbach et François Coche-Dury; ses compétences techniques sont sensibles dans chacune de ses bouteilles.
Les vins blancs (roussanne et chardonnay) sont aussi soignés que les rouges (syrah, cabernet, mourvèdre et counoise). Le chêne est utilisé avec maîtrise (le fait que ses rouges séjournent deux ans sous bois sans en sortir défigurés font de Vaillé le Guigal du Languedoc). Les jeunes souches sont récoltées à très faibles rendements pour maintenir une bonne concentration. Cependant, il manque à ces vins cette force minérale qu'ont les plus grands vins de la région.

Grès Saint-Paul ✪

34400 Lunel. Tél. : 04 67 71 27 90, fax : 04 67 71 73 76.

Ce domaine de 26 hectares en coteaux-du-languedoc, que Jean-Philippe Servière conduit avec l'aide de Phlippe Salasc, produit des vins denses et expressifs. Les cuvées de pure syrah, Antonin et Sirius, sont réussies, avec des arômes et une structure magnifiques dans le millésime 2000. Les graviers de l'ancien lit de la rivière permettent aussi la production d'une cuvée Sévillane de muscat-de-lunel, aux arômes de miel. Le muscat sec Libertine est plutôt creux en milieu de bouche et La Bohémienne, issu de muscat passerillé, reste mince.

BRL Hardy, *voir* La Baume

James Herrick

11104 Narbonne. Tél. : 04 68 42 59 90, fax : 04 68 42 59 99.

James Herrick a vendu l'affaire qui porte son nom à la société australienne Southcorp en 1999. Elle possède d'immenses surfaces (plus de 180 hectares) de chardonnay réparties sur trois domaines (La Motte au sol de limon, Garrigue de Truilhas, plus rocailleux, et La Boulandière, sablonneux) qui produisent un vin de cépage de pays d'Oc, largement distribué sur le marché britannique. Les chardonnays des domaines La Boulandière et La Motte sont davantage marqués par le chêne. De bons vins rouges ont été produits autrefois sur ces terroirs, en particulier la première version de la cuvée Simone. Mais actuellement, la gamme est franchement décevante, que ce soit la Cuvée Simone, produite en plus grandes quantités que par le passé et décrite comme un vin facile à boire, ou les quatre vins de la Roman Collection : Atacina, La Provincia, Milia Passum et Oppidum. Southcorp entendrait faire de James Herrick « le Lindeman ou Penfold du sud de la France. » Le directeur des opérations de Southcorp en France, Bernard Schurr, a prouvé à travers les millésimes 1998 et 2000, sur son propre domaine des Courtilles en appellation corbières, qu'il savait ce que pouvait être un grand vin rouge du Languedoc.

l'Hortus

34270 Valflaunès. Tél. : 04 67 55 31 20, fax : 04 67 55 38 03.

Ce domaine de 50 hectares est l'un des chefs de file de l'appellation.
Il présente deux niveaux de qualité : Bergerie pour les cuvées classiques et Hortus pour les grandes cuvées. Les vins rouges relèvent de l'AOC coteaux-du-languedoc Pic Saint-Loup, tandis que les blancs sont vendus comme vin de pays du Val Monterrand (en raison des cépages choisis). Les vins rouges sont réservés, mais concentrés, tendant plutôt vers le style bordelais que vers celui des vins du Rhône méridional; les blancs (Hortus est issu de chardonnay et de viognier, Bergerie de sauvignon, de chardonnay, de viognier et de roussanne) sont plus exotiques, plus riches et gras. Le millésime 1999 a été décevant.

L'Hospitalet

11100 Narbonne. Tél. : 04 68 45 27 10, fax : 04 68 45 27 17.

Ce domaine des coteaux-du-languedoc La Clape comprend un vignoble, un hôtel, un atelier, un marché d'artisan et un musée de collections diverses.
Il est mené par Gérard Bertrand. À peine un peu moins de trente cépages ont été plantés initialement sur ce domaine de 90 hectares répartis sur quatre terroirs différents. Le domaine bénéficie des conseils de Michel Rolland pour l'élaboration de ses vins, dont les impressionnantes Cuvée Béatrice blanc, gracieuse, aux arômes d'abricot, et Cuvée Béatrice rouge, structurée, charnue, marquée par l'élevage sous bois.

Jau

66600 Cases-de-Père. Tél. : 04 68 38 90 10, fax : 04 68 38 91 33.

Ce domaine du Roussillon, propriété de Bernard Dauré, ne produit pas les vins les plus denses ni ceux qui présentent la plus forte extraction de l'AOC, mais ils demeurent bien équilibrés et harmonieux. Le meilleur est le puissant côtes-du-roussillon-villages Talon Rouge.

Joliette

66600 Espira-de-l'Agly. Tél. : 04 68 64 50 60, fax : 04 68 64 18 82.

Un domaine du Roussillon qui fait parler de lui. À côté d'une cuvée André Mercier simple et franc, le côte du roussillon-villages Romain Mercier se distingue par une robe plus sombre, une texture plus riche et des arômes de fruits mûrs concentrés, parfaitement respectés par un usage délicat du chêne.

Joly

34725 Saint-Saturnin-de-Lucian. Tél. : 04 67 44 52 21.

Le domaine de 6,5 hectares de Virgile Joly, en coteaux-du-languedoc, est à suivre. Retenez Virgile, son vin de syrah et de cinsault, profond et épicé.

Jonquières

34725 Jonquières. Tél. : 04 67 96 62 58.

Ce domaine de 20 hectares, mené par François et Isabelle de Cabissole, compte parmi les producteurs de coteaux-du-languedoc (le terroir est celui de Saint-Saturnin, la région celle des Terrasses du Larzac) qui ont abandonné les hauts rendements, la vendange à la machine et la coopérative locale pour s'orienter vers des rendements plus faibles, la vendange manuelle et la vinification de la totalité de la récolte au domaine. « Ce sont des vins savoureux, des vins de plaisir, dit François, nous essayons de faire des vins agréables qui ne soient pas trop concentrés, trop riches et imbuvables à table.» Le Château de Jonquières rouge, gouleyant, correspond bien à cette éthique; le blanc et le rouge La Baronnie, fermentés en fût, sont plus ambitieux : il y a dans ce dernier plus d'emprise tannique et une meilleure qualité d'arômes fruités et minéraux, sans que soit pour autant sacrifié l'équilibre typique de la maison. La matière dense et savoureuse du Renaissance, issu de faibles rendements de syrah en 1998, est de bon augure.

Jouclary

11600 Conques-sur-Orbiel. Tél. : 04 68 77 10 02, fax : 04 68 77 00 02.

Le domaine de 30 hectares de Robert Gianesini et de son fils produit sous l'appellation cabardès trois cuvées, toutes issues d'environ 50% de merlot qu'équilibrent syrah et grenache. La meilleure : la cuvée Guillaume de Jouclary.

Lambert, *voir* Baron'Arques

Lancyre

34270 Valflaunès. Tél. : 04 67 55 22 28, fax : 04 67 55 23 84.

La cuvée Vieilles Vignes 1998 de ce domaine des coteaux-du-languedoc Pic Saint-Loup offrait de délicates notes florales et des nuances de truffe qui lui donnaient un petit air de pomerol.

Laporte ✪

66000 Perpignan. Tél. : 04 68 50 06 53, fax : 04 68 66 77 52.

Le domaine de 40 hectares de Raymond et Patricia Laporte, implanté sur un sol de galets près de Perpignan, produit trois bons vins rouges. Thede est un vin de pays assemblant des cépages bordelais. Pour autant, il n'a rien d'un bordeaux, mais concentre bel et bien toute l'ardeur du Midi. Ruscino («Roussillon» en latin) comprend en outre un peu de syrah et de mourvèdre, ce qui le rend plus puissant et tannique. Enfin, le côtes-du-roussillon Domitia, dont les arômes maritimes s'accompagnent de douces senteurs minérales, conquiert le palais par sa force. Les rivesaltes sont très typés.

Laroche

89800 Chablis. Tél. : 04 86 42 89 00, fax : 04 86 42 89 29.

Michel Laroche, de Chablis, a acquis un domaine de 60 hectares, proche de Béziers : La Chevalière. Il y produit une gamme de vins agréables mais sans ambition, dont le meilleur est La Croix Chevalière. Les rendements mériteraient d'être sensiblement réduits pour se rapprocher de ceux du Château de La Négly, de Gauby ou de Terre Inconnue.

Lastours

11490 Portel-les-Corbières. Tél. : 04 68 48 29 17, fax : 04 68 48 29 14.

Ce domaine de 88 hectares situé dans l'appellation corbières, est un Centre d'Aide par le travail. Il a produit dans les années 1990 quelques-uns des vins les plus intéressants de l'AOC. Les cuvées de base (comme l'assemblage de carignan et de grenache Arnaud de Berre) sont simples et rafraîchissantes; les cuvées Simone Descamps et La Grande Rompue font preuve d'une plus grande profondeur. Le Château de Lastours correspond à une qualité supérieure : après un séjour de vingt mois sous bois neuf, il présente une robe assez claire, élégante, et des arômes complexes. L'un des grands vins de corbières.

Lhéritier ✪

66600 Rivesaltes. Tél. : 04 68 64 41 85.

Henri Lhéritier produit deux superbes vins issus de parcelles distinctes sur son domaine de 30 hectares. Le Crest, né de vignes plantées sur des pentes schisteuses, est un «coup de pied au derrière», selon l'expression de Lhéritier. Romani (issu de sols calcaires) est plus souple et plus ouvert.
Il faut signaler aussi le rivesaltes Grenat millésimé, aux puissants arômes saturés de la douceur du fruit.

Listel, *voir* Val d'Orbieu

Lorgeril

11610 Pennautier. Tél. : 04 68 72 65 29, fax : 04 68 72 65 84.

Nicolas de Lorgeril, président de l'AOC cabardès, gère avec sa femme Miren trois domaines (Château de La Bastide, Caunettes Hautes et Château de Pennautier), ainsi qu'un vignoble du Minervois (Les Hauts de La Borie Blanche). Les remarquables réussites de ce couple (tous deux sont issus de grandes écoles, Nicolas étant diplômé de l'École Nationale d'Administration) laissent à penser que Lorgeril est un nom à suivre dans l'évolution de cette AOC qui commence à faire ses preuves. Nicolas Lorgeril joue un rôle clef dans l'appellation : les 350 hectares qu'il possède ou contrôle représentent les deux tiers du total de l'aire d'AOC. Le plus ambitieux de ses vins, l'Esprit de Pennautier (80% de syrah et 20% de merlot), révèle sous une robe sombre l'empreinte du chêne, avec d'intenses arômes de fumée et de chocolat. L'Esprit de Bastide (mi-malbec, mi-syrah) semble un peu plus ouvert : ses notes florales et ses saveurs plus souples lui confèrent un caractère plus régional.

Mal Passé, *voir* Comte Cathare

Mansenoble

11700 Moux. Tél. : 04 68 43 93 39, fax : 04 68 43 97 21.

Avec pour slogan provocateur «Chaque vin attire le consommateur qu'il mérite», Guido Jansegers conduit (avec Marie-Annick de Witte) ce domaine de 20 hectares producteur de corbières et de vin de pays. Le vignoble se situe à Moux, sur les pentes nord de la montagne d'Alaric. La cuvée Réserve (syrah, grenache, mourvèdre et carignan, dont la moitié élevée en fût de chêne) est équilibrée, fraîche.

Marcevol ✪

66320 Arboussols. Tél. : 04 68 05 74 34.

Conduit en culture biologique, ce domaine de 12 hectares en Roussillon a été acquis par les frères Verhaeghe, du Château du Cèdre à Cahors. Il est administré par Guy Predal, conseiller en œnologie de la région. Une parcelle de 5 hectares se trouve à 200 m d'altitude sur des sols de schiste, l'autre à 600 m sur un mélange de schiste et de granite acide. La cuvée de base est souple, agréable à boire, tandis que la cuvée Prestige (en 2001) envoûte tant elle est charnue, charpentée et fraîche. Can Felix est un vin blanc étrange, dense, aux arômes de pin et d'eucalyptus, issu de grenaches blanc et gris avec une pointe de muscat. Un domaine très prometteur.

La Marfée

34570 Murviel-lès-Montpellier.

Thierry Hasard a créé ce domaine de 6 hectares en plantant, à Murviel-lès-Montpellier, des vignes sur quinze minuscules parcelles. Jusqu'à présent, il a élaboré ses vins chez lui, mais il prévoit de construire un cellier. Thierry Hasard a déversé vingt camions de pierres dans ses vignobles afin de créer une «macro-porosité». Autant dire que les autochtones sont restés perplexes, eux qui se sont toujours appliqués à enlever les pierres de leurs vignes. 1997 a été le premier millésime. Le domaine produit deux vins rouges : une cuvée très parfumée dénommée Les Vignes Qu'on Abat, à base de carignan, et Les Champs Murmurés, assemblage aromatique et épicé de syrah, de grenache, de cabernet et de mourvèdre. La qualité varie, mais dans les meilleures années les vins offrent sous leur teinte sombre, une chair dense et d'intéressantes notes de fumée.

Maris, *voir* Comte Cathar

Mas Amiel ✪

66460 Maury. Tél. : 04 68 29 01 02, fax : 04 68 29 17 82.

Ce domaine de 150 hectares est spécialisé dans les vins doux naturels issus de sols de schiste noir, mais il produit aussi trois bons vins secs sous la responsabilité de Stéphane Gallet (Normand qui a travaillé dans les côtes-du-rhône avec Yves Cuilleron). Ces derniers sont des vins de pays : Le Plaisir, un pur grenache aux saveurs de confiture; Le hautes Terres, non filtré, assemblage de parcelles de vieilles vignes de grenache, de carignan et de cinsault, vieilli en barrique, avec une structure tannique plus imposante et des arômes de pierres chaudes; Carrerade, assemblage de syrah, de grenache et de carignan, aux notes concentrées de figue et de prune. Parmi les meilleurs d'une vaste gamme de vins doux naturels, signalons d'abord le Maury de base pour la finesse de ses arômes de baies, de prune et de figue, sur un fond de tanin à grain fin, et le vin de la Réserve Vintage, élevé en barrique, tout de caramel et de chocolat. Le Mas Amiel possède trois mille bonbonnes de verre exposées au chaud soleil du Roussillon, dans lesquelles séjournent des vins à base de grenache, comme la Cuvée Spéciale de dix ans d'âge et la cuvée Prestige de quinze ans d'âge : ces vins, de style oxydatif, offrent des arômes de tabac, de raisins secs, et une fraîcheur qui contrebalance les saveurs de fruits secs. Les maury millésimés vieillissent aussi en bonbonnes (contrairement aux Vintages élevés en barrique) : le 1980, mis en bouteilles en 1990, décline une palette exceptionnelle de fruits secs, de pomme et de figue, de chocolat, de tabac. Signalons enfin un vin doux naturel de muscat (80% de muscat à petits grains et 20% de muscat d'Alexandrie); le muscat semble acquérir sur schiste un caractère minéral, alors que sur calcaire, il exprime des nuances florales. Plénitude est le nom donné à pur muscat d'Alexandrie élaboré à partir de raisins passerillés, en partie fermentés : ce vin de table est extraordinairement parfumé (pêche), complexe et suave. Le domaine a été acheté en 1999 par Oliver Decelle.

Mas Blanc ✪

66650 Banyuls-sur-Mer. Tél. : 04 68 88 32 12, fax : 04 68 88 72 24.

Ce domaine de 21 hectares de banyuls et de collioure appartenait à André Parcé, qui œuvra pour faire reconnaître la valeur de ce terroir. Il est aujourd'hui mené par son fils Jean-Michel. Outre la somptueuse Cuvée Réservée, il faut signaler trois vins récoltés sur des parcelles uniques de collioure, dont l'un (Les Junquets, issu de syrah et de roussanne) n'est produit qu'en volumes confidentiels. La Cuvée Cosprons Levants, épicée, provient des plus vieilles vignes; elle mêle le mourvèdre et la syrah (spécialité du Mas Blanc) à la counoise. Le Clos du Moulin, très dense, est uniquement issu de mourvèdre et de counoise. La large gamme des banyuls est également intéressante, depuis les jeunes Rimage et Rimage La Coume, aux arômes concentrés de confiture de fruits, jusqu'à la Cuvée Saint-Martin rancio (La Coume après un long élevage), au caractère oxydatif, et un Hors d'Âge de style *solera*.

Mas Cal Demoura

34725 Jonquières. Tél. : 04 67 88 61 51, fax : 04 67 88 61 51.

Cal Demoura signifie en occitan «Il faut rester» : c'était le nom que les parents d'Olivier Jullien, Renée et Jean-Pierre Jullien, avaient choisi de donner à leur maison, à une époque où tout le monde semblait décidé à quitter le Languedoc. S'inspirant de l'action de son fils au Mas Amiel à partir de 1985, Jean-Pierre Jullien finit par quitter la coopérative locale en 1993, vendant la plupart de ses terres pour n'en conserver que 5 hectares constitués des meilleures parcelles, autour de Jonquières. Franche, la cuvée Infidèle (haut de gamme du domaine) provient de cinq cépages (syrah, mourvèdre, cinsault, carignan et grenache) et séjourne dans le chêne.

Mas Champart

34360 Saint-Chinian. Tél. : 04 67 38 20 09, fax : 04 67 38 20 09.

Comme chez beaucoup de producteurs de saint-chinian, le millésime 1998 était excellent, surtout la cuvée Causse de Bousquet, très minérale (65% de syrah complétés de grenache, de mourvèdre et de carignan), mise en bouteilles sans filtration. Les millésimes 1999 et 2000 n'ont pas atteint ce niveau de qualité, mais le domaine de 10 hectares, situé dans la partie calcaire de l'AOC, reste prometteur.

Mas des Chimères

34800 Octon. Tél. : 04 67 96 22 70, fax : 04 67 88 07 00.

Ce domaine de 13 hectares en coteaux-du-languedoc, entre les mains de Guilhem Dardé, produit une sélection de vins rouges agréables et parfumés.

Mas Crémat

66600 Espira-de-l'Agly. Tél. : 04 68 38 92 06, fax : 04 68 38 92 23.

Le Bourguignon Jean-Marc Jeannin a géré ce domaine jusqu'à sa mort récente; sa femme Catherine et son fils Julien poursuivent son travail. Le domaine se situe sur les schistes d'Espira-de-l'Agly.

Mas Christine, *voir* Clos des Paulilles

Mas de Daumas Gassac ✪

34150 Aniane. Tél. : 04 67 57 71 28, fax : 04 67 57 41 03.

Aimé Guibert est le producteur de vin le plus connu de tout le Languedoc. D'abord, parce que son domaine a redonné à la région, au cours des deux dernières décennies, le lustre et la fierté qu'elle perdait depuis plus d'un siècle. Plus récemment, il s'est rendu célèbre en s'opposant au projet de Robert Mondavi à Aniane. C'est le professeur Henri Enjalbert, qui avait déclaré, se fondant sur une étude géologique, au début des années 1970, que ces terres de 32 hectares de garrigue vierge devraient donner un grand cru du Languedoc, testament qu'Aimé Guibert a voulu illustrer avec éloquence.
Les assemblages de cépages et le style des vinifications ont été définis avec l'aide d'Émile Peynaud. Le vin rouge à base de cabernet ainsi produit aurait pu, certaines années, justifier les revendications du titre de grand pour cette aire viticole : austère dans sa jeunesse, il développe toute sa matière au fil des années. On ne retrouve toutefois guère l'enchantement aromatique que peuvent procurer syrah et grenache, et même le carignan de vieilles vignes en Languedoc, ni même les tanins souples de ces cépages et du mourvèdre lorsqu'ils sont cultivés soigneusement, avec de faibles rendements. (Curieusement, Daumas Gassac utilise de faibles pourcentages de presque tous les cépages classiques français pour compléter les 80% de cabernet, dont du merlot, du malbec, du cabernet franc, du tannat et du pinot noir. Nebbiolo, dolcetto et barbera sont aussi présents dans le vignoble.) Les vins blancs à base de chardonnay, de viognier et de petit manseng sont tout simplement merveilleux dans leur jeunesse, mais leur exotisme ne convient pas toujours à la gastronomie.
À partir de 2001, le domaine a commencé à produire la Cuvée Émile Peynaud : vin de pur cabernet issu des premiers hectares mis en culture sur le domaine. D'après Aimé Guibert, toujours clairement déterminé et anti-moderniste, il s'agit d'un «geste d'amour et de gratitude, un vin qui symbolise ceux d'un temps passé par opposition aux vins modernes.» Le fils d'Aimé Guibert, Samuel, qui a été formé et qui a travaillé en Nouvelle-Zélande, va participer désormais aux affaires; il est intéressant d'observer l'évolution du Mas.

Mas Désiré, *voir* Comte Cathare

Mas de l'Écriture

34150 Jonquières.

Pascal Fulla a baptisé son domaine l'Écriture, parce que l'écriture est la civilisation et que «le vin, c'est aussi la civilisation». Le vignoble se trouve au milieu des fenouils de Jonquières (Terrasses du Larzac). La cuvée la plus simple, généreuse, porte le nom de Déclinaisons. Les Pensées révèle une pureté minérale. La cuvée haut de gamme, Écriture, assemble syrah et grenache : à ses arômes francs de fruit et de garrigue s'ajoutent de riches épices héritées d'un séjour dans le chêne (russe, américain ou français).

Mas Foulaquier, *voir* Foulaquier

Mas Jullien ✪

34725 Jonquières. Tél. : 04 67 96 60 04, fax : 04 67 96 60 50.

Olivier Jullien est l'un des producteurs les plus énigmatiques du Languedoc. De son domaine situé en coteaux-du-languedoc, est née une gamme de vins plus ou moins vaste. Jullien possède aujourd'hui 15 hectares de vignes, qu'il dit idéales, après avoir arraché les pieds qui ne fournissaient pas de résultats probants pour planter à la place des arbres et du sainfoin, «afin de créer un écosystème sain.» Ont disparu aussi les cuvées Depierre et Les Cailloutis, désormais assemblées en un seul vin rouge, le Mas Jullien, a donc opté pour un élevage de ce vin en demi-muids. Le Mas Jullien est ainsi devenu l'un des grands vins rouges les plus purs, les plus minéraux du Languedoc, mais qui gagne, après quelques années de vieillissement en cave, un caractère profond. États d'Âme est une expression libre d'Olivier Jullien : un vin rouge plus fruité, dont l'étiquette est parfois agrémentée d'un de ses poèmes. Notez un vin blanc original, à base de carignan blanc, de grenache blanc, de chenin et de viognier.

Mas de Martin

34160 Saint-Bauzille-de-Montmel. Tél. : 04 67 86 26 33, fax : 04 67 86 98 82.

L'ancien professeur d'histoire et de géographie Christian Mocci a étendu son domaine du Pic Saint-Loup en culture biologique de 8 à 14 hectares. Les vins de ce propriétaire venu de Corse sont subtils et élégants plus que puissants, mais ils ne manquent ni d'onctuosité ni de densité; l'utilisation du chêne est bien dosée. Outre les vins de l'AOC, il faut signaler quelques vins de pays issus de cépages bordelais et de tannat.

Mas de Mortiès

34270 Saint-Jean-de-Cuculles. Tél. : 04 67 55 11 12, fax : 04 67 55 11 12.

Rémy Duchemin et Michel Jorcin possèdent 20 hectares au Pic Saint-Loup. De leur domaine naissent des vins blancs prometteurs, aux riches arômes de poire et d'amande. La cuvée du domaine et la cuvée Jamais Content assemblent syrah, grenache et mourvèdre avec du très vieux carignan : toutes deux libèrent des arômes de thym, mais la seconde est plus marquée par le chêne que la première. Que Sera Sera, de pure syrah, offre des arômes de fruit d'une grande pureté, précédés de notes de café et de fleurs : il s'agit plutôt d'un vin de cépage que d'un vin de terroir, parce que les vignes sont encore jeunes.

Maurel Fonsalade

34490 Causses-et-Veyran. Tél. : 04 67 89 57 90, fax : 04 67 89 72 04.

Parmi les vins produits par Philippe et Thérèse Maurel sur leurs 27 hectares d'appellation saint-chinian, la Cuvée La Fonsalade se distingue par sa volupté (50% de syrah, 30% de grenache, complétés de mourvèdre).

Montpezat

34120 Pézenas. Tél. : 04 67 98 10 84, fax : 04 67 98 98 78.

Menée par Christophe Blanc, cette propriété située dans les coteaux-du-languedoc, sur les terrasses rocailleuses de Pézenas, est l'une des rares dont le meilleur vin de pays (le Prestige, puissant et fruité, issu de cabernet-sauvignon) offre une qualité égale à celle de sa meilleure cuvée d'AOC, La Pharaonne, dense, complexe et charpentée. Ni l'un ni l'autre ne sont filtrés.

Mont Tauch

11350 Tuchan. Tél. : 04 68 45 29 64, fax : 04 68 45 45 29.

Cette coopérative de trois cents adhérents a fusionné avec sa rivale, la Cave Pilote de Villeneuve, en 1999. Elle est aujourd'hui à l'origine d'environ 45% de la production de fitou et de 80% de celle du meilleur secteur de l'AOC, Montagneux. Le maître de chai, Michel Marty, emploie volontiers les 30% de carignan aide à conserver aux vins de la région leur caractère. Il existe une trentaine de grands producteurs parmi les adhérents de la coopérative, et un programme de sélection des meilleurs terroirs est mis en œuvre. Le fitou l'Exception, assemblage élevé en fût de chêne de 40% de syrah, 30% de carignan, complété par du grenache, n'est élaboré que dans les bons millésimes (un 1998 impressionnant, un 2000 plus léger). Le Terroir de Tuchan (40% de carignan et 60% de syrah), est franc, solide, tandis que Les Douze se présente comme un assemblage classique de carignan, de syrah et de grenache, aux arômes de gibier et de thym, obtenu à partir des vins de douze producteurs travaillant dans le cadre du programme de sélection, dont les noms et les photographies apparaissent sur l'étiquette. J'ai demandé pourquoi un plus grand nombre de propriétaires ne quittaient pas la coopérative pour travailler indépendamment : «Il faut comprendre le sentiment d'isolement que ressentent les gens ici», m'a répondu la directrice commerciale, Katie Jones.

Montahuc, *voir* Comte Cathare

Moulin de Ciffre

34480 Autignac. Tél. : 04 67 90 11 45, fax : 04 67 90 12 05.

Ce domaine de 30 hectares, propriété de Jacques Lesineau (ancien propriétaire de Haut-Gardère en pessac-léognan), occupe un terroir un peu étrange, avec des parcelles classées en saint-chinian, en faugères, en coteaux-du-languedoc et quelques vignes en Coteaux de Murviel (vin de pays). Parmi les meilleurs vins, le faugères Cuvée Éole, élevé en fût de chêne, le vin de pays Val Taurou, sombre, épicé, solide, et un viognier tout en rondeur. Le passé bordelais de Jacques Lesineau lui ouvre d'intéressantes perspectives. «À Bordeaux, le cabernet atteint la maturité des phénols à 12° et, parfois, il n'est pas véritablement mûr à 13,5°. Vous ne vendangez jamais du cabernet à 13° à Bordeaux, même sur les meilleurs terroirs. Ici on est arrivé à 14°.»

Navarre

34460 Roquebrun. Tél. : 04 67 89 53 58, fax : 04 67 89 70 88.

Beau domaine en saint-chinian, propriété de Thierry Navarre. Retenez le Laouzil, aux arômes de garrigue, et la Cuvée Olivier élevée en barrique, au parfum de violette et d'humus. Celle-ci exerce le même pouvoir de séduction sur les hédonistes que sur les amateurs de vins de terroir.

la Négly ✪✪

11560 Fleury-d'Aude. Tél. : 04 68 32 36 28, fax : 04 68 32 10 69.

Le domaine de 50 hectares de Jean Paux-Rosset vinifie le raisin de La Clape, mais Le Clos des Truffiers, également élaboré ici, est issu de raisins d'une petite parcelle de Saint-Pargoire, appartenant en partie à Jeffrey Davis. Le vin blanc, Brise Marine, assemblant bourboulenc, marsanne et roussanne, est minéral, structuré, très aromatique. Retenez aussi le rosé issu de syrah et de grenache, appelé Les Embruns. La Côte (carignan soumis à une macération carbonique, assemblé au grenache seul ou bien au couple grenache-syrah) est séduisant, plein, avec des arômes de zestes d'agrumes et de café. La Falaise (syrah, mourvèdre et grenache triés à la main), charnu et épicé, propose lui aussi la finale iodée typique de La Clape. Les trois vins rouges les plus ambitieux sont : l'Ancely (essentiellement composé de mourvèdre, vieilli en demi-muids), sombre, austère, concentré, aux arômes de tapenade; le Clos des Truffiers (sensuel, floral et fumé, issu de syrah de Saint-Pargoire) et La Porte du Ciel, d'une formidable intensité (né de syrah de La Clape), aux puissantes senteurs de fruits que prolongent des flaveurs de liqueur de cerise et de chocolat, puis une finale minérale et iodée. Après Peter Sisseck, le conseiller actuel est Claude Gros.

Nouveau Monde

34350 Vendres. Tél. : 04 67 37 33 68, fax : 04 67 37 58 15.

Ce domaine est implanté près de Béziers, sur un sol de gros galets. Il produit un vin rouge de syrah, de grenache et de mourvèdre, aux arômes floraux et à la structure légère.

Ollieux Romanis, *voir* Comte Cathare

Oustalet, *voir* Virginie

Pech Redon

11100 Narbonne. Tél. : 04 68 90 41 22, fax : 04 68 65 11 48.

Ce domaine de La Clape, sous la houlette de Christophe Bousquet, produit des coteaux-du-languedoc pleins d'allant.

Peyre Rose

34230 Saint-Pargoire. Tél. : 04 67 98 75 50, fax : 04 67 98 71 88.

Même dans une région aussi individualiste que celle des coteaux-du-languedoc, le domaine de Marlène Soria se singularise. La couleur est ici le rose. Toutefois, les vins sont loin des clichés de la féminité. Avec une forte extraction et un long vieillissement en bouteille, ils présentent un caractère animal, primitif. Le domaine produit deux cuvées, à dominante de syrah : la cuvée Cistes, légèrement plus ouverte, qui bénéficie d'un apport de grenache; la cuvée Léone, véritablement léonine, dont le mourvèdre augmente la puissance. Le temps parvient-il à les domestiquer? Peut-être pas. Le plus ancien échantillon de la cuvée Les Cistes que j'ai pu goûter, de 1991, était encore très structuré après dix ans de garde. Il faut se réjouir de l'existence de tels vins qui nous rappellent des temps reculés. Le domaine se trouve près de Saint-Pargoire, ce qui rend encore plus étonnante la comparaison avec le Clos des Truffiers du Château de La Négly, également à dominante de syrah, mais de style radicalement différent.

Piccinini

34210 La Livinière. Tél. : 04 68 91 44 32.

Ce domaine de 27 hectares a été l'un des pionniers des appellations minervois et minervois-la-livinière. Les vins sont agréables, mais légers en comparaison avec les meilleurs représentants de ces AOC.

Piétri-Géraud

66190 Collioure. Tél. : 04 68 82 07 42, fax : 04 68 98 02 58.

Maguy et Laetitia Piétri-Géraud, mère et fille, élaborent un savoureux collioure rouge de texture légère, mais long en bouche, sur leurs terrasses de schiste en pente abrupte : c'est le bourgogne du Roussillon. Il faut signaler un banyuls blanc parfumé (violette, lavande et fruits confits) qui prouve que le grenache blanc peut dépasser sa réputation de lourdeur. Le banyuls rouge Cuvée Joseph Géraud regorge d'arômes de prune.

Pithon

66600 Calce. Tél. : 04 68 38 50 21.

Olivier Pithon, frère du Jo Pithon de la vallée de la Loire, possède 9 hectares de côtes-du-roussillon-villages. Ses meilleurs vins : La Coulée, aux parfums frais, et Les Vignes de Saturne, plus riche et plus densément fruité.

Pouderoux

66550 Corneilla-la-Rivière. Tél. : 04 68 57 22 02, fax : 04 68 57 11 63.

Les 15 hectares du domaine de Robert Pouderoux, situés dans la vallée de l'Agly, bénéficient de trois AOC : côtes-du-roussillon-villages, côtes-du-roussillon-villages-Latour-de-France et maury. Parmi une gamme étonnante, La Mouriance se distingue par sa structure riche et charnue (c'est l'un des vins rouges fermentés en fût, selon la nouvelle tendance).

Préceptorie de Centernach

66650 Banyuls. Tél. : 04 68 88 13 45, fax : 04 68 88 18 55.

Un premier projet avait été monté entre les frères Parcé, du Domaine de la Rectorie, et la coopérative de Maury. Devant ses atermoiements, trois adhérents (Aurélie Silva Pereira de Abreu, Francis Victor et Frédéric Trébillac) ont quitté la coopérative pour entrer en partenariat direct avec les frères Parcé et élaborer les vins de la Préceptorie. Aujourd'hui, 38 hectares et 40 parcelles, essentiellement sur des sols schisteux, offrent des résultats excellents. Goûtez La Chapelle Saint-Roch, vin de pays blanc du Val d'Agly fermenté en barrique, issu de grenache gris et de macabeu. En rouge (grenache et carignan), cette même cuvée offre des arômes frais et vifs de fruits. Le rouge et le blanc Coume Marie présentent plus d'élégance : le blanc est musqué, le rouge fumé. Terre Promise, issu majoritairement de grenache cultivé sur de l'argile mêlée de calcaire, plutôt que sur le schiste, est légèrement fruité, mais structuré par des tanins souples. Notez enfin les maury, dont la Cuvée Aurélie Pereira de Abreu, aux notes de cerise, et la Cuvée TE, savoureuse et charnue.

Prieuré de Saint-Jean de Bébian ✪

34120 Pézenas. Tél. : 04 67 98 13 60, fax : 04 67 98 22 24.

Le domaine de 30 hectares, en coteaux-du-languedoc, de Chantal Lecouty et de Jean-Claude Le Brun, acheté à Alain Roux en 1994, a contribué à dessiner le nouveau visage du Languedoc. Comme Michel Escande, Roux était disciple de Jacques Reynaud. « Moins de 15 % de grenache, c'est nul », tel est la consigne que Roux a transmise à Chantal Lecouty. « Je voulais, se souvient-elle, obtenir la même concentration qu'Alain, mais avec beaucoup plus d'élégance. » Elle déteste la surextraction dans les vins les plus ambitieux du Languedoc. Les faibles rendements (25 hl/ha) et le tri soigneux des baies, conjugués aux conseils de François Serres, ont permis d'obtenir une gamme plus aimable et plus aisée à boire que ce qu'élaborait Alain Roux au début. Mis en bouteilles sans filtration, le vin rouge de syrah, grenache et mourvèdre offre de suaves arômes de tabac et de cuir, de fruit fumé ; ses tanins sont de plus en plus souples. Il existe un second vin, dénommé Chapelle. Le domaine produit désormais un vin blanc fermenté en fût, d'une subtilité qui force l'admiration, issu de roussanne parvenue à pleine maturité, avec de faibles rendements, passée deux jours en chambre froide avant le pressurage et assemblée à quatre cépages locaux (clairette, grenache blanc, bourboulenc et terret). Sa dégustation fait le même effet que celle d'un pessac-léonan : la chair suave s'accompagne de riches arômes de citron et d'abricot.

De La Prose

34570 Pignan. Tél. : 04 67 03 08 30, fax : 04 67 03 48 70.

Quelques magnifiques bouteilles de coteaux-du-languedoc ont été produites sur ce domaine de Saint-Georges d'Orques (Grès de Montpellier). Les rendements atteignent un maximum de 25 hl/ha. La Cuvée Prestige aux étonnants arômes de garrigue (la finale du 1998 évoquait presque le vermouth) est issue de syrah et de grenache. Les Embruns est un vin de pure syrah, marqué par le chêne, qui conjugue certains caractères du cépage (cendre et fumée) à des arômes de garrigue.

Puech Chaud

30980 Langlade.

La syrah cultivée sur les terres de Langlade offre à René Rostaing, devenu un véritable maître du côte-rôtie, l'occasion de comparer deux terroirs très différents : acide dans le Rhône, alcalin ici. La signature de Rostaing est évidente dans les arômes de fruits et l'élégance soyeuse des tanins, qui contrastent avec les vins rouges plus extravertis du Languedoc (comme Peyre Rose).

Puech haut

24160 Saint-Drézéry. Tél. : 04 67 86 93 70, fax : 04 67 86 94 07.

Ambitieux domaine de 100 hectares de l'appellation coteaux-du-languedoc qui reçoit beaucoup de fonds d'investissement du magnat des transformateurs électriques, Gérard Bru (avec les conseils de Michel Rolland). Les vins sont actuellement agréables, mais trop boisés.

de Ravanès

34490 Thézan-les-Béziers.

Ce domaine de vin de pays de Murviel, qui cultive les cépages bordelais, préfère cette dénomination à celle de vin de pays de l'Aude. Le merlot semble plus frais, plus épicé et plus impressionnant que le cabernet-sauvignon, un peu vert. Retenez Les Gravières de Taurou (merlot) et la Cuvée Diogène (petit verdot et cabernet).

de La Rectorie ✪

66650 Banyuls. Tél. : 04 68 88 13 45, fax : 04 68 88 18 55.

Les frères Marc et Thierry Parcé, assistés du gendre de Marc, Vincent Legrand, font preuve de beaucoup d'imagination sur ce domaine de 25 hectares. Ils produisent une trentaine de vins chaque année, dont deux collioure. On perçoit, dans la finale minérale de Séris et de Coume Pascole, l'influence du vent sec du sud. Séris est essentiellement issu de grenache, tandis que Coume Pascole assemble grenache, syrah et carignan. « Coume Pascole est un vin aride, un vin de pauvre, un vin de pierre », commente Marc Parcé. Le banyuls L'Oriental, aux arômes de café et d'anis, naît de vieilles vignes de grenaches noir et gris, avec un peu de carignan. Les meilleurs vins, la Cuvée Parcé Frères et la Cuvée Léon Parcé, sont vendus sous le nom de vin de liqueur parce qu'ils ne vieillissent pas assez longtemps pour être agréés en banyuls : ce sont des vins parfumés et exotiques, longs en bouche. (Voir aussi Préceptorie de Centernach.)

Rimbert ✪

34460 Berlou. Tél. : 04 67 89 73 98, fax : 04 67 89 73 98.

Le domaine de 20 hectares de Jean-Marie Rimbert, situé dans l'appellation saint-chinian et acquis en 1997, est implanté sur des terrasses de schiste.

«Mon credo est le carignan», affirme Rimbert : 8 hectares de ce cépage, plantés il y a plus de quatre-vingts ans, entrent dans la composition de trois de ses vins. L'assemblage de la cuvée gourmande, Les Travers de Marceau, change tous les ans, mais celle-ci se caractérise souvent par les puissants arômes de prunelle qu'apporte le carignan (50% de l'assemblage, voire davantage). Le Mas au Schiste, cuvée de prestige, se compose de quantités à peu près égales de carignan, syrah, grenache et cinsault; un tiers de chaque vin vieillit en barrique. Grâce aux faibles rendements (20 hl/ha), cette cuvée atteint une magnifique intensité dans ses arômes de fruits sauvages, d'humus, de bois brûlé et ses notes animales. Le vin de table de pur carignan récolté sur schiste, Le Chant de Marjolaine, récolté en octobre à 14,5 ° ou plus, est un inoubliable vin, austère mais frais.

Roc d'Anglade

30980 Langlade. Tél. : 04 66 81 45 83.

Le premier millésime élaboré par Rémi Pedreno sur ce domaine des coteaux-du-languedoc, appartenant à René Rostaing, fut le 1999, qui ressemble à un côte-rôtie, alors qu'il s'agit d'un assemblage de syrah et de grenache, aux arômes de café, de fleurs et de fruits. Les rendements atteignent à peine 20 hl/ha. Rémi Pédreno vinifie aussi Le Clos de la Belle, 100% syrah, peut-être le meilleur vin de pays du Gard. (Voir également Puech Chaud.)

La Roque

34270 Fontanès. Tél. : 04 67 55 34 47, fax : 04 67 55 10 18.

La ferme fortifiée de Jack Boutin, pionnier de la mise en bouteille au Pic Saint-Loup, est l'une des plus grandes propriétés de cette aire, avec 42 hectares dont 35 en AOC, et pas moins de 8 hectares plantés de mourvèdre. Le Cupa Nimismæ (syrah et mourvèdre), non filtré, livre de beaux arômes de violette, mais son style reste un peu primaire. Signalons une cuvée Vieilles Vignes, dans laquelle 10% de grenache viennent assouplir le mourvèdre.

Roquefort Saint-Martin

11540 Roquefort-lès-Corbières.

Avec la Cuvée N° 3 d'Embres et Castelmaure, la Grande Réserve du Château Roquefort Saint-Martin, produite par la coopérative de Roquefort-lès-Corbières sur le terroir de Sigean, a été le meilleur vin élaboré sur les conseils de Michel Tardieu. Cet assemblage de carignan, de grenache et de mourvèdre, cultivés sur du calcaire, révèle (notamment en 1998) de profondes notes de truffe, une saveur légèrement iodée et une fine acidité qui équilibre le vin. Celui-ci résulte d'une macération à froid et d'une fermentation avec des levures naturelles; il a séjourné seize mois en barrique avant d'être embouteillé sans filtration. Un vin magnifique qu'il faut avoir en cave.

Saint-Louis de Villeraze, *voir* Comte Cathare

Saint-Martin de La Garrigue

34530 Montagnac. Tél. : 04 67 24 00 40, fax : 04 67 24 16 15.

Ce grand domaine de 62 hectares en coteaux-du-languedoc appartient à l'ex-propriétaire de supermarchés, Umberto Guida. Il est administré par l'enthousiaste Jean-Claude Zabalia. Soigneusement élaborés, les vins sont mis en bouteilles sans collage ni filtration. Le meilleur est à mes yeux un étonnant picpoul-de-pinet, issu de vignes à faible rendement, vendangées tardivement. Je conseillerais à ceux qui font peu de cas de cette appellation de goûter ce vin aux arômes de menthe, de verveine et de citron. La Cuvée Saint-Martin de la Garrigue, charpentée et terroitée, correspond au haut de gamme en rouge.

Sarda-Malet

66000 Perpignan. Tél. : 04 68 56 72 38, fax : 04 68 54 47 60.

Ce vieux domaine du Roussillon reste l'une des références des côtes-du-roussillon. Il produit une cuvée Réserve de qualité. Son Terroir Mailloles, plus ambitieux, concentré et structuré, constitue l'un des vins les plus harmonieux de l'appellation.

des Schistes

66310 Estagel. Tél. : 04 68 29 11 25, fax : 04 68 29 47 17.

«Les vieilles vignes sont extrêmement importantes pour nous», dit Jacques Sire. Beaucoup dans le Roussillon se félicitent du succès remporté par les vins doux naturels après 1945, car de nombreuses vignes on été plantées alors; aujourd'hui âgées, elles constituent une bénédiction. Ce domaine compte 48 hectares sur Tautavel, Maury et Estagel, plantés de vignes de carignan de plus de quatre-vingt ans et de grenache cinquantenaire. Il produit trois côtes-de-roussillon-villages : la Cuvée Tradition, riche en carignan, chaleureuse et fruitée; Les Terrasses (majorité de syrah, cultivée sur calcaire), plus intense et plus fumée; La Counille, issue exclusivement de syrah récoltée sur une seule parcelle, élaborée uniquement les bonnes années, élégante et minérale. Notez encore un maury raffiné, aux arômes de thé, et un rivesaltes typique.

Senat

11160 Trausse. Tél. : 04 68 78 38 17, fax : 04 68 78 26 61.

Le domaine de 16 hectares de Jean-Baptiste Senat sous l'appellation minervois produit d'excellents vins qui s'apparentent aux vins du Rhône méridional. Senat ne cultive pas de syrah; il lui préfère le grenache, qu'il équilibre avec du carignan et du mourvèdre de vieilles vignes. À la cuvée La Nine, délicieusement fruitée, répond Le Bois des Merveilles, à la fois plus charnu et plus structuré.

Sieur d'Arques

11300 Limoux. Tél. : 04 68 74 63 00, fax : 04 68 74 63 14.

Cette coopérative de Limoux a donné l'exemple à tous ceux qui voulaient sortir d'un style de vin suranné. La blanquette-de-limoux est un vin effervescent à base de mauzac. Les crémants-de-limoux ne s'en distinguent pas fondamentalement, l'addition de chardonnay et de chenin leur accordant simplement une palette aromatique plus internationale. Quant aux blanquette-de-limoux méthode ancestrale, plus rustiques et moins alcoolisées, elles sont un clin d'œil au passé. Sous la marque Sieur d'Arques une gamme de vins de chardonnay fermentés en fût a été lancée, qui plaide en faveur de la subdivision de l'appellation limoux en différents terroirs : des vins de terroir unique sont en effet élaborés, comme celui de la Haute Vallée, très nettement le meilleur par la typicité de son profil organoleptique.

Silène de Payrals, *voir* Skalli

Skalli

34202 Sète. Tél. : 04 67 46 70 00, fax : 04 67 46 71 99.

Depuis plus d'une décennie, Robert Skalli est le champion des vins de cépages français produits dans le cadre de la réglementation des vins de pays. En 1998, toutefois, reconnaissant les limites de cette démarche, Skalli a étendu sa gamme à des vins d'appellation, qui sont élaborés avec beaucoup de soin et de compétence. Reste que le niveau, qualité a pu décevoir, les vins de cépage étant d'un caractère assez mal défini et les premiers vins d'appellation manquant de consistance. Plus récemment, le vin de cabernet-sauvignon a enregistré une nette amélioration : des tanins plus riches et un équilibre plus souple. Le coteaux-du-languedoc Domaine Silène de Payrals 2000 (domaine de 30 hectares situé en bordure de l'étang de Thau, dans les Grès de Montpellier) offrait sous sa robe sombre un joli caractère épicé, mais son prix était trop élevé. En revanche, le Clos Poggiale produit en Corse (que nous ne traitons pas dans ce chapitre pour des raisons d'espace), concentré et ouvert sur des arômes de café, est l'un des meilleurs vins de l'île.

Tabatau

34360 Assignan. Tél. : 04 67 38 19 60, fax : 04 67 38 19 54.

Domaine de saint-chinian prometteur qui appartient à l'ancien chef du vignoble du Mas de Daumas, Bruno Garcia, et à son frère Jean-Paul, ancien capitaine. Leurs premiers vins montraient de l'élégance, avec des arômes de tabac. Il leur faudrait à l'avenir plus de profondeur et de concentration.

Tardieu ✪✪

84160 Lourmarin. Tél. : 04 90 68 80 25, fax : 04 90 68 22 65.

D'après les vignerons d'Embres et Castelmaure, les techniques de Tardieu, dans l'appellation corbières, impliquent une période de macération préfermentaire à froid, l'éraflage de la totalité du grenache et d'une partie du carignan, entre dix et douze jours de fermentation, pendant lesquels on fait rouler le vin dans les fûts (par conséquent sans longue cuvaison), un long élevage sur lies, douze mois en barrique et un embouteillage sans filtration. (Voir aussi Roquefort Saint-Martin.) Tardieu élabore également un minervois charnu et aromatique, Les Causses, issu de pure syrah.

Terre Inconnue ✪

34400 Saint-Series.

Petite entreprise dans laquelle se sont investis Robert Creus, sa femme Sylvie et son père Lucien. Creus ne souhaitant pas s'encombrer des règles de l'AOC, il ne produit que des vins de table. Mais il n'économise aucun effort pour l'élaboration de ses vins calquée sur le modèle Tardieu-Laurent, avec d'infimes rendements et un élevage méticuleux. La cuvée Léonie, de pur carignan, est un vin complexe. Los Abuelos est un grenache, dont le titre alcoométrique atteignait 16,5% vol en 2000. La cuvée Sylvie, essentiellement issue de syrah, présente une faible acidité, un caractère charnu, riche d'arômes fruités et minéraux (rendements de 12 hl/ha en 2000). On peut s'attendre à de grands succès à l'avenir.

Terre Mégère

34660 Cournonsec. Tél. : 04 67 85 42 85, fax : 04 67 85 25 12.

Les vins de cépage de Michel Moreau, classés vins de pays, sont intenses, mais un peu secs et manquent de fruité, comme si le terroir l'emportait sur les parfums des cépages. Retenez un merlot et un cabernet-sauvignon, ainsi que les coteaux-du-languedoc Les Dolomies, à base de syrah, et La Galopine (viognier pur ou assemblage de viognier et de grenache blanc).

Le Thou

34410 Sauvian. Tél. : 04 67 32 16 42, fax : 04 67 32 16 42.

Le domaine de la Comtesse de Ferrier de Montal, dans l'appellation coteaux-du-languedoc, se trouve à côté de Béziers. Actuellement, ses vins restent sauvages, certes riches de nuances d'herbes aromatiques mais légers et un peu secs. Les investissements de 2000 devraient favoriser une amélioration.

Toques et Clochers

11303 Limoux cedex. Tél. : 04 68 74 63 00, fax : 04 68 74 63 12.

Tous les ans a lieu à Limoux une vente aux enchères de charité, lors de laquelle se vendent des vins de chardonnay, tantôt abusivement boisés et manquant de fruité, tantôt merveilleusement typés par le cépage, élégants et subtils.

Tour Penedesses

34320 Gabian. Tél. : 04 67 24 14 41, fax : 04 67 24 14 22.

Ce domaine de 40 hectares produit des coteaux-du-languedoc et des faugères, ainsi que quelques vins de pays. Alexandre Fouque a planté de quinze cépages. La gamme de vins est à l'avenant, avec quinze cuvées (dont un muscat de vendanges tardives, Terret Blanc). Si le vin de pur tempranillo, Mas de Couy, ne possède qu'un modeste caractère, les vins d'appellation Montée de Grès et Les Volcans constituent de bonnes références.

Tour Vieille

66190 Collioure. Tél. : 04 68 82 44 82.

Source de deux bons collioure : La Pinède, charnu et fruité, et le Puig Oriol, plus austère. Le domaine produit aussi des banyuls classiques.

Val d'Orbieu

11000 Narbonne. Tél. : 04 68 42 75 36.

Le Val d'Orbieu est un ensemble tentaculaire de sociétés viticoles et de coopératives du Languedoc, dont les intérêts vont maintenant jusqu'à Bordeaux où il possède, entre autres châteaux, Grand Puy Ducasse, Meyney, Lamothe-Bergeron et Rayne Vigneau. Il est aussi propriétaire de Listel, producteur des vins de sable d'Aigues-Mortes. Les vins les plus ambitieux du Val d'Orbieu sont la Cuvée Mythique produite depuis 1990 et, plus récemment, une série de vins de domaines commercialisés sous le nom de la propriété. La Cuvée Mythique, joliment embouteillée et étiquetée, est un vin énigmatique : aucun détail sur l'assemblage, ni sur le vieillissement, pas d'indication de provenance du fruit. Comme elle est produite sous la réglementation des vins de pays et non des appellations d'origine, la plus grande liberté est autorisée. La coopérative se contente de répondre à toute question par un «C'est mythique!». Devant le succès remporté par cette cuvée, la production dépasse largement les 50000 caisses d'origine. Mais alors que la Mystique était autrefois l'un des meilleurs vins du Languedoc, elle est devenue simplement un bon vin, de concentration moyenne, qui évolue relativement vite pour acquérir de la souplesse, des arômes fondants d'épices, de fruits et des notes animales.

Le haut de gamme, choisi parmi les vins de domaine sur avis de dégustateurs invités pour l'occasion, relève d'un certain nombre d'AOC du Languedoc (corbières, fitou, minervois, saint-chinian). Ces vins n'ont toutefois pas la concentration aromatique qui leur permettrait de faire parler leur propre terroir. Il me semble qu'une baisse des rendements et qu'une mise en bouteilles sans filtration pourraient être bénéfiques. Le meilleur vin est certainement le mourvèdre de Pierre Fil, vigneron méticuleux.

Veyran

34490 Causses et Veyran. Tél. : 04 67 89 67 89, fax : 04 67 89 65 77.

Gérard Antoine élabore un superbe saint-chinian sur son domaine de Causses et Veyran. La Cuvée Prestige, assemblage de 70% de syrah et de 30% de grenache, présente un maturité et un niveau d'extraction remarquables.

Vieux Chêne

66600 Espira-de-l'Agly. Tél. : 04 68 38 92 01, fax : 04 68 38 95 79.

Un caractère fumé et des saveurs sauvages dominent les deux cuvées de cette propriété de côtes-du-roussillon : Haut Valoir et Terres Nègres Altès.

Virginie

34536 Béziers. Tél. : 04 67 49 85 85, fax : 04 67 49 38 39.

Comme son rival Skalli, la société Domaines Virginie (appartenant aujourd'hui à Castel Frères) a compris que l'avenir des vins de cépages français ne serait pas toujours favorable. Elle a donc créé la marque Oustalet pour des vins d'AOC. Les premiers vins élaborés (coteaux-du-languedoc, corbières ou minervois) atteignent un bon niveau, sans rien d'exceptionnel, le meilleur étant le minervois à dominante de syrah, aux arômes floraux. Les cuvées Référence Chardonnay et Référence Syrah offrent une qualité similaire.

La seconde, issue d'une seule parcelle de galets roulés du Gard, avec des rendements de 45 hl/ha, bénéficie d'un élevage de dix-huit mois en chêne neuf (moitié français, moitié américain) : elle décline de jolis arômes de cassis, de violette et de café. Le plus mystérieux de la gamme est le Paradoxe Blanc, un «vin à 100% non-interventionniste», élaboré comme un vin rouge, à partir de chardonnay : macération des pellicules dans le jus, quatorze mois de vieillissement en barrique (ce qui lui donne une plus forte teneur en tanins que les merlot ou cabernet-sauvignon Virginie rouges). Jaune doré, riche d'arômes vanillés, charnu, au goût de peau de pêche, le Paradoxe est véritablement... paradoxal.

La Corse

Créer des liens. La plupart des vins de Corse ne se montrent pas encore sous leur meilleur visage. Mais bientôt, les producteurs trouveront leur voie sur leurs magnifiques terroirs.

La Corse compte, deux cent cinquante mille habitants, soit moins qu'une ville comme Lyon ou Toulouse. La superficie couverte par tous ses vignobles d'appellation d'origine contrôlée couvre à peine 2 500 hectares, ce qui correspond à une fraction de la seule AOC bordeaux.

Ce n'est pourtant pas ce que je me disais dans la voiture d'Yves Leccia, l'un des meilleurs producteurs corses, homme paisible et réfléchi, qui me conduisait de Bastia à Patrimonio. Sur la carte, ce trajet ne semble rien. La Corse ressemble au nord à un doigt pointé vers le continent. Bastia est d'un côté de ce doigt, Patrimonio de l'autre. Au départ de Bastia, le passage d'un côté à l'autre ressemble à une véritable montée au ciel. La route s'élève, franchit la décharge géante qui domine la ville, et continue son ascension. Arrivé pratiquement au sommet de la montagne, Yves Leccia me propose de descendre de voiture pour admirer le paysage. Un vaste panorama s'étend devant nous, aérien, cartographique ; un parfum de thym citronné flotte dans l'air. Nous avons, au-dessous de nous, la Conco d'Oru, excavée comme une écorce de liège. « La Corse, m'explique Yves, est avant tout et surtout une montagne. Il y a beaucoup d'endroits ici où la neige ne fond jamais. Tous les vrais villages corses sont dans la montagne. Les Corses ont appris à s'éloigner de la côte pour se protéger des envahisseurs qui débarquaient périodiquement. Dans notre esprit, nous sommes un peuple de montagnards. »

Aucun visiteur ne peut ignorer l'altitude moyenne de cette île, la plus montagneuse de la Méditerranée, qui est de 568 mètres ; les sommets les plus hauts atteignent jusqu'à 2 700 mètres. Ce qui n'est pas sans conséquence pour la viticulture. Tout d'abord, si la Corse est la région viticole la plus méridionale de France, ce n'est certainement pas la plus chaude. L'altitude et le vent infléchissent les données de la latitude - comme en témoignent la remarquable fraîcheur des meilleurs vins blancs de Corse et la grâce quasi bourguignonne de certains de ses rouges. Ensuite, si l'on observe la manière dont les chaînes de montagne s'orientent à l'intérieur de l'île, on constate que les vallées et les villes, qui dominent les accès à la mer, et les zones viticoles sont presque séparées les unes des autres. Le trajet entre Patrimonio et Calvi en est assez représentatif. Il faut traverser une étendue de végétation sèche, aride, de buissons rabougris sur un sol de cailloux. La Balagne, autour de Calvi, est très différente des collines et de la côte découpée de Patrimonio ; tout à coup, le paysage est plus plat et plus ouvert. Le sol aussi est différent : le calcaire de Patrimonio a fait place à des sables granitiques et à des argiles. On pourrait presque dire que la topographie de la Corse fait de chaque appellation d'origine contrôlée une île à part entière.

Aujourd'hui, quelle est la place de la Corse dans l'univers du vin ? Comme beaucoup d'autres régions du sud de la France, elle est arri-

vée à un tournant. L'île est en train de se libérer définitivement, mais à grand peine, d'une production de masse à bas prix, et de faible qualité, politique dans laquelle elle s'était engagée quand les Français avaient quitté d'Algérie, au début des années 1960. Depuis 1980, pas moins de 20 000 hectares de vignoble, plantés avec les mauvais cépages sur de mauvais emplacements, ont été arrachés. Courageusement rajeunie, l'île essaie de profiter de la nature exceptionnelle de ses sols et de ses cépages pour créer des vins qui retiennent l'attention du monde entier. Le pari n'est pas encore gagné, mais au moins la partie est engagée. Les cépages sont, pour les vins rouges, le nielluccio (sangiovese toscan) et le cépage sciaccarello d'origine corse ; et pour les vins blancs, le vermentino (connu en Provence et Languedoc sous le nom de rolle). Entre les mains d'un producteur comme Antoine Arena, les vins issus de ces cépages font leur chemin à travers le monde. Antoine Arena est un ami proche d'André Romero (qui vient jute de planter du nielluccio à Rasteau) ; il entretient des relations amicales avec l'équipe de Vienne, Cuilleron, Villard, et Gaillard. Ce ne sont pas de simples coïncidences. Arena, par sa passion des grands vins, a laissé derrière lui l'insularité. Si la Corse veut réussir sa mission vitivinicole, il lui faut des hommes comme Arena en plus grand nombre, et davantage de relations avec les meilleurs producteurs.

Christian Imbert ▲

Peu de vignerons français sont de véritables pionniers ; Christian Imbert l'a pourtant été à trois reprises. La première fois, alors qu'il avait entre vingt et trente ans, il est parti, seul, planter des arbres fruitiers dans les monts de l'Atlas. Plus tard, il a mené pendant quinze ans une vie de nomade, faisant du commerce au Tchad. Enfin, il a créé un domaine viticole de 42 hectares, mené selon les principes de l'agrobiologie, dans la zone viticole alors encore inexploitée de la baie de Porto-Vecchio. Christian Imbert a également fondé Uvacorse, groupement de producteurs déterminés à améliorer les normes de qualité à l'époque des vins de table des années 1970. Aujourd'hui, il se bat contre « l'esprit bureaucratique » de Paris et de Bruxelles, et la « mentalité Coca-Cola ». Sa devise ? « La vigne, c'est le vin avant l'argent. Le Coca-Cola ne passera pas. »

« Je sais bien que je suis fou. Je fais tout ce que je peux pour produire des vins hors norme. Des vins exceptionnels, mais marginaux. »

ANTOINE ARENA

◄ *La route de Bastia à Patrimonio franchit l'une des nombreuses arêtes montagneuses de l'île.*

L'aventure de la terre

La Corse possède une appellation régionale, vins de corse. Sur la majeure partie de l'île : les versants de montagne sont impraticables. En fait, l'appellation d'origine contrôlée vin de corse s'applique surtout à des vins produits sur la côte est, entre Bastia et Porto-Vecchio, là où les terres sont les plus plates. La moitié la moins intéressante de la production d'AOC corse voit le jour à 90 % dans des coopératives de cette partie de l'île. C'est aussi la cause du caractère généralement décevant des vins de cépage corses commercialisés en vin de pays (dont le volume est à peu près le double de celui de l'AOC de l'île).

L'appellation vins de corse se subdivise toutefois en un système d'appellations villages : vins de corse Porto-Vecchio, vins de corse Figari, vins de corse Sartène, vins de corse Calvi, et enfin vins de corse Coteaux du Cap Corse. L'appellation **vins de corse Porto-Vecchio** couvre de spectaculaires pentes abruptes de granite qui surplombent la mer, mais elle ne regroupe que trois producteurs. Le vignoble de **vins de corse Figari** pousse aussi sur un sol de granite et d'alluvions ; c'est la localisation la plus méridionale et la plus ventée de l'île pour l'implantation de la vigne. Avec cinq producteurs et une coopérative de trois producteurs, l'appellation n'est pas plus grande que celle de Porto-Vecchio. La petite appellation de **vins de corse Sartène**, plantée sur des pentes souvent accidentées, est le vignoble corse qui bénéficie des températures les plus chaudes de l'île. (Avec ses neufs producteurs privés et sa coopérative, c'est le plus important de ses crus.) L'appellation **vins de corse Calvi** est aussi un vignoble plat balayé par les vents, mais parmi ses onze producteurs figurent quelques-uns des plus habiles et des plus ambitieux de l'île. Enfin l'appellation **vins de corse Coteaux du Cap Corse** est située à la pointe extrême nord de l'île, sur des sols de schiste plutôt que de granite. Les vents forts et incessants rendent les vignobles de cette zone difficiles à exploiter. Elle compte seulement quatre producteurs, mais c'est parmi les cinq appellations-village, celle qui jouit de la réputation historique la plus illustre.

Les deux principales régions viticoles de l'île possèdent des appellations à part entière. **Ajaccio** est la plus méridionale : elle couvre 250 hectares sur des coteaux de granite et de sable, dans l'arrière-pays de la ville qui vit naître Napoléon. Le climat est doux, à la fois moins venteux et moins aride que dans certains autres secteurs de l'île. Des deux cépages d'origine pour les vins rouges, le sciaccarello, plus délicat, prospère sur les sols roses, de roches cristallines de cette région ; la délicatesse est du reste caractéristique des vins d'Ajaccio, légers, et souvent sous-estimés.

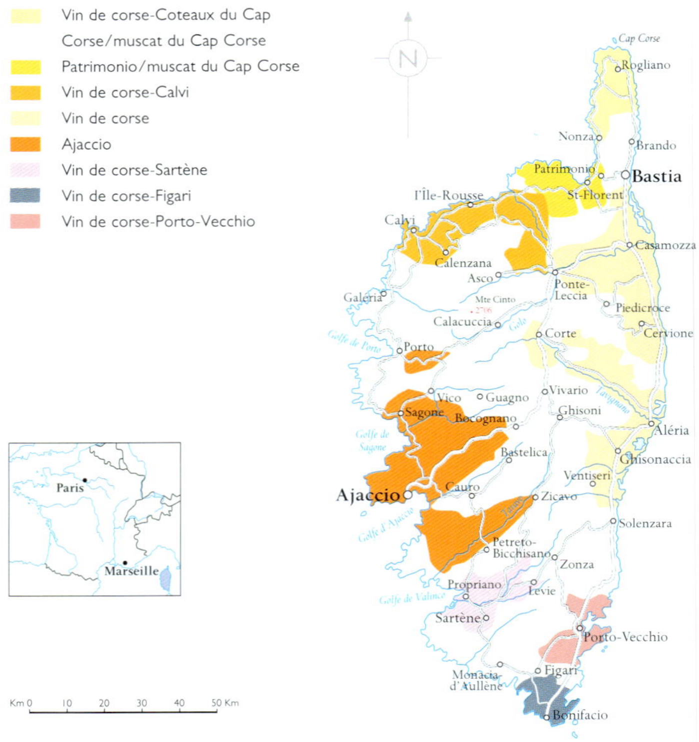

On trouve les meilleurs vins de corse sous l'appellation de **patrimonio**. Peut-être parce que la vigne (le nielluccio en particulier) affectionne particulièrement les argiles mêlées de calcaire, par opposition aux roches cristallines présentes ailleurs. Ou peut-être parce que le vent pose moins de problèmes. Ou peut-être encore parce que l'appellation regroupe trente-deux domaines et aucune coopérative. Le vignoble est de taille assez modeste ; certaines vignes sont nichées au creux des collines, souvent à une bonne distance des caves. Une surface équivalente (450 hectares) est exploitée pour la production de vin doux naturel d'AOC **muscat du Cap Corse**.

Mon point de vue critique

Tout est prêt pour que la Corse produise une gamme d'excellents vins. Les réglementations d'appellations ne sont jamais parfaites, bien sûr, mais d'une façon générale l'INAO a fourni un précieux travail en codifiant les moyens qu'avait la Corse d'exprimer son potentiel. Il est scandaleux que les vins de muscat secs, non mutés, n'appartiennent pas au système des appellations d'origine contrôlée, et il est aussi très regrettable que des producteurs qui se livrent à des expériences nouvelles, comme Étienne Suzoni de Culombu et Antoine Arena, soient contraints de commercialiser leur vin sur le marché en vin de table, uniquement parce qu'il n'entre pas dans les cases de l'AOC.

C'est maintenant aux producteurs corses de faire leur part de travail. Tout le monde connaît les tensions qui règnent entre l'île et le continent ; culturellement, la Corse est plus italienne que française. C'est ce que reflètent les cépages de l'île, la langue corse, les noms des habitants, et aussi le nombre de passages de bacs à l'est et au sud de l'île. Peut-être faut-il chercher dans la difficulté de cette relation l'une des raisons pour lesquelles les vins ordinaires corses jouent contre leurs propres intérêts en restant trop insulaires…

Corse : les vignerons

Antoine Arena ✪

20053 Patrimonio. Tél. 04 95 37 08 27, fax 04 95 37 01 14.

Arena est un homme jovial, d'âge mûr, qui produit une gamme étonnante de vins à Patrimonio. Comme sa femme, Marie, il a commencé des études de droit, avant de se tourner vers la viticulture. Il a des amis viticulteurs dans bien des régions françaises, mais c'est plutôt à l'Alsace que me font penser ses vins denses et aromatiques. Il ne pratique pas le vieillissement en chêne, ce qui pourrait le rapprocher d'Olivier Humbrecht. Il cherche à transformer le mode d'utilisation du vermentino : vinifié par Antoine Arena, ce cépage supporte aisément la comparaison avec le pinot gris ou le viognier.
Son Carco 2000, par exemple, abonde d'arômes fumés et de notes de banane ; en bouche, il se montre rond, plein et exotique. Le 1999, qui a passé un an sur lies fines, est un vin charnu, subtil, avec des notes sucrées-salées. Le Grotte di Sole Vermentino 2000, qui a atteint les 16,5 % vol. avant arrêt de la fermentation, exhale de riches arômes miellés et fruités - de même qu'une version 1999, récolte de novembre, débordant d'arômes d'abricot et de figue (qui sera commercialisée comme vin de table). Toujours curieux, Antoine Arena cultive aussi un vieux cépage corse, le bianco gentile. Sa cuvée 2000 a été récoltée avec un potentiel de 16 % vol. : c'est une composition exotique de fruits tropicaux, de miel et de melon. Arena utilise aussi les dénominations Carco et Grotte di Sole pour ses vins rouges à base de nielluccio. Le Carco de nielluccio, un vin de soif, est vif avec un arôme fruité de framboise. Le Grotte di Sole, produit avec de faibles rendements, conjugue un aspect de l'élégante amertume de la Toscane avec des arômes explosifs de fruits et des notes minérales. (En fait, peu de chianti pourraient se mettre sur le même pied que ce vin.) Le muscat du Cap Corse d'Antoine Arena est massif, proche des vins de muscat Zibibbo de Pantelleria brûlés par le soleil, et comme eux, plein de saveur sucrée d'orange et de citron.

de Bernardi

20253 Patrimonio. Tél. 04 95 37 01 09, fax 04 95 32 07 66.

Les 11 hectares du domaine de Jean-Laurent de Bernardi, à Patrimonio, produisent des vins qui conjuguent avec équilibre parfums fruités, fraîcheur et souplesse. Épices et poivre se retrouvent aussi dans son muscat.

Canarelli

20114 Figari. Tél. 04 95 71 07 55.

Le domaine d'Yves Canarelli atteint près de 23 hectares ; il est cultivé selon les principes de l'agrobiologie. Son vermentino fermenté en fût figure parmi les meilleurs vins blancs de l'île, tandis que son vin rouge est concentré.

Culombu

22060 Lumio. Tél. 04 95 60 70 68, fax 04 95 60 63 46.

Étienne Suzzoni, étudiant vétérinaire, est bâti comme un joueur de rugby maori. Les vins du domaine de Culombu sont agréables. Les meilleurs sont vendus sous le nom de Clos Culombu. Signalons entre autres un vin blanc richement fruité, à base de vermentino, et un vin rouge, moins aromatique, dont les nuances de caramel et de prune du grenache (40 %) se conjuguent avec le raffinement végétal du nielluccio (50 %, complété par 10 % de syrah). Comme Antoine Arena, Étienne Suzzoni produit quelques vins liquoreux défiant la législation, dont un muscat doux non muté, Dolce Biancu, et un mélange d'aleatica et de sciaccarellu surmaturés, non muté également, à l'arôme de cerise, dénommé Dolce Rossu.

Gentile

20217 Saint-Florent. Tél. 04 95 37 01 54, fax 04 95 37 16 69.

Certains vins de ce domaine de 30 hectares, établi à Patrimonio, m'ont déçu. En revanche, le Sélection Noble Rouge (nielluccio presque pur, vieilli douze mois en foudre) est structuré, de même que le muscat.

Leccia

20232 Poggio-d'Oletta. Tél. 04 95 37 11 35, fax 04 95 37 17 03.

Le domaine de 20 hectares d'Yves Leccia à Patrimoinio produit des vins rouges et blancs soigneusement vinifiés, ainsi qu'un bon muscat. Le vin blanc a davantage de texture que beaucoup, tout en conservant la vivacité propre aux vins corses ; le vin rouge classique est bien fait. Deux cuvées supérieures : un blanc, E Croce, à la saveur iodée et le Petra Bianca rouge aux chaleureux arômes de fruits.

Orenga de Gaffory

20253 Patrimonio. Tél. 04 95 37 45 00, fax 04 95 37 14 25.

Le blanc de blanc, le rosé, onctueux, et le rouge classique au parfum de figue sont les vins les plus intéressants de ce domaine de 100 hectares de Patrimonio. Ce sont de plus grands succès que la cuvée de prestige des Gouverneurs, qui n'a ni l'ampleur ni la densité qu'il faut pour supporter le bois.

Peraldi

20167 Mezzavia. Tél. 04 95 22 37 30, fax 04 95 20 92 91.

Le comte de Poix administre le plus grand domaine d'Ajaccio. Ses vins sont d'une délicatesse caractéristique. Le meilleur vin rouge, Clos du Cardinale, vieilli en fût de chêne neuf, est issu d'une unique parcelle de vieilles vignes de sciaccarellu sur sols granitiques. C'est un vin pâle, à l'élégant arôme de groseille.

Pieretti

20228 Luri. Tél. 04 95 35 01 03, fax 04 95 35 01 03.

Le domaine de 9 hectares de Lina Venturi-Pieretti est l'un des quatre domaines des Coteaux du Cap Corse (le jour où je m'y trouvais, le vent soufflait si fort que dans une des vignes qui fait face à la mer, on ne pouvait pas se tenir debout). Les modestes installations de Lina Venturi-Pieretti sont situées presque sur une plage de schiste bleu. Son vin blanc à base de vermentino est plus frais que beaucoup d'autres de l'île ; le vin rouge se montre suave et long.

Tanella

20114 Figari. Tél. 04 95 70 46 23, fax 04 95 70 54 40.

Les meilleurs vins de ce domaine de Figari, qui appartient à Jean-Baptiste de Peretti della Rocca, portent le nom de Cuvée Alexandra : les blancs et rosés sont plus expressifs que la moyenne des vins corses. Le vin rouge est plus exubérant et plus chargé de tanins avec des arômes presque caramélisés dans le millésime 1999.

Torraccia

20137 Porto-Vecchio. Tél. 04 95 71 43 50, fax 04 95 71 50 03.

Christian Imbert est une des personnalités les plus marquantes du monde de la viticulture corse. Son domaine de 42 hectares, établi à Porto-Vecchio, entre dans la catégorie des exploitations d'agriculture biologique et Christian Imbert se montre foncièrement hostile au bois pour la vinification comme pour l'élevage. Je trouve ses blancs et ses rosés trop neutres ; ses vins rouges, en revanche, sont agréables, vifs et d'un abord facile. La cuvée de prestige Oriu (80 % de nielluccio) ajoute un accent plus végétal, mais elle aurait besoin de davantage de profondeur et de densité pour supporter le vieillissement qu'elle subit avant la mise en bouteille.

Système de notation utilisé dans les pages producteurs : ✪ Très bon vin ✪✪ Excellent vin ✪✪✪ Vin exceptionnel

Glossaire

Acidification : addition d'acide à un moût ou à un vin (pratique aléatoire qui comporte des risques pour le vin).

Acidité volatile : pourcentage d'acide capable de se transformer en vapeur, en gaz (essentiellement de l'acide acétique), contenu dans un vin. La somme de l'acidité volatile et l'acidité fixe constitue l'acidité totale d'un vin.

Assemblage : mélange de plusieurs vins d'origine et de qualité identiques.

Autolyse : destruction des levures contenues dans les lies par voie enzymatique, augmentant la complexité aromatique et structurelle du vin (notamment des vins effervescents).

Barrique bordelaise : fût d'une capacité de 225 l.

Bâtonnage : remise en suspension des lies du vin en remuant avec un bâton, généralement en barrique.

Biodynamie : voir p. 42-43.

Boisé : vieilli en fût de chêne ; qui rappelle le fût de chêne (arôme).

Botrytis cinerea : champignon responsable, sous sa forme nuisible, de la pourriture grise, lorsqu'il atteint des raisins encore verts ou le fruit des cépages rouges, mais qui peut prendre une forme bénéfique (« pourriture noble ») sur les raisins blancs destinés à l'élaboration des vins liquoreux.

Brut : vin effervescent dont le dosage (voir ce mot) est inférieur à 15 g/l. L'extra-brut admet un dosage de 6 g/l et le brut nature de 3 g/l ou moins.

Casse : accident (oxydation ou réduction) provoquant une perte de limpidité du vin.

Cépage : variété de vigne du genre *Vitis*.

Chai : bâtiment construit en surface, servant à l'élevage des vins dans les régions où l'on ne creuse pas de caves.

Chapeau : couche épaisse constituée des pellicules, des pépins et parfois des rafles, se formant au sommet de la cuve de fermentation du vin.

Chaptalisation : adjonction de sucre à la vendange dans le but d'augmenter le degré final d'alcool (sans rendre le vin plus doux ; le sucre étant transformé en alcool). Il faut environ 17 g de sucre par litre de moût pour obtenir un degré supplémentaire.

Château : à l'origine, en Bordelais, exploitation vinicole. La construction afférente n'est pas obligatoirement un château.

Clairet : vin rouge léger et fruité, produit en Bordelais.

Climat : lieu-dit cadastral dans le vignoble bourguignon.

Clonage : sélection et reproduction d'un cépage à partir d'un seul pied retenu pour ses qualités. Ce progrès apparent (s'il présente l'avantage de permettre de hauts rendements) conduit souvent à la production de vins médiocres et monotones. Voir aussi sélection massale.

Clos : vignoble ceint de murs.

Collage : clarification d'un vin par adjonction d'un agent coagulant comme le blanc d'œuf ou la bentonite. Après un long élevage, cette opération n'est pas indispensable.

Concentration : opération de vinification consistant à éliminer l'eau contenue dans le moût (voir ce mot) ou dans un vin par évaporation (voir ce mot) ou osmose inverse (voir ce mot), le plus souvent pour pallier des vendange diluées par les pluies. La cryoextraction (voir ce mot) utilisée pour l'élaboration de vins liquoreux est une forme de concentration.

Coopérative : institution communautaire appartenant aux viticulteurs qui en sont membres, visant généralement la mise en commun des installations de vinification et des frais de promotion, ce qui dispense les petits propriétaires d'investir pour élaborer et distribuer eux-mêmes leurs vins. Plus de la moitié des vins français sont produits par des coopératives.

Coulure : transformation incomplète des fleurs en fruits, réduisant la récolte. Voir millerandage.

Crémant : terme désignant à l'origine des vins effervescents mis en bouteilles à environ la moitié de la pression normale. Il est utilisé aujourd'hui pour désigner des vins effervescents à pleine pression, élaborés suivant la méthode traditionnelle dans d'autres régions de France que la Champagne.

Cru : terme polysémique désignant un vignoble ou une aire viticole plus étendue, de qualité distinctive. Par extension, vin qui en est issu.

Cryoextraction : concentration du raisin par congélation dans le but d'obtenir des moûts plus riches et, par conséquent, des vins plus liquoreux.

Cuvaison : période au cours de laquelle un vin rouge en cours de fermentation macère avec les pellicules.

Cuvée : volume de vin sélectionné pour son caractère spécifique.

Dégorgement ou dégorgeage : expulsion du dépôt formé lors de la seconde fermentation en bouteilles d'un vin effervescent.

Titre alcoométrique : quantité d'alcool par unité de volume. Se mesure en pourcentage dans un liquide (% vol.).

Délestage : opération consistant à vider une cuve et à reverser une partie ou la totalité du vin en cours de fermentation sur le sommet du chapeau de pépins et de pellicule pour remplir à nouveau le récipient vinaire : méthode d'extraction (v. ce mot) et de concentration.

Demi-muid : barrique d'une capacité de 300 à 600 litres.

Dosage : quantité de liqueur (sucre dissous dans du vin) ajoutée à un vin effervescent au terme de son cycle d'élaboration.

Doux : vin contenant plus de 50 g/l de sucres résiduels.

Effeuillage : opération consistant à diminuer le feuillage de la vigne pour assurer une meilleure exposition et une meilleure aération des fruits.

Élevage : ensemble des soins apportés au vin depuis la fermentation jusqu'à la mise en bouteilles.

Éraflage : opération consistant à ôter les tiges ou rafles des grappes de raisin.

Évaporation : réduction de la teneur en eau du moût (voir ce mot) par des techniques sous-vide à basse température.

Extraction : séparation des composants (essentiellement tanins, mais aussi glycérol, sucres, acides, arômes, minéraux) des parties solides du raisin, comme les pellicules, au cours de la macération (voir ce mot) afin d'enrichir le moût.

Fermentation : transformation du sucre en alcool (avec dégagement de gaz carbonique) sous l'action des levures.

Fermentation malolactique : transformation bactériologique de l'acide malique instable et dur en acide lactique stable et plus agréable (avec dégagement de gaz carbonique). Cette fermentation est nécessaire dans l'élaboration des vins rouges et de certains blancs ; elle assouplit le vin. On parle aussi de fermentation secondaire et de « malo ».

Feuillette : fût de 114 à 132 litres utilisé dans le Chablisien.

Filtration : opération consistant à séparer le vin des particules solides qui l'encombrent en le faisant passer par une surface filtrante ; la filtration assure la stabilité du vin, mais au prix d'une perte d'arôme et de saveur.

Fleur du vin : voir voile.

Foudre : fût de grande capacité, généralement vieux, permettant d'arrondir et d'assouplir le vin à la faveur d'une oxydation ménagée, sans lui transmettre d'arôme ni de saveur de chêne.

Franc de pied : plant de *Vitis vinifera* non greffé, vivant sur son propre système racinaire.

Fût : récipient en bois de capacité variable, contenant des vins ou des eaux-de-vie (goût de fût : goût de vieux bois).

Garage (vin de) : voir p. 169.

Grand cru : cru de qualité supérieure. La signification précise du terme varie considérablement selon les régions viticoles.

Grand vin : en Bordelais, vin qui porte le nom de la propriété par opposition au second vin (voir ce mot).

Greffon : partie du cep greffé se trouvant au-dessus du sol (*Vitis vinifera*). Voir aussi porte-greffe.

Levure : organisme unicellulaire produisant la transformation de sucre en alcool (éthanol), avec dégagement de gaz carbonique. La fermentation peut être déclenchée par des levures indigènes (levures naturelles de l'air ambiant) ou par l'action de levures sélectionnées.

Lies : résidus des levures. L'élevage du vin en contact avec les lies en améliore l'arôme et la texture.

Liqueur de tirage : sirop composé d'un mélange de sucre, de vin, de champagne et de levain, que l'on ajoute à un vin effervescent après le dégorgement (voir ce mot).

Liquoreux : se dit d'un vin tranquille présentant une teneur en sucres résiduels supérieure à 40 g/l grâce à une concentration naturelle du raisin par passerillage ou sous l'action du *Botrytis cinerea*.

Lutte raisonnée : viticulture non biologique qui limite l'emploi des produits chimiques au strict nécessaire. L'application de ce mode de culture n'est pas réglementée.

Macération : Contact plus ou moins prolongé entre le jus et les parties solides du raisin. La macération à froid, ou préfermentaire, s'effectue avant le début de la fermentation pour favoriser les arômes de fruits. La macération en cours de fermentation permet l'extraction (voir ce mot). Voir aussi macération carbonique.

Macération carbonique : méthode de vinification consistant à placer les raisins en grains entiers dans la cuve saturée de gaz carbonique. Il se produit une fermentation intracellulaire à l'intérieur de chaque baie, au milieu et au sommet de la cuve. Le raisin est ensuite pressé et fermenté de manière traditionnelle. Cette méthode produit des vins fruités, aromatiques, légers.

Macération pelliculaire : contact à froid des pellicules de raisin blanc avec le jus pour favoriser l'extraction des arômes (sans les tanins, généralement) avant le début de la fermentation.
Maturité en sucre : niveau optimal de concentration des sucres dans le fruit pour assurer le degré d'alcool voulu. Voir maturité phénolique.
Maturité phénolique : niveau optimal de maturité du raisin (pulpe et pellicule), par opposition à la maturité en sucre qui n'indique rien d'autre que l'obtention finale d'un degré d'alcool satisfaisant.
Méthode ancestrale : voir méthode rurale.
Méthode champenoise : voir méthode traditionnelle.
Méthode rurale : mode d'élaboration des vins effervescents consistant à laisser les vins achever leur fermentation alcoolique en bouteille. Les vins ainsi produits admettent généralement un faible degré d'alcool et contiennent un dépôt.
Méthode traditionnelle : méthode d'élaboration des vins effervescents utilisée en Champagne et largement imitée dans le reste de la France et du monde, dont les principales étapes sont une seconde fermentation en bouteille et un dégorgement (v. ce mot).
Micro-oxygénation : solution de remplacement du soutirage apportant aux vins l'oxygène dont ils ont besoin, sans les séparer physiquement de leurs lies (voir p. 205).
Mildiou : maladie cryptogamique affectant la vigne, dont elle détruit le tissu végétal.
Millerandage : fécondation anormale et irrégulière des fleurs, assimilable à la coulure.
Millésime : année de naissance d'un vin, correspondant à celle des vendanges qui président à son élaboration.
Moelleux : qualifie un vin blanc contenant de 12 à 48 g/l de sucres résiduels.
Monopole : terroir viticole appartenant à un seul propriétaire (cas assez fréquent en Bourgogne).
Moût : jus obtenu après pressurage des raisins.
Mutage : ajout d'alcool vinique au moût ou au vin en cours de fermentation pour empêcher ou arrêter la fermentation.
Négociant : marchand qui achète les vins de producteurs, les assemble et les met en bouteilles avant de les vendre sous sa propre étiquette. Un négociant-éleveur pratique aussi l'élevage du vin.
Non-interventionnisme : approche de la viniculture qui limite au maximum les « corrections » de la matière première naturelle. Le vin ne peut pas s'élaborer sans aucune intervention humaine ; toutefois, de plus en plus de grands producteurs de vin français reconnaissent aujourd'hui que les interventions doivent rester raisonnables.
Oïdium : maladie cryptogamique qui recouvre les feuilles d'une poussière grise.
Osmose inverse : méthode de concentration utilisant la pression osmotique.
Ouillage : ajout de vin pour remplir l'espace situé dans la partie supérieure de la barrique entre la surface du vin et la bonde (appelée « œil ») ; un vin ainsi conservé est dit « en ouillage ».
Oxydation : exposition du vin à l'air qui, en excès, le gâte. Au contraire, l'oxydation ménagée peut renforcer la complexité du vin.
Passerillage : séchage du raisin sur souche, sans intervention de *Botrytis cinerea* (voir ce mot).
Pasteurisation : opération consistant à chauffer le moût ou le vin à haute température afin d'éliminer les micro-organismes (intervention dont le vin ne sort pas indemne).
Perlant : qualifie un vin libérant de fines bulles de gaz carbonique, dont la surpression est inférieure à 1 bar.
Pétillant : qualifie un vin légèrement effervescent, dont la surpression est de 1 à 2,5 bar.
Phylloxéra : parasite dévastateur de la vigne appelé aujourd'hui *Dactylasphaera vitifoliae*, dont la présence continue dans les sols du vignoble nécessite le greffage de la plupart des plants de *Vitis vinifera* sur des porte-greffes américains résistants.
Pièce : fût d'une capacité de 228 litres, traditionnel en Bourgogne.
Pigeage : opération consistant à enfoncer le chapeau de pellicules dans le moût en fermentation pour favoriser l'extraction des composants.
Plafond limite de classement (PLC) : pourcentage complémentaire autorisé pour augmenter le rendement officiel d'une AOC.
Porte-greffe : partie du cep (hybride ou plant américain) enfouie dans le sol et portant la greffe. Voir aussi greffon.
Pourriture : voir *Botrytis cinerea*.
Primeur : achat de vin par souscription ; **vin de primeur** : vin mis en vente quelques mois seulement après les vendanges.
Prise de mousse : seconde fermentation en bouteille transformant un vin tranquille en vin effervescent.
Réduction : fixation de l'oxygène par un liquide (antonyme d'oxydation), entraînant des odeurs désagréables. La décantation (exposition à l'oxygène) permet d'aérer le vin.
Remontage : opération consistant à verser du vin en cours de fermentation sur le chapeau de pellicules pour favoriser l'extraction des composants et prévenir la réduction.
Remuage : mouvement imprimé aux bouteilles de vins effervescents après la seconde fermentation pour amener dans le goulot le dépôt, qui sera ensuite expulsé lors du dégorgement.
Rendement : quantité de raisin récolté pour une superficie viticole donnée. Les rendements varient en France de 10-15 hl/ha (pour le sauternes et autres vins liquoreux) à 150 hl/ha ou davantage. Il faut aussi considérer la densité de plantation, dans la mesure où des rendements apparemment plus importants pour une densité de pieds plus forte, peut en réalité correspondre à un rendement plus modeste par pied ; les taux de pressurage modifient également l'équation (par exemple on pressure moins de jus pour une quantité de raisin donnée en Champagne que dans d'autres régions). Les rendements sont réglementés légalement, ce qui explique que dans certaines régions (par exemple en Champagne) l'excédent ne soit tout simplement pas vendangé.
Saignée : écoulement partiel du jus au premier stade de la fermentation des vins rouges, soit pour l'élaboration d'un rosé, soit pour concentrer le vin rouge (ou pour l'élaboration des deux vins).
Sans année : terme utilisé essentiellement en Champagne pour désigner un vin issu de l'assemblage de millésimes différents.
Sec : qualifie un vin tranquille comportant moins de 4 g/l de sucres résiduels, ou bien un vin effervescent de 17 à 35 g/l.
Second vin : terme utilisé essentiellement dans le Bordelais pour désigner un vin produit à partir de ceps jeunes, de parcelles de second ordre ou de cuvées moins réussies, par opposition au grand vin.
Seconde fermentation : voir prise de mousse.
Sélection de grains nobles : vin obtenu à partir de raisins sélectionnés, atteints de pourriture noble.
Sélection massale : sélection dans le vignoble de plusieurs vignes de qualité (en prélevant des boutures des ceps les plus sains) afin de les multiplier.
Soutirage : transvasement du vin pour en séparer les lies.
Sur lie : expression utilisée pour le muscadet (et aujourd'hui pour d'autres appellations) pour décrire des vins qui ont été embouteillés en conservant les lies fines produites en fin de fermentation et dans les premières phases de l'élevage.
Taille : coupe des sarments pour guider la croissance d'une vigne.
Tanin : polyphénol responsable de la texture et de la charpente des vins rouges (et de quelques vins blancs expérimentaux : voir p. 241).
Terroir : aire viticole et ensemble des facteurs naturels qui la caractérisent (voir p. 16-21).
Tri : sélection des raisins vendangés pour écarter les baies endommagées.
Trie : chacun des passages effectués par les vendangeurs dans le vignoble pour ramasser les meilleures baies (atteintes ou non de pourriture noble).
Vendange en vert : suppression d'une partie des raisins encore verts en été pour réduire le rendement final.
Vendanges tardives : récolte pratiquée tardivement dans la saison. Vendanger tardivement comprend des risques, mais ce choix est souvent judicieux pour favoriser la richesse et la profondeur d'expression des vins rouges et blancs secs ; cette pratique est essentielle pour l'élaboration de vins doux.
Vieilles vignes : expression utilisé sur les étiquettes mais ne correspondant pas à une réglementation précise.
Vin de cépage : vin élaboré à partir d'une seule variété de vigne.
Vin de liqueur : vin dont la fermentation a été arrêtée par ajout d'alcool vinique.
Vin de paille : vin élaboré à partir de raisins mis à sécher sur un lit de paille après la vendange (raisins passerillés).
Vin de presse : dans la vinification en rouge, vin issu du pressurage des résidus de pellicules et de pépins (appelés « marc ») après le décuvage.
Vin doux naturel (VDN) : vin de liqueur français (muté en cours de fermentation).
Vin gris : vin rosé pâle obtenu par pressurage de raisins noirs qui n'ont pas connu de macération.
Vin jaune : spécialité du Jura, voir p. 117.
Vins de réserve : en Champagne, les vins conservés pendant plusieurs millésimes et destinés aux assemblages.
Vitis Vinifera : espèce de vigne européenne productrice de raisin de cuve et de table (par opposition aux plants américains ou aux hybrides).
Voile : couche de levures qui se forme sur certains vins laissés au contact de l'air.

Tableaux des millésimes

1-3 : Petits millésimes ; à boire rapidement **4-7 :** Bon millésime ; à boire dans les dix ans **8-10 :** Grands millésimes de longue garde

Champagne

1985	9
1986	6
1987	3
1988	9
1989	8
1990	9
1991	4
1992	5
1993	6
1994	4
1995	7
1996	9
1997	6
1998	6
1999	8
2000	7
2001	1

Vallée de la Loire

	ROUGES	BLANCS SECS	LIQUOREUX
1985	9	8	8
1986	7	6	8
1987	3	4	4
1988	6	8	8
1989	9	9	10
1990	9	9	9
1991	5	4	2
1992	2	3	3
1993	4	5	5
1994	4	2	6
1995	9	8	8
1996	8	9	9
1997	7	5	8
1998	5	6	5
1999	7	7	5
2000	7	8	6
2001	5	5	7

Alsace

1985	8
1986	5
1987	5
1988	7
1989	9
1990	10
1991	2
1992	5
1993	6
1994	7
1995	5
1996	7
1997	6
1998	8
1999	6
2000	9
2001	8

Chablis

1985	8
1986	5
1987	3
1988	6
1989	9
1990	9
1991	7
1992	7
1993	4
1994	7
1995	8
1996	10
1997	7
1998	6
1999	8
2000	9
2001	3

Vallée du Rhône

	NORD	SUD
1985	9	8
1986	8	9
1987	7	2
1988	8	8
1989	9	10
1990	10	10
1991	8	4
1992	1	3
1993	2	4
1994	6	6
1995	7	8
1996	6	4
1997	8	5
1998	9	10
1999	10	7
2000	8	9
2001	8	8

Provence

1985	9
1986	7
1987	2
1988	7
1989	8
1990	10
1991	5
1992	3
1993	3
1994	4
1995	7
1996	7
1997	5
1998	10
1999	8
2000	8
2001	9

Bordelais

	BLANCS SECS	LIQUOREUX	RIVE GAUCHE	RIVE DROITE
1985	7	6	8	7
1986	5	9	9	7
1987	7	3	4	5
1988	5	10	6	6
1989	5	8	9	10
1990	8	10	10	10
1991	4	3	3	1
1992	5	1	1	3
1993	4	1	4	4
1994	8	3	6	6
1995	7	5	8	8
1996	8	9	9	7
1997	6	9	5	5
1998	9	8	7	10
1999	8	8	7	7
2000	8	3	10	10
2001	9	10	7	7

Bourgogne

	BLANC	ROUGE
1985	9	8
1986	9	5
1987	3	4
1988	5	5
1989	9	8
1990	6	9
1991	7	8
1992	5	5
1993	4	7
1994	5	5
1995	8	7
1996	9	7
1997	7	7
1998	5	6
1999	8	9
2000	7	6
2001	5	4

Beaujolais

1985	8
1986	6
1987	6
1988	6
1989	10
1990	7
1991	8
1992	2
1993	3
1994	6
1995	7
1996	4
1997	5
1998	4
1999	9
2000	10
2001	4

Jura*

1985	9
1986	6
1987	4
1988	9
1989	10
1990	9
1991	6
1992	6
1993	5
1994	5
1995	9
1996	9
1997	4
1998	5
1999	8
2000	9
2001	2

* Cotations du vin jaune pour 1990 et les millésimes antérieurs

Savoie

1990	9
1991	4
1992	3
1993	5
1994	5
1995	8
1996	5
1997	5
1998	6
1999	7
2000	7
2001	3

Sud-Ouest

	BERGERAC	MADIRAN	CAHORS	JURANÇON
1985	8	10	8	5
1986	8	7	7	8
1987	5	8	7	6
1988	8	9	8	8
1989	10	9	8	9
1990	9	10	9	8
1991	7	6	4	6
1992	3	5	7	4
1993	5	6	6	10
1994	7	8	7	5
1995	8	10	9	7
1996	9	8	8	10
1997	5	8	7	5
1998	8	10	8	9
1999	9	8	9	8
2000	10	10	10	8
2001	9	9	10	10

Languedoc-Roussillon

1985	8
1986	9
1987	3
1988	8
1989	10
1990	9
1991	3
1992	2
1993	6
1994	6
1995	8
1996	5
1997	4
1998	10
1999	6
2000	8
2001	9

Corse

1990	10
1991	6
1992	3
1993	7
1994	6
1995	8
1996	6
1997	9
1998	9
1999	8
2000	8
2001	7

Index

Les folios en **gras** indiquent les principales références ; en *italique* les illustrations et les légendes.

Q

R

S